锦州市全国第一次可移动文物普查藏品名录

主编 刘振陆

副主编 王硕 白彬 田野

北京燕山出版社

图书在版编目（CIP）数据

锦州市全国第一次可移动文物普查藏品名录 / 刘振陆主编 . -- 北京：北京燕山出版社，2018.12
ISBN 978-7-5402-5282-3

Ⅰ.①锦… Ⅱ.①刘… Ⅲ.①文物 – 锦州 – 名录 Ⅳ.① K873.313-62

中国版本图书馆 CIP 数据核字 (2018) 第 267759 号

锦州市全国第一次可移动文物普查藏品名录

主　　编：刘振陆
副 主 编：王　硕　白　彬　田　野
责任编辑：王亦言
装帧设计：书灯文化　亓子奇
出版发行：北京燕山出版社有限公司
社　　址：北京市丰台区东铁匠营苇子坑 138 号 C 楼（嘉城商务中心 C 座）
邮　　码：100054
电话传真：86-10-65240430（总编室）
印　　刷：鞍山市春阳美日印刷有限公司
开　　本：889×1194　1/16
字　　数：550 千字
印　　张：21.75
版　　别：2018 年 12 月第 1 版
印　　次：2018 年 12 月第 1 次印刷
ISBN 978-7-5402-5282-3
定　　价：280.00 元

《锦州市全国第一次可移动文物普查藏品名录》组委会、编委会

组织工作委员会

主　任：安锦香

副主任：孙海滨　陈文慧　郭荣辉　王　硕

编撰工作委员会

主　编：刘振陆

副主编：王　硕　白　彬　田　野

编　委：（排名不分先后）

　　　　郑志宏　吴　鹏　李　凯　王　飞　于志刚

　　　　刘　星　罗铁梅　王　玲　葛　亮

编撰人员：（排名不分先后）

　　　　张鸿超　孙丽美　刘　潼　崔　雷　刘承斌

　　　　刘　剑　闻　辉　赵　杰　刘　钺　范　丹

　　　　孟　伟　郭　猛　杨效军

目　录

前　言 ………………………………… 1

第一章　锦州市第一次全国可移动文物普查收藏单位简介

锦州市博物馆简介 ………………………… 003

锦州市文物考古研究所简介 ……………… 004

凌海市文物管理处简介 …………………… 005

义县文物管理处简介 ……………………… 005

北镇市文物处简介 ………………………… 006

黑山县文物保护管理所简介 ……………… 007

辽沈战役纪念馆简介 ……………………… 008

黑山阻击战纪念馆简介 …………………… 009

凌海烈士管理所简介 ……………………… 010

萧军纪念馆简介 …………………………… 011

锦州市图书馆简介 ………………………… 012

凌海市图书馆简介 ………………………… 013

宜州化石馆简介 …………………………… 013

锦州道光廿五文化博物馆简介 …………… 014

第二章 锦州市第一次全国可移动文物普查成果藏品信息表

锦州市博物馆藏品信息表	017
锦州市文物考古研究所藏品信息表	075
凌海市文物管理处藏品信息表	075
义县文物管理处藏品信息表	078
北镇市文物处藏品信息表	084
黑山县文物保护管理所藏品信息表	088
辽沈战役纪念馆藏品信息表	090
黑山阻击战纪念馆藏品信息表	195
凌海烈士管理所藏品信息表	195
萧军纪念馆藏品信息表	195
锦州市图书馆藏品信息表	204
凌海市图书馆藏品信息表	217
宜州化石馆藏品信息表	217
锦州道光廿五文化博物馆藏品信息表	217

第三章 锦州市第一次全国可移动文物普查珍贵藏品赏析

	219
后　记	319

前　言

2012年10月，国务院正式启动第一次全国可移动文物普查工作，这是中华人民共和国成立后首次针对可移动文物展开的普查，是继第三次全国文物普查后文化遗产领域又一重大国情国力调查，也是贯彻落实党的十八大提出的"建设优秀传统文化传承体系，增强文化整体实力和竞争力，努力建设社会主义文化强国"的重要举措。

文物是国家不可再生的文化资源。可移动文物普查是国情国力调查的重要组成部分，是确保国家历史文化遗产安全的重要措施，是我国文化遗产保护的重要基础工作。开展可移动文物普查是为了全面掌握可移动文物的数量、分布、特征、保存现状等基本情况，为准确判断文物保护形势，科学制定文物保护政策和规划提供依据。开展可移动文物普查，有利于完善文物档案管理、促进文物保护机构建设、加强文物保护管理整体水平，充分发挥文物在建设社会主义先进文化，促进经济社会全面、协调、可持续发展中的重要作用，同时有利于培养锻炼文物保护队伍，增强全民文化遗产保护意识。

国务院的普查时间安排于2012年10月开始，到2016年12月结束，分三个阶段进行。普查标准时点为2013年12月31日24时。2012年9月至12月为普查第一阶段，主要任务是制定标准和规范，开发软件，开展培训、试点工作；2013年1月至2015年12月为普查第二阶段，主要任务是以县域为基本单元，开展调查、文物认定、信息采集和审核工作；2016年1月至2016年12月为普查第三阶段，主要任务是进行调查资料的整理、汇总、数据库建设和公布普查成果。

辽宁省的普查时间安排是2012年10月开始，到2016年12月结束，分三个阶段进行。普查标准时点为2013年12月31日24时。2012年9月至12月为普查第一阶段，主要任务是根据国家确定的技术标准和规范，制定我省调查方案、组建调查队伍、开展调查培训工作；2013年1月至2015年12月为普查第二阶段，主要任务是以县域为基本单元，开展调查、文物认定、信息采集和审核工作；2016年1月至2016年12月为普查第三阶段，主要任务是进行调查资料的整理、汇总、数据库建设和公布普查成果。

锦州市的普查时间安排：第一阶段2012年10月至2013年4月，主要任务是成立各级普查工作领导小组、建立各级普查机构，按照国家确定的技术标准和规范，制定我市调查方案，组建调查队伍，开展培训、试点工作；第二阶段2013年5月至2015年12月，主要任务是以各县（市）区、开发区为基本单元，开展调查、文物认定、信息采集和审核工作；第三阶段2016年1月至2016年12月，主要任务是进行调查资料的整理、汇总、数据库建设和公布普查成果。

按照《国务院关于开展第一次全国可移动文物普查的通知》（国发〔2012〕54号）和《辽宁省人民政府关于开展第一次全国可移动文物普查的通知》（辽政发〔2013〕4号）的统一部署，我市于2013年3月，成立了以副市长刘洋为组长的由市各有关单位组成的锦州市第一次全国可移动文物普查领导小组，全面组织和领导我市的"一普"工作。为做好我市的文物普查工作，加强对文物普查工作的组织领导，按照市政府的要求，2013年4月，市文化广电新闻出版局成立了锦州市文广新局第一次全国可移动文物普查领导小组，同时组建了锦州市文广新局第一次全国可移动文物普查领导小组办公室，主要负责我市第一次全国可移动文物普查工作的组织、协调工作，并成立了相应的部门和机构，分工负责各项具体工作。2013年4月，制定了《锦州市第一次全国可移动文物普查实施方案》。《方案》中包括此次普查的意义、普查的目标、普查的范围和内容、普查的技术路线、普查的组织、普查的时间与实施步骤、普查数据管理和成果应用、普查的经费、普查宣传和社会参与、普查总结等部分。

此次普查实行全市统一规划，统一部署，各相关部门共同参与，市、县（市、区）政府分级负责，国有单位全面参加的方式实施。自2013年我市第一次全国可移动文物普查工作启动以来，我市各级文物主管部门积极与当地财政部门协调、沟通，按照财政部和国家文物局《关于开展第一次全国可移动文物普查经费保障专项督察工作的通知》（财办教〔2014〕19号）及省财政厅和省文化厅《关于开展第一次全国可移动文物普查经费保障自查工作的通知》（辽财教便〔2014〕15号）要求，市、县、区在财政资金相对紧张的情况下，积极筹措安排经费预算，累计投入并落实"一普"经费预算（2013—2016）119万元，确保我市"一普"工作的圆满完成。

我市从2013年启动第一次全国可移动文物普查以来，各级普查机构和收藏单位有序推进国有单位调查、文物认定和信息采集登录工作，一批有价值的文物不断得到发现和认定，数量众多的藏品逐步被录入国家可移动文物信息登录平台，普查成效逐步显现。本次普查，我市现有各级机关、事业单位、国有企业和国有控股企业等各类国有单位3542家。2013年11月22日，向全市国有单位发放登记表和公开信的工作全部完成，共派送、邮寄信件及登记表3542封。陆续收回调查表2969余份。其中对没有反馈意见的重点单位，派专人上门及电话联系调查情况，初步统计收藏有文物的国有单位15家，各国有单位文物藏品数量为2万余件（套、卷），分布在4个行业、系统（民政、文博、制造业、社会服务等）。绝大多数藏品主要分布在文博行业（纪念馆、博物馆）、图书馆、档案馆等。其中文博系统内8家，文博系统外7家。2014年11月底，15家收藏单位在统一平台上完成注册。经最终审核，确定有文物的国有收藏单位14家，文物平台录入13717件/套。

我市开展的全国可移动文物普查，有利于对我市文物资源情况和价值进行准确掌握和科学评价，建立文物登录备案机制，健全文物保护体系，加大保护力度，扩大保护范围，保障文物安全；有利于进一步促进文物资源整合利用，丰富公共文化服务内容，有效发挥文物在国民经济和社会发展总体布局中的积极作用。通过此次普查，基本摸清了国有可移动文物家底，初步掌握了锦州市文博系统和各级党政机关、国有企事业单位可移动文物的数量和分布情况，以及文物的本体特征、基本数据等；一大批有价值的文物得到发现和认定，纳入了国家文物保护管理体系，文物安全得到有效保障；在锦州市域范围内初步建立了一套比较全面、准确的国有可移动文物数据档案和大数据库，进一步健全了文物登录备案机制和文物保护体系；"文物身份证"管理体系初见成效；非文博单位学习了文物知识，认识了文物，能从文物的角度看待藏品，增强了文物管理与保护的意识，培养了文物保护管理人才队伍。

一、本行政区域普查数据

（一）本行政区域收藏有可移动文物的国有单位情况

经第一次全国可移动文物普查，锦州市内共有国有可移动文物收藏单位14家，保管人员33人，库房面积4732.6平方米。

按隶属关系：央属收藏单位0家、省属收藏单位0家、地市属收藏单位4家、区县属收藏单位9家、乡镇街道属收藏单位0家、其他1家。

按单位性质：国家机关0家，事业单位13家，国有企业、国有控股企业0家，其他1家。

按单位类型：博物馆、纪念馆5家，图书馆2家，美术馆、档案馆0家，其他7家。

按行业分布：农、林、牧、渔业0家，采矿业0家，制造业1家，电力、燃气及水的生产和供应业0家，建筑业0家，交通运输、仓储和邮政业0家，信息传输、计算机服务和软件业0家，批发和零售业0家，住宿和餐饮业0家，金融业0家，房地产业0家，租赁和商务服务业0家，科学研究、技术服务和地质勘探业0家，水利、环境和公共设施管理业0家，居民服务和其他服务业0家，教育0家，卫生、社会保障和社会福利业1家，文化文物、体育和娱乐业11家，公共管理社会组织1家，其他0家。

（二）锦州市国有可移动文物数量及分布

经第一次全国可移动文物普查，锦州市国有可移动文物收藏量为13717件/套。

按单位隶属关系：中央属收藏单位收藏可移动文物0件/套、省属收藏单位收藏可移动文物0件/套、地市属收藏单位收藏可移动文物11673件/套、区县属收藏单位收藏可移动文物2041件/套、乡镇街道属收藏单位收藏可移动文物0件/套、其他收藏可移动文物3件/套。

单位隶属关系	中央属收藏单位	省属收藏单位	地市属收藏单位	区县属收藏单位	乡镇街道属收藏单位	其他收藏
数量（件/套）	0	0	11673	2041	0	3

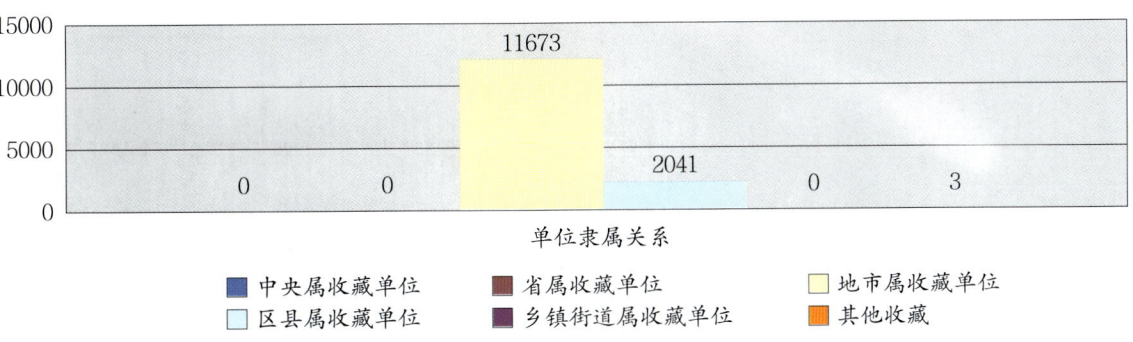

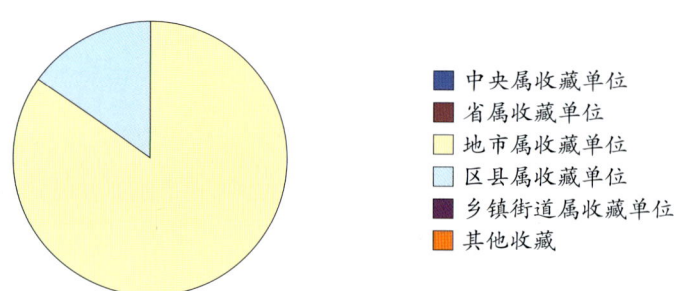

按单位性质：国家机关收藏可移动文物0件/套，事业单位收藏可移动文物13714件/套，国有企业、国有控股企业收藏可移动文物0件/套，其他单位收藏可移动文物3件/套。

单位性质	国家机关	事业单位	国有企业、国有控股企业	其他单位
数量（件/套）	0	13714	0	3

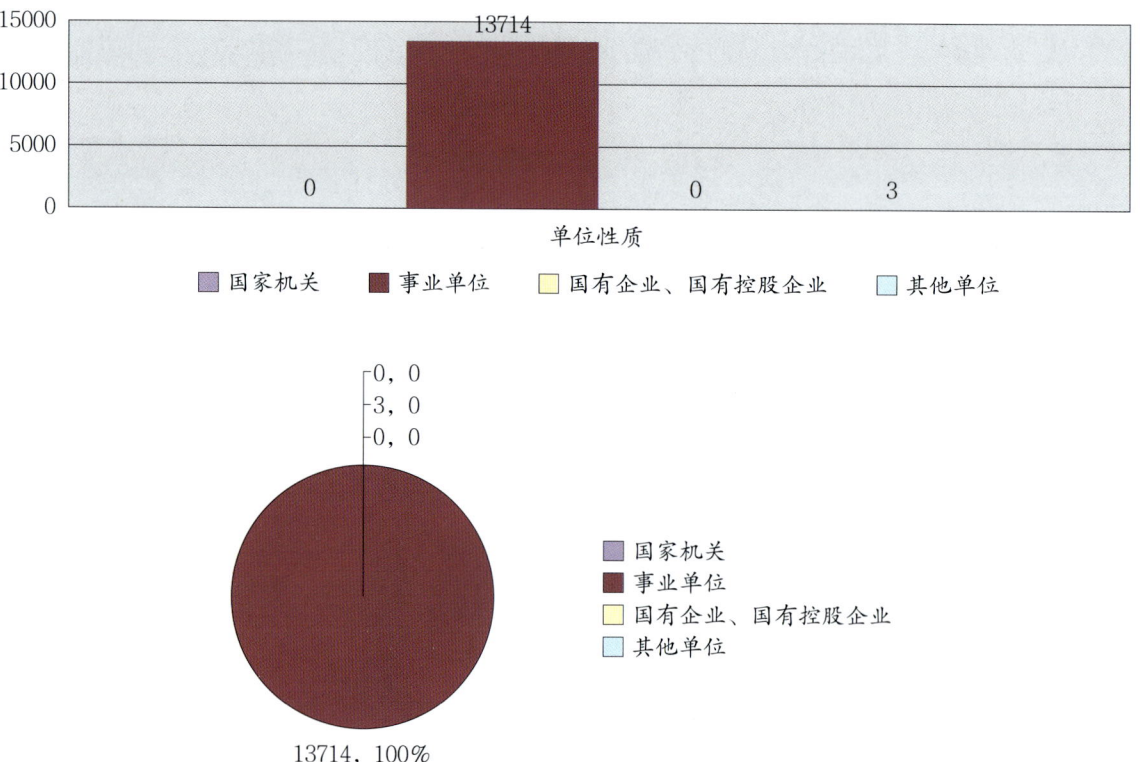

按单位类型：博物馆、纪念馆收藏可移动文物11267件/套，图书馆收藏可移动文物1120件/套，美术馆收藏可移动文物0件/套，档案馆收藏可移动文物0件/套，其他单位收藏可移动文物1330件/套。

单位类型	博物馆、纪念馆	图书馆	美术馆	档案馆	其他单位
数量（件/套）	11267	1120	0	0	1330

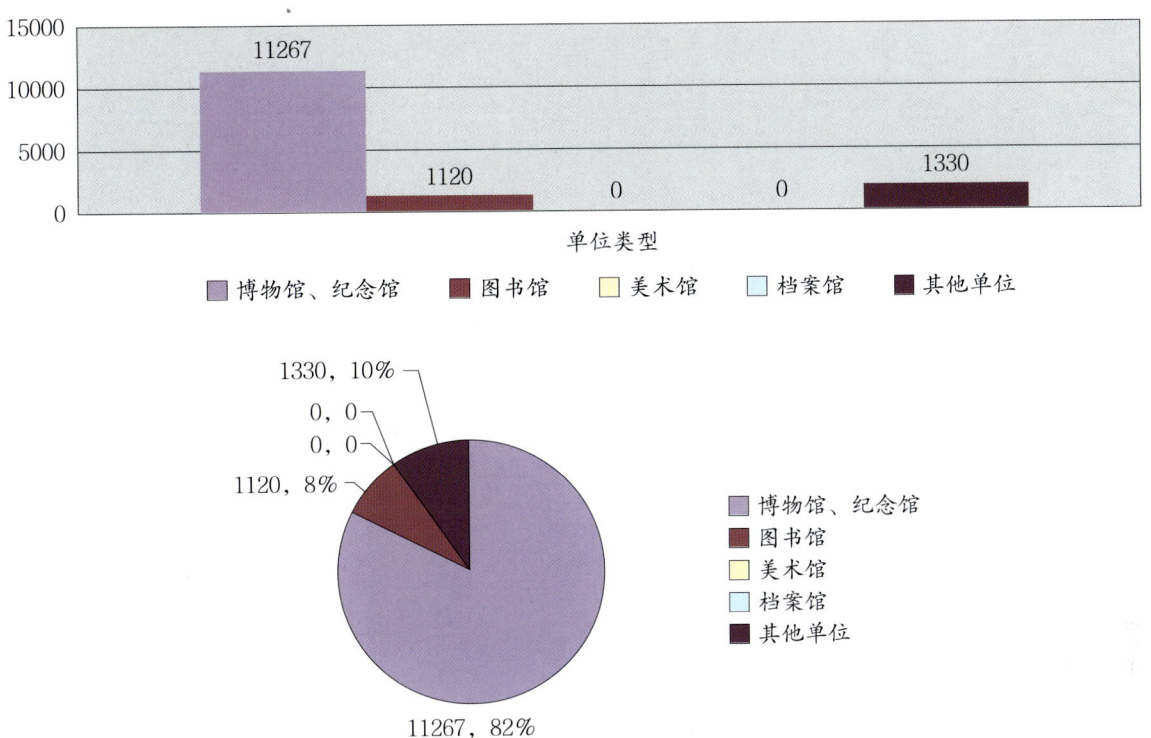

按行业：农、林、牧、渔业0件/套，采矿业0件/套，制造业3件/套，电力、燃气及水的生产和供应业0件/套，建筑业0件/套，交通运输、仓储和邮政业0件/套，信息传输、计算机服务和软件业0件/套，批发和零售业0件/套，住宿和餐饮业0件/套，金融业0件/套，房地产业0件/套，租赁和商务服务业0件/套，科学研究、技术服务和地质勘探业0件/套，水利、环境和公共设施管理业0件/套，居民服务和其他服务业0件/套，教育0件/套，卫生、社会保障和社会福利业5件/套，文化文物、体育和娱乐业13680件/套，公共管理社会组织29件/套，其他0件/套。其中，制造业占0.022%，卫生、社会保障和社会福利业占0.038%，文化文物、体育和娱乐业占99.7%，公共管理社会组织0.24%。

行业	数量（件/套）	行业	数量（件/套）
农、林、牧、渔业	0	房地产业	0
采矿业	0	租赁和商务服务业	0
制造业	3	科学研究、技术服务和地质勘探业	0
电力、燃气及水的生产和供应业	0	水利、环境和公共设施管理业	0
建筑业	0	居民服务和其他服务业	0
交通运输、仓储和邮政业	0	教育	0
信息传输、计算机服务和软件业	0	卫生、社会保障和社会福利业	5
批发和零售业	0	文化文物、体育和娱乐业	13680
住宿和餐饮业	0	公共管理社会组织	29
金融业	0	其他	0

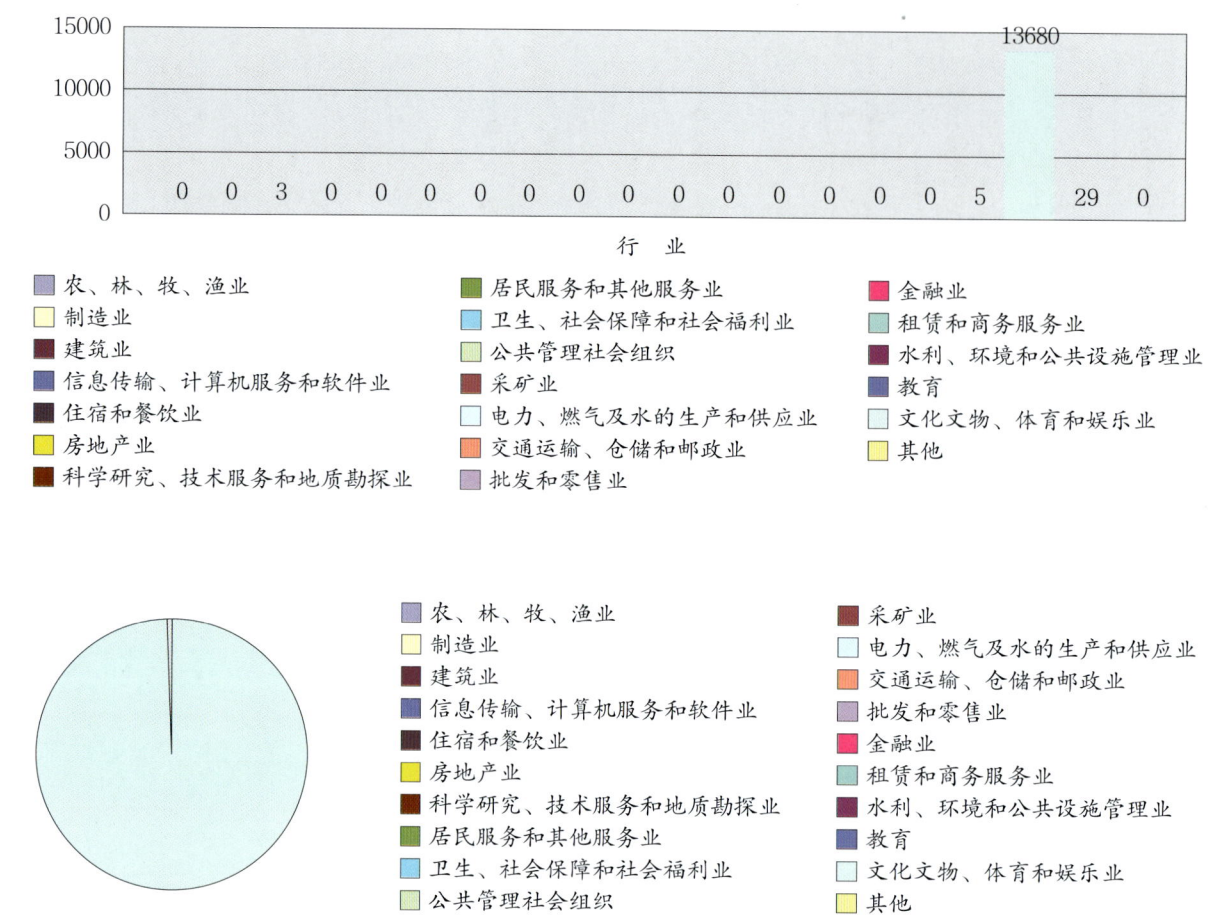

按来源：征集购买589件/套，接受捐赠7399件/套，依法交换12件/套，拨交1206件/套，移交158件/套，旧藏2845件/套，发掘348件/套，采集1130件/套，拣选11件/套，其他19件/套。比例分别为征集购买4.3%，接受捐赠54%，依法交换0.09%，拨交8.8%，移交1.2%，旧藏20.8%，发掘2.5%，采集8.2%，拣选0.08%，其他0.13%。

来源	征集购买	接受捐赠	依法交换	拨交	移交	旧藏	发掘	采集	拣选	其他
数量（件/套）	589	7399	12	1206	158	2845	348	1130	11	19

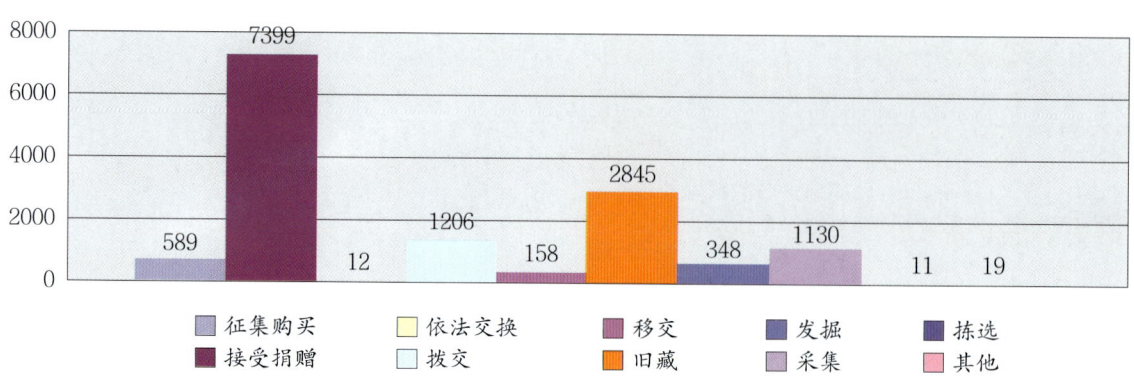

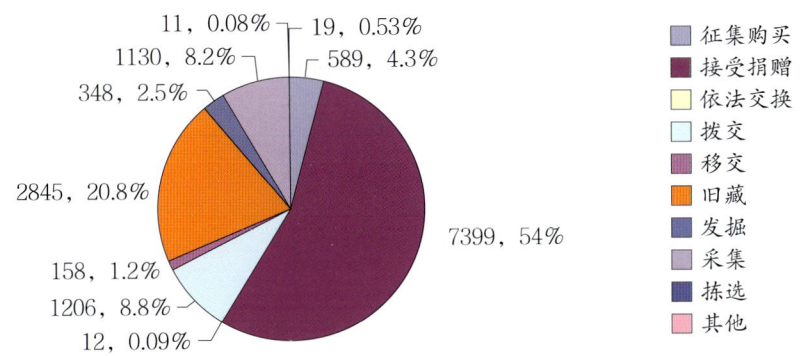

按类别：玉石器、宝石360件/套，占2.62%；陶器398件/套，占2.90%；瓷器1189件/套，占8.67%；铜器588件/套，占4.29%；金银器547件/套，占3.99%；铁器、其他金属器315件/套，占2.30%；漆器9件/套，占0.07%；雕塑、造像358件/套，占2.61%；石器、石刻、砖瓦249件/套，占1.82%；书法、绘画671件/套，占4.89%；文具122件/套，占0.89%；甲骨4件/套，占0.03%；玺印符牌126件/套，占0.92%；钱币1219件/套，占8.89%；牙骨角器39件/套，占0.28%；竹木雕21件/套，占0.15%；家具19件/套，占0.14%；珐琅器15件/套，占0.11%；织绣340件/套，占2.48%；古籍图书1959件/套，占14.28%；碑帖拓本32件/套，占0.23%；武器556件/套，占4.05%；邮品57件/套，占0.42%；文件、宣传品1379件/套，占10.05%；档案文书1533件/套，占11.18%；名人遗物125件/套，占0.91%；玻璃器51件/套，占0.37%；乐器、法器41件/套，占0.30%；皮革134件/套，占0.98%；音像制品643件/套，占4.69%；票据120件/套，占0.87%；交通、运输工具3件/套，占0.02%；度量衡器26件/套，占0.19%；标本、化石29件/套，占0.21%；其他440件/套，占3.21%。

类别	数量（件/套）	类别	数量（件/套）
玉石器、宝石	360	竹木雕	21
陶器	398	家具	19
瓷器	1189	珐琅器	15
铜器	588	织绣	340
金银器	547	古籍图书	1959
铁器、其他金属器	315	碑帖拓本	32
漆器	9	武器	556
雕塑、造像	358	邮品	57
石器、石刻、砖瓦	249	文件、宣传品	1379
书法、绘画	671	档案文书	1533
文具	122	名人遗物	125
甲骨	4	玻璃器	51
玺印符牌	126	乐器、法器	41
钱币	1219	皮革	134
牙骨角器	39	音像制品	643

(续表)

类别	数量（件/套）	类别	数量（件/套）
票据	120	标本、化石	29
交通、运输工具	3	其他	440
度量衡器	26		

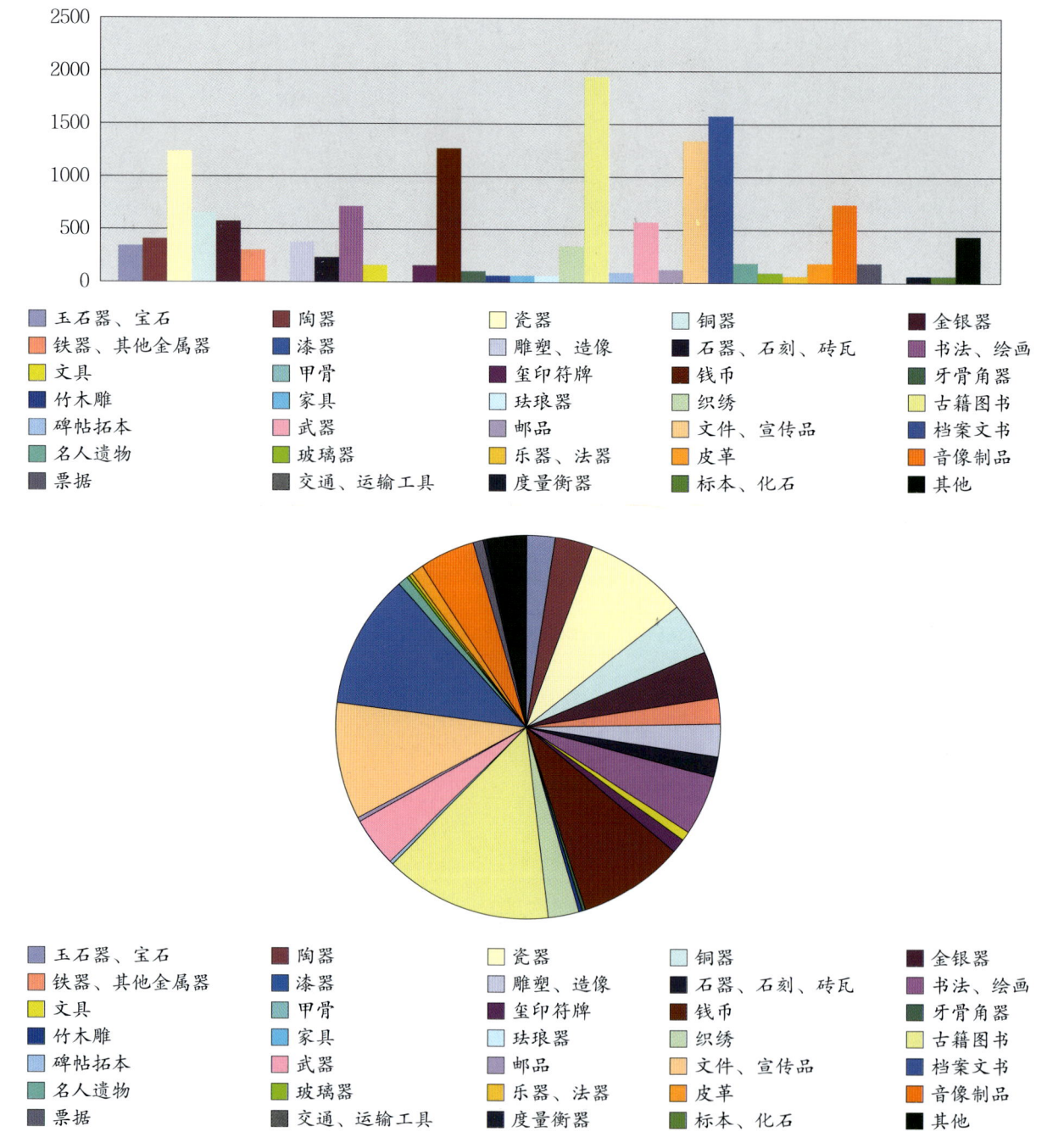

按级别：一级35件/套，二级522件/套，三级5952件/套，一般143件/套，未定级7065件/套。其中一级占0.26%，二级占3.81%，三级占43.39%，一般占1.04%，未定级占51.51%。

级别	一级	二级	三级	一般	未定级
数量（件/套）	35	522	5952	143	7065

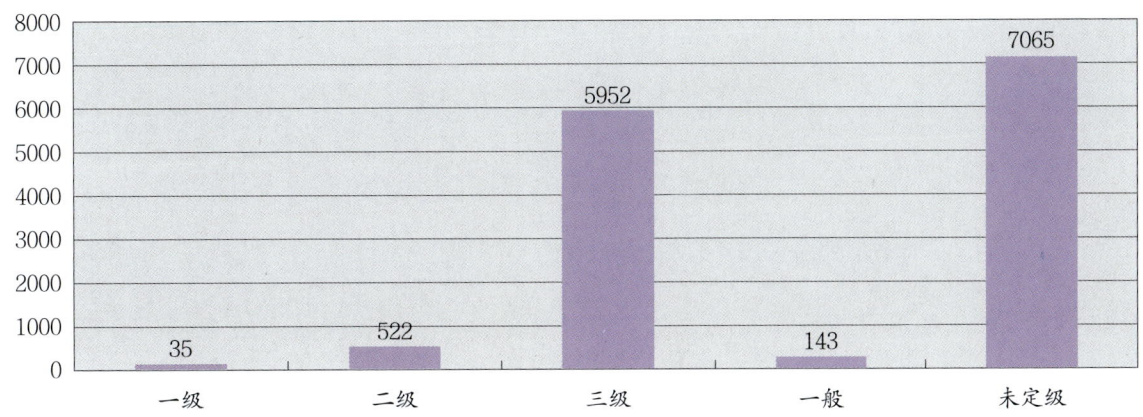

按完残程度：完整为4816件/套，基本完整为6271件/套，残缺为2349件/套，严重残缺（含缺失部件）为281件/套。比例分别为：完整占35.11%，基本完整占45.72%，残缺占17.12%，严重残缺（含缺失部件）2.05%。

完残程度	数量（件/套）	占比
完整	4816	35.11%
基本完整	6271	45.72%
残缺	2349	17.12%
严重残缺（含缺失部件）	281	2.05%

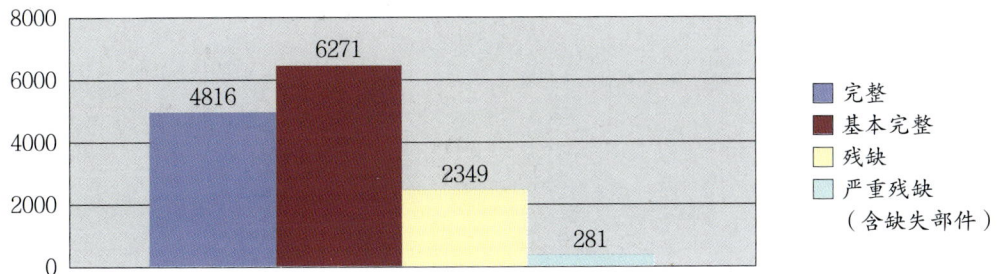

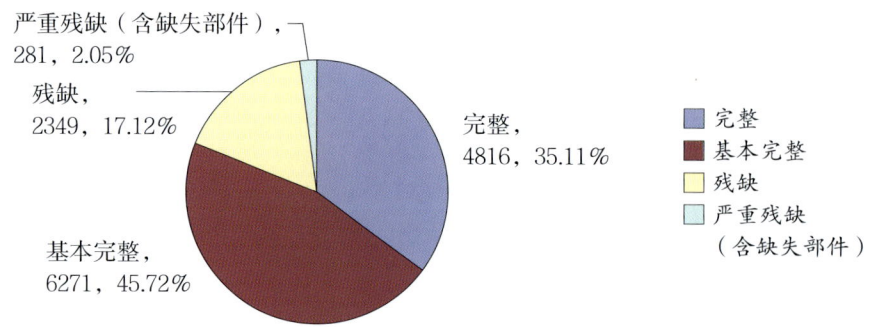

按入藏时间：1949年10月1日前136件/套，1949年10月1日至1965年4741件/套，1966年至1976年381件/套，1977年至2000年7516件/套，2001年至今943件/套。比例分别为：1949年10月1日前占0.99%，1949年10月1日至1965年占34.56%，1966年至1976年占2.78%，1977年至2000年占54.79%，2001年至今占6.87%。

入藏时间	数量（件/套）	占比
1949.10.1前	136	0.99%
1949.10.1—1965	4741	34.56%
1966—1976	381	2.78%
1977—2000	7516	54.79%
2001至今	943	6.87%

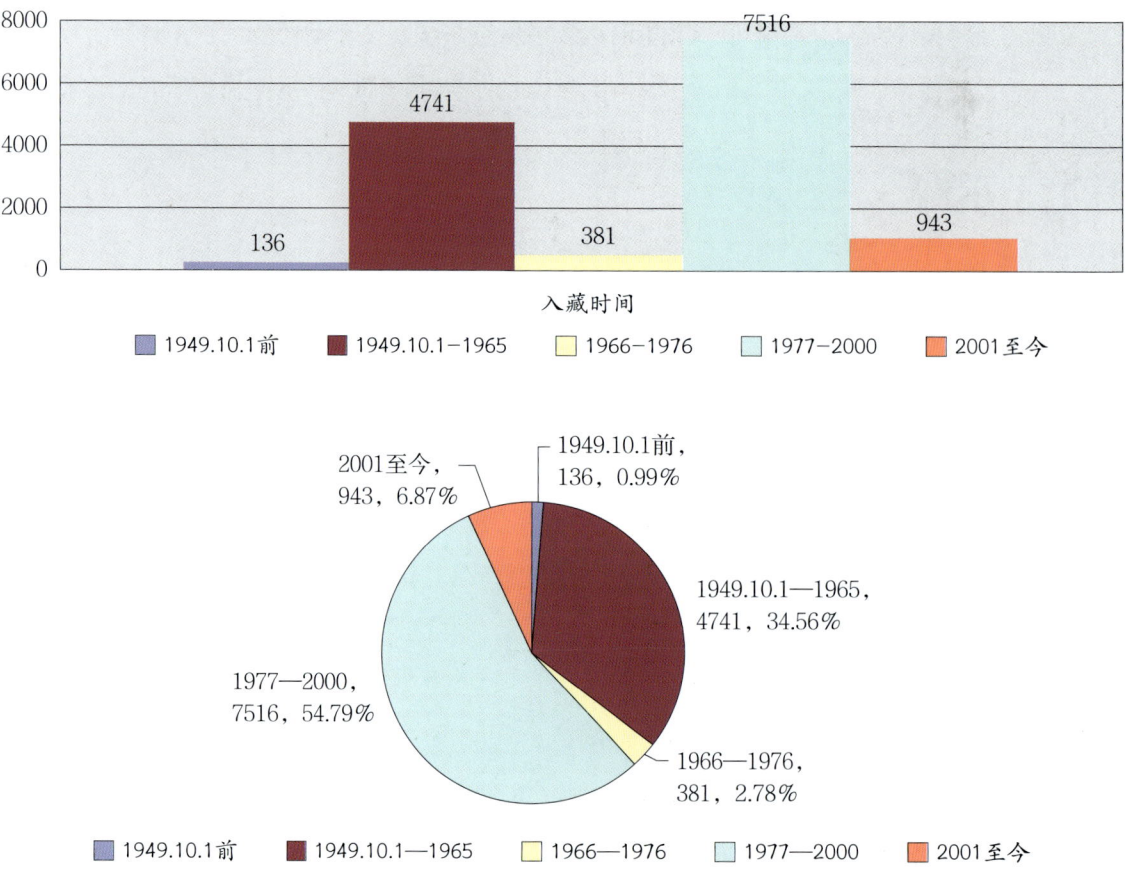

二、本行政区域普查工作组织实施

（一）属地管理、分级负责

此次普查实行全市统一规划，统一部署，各相关部门共同参与，市、县（市、区）政府分级负责，国有单位全面参加的方式实施。按照《国务院关于开展第一次全国可移动文物普查的通知》（国发〔2012〕54号）和《辽宁省人民政府关于开展第一次全国可移动文物普查的通知》（辽政发〔2013〕4号）的统一部署，市政府成立"锦州市第一次全国可移动文物普查领导小组"（以下简称"市普查领导小组"），负责全市普查工作的组织和领导，制定、发布普查工作方案；各级人民政府根据实施方案结合本地的具体情况，按全国统一标准和规范制定本级行政区域的普查方案和工作计划，按照全省统一的标准和规范组织实施。同时，普查以县域为基本单元，各县（市）区人民政府要按照国务院的统一部署和省政府的要求，设立相应的普查领导小组及其办公室，认真做好本地区文物普查的组织实施工作。包括国有单位普查登记，文物信息采集、登录和文物认定，普查档案建立、可移动文物名录编制等，均以县域为基础。县级普查机构负责建立本行政区域纳入各级普查范围的全部国有单位清单。

1. 设立普查领导小组成立普查机构

2012年在国务院下发《关于开展第一次全国可移动文物普查的通知》后，根据《辽宁省人民政府关于在全省开展第一次可移动文物普查的通知》以及《锦州市人民政府关于在全市开展第一次可移动文物普查的通知》精神，我市于2013年3月，成立了以副市长刘洋为组长的，由市各有关单位组成的锦州市第一次全国可移动文物普查领导小组，全面组织和领导我市的"一普"工作。

锦州市第一次全国可移动文物普查
领导小组人员名单

组　长：刘　洋　市政府副市长
副组长：齐秀成　市政府副秘书长
　　　　孙海滨　市委宣传部副部长、市文广新局局长
成　员：李晓军　市文广新局副书记、副局长
　　　　韩玉民　市委党史研究室副主任
　　　　鲍百灵　市发展改革委副主任
　　　　李　非　市国资委副主任
　　　　崔明久　市民委副主任

韩　宁　市财政局副局长

秦爱国　市教育局副局长

尹长军　市民政局副局长

阮瀛洲　市国土资源局副局长

汪　洪　市统计局副局长

苑丽君　市档案局副局长

才　菁　市科学技术协会副主席

李宏超　人民银行锦州市中心支行工会主席

领导小组办公室设在市文广新局，办公室主任由李晓军同志兼任。

为做好我市的文物普查工作，加强对文物普查工作的组织领导，按照市政府的要求，2013年4月，市文化广电新闻出版局成立了锦州市文广新局第一次全国可移动文物普查领导小组，同时组建了锦州市文广新局第一次全国可移动文物普查领导小组办公室，主要负责我市第一次全国可移动文物普查工作的组织、协调工作，并成立了相应的部门和机构，分工负责各项具体工作。

市文广新局第一次全国可移动文物普查
领导小组组成人员名单

组　　长：孙海滨　市委宣传部副部长、市文广新局局长

副组长：李晓军　市文广新局党委副书记、副局长

成　　员：梅晰茜　市文广新局办公室主任

　　　　　王　硕　市文广新局文物处处长

　　　　　郑志宏　市博物馆馆长

　　　　　吴　鹏　市文物考古研究所所长

　　　　　郭荣辉　市辽沈战役纪念馆副馆长

主要工作任务：负责全市普查的组织和领导工作

领导小组下设办公室，王硕同志兼任办公室主任。

为保证全市文物普查工作的顺利进行，有效组织、协调开展各项工作，市文化局组建领导小组办公室，下设综合协调组、业务指导组、技术应用组、资金管理组、对外宣传组等工作机构，负责相关事宜。

综合协调组工作职责：在领导小组领导下，负责与省文物局、市政府及市直有关部门，各县（市）区文化局的组织、协调工作，参与各项业务工作的协调。

业务指导组工作职责：根据国家下发的《第一次全国可移动文物普查实施方案及相关标准、规范》要求，

编制全市文物普查工作方案；协助资金管理组编制经费预算；编制全市业务培训方案；组织、实施全市文物普查业务培训工作；指导各普查单位信息采集和录入；组织全市文物普查工作的初审与验收；负责相关资料、档案的建立和管理；负责市文物普查报告的编写工作；指导各县（市、区）文物普查报告的编写。

技术应用组工作职责：协助资金管理组编制经费预算；协助编制全市业务培训方案；协助组织、实施全市文物普查业务培训工作；负责数据核查、汇总、整理；负责文物普查信息采集系统的维护；协助完成全市文物普查报告编写工作。

资金管理组工作职责：负责编制经费预算；落实市本级经费；购置文物普查设备、备品；管理专项经费；对普查工作使用资金情况进行监督、审计。

对外宣传组工作职责：按照《国务院关于开展第一次全国可移动文物普查的通知》的要求，制订文物普查宣传计划并组织实施；协调电视、广播、报刊和互联网等媒体，开展文物普查的宣传工作；在业务指导组的协助下，编发文物普查工作专报。

同时，对其他行业系统普查工作机制建立情况，锦州市政府组织召开第一次全国可移动文物普查协调会，市普查领导小组成员单位均参加，并责成各行业具体负责业务的单位全力配合市普查办开展工作；大型国有收藏单位普查工作机制建立情况：就我市而言，大型国有收藏单位有市博物馆、市图书馆、辽沈战役纪念馆、萧军纪念馆等，都已建立了相应工作机制，分工负责。由于上述单位都属文化系统，工作协调也十分便捷；其他行业系统收藏单位组织协调工作，如宜州化石馆、道光廿五博物馆。市普查办通过转发国家、省、市《关于开展第一次全国可移动文物普查的通知》，并以召开会议的形式与各单位建立了普查联动机制，增强了沟通，使普查工作顺利地开展起来。

2. 制定普查实施方案和工作制度

第一次全国可移动文物普查是在文化遗产领域开展的一次重大国情国力调查，是一项旨在全面掌握我国文物资源、加强文物保护、建设文化遗产强国的国家工程。锦州市第一次全国可移动文物普查是这一国家工程的重要组成部分。根据《文物保护法》《物权法》《国家"十二五"时期文化改革发展规划纲要》《国务院关于开展第一次全国可移动文物普查的通知》（国发〔2012〕54号）精神及国务院第一次全国可移动文物普查领导小组办公室制定的《第一次全国可移动文物普查实施方案》（文物普查发〔2013〕6号）的要求，为科学、规范、有序、高质量地完成普查工作，结合我市实际，2013年4月，制定了《锦州市第一次全国可移动文物普查实施方案》。《方案》中包括此次普查的意义、普查的目标、普查的范围和内容、普查的技术路线、普查的组织、普查的时间与实施步骤、普查数据管理和成果应用、普查的经费、普查宣传和社会参与、普查总结等部分，内容翔实、科学、可操作性强。同时，为了《方案》的顺利实施，配以相关的工作制度加以落实、完善。

此次文物普查任务重、时间长、涉及面广。为加强普查管理工作，市普查领导小组不断强化制度建设，强调以制度管理普查工作。

（1）制定了普查员工作管理制度。按照工作计划，实施调查、录入工作，坚持科学、合理、严谨、灵活的原则，以便顺利完成数据上报任务。按照国家文物局制定的标准，确保登录的数据准确无误；收集、整理、保存好"一普"相关资料,为建立我市"一普"档案做准备。一是《第一次全国可移动文物普查单位登记表》和《第一次全国可移动文物普查文物登记表》及其著录说明。二是第一次全国可移动文物普查文物登录标准。根据《馆藏文物登录规范》制定文物认定、分类、定名、年代、计量等普查标准及程序。三是第一次全国可移动文物普查文物名录编制规范、文物收藏单位名录编制规范、工作报告编制规范、建档备案工作规范。四是第一次全国可移动文物普查文物和文物收藏单位编码规范、信息采集技术要求和规范、文物数据汇总规范、电子数据处理工作规范、数据移植规范等。五是第一次全国可移动文物普查信息采集软件、信息登录系统、单位信息管理系统、数据管理系统、数据应用服务系统。

(2)制定了"一普"专项经费管理制度。各县(市)区积极筹措落实"一普"经费,确保"一普"工作顺利开展。"一普"专项经费专款专用,由各地"一普"办统一管理;节约开支,所有支出项目需直接向主管领导请示,经同意后方可实行,确保专款不被挪作他用。

(3)制定了普查宣传及普查工作进度上报管理制度。实行月报责任制,每月3日上报前一个月月报。同时,做好对外宣传工作,开展文物普查的宣传工作。发挥市直和各县市区普查小组信息员的作用,积极撰写信息。要求每小组每月撰写一篇信息。重大发现或重大进展迅速向市"一普"办反映说明,提供信息。

(4)建立普查督察督导制度、信息报送制度,建立普查管理机制,督促各地稳步推进普查工作进展。

3.落实普查工作经费

锦州市第一次全国可移动文物普查所需经费由市、县两级地方人民政府分别负担,并分别列入市、县(市、区)相应年度的财政预算。按照《文物保护法》第八条"地方各级人民政府负责本行政区域内的文物保护工作"和第十条"县级以上人民政府应当将文物保护事业纳入本级国民经济和社会发展规划,所需经费列入本级财政预算"的规定,各地文物普查所需经费应主要由文物所在地政府解决,列入相应年度的财政预算,按时拨付使用。中央财政经费主要用于全国性普查组织宣传、文物认定、人员培训、质量检查控制、信息登录平台开发建设和数据管理等项目。地方经费主要用于区域性普查组织宣传、单位调查、文物认定、人员培训、质量检查控制、信息采集和数据管理以及普查机构运行等项目。自2013年第一次全国可移动文物普查工作启动以来,我市各级文物主管部门积极与当地财政部门协调、沟通,按照财政部和国家文物局《关于开展第一次全国可移动文物普查经费保障专项督察工作的通知》(财办教〔2014〕19号)及省财政厅和省文化厅《关于开展第一次全国可移动文物普查经费保障自查工作的通知》(辽财教便〔2014〕15号)要求,市、县、区在财政资金相对紧张的情况下,积极筹措安排经费预算,累计投入并落实"一普"经费预算(2013—2016)119万元,确保我市"一普"工作的圆满完成。

锦州市第一次全国可移动文物普查经费落实情况表

单位:万元

	2013年	2014年	2015年	2016年	合计
锦州市汇总	15	38	34	32	119
锦州市本级	5	10	10	10	35

（续表）

	2013年	2014年	2015年	2016年	合计
凌海市	0	16	10	10	36
义县	0	1	3	1	5
北镇市	10	10	10	10	40
黑山县	0	1	1	1	3

4. 组建普查队伍

总投入人员数量：65人。

总投入人员地市、区县统计，投入人员分普查办工作组成员、专家组成员、收藏单位人员、志愿者四种类型统计。

行政区	各级普查办	收藏单位	普查专家	普查志愿者	合计
地市级合计	10	45	10	0	65
锦州市本级	2	25	2	0	29
北镇市	2	3	2	0	7
凌海市	2	10	2	0	14
义县	2	4	2	0	8
黑山县	2	3	2	0	7

由于锦州市的历史文化遗存丰富，文物藏品繁多，因此普查任务十分繁重。为了更好地完成可移动文物普查工作，锦州市各级普查办抽调业务人员、专业骨干组建普查队伍。人员培训分为省、市级培训。按照辽宁省普查办《关于举办辽宁省第一次全国可移动文物普查培训班的通知》（辽文普办发〔2013〕5号），及《关于调整辽宁省第一次全国可移动文物普查专家指导组的通知》（辽文普办发〔2015〕1号）文件要求，先后选派各普查单元业务骨干参加省里统一培训，回来后，市普查办组织本区域所有普查队员参加本市培训。为普查工作的顺利完成奠定了人才基础。

（二）调查、认定、采集、登录、审核，分阶段实施

1. 国有可移动文物收藏单位调查阶段

我市自2013年启动第一次全国可移动文物普查以来，各级普查机构和收藏单位有序推进国有单位调查、文物认定和信息采集登录工作，一批有价值的文物不断得到发现和认定，数量众多的藏品逐步登录到国家可移动文物信息登录平台，普查成效逐步显现。本次普查，我市现有各级机关、事业单位、国有企业和国有控股企业等各类国有单位3542家。2013年11月22日，向全市国有单位发放登记表和公开信的工作全部完成，共派送、邮寄信件及登记表3542封。陆续收回调查表2969余份。其中对没有反馈回意见的重点单位，派专人上门及电话联系调查情况，初步统计收藏有文物的国有单位15家，各国有单位文物藏品数量为2万余件（套、卷）。分布

在4个行业、系统（民政、文博、制造业、社会服务等）。绝大多数藏品主要分布在文博行业（纪念馆、博物馆）、图书馆、档案馆等。其中文博系统内8家，文博系统外7家。2014年11月底，15家收藏单位在统一平台上完成注册。经最终审核，确定有文物的国有收藏单位14家，文物平台录入13717件/套。

行政区划	辖区内国有单位数量（家）	国有单位可移动文物收藏情况调查表		
		发放（张）	回收（张）	反馈收藏有可移动文物的国有单位（家）
锦州市统计	3542	3542	2969	15
锦州市本级	2053	2053	1480	5
凌海市	383	383	383	5
北镇市	390	390	390	1
义县	210	210	210	2
黑山县	506	506	506	2

2. 国有可移动文物认定工作阶段

我市自2013年国有单位可移动文物收藏情况调查摸底工作开展后，各地高度重视，科学部署，各级普查办主动协调，认真组织实施，全体普查工作人员积极行动，确保了国有单位调查摸底工作顺利进行。一是在调查摸底工作初期召开了全市各成员单位、县区人民政府、国有企业负责人参加的可移动文物普查工作动员会；二是积极协调相关单位落实普查经费，依托政府督察部门强力参与保证了普查工作的正常运转；三是将辖区内国有单位按级别、分类、性质和区域划分，落实到相应的行业和系统主管责任部门，分工协作、层层部署、分级承担调查摸底任务；四是反复核查反馈的单位信息，防止遗漏或错过任何一个国有单位，确保了摸底工作全覆盖。

通过此次文物认定，进一步将我市各类具有历史、艺术、科学价值的文化资源纳入《文物保护法》的保护范畴，使其免受破坏，具有重要的意义。此次文物普查，对于文物认定、定级及登录制度的确立，以及我市文化遗产科学化管理奠定了坚实的基础。

3. 国有可移动文物信息采集登录阶段

市普查办严格按照国务院、省普查办要求，及时转发国家文物局、省文物局印发的通知、方案、规范性文件等。市普查办同时派专人对各县（市）区等单元进行指导，深入各普查单位。各地均采取先离线录入，经县、市两级普查办审核后，再进行网上录入。对于系统外的烈士陵园及宜州化石馆等单位，市普查办派专人全程参与，指导录入工作。

（1）填写文物登记卡，采集部分数据。根据《第一次全国可移动文物普查工作手册》要求，普查人员对所有认定的可移动文物分别填写文物登记卡，对文物的藏品号、名称、原名、时代、类别、质地、级别、数量、质量、尺寸、来源、入馆时间及完残程度等信息根据藏品账册逐项填写。同时根据锦州市第一次全国可移动文物普查办公室的要求，将一、二、三级文物分别、分组录入。

（2）文物影像信息采集工作。各普查单位分别抽调普查人员组建了文物影像信息采集小组，负责具体文物影像信息的采集和数据整理。同时，其他人员负责文物称重和尺寸的测量工作，确保不重复工作，减少对文物的伤害。在具体工作中，各普查单位及时合理调配工作人员，确保影像信息采集工作顺利进行。

（3）文物信息录入。由各国有收藏单位自身抽调专人负责文物信息录入工作，录入人员根据文物登记卡提供的数据和相关文物的影像信息进行数据录入。在数据录入过程中，录入人员认真负责，面对重复的工作内容，克服急躁情绪，有条不紊地开展工作，及时与数据采集人员、审核人员进行沟通，保证了数据录入的准确及时。

4. 国有可移动文物信息审核阶段

市普查办按照省普查办要求，及时转发国家文物局《关于做好第一次全国可移动文物普查信息登录审核工作的通知》（辽文普办发〔2015〕1号）、《第一次全国可移动文物普查数据审核工作管理办法》（辽文普办发〔2015〕3号）。同时按照省普查办要求，针对数据审核工作，在全市集中召开三次会议及培训。主要对于采集的数据进行初步审核培训；对数据审核过程中出现的问题开展研讨；对省普查办反馈的审核信息进行集中修改等工作。对非文博系统收藏单位的审核工作，市普查办采取具体由辖区普查办负责，市普查办进行二审的办法。

文物数据审核工作是可移动文物普查工作的最后一道工序。在具体工作中，主要是核对数据的准确性和规范性，对漏填的信息进行补充，尤其是命名中存在着信息不完整或信息不准确的问题。审核员每天逐个、逐项修改，保证了文物数据信息的科学、真实、系统、完整性。根据省可移动文物专家组数据审核，发现有许多问题，如文物定名问题、考古学年代问题、文物质地划分问题等。发现问题后，我们及时向省文物专家请教、沟通。在省文物专家的指导、帮助下，我市对原上报的文物数据进行仔细修改，重新上报，经国家、省文物专家终审合格。

（三）宣传动员

开展第一次全国文物普查，是全面了解国情国力的重要途径，是加强文化遗产保护的重要基础性工作，是加快文物事业发展的迫切要求。为此，国务院特制定了第一次全国文物普查宣传工作方案。文物普查的宣传工作由国务院普查领导小组办公室制定方案，经领导小组审定发布后，组织实施。各省级普查领导小组办公室据此制定本省的宣传方案并组织实施。国务院普查领导小组办公室负责对各省的普查宣传工作进行监督和指导。

1. 制定普查宣传工作方案

由市普查领导小组办公室制定普查的宣传工作方案，经领导小组审定发布后，组织实施。各县（市）区普查领导小组办公室制定本级方案并组织实施。各级普查机构均把普查作为本行政区域内重点文化建设工作进行宣传，根据普查的不同阶段分别确定相应的重点内容。普查宣传重点内容分三个阶段开展。

第一阶段：重点宣传开展普查的目的意义、对象范围、内容方法、程序步骤等。

第二阶段：集中宣传与普查有关的法律法规、普查标准规范、普查工作进展、普查先进事迹等。

第三阶段：追踪宣传普查数据处理进展情况，发布普查成果，宣传《全国国有可移动文物名录》和国有可移动文物数据库管理系统，以具体事例报道文物保护事业在增强文化软实力、构建和谐社会、推动社会经济发展方面的积极作用。

2. 协调媒体宣传报道及举办展览

自普查以来，锦州市多家新闻单位，通过利用广播、电视、报刊、互联网等媒体，对全面展开的"一普"工作进行全方位、多层次、多角度的宣传报道，并且引导广大市民积极参与。现已使文物普查工作家喻户晓、深入人心，并形成全体市民普遍关心和支持文化遗产保护事业的良好氛围。2014年12月，在锦州市博物馆举办《锦州市"一普"工作阶段性成果图片展》，展示图片49幅，参观人数2300人次。其间，国家文物局副局长宋新潮来锦州视察工作，在省、市有关领导的陪同下，特地参观了此次展览，对我市"一普"工作开展情况给予高度评价。

3. 创办《可移动文物普查信息》

为便于普查工作，我市普查办成立了信息组，创办了《锦州市全国第一次可移动文物普查工作信息》，编发五期，分别报送、下发至各级普查领导小组、相关成员单位及各国有收藏单位等。在《普查工作信息》中，我们除了介绍工作动态以外，还编制了普查工作进度表，通过信息和进度表推进普查工作，这样做不仅能够让各级领导了解到本区域内的普查工作进展情况，同时各普查单位也会形成你追我赶、不甘示弱的工作氛围。

行政区	组建地市级宣传机构（个）	制定地市级宣传方案（个）	宣传方式				
			电视（次）	互联网（次）	报刊（次）	海报（份）	册页（份）
锦州市本级合计	3	3	5	0	9	11000	0
锦州市	■是 □否	■是 □否	1	0	3	5000	0
北镇市	■是 □否	■是 □否	3	0	5	5000	0
黑山县	■是 □否	■是 □否	1	0	1	1000	0
凌海市	□是 ■否	□是 ■否	0	0	0	0	0
义县	□是 ■否	□是 ■否	0	0	0	0	0

（四）质量控制

为了深入推进普查工作，确保普查质量，锦州市普查办按照分级负责的原则，对数据处理各环节的质量进行严格控制，积极发挥普查专家组作用，各普查机构均设有专家库，具体负责各地文物数据质量控制管理工作。

在登记录入阶段，我市普查办要求各国有收藏单位以《馆藏文物登录规范》作为登录标准，严格按照统一规定的工作流程和普查数据处理程序进行登记录入，由录入员通过程序审核，检查采集的文物数据。

在收藏单位层面的审核阶段，收藏单位采集的文物信息是初始化数据，数据质量对文物信息的生成起到至关重要的作用，因此市普查办要求收藏单位，以《第一次全国可移动文物普查数据审核工作管理办法》公布的标准，作为各地数据审核的唯一标准，收藏单位由专人负责数据审核，审核员对每一天的登录数据严格核对，确保数据准确。

（五）普查工作总结情况

我市自可移动文物普查工作启动伊始，便已开始进行普查档案的收集、整理工作，安排专人具体负责。主要是各级普查机构的发文、通知、简报、报告、函件、统计报表等。截至目前，我市普查办对普查档案现已装订成册共7册，包括国普办文件、省普查办文件、市普查办文件、各类函件、统计报表、报告及简报、规范性文件。

三、普查工作成果

（一）锦州市可移动文物资源情况及价值

通过此次文物普查工作，基本掌握我市收藏有文物的国有单位14家，各国有单位文物藏品数量为13717件/套。保存状况良好。主要分布在4个行业系统（民政、文博、制造业、社会服务等）。绝大多数藏品主要分布在文博行业（纪念馆、博物馆）、图书馆、档案馆等。其中文博系统内8家，文博系统外6家。

我市收藏文物的国有单位，主要分布在文物系统内，且文物藏品大部分也在这里。藏品的使用、管理均由文物部门具体负责。如锦州市博物馆、萧军纪念馆等。文博系统外国有文物收藏的单位数量不多，且藏品数量也少。例如，道光廿五博物馆，是我市一家满族工艺制酒企业。由于博物馆专题性强，因此藏品数量不多，具体由制酒企业自身负责管理。又如，义县宜州化石馆，藏品主要为古生物化石，藏品较为单一，且数量不多，现具体由义县国土局管理。同时，锦州市作为辽沈战役主战场，解放战争遗迹、遗物较多。其中，具有代表性的辽沈战役纪念馆、黑山"101"高地阻击战纪念馆，馆藏文物数量较大（约占我市文物藏品总量的三分之一），这也从侧面反映出我市文物藏品特殊性与特点，该馆现由锦州市政府办公厅管理。

我市"一普"工作已圆满结束，下一步将通过现有的文物数据，向社会提供公共文化服务。逐步公开符合公开条件的一般文物信息，定期公布文物资源总体情况，发挥已登录数据在文博创意产业、博物馆展陈、学术研究等方面的作用。

加强对已登录收藏单位的指导、支持和服务，建立藏品管理制度；同时加大对已登录文物的保护力度；制定非文博类国有可移动文物收藏单位文物管理办法。

同时根据普查数据情况，启动文物保护修复计划，特别是对历史、艺术、科学价值突出和亟待修复的藏品，开展抢救性保护工作。

计划通过整合各地可移动文物资源、举办展览等文化活动，如辽沈战役纪念馆与"101"高地阻击战纪念馆联合以解放战争——辽沈战役为主题的巡展及以动漫形式的满族制酒工艺演化、传承的影视展览，模拟野外现场采集"古生物化石"等，不断丰富公众的文化生活，充分发挥文物资源在我市经济、文化和社会发展总体布局中的积极作用。

（二）健全文物保护体系

通过此次可移动文物普查工作，逐步建立健全并完善我市的文物保护体系。

一是通过此次文物普查工作，在我市文物系统内大型收藏单位进行一次较彻底的清库建档及账目核对工作。

清库建档工作和账目核对工作是此次普查数据准确录入的关键所在，国家普查办、省普查办多次强调普查数据准确的重要性。以此次普查工作为契机，我市各国有收藏单位，尤其是大型的国有收藏单位，如锦州市博物馆、辽沈战役纪念馆、锦州市图书馆、萧军纪念馆等，以认真、严谨的工作态度，对库房内各类文物进行了一次彻底的清库工作。对于多年来未被扰动、展示的文物进行除尘清理，严格按照新的建档要求，规范、科学地开展测量、登记工作。对照单位原始台账逐一核对，无一遗漏，圆满完成清库建档工作，为后期文物数据录入的真实性、准确性打下了基础。

二是在此次文物普查中，对文物档案的不断补充完善，也是此次普查工作中取得的又一个突破。

（1）通过此次普查工作，完善了我市各国有单位的可移动文物数据。通过文物普查工作，建立了新的可移动文物的档案，也对原账册中部分指标项，如质量、时代和规格不全的进行了补充；原文物名称错误的，考古学文化不规范的，文物类别不准的，贵金属文物和宝玉石文物的质量统计不细的，通过这次可移动文物普查全部补充完整，提升了我市可移动文物数据档案管理科学化、系统化、规范化。

（2）影像信息数据在文物普查工作中起到了非常重要的作用。此次普查工作起点高、要求规范，以此为契机，要求建立并完善我市可移动文物影像信息数据库。文物按照规范进行多方位的影像信息数据采集，为电子文物档案的建立奠定了基础，为文物安全保护工作加上了"双保险"。

（三）有效发挥文物在本行政区域经济社会发展中的重要作用

锦州地区文化遗产以其独特的内涵反映出地方的文化积淀，反映出一个地方的文化优势。这些文化遗产充分显现了我市的文化底蕴和文化实力所产生的社会影响和综合效益，提升了锦州的文化影响力和核心竞争力，成为构成地域人文环境的主要因素。我市对历史文化遗产的有效保护，保持了锦州地区的文化个性，提升了锦州地区的文化品位，提高了锦州地区的综合竞争实力。

近年来，许多城市充分利用文化遗产，以带动地方社会经济的协调发展。我市利用历史文化遗产资源丰富的优势，通过特有的沿海地区海洋文化，辽沈战役红色遗址，张作相、萧军等名人旧居，道光廿五满族酿酒及独特的义县化石文化，展示锦州地区的文化形象，也有力地促进了城市社会经济的协调发展。

为了让人们更多地了解、关注并亲近文化遗产，近几年，我市不断开展博物馆"五进"活动，即送展览进乡村、进社区、进学校、进工厂、进军营。而且博物馆文物陈列形式不断更新，展品逐步实现精品化。广大民众在走近文化遗产的过程中，受到了文化的熏陶，加深了对文化的了解和热爱，提高了人们对文化遗产的兴趣和保护文化遗产的积极性。

文化遗产是加强公民素质建设的有效载体，凝聚了传统文化精华的文化遗产，对于弘扬民族精神，加强爱国主义、社会主义和革命传统教育，具有不可替代的重要作用。通过文化遗产的展览展示，陶冶人的情操，提高人民群众的科学文化素质，丰富人民群众的精神文化生活，并且使人民群众的文化权益得到更好的保障。近年来，我市各类博物馆和文物行政管理部门共举办各种形式的陈列展览100多个，累计参观人数达30余万人次。人们在参观文化遗产展览的过程中，丰富了精神生活，也受到了教育和启迪。文化遗产以其特有的精神力量凝聚、激励、鼓舞了人心，增强了人们内心的安宁感和幸福感。

四、几点建议

（一）健全机制，协调好保护和利用之间的关系。在目标管理责任制普遍推行的当前，文化遗产工作应尽快纳入政府间的层级考核管理。如是，则政府主导、社会广泛参与的文化遗产保护新机制才会形成。面对目前文物保护与利用这种普遍性的矛盾，针对本地实际情况，制定并完善地方性法规，真正强化落实《文物保护法》，这样相关单位可以较好地协调管理利用与文物保护的关系，做到有章可循。建立一种有效的保护机制，照章运行。同时建立遗产登录评估制度，应参照国内外的经验，分门别类地建立起文化遗产登录评估标准和程序。然后制定文化遗产管理的工作准则，重点解决部门工作协同和遗产单位的工作衡量标准等问题。

（二）加大经费投入，鼓励社会对文物保护事业进行捐赠。文物保护需要大量资金，目前每年的财政拨款实在是杯水车薪，政府应该加大投入，根据文化遗产修复、文物安全、社会教育、学术研究等方面的经费需求，综合确定。同时，在以政府投入为主的文物资金运作模式的基础上，积极拓宽文物保护资金的筹集渠道，吸收境内外企业、团体、个人捐资赞助，鼓励公民、法人和其他组织设立文化遗产保护基金，专门用于遗产保护，从而争取全社会的支持，使文物保护真正成为全民参与的公益性事业。

（三）完善机构，加强人才队伍建设，适当增加地方人员编制。人才的储备，对缓解文化遗产领域人才缺乏的矛盾很有帮助。同时，人才队伍建设应遵循文化遗产工作的规律和要求，要特别重视现有人才成长环境问题，从工作经费安排、激励机制创新等多个方面为人才发展注入能量。

（四）提升公众意识。通过吸引民众参观博物馆、考古现场，制作遗产媒介产品、展板，组织专家开设讲坛和纳入全日制正规教育等手段，端正公众对文化遗产的认识，鼓励公众参与保护。在文化遗产保护的相关环节当中，以一定的形式吸纳公众参与文化遗产保护和服务，发挥公众的监督作用。采取设立举报奖励等制度，动员公众对文化遗产保护实行监督。

第一章 锦州市第一次全国可移动文物普查收藏单位简介

锦州市博物馆简介

锦州市博物馆始建于1953年,为地方综合性博物馆。其位于锦州市古塔区北三里1号,馆址坐落于全国重点文物保护单位——广济寺古建筑群及于2001年建成并开放的新馆舍中,占地面积1.5万余平方米,建筑面积8900平方米。馆藏文物藏品计32类5320件/套,以锦州地区出土历代文物、传世瓷器以及书画类、玉器类、铜器类、丝织品类为主,馆藏文物不乏孤品、珍品,其中一级品10件,二级品172件。

作为地方综合性博物馆,就要充分展示锦州的历史风貌,展示锦州的经济、文化建设成果,展示锦州的风土民情。60余年来,锦州市博物馆利用广济寺古建筑群及新馆展厅共推出大、中、小各种展览200余个。新馆展厅内现设有"锦绣之州历史文明展""馆藏文物精品展""辽西古生物化石展""辽西节令习俗展"。此外,在新馆临时展厅每年都有近20个展览与观众见面;在广济寺古建筑群内现设有"妈祖文化展""甲午忠魂展""佛教文化艺术展"。每年接待观众近20万人次。60余年来,锦州市博物馆的科研人员共出版专著8部,在省内外各种刊物上发表专业论文100余篇。

在第一次全国可移动文物普查工作中,锦州市博物馆的普查工作历时三年多,共投入12人。各位普查员加班加点、不分昼夜、不辞辛苦、不计报酬,克服各种困难,共完成32种类别,5320件/套近1.7万件文物信息采集、录入工作,上传文物图片3万余张。在圆满完成本单位"一普"普查任务的同时,积极配合锦州市"一

锦州市博物馆

普"普查办,分阶段先后3次举办了锦州市可移动文物普查培训班,凭借本馆在普查工作中积累的技术优势及经验,为全市普查工作顺利完成提供了强有力的技术支持,由此受到各级普查单位的一致好评,2017年9月被评为"辽宁省第一次全国可移动文物普查先进集体"。

锦州市博物馆现为国家二级博物馆,是辽宁省文明单位、辽宁省爱国主义教育示范基地、辽宁省国防教育基地、辽宁省科普教育基地、国家AAAA级旅游景区。

锦州市文物考古研究所简介

锦州市文物考古研究所前身为锦州市文物考古工作队,成立于1987年7月,1997年11月更名为锦州市文物考古研究所。位于锦州市凌河区北京路五段1号,即辽沈战役纪念馆院内。其业务范围是文物保护与研究、考古调查、文物勘探与发掘、文物档案资料整理与研究、文物信息管理与利用。编制8人,现有专业技术人员6人,其中研究馆员1人,馆员2人,助理馆员3人,全部为本科学历。

考古所成立以来,先后主持、参与了义县奉国寺建筑遗址发掘,北镇庙行宫建筑遗址发掘,龙岗墓群中的耶律宗政、耶律宗允墓的清理发掘,黑山阻击战101高地遗址清理发掘,广济寺塔维修工程,市区汉代贝壳墓群发掘,古塔公园地下文物勘探,锦凌水库淹没区文物勘探及考古调查与发掘,锦州市渤海大道沿线文物调查,2007年全国长城资源调查及2008年第三次全国文物普查,2013年北镇辽陵调查等多项重点文物的考古调

锦州市文物考古研究所

查、勘探、发掘工作。同时配合辽宁省文物考古研究所,积极参与并完成京沈高速锦州段、锦阜高速、凌海市东花汉墓群等多项大型工程建设考古调查、勘探、发掘工作。同时注重对文物考古研究和地方史研究,先后发表国家级、省级专业学术论文40余篇。考古所现有文物库房140余平方米,收藏有文物藏品16件/套,同时还藏有部分锦州青铜时代的考古发掘资料。

凌海市文物管理处简介

凌海市文物管理处成立于1984年，原名锦县文物管理所，2012年更名为凌海市文物管理处。文物处现有职工5名。人员配置为处长1名，书记1名，业务人员3名。办公地点位于萧军公园院内，东邻萧军纪念馆。

凌海市文物管理处

凌海市文物管理处负责管理凌海市境内地上、地下、领海、水域内各类文物。凌海市境内现有各级文物保护单位71处，其中，国家级文物保护单位6处，省级文物保护单位5处，市级文物保护单位9处，县级文物保护单位51处。

凌海市文物管理处现有文物库房40平方米，馆藏文物244件，其中国家二级文物9件，国家三级文物89件，已鉴定一般文物110件，其余为待鉴定文物。可分为化石、石器、陶器、瓷器、青铜器、金银器、铁器等类别。凌海市可移动文物普查历经三年，在普查人员的不懈努力下，取得了丰硕成果。凌海市所辖的国家机关、事业单位、国有企业、国有控股企业383个注册单位全部登记上册，并发出"致全市国有单位一封信"及"国有单位文物收藏情况调查登记表"各383封，使普查覆盖率达到了100%。在此基础上完成了行政区域内可移动文物的认定工作及信息数据登录工作，2017年9月，凌海市被辽宁省第一次全国可移动文物普查领导小组办公室及辽宁省文物局评为"辽宁省第一次全国可移动文物普查先进集体"。

义县文物管理处简介

义县文物管理处，原名义县文物保管所，成立于1980年1月1日，2008年4月经由县政府研究决定，成立义县文物管理处。

义县文物管理处坐落在义县城内东街18号奉国寺院内，隶属义县文物管理局，为全额拨款事业单位。主要负责全县文物保护、各级文物保护单位的维修立项、文物考古调查、历史文化考证、打击盗掘古墓葬走私文物及日常工作。现有职工16人，男职工12人，女职工4人，党员11名，处长1人，副处长3人，下设文物保护股、档案室、办公室、保卫股，高级职称2人，中级职称9人，初级职称3人。

义县文物管理处

义县境内现有各级文物保护单位33处，其中国家级文物保护单位4处，省级文物保护单位6处，市级文物保护单位8处，县级文物保护单位15处。

义县文物管理处现有文物库房80平方米，珍藏珍贵文物藏品552件，其中国家二级文物36件、三级文物516件，此外还有一般文物120件，其余为未定级文物。藏品分为化石、石器、陶器、瓷器、青铜器、铁器、金银器、书画、货币等类别。

在第一次全国可移动文物普查工作中，义县所辖的国家机关、事业单位、国有企业、国有控股企业298个注册单位全部登记上册，并发出"致全县国有单位一封信"及"国有单位文物收藏情况调查登记表"各298份，普查覆盖率达到了100%。在此基础上完成了行政区域内可移动文物的认定工作及信息数据登录工作。义县可移动文物普查工作历经三年，在普查人员的共同努力下，可移动文物普查工作取得了圆满成功。

北镇市文物处简介

北镇市文物处成立于1965年3月，原名北镇县文物保管所，1990年6月更名为北镇满族自治县文物保管所，1995年4月更名为北宁市文物保管所，同年10月，更名为北宁市文物处，2006年2月更名为北镇市文物处至今。北镇市文物处现有干部职工26人，其中研究员职称1人，中级馆员职称15人，初级助理馆员和管理员职称7人，事业工勤人员3人，管理岗位职称1人。下设办公室、业务科、信息科、保卫科等科室。办公地点位于北镇市城西二公里北镇庙院内。

北镇市文物处的主要业务范围是负责北镇市境内文物收藏与展览、文物复制与修复、考古发掘、文物宣传出版及相关研究工作。北镇市境内现有文物保护单位541处，其中国家级文物保护单位7处，省级文物保护单位

北镇市文物处

21处，市级文物保护单位16处，县级文物保护单位164处，此外还有未公布文物保护单位233处。

北镇市文物处现有文物库房40平方米，馆藏文物350件/套。其中国家二级文物29件/套，国家三级文物321件/套，分为玉石器、陶器、瓷器、铜器、金银器、铁器及其他金属器、石器石刻砖瓦、木器、牙骨角器、古籍图书、碑帖拓本、票据、丝织品、其他等类别。北镇市的可移动文物普查工作历时四年，共走访各级机关、事业单位、国有企业和国有控股企业等各类国有单位473家，并向社会发放"致全市国有单位的一封信"及"国有单位文物收藏情况调查表"473份，全部收回，普查覆盖率达到了100%，高质量地完成了我市可移动文物的认定工作和信息数据登录工作，最后编撰了《全国第一次可移动文物普查北镇市文物处馆藏汇编》。此次普查工作，完善了我市可移动文物影像信息数据库，建立了馆藏文物电子档案，进一步促进了我市文物保护工作的发展。

黑山县文物保护管理所简介

黑山县文物保护管理所成立于1984年，2010年与黑山阻击战纪念馆合署办公（一个机构两块牌子）。所（馆）现有职工13名，人员配置为馆长1名，副馆长2名，所长1名，副所长2名，业务人员7名。办公地点位于黑

黑山县文物保护管理所

山县城东4000米处的101高地山脚下。

　　黑山县文物保护管理所主要负责全县文物保护、各级文物保护单位的维修立项、文物考古调查、历史文化考证、打击盗掘古墓葬走私文物及日常工作。黑山县境内现有各级文物保护单位48处，其中国家级文物保护单位2处，省级文物保护单位14处，市级文物保护单位7处，县级文物保护单位25处。

　　黑山县文物保护管理所现有文物库房30平方米，馆藏文物139件，其中国家二级文物7件，国家三级文物3件，其余为待鉴定文物，分为石器、陶器、瓷器、铁器、青铜器、金银器、钱币等类别。黑山县可移动文物普查工作在普查人员的不懈努力下，历经三年，取得了丰硕成果。黑山县所辖的国家机关、事业单位、国有企业、国有控股企业492个注册单位全部登记上册，并发出"致全县国有单位一封信"及"国有单位文物收藏情况调查登记表"各492封，使普查覆盖率达到了100%，在此基础上完成了行政区域内可移动文物的认定工作及信息数据登录工作。

辽沈战役纪念馆简介

　　辽沈战役纪念馆成立于1958年12月，原址设在锦州大广济寺。1988年10月31日新馆落成开放，坐落在辽沈战役革命烈士纪念塔北侧。辽沈战役纪念馆占地18.8万平方米，主体建筑8600平方米，基本陈列设有序厅、战史馆、支前馆、英烈馆和全景画馆。其中，《攻克锦州》全景画馆是中国第一座全景画馆，被誉为中国博物馆和世界美术史的艺术精品和经典之作。陈列内容全面反映了东北解放战争历史，突出展示了辽沈战役的胜利进程，揭示了战役胜利的诸多因素及伟大意义。馆藏文物史料总计19902件，其中国家一级文物25件/套，国家二级文物275件/套。馆藏全面反映了东北解放战争时期的历史，具有较高的历史、文化、科学和艺术价值。

辽沈战役纪念馆

辽沈战役纪念馆是全国爱国主义教育示范基地、国家AAAA级旅游景区和全国红色旅游经典景区，具有革命纪念意义的建筑群体与现代园林结合，成为集历史研究、文物收藏、陈列展示、文化传播、艺术博览、旅游休闲等功能于一体的大型军事主题公园。

2012年至2016年，辽沈战役纪念馆作为国有文物收藏单位，参加了第一次全国可移动文物普查。普查期间按照国家、省、市对普查工作的统一要求和部署，认真组织实施，设立了普查工作领导小组，成立了普查机构，组建了普查队伍，制定了普查方案和工作制度，落实了普查经费，建立了"一普"工作室，制作了摄影板墙，购置、安装了"一普"所需的办公设备。为保证普查质量，组织普查人员参加了省、市的专业培训。普查按照调查、认定、采集、登录、审核等步骤分段实施，登录文物完整信息的馆藏可移动文物5352件/套（实际数量6248件），圆满完成了"一普"的各项工作任务，取得了丰硕的工作成果。

普查摸清了我馆可移动文物资源总体情况，健全了文物资源管理机制，建立了文物身份证制度，建设了文物资源数据库，夯实了文物基础工作，全面提升了文物保护管理水平，对锦州地区文物保护利用工作起到了有力的促进作用。

黑山阻击战纪念馆简介

黑山阻击战纪念馆成立于2010年，属正科级事业单位，隶属黑山县文化旅游局，与黑山县文物保护管理所合署办公（一个机构两块牌子），2011年7月正式免费对外开放。馆（所）现有职工13名。人员配置为馆长1名，副馆长2名，所长1名，副所长2名，业务人员7名。办公地点位于黑山县城东4000米处的101高地山脚下。

黑山阻击战纪念馆是一座集收藏、保护、展示、研究黑山阻击战战史于一体的免费对外开放的纪念场所，

黑山阻击战纪念馆

纪念馆内主要展示黑山阻击战期间的珍贵历史文物和相关资料。纪念馆总占地面积9154平方米，建筑面积2539平方米，展厅面积1459平方米。现有一座面积为40平方米的库房，保管着全馆大部分藏品。该馆藏品以接受捐赠和征集的"黑山阻击战"战时实物及仿品为主，由于建馆时间短，距黑山阻击战发生时间已长达70年，征集真实文物非常困难，现存馆藏珍贵文物仅有9件，该馆将通过各种渠道，加大力度进行文物征集和接受捐赠工作，丰富馆藏文物数量。

在第一次全国文物普查工作中，在县普查办的大力支持和普查人员的不懈努力下，保质保量地完成了文物普查工作，也使该馆的藏品管理得到了进一步的完善和升华。

凌海烈士管理所简介

凌海烈士管理所位于凌海市西山刘家沟，西邻殡仪馆，管理烈士陵园1座。

烈士陵园重建于1968年7月，占地8100平方米。当时仅建有革命烈士纪念塔1座、烈士公墓1座。经过历年的维修和建设，陵园面貌有了很大改观，基础设施逐渐趋于完善。

目前陵园内共建有革命烈士纪念塔1座，烈士纪念堂1座，无名烈士公墓1座，有名烈士单体墓

凌海烈士管理所

77座。烈士纪念堂主体门窗采用仿古式建筑风格，内部设有引导厅、烈士骨灰寄存室、烈士遗物展示厅。引导厅正面墙壁悬挂纪念堂内部规划示意图，两侧墙壁镶嵌两幅汉白玉英雄群像浮雕。烈士骨灰寄存室按解放战争、抗美援朝、和平时期三个层次设置，采用阶梯式存放台摆放，共寄存59位有名烈士和161位无名烈士骨灰。烈士遗物展示厅内设有烈士遗物展示柜，陈列着多件烈士遗物。陵园内路面、甬道全部铺设彩色通体砖，栽植绿化树木200余株、草坪200平方米。

现在的陵园松苍柏翠、鸟语花香、环境幽雅、景色怡人，成为全市人民缅怀先烈、悼念英魂、弘扬传统、鞭策后人的重要场所。

萧军纪念馆简介

萧军纪念馆坐落在凌海市萧军公园内，与公园内的萧军墓共同构成萧军纪念馆景区。纪念馆始建于1986年，历经30年的变迁，萧军纪念馆已从最初的440平方米的"资料室"发展成目前占地面积2200平方米，建筑面积3500平方米，展厅面积2200平方米，并集展览、收藏、学术研究、观光旅游于一体，全面展示著名作家萧军人生轨迹、创作道路和思想风格的一座主题性纪念馆。

萧军纪念馆现有藏品4000余件，其中国家二级文物23件、三级文物282件，其余为待鉴定文物，具有较高的历史价值、艺术价值和研究价值。馆内基本陈列设有萧军生平厅、文物展厅、东北作家群展厅、多功能厅等多个展厅。陈列设计借鉴了国内先进博物馆、纪念馆设计理念，将现代化展示手法和高科技展示技术相结合。有全数字为一体的以萧军创作《八月的乡村》为内容的幻影成像，鲁迅、萧军、萧红在上海的情景蜡像，萧军在延安文艺座谈会时期的延安宝塔山背景浮雕、砂岩，故乡的场景复原，声、光、电（光影结合）动态场景、

萧军纪念馆

人物雕像、触摸屏、高浮雕以及最新的虚拟数字沙盘演示与大屏幕融合系统、环幕影视与地面塑形、镶嵌式静态场景及互动翻书等。配以时间为主线，通过大量的实物、手稿、照片、书信、电子图表、模型等展品，以现代科技手段，鲜活而生动地再现了萧军的一生。

萧军纪念馆先后被评定和命名为国家三级博物馆、国家ＡＡＡ级旅游景区、辽宁省爱国主义教育示范基地、中国博物馆学会文学专业委员会成员单位、中国萧军研究会研究基地、辽宁省社会科学普及基地、辽宁科技大学电信学院德育基地、锦州市爱国主义教育基地、渤海大学爱国主义教育基地、渤海大学中文系实践基地、武警八六一一部队爱国主义教育基地、凌海市廉政教育基地等。

锦州市图书馆简介

锦州市图书馆始建于1950年，其前身为辽西省立图书馆，1955年改名为锦州市图书馆。现馆舍建筑总面积为12922平方米。馆藏110万余册图书，古籍线装书5万余册，其中善本古籍692册，是辽西地区藏量最多、保存相对完好的图书馆。馆藏元刻本《资治通鉴》和明刻本《元包经传》五卷、《元包数总义》二卷入选国家珍贵古籍名录，清康熙内府刻五色套印本《古文渊鉴》等42部入选辽宁省珍贵古籍名录，是辽宁省古籍重点保护单位。

锦州市图书馆以"读者第一，服务至上"为办馆宗旨，开设了12个对外服务窗口，开展了多种有特色的服务工作。在阅读推广活动中，传承经典，勇于创新，既有创办多年的"辽西·读书讲坛"、"走进茶文化"等品牌活动，也有近年来精心策划的"锦图文化沙龙""文化书屋""听，是谁在读书"等创新活动，利用图书馆官网开展的古籍知识讲座也深受读者欢迎。另外，锦州市图书馆加入了国家图书馆和上海图书馆信息服务协作网，通过远程服务，共享国家馆和上海馆的数字资源。

多年来，锦州市图书馆凭借着丰富的馆藏资源，多角度、全方位开展各种服务，不断增强服务功能，提升服务质量，图书馆事业取得新发展。2009年，被国家文化部评为"一级图书馆"。

锦州市图书馆

凌海市图书馆简介

凌海市图书馆前身为锦县图书馆。1978年7月15日与锦县文化馆分离,1984年在原址筹建新馆,新馆于1985年5月竣工并投入使用,1993年正式改名为凌海市图书馆。

图书馆坐落于锦凌大街66号,占地面积5000平方米,建筑面积1766平方米,藏书14万册,在职员工13人,大专以上学历13人。

图书馆藏书丰富,环境优雅,集文化底蕴与智能化服务于一体。业务系统采用国家先进、实用的图创软件进行分编、借阅,并购置了先进的电子点读机和查询屏为读者直观选书、借阅提供了方便快捷的途径,展示了现代图书馆公共文化服务的新理念。馆内还配备了先进的防盗、监控系统以及高清晰度、高保真度的图像系统,为科学化管理提供了安全保障。图书馆共分三个区域,即读者服务区、办公区和藏书区。读者服务区设有2个阅览室、2个外借处、1个多功能报告厅及电子阅览室、参考咨询和信息辅导中心;藏书区建有4个书库。

1994年凌海市图书馆被国家文化部评为"三级图书馆",1998年、2005年、2009年、2013年、2017年先后5次被国家文化部评定为"二级图书馆"。

凌海市图书馆

宜州化石馆简介

宜州化石馆创建于1994年,1996年正式被接收为中国地质博物馆辽西分馆,是辽宁省第一座古生物化石博物馆。

宜州化石馆收藏化石标本近万件,展出精品化石标本200余件。馆内现设有恐龙、动物、

宜州化石馆

植物、科普影视、字画等5个展厅。馆内展有目前辽宁省保存完整的大型恐龙化石标本之一——义县龙，目前发现的最为原始的鸟化石之一——中华神州鸟化石，还展出有大到2米长的鱼化石板块，小到不足1厘米的蜘蛛，多到一块石板上有9只鹦鹉嘴恐龙，少到罕见的哺乳类动物爬兽，以及孔子鸟、满洲鳄、驰龙、翼龙，世界第一朵花——辽宁古果，早期被子植物中华古果等化石，无不展示得淋漓尽致。这些化石数量丰富，保存精美，具有重要的科研、收藏和观赏价值。义县地区素有"世界化石资源宝库""世界古生物化石之都""中国观赏石之乡"等诸多美誉。

宜州化石馆先后被评为全国石文化事业先进单位、国家AAA级旅游景区、全国科普教育基地、辽宁省科普教育基地、锦州市科普教育基地、锦州市爱国主义教育基地、锦州市环境教育基地等荣誉称号。

锦州道光廿五文化博物馆简介

锦州道光廿五文化博物馆位于锦州市太和区凌川路凌南西里13号。该馆以传承酿酒文化，弘扬酿酒文化，特别是宣扬酿酒文化与满族文化的渊源为宗旨。

道光廿五文化博物馆不仅在积极保护一大批文物，同时也在构建道光廿五酿酒文化在东北地区的精神家园，演绎民族文化和酿酒文化的悠久历史。她多维度地诠释满族酿酒文化历史，深层次展示满族民俗，全方位演绎满族文化，是市民、游客认识和了解满族酿酒文化的一个窗口，同时也表达出满族酒文化是中国酒文化中不可缺少的一部分。它是东北大地上代表满族酿酒历史文物、民俗文物研究成果及研究方向的重要场所。

锦州道光廿五文化博物馆坐落于道光廿五商务楼即辽宁省锦州市凌川路凌南西里2号一楼，其业务范围是推广、宣传、展示、传承、普及白酒文化及民族民俗文化。

锦州道光廿五文化博物馆现有藏品1200余件，大多数是与原道光年间木酒海一起出土的老物件，包括酒厂的系列酒品、酒厂历代使用的机器设备、龙票以及老酒。博物馆现有约200平方米的展厅，展架齐备。

锦州道光廿五文化博物馆

第二章 锦州市第一次全国可移动文物普查成果藏品信息表

锦州市博物馆藏品信息表

藏品编号	名称	数量	类别	藏品编号	名称	数量	类别
0001	青铜时代绳纹陶鬲	1	陶器	0050	清青花花卉纹碗	1	瓷器
0002	青铜时代灰陶鬲	1	陶器	0051	民国仿乾隆款粉彩人物纹瓶	2	瓷器
0003	元钧釉紫斑碗	2	瓷器	0052	民国仿光绪款粉彩凤纹碗盖	1	瓷器
0004	汉彩绘陶壶	1	陶器	0053	民国仿宣德款茶叶末釉出戟方洗	1	瓷器
0005	民国仿乾隆款粉彩人物纹马蹄尊	1	瓷器	0054	清乾隆款米黄釉绿彩龙纹碗	1	瓷器
0006	汉绳纹灰陶罐	1	陶器	0055	民国仿康熙款豇豆红釉碗	1	瓷器
0007	汉灰陶壶	1	陶器	0056	民国仿乾隆款酱釉粉彩三羊开泰纹碗	1	瓷器
0008	汉灰陶罐	1	陶器	0057	清黄釉绿彩划云龙纹碗	1	瓷器
0009	辽灰陶盘口壶	1	陶器	0058	清同治仿雍正款蓝地粉彩开光人物纹盖碗及托	1	瓷器
0010	唐三彩瓶（残）	1	陶器	0059	民国仿乾隆款粉彩骏马图盖罐	1	瓷器
0011	辽白釉盘	1	瓷器	0060	民国乌金釉粉彩人物纹熏炉	1	瓷器
0012	辽白釉碗	1	瓷器	0061	民国绿釉云蝠纹镂空蟋蟀罐	1	瓷器
0013	北宋定窑酱釉盖托	1	瓷器	0062	民国窑变釉长颈瓶	1	瓷器
0014	元钧釉钵	1	瓷器	0063	民国豇豆红釉荸荠瓶	1	瓷器
0015	北宋景德镇窑青白瓷刻划花碗	1	瓷器	0064	民国青釉九管葫芦瓶	1	瓷器
0016	南宋景德镇窑青白釉印双鱼纹碗	1	瓷器	0065	明龙泉窑青瓷刻花卉纹温碗	1	瓷器
0017	辽白瓷碗	2	瓷器	0066	清粉彩人物纹温盘	1	瓷器
0018	明龙泉窑青瓷刻牡丹花纹盘	1	瓷器	0067	民国洪宪款胭脂釉水丞	1	文具
0019	元白釉铁彩简化芦雁纹罐	1	瓷器	0068	清仿康熙款豇豆红印盒	1	文具
0020	辽白釉碗	1	瓷器	0069	清仿康熙款哥釉青花百子纹盖盒	1	文具
0021	明龙泉窑青瓷镂空蕉叶式器座	2	瓷器	0070	辽白釉碗	1	瓷器
0022	辽白釉划花填黑地缠枝牡丹纹梅瓶	1	瓷器	0071	民国刻花鼠纽瓜形青瓷盖盒	1	文具
0023	辽白釉盘	1	瓷器	0072	民国三彩釉茄式水丞	1	文具
0024	辽白釉碗	1	瓷器	0073	清乾隆款青花缠枝纹水丞	1	文具
0025	辽酱釉双系瓶	1	瓷器	0074	民国茶叶末釉竹节式笔筒	1	文具
0026	辽白釉碗	1	瓷器	0075	民国钧红釉双鱼瓶	1	瓷器
0027	辽白釉碗	1	瓷器	0076	民国窑变釉天球瓶	1	瓷器
0028	辽白釉雕菊瓣纹碗	1	瓷器	0077	民国仿郎窑红釉观音瓶	1	瓷器
0029	辽绿釉仿绳梁鸡冠壶	1	陶器	0078	民国窑变釉洗口瓶	1	瓷器
0030	辽绿釉捏环梁鸡冠壶	1	陶器	0079	民国钧红釉瓶	1	瓷器
0031	宋白釉印缠枝牡丹纹瓶	1	瓷器	0080	清仿万历款五彩开光云龙纹花觚	1	瓷器
0032	辽黄釉捏梁鸡冠壶	1	陶器	0081	民国青釉刻缠枝花卉纹长颈瓶	1	瓷器
0033	金白釉钵	1	瓷器	0082	清道光款青花缠枝花卉纹赏瓶	1	瓷器
0034	元白釉铁彩碗	1	瓷器	0083	清乾隆款青瓷雕缠枝花卉纹象耳瓶	1	瓷器
0035	元黑白釉碟	1	瓷器	0084	民国窑变釉观音瓶	1	瓷器
0036	辽白釉碗	1	瓷器	0085	民国钧红釉瓶	1	瓷器
0037	金酱釉瓦棱纹鸡腿瓶	1	瓷器	0086	民国窑变釉瓶	1	瓷器
0038	元黑釉四系瓶	1	瓷器	0087	清绿釉天球瓶	1	瓷器
0039	金黑釉碗	1	瓷器	0088	民国茶叶末釉花觚	1	瓷器
0040	金白瓷碗	1	瓷器	0089	民国仿清乾隆款粉彩罗汉图灯笼瓶	1	瓷器
0041	元钧釉碗	1	瓷器	0090	民国窑变釉瓜棱形洗口瓶	1	瓷器
0042	元钧釉碗	1	瓷器	0091	民国五彩人物纹花觚	1	瓷器
0043	元钧釉碗	1	瓷器	0092	民国青瓷双凤耳瓶	1	瓷器
0044	辽白瓷盘口穿带瓶	1	瓷器	0093	民国仿乾隆款青瓷刻划凤纹锥把瓶	1	瓷器
0045	明龙泉窑青瓷刻划缠枝花卉纹碗	1	瓷器	0094	民国仿乾隆款青瓷如意耳葫芦瓶	1	瓷器
0046	民国仿隆庆款青花花卉纹觚	1	瓷器	0095	民国仿乾隆款青釉开光粉彩人物纹天球瓶	1	瓷器
0047	明末清初五彩凤穿牡丹纹罐	1	瓷器				
0048	民国五彩海兽纹罐	1	瓷器				
0049	清天蓝釉堆粉花卉纹盆	1	瓷器	0096	民国窑变釉六方象耳瓶	1	瓷器

锦州市全国第一次可移动文物普查藏品名录

(续表)

藏品编号	名称	数量	类别
0097	民国窑变釉四系罐	1	瓷器
0098	民国怀仁堂款粉彩乳姑奉亲图瓶	1	瓷器
0099	民国窑变釉蒜头口瓶	1	瓷器
0100	民国钧红釉瓶	1	瓷器
0101	民国绿釉洗口瓶	1	瓷器
0102	民国仿乾隆款珊瑚红釉描金缠枝花卉纹瓶	1	瓷器
0103	民国窑变釉弦纹瓶	1	瓷器
0104	民国窑变釉梅瓶	1	瓷器
0105	民国仿康熙款豇豆红釉玉壶春瓶	1	瓷器
0106	民国钧红釉尊	1	瓷器
0107	民国仿乾隆款绿地粉彩绶带纹天球瓶	1	瓷器
0108	民国仿成化款窑变釉蒜头口瓶	1	瓷器
0109	民国粉彩黄地开光婴戏纹天球瓶	1	瓷器
0110	宋白釉凸线纹碗	1	瓷器
0111	元钧釉碗	1	瓷器
0112	元黑釉酱斑碗	1	瓷器
0113	辽酱釉釉彩水草纹碗	1	瓷器
0114	清白釉印花卉纹碗	1	瓷器
0115	辽黄釉碗	1	陶器
0116	辽白釉碗	1	瓷器
0117	辽白釉碗	1	瓷器
0118	辽黄釉杯	1	陶器
0119	辽绿釉杯	1	陶器
0120	清白釉碗	1	瓷器
0121	民国钧釉紫斑碗	1	瓷器
0122	明酱釉碗	1	瓷器
0123	元酱白釉碟	1	瓷器
0124	元酱釉碗	1	瓷器
0125	金酱白釉碗	1	瓷器
0126	清乾隆款米黄釉亚腰形碗	1	瓷器
0127	清康熙款郎窑红釉碗	1	瓷器
0128	清霁红釉盘	1	瓷器
0129	清光绪款黄釉印云龙纹碟	1	瓷器
0130	清乾隆款红釉碗	2	瓷器
0131	民国天蓝釉盘	1	瓷器
0132	民国窑变釉瓜棱形梅瓶	1	瓷器
0133	民国窑变釉梅瓶	1	瓷器
0134	清乾隆款青釉绶带葫芦瓶	1	瓷器
0135	清白釉塑贴纹蒜头口瓶	1	瓷器
0136	民国仿乾隆款仿古铜彩出戟花觚	1	瓷器
0137	民国仿乾隆款绿釉杏圆贯耳瓶	1	瓷器
0138	北宋白釉盆	1	瓷器
0139	民国白瓷水丞	1	文具
0140	辽白釉盘口长颈瓶（残）	1	瓷器
0141	辽黄釉长颈瓶（残）	1	陶器
0142	清嘉庆款绿釉堆粉缠枝莲纹盖碗	1	瓷器
0143	民国仿嘉庆款粉彩刘海戏金蟾纹盘	1	瓷器
0144	清乾隆款青花开光山水纹象耳尊	1	瓷器
0145	清霁蓝釉兽面纹花式尊	1	瓷器
0146	元钧釉碟	1	瓷器

(续表)

藏品编号	名称	数量	类别
0147	元黄釉划花卉纹罐	1	瓷器
0148	金酱釉剔花几何纹罐	1	瓷器
0149	辽白釉印花卉纹盘	1	瓷器
0150	民国黄釉印花卉纹龙耳扁瓶	1	瓷器
0151	民国五彩云龙纹瓜棱形盖罐	1	瓷器
0152	清五彩鱼藻纹碗	1	瓷器
0153	清雍正款绿釉菊瓣式盘	1	瓷器
0154	清乾隆款青花加彩瓜蝶寿字碗	2	瓷器
0155	民国洪宪款粉彩人物纹长颈瓶	1	瓷器
0156	民国黑釉爵杯	1	瓷器
0157	民国黑红釉观音瓶	1	瓷器
0158	清同治粉彩博古纹洗	1	瓷器
0159	清仿乾隆款粉彩黄地轧道开光人物纹观音瓶	1	瓷器
0160	民国红地粉彩花卉纹瓶	1	瓷器
0161	清钧红釉天球瓶	1	瓷器
0162	清乾隆窑变釉锥把瓶	1	瓷器
0163	民国粉彩花鸟纹盘	2	瓷器
0164	清仿康熙款青花如意纹赏瓶	2	瓷器
0165	民国仿乾隆款粉彩人物纹瓶	1	瓷器
0166	清康熙款乌金釉粉彩花鸟纹罐	1	瓷器
0167	民国仿乾隆款霁蓝描金云龙纹赏瓶	2	瓷器
0168	清洒蓝釉描金罐	1	瓷器
0169	清窑变釉天球瓶	1	瓷器
0170	民国天蓝釉罐	1	瓷器
0171	民国仿乾隆款蓝地粉彩莲蝠纹双耳瓶	1	瓷器
0172	清青花云龙纹盘	1	瓷器
0173	清霁蓝釉描金凤纹瓶	1	瓷器
0174	辽白瓷碗	1	瓷器
0175	辽白瓷碗	1	瓷器
0176	清白釉碗	1	瓷器
0177	民国居仁堂款粉彩人物纹瓶	1	瓷器
0178	民国仿乾隆款墨彩山水纹梅瓶	1	瓷器
0179	民国仿乾隆款粉彩人物纹瓶	1	瓷器
0180	民国仿乾隆款粉彩人物纹瓶	1	瓷器
0181	民国白釉雕兽纹双耳瓶	1	瓷器
0182	民国仿乾隆款粉彩人物纹瓶	2	瓷器
0183	民国仿乾隆款茶叶末釉长颈瓶	1	瓷器
0184	民国地政总局款粉彩花卉纹瓶	1	瓷器
0185	民国雕夔龙纹花口紫砂碗	1	陶器
0186	清墨地粉彩花卉纹盘	1	瓷器
0187	金白瓷刻荷莲纹花式盘	1	瓷器
0188	汉彩绘说唱陶俑	1	雕塑、造像
0189	唐彩绘武士陶俑	1	雕塑、造像
0190	清康熙款黄釉墨彩人物纹罐	1	文具
0191	汉绿釉陶女立俑	1	雕塑、造像
0192	辽白釉印落花流水纹葵口盘	1	瓷器
0193	唐白釉陶武士俑	1	雕塑、造像
0194	汉彩绘陶男跪坐俑	1	雕塑、造像
0195	辽三彩印花花卉纹盘（残）	1	陶器
0196	汉彩绘陶鸡	1	雕塑、造像

(续表)

藏品编号	名称	数量	类别
0197	民国青花釉里红龙纹盖盒	1	文具
0198	民国青花釉里红缠枝莲纹水丞	1	文具
0199	辽白釉执壶	1	瓷器
0200	清黄地粉彩莲花八宝纹花觚	1	瓷器
0201	民国钧釉紫斑双耳罐	1	瓷器
0202	元钧釉双系罐（残）	1	瓷器
0203	清哥釉瓶	1	瓷器
0204	民国仿嘉靖款青花福禄寿纹罐	1	瓷器
0205	清仿成化款青花缠枝莲纹水丞	1	文具
0206	民国仿乾隆款五彩缠枝花纹瓶	1	瓷器
0207	民国仿康熙款釉里红双蝠纹摇铃尊	1	瓷器
0208	民国青白瓷连座瓶	1	瓷器
0209	汉戳印纹灰陶罐	1	陶器
0210	民国绿釉兽首衔环耳陶壶	1	陶器
0211	辽篦划纹陶壶	1	陶器
0212	清粉彩人物纹盆	1	瓷器
0213	清粉彩博古纹盆	1	瓷器
0214	清绿地粉彩花卉纹盆	1	瓷器
0215	元龙泉窑青瓷刻花盘	1	瓷器
0216	清青釉花式口盘	1	瓷器
0217	清康熙款青白釉盘	1	瓷器
0218	清霁蓝釉盘	1	瓷器
0219	清雍正仿成化款青花花卉纹盘	1	瓷器
0220	清仿成化款青花祝寿图盘	1	瓷器
0221	清康熙五彩麟凤纹盘（残）	1	瓷器
0222	清道光款白釉绿彩云龙纹盘	4	瓷器
0223	清青花福寿山海纹盘	1	瓷器
0224	民国仿嘉靖款青花芦雁纹盘	1	瓷器
0225	民国白釉红绿彩二龙戏珠纹碗	2	瓷器
0226	清青花渔樵耕读纹碗	3	瓷器
0227	清仿成化款青花云龙碗	1	瓷器
0228	清青花博古纹碗	1	瓷器
0229	清仿成化款青花团花纹折腰碗	2	瓷器
0230	清仿成化款外黄釉内青花缠枝莲纹碗	1	瓷器
0231	民国仿成化款黄地粉彩松鹤纹碗	2	瓷器
0232	清青花团龙纹高足盘	2	瓷器
0233	清康熙款青花莲塘鹭鸶纹玲珑瓷碗	1	瓷器
0234	元钧釉碗	1	瓷器
0235	元磁州窑白釉铁彩碗	1	瓷器
0236	清钧釉紫斑洗	1	文具
0237	清康熙款青花人物纹方碗	2	瓷器
0238	清青花博古纹盘	1	瓷器
0239	清青花博古纹盘	2	瓷器
0240	清青花博古纹盘	20	瓷器
0241	清青花博古纹碟	9	瓷器
0242	清青花博古纹碟	12	瓷器
0243	清青花山水纹碗	3	瓷器
0244	清青花博古纹花口碗	2	瓷器
0245	清青花博古纹碗	8	瓷器
0246	清青花博古纹碗	22	瓷器
0247	清青花渔樵耕读纹碗	11	瓷器

(续表)

藏品编号	名称	数量	类别
0248	清青花山水纹花口碗	7	瓷器
0249	清青花博古纹碗	7	瓷器
0250	清青花博古纹羹匙	5	瓷器
0251	清道光款矾红彩团龙纹八方杯	1	瓷器
0252	清粉彩人物纹杯	3	瓷器
0253	清青花莲花纹杯	2	瓷器
0254	清青花碗	1	瓷器
0255	清青花团龙纹杯	2	瓷器
0256	民国白釉兽首耳瓶	1	瓷器
0257	民国窑变釉天球瓶	1	瓷器
0258	清仿乾隆款粉彩葫芦纹绶带葫芦瓶	1	瓷器
0259	清咸丰青花寿字纹双耳方瓶	1	瓷器
0260	辽黄釉盘	1	陶器
0261	清青花婴戏纹花觚	1	瓷器
0262	辽黄釉捏环梁鸡冠壶	2	陶器
0263	清青花缠枝莲纹梅瓶	1	瓷器
0264	清青花凤纹罐	1	瓷器
0265	清同治粉彩婴戏纹瓶	1	瓷器
0266	清哥釉罐	2	瓷器
0267	清康熙款粉彩蓝地开光花卉纹双耳瓶	2	瓷器
0268	清钧红釉瓶	1	瓷器
0269	金三彩刻划双凤纹仕女枕	1	陶器
0270	清顺治五彩人物纹筒瓶	1	瓷器
0271	清青花缠枝莲纹梅瓶	1	瓷器
0272	民国仿康熙款豇豆红釉柳叶瓶	1	瓷器
0273	民国五彩人物纹罐	1	瓷器
0274	民国仿康熙款青花釉里红人物纹梅瓶	1	瓷器
0275	清斗彩缠枝莲纹蒜头口瓶	1	瓷器
0276	民国仿宣德款红绿彩人物纹梅瓶	1	瓷器
0277	青花杯	5	瓷器
0278	清牙白釉观音瓶	1	瓷器
0279	民国白釉绿彩云龙纹赏瓶	1	瓷器
0280	民国青花花鸟双耳瓶	1	瓷器
0281	清钧红釉瓶	1	瓷器
0282	清仿成化款青花缠枝莲纹花觚	1	瓷器
0283	清康熙青花博古纹梅瓶	1	瓷器
0284	清紫砂提梁壶	1	陶器
0285	清仿成化款黄釉塑贴松梅蔗段式洗	1	文具
0286	二十世纪日本仿哥釉塑贴龙纹瓶	1	瓷器
0287	民国青花缠枝花卉纹盖罐	1	瓷器
0288	哥釉瓶	1	瓷器
0289	民国哥釉六方瓶	1	瓷器
0290	民国仿乾隆款仿金釉开光粉彩菊花纹方瓶	1	瓷器
0291	清哥釉螭耳洗口瓶	1	瓷器
0292	清康熙青花开光婴戏纹罐	1	瓷器
0293	清松石绿釉调色盘	1	文具
0294	辽白釉罐	1	瓷器
0295	辽白釉双系瓶	1	瓷器
0296	民国青花麟凤纹罐	1	瓷器
0297	民国五彩花卉纹将军罐	1	瓷器

（续表）

藏品编号	名　　称	数量	类别
0298	清光绪白釉刻瓷博古纹罐	3	瓷器
0299	民国仿郎窑红釉观音瓶	1	瓷器
0300	民国天蓝釉贴山水纹天球瓶	1	瓷器
0301	清墨地三彩四季花卉纹方棒槌瓶	1	瓷器
0302	民国粉彩花鸟纹棒槌瓶	1	瓷器
0303	民国仿嘉靖款五彩云龙纹蒜头口瓶	2	瓷器
0304	民国粉彩福禄寿三星	3	雕塑、造像
0305	民国钧红釉粉彩花鸟纹观音瓶	1	瓷器
0306	民国白釉刻瓷仕女图帽筒	2	瓷器
0307	民国哥釉五彩花果纹方瓶	1	瓷器
0308	民国炉钧釉狮子形笔插	2	文具
0309	清素三彩贴塑花鸟纹竹节式帽筒	1	瓷器
0310	清光绪戊戌年刻松鹤纹紫砂瓶	1	陶器
0311	米色釉白花花卉纹梅瓶	1	瓷器
0312	民国潘肇堂款白釉黑彩朱柏庐《治家格言》瓷板	1	瓷器
0313	民国青釉瓜棱形梅瓶	1	瓷器
0314	十九世纪日本九谷款粉彩花卉纹罐	1	瓷器
0315	金黑釉杯	2	瓷器
0316	民国压印牡丹纹紫砂六方瓶	1	陶器
0317	清黄地粉彩开光山水纹五供	5	瓷器
0318	民国米黄釉塑贴双蟹纹鱼篓形壁瓶	2	瓷器
0319	民国白釉花式洗	2	瓷器
0320	清蓝釉双耳洗口瓶	1	瓷器
0321	民国粉彩喜鹊登梅纹瓶	1	瓷器
0322	民国素三彩模印贴花人物纹瓶	2	陶器
0323	清康熙蓝釉青花荷莲纹盖碗	1	瓷器
0324	金茶叶末绿釉梅瓶	1	瓷器
0325	清窑变釉双兽耳方瓶	2	瓷器
0326	清青釉堆粉花卉纹墩	2	瓷器
0327	民国胭脂红地粉彩百花图箭筒	1	瓷器
0328	清粉彩黄地轧道花卉纹壁瓶	1	瓷器
0329	清仿钧釉双耳壁瓶	1	瓷器
0330	民国青花山水纹盘	4	瓷器
0331	清康熙款青花缠枝花卉纹杯托	5	瓷器
0332	清墨彩人物故事纹水丞	1	文具
0333	清仿万历款五彩开光云龙纹花觚	1	瓷器
0334	汉代弦纹灰陶罐	1	陶器
0335	明酱釉罐	1	瓷器
0336-1	清青花山水人物纹鼻烟壶	1	瓷器
0336-2	清青花人物纹鼻烟壶	1	瓷器
0336-3	清青花鼻烟壶	11	瓷器
0337-1	清道光款粉彩人物纹鼻烟壶	1	瓷器
0337-2	清五彩鼻烟壶	1	瓷器
0337-3	清粉彩鼻烟壶	3	瓷器
0338-1	清青花釉里人物纹鼻烟壶	1	瓷器
0338-2	清雍正青花釉里红山水纹鼻烟壶	1	瓷器
0338-3	清青花釉里红鹿纹鼻烟壶	1	瓷器
0338-4	清青花釉里红人物纹鼻烟壶	1	瓷器
0338-5	清青花釉里红人物纹鼻烟壶	1	瓷器
0338-6	清青花釉里红山水人物纹鼻烟壶	1	瓷器

（续表）

藏品编号	名　　称	数量	类别
0338-7	清青花釉里红龙纹鼻烟壶	1	瓷器
0338-8	清青花动物纹鼻烟壶	1	瓷器
0339-1	清青花山水纹鼻烟壶	1	瓷器
0339-2	清雍正款青花人物纹鼻烟壶	1	瓷器
0339-3	民国青花龙纹鼻烟壶	1	瓷器
0340-1	清道光矾红彩龙纹鼻烟壶	1	瓷器
0340-2	清道光款矾红彩狮纹鼻烟壶	1	瓷器
0340-3	清白釉红花扁形烟壶	1	瓷器
0341-1	清青花釉里红落花流水纹鼻烟壶	1	瓷器
0341-2	清青花釉里红人物纹鼻烟壶	1	瓷器
0342	清五彩花鸟纹鼻烟壶	1	瓷器
0343-1	清哥釉青花鹿纹鼻烟壶	1	瓷器
0343-2	清雍正款青花婴戏纹鼻烟壶	1	瓷器
0344	清窑变釉鼻烟壶	1	瓷器
0345-1	民国青花红彩海水龙纹鼻烟壶	1	瓷器
0345-2	清乾隆款矾红彩龙纹鼻烟壶	1	瓷器
0346	清粉彩人物纹扁方形鼻烟壶	1	瓷器
0347-1	清康熙款墨彩人物纹鼻烟壶	1	瓷器
0347-2	清墨地彩绘人物纹鼻烟壶	1	瓷器
0348	清青花山水纹双联鼻烟壶	1	瓷器
0349	清哥釉葫芦式鼻烟壶	1	瓷器
0350	清粉彩鸡纹罐	1	瓷器
0351	清青花垂钓纹鼻烟壶	1	瓷器
0352	清白釉刻瓷莲纹烟壶	1	瓷器
0353-1	清雍正款青花花卉纹鼻烟壶	1	瓷器
0353-2	清雍正款青花福寿纹鼻烟壶	1	瓷器
0354	民国粉彩花卉纹葫芦形烟壶	1	瓷器
0355	清雕瓷山水纹帽筒	2	瓷器
0356	民国青瓷梅瓶	1	瓷器
0357	民国钧釉梅瓶	1	瓷器
0358	二十世纪朝鲜青瓷镶嵌蒲柳纹瓶	1	瓷器
0359	明青花缠枝莲纹葫芦瓶	1	瓷器
0360	民国霁蓝釉葫芦瓶	1	瓷器
0361	民国粉彩人物纹瓶	2	瓷器
0362	北宋越窑青瓷划花卉纹洗口瓶	1	瓷器
0363	民国青瓷三足炉	1	瓷器
0364	民国青瓷贴花衔环耳瓶	1	瓷器
0365	民国窑变釉鹦鹉	2	雕塑、造像
0366	民国绿釉洗口瓶	4	瓷器
0367	民国绿釉洗口瓶	1	瓷器
0368	民国哥釉罐	1	瓷器
0369	清钧红釉方瓶	1	瓷器
0370	元磁州窑白釉铁彩罐（残）	1	瓷器
0371	清白釉罐	1	瓷器
0372	清青釉杏圆贯耳瓶	1	瓷器
0373	民国青瓷象耳方瓶	1	瓷器
0374	民国五彩人物纹罐	1	瓷器
0375	金白釉钵	1	瓷器
0376	辽白釉三足罐	1	瓷器
0377	民国钧釉瓶	1	瓷器
0378	清乾隆款青瓷纸槌瓶	1	瓷器

(续表)

藏品编号	名称	数量	类别
0379	民国哥釉窑变红斑兽耳罐	1	瓷器
0380	清仿成化款五彩八仙过海纹盘	1	瓷器
0381	民国青釉刻波浪纹三足炉	1	瓷器
0382	清绿釉罐	1	瓷器
0383	民国仿乾隆款粉彩人物纹瓶	1	瓷器
0384	民国哥釉三足洗	1	瓷器
0385	明龙泉窑青瓷八卦纹三足洗	1	瓷器
0386	民国仿乾隆款粉彩人物纹瓶	1	瓷器
0387	民国五彩花卉筒瓶	1	瓷器
0388	民国青釉瓶	1	瓷器
0389	清钧红釉凸螭纹纸槌瓶	1	瓷器
0390	民国仿乾隆款青花缠枝花卉纹双耳尊	1	瓷器
0391	民国窑变釉瓶	1	瓷器
0392	二十世纪朝鲜青釉剔划龙纹瓶	1	瓷器
0393	清康熙款五彩开光瑞兽纹盖罐	1	瓷器
0394	民国青瓷模印贴花花卉纹双耳瓶	1	瓷器
0395	民国仿雍正款矾红彩花鸟纹长颈瓶	1	瓷器
0396	民国仿康熙款白瓷瓶	1	瓷器
0397	民国青釉塑贴蟠螭纹瓶	1	瓷器
0398	民国钧釉碗	1	瓷器
0399	清青花博古纹碟	1	瓷器
0400	清青花戏珠龙纹碗	1	瓷器
0401	明万历青花花卉纹花口碗	2	瓷器
0402	清哥釉钵	1	瓷器
0403	金钧釉碗	1	瓷器
0404	元白釉碗	1	瓷器
0405	辽白釉碗	2	瓷器
0406	金酱釉钵	1	瓷器
0407	元磁州窑白釉铁彩"王"字碗	1	瓷器
0408	民国窑变釉双耳瓶	1	瓷器
0409	金酱釉碗	1	瓷器
0410	十九世纪李朝白釉碗	1	瓷器
0411	明白釉铁彩花卉纹碗	1	瓷器
0412	辽白釉盘	1	瓷器
0413	民国绿地粉彩花卉纹罐	1	文具
0414	十九世纪李朝青花云鹤纹盘	2	瓷器
0415	十六世纪李朝青花寿字盘	2	瓷器
0416	辽绿釉罐	1	陶器
0417	民国五彩鱼藻纹罐	1	瓷器
0418	元酱釉罐	1	瓷器
0419	清康熙青花釉里红荷塘鹭鸶纹提梁罐	1	瓷器
0420	清康熙五彩鱼藻纹盘	1	瓷器
0421	明万历青花盘	2	瓷器
0422	十四世纪高丽青瓷镶嵌菊花纹盘	1	瓷器
0423	辽白釉盘	1	瓷器
0424	金白釉碟	1	瓷器
0425	清仿万历款青花狮纹罐	1	瓷器
0426	明万历仿宣德款青花松竹梅纹盘	2	瓷器
0427	十九世纪李朝白釉碗	1	瓷器
0428	民国青花鱼形砚滴	1	文具
0429	辽白釉碗	1	瓷器

(续表)

藏品编号	名称	数量	类别
0430	民国仿康熙款青花双蝠纹摇铃尊	1	瓷器
0431	辽黄釉长颈瓶	1	陶器
0432	民国绿釉天球瓶	1	瓷器
0433	南宋龙泉窑青瓷瓶	1	瓷器
0434	元龙泉窑青瓷印菊瓣纹盘	1	瓷器
0435	清窑变釉罐	1	瓷器
0436	民国钧釉紫斑罐	1	瓷器
0437	民国塑贴梅花纹紫砂把杯	1	陶器
0438	清康熙五彩牡丹狮纹罐	1	瓷器
0439	民国仿万历款五彩人物纹罐	1	瓷器
0440	民国青瓷刻穿花龙纹罐	1	瓷器
0441	元磁州窑白釉铁彩缠枝花卉纹盆	1	瓷器
0442	清哥釉螭耳洗口瓶	1	瓷器
0443	民国仿万历款五彩云龙纹双耳瓶	1	瓷器
0444	清顺治青花花鸟纹花觚	1	瓷器
0445	清康熙青花开光山水纹炉	1	瓷器
0446	明万历款青花缠枝灵芝纹盒（缺盖）	1	瓷器
0447	清"彭楚山制"款白釉双耳瓶	1	瓷器
0448	民国青瓷雕夔龙纹双耳壶	2	瓷器
0449	元磁州窑白釉黑赭彩龙凤纹罐	1	瓷器
0450	民国黄地素三彩云龙纹碗（残）	1	瓷器
0451	元红绿彩花卉纹碗	1	瓷器
0452	清绿釉双系罐	1	瓷器
0453	辽白釉碗	1	瓷器
0454	元白釉钵	1	瓷器
0455	清矾红彩狮纹水丞	1	文具
0456	明黑釉罐	1	瓷器
0457	民国洪宪款粉彩人物纹瓶	1	瓷器
0458	民国仿康熙款豇豆红釉瓶	1	瓷器
0459	民国仿康熙款素三彩剔划锦地开光瑞兽纹观音瓶	1	瓷器
0460	民国绿釉罐	1	瓷器
0461	民国仿康熙款釉里红海水龙纹瓶	1	瓷器
0462	清钧红釉瓶	1	瓷器
0463	明崇祯青花山水纹碗	1	瓷器
0464	清嘉庆款霁蓝描金花卉纹海棠杯	1	瓷器
0465	辽白釉碗	1	瓷器
0466	清仿宣德款青花花卉纹碗	1	瓷器
0467	明白釉铁彩盘	1	瓷器
0468	辽白釉盘	1	瓷器
0469	辽白釉盘	1	瓷器
0470	元酱白釉碟	1	瓷器
0471	辽白瓷盘	1	瓷器
0472	元钧釉碟	1	瓷器
0473	辽白釉碗	1	瓷器
0474	辽白釉盘	1	瓷器
0475	金白釉铁彩碟	1	瓷器
0476	明酱釉盘	1	瓷器
0477	民国青白釉划花碗	1	瓷器
0478	民国青釉刻划鱼纹盘	1	瓷器
0479	民国青瓷印花碗	1	瓷器

(续表)

藏品编号	名　　称	数量	类别
0480	明白釉印花盘	1	瓷器
0481	清康熙款五彩人物纹碗	1	瓷器
0482	清霁蓝釉碗	1	瓷器
0483	民国黄釉剔划花卉纹瓶	1	瓷器
0484	二十世纪朝鲜青瓷黑白花云鹤纹瓶	1	瓷器
0485	二十世纪日本粉青釉八卦鼎式炉	1	瓷器
0486	民国仿乾隆款粉彩塑贴婴戏纹盖盒	1	文具
0487	民国素三彩花卉纹高足水丞	1	文具
0488	明青釉刻莲花纹三足炉	1	瓷器
0489	清青花福禄纹长方形砚	1	文具
0490	清青花折枝梅花纹水丞	1	文具
0491	清五彩人物纹胆瓶	1	瓷器
0492	清康熙青花香草龙纹杯	3	瓷器
0493	清康熙粉彩花神杯	5	瓷器
0494	明万历青花奔马纹罐	1	瓷器
0495	元钧釉碗	1	瓷器
0496	元钧釉碗	1	瓷器
0497	民国仿雍正款粉青釉四方象耳瓶	1	瓷器
0498	清五彩麟凤纹盘	1	瓷器
0499	明龙泉窑青瓷刻花卉纹墩（残）	1	瓷器
0500	民国五彩穿花龙纹鼓式罐	1	瓷器
0501	民国五彩龙凤纹双流壶	1	瓷器
0502	民国仿嘉靖款五彩蕉叶纹三足炉	2	瓷器
0503	清康熙仿嘉靖款青花福寿纹碗	1	瓷器
0504	辽白釉碗	2	瓷器
0505	民国仿乾隆款粉彩婴戏纹长颈瓶	2	瓷器
0506	民国仿康熙款芸豆红釉苹果尊	1	瓷器
0507	民国红绿彩花卉纹杯	5	瓷器
0508	北宋白釉绿釉彩梅点纹炉	1	瓷器
0509	清青花云龙纹香炉	2	瓷器
0510	清乾隆款粉彩婴戏纹盘	1	瓷器
0511	金酱釉盘	1	瓷器
0512	金茶叶末釉碟	1	瓷器
0513	辽白釉碗	1	瓷器
0514	辽白釉碗	1	瓷器
0515	金黑釉罐	1	瓷器
0516	辽酱釉钵	1	瓷器
0517	十二世纪高丽青瓷印花卉纹碟	1	瓷器
0518	元黑白釉碟	1	瓷器
0519	清五彩人物纹筒瓶	1	瓷器
0520	明青瓷刻划花卉纹罐	1	文具
0521	民国仿乾隆款墨地红彩龙纹瓶	1	瓷器
0522	金白釉抱莲玩具俑	1	雕塑、造像
0523	民国墨地粉彩开光花鸟纹观音瓶	1	瓷器
0524	金酱釉鸡腿瓶	1	瓷器
0525	金白釉铁彩玩具马	1	雕塑、造像
0526	金白釉绿彩马上封侯瓷塑	1	雕塑、造像
0527	十九世纪日本五彩山水纹方杯	2	瓷器
0528	辽青瓷瓶	1	瓷器
0529	民国黑釉划海水花卉纹三足炉	1	瓷器
0530	民国素三彩双鱼瓶	1	瓷器

(续表)

藏品编号	名　　称	数量	类别
0531	民国仿乾隆款粉彩轧道开光人物纹灯笼瓶	1	瓷器
0532	民国墨彩农耕图盖盒	1	文具
0533	十四世纪高丽青瓷刻花卉纹碗	1	瓷器
0534	辽白釉罐	1	瓷器
0535	民国青瓷双耳炉	1	瓷器
0536	十三世纪朝鲜青瓷黑白彩水丞	1	文具
0537	十四世纪高丽青瓷碟	1	瓷器
0538	民国五彩牡丹狮纹罐	1	瓷器
0539	辽青釉钵	1	瓷器
0540	民国五彩云龙纹罐	1	瓷器
0541	二十世纪朝鲜青瓷镶嵌花卉纹瓶	1	瓷器
0542	民国黑釉剔划彩绘花卉纹罐	1	瓷器
0543	二十世纪朝鲜青瓷白花缠枝花卉纹罐	1	瓷器
0544	金白釉铁彩碗	1	瓷器
0545	民国绿釉罐	1	瓷器
0546	清绿釉瓶	1	瓷器
0547	民国青花釉里红砚滴（残）	1	文具
0549	民国仿慎德堂款粉彩花鸟纹瓶	1	瓷器
0550	民国绿釉镂空描金钱纹琮式瓶	1	瓷器
0551	清康熙青花婴戏纹粉盒	1	瓷器
0552	民国仿慎德堂款粉彩八吉祥纹八棱盖盒	1	文具
0553	民国绿釉胆瓶	1	瓷器
0554	民国洪宪款墨彩人物纹瓶	1	瓷器
0555	十九世纪日本茶筛子	1	瓷器
0556	明青花梵文三足炉	1	瓷器
0557	十九世纪朝鲜青花花卉纹砚滴	1	文具
0558	元磁州窑白釉铁彩碗	1	瓷器
0559	辽白釉碗	1	瓷器
0560	辽白釉碗	1	瓷器
0561	元钧釉碗	1	瓷器
0562	清康熙青花缠枝莲纹罐	1	瓷器
0563	民国窑变釉梅瓶	1	瓷器
0564	清青花奔马纹罐	1	瓷器
0565	辽白釉梅瓶	1	瓷器
0566	清青白瓷刻划婴戏纹碗	1	瓷器
0567	辽白釉碗	1	瓷器
0568	辽白釉碗	1	瓷器
0569	清康熙款青花缠枝莲纹水丞	1	文具
0570	清哥釉盘	1	瓷器
0571	元钧釉碟	1	瓷器
0572	民国仿乾隆款青釉开光粉彩八仙纹双兽耳尊	1	瓷器
0573	民国仿康熙款豇豆红釉摇铃尊	1	瓷器
0574	民国窑变釉瓷瑞兽	1	瓷器
0575	清天蓝釉盖盒	1	文具
0576	民国仿乾隆款青花釉里红鹤鹿同春纹瓶	1	瓷器
0577	二十世纪朝鲜青瓷黑白花瓜棱形罐	1	瓷器
0578	清白瓷出戟花觚	1	瓷器
0579	清乾隆绿釉萝卜瓶	1	瓷器
0580	民国洪宪款粉彩山水纹笔筒	1	文具

(续表)

藏品编号	名　　称	数量	类别
0581	民国茶末绿釉双耳方瓶	1	瓷器
0582	民国青白釉刻划花卉纹梅瓶	1	瓷器
0583	清五彩鱼纹瓶	1	瓷器
0584	清仿康款黑地粉彩梅花纹观音瓶	1	瓷器
0585	清仿康熙款乌金釉观音瓶	1	瓷器
0586	民国米黄釉双耳瓶	1	瓷器
0587	民国五彩莲花纹罐	1	瓷器
0588	元龙泉窑青瓷印花碟	3	瓷器
0589	清康熙五彩花卉纹花觚	1	瓷器
0590	二十世纪朝鲜黑白花花鸟纹双耳瓶	1	瓷器
0591	清五彩人物纹瓶	1	瓷器
0592	民国绿油划诗文双系罐	1	瓷器
0593	清哥釉盘口瓶	1	瓷器
0594	民国窑变釉桃形器	1	瓷器
0595	二十世纪日本青花花卉纹杯	16	瓷器
0596	明黑釉洗口瓶	1	瓷器
0597	民国钧红釉观音瓶	1	瓷器
0598	民国仿雍正款天蓝釉瓶	1	瓷器
0599	民国仿康熙款仿铁釉塑贴蟠螭纹蒜头口瓶	1	瓷器
0600	民国乾隆粉彩描金无量寿佛	1	雕塑、造像
0601	清青瓷刻穿花龙纹罐	1	瓷器
0602	辽白釉瓶（残）	1	瓷器
0603	民国素三彩塑贴蟠螭纹花觚	1	瓷器
0604	辽白釉双系瓶	1	瓷器
0605	民国椭圆形紫砂盖砚	1	文具
0606	清钧红釉胆式瓶	1	瓷器
0607	十九世纪日本七宝烧菊花纹瓶	1	珐琅器
0608	民国仿康熙款墨地五彩刀马人物图花觚	1	瓷器
0609	民国茶叶末釉瓜棱形长颈瓶	1	瓷器
0610	辽篦划灰陶壶	1	陶器
0611	清仿木纹釉瓶	1	瓷器
0612	民国三素彩普贤菩萨像	1	雕塑、造像
0613	清康熙款豇豆红釉菊瓣瓶	1	瓷器
0614	民国五彩人物纹盖罐	2	瓷器
0615	民国磁州窑白瓷黑釉彩孩儿枕	1	瓷器
0616	清茶末绿釉梅瓶	1	瓷器
0617	民国炉钧釉熏炉	1	瓷器
0618	民国三彩釉瑞兽形熏炉	1	瓷器
0619	清仿成化款青花山水纹盖盒	1	文具
0620	清同治款粉彩花式杯	3	瓷器
0621	清同治款红彩描金八卦纹碗	1	瓷器
0622	清道光款珊瑚红釉描金印纹笔筒	1	文具
0623	清茶叶末釉双耳葫芦瓶	1	瓷器
0624	元龙泉窑青瓷高足碗	1	瓷器
0625	清仿成化款绿花式盘	1	瓷器
0626	民国粉彩云龙纹观音瓶	1	瓷器
0627	清粉彩花鸟纹双耳瓶	2	瓷器
0628	民国茶叶末绿釉塑贴花卉纹墩	2	瓷器
0629	北周釉陶文官俑（残）	1	雕塑、造像
0630	汉彩绘陶俑	1	雕塑、造像

(续表)

藏品编号	名　　称	数量	类别
0631	民国彩绘陶俑（残）	1	雕塑、造像
0632	唐三彩武士俑	1	雕塑、造像
0633	北魏绿釉陶牛	1	雕塑、造像
0634	清雍正款五彩开光瑞兽纹螭耳方瓶	1	瓷器
0635	清五彩人物故事纹瓶	1	瓷器
0636	民国仿康熙款青花如意纹赏瓶	1	瓷器
0637	汉彩绘侍女陶头像	1	雕塑、造像
0638	宋侍女陶头像	2	雕塑、造像
0639	汉"长生无极"瓦当	1	石器、石刻、砖瓦
0640	民国仿永庆长春款黄地粉彩花卉纹赏瓶	1	瓷器
0641	辽篦划纹灰陶壶	2	陶器
0642	辽黄釉瓶	1	陶器
0643	辽白釉划缠枝牡丹纹梅瓶（残）	1	瓷器
0644	民国钧釉紫砂壶	1	陶器
0645	唐白釉双龙柄盘口瓶	1	瓷器
0646	辽黄釉葫芦瓶（残）	1	陶器
0647	辽白釉玉壶春瓶	1	瓷器
0648	清乾隆款粉彩八宝纹盘	1	瓷器
0649	元龙泉窑青瓷碗	1	瓷器
0650	元龙泉窑青瓷盘	2	瓷器
0651	辽灰陶壶	1	陶器
0652	辽三彩印落花流水纹花口盘	1	陶器
0653	辽黄釉长颈瓶	1	陶器
0654	元磁州窑黑釉兔毫斑碗	1	瓷器
0655	金江官屯窑白釉铁彩"冰□"双系罐	1	瓷器
0656	辽绿釉捏环梁鸡冠壶	1	陶器
0657	辽黄釉捏环梁鸡冠壶	1	陶器
0658	辽绿釉长颈瓶	1	陶器
0659	辽绿釉双耳三足炉	1	陶器
0660	辽三彩印落花流水纹海棠盘	1	陶器
0661	宋青白釉魂瓶	1	瓷器
0662	北宋龙泉窑青瓷刻缠枝花卉纹五管瓶	1	瓷器
0663	北宋越窑青瓷刻莲瓣纹洗口瓶	1	瓷器
0664	辽江官屯窑茶叶末釉陶壶	1	陶器
0665	北宋白釉炉	1	瓷器
0666	北宋白釉折沿盆	1	文具
0667	金白瓷碗	1	瓷器
0668	辽白釉凸线碗	1	瓷器
0669	辽白釉盘	1	瓷器
0670	金定窑白瓷刻双鱼纹碟	1	瓷器
0671	金定窑白瓷刻双鱼纹碟	1	瓷器
0672	辽白瓷花口碟	1	瓷器
0673	辽白瓷碗	1	瓷器
0674	金绿釉印划花卉纹枕	1	陶器
0675	北宋耀州窑青瓷刻菊瓣纹碗	1	瓷器
0676	辽白釉瓜棱形高领罐	1	瓷器
0677	辽白瓷梅瓶	1	瓷器
0678	辽白釉双系瓶	1	瓷器
0679	辽白釉双系瓶	1	瓷器
0680	辽白釉罐	1	瓷器

藏品编号	名　称	数量	类别	藏品编号	名　称	数量	类别
0681	金磁州窑白釉划字腰圆形枕	1	瓷器	0729	清余集仕女图轴	1	书法、绘画
0682	唐黄釉双系罐	1	瓷器	0730	清释正性柔枝带雨墨竹图轴	1	书法、绘画
0683	清光绪款粉彩"万寿无疆"盘	1	瓷器	0731	清温德纯指绘樵夫读书图	2	书法、绘画
0684	民国茶叶末绿釉贴花鸟纹墩	2	瓷器	0732	清李鹤年行书信笺手卷	1	书法、绘画
0685	唐白釉陶女俑	1	雕塑、造像	0733	民国葛月谭墨兰图轴	1	书法、绘画
0686	辽白瓷盘口瓶	1	瓷器	0734	民国汪承霈款花卉图轴	1	书法、绘画
0687	清白釉送子观音像（残）	1	雕塑、造像	0735	清慕荣幹等书画扇合轴	3	书法、绘画
0688	辽白釉捏环梁鸡冠壶	1	瓷器	0736	清恽寿平款灵芝图扇面	1	书法、绘画
0689	清仿万历款五彩人物纹花觚	1	瓷器	0737	清何绍京行书四条屏	4	书法、绘画
0690	民国钧红釉粉彩雉鸡牡丹纹瓶	1	瓷器	0738	清茹棻行书楹联	2	书法、绘画
0691	民国仿乾隆款塑贴蟠螭粉彩福寿纹天球瓶	1	瓷器	0739	清荷鹭图轴	1	书法、绘画
0692	民国仿康熙款炉钧釉地粉彩福寿如意纹橄榄瓶	1	瓷器	0740	清王翚山水图扇面	1	书法、绘画
0693	清乾隆款黄釉粉彩塑贴蛙莲洗	1	文具	0741	民国戴宜亭福寿图	1	书法、绘画
0694	民国仿乾隆款胭脂红地开光粉彩花鸟纹观音瓶	1	瓷器	0742	清李锺鲤等书画立轴	3	书法、绘画
0695	民国仿乾隆款粉彩黄地轧道开光花鸟纹观音瓶	1	瓷器	0743	民国云峰青绿山水图轴	1	书法、绘画
0696	明万历款青花云龙纹缸	1	瓷器	0744	清张宿款设色花卉立幅	2	书法、绘画
0697	民国五彩牡丹狮子纹罐	1	瓷器	0745	清陈重威郑迈元书画扇合轴	2	书法、绘画
0698	明万历款青花龙纹出戟觚	1	瓷器	0746	清朱锡昌款赏菊图轴	1	书法、绘画
0699	清乾隆青花缠枝莲纹碗	1	瓷器	0747	清邵开鼎桃榴佛柿图轴	1	书法、绘画
0700	清康熙青花缠枝牡丹纹盘	2	瓷器	0748	清黎简款山水立幅	1	书法、绘画
0701	清宣统款青花缠枝花卉纹赏瓶	1	瓷器	0749	清胡濬行书楹联	2	书法、绘画
0703	宋景德镇窑青白瓷刻划花碗	1	瓷器	0750	清钱维城款雁宕龙湫图立幅	1	书法、绘画
0704	民国绿地五彩童子戏莲纹灯笼瓶	1	瓷器	0751	清吴国望书画扇合轴	3	书法、绘画
0705	唐黄釉陶男俑	1	雕塑、造像	0752	清顾符祯看云图立幅山水	1	书法、绘画
0706	唐釉陶男俑	1	雕塑、造像	0753	清俞梅花鸟扇面横幅	2	书法、绘画
0707	唐彩绘陶马	1	雕塑、造像	0754	清莫枚书画扇合轴	2	书法、绘画
0708	唐彩绘骑马击鼓陶俑	1	陶器	0755	清王景贤等书画扇合轴	3	书法、绘画
0709	清绿釉蛙形砚滴	1	文具	0756	清董友善墨笔山水屏	3	书法、绘画
0710	清光绪三十四年粉彩秋操杯	1	瓷器	0757	清改琦款红楼梦图四条屏	4	书法、绘画
0711	唐彩绘武士陶俑	1	雕塑、造像	0758	民国萧愻墨笔山水立轴	1	书法、绘画
0712	唐三彩胡人俑	1	雕塑、造像	0759	清闫德生竹石图七条屏	7	书法、绘画
0713	西晋青瓷虎子	1	瓷器	0760	清蒋和兰竹四扇屏	4	书法、绘画
0714	唐黄釉陶马	1	雕塑、造像	0761	清彭浚行书楹联	2	书法、绘画
0715	唐三彩骆驼	1	雕塑、造像	0762	清卓振清行书条幅	1	书法、绘画
0716	唐三彩牵马俑	1	雕塑、造像	0763	清何凌汉行书条幅	1	书法、绘画
0717	汉绿釉陶仓	1	陶器	0764	民国祝椿年行书条幅	1	书法、绘画
0718	宋青釉塑贴十二生肖塔形盖罐	1	瓷器	0765	民国萧愻山水立幅	1	书法、绘画
0719	民国酱釉几何纹筒式瓶	1	陶器	0766	清文格行书楹联	2	书法、绘画
0720	清邬学郊行书中堂	1	书法、绘画	0767	清陈树堂达摩图轴	1	书法、绘画
0721	清周尔墉行书条幅	1	书法、绘画	0768	清张语荷花图轴	1	书法、绘画
0722	清黄尊古秋江晚翠图轴	1	书法、绘画	0769	清崇华墨笔山水立幅	1	书法、绘画
0723	清佚名行书横幅	1	书法、绘画	0770	民国林纾山水立幅	1	书法、绘画
0724	民国胡子寿青莲学士图	1	书法、绘画	0771	清丁鹤年行书楹联	2	书法、绘画
0725	清朱显廷楷书楹联	2	书法、绘画	0772	清倭艮峰行书三条屏	3	书法、绘画
0726	清瑞鸣楷书横幅	1	书法、绘画	0773	清边寿民款荷花立幅	1	书法、绘画
0727	清杭塘行书横幅	1	书法、绘画	0774	清丁体勤花卉扇面合幅	3	书法、绘画
0728	清张穆行书四条屏	4	书法、绘画	0775	清徐璋款花卉立幅	1	书法、绘画
				0776	清司马钟花卉家禽立幅	1	书法、绘画
				0777	清刘文煜等书画扇合轴	2	书法、绘画
				0778	清张继荣等书画扇合轴	3	书法、绘画
				0779	清佚名人物中堂	1	书法、绘画

第二章　锦州市第一次全国可移动文物普查成果藏品信息表

（续表）

藏品编号	名　　称	数量	类别
0780	清任达等书画册页	3	书法、绘画
0781	清丁观鹏款观音立幅	1	书法、绘画
0782	民国李树滋行书屏联	6	书法、绘画
0783	清佚名四大天王图轴	4	书法、绘画
0784	清文匡博古图横幅	1	书法、绘画
0785	清戴熙款垢道人山水立幅	1	书法、绘画
0786	清吴俊指头绘画山水图轴	1	书法、绘画
0787	民国祝椿年行书四条屏	4	书法、绘画
0788	清朱士彦行书兰亭序轴	1	书法、绘画
0789	清萧聚贤书扇横幅	3	书法、绘画
0790	清单懋谦行书立轴	1	书法、绘画
0791	清陈孚恩行书横幅	1	书法、绘画
0792	清奚冈款水墨山水立幅	1	书法、绘画
0793	清张泰来行书立轴	1	书法、绘画
0794	清贾桢款行书中堂	1	书法、绘画
0795	清倭仁款行书中堂	1	书法、绘画
0796	清初彭令行书中堂	1	书法、绘画
0797	清查士标款山水立幅	1	书法、绘画
0798	民国吴勇绪万壑松风图横幅	1	书法、绘画
0799	清叶鸿叶花卉三条屏	3	书法、绘画
0800	清王原祁款山水立轴	1	书法、绘画
0801	清刘存仁等人物立轴	2	书法、绘画
0802	民国张石楼人物横幅	1	书法、绘画
0803	清王赞臣设色牡丹立幅	1	书法、绘画
0804	民国王春傅墨竹立幅	1	书法、绘画
0805	清柳渔松柏冈陵图横幅	1	书法、绘画
0806	民国王承斌墨竹立幅	1	书法、绘画
0807	明赵文俶仿徐崇嗣翎毛花卉立轴	1	书法、绘画
0808	清张晋福墨笔山水立轴	1	书法、绘画
0809	清吴阊生虫鱼立轴	1	书法、绘画
0810	民国马周淑娟绢画无量寿佛立轴	1	书法、绘画
0811	清佚名仙山图八条屏	8	书法、绘画
0812	清刘养恩仿李公麟异兽图屏	6	书法、绘画
0813	清唐寅款山水立轴	1	书法、绘画
0814	民国方洺工笔美人立轴	1	书法、绘画
0815	民国张友竹仕女立轴	1	书法、绘画
0816	清杨㟽墨竹立轴	1	书法、绘画
0817	清张光棣花鸟立轴	1	书法、绘画
0818	清张敔款墨笔花鸟八条屏	8	书法、绘画
0819	民国梁岩山水立幅	1	书法、绘画
0820	清马荃款花卉册页	12	书法、绘画
0821	清花沙纳等山水立轴	2	书法、绘画
0822	清赵孟頫款秋郊饮马图卷	1	书法、绘画
0823	民国王云昉山水立幅	1	书法、绘画
0824	民国刘心庵墨竹立幅	1	书法、绘画
0825	二十世纪朝鲜金应元画兰立轴	1	书法、绘画
0826	清陈靖款山水四条屏	4	书法、绘画
0827	民国人物立轴	2	书法、绘画
0828	民国薛慎微菊花立轴	1	书法、绘画
0829	清禹之鼎款山水图卷	1	书法、绘画
0830	民国华世魁行书中堂	1	书法、绘画

（续表）

藏品编号	名　　称	数量	类别
0831	清李诂山水扇面横幅	1	书法、绘画
0832	民国樾溪花卉立轴	1	书法、绘画
0833	清夏珪款山水图轴	1	书法、绘画
0834	清李成款寒林图	1	书法、绘画
0835	清高其佩款松鹰图	1	书法、绘画
0836	清顾南雅竹兰立轴	1	书法、绘画
0837	民国杏邨耄耋花卉立轴	1	书法、绘画
0838	民国朱深行书扇面横幅	1	书法、绘画
0839	清郭熙款关山雪霁图卷	1	书法、绘画
0840	清朱显廷楷书楹联	2	书法、绘画
0841	清赵祖昌行书楹联	2	书法、绘画
0842	清查昇行书二条屏	2	书法、绘画
0843	清恽冰藤萝红鱼立轴	1	书法、绘画
0844	清张延奂隶书楹联	2	书法、绘画
0845	清谢星曹小楷四条屏	4	书法、绘画
0846	清仿岳飞款出师表书画卷	2	书法、绘画
0847	清仿米芾款行书卷	1	书法、绘画
0848	清仿夏珪款长江万里卷	1	书法、绘画
0849	清朱孔杨行书横幅	1	书法、绘画
0850	民国吴春鸿楹联	2	书法、绘画
0851	清纽嘉荫隶书楹联	2	书法、绘画
0852	清曹振镛行书册页	20	书法、绘画
0853	清仿宋许道宁款墨笔山水立幅	1	书法、绘画
0854	清刘未林楹联	2	书法、绘画
0855	清仿闵贞人物图轴	1	书法、绘画
0856	民国张厚璟篆书联	2	书法、绘画
0857	清翁方纲"方恪敏公小像"立轴	1	书法、绘画
0858	民国葛月潭行书楹联	2	书法、绘画
0859	清安寿山行书楹联	2	书法、绘画
0860	清铁保款行书中堂	1	书法、绘画
0861	清何厚琦行书楹联	2	书法、绘画
0862	清王学浩款山水人物图立幅	1	书法、绘画
0863	清张庶富小楷立轴	1	书法、绘画
0864	清黄左田书诗立轴	1	书法、绘画
0866	清宋小濂行书楹联	2	书法、绘画
0867	民国钱慧安隆中定策图立幅	1	书法、绘画
0868	民国龚承钧等小页集锦立轴	3	书法、绘画
0869	清程恭寿行书立幅	1	书法、绘画
0870	明无款设色人物民国谈国垣楷书立轴	2	书法、绘画
0872	清济斌行书六条屏	6	书法、绘画
0873	清沈周款寻仙图轴	1	书法、绘画
0874	清郑板桥款书札横幅	3	书法、绘画
0875	清仿明沈周村近深山图卷	1	书法、绘画
0876	清仿文徵明青绿山水横幅	1	书法、绘画
0877	清仿丁云鹏白描古人图轴	1	书法、绘画
0878	清陆润庠出岫夏行书扇	1	书法、绘画
0879	清仿赵仲穆人物山水洛神赋一段图轴	1	书法、绘画
0880	清仿王素人物图立幅	1	书法、绘画
0881	清仿钱选渔乐图轴	1	书法、绘画
0882	清仿周臣雪山行侣图轴	1	书法、绘画
0883	清高其佩款指画立轴	1	书法、绘画

锦州市全国第一次可移动文物普查藏品名录

（续表）

藏品编号	名　称	数量	类别
0884	清仿文徵明扁舟山水图轴	1	书法、绘画
0886	清仿文徵明云溪叠翠山水图轴	1	书法、绘画
0887	清仿赵佶松鹰图轴	1	书法、绘画
0888	清仿朱英翎毛花卉立幅	1	书法、绘画
0890	清朱自扬行书立幅	1	书法、绘画
0891	清姚元之行书立幅	1	书法、绘画
0892	清王恩隆溪山雪霁图轴	1	书法、绘画
0893	民国郭禾寅雪景山水图轴	1	书法、绘画
0894	清仿禹之鼎大士圣像图轴	1	书法、绘画
0896	清朱锡龄绘舆地图（残）	1	档案文书
0897	清匋斋信札	21	档案文书
0898	清梁国治书册	14	古籍图书
0899	清仿王翚山水图轴	1	书法、绘画
0900	清仿恽寿平百龄图轴	1	书法、绘画
0901	清仿邹一桂徐杨富贵花瓶图轴	1	书法、绘画
0902	清无款影像立轴	1	书法、绘画
0903	清徐郙设色牡丹图轴	1	书法、绘画
0904	民国段师夏松鹰图轴	1	书法、绘画
0905	民国陆锡康寿星图轴	1	书法、绘画
0906	清谷希贤楷书多宝塔碑文立轴	1	书法、绘画
0907	清仿张恺设色莲花图轴	1	书法、绘画
0909	民国夏安兰富贵花图轴	1	书法、绘画
0910	清戴克昌云龙图轴（残）	1	书法、绘画
0911	清佚名仙山楼阁图轴	1	书法、绘画
0912	清寿亭村居渔乐图横幅	1	书法、绘画
0913	清佚名影像图轴	1	书法、绘画
0914	清佚名影像图轴	1	书法、绘画
0915	清佚名影像图轴	1	书法、绘画
0916	十八世纪日本无款十六罗汉尊僧图轴	1	书法、绘画
0917	清王振鹏款人物册页	12	书法、绘画
0918	民国张紫枫瓶梅图轴	1	书法、绘画
0919	清夏谦双美图轴	1	书法、绘画
0920	清王德禄行书楹联	2	书法、绘画
0921	清朱裕款山水图轴	1	书法、绘画
0922	清马荃款百花图手卷	1	书法、绘画
0923	清都峤山人行书中堂	1	书法、绘画
0924	清沈介舟款桐荫美人图轴	1	书法、绘画
0925	清吴树棠花鸟四条屏	4	书法、绘画
0926	清仿王沆花卉图轴	1	书法、绘画
0927	清仿张择端清明上河图卷	1	书法、绘画
0928	清周西郵铁拐李图横幅	1	书法、绘画
0929	清张云年牡丹图轴	1	书法、绘画
0930	清卓景濂等共作书画扇面合轴	1	书法、绘画
0931	清无款云龙图轴	1	书法、绘画
0932	民国李培雨大富贵亦寿考图轴	1	书法、绘画
0933	民国无款天官图轴	1	书法、绘画
0934	清佟国珆墨竹图轴	1	书法、绘画
0935	现代徐悲鸿奔马图轴	1	书法、绘画
0936	民国黄宾虹山水立轴	1	书法、绘画
0937	二十世纪晴江松鹰图立幅	1	书法、绘画
0938	清无款福禄寿三星图轴	1	书法、绘画

（续表）

藏品编号	名　称	数量	类别
0939	清仿吴道子人物册页	12	书法、绘画
0940	民国胡佩衡山水图轴	1	书法、绘画
0941	二十世纪赖石虎图轴	1	书法、绘画
0942	民国蔡东陀八骏马图轴	1	书法、绘画
0943	清无款人物年画图轴	1	书法、绘画
0944	清无款八义图屏轴	4	书法、绘画
0945	民国齐白石虾蟹图轴	1	书法、绘画
0946	民国仿齐白石公鸡图轴	1	书法、绘画
0947	清仿黄钰行书立轴	1	书法、绘画
0948	清朱自扬行书横幅	1	书法、绘画
0949	清荷廷恩禄隶书横幅	1	书法、绘画
0950	清蒋祥墀行书立轴	1	书法、绘画
0951	民国刘廷柏王承枫麻姑图轴	1	书法、绘画
0952	民国张伯英行书立轴	1	书法、绘画
0953	清无款八仙四条屏	4	书法、绘画
0954	二十世纪日本文英竹鸟图轴	1	书法、绘画
0955	清司马钟蟹菊图横幅	1	书法、绘画
0956	清无款仕女图横幅	1	书法、绘画
0957	清仿张熊山水立轴	1	书法、绘画
0958	清福臣山水人物横幅	1	书法、绘画
0959	清唐湘舟人物立轴	1	书法、绘画
0960	民国仿丁观鹏罗汉图轴	1	书法、绘画
0961	民国继贤唐六如小照立轴	1	书法、绘画
0962	清张仙舫抚琴图立轴	1	书法、绘画
0963	民国春城园林横卷	1	书法、绘画
0964	清董其昌款寒林修竹图轴	1	书法、绘画
0965	民国荣盂枚山水画扇	1	书法、绘画
0966	民国李钟豫指画梅花立轴	1	书法、绘画
0967	清胡铁梅梅花书屋立轴	1	书法、绘画
0968	民国墨禅画竹立轴	1	书法、绘画
0969	清无款观瀑图立轴	1	书法、绘画
0970	清刘锡玲指画墨荷立轴	1	书法、绘画
0971	清黄新甫梅花图横幅	1	书法、绘画
0972	民国葆东生溪山雨霁图轴	1	书法、绘画
0973	民国黎子雍设色山水图立轴	1	书法、绘画
0974	清肃亲王浅绛山水画扇面	20	书法、绘画
0975	清仿董元山水画册	10	书法、绘画
0976	民国王集仙画鹿册页	1	书法、绘画
0977	清仿赵孟頫设色狩猎图手卷	1	书法、绘画
0978	清乾隆五十五年满文封诰手卷	1	档案文书
0979	清杨晋款山水册页	4	书法、绘画
0980	清仿王翚设色山水立轴	1	书法、绘画
0981	清刘墉款行书卷	1	书法、绘画
0982	清仿文徵明扫雪图轴	1	书法、绘画
0983	清仿高克恭山水立轴	1	书法、绘画
0984	清仿王翚山水立轴	1	书法、绘画
0985	民国张朝墉行书联	2	书法、绘画
0986	民国徐燕孙双美图轴	1	书法、绘画
0987	民国启功潇湘暮雨图轴	1	书法、绘画
0988	民国吴显曾人物图轴	1	书法、绘画
0989	清岚石山房主人白摺汇存	40	票据

(续表)

藏品编号	名 称	数量	类别
0990	清仿文徵明书醉翁亭记册页	26	书法、绘画
0991	清仿仇英人物图轴	1	书法、绘画
0992	清李雨华多心经草书册页	20	书法、绘画
0993	民国姚华草书立轴	1	书法、绘画
0994	清蒋立墉等四人书联	4	书法、绘画
0995	清赵尔巽小楷立轴	1	书法、绘画
0996	民国宋小濂楹联	2	书法、绘画
0997	清仿董其昌墨笔山水立轴	2	书法、绘画
0998	民国张保勋草书横幅	1	书法、绘画
1001	清黄鹤隶书立轴	1	书法、绘画
1002	清盛京政府补佐领委官王鹏举之父母之祖父母诰命卷	2	档案文书
1004	清唐卡立轴	1	书法、绘画
1005	清杨能格行书横幅	1	书法、绘画
1006	清仿万寿祺款群仙祝寿图轴	1	书法、绘画
1007	清仿万寿祺款五老图轴	1	书法、绘画
1008	清冷枚款采芝图轴	1	书法、绘画
1009	清闵贞款牧羊图轴	1	书法、绘画
1010	清张问陶款美人图轴	1	书法、绘画
1011	民国张大千款仕女图轴	1	书法、绘画
1012	民国孙玉泉人物立轴	1	书法、绘画
1013	明陈道复墨山水手卷	1	书法、绘画
1014	清仿李士达款青绿山水图轴	1	书法、绘画
1015	清仿董其昌款山水图轴	1	书法、绘画
1016	清仿陆治款秋山叠翠图轴	1	书法、绘画
1017	清仿文伯仁款秋山行旅图轴	1	书法、绘画
1018	清殊道者临赵大年图轴	1	书法、绘画
1019	清王敬铭款林亭高士图轴	1	书法、绘画
1020	清杨晋款山居图轴	1	书法、绘画
1021	清杨晋款秋山白云图轴	1	书法、绘画
1022	清佚名溪山瀑布图轴	1	书法、绘画
1023	清方大猷款关山行旅图轴	1	书法、绘画
1024	清仿董邦达款山水中堂	1	书法、绘画
1025	清仿董其昌款墨笔山水立轴	1	书法、绘画
1026	清仿董邦达款柳亭望渡图轴	1	书法、绘画
1027	清戴熙款秋荻帆影图轴	1	书法、绘画
1028	清袁江款赏梅图轴	1	书法、绘画
1029	清吴应枚款溪山村图轴	1	书法、绘画
1030	清黄均款春城山水图轴	1	书法、绘画
1031	清黄均款溪艇寻句图轴	1	书法、绘画
1032	民国吴徵墨笔山居图轴	1	书法、绘画
1033	民国萧愻夏山图轴	1	书法、绘画
1034	清顾鹤庆款春风舞柳图轴	1	书法、绘画
1035	清陈半雪款松风泛秋山图轴	1	书法、绘画
1036	清姜筠款春山叠翠图轴	1	书法、绘画
1037	清溥儒岁寒图轴	1	书法、绘画
1038	清仿董诰款青山茅舍对话图轴	1	书法、绘画
1039	清蔡松原等仿古山水人物立轴	1	书法、绘画
1040	清王承枫归养图手卷	1	书法、绘画
1041	清仿石涛款溪山放艇图轴	1	书法、绘画
1042	清仿阎次平款秋山图轴	1	书法、绘画

(续表)

藏品编号	名 称	数量	类别
1043	清王翚款云壑秋高图轴	1	书法、绘画
1044	明梅瞿山黄山图册页	12	书法、绘画
1045	清仿文伯仁款山水通景屏	8	书法、绘画
1046	民国萧愻松壑云泉图轴	1	书法、绘画
1047	民国汤定之墨笔山水图轴	1	书法、绘画
1048	民国汤定之山水图轴	1	书法、绘画
1049	民国杨伯润春柳图轴	1	书法、绘画
1050	民国郭祖惠蜀山行旅图轴	1	书法、绘画
1051	民国侯子步寒山图轴	1	书法、绘画
1052	民国吕式斌松风响泉声图轴	1	书法、绘画
1053	民国孙玉泉勒骑归鸦横幅	1	书法、绘画
1054	明倪元璐款石竹梅图轴	1	书法、绘画
1055	清八大山人款鱼莲图轴	1	书法、绘画
1056	清仿傅山款松鹿图轴	1	书法、绘画
1057	清仿胡俨双鹿图轴	1	书法、绘画
1058	清张舒款多子多福图轴	1	书法、绘画
1059	清高凤翰款花卉四扇屏	4	书法、绘画
1060	清蒋溥款折枝墨桃图轴	1	书法、绘画
1061	清张若蔼款花鸟中堂	1	书法、绘画
1062	清郑板桥款竹石条轴	1	书法、绘画
1063	清蒋廷锡款芭蕉图轴	1	书法、绘画
1064	清李复堂款松柏图轴	1	书法、绘画
1065	清司马钟款花卉图轴	1	书法、绘画
1066	清缪嘉惠国色天香图轴	1	书法、绘画
1067	清蒋予检款石山兰图屏	3	书法、绘画
1068	清蒋予检款墨笔兰花图轴	1	书法、绘画
1069	清佚名白鹰图轴	1	书法、绘画
1070	民国齐璜款松菊图轴	1	书法、绘画
1071	清金吴澜梅花通景图轴	4	书法、绘画
1072	清周友仙香头画册页	10	书法、绘画
1073	清边寿民款花鸟六条屏	6	书法、绘画
1074	清杨苓芾梅花立轴	1	书法、绘画
1075	清胡铁梅墨梅立轴	1	书法、绘画
1076	清蒋矩亭墨兰图轴	1	书法、绘画
1077	清李山松鸟图轴	1	书法、绘画
1078	清蒋廷锡款花鸟立轴	1	书法、绘画
1079	清陈年款荒秋意图轴	1	书法、绘画
1080	民国武曾保芭蕉中堂	1	书法、绘画
1081	清王少维群虾图轴	1	书法、绘画
1083	清张之汉画扇面	1	书法、绘画
1084	清蒋予检扇面	1	书法、绘画
1085	清鸿儒扇面	1	书法、绘画
1086	清翁在玑扇面	1	书法、绘画
1087	清文伟扇面	1	书法、绘画
1088	清吴让之扇面	1	书法、绘画
1089	清孙第培扇面	1	书法、绘画
1090	清杨嘉谷扇面	1	书法、绘画
1091	清素芳扇面	1	书法、绘画
1092	清蒯镛扇面	1	书法、绘画
1093	清友竹扇面	1	书法、绘画
1094	清朱宝琛扇面	1	书法、绘画

锦州市全国第一次可移动文物普查藏品名录

(续表)

藏品编号	名　称	数量	类别
1095	清杨恭宸扇面	1	书法、绘画
1096	清袁江款山水扇面	1	书法、绘画
1097	清姜筠扇面	3	书法、绘画
1099	清廷楠扇面	1	书法、绘画
1100	清陈兆文扇面	1	书法、绘画
1101	清方珍扇面	1	书法、绘画
1102	清潘慰祖扇面	1	书法、绘画
1103	清胡瑞澜扇面	1	书法、绘画
1104	清黄倬扇面	1	书法、绘画
1105	清杨泗孙扇面	1	书法、绘画
1106	清谭钟麟扇面	1	书法、绘画
1107	清沈凤扇面	1	书法、绘画
1108	清张槃扇面	1	书法、绘画
1109	清王宠扇面	1	书法、绘画
1110	清陈希祖扇面	1	书法、绘画
1111	清屠倬楷书扇面	1	书法、绘画
1112	朝鲜秋景求扇面	1	书法、绘画
1113	清陈从儒扇面	1	书法、绘画
1114	清吴一枝行书扇面	1	书法、绘画
1115	清张之万楷书扇面	1	书法、绘画
1116	清梁同书扇面	1	书法、绘画
1117	清成亲王楷书扇面	1	书法、绘画
1118	清张廷济扇面	1	书法、绘画
1119	清张照行书扇面	1	书法、绘画
1120	清伊秉绶隶书扇面	1	书法、绘画
1121	清张国裕楷书扇面	1	书法、绘画
1122	清苏辂行书扇面	1	书法、绘画
1123	清陆鸿桂行书扇面	1	书法、绘画
1124	清甘守光行书扇面	1	书法、绘画
1125	清侍章炜楷书扇面	1	书法、绘画
1126	清黄言兰楷书扇面	1	书法、绘画
1127	清李汉书扇面	1	书法、绘画
1128	清戈廷榭行书扇面	1	书法、绘画
1129	清黄钺行书扇面	1	书法、绘画
1130	清吴凤藻扇面	1	书法、绘画
1131	清贺寿慈扇面	1	书法、绘画
1132	清龙启瑞楷书扇面	1	书法、绘画
1133	清朱彝鉴刻印图幅	1	书法、绘画
1134	清铁苍行书扇面	1	书法、绘画
1135	清潘澄秋山烟霭图轴	1	书法、绘画
1136	清乾隆草书寿字立幅	1	书法、绘画
1137	清仿董其昌行书天马赋手卷	1	书法、绘画
1138	清康有为款行书楹联	2	书法、绘画
1139	清伊秉绶款隶书中堂	1	书法、绘画
1140	清刘墉款行书中堂	1	书法、绘画
1141	清郭尚先行书中堂	1	书法、绘画
1142	清董诰草书立轴	1	书法、绘画
1143	清钱泳隶书楹联	2	书法、绘画
1144	清朱自扬行书立轴	1	书法、绘画
1145	清俊仁行书横幅	1	书法、绘画
1146	清蒋予检行书中堂	1	书法、绘画
1147	清蒋予检行书中堂	1	书法、绘画
1148	清梁山舟款行书横幅	1	书法、绘画
1149	清雍正款行书横幅	1	书法、绘画
1150	清戴彬元行书中堂	1	书法、绘画
1151	清祁寯藻行书楹联	2	书法、绘画
1152	清王仁堪行书楹联	2	书法、绘画
1153	清铁保款行书横幅	1	书法、绘画
1154	清曹文埴款行书三条屏	3	书法、绘画
1155	清梁山舟款行书楹联	2	书法、绘画
1156	清萨迎阿行书中堂	1	书法、绘画
1157	清花沙纳楷书楹联	2	书法、绘画
1158	清魏燮均行书四条屏	4	书法、绘画
1159	清李秔塘行书立轴	1	书法、绘画
1160	清曹文埴款楷书立轴	1	书法、绘画
1161	清魏燮均行书八条屏	8	书法、绘画
1162	清淮篆书楹联	2	书法、绘画
1163	清魏燮均行书六条屏	6	书法、绘画
1164	清归庄草书楹联	2	书法、绘画
1165	清徐世昌款行书楹联	2	书法、绘画
1166	清郭尚先行书楹联	2	书法、绘画
1167	清彭玉麟行书楹联	2	书法、绘画
1168	清胡濬行书楹联	2	书法、绘画
1169	清何绍京行书中堂	1	书法、绘画
1170	清肃亲王行书楹联	2	书法、绘画
1171	清成亲王楷书立轴	1	书法、绘画
1172	清祁寯藻行书"即欣室"横幅	1	书法、绘画
1173	清李鸿章款行书楹联	2	书法、绘画
1174	清仿王揆等十二名臣题赞卷	1	档案文书
1175	清何绍基款行书楹联	2	书法、绘画
1176	清俞樾隶书楹联	2	书法、绘画
1177	民国金息侯钟鼎文联	2	书法、绘画
1178	清钱能训行书楹联	2	书法、绘画
1179-1	清李树滋行书楹联	2	书法、绘画
1179-2	清李树滋行书楹联	2	书法、绘画
1180	清醉侯指书楹联	2	书法、绘画
1181	清陈邦彦款行书册页	31	书法、绘画
1182	清仿赵子昂册页	24	书法、绘画
1184	清仿吴宽款等书法册页	12	书法、绘画
1185	清成亲王款行书册页	9	书法、绘画
1186	清乾隆款楷书册页	22	书法、绘画
1187	清太宗文皇帝制大唐三藏圣教序泥金行书册	26	书法、绘画
1188	清仿米芾款行书册页	20	书法、绘画
1189	民国樊增祥行书立轴	1	书法、绘画
1190	清佚名楷书立轴	1	书法、绘画
1191	清陈宝琛行书立轴	1	书法、绘画
1192	清王闿运行书立轴	1	书法、绘画
1193	清王莲西等书扇合轴	1	书法、绘画
1194	清张廷奂临钟鼎文立轴	1	书法、绘画
1195	清蒋予检书轴书法花卉立轴	2	书法、绘画
1196	清李海峰行书横幅	1	书法、绘画

(续表)

藏品编号	名称	数量	类别
1197	民国成多禄行书立轴	1	书法、绘画
1198	清赵尔巽楷书立轴	1	书法、绘画
1199	清朱益藩行书立轴	1	书法、绘画
1200	民国沈尹默行书立轴	1	书法、绘画
1201	清谭延闿行书楹联	2	书法、绘画
1202	清姚华篆书楹联	2	书法、绘画
1203	清左宗棠款行书楹联	2	书法、绘画
1204	清路立权行书七言联	2	书法、绘画
1205	清仿莫友芝篆书楹联	2	书法、绘画
1206	清无款行书楹联	2	书法、绘画
1207	清乾隆款行书楹联	2	书法、绘画
1208	清罗振玉篆书立轴	1	书法、绘画
1209	清王光烈篆书立轴	1	书法、绘画
1210	清罗振玉集甲骨文楹联	2	书法、绘画
1211	清罗振玉篆书楹联	2	书法、绘画
1212	清佚名行书三条屏	3	书法、绘画
1213	清杨晋款双牛图	1	书法、绘画
1214	清慈禧太后款梅竹图轴	1	书法、绘画
1215	清慈禧太后款草书寿字立轴	1	书法、绘画
1216	清朱自扬行书横幅	1	书法、绘画
1217	清柳畦梅花图轴	1	书法、绘画
1218	清世熊行书立轴	1	书法、绘画
1219	清余集款散花仙立轴	1	书法、绘画
1220	清田宪之设色山水人物立轴	1	书法、绘画
1221	清陆润庠款楷书楹联	2	书法、绘画
1222	清江凤彝篆书立轴	1	书法、绘画
1223	清陈奕禧行书立轴	1	书法、绘画
1224	清佚名行书立轴	1	书法、绘画
1225	清张祖翼篆书联	2	书法、绘画
1226	清吴鸿恩行书楹联	2	书法、绘画
1227	清李龙石楹联	2	书法、绘画
1229	清乾隆款行书中堂	1	书法、绘画
1230	清王维珍行书四条屏	4	书法、绘画
1231	清观斋款行书中堂	1	书法、绘画
1232	十九世纪日本高木美石猛虎图轴	1	书法、绘画
1234	清杨佐才行书立轴	1	书法、绘画
1235	清王德禄行书横幅	1	书法、绘画
1236	清王震款葵花图轴	1	书法、绘画
1237	清松年款秋山图轴	1	书法、绘画
1238	清徐鄂隶书楹联	2	书法、绘画
1239	清黄山寿款花卉立轴	1	书法、绘画
1240	清朱培封隶书楹联	2	书法、绘画
1241	清周礼无量寿佛图轴	1	书法、绘画
1242	清杨能格行书横幅	1	书法、绘画
1244	清赵良楷花鸟横幅	1	书法、绘画
1245	清杨晋款溪山枫林图轴	1	书法、绘画
1246	清潘星莹秋山图轴	1	书法、绘画
1247	清奚冈款墨笔秋山图轴	1	书法、绘画
1248	清梁鼎芬竹石图轴	1	书法、绘画
1249	清虞芝松款夏日山居图轴	1	书法、绘画
1250	清文瑞公行书扇面立轴	1	书法、绘画

(续表)

藏品编号	名称	数量	类别
1251	清钱炳吉课子图立轴	1	书法、绘画
1252	清张敔等画扇立轴	3	书法、绘画
1253	清彭祖荫画扇立轴	1	书法、绘画
1254	清秀文画扇横幅	3	书法、绘画
1255	清胡永年等书扇横幅	3	书法、绘画
1256	清文格等书画扇横幅	4	书法、绘画
1257	清王苏信札横幅	1	档案文书
1258	清顾大申仙山楼阁图轴	1	书法、绘画
1259	清谢墉等画扇立幅	4	书法、绘画
1260	清金桂科画扇横幅	1	书法、绘画
1261	清双泰等书扇立轴	3	书法、绘画
1262	清枫高扇面拓片立轴	1	书法、绘画
1263	清仿王渊款双鹅图轴	1	书法、绘画
1264	清张儒花鸟立轴	1	书法、绘画
1265	清姚元之款墨笔牡丹图轴	1	书法、绘画
1266	清吴承先群仙图立轴	1	书法、绘画
1267	清人物画横幅	1	书法、绘画
1268	清戴克昌湖亭烟雨立轴	1	书法、绘画
1270	清邵开鼎双鱼立轴	1	书法、绘画
1271	清李吉寿墨梅图轴	1	书法、绘画
1272	清溥涂楷书镜心	2	书法、绘画
1273	民国郭砚斋松风明月图轴	1	书法、绘画
1274	清仿吴渭云款五瑞图轴	1	书法、绘画
1275	清中俄交界全图	35	档案文书
1276	清仿赵孟頫款归养图	1	书法、绘画
1277	新石器时代石斧	1	石器、石刻、砖瓦
1278	新石器时代石斧	1	石器、石刻、砖瓦
1279	青铜时代有孔石斧	2	石器、石刻、砖瓦
1280	新石器时代石斧	1	石器、石刻、砖瓦
1281	青铜时代石镐	1	石器、石刻、砖瓦
1282	新石器时代亚腰形石斧	2	石器、石刻、砖瓦
1283	新石器时代矩形石斧	1	石器、石刻、砖瓦
1284	新石器时代长方形石锛	1	石器、石刻、砖瓦
1285	新石器时代石斧	2	石器、石刻、砖瓦
1286	新石器时代石斧	1	石器、石刻、砖瓦
1287	新石器时代石斧	1	石器、石刻、砖瓦
1288	新石器时代石件（残）	1	石器、石刻、砖瓦
1289	新石器时代石器（残）	1	石器、石刻、砖瓦

藏品编号	名称	数量	类别
1290	新石器时代石镞	1	武器
1291	新石器时代有孔石刀（残）	4	石器、石刻、砖瓦
1292	新石器时代石臼（残）	1	石器、石刻、砖瓦
1293	新石器时代石器（残）	3	石器、石刻、砖瓦
1294	新石器时代石刀	1	石器、石刻、砖瓦
1295	新石器时代石片	3	石器、石刻、砖瓦
1296	新石器时代石磨棒（残）	1	石器、石刻、砖瓦
1297	新石器时代石饼形器（残）	1	石器、石刻、砖瓦
1298	新石器时代轮状石斧（残）	1	石器、石刻、砖瓦
1299	新石器时代石网坠	1	石器、石刻、砖瓦
1300	新石器时代石凿	1	石器、石刻、砖瓦
1301	民国青玉三足单环耳人物寿字纹卮	2	玉石器、宝石
1302	清双螭耳青玉簋	1	玉石器、宝石
1303	清渔樵纹青玉山	1	玉石器、宝石
1304	清仙翁童子白玉山	1	玉石器、宝石
1305	民国雕花青白玉笔插	1	文具
1306	清子孙万代纹青玉如意	1	玉石器、宝石
1307	清双螭耳乳丁纹青玉杯	1	玉石器、宝石
1308	清兽面纹青玉琮	1	玉石器、宝石
1309	清镶银耳青玉杯	1	玉石器、宝石
1310	清青玉琮	1	玉石器、宝石
1311	民国青玉杯	1	玉石器、宝石
1312	清岫玉杯	5	玉石器、宝石
1313	民国岫玉茶壶	1	玉石器、宝石
1314	清雕青玉马（残）	1	玉石器、宝石
1315	清饕餮纹出戟青玉方觚	1	玉石器、宝石
1316	清青玉笔架	2	文具
1317	清桐木嵌玉如意	3	玉石器、宝石
1318	清莲花纹青玉如意瓦子	1	玉石器、宝石
1319	清群仙祝寿纹青玉如意瓦子	1	玉石器、宝石
1320	清寿字纹青玉如意瓦子	1	玉石器、宝石
1321	清痕都斯坦桃花纹青玉如意瓦子	1	玉石器、宝石
1322	明透雕春水图玉带饰	1	玉石器、宝石
1323	元末明初透雕春水纹玉饰	1	玉石器、宝石
1324	清松荫会友玉如意瓦子	1	玉石器、宝石
1325	清寿纹青玉如意瓦子	1	玉石器、宝石
1326	清福寿纹玉如意瓦子	1	玉石器、宝石
1327	清法轮纹青玉如意瓦子	1	玉石器、宝石
1328	清访友图青玉如意瓦子	1	玉石器、宝石
1329	清八宝纹青玉如意瓦子	1	玉石器、宝石
1330	清八宝纹青玉如意瓦子	1	玉石器、宝石
1331	明春水纹青玉饰	1	玉石器、宝石
1332	清透雕莲花纹青玉如意瓦子	1	玉石器、宝石
1333	清萱草纹青玉如意瓦子	1	玉石器、宝石
1334	清螭龙纹玉如意瓦子	1	玉石器、宝石
1335	清大吉纹玉如意瓦子	1	玉石器、宝石
1336	清葫芦纹玉如意瓦子	3	玉石器、宝石
1337	清桃纹玻璃如意瓦子	1	玻璃器
1338	清"平升一级"纹玉如意瓦子	1	玉石器、宝石
1339	清狮子纹玉如意瓦子	1	玉石器、宝石
1340	清福寿纹青玉如意瓦子	2	玉石器、宝石
1341	清八卦纹青玉璧	1	玉石器、宝石
1342	清青玉谷璧	1	玉石器、宝石

(续表)

藏品编号	名　称	数量	类别
1343	清云蝠纹青玉璧	1	玉石器、宝石
1344	清螭龙纹白玉璧	1	玉石器、宝石
1345	清双螭海浪纹白玉璧	1	玉石器、宝石
1346	清白玉环	1	玉石器、宝石
1347	清白玉环	1	玉石器、宝石
1348	清透雕花鸟竹节式白玉牌饰	1	玉石器、宝石
1349	清松鼠葡萄纹白玉坠饰	1	玉石器、宝石
1350	清莲禽纹白玉牌饰	1	玉石器、宝石
1351	清透雕白玉孔雀饰	1	玉石器、宝石
1352	清透雕竹叶白玉牌饰	1	玉石器、宝石
1353	清同喜兰花纹玉牌饰	1	玉石器、宝石
1354	清透雕禄寿花式玉牌饰	1	玉石器、宝石
1355	清莲鱼纹玉坠饰	1	玉石器、宝石
1356	清螭虎纹白玉平安牌饰	1	玉石器、宝石
1357	清岫玉雕花篮式转心牌饰	1	玉石器、宝石
1358	清透雕福钱纹白玉牌饰	1	玉石器、宝石
1359	清透雕四环青玉牌饰	1	玉石器、宝石
1360	清寿字纹青玉牌饰	1	玉石器、宝石
1361	清珍珠手串	14	玉石器、宝石
1362	明透雕云龙纹白玉带饰	1	玉石器、宝石
1363	清豆荚形白玉坠饰	1	玉石器、宝石
1364	清鱼莲青玉坠饰	1	玉石器、宝石
1365	清透雕六套环白玉带饰	2	玉石器、宝石
1366	清透雕云纹白玉牌饰	1	玉石器、宝石
1367	清透雕四兽纹青玉转心牌饰	1	玉石器、宝石
1368	清透雕芍药纹青玉锁形饰	1	玉石器、宝石

(续表)

藏品编号	名　称	数量	类别
1369	清透雕白玉藕片形牌饰	1	玉石器、宝石
1370	新石器时代青玉异形环	1	玉石器、宝石
1371	清隐士图青玉牌饰	1	玉石器、宝石
1372	清青玉圭	1	玉石器、宝石
1373	清鱼形青玉坠饰	1	玉石器、宝石
1374	清透雕合欢白玉坠饰	1	玉石器、宝石
1375	清仿古玉圭璧形器	1	玉石器、宝石
1376	清仿古玉斧	1	玉石器、宝石
1377	清螭纹玉璧	1	玉石器、宝石
1378	清玉扳指	6	玉石器、宝石
1379	清岫玉扳指	2	玉石器、宝石
1380-1	清料扳指	1	玻璃器
1380-2	清白玉扳指	1	玉石器、宝石
1381	清青玉镯	2	玉石器、宝石
1382	清青玉镯	2	玉石器、宝石
1383	清青玉镯	5	玉石器、宝石
1384	清透雕蟠螭纹白玉带扣	2	玉石器、宝石
1385	清透雕狮纹青玉带扣	2	玉石器、宝石
1386-1	民国透雕蟠螭纹白玉剑璲	1	玉石器、宝石
1386-2	清雕苍龙教子白玉带钩	4	玉石器、宝石
1387	清青玉带钩	1	玉石器、宝石
1388	清青玉剑璲	2	玉石器、宝石
1389	清白玉带扣	2	玉石器、宝石
1390	明镶铜鎏金托连珠瓜瓞纹青玉带扣	1	玉石器、宝石
1391	明铜鎏金嵌宝石托花卉纹白玉带扣	1	玉石器、宝石
1392	清透雕双葫芦纹白玉镶托带扣	1	玉石器、宝石

锦州市全国第一次可移动文物普查藏品名录

(续表)

藏品编号	名　称	数量	类别
1393	清翠镶托带扣	1	玉石器、宝石
1394	清莲藕式玉水丞	1	文具
1395	清青玉鱼形饰	1	玉石器、宝石
1396	清寿字纹青玉琮形饰	1	玉石器、宝石
1397	明玉发箍	1	玉石器、宝石
1398	清蟠螭纹山形玉饰件	1	玉石器、宝石
1399	清玛瑙鼻烟壶	1	玉石器、宝石
1400	清黄玉鼻烟壶	2	玉石器、宝石
1401	清白玉鼻烟壶	1	玉石器、宝石
1402	清青玉鼻烟壶	1	玉石器、宝石
1403	清莲藕式水晶水丞	1	文具
1404	民国巧作雕花人物清供	1	玉石器、宝石
1405	清汉白玉雕观音菩萨像	1	雕塑、造像
1406	民国汉白玉雕二乔像	1	雕塑、造像
1407	清桐木嵌白玉如意	2	玉石器、宝石
1408	清雕花水晶鼻烟壶	1	玉石器、宝石
1409	清雕花料鼻烟壶	1	玻璃器
1410	清翠戒指	1	玉石器、宝石
1411	清翠环	1	玉石器、宝石
1412	清雕寿字料鼻烟壶	1	玻璃器
1413	清鱼纹双色套料鼻烟壶	2	玻璃器
1414	清双色料刻兰花白地鼻烟壶	1	玻璃器
1415	清蝠纹双色套料鼻烟壶	1	玻璃器
1416	清刻花料鼻烟壶	2	玻璃器
1417	清翠碟	1	玉石器、宝石
1418	清红料鼻烟壶	1	玻璃器
1419	清黄料鼻烟壶	1	玻璃器
1420	清粉料扁形鼻烟壶	1	玻璃器
1421	清内画双鹤纹鼻烟壶	1	玻璃器
1422	清青玉鼻烟壶	4	玉石器、宝石
1423	清内画花卉纹鼻烟壶	1	玻璃器
1424	清绿料鼻烟壶	1	玻璃器
1425	清双色套料鼻烟壶	1	玻璃器
1426	清云纹青玉如意	1	玉石器、宝石

(续表)

藏品编号	名　称	数量	类别
1427	清桐木嵌白玉如意	2	玉石器、宝石
1428	清双色套料鼻烟壶	1	玻璃器
1429	清八卦纹仿古玉琮	1	玉石器、宝石
1430	清白料画花鼻烟壶	1	玻璃器
1431	清灵芝形青玉饰件	1	玉石器、宝石
1432	清内画黑花料鼻烟壶	1	玻璃器
1433	清八角形鼻烟壶	1	玻璃器
1434	清白云纹料鼻烟壶	1	玻璃器
1435	清蚌珠手串	97	牙骨角器
1436	清青玉圭璧形器	1	玉石器、宝石
1437	清刻花青玉圭	1	玉石器、宝石
1438	清弦纹仿古青玉圭	1	玉石器、宝石
1439	清青玉璋	1	玉石器、宝石
1440	新石器青玉圭	1	玉石器、宝石
1441	清云纹仿古青玉圭	1	玉石器、宝石
1442	清东珠朝珠	1	玉石器、宝石
1443	清翠手镯	2	玉石器、宝石
1444	清翠手镯	3	玉石器、宝石
1445	清马蹬式翠戒指	3	玉石器、宝石
1446	清翠环	1	玉石器、宝石
1447	清翠扳指	1	玉石器、宝石
1448	清透雕螭龙荷叶纹翠牌饰	1	玉石器、宝石
1449	清透雕佛手形翠牌饰	1	玉石器、宝石
1450	清翠鼻烟壶盖	4	玉石器、宝石
1451	清翠耳坠	1	玉石器、宝石
1452	清翠珠串	31	玉石器、宝石
1453	清翠戒面	2	玉石器、宝石
1454	清子孙万代纹碧玺坠饰	1	玉石器、宝石
1455	清透雕双鱼紫晶坠饰	1	玉石器、宝石

(续表)

藏品编号	名称	数量	类别
1456	清紫晶坠饰	2	玉石器、宝石
1457	清连珠纹银托碧玺带扣	1	玉石器、宝石
1458	清碧玺鼻烟壶盖	1	玉石器、宝石
1459	清碧玺桃形镶件	1	玉石器、宝石
1460	清紫晶手串	1	玉石器、宝石
1461	清红珊瑚枝	1	玉石器、宝石
1462	清仿白珊瑚料枝	1	玻璃器
1463	清珊瑚串珠编银镯	2	玉石器、宝石
1464	清珊瑚串珠帽顶	1	玉石器、宝石
1465	清珊瑚镶件	1	玉石器、宝石
1466	清珊瑚朝珠	3	玉石器、宝石
1467	清珊瑚珠	108	玉石器、宝石
1468	清双铺首玛瑙鼻烟壶	1	玉石器、宝石
1469	清玛瑙鼻烟壶	3	玉石器、宝石
1470	清黄玛瑙碟	1	玉石器、宝石
1471	清珊瑚玛瑙珠串	1	玉石器、宝石
1472	清一路连科翠鼻烟壶	1	玉石器、宝石
1473	清紫水晶鼻烟壶	1	玉石器、宝石
1474	清雕花水晶鼻烟壶	1	玉石器、宝石
1475	清玛瑙环	5	玉石器、宝石
1476	清珊瑚楠木朝珠	182	玉石器、宝石
1477	清琥珀珠串	116	玉石器、宝石
1478	清黑琥珀朝珠	166	玉石器、宝石
1479	清红玛瑙朝珠	2	玉石器、宝石
1480	清黄蜜蜡朝珠	2	玉石器、宝石
1481	清孔雀石朝珠	2	玉石器、宝石

(续表)

藏品编号	名称	数量	类别
1482	清烧料朝珠	111	玻璃器
1483	清白玉簪	3	玉石器、宝石
1484	清夔龙纹青玉镯	1	玉石器、宝石
1485	清青金石朝珠	126	玉石器、宝石
1486	清孔雀石手串	2	玉石器、宝石
1487	明素面玉璧	1	玉石器、宝石
1488	清各色料珠串	1	玻璃器
1489	清青玉蝉	1	玉石器、宝石
1490	清翠砚	1	文具
1491	清五蝠纹琴式青田石砚	1	文具
1492	清岫玉笔筒	1	文具
1493	清玉纸镇	1	文具
1494	清岫玉刻字纸镇	2	文具
1495	清翠谷璧	1	玉石器、宝石
1496	清双螭耳白玉杯	1	玉石器、宝石
1497	清乳丁纹青玉耳杯	1	玉石器、宝石
1498	清象牙扳指	2	牙骨角器
1499	民国象牙观音立像	1	雕塑、造像
1500	清象牙雕刻竹林七贤图座屏	1	牙骨角器
1501	青铜时代甲骨文片（残）	12	甲骨
1502	民国象牙羊毫提斗	1	文具
1503	清象牙笏板	1	牙骨角器
1504	清雕漆人物纹盖盒	1	漆器
1505	民国雕漆人物纹方壶	2	漆器
1506	清雕漆开光人物纹扁瓶	1	漆器
1507	清雕漆文具盒	1	漆器
1508	民国雕漆云龙纹盖盒	1	漆器
1509	清花卉纹黑漆盘	1	漆器
1510	清牛皮描花长漆匣	1	漆器
1511	青铜时代回纹高形三足鼎	1	铜器
1512	民国饕餮纹立耳柱足铜鼎	1	铜器
1513	清嵌金银饕餮纹子孙永用铜鼎	1	铜器
1514	战国双耳三足青铜鼎	1	铜器
1515	清蟠螭纹鼎	1	铜器
1516	清涡纹双耳三足鬲式鼎	1	铜器
1517	清立耳四足方鼎	1	铜器
1518	清镂空双凤朝阳纹铜熏炉	1	铜器
1519	西周饕餮纹青铜甗	1	铜器
1520	春秋犬癸舟	1	铜器
1521	汉双耳铜鼎	1	铜器
1522	宋饕餮纹铜簋	1	铜器

锦州市全国第一次可移动文物普查藏品名录

(续表)

藏品编号	名　称	数量	类别
1523	清饕餮纹铜簋	1	铜器
1524	西周父丁簋	1	铜器
1525	青铜时代雷纹爵	1	铜器
1526	清蟠螭纹簋	1	铜器
1527	青铜时代亚爵	1	铜器
1528	青铜时代饕餮纹铜爵	1	铜器
1529	青铜时代弦纹铜爵	1	铜器
1530	青铜时代饕餮纹觚	1	铜器
1531	青铜时代四乳纹觚	1	铜器
1532	清蝉纹出戟铜方觚	1	铜器
1533	青铜时代回纹觯（残）	1	铜器
1534	青铜时代素面觯	1	铜器
1535	明仿古铜爵杯	3	铜器
1536	西周夔纹卣	1	铜器
1537	明唯公卣	1	铜器
1538	明子父卣	1	铜器
1539	明饕餮纹三足洗	1	铜器
1540	战国蟠虺纹甬钟	1	乐器、法器
1541	战国铜銮铃	2	铜器
1542	辽卷草纹铜铎	1	铜器
1543	宋饕餮纹镈钟	1	乐器、法器
1544	唐铜熨斗	1	铜器
1545	汉鸟盖熊足铜樽	1	铜器
1546	春秋云纹铜车辖	1	铜器
1547	战国铜车辖	1	铜器
1548	汉弦纹铜车辖	4	铜器
1549	战国铜车辖	1	铜器
1550	战国云雷纹铜编钟	2	铜器
1551	汉弩机廓	1	武器
1552	唐弦纹铜镜	1	铜器
1553	民国鸟纹青铜壶	1	铜器
1554	北朝铜盘	1	铜器
1555	清卣盖	1	铜器
1556	战国几何纹双耳铜铃	1	乐器、法器
1557	汉永寿剑	1	武器
1558	清仿吴季子剑	1	武器
1559	明仿古铜剑（残）	1	武器
1560	战国铜戈	3	武器
1561	秦青铜戈	1	武器
1562	青铜时代铜戈	1	武器
1563	青铜时代曲刃柱脊青铜短剑	1	武器
1564	青铜时代青铜短剑	1	武器
1565	汉公字纹直柄短剑	1	武器
1566	魏晋剑柄（残）	1	武器
1567	战汉小铜刀	12	武器
1568	金元兽首铜鐎	1	铜器
1569	清马首刀	1	武器
1570	清凤纹双耳出戟铜壶	1	铜器
1571	清饕餮纹出戟铜觚	1	铜器
1572	清凤纹出戟觚	1	铜器
1573	清蝉纹双环耳六方壶	1	铜器

(续表)

藏品编号	名　称	数量	类别
1574	清兽面纹出戟鎏金铜方觚	2	铜器
1575	清铜瓶	2	铜器
1576	清瑞兽铜熏炉	1	铜器
1577	清龙凤纹铜熏炉	1	铜器
1578	清扁腹三足铜炉	1	铜器
1579	清蝉纹出戟方觚	1	铜器
1580	十六国双耳釜形器	1	铜器
1581	清双螭耳三足平底炉	1	铜器
1582	清双铺首凤纹铜炉	1	铜器
1583	清双鱼耳铜插瓶	1	铜器
1584	民国桃形铜炉	1	铜器
1585	清鎏金铜凤	1	铜器
1586	三国高官铜镜	1	铜器
1587	明鸟兽规矩镜	1	铜器
1588	汉昭明铜镜	1	铜器
1589	明"吕"字纽弦纹铜镜	1	铜器
1590	汉规矩八乳钉纹菱花式铜镜	1	铜器
1591	金海兽纹铜镜	1	铜器
1592	明缠枝莲纹铜镜	1	铜器
1593	金四兽纹铜镜	1	铜器
1594	金四乳四兽仿古铜镜	1	铜器
1595	元海水云龙纹铜镜	1	铜器
1596	辽秘戏图铜镜	1	铜器
1597	辽古钱纹葵花口铜镜	1	铜器
1598	金元缠枝莲纹铜镜	1	铜器
1599	金元"富贵长安"连弧纹铜镜	1	铜器
1600	金"煌丕昌天"航海镜	1	铜器
1601	清圆形有柄素面铜镜	1	铜器
1602	清素面铜镜	1	铜器
1603	明重弦纹圆纽铜镜	1	铜器
1604	明双环耳人物纹六棱方壶	2	铜器
1605	元至元二十三年铜权	1	度量衡器
1606	元官造铜权	1	度量衡器
1607	元大德七年铜权	1	度量衡器
1608	元美仁铜权	1	度量衡器
1609	清鎏金铜多穆壶	1	铜器
1610	明莲纹鎏金铜执壶	1	铜器
1611	辽铜剪	1	铜器
1612	清蝉纹双象耳铜觚	1	铜器
1613	清仿明宣德炉	5	铜器
1614	明鎏金铜佛坐像	2	雕塑、造像
1615-1	清鎏金铜白度母像	1	雕塑、造像
1615-2	清鎏金铜药师佛坐像	1	雕塑、造像
1615-3	清鎏金铜如意轮观音像	1	雕塑、造像
1615-4	清鎏金铜药师佛坐像	1	雕塑、造像
1615-5	清乾隆消忧智菩萨像	1	雕塑、造像
1616	清佛道人物铜像	4	雕塑、造像
1617	清双龙耳寿字铜三足炉	1	铜器
1618	清铜鲤鱼	2	铜器
1619	明铜洗	1	铜器
1620	清饕餮纹鎏金铜罍	1	铜器

(续表)

藏品编号	名称	数量	类别
1621	清铜托盘四足瑞兽铜熏炉	1	铜器
1622	汉三足附耳铜鼎	1	铜器
1623	清人物纹四足铜熏炉	1	铜器
1624	清双龙耳兽面纹铜瓶	2	铜器
1625	清饕餮纹仿古四足方鼎	1	铜器
1626	清鸟纹仿古提梁卣	1	铜器
1627	清夔凤纹铜尊	1	铜器
1628	清铜提梁炉	1	铜器
1629	清鎏金铜贯耳瓶	1	铜器
1630	清四耳蟠螭纹铜钫	1	铜器
1631	西周铜爵	1	铜器
1632	清铜壶	1	铜器
1633	清兽面纹出戟铜觚	1	铜器
1634	青铜时代云纹花觚（残）	1	铜器
1635	元回纹仿古铜鼎	1	铜器
1636	清铜手镯	2	铜器
1637	清龙凤纹铜碗	1	铜器
1638-1	明弦纹铜镜	1	铜器
1638-2	唐金银平脱瑞兽纹铜镜	1	铜器
1639	清铜编钟	1	乐器、法器
1640	清龙纽铜钟	1	铜器
1641	元素面铜玉壶春瓶	1	铜器
1642	北宋双凤耳瓦沟纹铜簋	1	铜器
1643	清双兽耳涡纹铜盨	1	铜器
1644	明宣德款铜炉	1	铜器
1645	清贴塑人物纹提梁壶	1	铜器
1646	清锡座（残）	1	铜器
1647	清仿古铜罩（残）	1	铜器
1648	明兽面三足钱纹铜炉	1	铜器
1649-1	明"三元及第"铜镜	1	铜器
1649-2	明"鸾凤呈祥"铜镜	1	铜器
1650	清仿明宣德款铜炉	1	铜器
1651	清狮纽盖兽面纹铜熏炉	1	铜器
1652	清鎏金铜弟子像	1	雕塑、造像
1653	金规矩镜	1	铜器
1654	金双鱼纹铜镜	1	铜器
1655	民国方形铜墨盒	1	文具
1656	民国古筝形铜墨盒	1	文具
1657	民国花卉纹景泰蓝尊	2	珐琅器
1658	清景泰蓝龙纹壶	2	珐琅器
1659	清一路连科景泰蓝壶	1	珐琅器
1660	清海水云龙纹景泰蓝扁壶	2	珐琅器
1661	民国莲纹景泰蓝海棠式洗	2	珐琅器
1662	清景泰蓝佛塔	1	珐琅器
1663	清景泰蓝佛塔	2	珐琅器
1664	清海马纹景泰蓝三足炉	2	珐琅器
1665	清暗八仙景泰蓝莲式盖托	2	珐琅器
1666	民国景泰蓝龙纹扁壶	2	珐琅器
1667	清景泰蓝牡丹梅花筒式瓶	1	珐琅器
1668	清景泰蓝烛台	1	珐琅器
1669	清仿古青铜剑	1	武器

(续表)

藏品编号	名称	数量	类别
1670	清透雕百蝠鎏金铜炉顶	1	铜器
1671	清饕餮纹双耳铜簋	1	铜器
1672	民国大父乙饕餮纹簋	1	铜器
1673	青铜时代素面立耳鼓腹鼎	1	铜器
1674	青铜时代饕餮纹铜罩	1	铜器
1675	青铜时代弦纹簋	1	铜器
1676	西汉涡弦纹铜镜	1	铜器
1677	明仿三国鸟兽纹规矩镜	1	铜器
1678	东汉柿蒂纹规矩铜镜	1	铜器
1679	三国圆纽凤纹铜镜	1	铜器
1680	青铜时代柳叶形直刃剑	1	武器
1681	战国三穿铜戈	1	武器
1682	清仿商蟠虺纹铜戈	1	武器
1683	青铜时代素面铜爵	1	铜器
1684	清饕餮纹出戟铜觚	1	铜器
1685	唐海兽葡萄纹铜镜	1	铜器
1686	战国双附耳蹄足盖鼎	1	铜器
1687	民国云雷纹立耳铜鼎	1	铜器
1688	汉青铜带钩	1	铜器
1689	汉鸭形铜带钩	1	铜器
1690	战国青铜矛	1	武器
1691	战国青铜矛	1	武器
1692	战国阔叶形带铭青铜矛	1	武器
1693	清嵌银丝兽面纹铜钫	1	铜器
1694	辽双鸾铜镜	1	铜器
1695	金仿古四兽纹镜	1	铜器
1696	青铜时代桥形铜饰件	3	铜器
1697	金童子像	3	雕塑、造像
1698	辽铜阿弥陀佛立像	1	雕塑、造像
1699	元皇庆年铜权	1	度量衡器
1700	青铜时代曲刃青铜短剑	1	武器
1701	清狮纽双耳兽面纹三足炉	1	铜器
1702	金海兽葡萄纹铜镜	1	铜器
1703	金双龙纹镜	1	铜器
1704	金双鱼纹铜镜	1	铜器
1705	金方纽人物纹铜镜	1	铜器
1706	辽双花铜镜	1	铜器
1707	金缠枝花纹铜镜	1	铜器
1708	金仿汉八乳规矩纹铜镜	1	铜器
1709	辽鎏金铜佛立像	1	雕塑、造像
1710	辽铜佛立像	1	雕塑、造像
1711	辽铜观音立像	1	雕塑、造像
1712	金童子像	2	雕塑、造像
1713	清开光瑞兽纹铜瓶	1	铜器
1714	金莲花童戏纹有柄铜镜	1	铜器
1715	汉铜镞	4	武器
1716	清景泰蓝痰盂	1	珐琅器
1717	东周"安邑二釿"青铜方足布币	1	钱币
1718	青铜时代贝币	17	钱币
1719	楚蚁鼻青铜币	4	钱币
1720	清"宣统通宝"铜钱	1	钱币

(续表)

藏品编号	名称	数量	类别
1721	青铜时代鱼形青铜币	1	钱币
1722	战国安阳青铜布币	10	钱币
1723	战国青铜匽刀币	10	钱币
1724	秦"半两"铜钱	10	钱币
1725	汉"半两"铜钱	10	钱币
1726	新莽货泉青铜布币	10	钱币
1727	战国方足青铜布币	2	钱币
1728	新莽"大泉五十"铜币	2	钱币
1729	战国"一刀"铜币	10	钱币
1730	东汉"五铢"铜钱	10	钱币
1731	三国魏"五铢"铜钱	10	钱币
1732	隋"五铢"铜钱	7	钱币
1733	唐"开元通宝"铜钱	10	钱币
1734	后周"周元通宝"铜钱	4	钱币
1735	后唐"唐国通宝"铜钱	5	钱币
1736	唐"乾元重宝"铜钱	10	钱币
1737	前蜀"乾德元宝"铜钱	7	钱币
1738	南宋"乾道元宝"铜钱	2	钱币
1739	北宋"治平元宝"铜钱	10	钱币
1740	北宋"皇宋通宝"铜钱	5	钱币
1741	北宋"崇宁重宝"铜钱	5	钱币
1742	北宋"政和通宝"铜钱	5	钱币
1743	北宋"圣宋元宝"铜钱	5	钱币
1744	北宋"圣宋元宝"铜钱	5	钱币
1745	北宋"熙宁元宝"铜钱	5	钱币
1746	北宋"熙宁元宝"铜钱	5	钱币
1747	北宋"熙宁重宝"铜钱	5	钱币
1748	北宋"熙宁重宝"铜钱	5	钱币
1749	北宋"祥符元宝"铜钱	5	钱币
1750	北宋"祥符通宝"铜钱	5	钱币
1751	北宋"元符通宝"铜钱	5	钱币
1752	北宋"元符通宝"铜钱	5	钱币
1753	北宋"元丰通宝"铜钱	5	钱币
1754	北宋"元丰通宝"铜钱	5	钱币
1755	北宋"宣和通宝"铜钱	5	钱币
1756	北宋"宣和通宝"铜钱	5	钱币
1757	北宋"宣和元宝"铜钱	2	钱币
1758	北宋"太平通宝"铜钱	5	钱币
1759	北宋"绍圣元宝"铜钱	5	钱币
1760	北宋"绍圣元宝"铜钱	5	钱币
1761	北宋"至道元宝"铜钱	5	钱币
1762	北宋"至道元宝"铜钱	5	钱币
1763	北宋"至和元宝"铜钱	5	钱币
1764	北宋"至和元宝"铜钱	5	钱币
1765	北宋"至和元宝"铜钱	5	钱币
1766	北宋"至和元宝"铜钱	5	钱币
1767	南宋"建炎元宝"铜钱	5	钱币
1768	南宋"建炎元宝"铜钱	5	钱币
1769	南宋"绍兴元宝"铜钱	7	钱币
1770	南宋"绍兴元宝"铜钱	3	钱币
1771	南宋"绍兴通宝"铜钱	5	钱币
1772	北宋"明道元宝"铜钱	5	钱币
1773	北宋"明道元宝"铜钱	12	钱币
1774	北宋"宋元通宝"铜钱	5	钱币
1775	北宋"咸平元宝"铜钱	5	钱币
1776	北宋"嘉祐元宝"铜钱	5	钱币
1777	北宋"嘉祐元宝"铜钱	5	钱币
1778	北宋"嘉祐通宝"铜钱	5	钱币
1779	北宋"嘉祐通宝"铜钱	5	钱币
1780	北宋"景祐元宝"铜钱	5	钱币
1781	北宋"景祐元宝"铜钱	5	钱币
1782	北宋"景德元宝"铜钱	5	钱币
1783	北宋"天禧通宝"铜钱	5	钱币
1784	北宋"天圣元宝"铜钱	5	钱币
1785	北宋"天圣元宝"铜钱	5	钱币
1786	北宋"大观通宝"铜钱	5	钱币
1787	北宋"庆历重宝"铜钱	12	钱币
1788	北宋"淳化元宝"铜钱	5	钱币
1789	北宋"淳化元宝"铜钱	5	钱币
1790	北宋"淳化元宝"铜钱	5	钱币
1791	辽"寿昌元宝"铜钱	10	钱币
1792	辽"大康元宝"铜钱	4	钱币
1793	辽"大康通宝"铜钱	5	钱币
1794	辽"大安元宝"铜钱	5	钱币
1795	辽"乾统元宝"铜钱	5	钱币
1796	辽"咸雍通宝"铜钱	13	钱币
1797	辽"天庆元宝"铜钱	8	钱币
1798	辽"清宁通宝"铜钱	7	钱币
1799	金"泰和通宝"铜钱	1	钱币
1800	金"大定通宝"铜钱	6	钱币
1801	金"正隆元宝"铜钱	5	钱币
1802	明"洪武通宝"铜钱	1	钱币
1803	明"永乐通宝"铜钱	1	钱币
1804	明"大顺通宝"铜钱	1	钱币
1805	清"天命通宝"铜钱	2	钱币
1806	清"康熙通宝"铜钱	5	钱币
1807	清"顺治通宝"铜钱	2	钱币
1808	清"雍正通宝"铜钱	4	钱币
1809	清"乾隆通宝"铜钱	5	钱币
1810	清"嘉庆通宝"铜钱	5	钱币
1811	清"道光通宝"铜钱	5	钱币
1812	清"咸丰通宝"铜钱	5	钱币
1813	清"咸丰重宝"铜钱	1	钱币
1814	清"光绪通宝"铜钱	5	钱币
1815	战国青铜齐刀币	1	钱币
1816	北宋"元祐通宝"铜钱	5	钱币
1818-1	北宋"治平通宝"铜钱	3	钱币
1818-2	北宋"治平元宝"铜钱	1	钱币
1819	北宋"治平通宝"铜钱	7	钱币
1820	北宋"治平元宝"铜钱	5	钱币
1821-1	北宋"崇宁通宝"铜钱	4	钱币
1821-2	北宋"崇宁重宝"铜钱	1	钱币

（续表）

藏品编号	名称	数量	类别
1822	北宋"皇宋通宝"铜钱	5	钱币
1823	北宋"圣宋元宝"铜钱	11	钱币
1824	北宋"治平元宝"铜钱	12	钱币
1825	北宋"政和通宝"铜钱	5	钱币
1826	唐"开元通宝"铜钱	4	钱币
1827	南宋"淳熙元宝"铜钱	8	钱币
1828	前蜀"光天元宝"铜钱	1	钱币
1829	前蜀"咸康元宝"铜钱	1	钱币
1830	南宋"隆兴元宝"铜钱	1	钱币
1831	清"宣统元宝"银币	1	钱币
1832	南宋"隆兴元宝"铜钱	2	钱币
1833	前蜀"天汉元宝"铜钱	1	钱币
1834	北宋"靖康元宝"铜钱	1	钱币
1835	南唐"唐国通宝"铜钱	1	钱币
1836	南宋"乾道元宝"铜钱	7	钱币
1837	二十世纪"朝鲜银行券伍元"纸币	1	钱币
1838	二十世纪"朝鲜银行券拾元"纸币	1	钱币
1839	民国伪"满洲中央银行壹元"纸币	4	钱币
1840	民国伪"满洲中央银行壹角"纸币	2	钱币
1841	民国伪"满洲中央银行佰元"纸币	2	钱币
1842	民国"中央银行壹万元"纸币	1	钱币
1843	清"宣统元宝"铜币	2	钱币
1844	"民国十五年壹角"银币	1	钱币
1845	民国"中央银行东北流通券伍佰元"纸币	1	钱币
1846	民国"中央银行东北流通券贰仟元"纸币	2	钱币
1847	民国"中央银行壹仟元"（法币）纸币	2	钱币
1848	民国"中央银行东北流通券伍仟元"纸币	1	钱币
1849	民国"中央银行东北流通券壹万元"纸币	1	钱币
1850	民国"中央银行壹仟元"纸币	1	钱币
1851	民国"中央银行伍佰元"纸币	1	钱币
1852	民国"中央银行伍佰元"纸币	1	钱币
1853	民国"中央银行壹佰元"纸币	1	钱币
1854	民国"中国联合准备银行拾元"纸币	1	钱币
1855	民国"中央银行壹佰元"纸币	1	钱币
1856	民国"中央银行伍元"纸币	1	钱币
1857	民国"中央银行壹元"纸币	2	钱币
1858	民国"中央银行贰仟元"纸币	1	钱币
1859	民国"中央银行壹仟元"纸币	1	钱币
1860	民国"中央银行贰仟元"纸币	1	钱币
1861	民国"中央银行伍佰元"纸币	1	钱币
1862	民国"中央银行伍佰元"纸币	1	钱币
1863	清"大清银行兑换券拾元"纸币	1	钱币
1864	民国"中央银行关金拾元"票	1	钱币
1865	民国遵化县兴隆镇兑钱贴	1	票据
1866	清"洪武通宝"铜花钱	2	钱币
1867	清"太平通宝"铜花钱	3	钱币
1868	清"太宗通宝"铜花钱	1	钱币

（续表）

藏品编号	名称	数量	类别
1869	清"周元通宝"铜花钱	2	钱币
1870	清"长命富贵"铜花钱	1	钱币
1871	清八卦纹铜花钱	1	钱币
1872	清"昌"字铜花钱	2	钱币
1873	清镂空双龙纹铜花钱	2	钱币
1874	十九世纪日本"江户品川台场通宝"铜币	1	钱币
1875	清仿汉大泉五十钱铜母范	1	钱币
1876	清银锞子	2	钱币
1877-1	十九世纪俄国人头像银币	2	钱币
1877-2	十九世纪英国人头像银币	1	钱币
1878	蒙古银币	7	钱币
1879	十九世纪俄国铜质纪念章	1	文件、宣传品
1880	清宣统铜币	1	钱币
1881	民国"中国联合准备银行贰角"纸币	1	钱币
1882	民国伪"满洲中央银行伍角"纸币	1	钱币
1883	民国"奉天公济平市钱号铜元十枚"兑换券	2	票据
1884	民国"中央银行伍元"（林森像）纸币	13	钱币
1885	民国"热河兴业银行二十枚"兑换券	1	票据
1886	民国"奉天公济平市钱号铜元"兑换券	5	票据
1887	民国"中央银行壹角"纸币	1	钱币
1888	民国"中央银行贰角"纸币	2	钱币
1889	民国"中央银行壹元"纸币	1	钱币
1890	民国"中央银行壹万元"纸币	1	钱币
1891	民国"中央储备银行壹元"纸币	1	钱币
1892	民国"中央银行关金伍仟元"纸币	1	钱币
1893	民国"热河兴业银行汇兑券伍元"纸币	1	钱币
1894	民国"东三省官银号汇兑券壹元"纸币	1	钱币
1895	民国"中央银行伍佰元"纸币	1	钱币
1896	民国"中国银行拾元"纸币	2	钱币
1897	民国"中国银行拾元"纸币	2	钱币
1898	民国"中央银行拾元"纸币	3	钱币
1899	民国"北朝鲜中央银行券拾元"纸币	2	钱币
1900-1	二十世纪俄国卢布纸币	10	钱币
1900-2	二十世纪俄国卢布纸币	14	钱币
1900-3	二十世纪俄国卢布纸币	1	钱币
1901	伪满"满洲帝国伍分"铜币	1	钱币
1902	清"光绪元宝"铜币	2	钱币
1903	清"大清铜币"	2	钱币
1904	民国四川铜币	2	钱币
1905	民国"湖南省贰拾文"铜币	3	钱币
1906	民国"中华民国贰拾文"铜币	1	钱币
1907	民国十年贰拾文铜币	2	钱币
1908	民国贰佰文铜币	1	钱币
1909	民国五年壹分圆穿铜币	1	钱币
1910	秦"半两"铜钱	1	钱币
1911	汉"半两"铜钱	5	钱币
1912	西汉"半两"铜钱	2	钱币
1913	六朝"四铢"铜币	1	钱币

藏品编号	名　　称	数量	类别	藏品编号	名　　称	数量	类别
1914	新莽"大泉五十"铜钱	1	钱币	1965	十七世纪朝鲜"常平通宝"铜钱	5	钱币
1915	新莽"货泉"铜钱	1	钱币	1966	十八世纪越南"洪德通宝"铜钱	1	钱币
1916	新莽"一刀平五千"铜币	1	钱币	1967	十八世纪越南"保泰通宝"铜钱	1	钱币
1917	战国戈邑方足铜布币	1	钱币	1968	十五世纪越南"延宁通宝"铜钱	1	钱币
1918	战国方足铜布币	1	钱币	1969	十八世纪安南"光中通宝"铜钱	1	钱币
1919	南北朝"大吉五铢"铜钱	1	钱币	1970	十九世纪安南"嘉隆通宝"铜钱	1	钱币
1920	北齐"常平五铢"铜钱	1	钱币	1971	十八世纪安南"景兴通宝"铜钱	1	钱币
1921	北魏"永安五铢"铜钱	2	钱币	1972	十八世纪安南"景盛通宝"铜钱	1	钱币
1922	隋"五铢"铜钱	1	钱币	1973	十五世纪安南"光顺通宝"铜钱	1	钱币
1923	金"阜昌通宝"铜钱	1	钱币	1974	十九世纪日本"文久永宝"铜钱	3	钱币
1924	金"泰和通宝"铜钱	4	钱币	1975	十九世纪日本"天保通宝"铜钱	2	钱币
1925	金"泰和重宝"铜钱	1	钱币	1976	十九世纪日本"琉球通宝"铜钱	1	钱币
1926	明"永昌通宝"铜钱	1	钱币	1977	清"后藏班禅"银圆	1	钱币
1927	元"至大通宝"铜钱	2	钱币	1978	清"道光元年"银圆	1	钱币
1928	明"天定通宝"铜钱	1	钱币	1979	清"道光元年"银圆	1	钱币
1929	明"天启通宝"铜钱	2	钱币	1980	清"同治皇帝福建恭进"银圆	1	钱币
1930	南宋"庆元通宝"铜钱	1	钱币	1981	清"光绪乙酉年造"银圆	1	钱币
1931	明"正德通宝"铜钱	1	钱币	1982	清"光绪乙酉年造"银圆	1	钱币
1932	明"正德通宝"铜钱	1	钱币	1983	清"浙江省造"银圆	1	钱币
1933	唐"顺天元宝"铜钱	1	钱币	1984	清"台湾军饷"银圆	1	钱币
1934	前蜀"光天元宝"铜钱	1	钱币	1985	清"李鸿章纪念"银圆	1	钱币
1935	前蜀"永平元宝"铜钱	1	钱币	1986	民国"洪宪元年"纪念银圆	1	钱币
1936	后梁"乾封泉宝"铜钱	1	钱币	1987	汉剪轮"五铢"铜钱	1	钱币
1937	元"大元通宝"铜钱	1	钱币	1988	北宋"皇宋通宝"铜钱	1	钱币
1938	元"大中通宝"铜钱	1	钱币	1990	清镂空双龙纹铜花钱	1	钱币
1939	明"永乐通宝"铜钱	1	钱币	1991	民国贰毫银币	1	钱币
1940	明"永历通宝"铜钱	1	钱币	1992	清"光绪元宝"银币	1	钱币
1941	南宋"端平通宝"铜钱	1	钱币	1993	民国廿分银币	1	钱币
1942	明"弘治通宝"铜钱	1	钱币	1994	清"光绪通宝"铜币	1	钱币
1943	唐"得壹元宝"铜钱	1	钱币	1995	清红木雕合和二仙像	2	雕塑、造像
1944	清"利用通宝"铜钱	1	钱币	1996	清紫檀雕观音立像	1	雕塑、造像
1945	清"昭武通宝"铜钱	1	钱币	1997	民国楠木雕佛菩萨造像龛	1	雕塑、造像
1946	清"昭武通宝"铜钱	1	钱币	2001	民国竹刻人物图笔筒	1	竹木雕
1947	清"洪化通宝"铜钱	3	钱币	2002	清雕花木杯	3	竹木雕
1948	唐"顺天元宝"铜钱	1	钱币	2003	清竹雕三足立耳鼎	1	竹木雕
1949	南宋"建炎重宝"铜钱	1	钱币	2004	清紫檀木雕对狮	2	雕塑、造像
1950	南宋"靖康元宝"铜钱	1	钱币	2005	民国木雕苦行尊者像	1	雕塑、造像
1951	汉"五铢"铜钱	1	钱币	2006	清铁梨木方桌	1	家具
1952	清"雍正通宝"铜钱	1	钱币	2007	清铁梨木五屏风式镜台	1	家具
1953	清"同治重宝"铜钱	1	钱币	2008	清锦州东关祖师庙木雕经板	1	竹木雕
1954	清"光绪通宝"铜钱	1	钱币	2009	清井字澄泥砚	1	文具
1955	清"太平天国"铜钱	1	钱币	2010	清松月图歙砚	1	文具
1956	清"顺治通宝"铜钱	1	钱币	2011	清老坑端石砚板	1	文具
1957	辽"大辽天庆"铜钱	1	钱币	2012	清双螭纹石砚	1	文具
1958	清八卦生肖铜钱	5	钱币	2013	清凤池紫石对砚	2	文具
1959	清生肖铜钱	7	钱币	2014	清瓦形罗纹歙砚	1	文具
1960	清"长乐益寿延年富贵"铜花钱	1	钱币	2015	清兰亭图紫石砚	1	文具
1961	清"福寿"铜花钱	1	钱币	2016	清天然端石砚	1	文具
1962	清"贞观十骥"铜花钱	1	钱币	2017	清缉熙殿宝渻池砚	1	文具
1963	清人物纹压胜钱	1	钱币	2018	清葡萄纹紫石砚	1	文具
1964	清"福德长寿"铜花钱	1	钱币	2019	清一字池带铭抄手砚	1	文具

(续表)

藏品编号	名　　称	数量	类别
2020	民国石砚山	1	石器、石刻、砖瓦
2021	清山水楼阁图抄手砚	1	文具
2022	清人物纹端砚	1	文具
2023	清雕松竹梅月池砚	1	文具
2024	清带铭七星砚	1	文具
2025	清双螭海水纹歙砚	1	文具
2026	清蝉形石砚	1	文具
2027	清"玲珑山馆藏"白石砚	1	文具
2028	清三芝端砚	1	文具
2029	清花式石盘	1	文具
2030	清白石雕花狮纽盖炉	1	石器、石刻、砖瓦
2063	辽梵文经幢	1	石器、石刻、砖瓦
2064	清寿山石雕圆形饰件	1	玉石器、宝石
2065	清妙在天然石墨山	1	石器、石刻、砖瓦
2066	清石雕立像	1	雕塑、造像
2067	元大元武安英济王之碑	1	石器、石刻、砖瓦
2068	清雕龙紫石砚	1	文具
2069	清寿山石雕人物笔架	1	文具
2070	清滑石雕山水摆件	1	玉石器、宝石
2071	清寿山石雕凤凰牡丹纹摆件	1	玉石器、宝石
2072	民国织成百子图被面	1	织绣
2073	清卍字地金丝龙袍	1	织绣
2074	清貂皮龙袍	1	织绣
2075	清蓝地平金云纹龙袍	1	织绣
2076	清紫缎棉战袍	1	织绣
2077	清紫缎棉战裙	1	织绣
2078	清蓝纱云纹龙袍	1	织绣
2079	清淡青缎绣龙凤裙	1	织绣
2080	清官帽	5	织绣
2081	清貂尾缨	1	织绣
2082	民国绣花荷包	3	织绣
2083	民国蓝缎荷包	2	织绣
2084-1	清四品武官虎补子	1	织绣
2084-2	清四品文官鸳鸯补子	1	织绣
2084-3	清六品文官鹭鸶补子	1	织绣
2084-4	清三品文官孔雀补子	3	织绣
2084-5	清铁铠甲叶前棉挡	1	织绣
2085	清砖红色麻布袈裟	1	织绣
2086	清红缨凉帽	2	织绣
2087	清红帽缨	2	织绣
2088	清花翎	5	其他
2089	清金丝寿星图服饰镶件	1	织绣
2090	清陶瑢画花卉团扇	1	书法、绘画

(续表)

藏品编号	名　　称	数量	类别
2091	清孔雀翎	10	其他
2092	清缎地绣花方钱包	4	织绣
2093	清黄缎绣花荷包	2	织绣
2094	民国贴花荷包	2	织绣
2095	民国青缎绣花眼镜盒	1	织绣
2096	民国黑缎绣花扇套	1	织绣
2097	民国蓝缎贴花扇套	1	织绣
2098	清绿缎贴花双脸鞋	2	织绣
2099	民国灰棉袍	1	织绣
2100	民国红棉裤	1	织绣
2101	民国青纱裙	1	织绣
2102	民国黄纱短衫	1	织绣
2103	民国蓝地白花袄袱	1	织绣
2104	民国青缎素花袄袍	1	织绣
2105	民国黄缎绣花团扇套	1	织绣
2106-1	清五品文官白鹇补子	1	织绣
2106-2	清三品文官孔雀补子	1	织绣
2106-3	清八品文官鹌鹑补子	1	织绣
2107	民国贴花香荷包	2	织绣
2108	清三角形龙纹旗	2	织绣
2109	清缂丝人仙庆寿图轴	1	织绣
2110	民国刺绣竹鸡图轴	1	织绣
2111	清刺绣双狮图幅	1	织绣
2112	民国刺绣花雀图幅	1	织绣
2113	民国刺绣花雀图幅	1	织绣
2114	清缂丝八仙人物图联	2	织绣
2115	清缂丝麻姑图轴	1	织绣
2116	清缂丝八仙人物图联	2	织绣
2117	清刺绣万花楹联	2	织绣
2118	清缂丝麻姑献寿图轴	2	织绣
2119	清刺绣麻姑献寿图轴	1	织绣
2120	清刺绣花卉寿字图轴	1	织绣
2121	清绣花缎地单脸高底鞋	2	织绣
2122	清绣花双脸高底鞋	2	织绣
2123	清金丝博古纹缎面扇套	1	织绣
2124	民国红绣花平金枕料	3	织绣
2125	清二品文官锦鸡补子	2	织绣
2126	清铁叶盔甲	3	织绣
2127	民国达尔罕亲王旗西公益地局之钤记	1	玺印符牌
2128	清狮纽铜印	1	玺印符牌
2129	清蒙文犬纽铜印	1	玺印符牌
2130	宋功圣提点铜印	1	玺印符牌
2131	清青瓷至圣先师印	1	玺印符牌
2132	清龟纽临淮太守印	1	玺印符牌
2133	金都提控铜印	1	玺印符牌
2134	民国犬纽洪洞县印	1	玺印符牌
2135	民国龟纽宗正印	1	玺印符牌
2136	清狮纽寿山石印材	2	玺印符牌
2137	民国狮纽黄寿山石印章	5	玺印符牌
2138	清鹿纽黄寿山石印章	1	玺印符牌
2139	清鱼纽黄寿山石印章	1	玺印符牌

(续表)

藏品编号	名称	数量	类别
2140	清狮纽寿山石印章	1	玺印符牌
2141	清双狮纽寿山石印章	1	玺印符牌
2142	清荷叶纽寿山石印章	1	玺印符牌
2143	民国双羊纽黑寿山石印章	1	玺印符牌
2144	清石印章	1	玺印符牌
2145	清青田石印章	4	玺印符牌
2146	清青田石印材	1	玺印符牌
2147	清狮纽青田印章	1	玺印符牌
2148	民国青田石印章	3	玺印符牌
2149	清狮纽石印章	1	玺印符牌
2150	民国石印章	1	玺印符牌
2151	清狮纽银印章	1	玺印符牌
2152	清双狮纽寿山石印材	1	玺印符牌
2153	清双狮纽寿山石印章	1	玺印符牌
2154	民国黄寿山石印章	5	玺印符牌
2155	清酱色青田石印材	1	玺印符牌
2156	清象纽花寿山石印章	2	玺印符牌
2157	清红寿山石印材	2	玺印符牌
2158	民国寿山石印材	1	玺印符牌
2159	清寿山石印章	1	玺印符牌
2160	清花寿山石印材	1	玺印符牌
2161	清花寿山石印章	4	玺印符牌
2162	清巴林石印章	4	玺印符牌
2163	清黑寿山石印章	1	玺印符牌
2164	清青田石印章	3	玺印符牌
2165	清青玉螭纽印章	1	玺印符牌
2166	清鸡血石印材	2	玺印符牌
2167	清田石印章	1	玺印符牌
2168	清狮纽白寿山石印材	2	玺印符牌
2169	民国寿山石天然形印章	1	玺印符牌
2170	清田黄石天然形印章	1	玺印符牌
2171	清双狮黄寿山石印材	1	玺印符牌
2172	清狮纽青金石印材	2	玺印符牌
2173	清道光狮纽青花瓷印材	2	玺印符牌
2174	清末旧玉龟纽印章	1	玺印符牌
2175	汉尹未央印	1	玺印符牌
2176	汉贾克宗印	1	玺印符牌
2177	汉赵护铜印	1	玺印符牌
2178	汉王钤私印	1	玺印符牌
2179	清长柄铜印	1	玺印符牌
2180	宋犬纽铜印	1	玺印符牌
2181	清山水龙纹随形墨	8	文具
2182	清海水云龙八宝纹朱墨	1	文具
2183	民国二十四孝图墨	17	文具
2184	清九畹墨	8	文具
2185	清人物文字圆形墨	1	文具
2186	民国写经墨	1	文具
2187	清光绪胡开文墨	10	文具
2188	清高浮雕山水人物紫石座屏	1	石器、石刻、砖瓦
2189	民国嵌瓷字挂屏	1	家具

(续表)

藏品编号	名称	数量	类别
2191	民国镶嵌众宝图玉雕座屏	1	家具
2194	民国镶嵌牙雕人物挂屏	1	家具
2195	民国玻璃丝山水图屏风	1	家具
2196	民国粉彩花鸟纹瓷座屏	1	家具
2197	清高浮雕渔樵耕读纹紫石座屏	1	家具
2198	清道光款鲍料八吉祥纹鼻烟壶	1	玻璃器
2199	清双龙耳烧蓝龙纹银杯	1	金银器
2200	清葵口莲瓣纹银托盘	1	金银器
2201	清松鹤延年纹银高足杯	1	金银器
2202	清长柄银匙	1	金银器
2203	清双夔纹龙耳银杯	1	金银器
2204	民国桦木镶银扣碗	1	金银器
2205	明铁权	1	度量衡器
2206	清仿唐铁观音像	1	雕塑、造像
2208	清镶银虎爪佩饰	1	牙骨角器
2214	清木弓	3	武器
2216	清银牛形饰	1	雕塑、造像
2218	民国单筒望远镜	1	其他
2219	清乾隆白玉浮雕龙凤纹链壶	1	玉石器、宝石
2220	清象牙雕三国人物纹摆件	1	牙骨角器
2221	清剔红婴戏纹长颈瓶	1	漆器
2222	战国青铜矛石范（残）	1	武器
2223	新石器时代陶钵	1	陶器
2224	新石器时代陶罐	1	陶器
2225	青铜时代绳纹陶鬲	1	陶器
2226	明万历仿成化款青花花鸟纹碗	1	瓷器
2227	金钧釉碗	1	瓷器
2228	金黑釉鹧鸪斑碗	1	瓷器
2229	辽黄釉盘	3	陶器
2230	辽黄釉碗	1	陶器
2231	辽黄釉盘	2	陶器
2232	辽黄釉执壶（残）	1	陶器
2233	辽黄釉划牡丹花纹梅瓶	1	陶器
2234	明女真人铜饰件	9	铜器
2235	明连续菱格纹铜带钩	1	铜器
2236	明青玉璧	1	玉石器、宝石
2239	清白玉蝉	1	玉石器、宝石
2240	清白玉持荷童子佩	1	雕塑、造像
2241	明茶叶末釉罐	1	陶器
2242	元赭釉小盘	4	陶器
2243	青铜时代石镰	4	石器、石刻、砖瓦
2244	新石器时代有孔石斧	1	石器、石刻、砖瓦
2245	金白釉印花卉纹盘	8	瓷器
2246	辽白釉碗	1	瓷器
2247	北宋耀州窑青瓷刻莲瓣纹盏及托	2	瓷器
2248	辽白釉双系瓶	1	陶器

(续表)

藏品编号	名称	数量	类别
2249	辽白釉碗	1	瓷器
2250	辽白釉盘	2	瓷器
2251	辽舍利石函	1	石器、石刻、砖瓦
2252	辽银舍利函	1	金银器
2253	辽珍珠串饰	1	玉石器、宝石
2255	新石器时代有肩石斧	2	石器、石刻、砖瓦
2256	新石器时代石斧	1	石器、石刻、砖瓦
2257	明铁战刀	1	武器
2258	明铁锄头	1	铁器、其他金属器
2259	明铁矛	2	武器
2260	明铁冰穿	1	铁器、其他金属器
2261	明雷石	3	武器
2262	金茶叶末釉缸	1	陶器
2263	辽茶叶末釉鸡腿瓶	4	陶器
2264	辽六耳铁锅	1	铁器、其他金属器
2265	辽平底铁锅	1	铁器、其他金属器
2266	新石器时代陶碗	2	陶器
2267	新石器时代凿形石器	1	石器、石刻、砖瓦
2268	新石器时代石片	3	石器、石刻、砖瓦
2269	新石器时代骨器	1	牙骨角器
2270	魏晋绳纹灰陶壶	1	陶器
2271	汉莲弧纹日光镜	1	铜器
2272	汉铜带钩	1	铜器
2273	汉铜斗	1	铜器
2274	汉铁刀（残）	1	武器
2275	汉铜环	2	铜器
2276	清水晶印章	3	玺印符牌
2277	战国"垣"字铜钱	1	钱币
2278	东汉"五铢"铜钱	1	钱币
2279	清货布形印章	2	玺印符牌
2280	清狮纽石印材	1	玺印符牌
2281	清石印材	2	玺印符牌
2282	战国齐刀铜币	1	钱币
2283	西汉"布泉"铜钱	3	钱币
2284	宋"龟鹤齐寿"铜花钱	1	钱币
2285	南宋"淳祐通宝"铜钱	1	钱币
2286	元"至正通宝"铜钱	1	钱币
2287	南宋"准叁佰文省"铜钱牌	1	钱币
2288	明"大中通宝"铜钱	1	钱币
2289	北宋"通行泉宝"铜钱	1	钱币
2290	北宋"建中靖国"铜钱	1	钱币

(续表)

藏品编号	名称	数量	类别
2291	"天应通宝"铜钱	1	钱币
2292	五代后唐"乾封泉宝"铜钱	1	钱币
2293	明"正德通宝"铜钱	1	钱币
2294	前蜀"乾德元宝"铜钱	1	钱币
2295	明"成化通宝"铜钱	1	钱币
2296	五代后周"永通万国"铜钱	1	钱币
2297	宋"赤骥"铜花钱	1	钱币
2298	金"泰和重宝"铜钱	1	钱币
2299	西汉"大泉五十"铜钱	1	钱币
2300	魏"太货六铢"铜钱	1	钱币
2301	"五两大布"铜钱	1	钱币
2302	明八卦铜花钱	1	钱币
2303	西汉新莽错金一刀铜币	1	钱币
2304	汉小铜钱	8	钱币
2305	北宋"大观通宝"铜钱	1	钱币
2306	后周"周元通宝"铜钱	4	钱币
2307	1835年英属印度威廉四世一卢比银币	1	钱币
2308	清怀表	1	其他
2309	清巧雕灵猿玛瑙鼻烟壶	1	玉石器、宝石
2310	清大烟灯（残）	1	玻璃器
2311	清万字纹大烟盒	1	铜器
2312	清鸡血石印章	1	玺印符牌
2313	清雕四螭白玉佩	1	玉石器、宝石
2314	东汉货布铜币	2	钱币
2315	西汉"大泉五十"铜钱	2	钱币
2316	西汉王莽时期"一刀平五千"铜币	2	钱币
2317-1	西汉"小泉直一"铜钱	1	钱币
2317-2	西汉"么泉一十"铜钱	1	钱币
2318	西汉大黄布千方足铜布币	2	钱币
2319	明黄瓦窑孔雀绿釉梅瓶	3	陶器
2320	元茶叶末釉单耳带流罐	1	瓷器
2321	汉灰陶绳纹罐	1	陶器
2322	清累丝龙首金簪	1	金银器
2323	清嵌珠金花簪	1	金银器
2324	清累丝嵌宝蝉饰花簪	2	金银器
2325	清如意云首金簪	1	金银器
2326	清累丝五蝠捧寿纹金饰件	1	金银器
2327	清金丝编凤凰饰	2	金银器
2328	清金丝编嵌碧玺蝉形饰	2	金银器
2329	清嵌碧玺银蟾饰	1	金银器
2330	清寿字银帽正	1	金银器
2331	清蟹形银饰件	1	金银器
2332	清寿字金帽正	1	金银器
2333	宋花形金钿	2	金银器
2334	青铜时代魏营子文化有孔石斧	1	石器、石刻、砖瓦
2335	青铜时代魏营子文化长方形灰石凿	1	石器、石刻、砖瓦
2336	青铜时代魏营子文化黑陶纺轮	1	陶器

锦州市全国第一次可移动文物普查藏品名录

(续表)

藏品编号	名称	数量	类别
2337	青铜时代魏营子文化绿石磨光器	1	石器、石刻、砖瓦
2338	青铜时代魏营子文化卜骨	1	甲骨
2339	青铜时代魏营子文化陶纺轮	1	陶器
2340	青铜时代魏营子文化陶屋模型	1	陶器
2341	青铜时代魏营子文化陶哨	1	乐器、法器
2342	青铜时代魏营子文化石斧	1	石器、石刻、砖瓦
2343	青铜时代魏营子文化扁石斧	1	石器、石刻、砖瓦
2344	青铜时代魏营子文化三棱黑石镞	1	石器、石刻、砖瓦
2345	青铜时代魏营子文化石斧	1	石器、石刻、砖瓦
2346	青铜时代魏营子文化有孔三角石器	1	石器、石刻、砖瓦
2347	青铜时代魏营子文化黑陶管	1	陶器
2348	青铜时代魏营子文化亚腰红陶拍子	1	陶器
2349	青铜时代魏营子文化石斧（残）	1	石器、石刻、砖瓦
2350	青铜时代魏营子文化石刀（残）	1	石器、石刻、砖瓦
2351	青铜时代魏营子文化陶坠	2	陶器
2352	青铜时代魏营子文化纺轮形陶器	1	陶器
2353	青铜时代魏营子文化陶珠	1	陶器
2354	青铜时代魏营子文化陶坠	1	陶器
2355	青铜时代魏营子文化石核	1	石器、石刻、砖瓦
2356	青铜时代魏营子文化骨匕	1	牙骨角器
2357	青铜时代魏营子文化骨镞	1	武器
2358	青铜时代魏营子文化骨匕	1	牙骨角器
2359	青铜时代魏营子文化有孔骨锥	1	牙骨角器
2360	青铜时代魏营子文化橄榄形黑陶网坠	1	陶器
2361	青铜时代魏营子文化橄榄形红陶网坠	1	陶器
2362	青铜时代魏营子文化红褐陶管	1	陶器
2363	青铜时代魏营子文化红陶纺轮	1	陶器
2364	青铜时代魏营子文化陶纺轮	1	陶器
2365	青铜时代魏营子文化骨针	2	牙骨角器
2366	青铜时代魏营子文化圆柱形骨簪	1	牙骨角器
2367	青铜时代魏营子文化骨矛	1	牙骨角器
2368	青铜时代魏营子文化卜骨	1	甲骨
2369	青铜时代魏营子文化三棱形骨锥	1	牙骨角器
2370	青铜时代魏营子文化卜骨	1	甲骨
2371	青铜时代魏营子文化骨镞	1	武器
2372	青铜时代魏营子文化骨觿	1	牙骨角器
2373	青铜时代魏营子文化蚌镰	1	牙骨角器
2374	青铜时代魏营子文化有孔蚌饰	1	牙骨角器
2375	青铜时代魏营子文化石核	1	石器、石刻、砖瓦
2376	青铜时代魏营子文化石核	1	石器、石刻、砖瓦
2377	青铜时代魏营子文化燧石刮削器	1	石器、石刻、砖瓦
2378	青铜时代魏营子文化燧石刮削器	1	石器、石刻、砖瓦
2379	青铜时代魏营子文化玛瑙刮削器	1	玉石器、宝石
2380	青铜时代魏营子文化石英镞	1	武器
2381	青铜时代魏营子文化石片	1	石器、石刻、砖瓦
2382	青铜时代魏营子文化细石片	1	石器、石刻、砖瓦
2383	青铜时代魏营子文化小石凿	1	石器、石刻、砖瓦
2384	青铜时代魏营子文化陶纺轮	1	陶器
2385	青铜时代魏营子文化骨镞	1	武器
2386	青铜时代魏营子文化红陶网坠	1	陶器
2387	青铜时代魏营子文化陶纺轮	1	陶器
2388	青铜时代魏营子文化撇口夹砂红陶壶	1	陶器
2389	青铜时代魏营子文化陶坠	1	陶器
2390	汉黑陶钵	1	陶器
2391	汉灰陶壶	1	陶器
2392	汉灰陶盖鼎	1	陶器
2393	汉陶盖鼎	1	陶器
2394	汉陶三足罐	1	陶器
2395	汉灰陶壶	1	陶器
2396	汉灰陶罐	1	陶器
2397	汉灰陶折腹钵	1	陶器
2398	汉陶纺轮	1	陶器
2399	汉玉坠饰	1	玉石器、宝石
2400	十六国铜㸣斗	1	铜器
2401	汉铁镜	1	铁器、其他金属器
2402	汉玛瑙饰件（残）	1	玉石器、宝石
2403	汉玉饰件（残）	1	玉石器、宝石
2404	汉长方形石镇	1	文具
2405	汉铜带钩	1	铜器
2406	汉骨环	1	牙骨角器
2407	汉铜带钩	1	铜器
2408	汉铜刷子柄	1	铜器
2409	汉日光铜镜	1	铜器
2410	汉铜带钩	1	铜器
2411	汉铜带钩	1	铜器
2412	辽铜簪	2	铜器
2413	元钧釉紫斑盘	1	瓷器
2414	辽铁斧	1	铁器、其他金属器
2415	辽铁凿	1	铁器、其他金属器

（续表）

藏品编号	名 称	数量	类别
2416	辽铁刀	1	武器
2417	辽铜带板	12	铜器
2418	辽绿釉划卷草纹双孔鸡冠壶	2	陶器
2419	辽铜镜	2	铜器
2420	辽玛瑙串饰	10	玉石器、宝石
2421	辽玛瑙串饰	4	玉石器、宝石
2422	五代十国铜钱（残）	1	钱币
2423	辽磨石	1	石器、石刻、砖瓦
2424	辽铁凿	1	铁器、其他金属器
2425	辽铁斧	1	铁器、其他金属器
2426	辽四棱铁冰穿	1	铁器、其他金属器
2427	辽三棱铁矛	1	武器
2428	辽玛瑙串饰	4	玉石器、宝石
2429	辽玛瑙臂韝	1	玉石器、宝石
2430	辽平头铁镞	4	武器
2431	辽三足铁灯檠	1	铁器、其他金属器
2432	辽白瓷花口碗	1	瓷器
2433	辽铁镞	7	武器
2434	辽铁扁勺	1	铁器、其他金属器
2435	辽穿带盘口壶	1	陶器
2436	辽铁斧	1	铁器、其他金属器
2437	辽铁铲	1	铁器、其他金属器
2438	辽铁刀（残）	1	武器
2439	辽铁剪（残）	1	铁器、其他金属器
2440	辽绿釉单孔鸡冠壶	1	陶器
2441	辽白瓷花口盘	1	瓷器
2442	辽白釉执壶	1	瓷器
2443	辽灰陶盖罐	1	陶器
2444	辽卷草纹铜铎	2	铜器
2445	元龙泉窑青瓷碗	2	瓷器
2446	辽白瓷花口盘	1	瓷器
2447	辽白瓷碗	1	瓷器
2448	辽白瓷花口盘	1	瓷器
2450	辽白瓷盘口注壶	1	瓷器
2451	北宋青瓷杯	1	瓷器
2452	唐宝相花纹铜镜（残）	1	铜器
2453	汉铁镬	1	铁器、其他金属器

（续表）

藏品编号	名 称	数量	类别
2454	金钧釉碗	3	瓷器
2455	金钧釉盘	3	瓷器
2456	明白釉铁彩划花卉纹四系罐	1	瓷器
2457	新石器时代玉斧	1	石器、石刻、砖瓦
2458	新石器时代玉珠	1	玉石器、宝石
2459	新石器时代玉玦	3	玉石器、宝石
2460	清康熙五彩花卉纹碗	1	瓷器
2461	清康熙青花凤穿牡丹纹碗	1	瓷器
2462	明白釉铁彩碗	1	瓷器
2463	金六耳铜锅	1	铜器
2464	金铁铧	4	铁器、其他金属器
2465	战国铁钁	1	铁器、其他金属器
2466	汉青铜镞	1	武器
2467	西汉"半两"铜钱	1	钱币
2468	东汉"五铢"铜钱	3	钱币
2470	汉陶罐	1	陶器
2471	新石器青玉饰件	1	玉石器、宝石
2472	汉角觿	1	牙骨角器
2473	汉灰陶罐	1	陶器
2474	元卷草纹金耳杯	1	金银器
2475	辽金手镯	1	金银器
2476	明银锭	2	钱币
2477	战国青铜尖足布币（残）	2	钱币
2478	青铜时代曲刃青铜短剑	1	武器
2479	金万户之印	1	玺印符牌
2480	辽白瓷花口碗	1	瓷器
2481	辽白釉碗	1	瓷器
2482	明鎏金银镯	1	金银器
2483	辽连珠兽面纹鎏金银符牌	1	金银器
2484	辽玛瑙串珠	9	玉石器、宝石
2485	辽银手镯	2	金银器
2486	辽鎏金银耳饰	2	金银器
2487	唐四兽纹铜镜	1	铜器
2488	汉铜镞	1	武器
2489	汉铜带钩（残）	1	铜器
2490	汉五铢铜钱	1	钱币
2491	十六国铜魁	1	铜器
2492	汉铜雁足灯	1	铜器
2493	魏晋灰陶壶	1	陶器
2494	魏晋银环	4	金银器
2495	魏晋银发钗	3	金银器
2496	魏晋银钗	3	金银器
2497	魏晋龙首银钗	1	金银器
2498	魏晋金环	1	金银器

藏品编号	名 称	数量	类别
2499	魏晋铁镜（残）	1	铁器、其他金属器
2500	魏晋铁钉	2	铁器、其他金属器
2501	魏晋蛤盒	1	牙骨角器
2502	汉灰陶罐	1	陶器
2503	汉铜熨斗	1	铜器
2504	辽铁刀	1	武器
2505	辽铁骨朵	2	铁器、其他金属器
2506	辽铁凿	1	铁器、其他金属器
2507	辽铁斧	1	铁器、其他金属器
2508	辽铁斧	1	铁器、其他金属器
2509	辽铁刀	2	武器
2510	辽铁镞	1	武器
2511	辽双立耳桶	1	铁器、其他金属器
2512	辽骨臂鞲	1	牙骨角器
2513	辽鎏金银耳饰	1	金银器
2514	新石器时代石斧	2	石器、石刻、砖瓦
2515	新石器时代骨镳	1	牙骨角器
2516	青铜时代陶纺轮	1	陶器
2517	新石器时代陶梭形器	3	陶器
2518	青铜时代素面灰陶鬲	1	陶器
2519	金钧釉紫斑碗	1	瓷器
2520	元钧釉紫斑碗	1	瓷器
2521	金钧釉三足炉	1	瓷器
2522	元钧釉碗	1	瓷器
2523	辽白釉碗	1	瓷器
2524	元荷叶口灰陶壶	1	陶器
2525	金仿汉昭明镜	2	铜器
2526	金四乳"栗"字镜	1	铜器
2527	金素面镜	2	铜器
2528	金瑞兽纹铜镜	1	铜器
2529	汉陶壶	1	陶器
2530	清金耳环	3	金银器
2531	清金戒指	2	金银器
2532	清金耳环	6	金银器
2533	辽"田家"四耳铜锅	1	铜器
2534	元钧釉碗	2	瓷器
2535	元钧釉盘	1	瓷器
2536	辽白釉碗	1	瓷器
2537	金瑞兽葡萄纹铜镜	1	铜器
2538	元钧釉钵	1	瓷器
2539	元磁州窑黑釉兔毫斑碗	1	瓷器
2540	元钧釉碗	1	瓷器
2541	战国青铜方足布币	2	钱币
2542	战国青铜方足布币	2	钱币
2543	战国青铜尖足布币	2	钱币
2544	战国青铜尖足布币	1	钱币
2545	战国青铜方足布币	1	钱币
2546	战国青铜尖足布币	1	钱币
2547	战国青铜方足布币	3	钱币
2548	战国青铜尖足布币	3	钱币
2549	战国青铜尖足布币	4	钱币
2550	战国青铜方足布币	5	钱币
2551	战国青铜方足布币	5	钱币
2552	战国青铜方足布币	5	钱币
2553	战国青铜尖足布币	1	钱币
2554	战国青铜尖足布币	1	钱币
2555	战国青铜方足布币	1	钱币
2556	战国青铜方足布币	1	钱币
2557	战国青铜方足布币	1	钱币
2558	战国青铜尖足布币	2	钱币
2559	战国青铜尖足布币	2	钱币
2560	战国青铜尖足布币	5	钱币
2561	战国青铜尖足布币	1	钱币
2562	战国青铜尖足布币	1	钱币
2563	战国青铜尖足布币	5	钱币
2564	战国青铜尖足布币	2	钱币
2565	战国青铜方足布币	1	钱币
2566	战国青铜匽刀币	3	钱币
2567	战国青铜赵刀币	1	钱币
2568	战国青铜匽刀币	5	钱币
2569	明葫芦首金簪	3	金银器
2570	明金花钿	2	金银器
2571	明忍字花首银簪	1	金银器
2573	民国金戒指	2	金银器
2574	民国"寿"字金戒指	1	金银器
2575	民国嵌翠金戒指	1	金银器
2576	民国金耳环、镯	3	金银器
2577	民国稞形金耳坠	2	金银器
2578	民国"寿"字首金簪	1	金银器
2579	民国宝杖首金簪	1	金银器
2580	民国金扁簪	1	金银器
2581	民国金牛链坠	1	金银器
2582	清鎏金银镯	2	金银器
2583	清银指摇	1	金银器
2584	金铁钳	1	铁器、其他金属器
2585	金铁锤	1	铁器、其他金属器
2586	金副统之印	1	玺印符牌
2587	金双龙纹铜镜	1	铜器
2588	辽葵口素面铜镜	1	铜器
2589	金江官屯窑黑釉七方洗	1	瓷器
2590	辽犁镜范	1	铜器
2591	青铜时代四系红陶壶	1	陶器

（续表）

藏品编号	名　称	数量	类别
2592	青铜时代盲耳夹砂红陶罐（残）	1	陶器
2593	辽茶叶末釉鸡腿瓶	1	瓷器
2594	辽铁剪	1	铁器、其他金属器
2595	辽铜环	1	铜器
2596	新石器时代石斧	1	石器、石刻、砖瓦
2597	新石器时代石斧	1	石器、石刻、砖瓦
2598	新石器时代石斧	1	石器、石刻、砖瓦
2599	辽八角形石盘	1	石器、石刻、砖瓦
2600	明雷石	1	武器
2601	金仿汉日光镜	1	铜器
2602	汉铜镞	3	武器
2603	汉铜镞	1	武器
2604	汉弦纹陶量	1	陶器
2605	汉旋纹黑陶罐	1	陶器
2606	汉灰陶弦纹壶	1	陶器
2607	汉弦绳纹灰陶罐	1	陶器
2608	元酱釉碟	1	瓷器
2609	元磁州窑黑釉兔毫斑碗	1	瓷器
2610	明双重轮铜镜	1	铜器
2611	辽连珠兽面纹圆瓦当	1	陶器
2612	青铜时代曲刃青铜短剑	1	武器
2613	青铜时代曲刃青铜短剑	1	武器
2614	青铜时代青铜矛	1	武器
2615	青铜时代青铜剑	1	武器
2616	汉铜镞	1	武器
2617	辽双鱼铜钱	1	钱币
2618	战国青铜匽刀币	5	钱币
2619	金双耳三足带流铁锅	1	铁器、其他金属器
2620	战国青铜匽刀币	5	钱币
2621	战国青铜匽刀币	5	钱币
2622	辽篦划纹陶罐	1	陶器
2623	辽波浪纹灰陶罐	1	陶器
2624	辽灰陶穿带扁壶	1	陶器
2625	辽灰陶穿带扁壶	1	陶器
2626	辽白瓷花式口碗	1	瓷器
2627	辽白瓷碗	1	瓷器
2628	辽白瓷碗	1	瓷器
2629	辽仿汉四乳规矩铜镜	1	铜器
2630	辽铜铃	5	铜器
2631	辽鎏金铜带饰	4	铜器
2632	辽鎏金铜马具饰件	25	铜器
2633	辽鎏金铜马具饰件	60	铜器
2634	辽云形铜饰件	1	铜器
2635	新莽铜货泉	1	钱币
2636	唐"开元通宝"铜钱	1	钱币

（续表）

藏品编号	名　称	数量	类别
2637	辽铁斧	1	铁器、其他金属器
2638	辽铁铲	1	武器
2639	辽铁镢	1	铁器、其他金属器
2640	辽铁凿	1	铁器、其他金属器
2641	辽铁马镰	1	铁器、其他金属器
2642	辽铁马衔（残）	1	铁器、其他金属器
2643	辽铁矛、骨朵	2	武器
2644	辽镂空铁马蹬	2	铁器、其他金属器
2645	辽铁马蹬	2	铁器、其他金属器
2646	辽鸣镝	7	武器
2647	辽平头铁镞	9	武器
2648	辽铁镞	2	武器
2649	辽白釉碗	2	瓷器
2650	辽黄釉印落花流水纹盘	1	陶器
2651	北宋"皇宋通宝"铜钱	1	钱币
2652	元白釉铁彩草叶纹双系瓶	1	瓷器
2654	金四耳尖底铜锅	1	铜器
2655	清虎首翠平安牌	1	玉石器、宝石
2656	清翠串珠	7	玉石器、宝石
2657	清鏊蝠纹金戒指	1	金银器
2658	清蝶首、桃首鎏金银簪	2	金银器
2659	清金扁簪	1	金银器
2660	清金耳环	4	金银器
2661	明白釉铁彩划花花卉纹碗	2	瓷器
2662	明白釉铁彩碗	1	瓷器
2663	清康熙青花缠枝花卉纹杯	1	瓷器
2664	清康熙青花花鸟纹杯	1	瓷器
2665	清霁蓝釉杯	1	瓷器
2666	清翠串珠	1	玉石器、宝石
2667	清翠手镯	2	玉石器、宝石
2668	清翠片	1	玉石器、宝石
2669	清鱼莲纹翠饰	1	玉石器、宝石
2670	清子孙万代翠饰	1	玉石器、宝石
2671	清白玉平安牌饰	1	玉石器、宝石
2672	清夔龙白玉戒指	1	玉石器、宝石

(续表)

藏品编号	名　　称	数量	类别
2673	清豆荚白玉坠	1	玉石器、宝石
2674	清内镶银套白玉扳指	1	玉石器、宝石
2675	清雕瓜鼠青玉坠	2	玉石器、宝石
2676	清玛瑙鼻烟壶	1	玉石器、宝石
2677	清琥珀鼻烟壶	1	玉石器、宝石
2678	清水晶坠琥珀串珠	69	玉石器、宝石
2679	清蓝宝石坠	1	玉石器、宝石
2680	清如意头金簪	1	金银器
2681	清佛手宝杖首金簪	1	金银器
2682	清金耳环	2	金银器
2683	清金耳环	1	金银器
2684	清银圆宝	2	钱币
2685	辽铁锸刀（残）	3	铁器、其他金属器
2686	元双耳三足铁锅（残）	1	铁器、其他金属器
2687	战国中山国"成白"青铜刀币	2	钱币
2688	十六国铜魁	1	铜器
2689	金四兽纹镜	1	铜器
2690	青铜时代青铜盉（残）	1	铜器
2691	青铜时代铜镞	3	武器
2692	青铜时代铜镞	5	武器
2693	青铜时代青铜斧	2	铜器
2694	青铜时代勾连纹板状双纽铜铃	2	铜器
2695	青铜时代青铜当卢	2	铜器
2696	青铜时代青铜甲叶	8	武器
2697	青铜时代青铜戈	1	武器
2698	青铜时代曲刃短剑加重器	1	武器
2699	青铜时代青铜削	1	武器
2700	青铜时代曲刃青铜短剑	1	武器
2701	青铜时代青铜凿	1	铜器
2702	青铜时代青铜泡	4	铜器
2703	青铜时代青铜纽	2	铜器
2704	青铜时代青铜几何纹马镳	4	铜器
2705	青铜时代青铜銮铃	2	铜器
2706	青铜时代青铜五字形饰	28	铜器
2707	青铜时代绿松石饰件	1	玉石器、宝石
2708	青铜时代玛瑙串珠	16	玉石器、宝石
2709	青铜时代铁锸	1	铁器、其他金属器
2710	青铜时代弦纹灰陶钵	1	陶器
2711	青铜时代灰陶豆	2	陶器

(续表)

藏品编号	名　　称	数量	类别
2712	青铜时代铁锸（残）	1	铁器、其他金属器
2713	青铜时代石棍棒头（残）	1	石器、石刻、砖瓦
2714	青铜时代石斧（残）	1	石器、石刻、砖瓦
2715	青铜时代陶纺轮	2	陶器
2716	青铜时代双耳灰陶罐	1	陶器
2717	青铜时代葫芦形陶器	1	陶器
2718	辽白釉长颈壶	1	瓷器
2719	辽白釉铁彩花卉纹双系罐	1	瓷器
2720	西汉陶壶（残）	1	陶器
2721	明黑釉罐	1	瓷器
2722	南宋龙泉窑青瓷碗	3	瓷器
2723	元龙泉窑青瓷划花碗	7	瓷器
2724	元龙泉窑青瓷碗	6	瓷器
2725	元龙泉窑青瓷碗	2	瓷器
2726	元钧釉碗	3	瓷器
2727	元龙泉窑青瓷碟	4	瓷器
2728	元龙泉窑青瓷蔗段洗	1	瓷器
2729	清灯碗	1	铜器
2730	金元铁锸刀（残）	1	铁器、其他金属器
2731	金元六耳大铜锅	1	铜器
2732	金元三足双耳铜锅（残）	1	铜器
2733	元白釉铁彩诗文梅瓶	2	瓷器
2734	元钧釉钵	1	瓷器
2735	新石器石磨棒	4	石器、石刻、砖瓦
2736	新石器时代石斧	7	石器、石刻、砖瓦
2737	青铜时代丁字柄曲刃柱脊青铜短剑	1	武器
2738	青铜时代丁字柄曲刃柱脊青铜短剑（残）	1	武器
2739	青铜时代丁字柄曲刃柱脊青铜短剑	2	武器
2740	青铜时代青铜马衔	2	铜器
2741	青铜时代青铜虎形饰件	2	铜器
2742	青铜时代青铜云形蟠螭纹饰件	5	铜器
2743	青铜时代铜穿	1	铜器
2744	青铜时代青铜环	1	铜器
2745	青铜时代青铜削	1	武器
2746	青铜时代橄榄形管状串饰	28	铜器
2747	青铜时代青铜箭镞	27	武器
2748	青铜时代三锋铜镞	4	武器
2749	青铜时代砺石	1	石器、石刻、砖瓦
2750	清雍正青花八宝纹碗	1	瓷器
2751	清青花婴戏杯	2	瓷器
2752	民国白瓷杯	1	瓷器
2753	民国白瓷杯	1	瓷器
2754	元龙泉窑青瓷雕菊瓣纹碗	2	瓷器

(续表)

藏品编号	名　称	数量	类别
2755	元龙泉窑青瓷碟	1	瓷器
2756	汉铜鬲	1	铜器
2757	汉铁镰斗	1	铜器
2758	元"中统元宝交钞贰贯文省"铜钞版	1	钱币
2759	宋元犬纽铜印	1	玺印符牌
2760	元铜权	1	度量衡器
2761	辽绳索纹铜骨朵	1	武器
2762	金六耳铁锅	1	铁器、其他金属器
2763	金六耳铜锅	1	铜器
2764	辽三足圈耳铜锅	1	铜器
2765	金四耳铜锅	1	铜器
2766	辽金六耳铜锅	2	铜器
2769	青铜时代曲刃青铜短剑	1	武器
2770	青铜时代有孔石斧	1	石器、石刻、砖瓦
2772	辽白瓷"官"字碗	1	瓷器
2773	元铜权	1	度量衡器
2774	元南京皇甫铜权	1	度量衡器
2775	元龙泉窑青瓷刻花卉纹高足碗	1	瓷器
2776	清康熙青花缠枝花纹碗	1	瓷器
2780	金铜锅	1	铜器
2781	金双耳三足铁锅（残）	1	铁器、其他金属器
2782	金双耳三足带流铁锅	1	铁器、其他金属器
2783	辽卷草纹铜镜	1	铜器
2784	辽三足带盖铁锅（残）	1	铁器、其他金属器
2785	清鹌鹑形白玉盒	1	文具
2786	清柿形白玉盖盒	1	文具
2787	明乳丁纹双龙耳白玉杯	1	玉石器、宝石
2788	清乾隆云纹白玉匜	1	文具
2789	清乾隆白玉仿古斧形佩	1	玉石器、宝石
2790	清螭龙纹白玉带钩	2	玉石器、宝石
2791	清福寿纹白玉带扣	2	玉石器、宝石
2792	清夔龙纹白玉剑璏	1	玉石器、宝石
2793	清叶形翡翠笔舔	1	文具
2794	清松鹤纹青玉带饰	2	玉石器、宝石
2795	清婴戏纹青玉带环	2	玉石器、宝石
2796	清白玉雕双茄坠饰	1	玉石器、宝石
2797	清白玉谷纹璧	1	玉石器、宝石

(续表)

藏品编号	名　称	数量	类别
2798	清白玉镯	1	玉石器、宝石
2799	清梅花白玉牌饰	1	玉石器、宝石
2800	清寿字纹转心白玉佩	1	玉石器、宝石
2801	清如意首白玉扁簪	1	玉石器、宝石
2802	新石器时代青玉环	4	玉石器、宝石
2803	清镂雕"寿"字白玉带扣	1	玉石器、宝石
2804	清青玉扳指	1	玉石器、宝石
2805	清白玉鼻烟壶	1	玉石器、宝石
2806-1	清玛瑙双铺首鼻烟壶	1	玉石器、宝石
2806-2	清玛瑙双兽耳鼻烟壶	1	玉石器、宝石
2807	清镶翠碧玺水晶带扣	1	玉石器、宝石
2808	清夔龙纹翠牌饰	4	玉石器、宝石
2809	清翠扳指	2	玉石器、宝石
2810	清翠扁簪	1	玉石器、宝石
2811	清翠三套环	2	玉石器、宝石
2812	清翠叶片	4	玉石器、宝石
2813	清翠环	11	玉石器、宝石
2814	清芙蓉石花蕾形饰件	1	玉石器、宝石
2815	清玛瑙扣	4	玉石器、宝石
2816	十六国兽面纹双龙铜杖首	1	铜器
2817	汉铜带钩	1	铜器
2818	青铜时代丁字形青铜短剑柄	1	武器
2819	汉铜耳杯	1	铜器
2820	汉青铜弩机	1	武器
2821	汉鸠形铜杖首	1	铜器
2822	汉铜簪	2	铜器
2823	金葡萄卷草纹铜镜	1	铜器
2824	辽水晶坠饰	1	玉石器、宝石
2825	清金耳环	2	金银器
2826	清银手镯	1	金银器
2827	民国宝杖首、花首金簪	2	金银器

(续表)

藏品编号	名称	数量	类别
2828	清翠翎管	1	玉石器、宝石
2829	清琥珀翡翠串珠	78	玉石器、宝石
2830	金都统府铜印	1	玺印符牌
2831	金圆锥形铁穿	1	武器
2832	青铜时代曲刃青铜短剑（残）	1	武器
2833	清翠翎管	1	玉石器、宝石
2834	明金花钿	1	金银器
2835	元"大元通宝"铜钱	7	钱币
2836	南宋"庆元通宝"铜钱	1	钱币
2837	清道光翠翎管	1	玉石器、宝石
2838	元龙泉窑青瓷印双鱼纹盘	2	瓷器
2839	元磁州窑白釉铁彩盘	5	瓷器
2840	元银镯	9	金银器
2841	元嵌宝莲瓣纹倭角方金盘	1	金银器
2842	元卷草纹金盏	1	金银器
2843	元亚腰形银锭	1	钱币
2845	清鎏金扁簪	2	金银器
2846	清鎏金银镯	2	金银器
2847	清盘肠纹金戒指	1	金银器
2848	清圆柱形翠翎管	1	玉石器、宝石
2849	清錾花龙首银镯	2	金银器
2850	清龙头金耳环	2	金银器
2851	清盘肠纹金戒指	1	金银器
2852	清金耳环	3	金银器
2853	清藕首金扁簪	1	金银器
2854	清金耳环	2	金银器
2855	清银手镯	1	金银器
2856	清金簪	1	金银器
2857	民国金耳环	5	金银器
2858	民国菱形金戒指	1	金银器
2859	民国金耳环	1	金银器
2860	清錾花龙首银镯	2	金银器
2861	清金耳环	1	金银器
2865	清银手镯	4	金银器
2866	清金耳环	7	金银器
2867	清镂空龙首银簪	2	金银器
2868	民国金十字饰件	1	金银器
2869	民国金耳环	1	金银器
2870	清双龙首金耳环	1	金银器
2871	清金耳环	1	金银器
2872	民国金耳环	1	金银器
2873	民国银手镯	2	金银器
2874	清包金银镯	2	金银器
2875	清银手镯	2	金银器
2876	清金戒指	1	金银器

(续表)

藏品编号	名称	数量	类别
2877	清西洋人物纹怀表	1	铁器、其他金属器
2878	清锞形银饰	2	钱币
2879	清包金绞丝银镯	2	金银器
2880	清盘肠纹鎏金银镯	2	金银器
2881	清金戒指	3	金银器
2882	清金发簪	1	金银器
2883	清金耳环	1	金银器
2884	清金耳环	2	金银器
2885	清金耳环	3	金银器
2886	清花首"寿"字金扁簪	1	金银器
2887	清金簪	1	金银器
2888	清金耳环	2	金银器
2889	清金簪	2	金银器
2890	清金耳环	3	金银器
2891	清银锞	1	钱币
2892	元金发钗	2	金银器
2893	元银发钗	3	金银器
2894	金银锭	3	钱币
2895	民国袁世凯头像银圆	54	钱币
2896	民国金戒指	2	金银器
2897	民国金耳环	4	金银器
2898	民国银手镯	4	金银器
2899	民国银手镯	2	金银器
2900	清银圆宝	2	钱币
2901	中华民国"开国纪念币"银圆	2	钱币
2902	民国银圆宝	1	钱币
2903	民国宝杖首金簪	1	金银器
2904	清金戒指	1	金银器
2905	民国金耳环	2	金银器
2906	青铜时代曲刃青铜短剑（残）	1	武器
2907	东汉灰陶罐	1	陶器
2908	东汉灰陶钵	1	陶器
2909	东汉灰陶罐	5	陶器
2910	东汉灰陶井	1	陶器
2911	东汉灰陶提水斗	1	陶器
2912	东汉灰陶漏斗	2	陶器
2913	东汉灰陶盘	1	陶器
2914	东汉灰陶勺	1	陶器
2915	东汉陶灶（残）	8	陶器
2916	东汉白陶罐	1	陶器
2917	东汉灰陶甑	1	陶器
2918	东汉灰陶釜	2	陶器
2919	东汉陶釜架	1	陶器
2920	东汉灰陶盘	1	陶器
2921	汉灰陶盉	2	陶器
2922	东汉陶簋	1	陶器
2923	东汉灰陶匜	1	陶器
2924	元钧釉碗	1	瓷器
2925	元钧釉碗	1	瓷器
2926	金钧釉花式盘	1	瓷器

(续表)

藏品编号	名 称	数量	类别
2927	金黑釉水丞	1	文具
2928	金瑞兽纹铜镜	1	铜器
2929	清荷花形翠坠饰	1	玉石器、宝石
2930	金铜印	1	玺印符牌
2931	金九叠篆铜印	1	玺印符牌
2932	辽卷草纹铜镜	1	铜器
2933	辽三足铜洗	1	铜器
2934	青铜时代青铜剑	1	武器
2935	青铜时代曲刃柱脊青铜短剑	1	武器
2936	辽仿汉连弧纹铜镜	1	铜器
2937	清康熙青花缠枝牡丹纹盖罐	1	瓷器
2938	元青玉壶春瓶	1	铜器
2939	元银锭	1	钱币
2940	元龙泉窑青瓷印花卉纹碗	1	瓷器
2942	金白釉盘	2	瓷器
2943	辽白瓷花口碗	1	瓷器
2944	金-明酱釉盘	4	瓷器
2945	明洪武铜权	1	度量衡器
2946	元酱釉双系瓶	3	陶器
2947	元酱釉四系瓶	1	陶器
2948	金三彩长颈瓶	1	陶器
2949	金黑釉双系瓶	1	瓷器
2950	金铁甾（残）	1	铁器、其他金属器
2951	金铁楔	1	铁器、其他金属器
2952	金铁斧	1	铁器、其他金属器
2953	金铁叉（残）	1	铁器、其他金属器
2954	金铁镰	1	铁器、其他金属器
2955	金铁铡刀	1	铁器、其他金属器
2956	金铁门栓	1	铁器、其他金属器
2957	辽铁环	1	铁器、其他金属器
2958	金铁饰件（残）	1	铁器、其他金属器
2959	清银圆宝	1	钱币
2960	清金戒指	1	金银器
2961	清云蝠纹金扁簪	1	金银器
2962	清金扁簪	1	金银器
2963	清金耳环	8	金银器
2964	清金扁簪	1	金银器
2965	金铁铧	1	铁器、其他金属器
2966	民国袁世凯银圆	75	钱币
2967	清金耳环	4	金银器

(续表)

藏品编号	名 称	数量	类别
2968	现代金锭	2	金银器
2969	清银手镯	2	金银器
2970	清银手镯	2	金银器
2971	清嵌翠蝙蝠铜带扣	1	铜器
2972	清嵌铜明白玉春水图带扣	1	铜器
2973	清鱼莲玉坠饰	1	玉石器、宝石
2974	清嵌玛瑙铜带饰	2	铜器
2975	清金扁簪	1	金银器
2976	清银手镯	2	金银器
2977	清蝶形金饰件	1	金银器
2978	清银手镯	1	金银器
2979	清银手镯	2	金银器
2980	清梅花嵌宝石首金簪	2	金银器
2981	清葫芦首金簪	1	金银器
2982	清银手镯	1	金银器
2983	清鎏金银镯	2	金银器
2984	金瑞兽纹铜镜	1	铜器
2985	清金饰件（残）	1	金银器
2986	清银手镯	3	金银器
2987	清金耳环	10	金银器
2988	清银圆宝	1	钱币
2989	清银手镯	2	金银器
2990	青铜时代有孔石斧	1	石器、石刻、砖瓦
2991	金海兽葡萄铜镜	1	铜器
2992	清金簪（残）	1	金银器
2993	清银手镯	2	金银器
2994	青铜时代魏营子文化起脊铜戈	1	武器
2995	青铜里氏魏营子文化几何纹铜戚	1	武器
2996	青铜时代魏营子文化三棱铜钩	1	铜器
2997	青铜时代魏营子文化弧背环首刀	1	武器
2998	青铜时代魏营子文化弧背环首刀	1	武器
2999	青铜时代魏营子文化素面环首刀	1	武器
3000	辽铭文铜镜	1	铜器
3001	东汉连弧纹铜镜	1	铜器
3002	清翠珠	4	玉石器、宝石
3003	民国银手镯	6	金银器
3004	清如意纹耳环	1	金银器
3005	清球形团"寿"字金帽顶	1	金银器
3006	伪满如意纹剑鞘银饰件	2	金银器
3007	清翠扳指	1	玉石器、宝石
3008	清螭龙纹翠带钩	1	玉石器、宝石
3009	清翠珠	1	玉石器、宝石
3010	清翠饰件	1	玉石器、宝石

锦州市全国第一次可移动文物普查藏品名录

(续表)

藏品编号	名　称	数量	类别
3011	清椭圆形碧玺饰件	1	玉石器、宝石
3012	辽铜带盒童子像	2	雕塑、造像
3013	青铜时代枕状加重器	1	武器
3014	明洪武十年铜铳	1	武器
3015	清银手镯	2	金银器
3016	清盘肠首鎏金银簪	1	金银器
3017	金海兽葡萄纹铜镜	1	铜器
3018	金人物纹带柄铜镜	1	铜器
3019	清金耳环	2	金银器
3020	汉水波纹灰陶罐	1	陶器
3021	汉水波纹灰陶罐	1	陶器
3022	汉侈口水波纹灰陶罐	1	陶器
3023	汉菱格纹灰陶壶	1	陶器
3024	汉灰陶盆	1	陶器
3025	汉夹砂红陶钵	1	陶器
3026	汉灰陶钵	1	陶器
3027	汉灰陶钵	1	陶器
3028	汉灰陶盘	1	陶器
3029	汉灰陶盘	1	陶器
3030	汉四乳双凤纹铜镜	1	铜器
3031	汉位至三公双凤铜镜	1	铜器
3032	汉弩机件（残）	1	武器
3033	汉"五铢"铜钱	10	钱币
3034	汉铁镜（残）	1	铁器、其他金属器
3035	东汉方足布铜钱	2	钱币
3036	汉银指环	1	金银器
3037	汉银发钗	3	金银器
3038	汉灰陶罐	1	陶器
3039	汉陶奁盖	1	陶器
3040	汉灰陶盘	2	陶器
3041	汉灰陶樽	1	陶器
3042	汉灰陶案	1	陶器
3043	汉灰陶耳杯	3	陶器
3044	汉灰陶井	1	陶器
3045	汉灰陶水斗	1	陶器
3046	汉灰陶灶	6	陶器
3047	汉规矩纹铜镜（残）	1	铜器
3048	汉"五铢"铜钱	15	钱币
3049	汉琉璃耳珰	1	玻璃器
3050	汉八乳钉规矩纹铜镜	1	铜器
3051	汉琉璃耳珰	2	玻璃器
3052	汉陶罐	6	陶器
3053	汉灰陶双唇壶	2	陶器
3054	汉带流陶壶	1	陶器
3055	辽金铁铡刀（残）	1	铁器、其他金属器
3056	辽金铁锄（残）	1	铁器、其他金属器

(续表)

藏品编号	名　称	数量	类别
3057	辽金铁菜刀（残）	1	铁器、其他金属器
3058	辽金铁铲	2	铁器、其他金属器
3059	辽铁鸭首	1	铁器、其他金属器
3060	辽金铁锅（残）	1	铁器、其他金属器
3061	青铜时代青铜短剑石加重器	1	武器
3062	清鎏金银镯	4	金银器
3063	北朝三鹿纹金牌饰	1	金银器
3064	青铜时代曲刃柱脊青铜短剑	1	武器
3065	新石器时代石锛	1	石器、石刻、砖瓦
3066	清镂花点翠银扁簪	3	金银器
3067	清玉嵌金饰件（残）	1	玉石器、宝石
3068	新石器时代石斧	1	石器、石刻、砖瓦
3069	金穿花童子纹铜镜	1	铜器
3070	清金耳环	4	金银器
3071	清七星福寿银扁簪	1	金银器
3072	元龙泉窑青瓷高足碗	1	瓷器
3073	新石器时代石斧	1	石器、石刻、砖瓦
3074	辽双耳三足平底锅	1	铜器
3075	辽六耳铜锅	1	铜器
3076	青铜时代曲刃柱脊青铜短剑	1	武器
3077	青铜时代曲刃柱脊青铜短剑	1	武器
3078	汉灰陶罐	1	陶器
3079	西汉马蹄金	3	钱币
3080	辽绿釉划卷草纹双孔鸡冠壶	2	陶器
3081	辽白釉盘	3	陶器
3082	辽白釉花口盘	1	瓷器
3083	元白釉铁彩"内府"梅瓶	1	瓷器
3084	清鹿过金桥首金簪	1	金银器
3085	清宝杖首金簪	1	金银器
3086	清元宝形金耳环	2	金银器
3087	清金链牛形串饰	1	金银器
3088	清金嵌翠串饰	1	金银器
3089	清寿桃形翠首银簪	1	金银器
3090	清金扁簪	1	金银器
3091	清银扁簪	2	金银器
3092	清元宝形银耳环	2	金银器
3093	清金耳环	2	金银器
3094	清金耳环	1	金银器
3095	清嵌珍珠金别针	1	金银器
3096	清翠戒指	1	玉石器、宝石
3097	清金牙套	4	金银器
3098	清光绪元宝银币	2	钱币

(续表)

藏品编号	名称	数量	类别
3099	清双如意头金扣	1	金银器
3100	清银圆宝	1	钱币
3101	青铜时代魏营子文化有孔石刀	1	石器、石刻、砖瓦
3102	清金指环	1	金银器
3103	清金耳环	1	金银器
3104	清锞形金饰	1	金银器
3105	清银圆宝	2	钱币
3106	清半球形银锭	3	钱币
3107	清银锞子	4	钱币
3108	清银锞子	10	钱币
3109	清银锞子	6	钱币
3110	清银手镯	4	金银器
3111	清鎏金银钗	1	金银器
3112	清鎏金银戒指	2	金银器
3113	清银戒指	1	金银器
3114	清银簪	1	金银器
3115	清银锞子	1	钱币
3116	青铜时代魏营子文化双耳青铜甗	2	铜器
3117	青铜时代魏营子文化饕餮纹青铜鼎	1	铜器
3118	青铜时代魏营子文化饕餮纹青铜簋	1	铜器
3119	青铜时代魏营子文化饕餮纹青铜铃钮	1	铜器
3120	清金团"寿"字扁簪	1	金银器
3121	清哥釉瓶（残）	1	瓷器
3122	清哥釉瓶	1	瓷器
3123	元磁州窑白釉铁彩花卉纹盖罐	2	瓷器
3124	清金耳环	6	金银器
3125	清鎏金银扁簪	1	金银器
3126	清鎏金银扁簪	1	金银器
3127	清鎏金簪	1	金银器
3128	清银扁簪	1	金银器
3129	清花首银簪	2	金银器
3130	清透雕蟠螭白玉佩	1	玉石器、宝石
3131	清镂空龙首金簪	1	金银器
3132	清鎏金银扁簪	1	金银器
3133	清花首鎏金银簪	1	金银器
3134	清鎏金银簪	1	金银器
3135	清银手镯	2	金银器
3136	元白釉铁彩"花"字碗	1	瓷器
3137	元磁州窑白釉铁彩碗	1	瓷器
3138	元酱白釉铁彩盘	3	瓷器
3139	元酱白釉铁彩盘	1	瓷器
3140	民国青花花卉纹碗	6	瓷器
3141	元酱白釉铁彩碗	1	瓷器
3142	金黑釉鹧鸪斑碗	1	瓷器
3143	金酱釉盘	2	瓷器
3144	元酱白釉碗	1	瓷器
3145	辽白釉碗	1	瓷器
3146	元磁州窑白釉铁彩盘	1	瓷器
3147	辽茶叶末釉罐	1	瓷器

(续表)

藏品编号	名称	数量	类别
3148	金葵花形双龙纹铜镜	1	铜器
3149	青铜时代曲刃柱脊青铜短剑	1	武器
3150	青铜时代曲刃柱脊青铜短剑	1	武器
3151	青铜时代短剑柄用加重器	1	武器
3152	青铜时代青铜斧	1	铜器
3153	清银发钗	1	金银器
3154	新石器时代石斧	1	石器、石刻、砖瓦
3155	新石器时代石斧	1	石器、石刻、砖瓦
3156	新石器时代陶网坠	1	陶器
3157	新石器时代石斧	1	石器、石刻、砖瓦
3158	新石器柱形石斧	1	石器、石刻、砖瓦
3159	新石器时代石锄	1	石器、石刻、砖瓦
3160	元铜权	1	度量衡器
3161	战国夔龙纹青铜矛	1	武器
3162	战国八连弧纹铜镜	1	铜器
3163	战国银印章	1	玺印符牌
3164	战国绳纹灰陶罐	1	陶器
3165	战国绳纹灰陶壶	1	陶器
3166	战国灰陶罐	1	陶器
3167	战国玉环	1	玉石器、宝石
3168	旧石器时代石核	1	石器、石刻、砖瓦
3169	旧石器时代石核	1	石器、石刻、砖瓦
3170	旧石器时代刮削器	1	石器、石刻、砖瓦
3171	旧石器时代刮削器	1	石器、石刻、砖瓦
3172	旧石器时代石核	1	石器、石刻、砖瓦
3173	旧石器时代石核	1	石器、石刻、砖瓦
3184	金凤蝶纹铜镜	1	铜器
3185	魏晋七乳钉龙虎纹铜镜	1	铜器
3186	青铜时代曲刃柱脊青铜短剑	1	武器
3187	元钧釉钵	2	瓷器
3188	元钧釉碗	1	瓷器
3189	南宋泉窑青瓷碗	2	瓷器
3190	南宋龙泉窑青瓷碗	1	瓷器
3191	元龙泉窑青瓷刻缠枝莲纹碗	1	瓷器
3192	元钧釉碗	2	瓷器
3193	金钧釉盘	1	瓷器
3194	辽黄釉捏环梁鸡冠壶	2	陶器
3195	辽黄釉钵	1	陶器
3196	民国鎏金银扁簪	1	金银器

（续表）

藏品编号	名称	数量	类别
3197	民国金耳环	1	金银器
3198	民国金耳环	1	金银器
3199	民国银手镯	2	金银器
3200	民国如意头银镯	1	金银器
3201	民国银质嘉禾勋章	1	文件、宣传品
3202	民国双螭纹青玉璧	1	玉石器、宝石
3203	民国银手镯	2	金银器
3204	清宝杖首金簪	1	金银器
3205	清如意花首金簪	2	金银器
3206	清青玉鱼形坠	1	玉石器、宝石
3207	清如意纹金耳环	2	金银器
3208	十六国金步摇冠（残）	1	金银器
3209	十六国镶绿松石金戒指	1	金银器
3210	清直口陶灯（残）	1	陶器
3211	青铜时代曲刃柱脊青铜短剑	1	武器
3212	金人物故事图铜镜	1	铜器
3213	民国袁世凯像银圆	15	钱币
3214	民国"中华民国开国纪念"银圆	3	钱币
3215	清银链牛形饰	1	金银器
3216	新石器时代有孔石斧	1	石器、石刻、砖瓦
3217	新石器时代玉玦	3	石器、石刻、砖瓦
3218	新石器时代石斧	1	石器、石刻、砖瓦
3219	汉铁锛（残）	1	铁器、其他金属器
3220	金仿魏晋龙虎纹铜镜	1	铜器
3221	青铜时代夏家店下层文化连珠纹连柄青铜戈	1	武器
3222	青铜时代夏家店下层文化折腹盆	1	陶器
3223	青铜时代夏家店下层文化陶盆	1	陶器
3224	青铜时代夏家店下层文化绳纹陶鬲	1	陶器
3225	青铜时代夏家店下层文化有孔石斧	1	石器、石刻、砖瓦
3226	青铜时代夏家店下层文化红陶纺轮	1	陶器
3227	青铜时代夏家店下层文化红陶鱼网坠	1	陶器
3228	青铜时代曲刃柱脊青铜短剑	1	铜器
3229	明"福寿双全"铜镜	1	铜器
3230	清素面铜镜	1	铜器
3231	清一字池长方石砚	1	文具
3232	唐重轮纹铜镜	1	铜器
3233	金弦纹铜镜	1	铜器
3234	清镶白玉葫芦首金簪	1	金银器
3235	金"兴中府治中印"铜印	1	玺印符牌
3236	金"都提控所之印"铜印	1	玺印符牌
3237	青铜时代石杵	1	石器、石刻、砖瓦

（续表）

藏品编号	名称	数量	类别
3238	汉日光连弧纹铜镜	1	铜器
3239	汉鎏金铜马形饰	1	铜器
3242	清永瑢款青绿山水立轴	1	书法、绘画
3243	清光绪仿乾隆款粉彩九桃纹天球瓶	1	瓷器
3244	民国洪宪款青瓷开光粉彩山水纹尊	1	瓷器
3245	清同治粉彩牡丹凤凰图狮耳瓶	2	瓷器
3246-1	清同治粉彩花鸟纹双耳瓶	1	瓷器
3246-2	清光绪粉彩博古纹观音瓶	1	瓷器
3247	民国新彩五子流芳双耳瓶	2	瓷器
3248	民国新彩麻姑献寿双耳瓶	2	瓷器
3249-1	清青花八仙人物纹双耳瓶	1	瓷器
3249-2	清青花花鸟纹双耳瓶	1	瓷器
3250-1	清青花博古纹双耳瓶	1	瓷器
3250-2	清青花麟凤纹双耳瓶	1	瓷器
3251	清青花喜字纹双耳瓶	2	瓷器
3252	清青花喜字双耳瓶	2	瓷器
3253	清粉彩冬瓜罐	2	瓷器
3254	清同治粉彩富贵平安图六方帽筒	1	瓷器
3255	清同治黄地粉彩雕瓷博古纹双耳瓶	1	瓷器
3256	清同治粉彩雕瓷博古纹六方罐	1	瓷器
3257	清道光青花加白山水人物纹双耳瓶	2	瓷器
3258	清哥釉铁釉彩塑贴戏珠龙纹瓶	1	瓷器
3259	新石器时代石斧	1	石器、石刻、砖瓦
3260	明"天启通宝"铜钱	1	钱币
3261	唐"顺天元宝"铜钱	1	钱币
3262	南宋"庆元通宝"铜钱	1	钱币
3263	北宋"大观通宝"铜钱	1	钱币
3264	元"至正通宝"铜钱	1	钱币
3265	元"大元通宝"铜钱	1	钱币
3266	南宋"嘉泰通宝"铜钱	1	钱币
3267	新石器时代石斧	1	石器、石刻、砖瓦
3268	魏晋空心金珠	1	金银器
3269	魏晋铜指环	2	铜器
3270	魏晋骨簪	1	牙骨角器
3271	魏晋灰陶罐	1	陶器
3272	辽金铜童子像	1	雕塑、造像
3273	明铜铳引火孔盖	1	武器
3274	清料珠	1	玻璃器
3275	青铜时代夏家店下层文化石器件（残）	1	石器、石刻、砖瓦
3276	青铜时代曲刃柱脊青铜短剑和加重器	2	武器
3277	汉灰陶罐	5	陶器
3278	汉灰陶壶	1	陶器
3279	汉灰陶盂	1	陶器
3280	汉灰陶盘	1	陶器
3281	汉灰陶罐	2	陶器
3282	汉灰陶长颈瓶	1	陶器
3283	汉灰陶奁	1	陶器
3284	清铜器盖	1	铜器

(续表)

藏品编号	名称	数量	类别
3285	辽绞胎碗	1	瓷器
3286	辽绞胎盘	1	瓷器
3287	新石器时代石器	1	石器、石刻、砖瓦
3288	青铜时代双孔石刀	1	石器、石刻、砖瓦
3289	明镶宝石金戒指	1	金银器
3290	明金首银簪	1	金银器
3291	北宋"崇宁重宝"铜钱	58	钱币
3292	汉灰陶钵	1	陶器
3293	新石器时代石斧	2	石器、石刻、砖瓦
3294	新石器时代石斧	1	石器、石刻、砖瓦
3295	汉灰陶罐	6	陶器
3296	青铜时代绳纹篮纹陶罐	1	陶器
3297	青铜时代绳纹红陶圆底大口尊	1	陶器
3298	青铜时代灰陶罐	1	陶器
3299	青铜时代红陶罐	1	陶器
3300	青铜时代灰陶钵	1	陶器
3301	明茶叶末釉罐	1	瓷器
3302	汉灰陶盘	1	陶器
3303	汉灰陶罐	1	陶器
3304	北宋"皇宋通宝"铜钱	117	钱币
3305	北宋"元丰通宝"铜钱	1	钱币
3306	汉灰陶瓮	1	陶器
3307	汉灰陶壶	2	陶器
3308	汉灰陶罐	5	陶器
3309	汉灰陶罐	1	陶器
3310	汉灰陶壶	1	陶器
3311	西汉灰陶钵	2	陶器
3312	汉灰陶罐	1	陶器
3313	汉灰陶罐（残）	2	陶器
3314	汉马形金牌饰（残）	1	金银器
3315	清金簪件（残）	1	金银器
3316	民国酱釉罐	1	瓷器
3317	十六国青釉竖线纹罐	1	陶器
3318	魏晋灰陶罐	1	陶器
3319	元酱白釉盘	2	瓷器
3320	清青花花卉纹碗	1	瓷器
3321	北宋"元祐通宝"铜钱	44	钱币
3322	辽观音菩萨铜坐像	1	雕塑、造像
3323	北宋"祥符元宝"铜钱	71	钱币
3324-1	北宋"崇宁通宝"铜钱	6	钱币
3324-2	北宋"崇宁重宝"铜钱	2	钱币
3325-1	清点翠云蝶鎏金银发饰	1	金银器
3325-2	清蝶蝠花首鎏金银簪	1	金银器
3325-3	清蝶蝠花首鎏金银簪	1	金银器
3325-4	清嵌宝花首鎏金银簪	1	金银器
3326	民国"京都天顺"铜马蹬	2	铜器
3327	清鎏金铜白度母像	1	雕塑、造像

(续表)

藏品编号	名称	数量	类别
3328	清饕餮纹提梁卣	1	铜器
3329	民国浮雕观音菩萨像铜板	1	雕塑、造像
3330	明盖州卫前千户所百户印	1	玺印符牌
3331	清石印章	1	玺印符牌
3332	清哥釉青花山水纹盖碗	1	瓷器
3333	清珍珠	316	玉石器、宝石
3334	清镶翠珠花首银簪	1	金银器
3335	清翡翠镯	5	玉石器、宝石
3336	清白玉花饰	1	玉石器、宝石
3337	清白玉带饰	1	玉石器、宝石
3338	清青玉镯	3	玉石器、宝石
3339	清白玉扁簪	1	玉石器、宝石
3340	清翠扁簪	1	玉石器、宝石
3341	清翠戒面	2	玉石器、宝石
3342	清岫玉手球	2	玉石器、宝石
3343	清青玉烟嘴	1	玉石器、宝石
3344	清珊瑚珠串	1	玉石器、宝石
3345	清棉被	1	织绣
3346	清真丝袍	2	织绣
3347	清紫缎绣花棉袍	1	织绣
3348	清古铜色龙袍	1	织绣
3349	清蓝缎棉袍	1	织绣
3350	清黑色皮袍	1	皮革
3351	清黑缎帽	1	织绣
3352	清荷包白玉板饰丝带	6	织绣
3353	伪满满洲中央银行壹元纸币	2	钱币
3354	伪满满洲中央银行伍角纸币	1	钱币
3355	伪满满洲中央银行壹角纸币	1	钱币
3356	伪满满洲中央银行壹佰元纸币	1	钱币
3357	民国中央银行关金贰拾元纸币	1	钱币
3358	民国中央银行伍佰元纸币	1	钱币
3359	民国中国银行拾元纸币	1	钱币
3360	民国中央银行伍元纸币	1	钱币
3361	民国中央银行壹万元纸币	1	钱币
3362	民国中国农民银行壹佰元纸币	1	钱币
3363	伪满满洲中央银行拾元纸币	1	钱币
3364-1	中华民国三年交通银行拾元纸币	1	钱币
3364-2	中华民国二年交通银行拾元纸币	1	钱币
3365	民国中央银行一元纸币	1	钱币
3366	民国河南省银行壹元纸币	1	钱币

藏品编号	名　　称	数量	类别
3367	民国苏联红军司令部拾元纸币	2	钱币
3368	民国奉天公济平市钱号贰拾枚	2	钱币
3369	民国华威银行伍元纸币	1	钱币
3370	民国大日本帝国政府纸币伍拾钱	1	钱币
3371	民国铜元拾枚纸币	2	钱币
3372	民国蒙疆银行百元纸币	1	钱币
3373	民国蒙疆银行壹角纸币	1	钱币
3374-1	二十世纪苏联纸币	1	钱币
3374-2	二十世纪苏联纸币	2	钱币
3374-3	二十世纪苏联纸币	2	钱币
3374-4	二十世纪苏联纸币	4	钱币
3375	二十世纪外币	1	钱币
3376	新石器时代石磨盘	1	石器、石刻、砖瓦
3377	青铜时代魏营子文化石片	2	石器、石刻、砖瓦
3378	民国"贰毫银币"银币	1	钱币
3379	民国"贰仙"铜币	1	钱币
3380	民国开国纪念币	1	钱币
3381	民国"半毫"镍币	18	钱币
3382	民国"壹毫"镍币	13	钱币
3383	民国"伍分"镍币	69	钱币
3384	民国"拾分"镍币	154	钱币
3385	民国"廿分"镍币	28	钱币
3386	民国"伍分"镍币	4	钱币
3387	民国"拾分"镍币	28	钱币
3388	民国"廿分"镍币	60	钱币
3389	民国"伍分"镍币	5	钱币
3390	民国"拾分"镍币	4	钱币
3391	民国"廿分"镍币	13	钱币
3392	民国"伍分"镍币	8	钱币
3393	民国"贰分"铜币	3	钱币
3394	民国"拾分"镍币	102	钱币
3395	民国"伍分"镍币	13	钱币
3396	民国"拾分"镍币	54	钱币
3397	民国"廿分"镍币	24	钱币
3398	民国"半圆"镍币	26	钱币
3399	民国"半圆"镍币	9	钱币
3400	民国"壹角"镍币	1	钱币
3401	民国"壹角"镍币	1	钱币
3402	民国"壹角"镍币	2	钱币
3403	1937"香港壹毫"镍币	1	钱币
3404	明金戒指	1	金银器
3405	北宋"政和通宝"铜钱	13	钱币
3406	民国黑釉梅瓶	1	瓷器
3407	明金耳勺	1	金银器
3408	北宋"元丰通宝"铜钱	13	钱币
3409	明木梳	2	竹木雕
3410	汉日光铜镜	1	铜器
3411	明金花首铁簪	2	金银器
3412	铜钱	17	钱币
3413	明白玉葫芦首金簪	1	金银器
3414	铜钱	10	钱币
3417	西汉灰陶罐（残）	1	陶器
3418	西汉灰陶壶	1	陶器
3419	西汉灰陶钵	1	陶器
3420	秦"半两"铜钱	2	钱币
3421	汉灰陶壶	3	陶器
3422	汉灰陶钵	3	陶器
3423	清"康熙"铜钱	25	钱币
3424	清青花牡丹凤纹碗	2	瓷器
3425	清银簪	1	金银器
3426	清银手镯	1	金银器
3427	青铜时代铁镬	1	铁器、其他金属器
3428	清银三事儿	1	金银器
3429	清金戒指	1	金银器
3430	清翠坠饰	1	玉石器、宝石
3431	清"乾隆通宝"铜钱	1	钱币
3432	秦汉菱形纹空心砖	1	石器、石刻、砖瓦
3433	秦汉菱形纹长方砖	1	石器、石刻、砖瓦
3434	秦汉卷云纹圆瓦当	1	石器、石刻、砖瓦
3435	秦"千秋万岁"圆瓦当	2	石器、石刻、砖瓦
3436	秦汉卷云纹半瓦当	1	石器、石刻、砖瓦
3437	秦汉绳纹筒瓦	1	石器、石刻、砖瓦
3438	秦汉绳纹板瓦	1	石器、石刻、砖瓦
3442	汉绳纹灰陶罐	1	陶器
3443	汉灰陶壶	1	陶器
3444	汉灰陶钵	2	陶器
3445	清银牛形饰	1	金银器
3446-1	清花首银簪	1	金银器
3446-2	清银扁簪	1	金银器
3447	青铜时代青铜耙	1	铜器
3448	魏晋铜熨斗	1	铜器
3449	清"天命通宝"铜钱	2	钱币
3450	1956年中国人民银行伍元纸币	1	钱币
3451	1953年中国人民银行贰元纸币	1	钱币
3452	中国人民银行壹元纸币	2	钱币
3453	战国青铜尖首刀币	2	钱币
3454	清手串节珠	1	玉石器、宝石
3455	明骨扳指	1	牙骨角器
3456	明骨饰件	2	牙骨角器

(续表)

藏品编号	名　称	数量	类别
3459	明锡壶	1	铁器、其他金属器
3460	明铁烛台	2	铁器、其他金属器
3461	明锡托杯	1	铁器、其他金属器
3462	明锡盘	17	铁器、其他金属器
3463	明锡杯（残）	1	铁器、其他金属器
3464	元铜权	1	度量衡器
3465	清仿文徵明款设色山水手卷	1	书法、绘画
3466	青铜时代直援青铜戈	2	武器
3467	清狮纽银印章	1	玺印符牌
3468	民国"壹分"有孔铜元	1	钱币
3469	西汉弦纹灰陶壶	1	陶器
3470	西汉弦纹灰陶壶	1	陶器
3471	西汉灰陶鼎	1	陶器
3472	西汉灰陶壶	1	陶器
3473	西汉灰陶瓶	1	陶器
3474	西汉灰陶钵	1	陶器
3475	西汉灰陶瓶	1	陶器
3476	西汉灰陶瓶	1	陶器
3477	西汉灰陶瓶	1	陶器
3478	汉带盖陶鼎	1	陶器
3479	西汉陶钵（残）	1	陶器
3480	西汉灰陶钵	1	陶器
3481	西汉彩绘陶瓶	1	陶器
3482	西汉绳纹灰陶壶	1	陶器
3483	西汉弦纹陶壶	1	陶器
3484	西汉灰陶壶	1	陶器
3485	西汉灰陶瓶	1	陶器
3486	西汉灰陶壶	1	陶器
3487	西汉灰陶壶	1	陶器
3488	西汉灰陶壶	1	陶器
3489	西汉灰陶壶	1	陶器
3490	西汉灰陶鼎	1	陶器
3491	西汉灰陶瓶	1	陶器
3492	西汉灰陶瓶	1	陶器
3493	西汉弦纹灰陶壶	1	陶器
3494	西汉弦纹灰陶瓶	1	陶器
3495	西汉弦纹灰陶鼎	1	陶器
3496	西汉铜带钩	1	铁器、其他金属器
3497	西汉铜带钩	1	铜器
3498	清刻花银簪	1	金银器
3499	清鎏金银簪	1	金银器
3500	清银镯子	2	金银器
3501	清宝杖首鎏金银簪	1	金银器
3502	清葫芦首银簪	1	金银器
3503	清鎏金银扁簪	1	金银器

(续表)

藏品编号	名　称	数量	类别
3504	清双凤首银簪	1	金银器
3505	清银钗	1	金银器
3506	清花蝶首鎏金银簪	1	金银器
3507	清半球首银簪	1	金银器
3508	清银三事儿	1	金银器
3509	青铜时代石斧	1	石器、石刻、砖瓦
3510	民国三彩釉刻花卉纹陶盆	1	陶器
3511	汉日光镜	1	铜器
3512	元白釉铁花龙凤纹罐（残）	1	瓷器
3513	三国"直百五铢"铜钱	2	钱币
3514	北宋"靖康元宝"铜钱	1	钱币
3515	辽"大安元宝"铜钱	1	钱币
3516	辽"清宁通宝"铜钱	1	钱币
3517	十八世纪越南"光中通宝"铜钱	1	钱币
3518	十八世纪越南"景兴大宝"铜钱	1	钱币
3519	辽萧孝忠墓志	2	石器、石刻、砖瓦
3520	清碧玺	17	其他
3521	东汉埋金"五铢"铜钱	1	钱币
3522	辽绿釉划牡丹花纹单孔鸡冠壶	1	陶器
3523	辽绿釉单孔鸡冠壶	1	陶器
3524	辽绿釉双孔鸡冠壶	1	陶器
3525	辽绿釉仿绳梁鸡冠壶	1	陶器
3526	辽绿釉仿绳梁鸡冠壶	1	陶器
3527	辽绿釉捏环鸡冠壶	1	陶器
3528	辽黄釉捏环鸡冠壶	1	陶器
3529	辽黄釉捏环鸡冠壶	1	陶器
3530	辽白釉捏环梁鸡冠壶	1	瓷器
3531	辽白釉捏环梁鸡冠壶	1	瓷器
3532	辽绿釉凤首瓶	1	陶器
3533	辽绿釉凤首瓶	1	陶器
3534	辽绿釉雕花长颈瓶	1	陶器
3535	辽绿釉长颈瓶	1	陶器
3536	辽黄釉花式碗	1	陶器
3537	金茶叶末釉铁彩碗	1	瓷器
3538	辽绿釉炉	1	陶器
3539	辽三彩印花落花流水纹海棠盘	1	陶器
3540	辽三彩盘	1	陶器
3541	辽绿釉盘	1	陶器
3542	辽绿釉盘	1	陶器
3543	北宋景德镇窑青白釉刻花碗	1	瓷器
3544	辽白瓷执壶	1	瓷器
3545	辽黄釉盘	2	陶器
3546	辽黄釉碗	2	陶器
3547	东晋十六国"燕国蓟李庵"墓表	1	石器、石刻、砖瓦
3548	明窝凤和鸣铜镜	1	铜器
3549	清素面铜镜	1	铜器
3550	明三元及第铜镜	1	铜器
3551	辽"长命富贵"铜镜	1	铜器

藏品编号	名称	数量	类别
3552	宋山形铜笔架	1	文具
3553	民国二龙戏珠纹素胎三足炉	1	瓷器
3554	清鎏金铜金刚钺	1	武器
3555	明童戏狮纹长柄铜镜	1	铜器
3556	宋许由巢父故事纹铜镜	1	铜器
3557	金仙鹤人物纹铜镜	1	铜器
3558	金双龙纹铜镜	1	铜器
3559	金双龙纹铜镜	1	铜器
3560	明状元及第铜镜	1	铜器
3561	宋拜月纹挂镜	1	铜器
3562	元兽纽铜押	1	玺印符牌
3563	元人物纹铜镜	1	铜器
3564	清双耳三足铜炉	1	铜器
3565	辽蜻蜓纹铜镜	1	铜器
3566	清鎏金铜五方佛冠叶	2	雕塑、造像
3567	民国仿古观音立像	1	雕塑、造像
3568	金穿花童子纹八角镜	1	铜器
3569	清鎏金铜祖师像	1	雕塑、造像
3570	清鎏金铜尊者像	1	雕塑、造像
3571	明鎏金铜阿弥陀佛立像	1	雕塑、造像
3572	明铜迦叶尊者立像	1	雕塑、造像
3573	清铜阿难像	1	雕塑、造像
3574	清鎏金铜供养人像	1	雕塑、造像
3575	清铜千手千眼观音	1	雕塑、造像
3576	民国铜观音坐像	1	雕塑、造像
3577	金穿花童子纹铜镜	1	铜器
3578	元铁权	1	度量衡器
3579	元四耳铁锅	1	铁器、其他金属器
3580	清铁韦驮天立像	1	雕塑、造像
3581	金元"家常富贵"铜镜	1	铜器
3582	明鎏金铜释迦牟尼佛	1	雕塑、造像
3583	清鎏金铜观音菩萨像	1	雕塑、造像
3584	明鎏金铜普贤菩萨像	1	雕塑、造像
3585	明鎏金铜观音菩萨像	1	雕塑、造像
3586	明鎏金铜文殊菩萨像	1	雕塑、造像
3587	清铜观音菩萨坐像	1	雕塑、造像
3588	清鎏金铜白度母	1	雕塑、造像
3589	清莲座铜佛塔	1	铜器
3590	清韦驮天鎏金铜立像	1	雕塑、造像
3591	明铜释迦牟尼佛	1	雕塑、造像
3592	清铜释迦牟尼佛坐像	1	雕塑、造像
3593	辽铁释迦牟尼坐像	1	雕塑、造像
3594	清鎏金铜释迦牟尼佛	1	雕塑、造像
3595	明铜释迦牟尼佛坐像	1	雕塑、造像
3596	清鎏金铜毗卢遮那佛	1	雕塑、造像
3597	清鎏金铜大肚弥勒像	1	雕塑、造像
3598	民国鎏金铜千手观音像	1	雕塑、造像
3599	清童子铜立像	1	雕塑、造像
3600	清双铺首环耳花鸟纹铜炉	1	铜器
3601	金海兽葡萄纹铜镜	1	铜器
3602	清驮宝瓶铜麒麟	1	雕塑、造像
3603	清驮宝瓶铜象	1	雕塑、造像
3604	清驮宝瓶铜狮	1	雕塑、造像
3605	明素面无纽铜镜	2	铜器
3606	清球形铜壶	1	铜器
3607	民国铜壶	2	铜器
3608	金海兽纹铜镜	1	铜器
3609	清龙纽铜钟	1	铜器
3610	金海兽葡萄铜镜	1	铜器
3611	清素面铜镜	7	铜器
3612	清素面铜镜	2	铜器
3613	明弦纹铜镜	2	铜器
3614	金双龙纹纺古铜镜	1	铜器
3615	辽缠枝牡丹纹铜镜	1	铜器
3616	清仿古铜镜	1	铜器
3617	明素面铜镜	1	铜器
3618	清素面铜镜	3	铜器
3619	辽莲花纹铜镜	1	铜器
3620	元龙纹铜镜	1	铜器
3621	清仿秦诏版铜印	1	玺印符牌
3622	清圆形罗盘	1	铜器
3623	金双鱼纹铜镜	1	铜器
3624	汉"位至三公"铜镜	1	铜器
3625	金仿汉昭明铜镜	1	铜器
3626	金仿汉规矩镜	1	铜器
3627	金双鱼纹铜镜	1	铜器
3628	清铜钟	1	铜器
3629	清韦驮天铜立像	1	雕塑、造像
3630	清带流铜坩锅	1	铜器
3631	辽素面铜镜	1	铜器
3632	清百岁团圆大铜镜	1	铜器
3633	民国伪满时期双马头铜挂屏	1	铜器
3634	清缠枝纹文字铁钟	1	铁器、其他金属器
3635	清"香花供养"铁钟	1	铁器、其他金属器
3636	民国伪满时期菩萨头像铁挂屏	1	铁器、其他金属器
3637	金铁马镫	2	铁器、其他金属器
3638	元铁马镫	4	铁器、其他金属器
3639	清铁剑	1	武器
3640	清廓尔喀铁弯刀	1	武器
3641	清铁刀	1	武器
3642	清铁刀	2	武器
3643	清铁云板	1	铁器、其他金属器
3644	清铁釜	1	铁器、其他金属器

（续表）

藏品编号	名　　称	数量	类别
3645	辽双耳三足平底铁锅（残）	1	铁器、其他金属器
3646	清铁钵	1	铁器、其他金属器
3647	民国汉白玉狮	2	石器、石刻、砖瓦
3648	元三足铜洗	1	铜器
3649	民国木雕漆金文官立像	1	雕塑、造像
3650	民国木雕漆金周仓立像	1	雕塑、造像
3651	清相府门额	1	竹木雕
3652	清木鱼	3	乐器、法器
3653	清石刻木鱼	1	石器、石刻、砖瓦
3654	清嘎巴拉碗	1	牙骨角器
3655	清碧玺、水晶坠饰	5	玉石器、宝石
3656	清兔形绿料饰件	1	玻璃器
3657	清水晶坠饰	2	玉石器、宝石
3658	清雕春宫图纹铅牌	1	玺印符牌
3659	明素面铜镜	2	铜器
3660	清素面料鼻烟壶	7	玻璃器
3661	清双铺首料鼻烟壶	5	玻璃器
3662	清多棱料鼻烟壶	1	玻璃器
3663	清黑地雪花料鼻烟壶	1	玻璃器
3664	清梵文双铺首料鼻烟壶	1	玻璃器
3665	清松鹤纹料鼻烟壶	1	玻璃器
3666	清水晶手串	1	玉石器、宝石
3667	清水晶坠饰	3	玉石器、宝石
3668	民国珊瑚料手串	1	玉石器、宝石
3669	清翠璧	2	玉石器、宝石
3670	清蝶叶形翠簪首	2	玉石器、宝石
3671	清玉坠子	1	玉石器、宝石
3672	清透雕"寿"字白玉牌饰	1	玉石器、宝石
3673	清椭圆形玛瑙板	1	玉石器、宝石
3674	清翠簪首	1	玉石器、宝石
3675	清鸟形翠饰件	1	玉石器、宝石
3676	清翠饰件	1	玉石器、宝石
3677	清翠簪首	1	玉石器、宝石

（续表）

藏品编号	名　　称	数量	类别
3678	清荷叶纹翠饰件	1	玉石器、宝石
3679	清翠环	1	玉石器、宝石
3680	清翠璧	1	玉石器、宝石
3681	清翠饰件	2	玉石器、宝石
3682	清翠叶形饰件	2	玉石器、宝石
3683	清塔形翠簪首	1	玉石器、宝石
3684	清花形翠簪首	1	玉石器、宝石
3685	清佛手形翠簪首	1	玉石器、宝石
3686	清翠饰件（残）	1	玉石器、宝石
3687	清翠簪首	3	玉石器、宝石
3688	清翠饰件	6	玉石器、宝石
3689	清翠坠	2	玉石器、宝石
3690	清吉庆有余玉牌饰	1	玉石器、宝石
3691	清翠珠串	9	玉石器、宝石
3692	清碧玺珠	4	玉石器、宝石
3693	清翠扁簪	1	玉石器、宝石
3694	清玉环	3	玉石器、宝石
3695	清白玉茄形饰件	1	玉石器、宝石
3696	清"寿"字玉印	1	玺印符牌
3697	清翠叶片饰	17	玉石器、宝石
3698	清翠环	2	玉石器、宝石
3699	清翠首银簪	3	玉石器、宝石
3700	清翠珠串	5	玉石器、宝石
3701	清翠环	1	玉石器、宝石
3702	清佛手形翠簪首	1	玉石器、宝石
3703	清翠坠子	1	玉石器、宝石

锦州市全国第一次可移动文物普查藏品名录

(续表)

藏品编号	名称	数量	类别
3704	清白玉花形帽正	1	玉石器、宝石
3705	清嵌宝银鎏金簪	2	珐琅器
3706	清银舌刮	1	金银器
3707	清银耳环	2	金银器
3708	民国青白瓷柿形水丞	1	文具
3709	民国青花山水纹水丞	1	文具
3710	民国绿黄釉六棱水丞	1	文具
3711	十七世纪李朝青花砚滴	1	文具
3712	民国彩绘砚滴	1	文具
3713	民国酱釉砚滴	1	文具
3714	民国酱釉瓶	1	瓷器
3715	民国五彩花卉纹香炉	1	瓷器
3716	清三彩布袋和尚	1	雕塑、造像
3717	清绿釉镂空塑贴人物纹扁方壶	1	瓷器
3718	哥釉杯	2	瓷器
3719	清三彩釉笔架	1	文具
3720	清粉彩花卉纹盘	4	瓷器
3721	清五彩人物纹方形烛台	1	瓷器
3722	清仿乾隆款五彩花卉纹帽筒	1	瓷器
3723	明嘉靖青花人物纹梅瓶	1	瓷器
3724	清青花花篮纹碗	1	瓷器
3725	清青花山水纹香炉	1	瓷器
3726	民国青花鱼凤纹双耳瓶	1	瓷器
3727	明酱釉带流瓶	1	瓷器
3728	清咸丰粉彩开光人物纹双耳瓶	1	瓷器
3729	民国仿乾隆款粉彩人物纹双耳瓶	1	瓷器
3730	明黑釉梅瓶	2	瓷器
3731	明茶叶末釉瓶	1	瓷器
3732	明茶叶末釉瓶	1	瓷器
3733	金酱釉瓦棱纹鸡腿瓶	1	瓷器
3734	元酱釉梅瓶	1	瓷器
3735	清黑釉瓶	1	瓷器
3736	明茶叶末釉罐	1	瓷器
3737	元黑釉单耳带流罐	1	瓷器
3738	元黑釉单耳带流罐	1	瓷器
3739	清铜镖	2	武器
3740	辽素面铜镜	1	铜器
3741	金双鱼纹铜镜	1	铜器
3742	清青花喜字碗	1	瓷器
3743	民国青花花卉纹碗	1	瓷器
3744	清康熙青花缠枝花卉纹碗	2	瓷器
3745	清康熙青花花卉纹碗	1	瓷器
3746	清青花花卉纹碗	1	瓷器
3747	民国白釉酒盅	1	瓷器
3748	清铅五供	5	铁器、其他金属器
3749	清铁马蹬	7	铁器、其他金属器
3750	辽铁朴刀	2	武器
3752	民国步枪	1	武器

(续表)

藏品编号	名称	数量	类别
3753	明铁火铳	1	武器
3754	明铁火铳	1	武器
3755	明铁火铳	1	武器
3756	明铁火铳	1	武器
3757	明铁火铳	1	武器
3759	辽铁风铎	2	铁器、其他金属器
3760	清龙首鎏金银耳环	1	金银器
3761	清嵌翠叶蜜蜂首银簪	1	金银器
3762	清佛手鎏金银簪	1	金银器
3763	清银簪	1	金银器
3764	清玉翎管	1	玉石器、宝石
3765	清寿字银锞子	2	金银器
3766	清鎏金银簪	2	金银器
3767	清绞丝银手镯	2	金银器
3768	清银戒指	4	金银器
3769	清银发针	1	金银器
3770	清鎏金银发簪	1	金银器
3771	清鎏金银扁簪	1	金银器
3772	清花首鎏金银簪	1	金银器
3773	清白玉烟嘴	1	玉石器、宝石
3774	清鎏金银簪	2	金银器
3775	清鎏金银簪	1	金银器
3776	清鎏金银钗	1	金银器
3777	清佛手鎏金银簪	2	金银器
3778	清鎏金银簪	1	金银器
3779	清钺首鎏金银簪	1	金银器
3780	清鎏金银莲花首簪	2	金银器
3781	清鎏金银耳环	1	金银器
3782	清银戒指	1	金银器
3783	清寿字鎏金银钗	1	金银器
3784	清银三事儿	2	金银器
3785	清鎏金铜手镯	2	金银器
3786	清玉珠串饰	15	玉石器、宝石
3787	清玉指环	1	玉石器、宝石
3788	清银耳环	2	金银器
3789	清盘肠首银簪	1	金银器
3790	清银簪	1	金银器
3791	清葫芦首银簪	2	金银器
3792	清银耳环	2	金银器
3793	清银扁簪	1	金银器
3794	清银佩饰（残）	1	金银器
3795	新石器时代石斧	1	石器、石刻、砖瓦
3796	新石器时代石斧	1	石器、石刻、砖瓦
3797	明"五子登科"铜镜	1	铜器

(续表)

藏品编号	名 称	数量	类别
3798	明"五子登科"铜镜	1	铜器
3799	清银锞子	3	金银器
3800	清银牛形饰	1	金银器
3801	清银扁簪	1	金银器
3802	清鎏金葫芦首银簪	2	金银器
3803	清花式银戒指	1	金银器
3804	清银手镯	4	金银器
3805	清鎏金银簪	3	金银器
3806	清鎏金银簪	2	金银器
3807	清鎏金银簪	1	金银器
3808	清银簪	1	金银器
3809	清银簪	1	金银器
3810	清银锞形饰	2	金银器
3811	清鎏金银簪	1	金银器
3812	清寿字纹银簪	2	金银器
3813	清银扁簪	2	金银器
3814	清银簪	3	金银器
3815	清银簪	2	金银器
3816	清葫芦首银簪	1	金银器
3817	清錾花银簪	6	金银器
3818	清鹿首鎏金银簪	2	金银器
3819	清银牛形饰	1	金银器
3820	清银戒指	1	金银器
3821	清鎏金银簪	1	金银器
3822	清银簪	1	金银器
3823	新石器时代石斧	1	石器、石刻、砖瓦
3824	金铁车辖	1	铁器、其他金属器
3825	清银簪	7	金银器
3826	清鲤鱼跃龙门套料鼻烟壶	1	玻璃器
3827	清银壶形佩饰	1	金银器
3828	清鎏金银簪	1	金银器
3829	清鎏金银葫芦首簪	2	金银器
3830	清耳勺式银簪	1	金银器
3831	清牛首银簪	1	金银器
3832	清鎏金手持如意首银簪	1	金银器
3833	清宝杖首银簪	1	金银器
3834	清鎏金银簪	1	金银器
3835	清鎏金佛手纹银簪首	2	金银器
3836	清镂空蝙蝠衔钱纹银钿	2	金银器
3837	清鎏金银摩羯鱼形饰件	2	金银器
3838	清银佩饰件	1	金银器
3839	清银耳环	3	金银器
3840	清花式银戒指	1	金银器
3841	清鎏金银蝴蝶簪	1	金银器
3842	清一把莲梳式银簪	1	金银器
3843	清银针	1	金银器
3844	清银簪	3	金银器
3845	清金首银簪	2	金银器
3846	清鎏金银钗	2	金银器

(续表)

藏品编号	名 称	数量	类别
3847	清银簪	1	金银器
3848	清银戒指	2	金银器
3849	清莲纹银戒指	1	金银器
3850	清银三事儿	1	金银器
3851	清莲花头银簪	1	金银器
3852	清银簪	1	金银器
3853	清宝瓶式银耳环	2	金银器
3854	清鎏金银戒指	1	金银器
3855	清鎏金银簪	1	金银器
3856	清如意头银佩件（残）	1	金银器
3857	清银锞形饰	6	金银器
3858	清银扁方簪	2	金银器
3859	清银簪	1	金银器
3860	清斗式银簪	1	金银器
3861	清花式银簪	1	金银器
3862	清镂空莲头鎏金银簪	1	金银器
3863	清莲花式银簪	1	金银器
3864	清银簪	2	金银器
3865	清银牛形饰	1	金银器
3866	清银手镯	1	金银器
3867	清银戒指	3	金银器
3868	清银箍形饰	2	金银器
3869	清银饰件（残）	1	金银器
3870	清银簪	1	金银器
3871	清银耳环	4	金银器
3872	清宝杖头银簪	1	金银器
3873	清莲花银簪	1	金银器
3874	清鹿形银饰件	1	金银器
3875	清银扁簪	1	金银器
3876	清嘉庆宝杖头鎏金银簪	1	金银器
3877	清龙首式银簪	1	金银器
3878	清宝莲式银簪	2	金银器
3879	清银簪	2	金银器
3880	清宝莲式银簪	2	金银器
3881	清银耳环	3	金银器
3882	清银戒指	1	金银器
3883	清银锞子	3	金银器
3884	清银扁簪	2	金银器
3885	清银簪	1	金银器
3886	清古钱银耳环	1	金银器
3887	清素面银簪	1	金银器
3888	清錾蝠纹铜烟锅	1	铜器
3889	清银簪	2	金银器
3890	清银簪	2	金银器
3891	清寿字银戒指	1	金银器
3892	清银锞子	1	钱币
3893	清鎏金银耳环	2	金银器
3894	清铜烟袋锅、嘴	2	铜器
3895	清银饰件（残）	1	金银器
3896	清鎏金镂空如意首银簪	1	金银器
3897	清银戒指	1	金银器

锦州市全国第一次可移动文物普查藏品名录

(续表)

藏品编号	名称	数量	类别
3898	清银舌刮	1	金银器
3899	清宝莲式银簪	3	金银器
3900	清鎏金银卷草龙形饰	2	金银器
3901	清鎏金银质龙形饰件	2	金银器
3902	清银三事儿	1	金银器
3903	清银三事儿	1	金银器
3904	清银佩件（残）	1	金银器
3905	清银如意形银链饰件	1	金银器
3906	清银牛饰件	1	金银器
3907	清鎏金银链壶	1	金银器
3908	清葫芦形银簪	4	金银器
3909	清银耳环	6	金银器
3910	清银戒指	5	金银器
3911	清银簪	2	金银器
3912	清宝杖式银簪	1	金银器
3913	清宝莲式银簪	1	金银器
3914	清花式银簪	1	金银器
3915	清寿字银簪	2	金银器
3916	清银簪	1	金银器
3917	清花鸟式银簪	1	金银器
3918	清鎏金蜈蚣式银簪	1	金银器
3919	清翠佛手	1	玉石器、宝石
3920	清翠叶子	5	玉石器、宝石
3921	清翠戒指	2	玉石器、宝石
3922	辽酱釉罐	1	瓷器
3923	青铜时代石锄	1	石器、石刻、砖瓦
3924	青铜时代石斧	1	石器、石刻、砖瓦
3925	青铜时代石斧	2	石器、石刻、砖瓦
3926	清玉印章	2	玺印符牌
3927	清玉印章	2	玺印符牌
3928	清玉印章	2	玺印符牌
3929	清猴纽玉印章	2	玺印符牌
3930	清狮纽玉印章	2	玺印符牌
3931	清雕人物纽玉印章	1	玺印符牌
3932	清雕花卉纹玉印章	1	玺印符牌
3933	清玉印章	2	玺印符牌
3934	清琥珀、琉璃项链	1	玉石器、宝石
3935	清怀表	1	其他
3936	清料带板	20	玉石器、宝石
3937	清银镯子	1	金银器
3938	清鎏金银戒指	1	金银器
3939	清银锞子	2	金银器
3940	清鎏金银扁簪	1	金银器

(续表)

藏品编号	名称	数量	类别
3941	清银三事儿（残）	1	金银器
3942	清银发钗	1	金银器
3943	清银簪	1	金银器
3944	清银簪	2	金银器
3945	清翠饰件	1	玉石器、宝石
3946	清象牙簪	1	牙骨角器
3947	清翠帽正	2	玉石器、宝石
3948	清翠坠子	9	玉石器、宝石
3949	清翠牌饰	2	玉石器、宝石
3950	清翠佛手银簪	1	玉石器、宝石
3951	清翠猴形佩饰	1	玉石器、宝石
3952	清翠珠	2	玉石器、宝石
3953	清翠叶子	3	玉石器、宝石
3954	清翠烟嘴	1	玉石器、宝石
3955	清翠烟嘴	3	玉石器、宝石
3956	清玛瑙烟嘴	1	玉石器、宝石
3957	辽双龙纹八方铜镜	1	铜器
3958	元高浮雕供养人物图铜镜	1	铜器
3959	清透雕双龙纹压胜钱	2	钱币
3960	宋十二生肖钱	1	钱币
3961	清生肖钱	1	钱币
3962	清八卦生肖钱	1	钱币
3963	清"福禄寿"压胜钱	1	钱币
3964	清压胜钱	1	钱币
3965	清"正大光明"压胜钱	1	钱币
3966	清"太平元宝"压胜钱	1	钱币
3967	清福寿纹压胜钱	1	钱币
3968	清压胜钱	1	钱币
3969	清银三事儿	1	金银器
3970	清银佩饰	1	金银器
3971	清银锞子、钱币	4	金银器
3972	清鎏金银扁簪	1	金银器
3973	清元宝形银佩饰	1	金银器
3974	清银簪	2	金银器
3976	清银指环	2	金银器
3977	清银戒指	2	金银器
3978	清如意形链饰件	2	金银器
3979	清银手镯	2	金银器
3980	清银锞子	2	金银器
3981	清鎏金银戒指	1	金银器

第二章 锦州市第一次全国可移动文物普查成果藏品信息表

(续表)

藏品编号	名称	数量	类别
3982	清银发钗	1	金银器
3983	清鎏金花卉首银簪	1	金银器
3984	清鎏金银簪	1	金银器
3985	清莲叶形银簪	1	金银器
3986	清银圆宝	2	金银器
3987	清银戒指	1	金银器
3988	清银簪	1	金银器
3989	清银耳环	1	金银器
3990	清银牛形饰件	1	金银器
3991	清鎏金船形银饰件	1	金银器
3992	清鎏金花卉形簪	1	金银器
3993	清福寿银戒指	1	金银器
3994	清银穿针	1	金银器
3995	清宝莲式银簪	1	金银器
3996	清银簪	2	金银器
3997	清银手镯	4	金银器
3998	清银戒指	1	金银器
3999	清银耳环	1	金银器
4000	清银簪	2	金银器
4001	清银簪	6	金银器
4002	清银簪	1	金银器
4003	清银簪	4	金银器
4004	清龙首银簪	1	金银器
4005	清葫芦形银簪	1	金银器
4006	清长方形龙纹首银发钗	2	金银器
4007	清宝杖式银簪	2	金银器
4008	清梅花竹节首式银簪	1	金银器
4009	清银耳环	24	金银器
4010	清鎏金银扁簪	1	金银器
4011	清银簪	3	金银器
4012	清银三事儿	1	金银器
4013	清如意头银簪	1	金银器
4014	清宝杖头银簪	1	金银器
4015	清银扁簪	2	金银器
4016	清银三事儿	1	金银器
4017	清银链耳勺	1	金银器
4018	清银手镯	2	金银器
4019	清银戒指	2	金银器
4020	清银荷包	1	金银器
4021	清花鸟纹长方形银盒	1	金银器
4022	清鎏金银龙纹饰件	1	金银器
4023	唐武士立俑	2	雕塑、造像
4024	汉侍女彩绘陶俑	1	雕塑、造像
4025	魏晋灰陶侈口壶	1	陶器
4026	青铜时代灰陶鬲	1	陶器
4027	民国青花开光花卉纹碗	1	瓷器
4028	元龙泉窑青瓷刻花碗	1	瓷器
4029	清玉簪	2	玉石器、宝石
4030	清白玉环	1	玉石器、宝石

(续表)

藏品编号	名称	数量	类别
4031	清翡翠烟嘴	1	玉石器、宝石
4032	清玉指环	1	玉石器、宝石
4033	清白玉嵌翠帽正	1	玉石器、宝石
4034	清骨簪	1	牙骨角器
4035	清骨戒指	1	牙骨角器
4036	清刻花骨环	1	牙骨角器
4037	清錾刻双鹤纹铁案	2	铁器、其他金属器
4038	清春宫图铜镜	1	铜器
4039	清鎏金铜金刚手护法	1	雕塑、造像
4040	明镂空狮纹铜鼓	1	铜器
4041	清凤纽铜印章	1	玺印符牌
4042	清狮纽铜印章	1	玺印符牌
4043	清银簪	2	金银器
4044	青铜时代石锄	1	石器、石刻、砖瓦
4045	民国粉彩时装人物纹双耳瓶	2	瓷器
4046	清康熙青花瑞兽纹碗	1	瓷器
4047	新石器时代石磨盘	1	石器、石刻、砖瓦
4048	汉灰陶壶	1	陶器
4049	汉铁镰刀	1	铁器、其他金属器
4050	汉铁斧	1	铁器、其他金属器
4051	辽铁刀	1	武器
4052	辽铁铡刀	1	铁器、其他金属器
4053	辽铁镰刀	1	铁器、其他金属器
4054	辽二齿铁镐	1	铁器、其他金属器
4055	辽铁锄	1	铁器、其他金属器
4056	明黑釉罐	1	瓷器
4057	金茶叶末釉瓶	1	陶器
4058	清史稿	8	古籍图书
4059	清史稿	15	古籍图书
4060	清史稿	9	古籍图书
4061	清史稿	11	古籍图书
4062	清史稿	11	古籍图书
4063	清史稿	13	古籍图书
4064	清史稿	11	古籍图书
4065	清史稿	8	古籍图书
4066	清史稿	11	古籍图书
4067	清史稿	11	古籍图书
4068	清史稿	13	古籍图书
4069	清史稿	10	古籍图书

(续表)

藏品编号	名称	数量	类别
4070	清文献通考	6	古籍图书
4071	清文献通考	6	古籍图书
4072	清文献通考	6	古籍图书
4073	清文献通考	6	古籍图书
4074	清文献通考	6	古籍图书
4075	清文献通考	6	古籍图书
4076	清文献通考	6	古籍图书
4077	清文献通考	6	古籍图书
4078	清文献通考	6	古籍图书
4079	清文献通考	6	古籍图书
4080	清文献通考	6	古籍图书
4081	清文献通考	6	古籍图书
4082	清文献通考	6	古籍图书
4083	清文献通考	6	古籍图书
4084	清文献通考	6	古籍图书
4085	清文献通考	6	古籍图书
4086	清文献通考	6	古籍图书
4087	清文献通考	6	古籍图书
4088	清文献通考	6	古籍图书
4089	清文献通考	6	古籍图书
4090	清"宣统元宝"铜钱	2	钱币
4091	清"宣统元宝"铜币	2	钱币
4092	清光绪铜币	2	钱币
4093	东晋红陶马	1	雕塑、造像
4094	东晋红陶俑	1	雕塑、造像
4095	东晋红陶多格盘	1	陶器
4096	东晋红陶罐	7	陶器
4097	东晋双系红陶罐	1	陶器
4098	东晋红陶钵	3	陶器
4099	东晋青釉钵	1	陶器
4100	东晋压印纹灰陶壶	1	陶器
4101	十六国红陶钵	2	陶器
4102	十六国红陶灯碗	4	陶器
4103	十六国银环	1	金银器
4104	十六国银发钗	1	金银器
4105	十六国铜魁	1	铜器
4106	十六国铜甗	2	铜器
4107	十六国压印方格斜线灰陶壶	2	陶器
4108	汉彩绘陶壶	1	陶器
4109	汉彩绘陶壶	1	陶器
4110	汉彩绘陶壶	1	陶器
4111	汉彩绘陶壶	1	陶器
4112	汉彩绘陶壶	1	陶器
4113	汉彩绘陶壶	1	陶器
4114	汉彩绘陶壶	2	陶器
4115	汉彩绘陶壶	1	陶器
4116	汉彩绘陶壶	1	陶器
4117	汉彩绘陶罐	1	陶器
4118	汉灰陶罐	1	陶器
4119	汉灰陶罐	1	陶器
4120	汉灰陶罐	1	陶器

(续表)

藏品编号	名称	数量	类别
4121	汉弦纹灰陶壶	1	陶器
4122	汉弦纹灰陶壶	1	陶器
4123	汉彩绘陶壶	1	陶器
4124	汉彩绘陶罐	1	陶器
4125	汉渔篓式彩绘陶罐	1	陶器
4126	汉彩绘灰陶鼎	1	陶器
4127	汉灰陶盖鼎	1	陶器
4128	汉灰陶敛口钵	1	陶器
4129	汉灰陶敛口钵	2	陶器
4130	汉灰陶钵	1	陶器
4131	汉菱格纹砖	1	石器、石刻、砖瓦
4132	明鎏金铜释迦牟尼坐像	1	雕塑、造像
4133	清鎏金铜祖师像	1	雕塑、造像
4134	十世纪越南丁朝"大平兴宝"铜钱	1	钱币
4135	北宋"宣和通宝"铜钱	1	钱币
4136	清永瑢画仙山楼阁挂屏	2	织绣
4137	清刺绣花卉纹挂屏	4	织绣
4138	民国刺绣花鸟挂屏	2	织绣
4139	清春夜宴桃李圆团扇	1	织绣
4140	民国远卢画设色花卉团扇	1	织绣
4141	双伦花团扇	1	织绣
4142	汉五字中分五铢铜钱	10	钱币
4143	汉穿上横郭五铢铜钱	25	钱币
4144	西汉五铢铜钱	10	钱币
4145	西汉五铢铜钱	10	钱币
4146	汉穿下一星五铢铜钱	3	钱币
4147	汉五铢铜钱	3	钱币
4148	汉五铢铜钱	2	钱币
4149	汉五铢铜钱	6	钱币
4150	汉五铢铜钱	10	钱币
4151	汉穿上一星五铢铜钱	26	钱币
4152	汉穿下半星五铢铜钱	20	钱币
4153	汉四角决文"五铢"铜钱	2	钱币
4154	东汉五铢铜钱	7	钱币
4155	东汉五铢铜钱	4	钱币
4156	东汉五铢铜钱	4	钱币
4157	东汉五铢铜钱	3	钱币
4158	东汉五铢铜钱	3	钱币
4159	汉五铢铜钱	4	钱币
4160	东汉五铢铜钱	6	钱币
4161	东汉五铢铜钱	6	钱币
4162	东汉五铢铜钱	3	钱币
4163	东汉穿上一星"五铢"铜钱	4	钱币
4164	汉穿上一星五铢铜钱	9	钱币
4165	汉穿上两星五铢铜钱	5	钱币
4166	汉穿下一星五铢铜钱	16	钱币
4167	东汉穿上三星五铢	7	钱币
4168	东汉穿上四星五铢	3	钱币
4169	东汉穿上五星五铢	1	钱币
4170	东汉穿下三星五铢	6	钱币

藏品编号	名称	数量	类别	藏品编号	名称	数量	类别
4171	东汉背三星五铢	1	钱币	4222	西汉半两	7	钱币
4172	东汉穿下一星五铢	6	钱币	4223	新莽大泉五十	6	钱币
4173	东汉穿下两星五铢	6	钱币	4224	新莽布泉	2	钱币
4174	东汉背上一星五铢	14	钱币	4225	新莽货泉	3	钱币
4175	东汉背上二星五铢	7	钱币	4226	新莽穿上半星货泉	2	钱币
4176	东汉背上三星五铢	10	钱币	4227	新莽货泉	2	钱币
4177	东汉背上四星五铢	4	钱币	4228	新莽面无内郭货泉	2	钱币
4178	东汉穿上一竖五铢	7	钱币	4229	新莽货泉	1	钱币
4179	东汉穿下一竖五铢	4	钱币	4230	新莽右下角决文货泉	2	钱币
4180	东汉穿上二竖五铢	6	钱币	4231	新莽重内郭货泉	1	钱币
4181	东汉穿上三竖五铢	5	钱币	4232	新莽重丈货泉	2	钱币
4182	东汉穿上四竖五铢	3	钱币	4233	新莽剪轮货泉	2	钱币
4183	东汉穿上一阴竖五铢	8	钱币	4234	东汉穿下二阳竖五铢	2	钱币
4184	东汉穿上二阴竖五铢	7	钱币	4235	东汉穿下三阳竖五铢	5	钱币
4185	东汉穿上三阴竖五铢	5	钱币	4236	东汉穿上下一阴竖五铢	6	钱币
4186	东汉穿上四阴竖五铢	2	钱币	4237	东汉穿上下一阳竖五铢	5	钱币
4187	东汉三阴竖一星五铢	1	钱币	4238	东汉穿上下一阳竖五铢	9	钱币
4188	东汉穿下一阴竖五铢	4	钱币	4239	东汉背穿上下一阳竖五铢	1	钱币
4189	东汉穿下二阳竖五铢	5	钱币	4240	东汉穿上阳"十"字五铢	12	钱币
4190	东汉穿下四阳竖五铢	1	钱币	4241	东汉背穿下阳"十"字五铢	5	钱币
4191	东汉背一阴竖五铢	6	钱币	4242	东汉背穿下阳"十"字五铢	7	钱币
4192	东汉背二阴竖五铢	10	钱币	4243	东汉背穿下阴"十"字五铢	7	钱币
4193	东汉背三阴竖五铢	5	钱币	4244	东汉穿上"×"五铢	3	钱币
4194	东汉背四阳竖五铢	2	钱币	4245	东汉背阴"十"字五铢	8	钱币
4195	东汉背一阳竖五铢	5	钱币	4246	东汉背上阳"十"字五铢	5	钱币
4196	东汉背上二阳竖五铢	5	钱币	4247	东汉背上"六"字五铢	6	钱币
4197	东汉背上三阳竖五铢	7	钱币	4248	东汉背"七"字五铢	6	钱币
4198	东汉无面文半两	2	钱币	4249	东汉背"八"字五铢	4	钱币
4199	西汉半两	8	钱币	4250	东汉背"十六"字五铢	1	钱币
4200	西汉半两	7	钱币	4251	东汉背"井"字五铢	1	钱币
4201	西汉半两	7	钱币	4252	东汉面双"千"字五铢	1	钱币
4202	西汉文景半两	7	钱币	4253	东汉面上"小"字五铢	2	钱币
4203	西汉吕后半两	3	钱币	4254	东汉背"九"字五铢	2	钱币
4204	西汉吕后"半两"	4	钱币	4255	东汉背"五"字五铢	1	钱币
4205	战国一刀币	5	钱币	4256	东汉面"千"字五铢	5	钱币
4206	新莽大泉五十	7	钱币	4257	东汉穿上"王"字五铢	8	钱币
4207	新莽大泉五十	7	钱币	4258	东汉穿下"王"字五铢	7	钱币
4208	新莽布泉	5	钱币	4259	东汉背"王"字五铢	11	钱币
4209	新莽穿上半星货泉	8	钱币	4260	东汉背双"十"字五铢	1	钱币
4210	新莽穿下半星货泉	2	钱币	4261	东汉背"四"字五铢	1	钱币
4211	新莽右下角决文货泉	6	钱币	4262	东汉背"石"字五铢	1	钱币
4212	新莽面无内郭货泉	10	钱币	4263	东汉背"千"字五铢	7	钱币
4213	新莽左下角决文货泉	2	钱币	4264	东汉面"五"字五铢	1	钱币
4214	新莽宽郭货泉	10	钱币	4265	东汉背"木"字五铢	1	钱币
4215	新莽重丈货泉	1	钱币	4266	东汉背"亻"字五铢	2	钱币
4216	新莽货泉	10	钱币	4267	东汉背"小"字五铢	7	钱币
4217	新莽货泉	7	钱币	4268	东汉面"土"字五铢	1	钱币
4218	新莽剪轮货泉	3	钱币	4269	东汉背"土"字五铢	4	钱币
4219	战国明刀币	2	钱币	4270	东汉面"丁"字五铢	13	钱币
4220	秦半两	3	钱币	4271	东汉背"丁"字五铢	5	钱币
4221	秦吕后半两	4	钱币	4272	东汉面上"一""八"字五铢	1	钱币

(续表)

藏品编号	名　称	数量	类别
4273	东汉剪轮"五铢"	1	钱币
4274	东汉背"羊"字五铢	2	钱币
4275	东汉面"工"字五铢	15	钱币
4276	东汉背"工"字五铢	13	钱币
4277	东汉铢上一横五铢	6	钱币
4278	东汉铢上一撇五铢	7	钱币
4279	东汉铢上一竖五铢	3	钱币
4280	东汉铢上一阳横五铢	1	钱币
4281	东汉铢上一阴撇五铢	2	钱币
4282	东汉铢上一星五铢	30	钱币
4283	东汉铢下一星五铢	9	钱币
4284	东汉铢上二阴横五铢	1	钱币
4285	东汉铢下一竖五铢	5	钱币
4286	东汉铢下二竖五铢	1	钱币
4287	东汉铢下一横五铢	3	钱币
4288	东汉五上一星五铢	9	钱币
4289	东汉铢下一阴横五铢	1	钱币
4290	东汉五下一竖五铢	6	钱币
4291	东汉五下一阴竖五铢	1	钱币
4292	东汉五下二竖五铢	4	钱币
4293	东汉五下一星五铢	12	钱币
4294	东汉铢字重文五铢	5	钱币
4295	东汉五字重文五铢	15	钱币
4296	东汉重文五铢	10	钱币
4297	东汉五字中分五铢	14	钱币
4298	东汉五字横分五铢	1	钱币
4299	东汉五上一横五铢	6	钱币
4300	东汉五下一横五铢	6	钱币
4301	东汉五铢	2	钱币
4302	东汉五铢	1	钱币
4303	东汉穿上五下一星五铢	4	钱币
4304	东汉穿下五下一星五铢	2	钱币
4305	东汉铢下五下一星五铢	1	钱币
4306	东汉五上一阴竖五铢	2	钱币
4307	东汉五上一阴撇五铢	1	钱币
4308	东汉五内一阴竖五铢	11	钱币
4309	东汉五内一通阴竖五铢	6	钱币
4310	东汉五内一阴横五铢	1	钱币
4311	东汉五下横活口五铢	5	钱币
4312	东汉五上横活口五铢	5	钱币
4313	东汉穿上一横五铢	8	钱币
4314	东汉穿下一横五铢	7	钱币
4315	东汉穿上一撇五铢	1	钱币
4316	东汉穿上一横五铢	1	钱币
4317	东汉五内一星五铢	11	钱币
4318	东汉五内二星五铢	3	钱币
4319	东汉五内穿下一星五铢	2	钱币
4320	东汉五侧一星五铢	5	钱币
4321	东汉五侧一竖五铢	3	钱币
4322	东汉背重郭五铢	13	钱币
4323	东汉穿下二阴竖五铢	1	钱币

(续表)

藏品编号	名　称	数量	类别
4324	东汉穿下一阴横五铢	2	钱币
4325	东汉背一阳横五铢	7	钱币
4326	东汉背一阴横五铢	5	钱币
4327	东汉背二阳横五铢	1	钱币
4328	东汉背二阴横五铢	6	钱币
4329	东汉传形五铢	4	钱币
4330	东汉合面五铢	2	钱币
4331	东汉毛边五铢	5	钱币
4332	东汉穿上一星毛边五铢	1	钱币
4333	东汉钻孔五铢	4	钱币
4334	东汉磨面五铢	5	钱币
4335	东汉铲背五铢	7	钱币
4336	东汉熟铜五铢	6	钱币
4337	东汉背内郭四角块文五铢	8	钱币
4338	东汉特殊五铢	5	钱币
4339	东汉五内上下各一阴横五铢	1	钱币
4340	东汉有标志五铢	2	钱币
4341	东汉穿上两角块文五铢	1	钱币
4342	东汉五侧一阴横五铢	2	钱币
4343	东汉五内一阴撇五铢	1	钱币
4344	东汉小五铢	2	钱币
4345	东汉汉半两	3	钱币
4346	东汉穿上一星五铢	25	钱币
4347	东汉穿上半星五铢	1	钱币
4348	东汉穿上、下各一星五铢	3	钱币
4349	东汉穿下一星五铢	3	钱币
4350	东汉背一星五铢	1	钱币
4351	东汉二阴横五铢	2	钱币
4352	东汉穿上一星五铢	2	钱币
4353	东汉穿上二星剪轮五铢	1	钱币
4354	东汉穿上三星剪轮五铢	1	钱币
4355	东汉穿上四星五铢	1	钱币
4356	东汉穿上五星五铢	1	钱币
4357	东汉穿下一星五铢	2	钱币
4358	东汉穿下二星五铢	1	钱币
4359	东汉穿下三星五铢	1	钱币
4360	东汉穿下五星五铢	1	钱币
4361	东汉背阴文四出五铢	1	钱币
4362	东汉背阳文四出五铢	1	钱币
4363	东汉穿上一阴竖五铢	1	钱币
4364	东汉穿上二阴竖五铢	1	钱币
4365	东汉穿上下一阴竖五铢	1	钱币
4366	东汉穿上下二阴竖五铢	1	钱币
4367	东汉穿下二阴竖五铢	1	钱币
4368	东汉穿下四阴竖五铢	1	钱币
4369	东汉穿上二阳竖五铢	1	钱币
4370	东汉穿上三竖五铢	1	钱币
4371	东汉穿上四竖五铢	1	钱币
4372	东汉穿上五竖五铢	2	钱币
4373	东汉穿上一竖五铢	1	钱币
4374	东汉穿下一竖五铢	1	钱币

（续表）

藏品编号	名　　称	数量	类别
4375	东汉背一斜竖五铢	1	钱币
4376	东汉背五星五铢	1	钱币
4377	东汉背五竖五铢	1	钱币
4378	东汉背"木"字五铢	1	钱币
4379	东汉背"羊"字五铢	1	钱币
4380	东汉背"小"字五铢	1	钱币
4381	东汉背上"土"字五铢	2	钱币
4382	东汉背"五""十"五铢	1	钱币
4383	东汉背"六"五铢	1	钱币
4384	东汉背"廿"五铢	1	钱币
4385	东汉背"I"字五铢	1	钱币
4386	东汉背"十"字五铢	1	钱币
4387	东汉面"十"字五铢	1	钱币
4388	东汉"宋"字五铢	1	钱币
4389	东汉面"八"字五铢	1	钱币
4390	东汉五下二竖五铢	1	钱币
4391	东汉铢下二竖五铢	1	钱币
4392	东汉背"九"字五铢	1	钱币
4393	东汉钻孔五铢	5	钱币
4394	东汉无文五铢	1	钱币
4395	东汉四出五铢	1	钱币
4396	东汉背"王"字五铢	1	钱币
4397	东汉面"王"字五铢	1	钱币
4398	东汉铢上一星五铢	1	钱币
4399	东汉五上一星五铢	1	钱币
4400	东汉五中一星五铢	1	钱币
4401	东汉五中阴竖五铢	2	钱币
4402	东汉五中"十"字五铢铜钱	2	钱币
4403	东汉剪轮"五铢"铜钱	10	钱币
4404	东汉剪轮"五铢"铜钱	3	钱币
4405	东汉磨面剪轮"五铢"铜钱	2	钱币
4406	东汉铢上一横"五铢"铜钱	1	钱币
4407	东汉铢下短横"五铢"铜钱	1	钱币
4408	东汉穿上一横"五铢"铜钱	1	钱币
4409	东汉穿下一横"五铢"铜钱	1	钱币
4410	东汉五内三阴横"五铢"铜钱	2	钱币
4411	东汉背四阴竖"五铢"铜钱	1	钱币
4412	东汉背"立"字五铢铜钱	1	钱币
4413	东汉重文"五铢"铜钱	6	钱币
4414	东汉传形"五铢"铜钱	1	钱币
4415	东汉綖环"五铢"铜钱	4	钱币
4416	东汉异样合体"五铢"铜钱	1	钱币
4417	东汉铲背"五铢"铜钱	1	钱币
4418	东汉磨面"五铢"铜钱	1	钱币
4419	东汉无铢"五铢"铜钱	1	钱币
4420	东汉无五"五铢"铜钱	1	钱币
4421	东汉沈郎"五铢"铜钱	1	钱币
4422	东汉女钱"五铢"铜钱	3	钱币
4423	东汉女钱"五铢"铜钱	15	钱币
4424	东汉背二划"五铢"铜钱	1	钱币
4425	西汉"五铢"铜钱	1	钱币

（续表）

藏品编号	名　　称	数量	类别
4426	西汉"五铢"铜钱	2	钱币
4427	西汉"五铢"铜钱	2	钱币
4428	西汉穿下半星"五铢"铜钱	2	钱币
4429	西汉面穿横郭"五铢"铜钱	6	钱币
4430	西汉"五铢"铜钱	5	钱币
4431	东汉晚期魏"五铢"铜钱	4	钱币
4432	东汉剪轮"五铢"铜钱	2	钱币
4433	"二铢"铜钱	1	钱币
4434	新莽剪轮"货泉"铜钱	1	钱币
4435	东汉双面磨光"五铢"铜钱	1	钱币
4436	东汉稚钱"五铢"铜钱	9	钱币
4437	西汉"五铢"铜钱	9	钱币
4438	西汉穿下半星"五铢"铜钱	9	钱币
4439	西汉穿上一横郭"五铢"铜钱	12	钱币
4440	隋"五铢"铜钱	1	钱币
4441	北宋"崇宁通宝"铜钱	9	钱币
4442	北宋"崇宁重宝"铜钱	11	钱币
4443	清"咸丰重宝"铜钱	5	钱币
4444	清鲁文龙木刻楹联	2	竹木雕
4445	清高同善题木刻楹联	2	竹木雕
4446	清"自古重明登堂颂讲"七言楹联	2	竹木雕
4447	清鲁文龙木刻楹联	2	竹木雕
4448	清"真事业　大文章"楹联	2	竹木雕
4449	清佚名"水以幽惟"木刻楹联	2	竹木雕
4450	清道光"壶天药楼"七言联	2	竹木雕
4451	清"无极三皇济世民"楹联	1	竹木雕
4452	民国木雕漆金释迦牟尼立像	1	雕塑、造像
4453	民国木雕观音菩萨立像	1	雕塑、造像
4454	民国木雕观音菩萨立像	1	雕塑、造像
4455	民国木雕观音菩萨立像	1	雕塑、造像
4456	民国木雕观音菩萨立像	1	雕塑、造像
4457	民国木雕观音菩萨立像	1	雕塑、造像
4458	民国木雕菩萨立像	1	雕塑、造像
4459	民国"东北九省流通券壹万元"纸币	7	钱币
4460-1	伪满康德债券	3	钱币
4460-2	伪满康德债券	1	钱币
4460-3	伪满康德债券	1	钱币
4461	民国"中央银行拾元"纸币	1	钱币
4462	伪满"中央银行伍元"纸币	2	钱币
4463	伪满"中央银行拾元"纸币	2	钱币
4464	民国伪满洲中央银行百元纸币	2	钱币
4465	清"昭武通宝"铜钱	1	钱币
4466	前蜀"乾德元宝"铜钱	1	钱币
4467	前蜀"咸康元宝"铜钱	1	钱币
4468	辽"乾统元宝"铜钱	1	钱币
4469	后汉"汉元通宝"铜钱	3	钱币
4470	南唐"大唐通宝"铜钱	1	钱币
4471	金代"大定通宝"铜钱	1	钱币
4472	前蜀"光天元宝"铜钱	3	钱币
4473	辽"天庆元宝"铜钱	1	钱币
4474	南宋"隆兴元宝"铜钱	1	钱币

(续表)

藏品编号	名称	数量	类别
4475	隋"五铢"铜钱	3	钱币
4476	清"嘉庆通宝"铜钱	4	钱币
4477	清"光绪通宝"铜钱	4	钱币
4478	战国"安阳方足布"铜钱	1	钱币
4479	战国平阳方足布	3	钱币
4480	战国匋易方足布	6	钱币
4481	战国差阴方足布	8	钱币
4482	战国益昌耸肩方足布	3	钱币
4483	战国彝平方足布	9	钱币
4484	战国尖足布	5	钱币
4485	战国双銎双环方体镂空铜饰件	1	铜器
4486	民国方形文字铜镜	1	铜器
4487	中华民国三年银圆	18	钱币
4488	中华民国八年银圆	1	钱币
4489	中华民国九年银圆	6	钱币
4490	中华民国十年银圆	14	钱币
4491	金白釉碗	1	瓷器
4492	辽白釉碗	1	瓷器
4493	辽白釉双系瓶	2	瓷器
4494	辽灰陶瓶	1	陶器
4495	清双环铺首铁缸	1	铁器、其他金属器
4496	青铜时代双孔石刀	1	石器、石刻、砖瓦
4497	青铜时代有孔石斧	1	石器、石刻、砖瓦
4498	青铜时代铜镞	1	武器
4499	金酱釉碗	1	瓷器
4500	金钧釉紫斑双系罐	1	瓷器
4501	元钧釉碗	1	瓷器
4502	战国蟠螭纹青铜鼎	1	铜器
4503	宋景德镇窑青白瓷刻花碗	1	瓷器
4504	辽"清宁通宝"	1	钱币
4505	清"千秋万岁"压胜钱	1	钱币
4506	清蓝布旗袍	1	织绣
4507	明酱釉罐	1	瓷器
4508	明黑釉罐	1	瓷器
4509	明黑釉罐	1	瓷器
4510	明黑釉罐	1	瓷器
4511	明茶叶末釉罐	1	瓷器
4512	明石雷	1	武器
4513	明九门口水门地基内柞木桩	1	其他
4514	明铁亚腰形榫	1	铁器、其他金属器
4515	明佛朗机铁铳	2	武器
4516	明铁镞	1	武器
4517	元磁州窑青白釉铁彩碗	1	瓷器
4518	元磁州窑白釉铁彩碗	1	瓷器
4519	元磁州窑白釉铁彩碗	1	瓷器
4520	元磁州窑白釉铁彩花卉纹碟	1	瓷器

(续表)

藏品编号	名称	数量	类别
4521	东汉绳纹长方砖	1	石器、石刻、砖瓦
4522	现代白釉铁彩鱼藻纹罐	1	瓷器
4523	辽"锦州永乐"钱纹铜镜	1	铜器
4529	民国铁药碾子	2	铁器、其他金属器
4532	清金戒指	1	金银器
4533	清玛瑙环	1	玉石器、宝石
4534	清绞丝银镯子	1	金银器
4535	清翠烟嘴	1	玉石器、宝石
4536	清锡壶(残)	1	铁器、其他金属器
4537	民国蓝釉弦纹碟	1	瓷器
4538	民国塔式罐	3	瓷器
4539	民国青花印花松竹梅纹直颈瓶	2	瓷器
4540	民国白瓷瓶	1	瓷器
4541	清光绪壬寅年粉彩人物纹杯	2	瓷器
4542	民国矾红彩三果纹杯	2	瓷器
4543	清光绪丁未年粉彩富贵白头图杯	1	瓷器
4544	辽白瓷碟	1	瓷器
4545	民国铜烛台	2	铜器
4546	民国铜烟袋锅	1	铜器
4547	清铜帽顶	1	铜器
4548	民国银耳环	2	金银器
4549	民国银镯子	2	金银器
4550	民国银戒指	2	金银器
4551	民国银发簪	4	金银器
4552	民国银链饰	1	金银器
4553	民国银腰饰(残)	4	金银器
4554	民国银发簪	10	金银器
4555	清双喜字铜纽扣	2	铜器
4556	民国包金银镯子	2	金银器
4557	民国银发簪	2	金银器
4558	民国鎏金铜饰件	2	铜器
4559	民国银发簪	1	金银器
4560	清银发簪	1	金银器
4561	清银发簪	1	金银器
4562	清银发簪	1	金银器
4563	清龙首玉梳	1	玉石器、宝石
4564	清琥珀饰件	1	玉石器、宝石
4565	民国银戒指	1	金银器
4566	民国银簪	4	金银器
4567	民国银钗	1	金银器
4568	清荷花纹翠饰件	1	玉石器、宝石
4569	清白玉烟嘴	1	玉石器、宝石

藏品编号	名称	数量	类别	藏品编号	名称	数量	类别
4570	清铜烟锅	1	铜器	4619	北宋"熙宁元宝"铜钱	108	钱币
4571	清铜帽顶	1	铜器	4620	北宋"熙宁元宝"铜钱	50	钱币
4572	中华民国开国纪念币	5	钱币	4621	北宋"熙宁重宝"铜钱	12	钱币
4573	中华民国三年袁世凯头像银圆	8	钱币	4622	北宋"熙宁重宝"铜钱	34	钱币
4574	中华民国八年袁世凯头像银圆	1	钱币	4623	北宋"景德元宝"铜钱	68	钱币
4575	中华民国九年袁世凯头像银圆	5	钱币	4624	北宋"绍圣元宝"铜钱	43	钱币
4576	中华民国十年袁世凯头像银圆	5	钱币	4625	北宋"绍圣元宝"铜钱	50	钱币
4577	中华民国三年袁世凯头像银圆	5	钱币	4626	北宋"绍圣通宝"铜钱	1	钱币
4578	清光绪元宝银圆	1	钱币	4627	北宋"绍圣元宝"铜钱	2	钱币
4579	清光绪元宝银圆	1	钱币	4628	北宋"嘉祐元宝"铜钱	4	钱币
4580	清光绪元宝银圆	4	钱币	4629	北宋"嘉祐元宝"铜钱	7	钱币
4581	清光绪元宝银圆	6	钱币	4630	北宋"嘉祐通宝"铜钱	17	钱币
4582	辽铜人头形饰	1	雕塑、造像	4631	北宋"嘉祐元宝"铜钱	24	钱币
4583	辽黄釉盘口穿带瓶	1	陶器	4632	北宋"嘉祐元宝"铜钱	6	钱币
4584	辽铜马铃（残）	7	铜器	4633	唐"开元通宝"铜钱	64	钱币
4585	辽白瓷罐	1	瓷器	4634	唐"开元通宝"铜钱	13	钱币
4586	唐海兽纹铜镜	1	铜器	4635	北宋"熙宁重宝"铜钱	6	钱币
4587	辽鎏金铜马具饰件	6	铜器	4636	北宋"咸平通宝"铜钱	80	钱币
4588	辽鎏金铜马具饰件	5	铜器	4637	北宋"宣和通宝"铜钱	5	钱币
4589	民国霁蓝釉粉彩花卉纹横柄壶	1	瓷器	4638	北宋"宣和通宝"铜钱	6	钱币
4590	汉水波纹陶罐	1	陶器	4639	北宋"宣和通宝"铜钱	2	钱币
4591	明故待赠夫人李母陈氏墓志铭	2	石器、石刻、砖瓦	4640	北宋"宣和通宝"铜钱	3	钱币
				4641	北宋"宣和通宝"铜钱	1	钱币
4592	民国二十三年东三省民众联合救国会军用流通券（贰拾元）	1	钱币	4642	北宋"宣和通宝"铜钱	2	钱币
				4643	北宋"宣和通宝"铜钱	8	钱币
4593	北宋"皇宋通宝"铜钱	91	钱币	4644	北宋"治平元宝"铜钱	27	钱币
4594	北宋"皇宋通宝"铜钱	116	钱币	4645	北宋"治平元宝"铜钱	37	钱币
4595	北宋"圣宋元宝"铜钱	6	钱币	4646	北宋"治平元宝"铜钱	3	钱币
4596	北宋"圣宋元宝"铜钱	2	钱币	4647	北宋"治平通宝"铜钱	1	钱币
4597	北宋"祥符通宝"铜钱	65	钱币	4648	北宋"治平通宝"铜钱	1	钱币
4598	北宋"祥符通宝"铜钱	147	钱币	4649	北宋"至道元宝"铜钱	20	钱币
4599	北宋"元丰通宝"铜钱	42	钱币	4650	北宋"至道元宝"铜钱	20	钱币
4600	北宋"元丰通宝"铜钱	46	钱币	4651	北宋"至道元宝"铜钱	25	钱币
4601	北宋"元丰通宝"铜钱	166	钱币	4652	北宋"至和通宝"铜钱	3	钱币
4602	北宋"元丰通宝"铜钱	110	钱币	4653	北宋"至和通宝"铜钱	3	钱币
4603	北宋"天圣元宝"铜钱	57	钱币	4654	北宋"至和通宝"铜钱	9	钱币
4604	北宋"天圣元宝"铜钱	89	钱币	4655	北宋"至和通宝"铜钱	2	钱币
4605	北宋"开元通宝"铜钱	145	钱币	4656	北宋"圣宋元宝"铜钱	28	钱币
4606	北宋"政和通宝"铜钱	40	钱币	4657	北宋"圣宋元宝"铜钱	18	钱币
4607	北宋"政和通宝"铜钱	2	钱币	4658	北宋"圣宋元宝"铜钱	4	钱币
4608	北宋"政和通宝"铜钱	13	钱币	4659	北宋"圣宋元宝"铜钱	9	钱币
4609	北宋"政和通宝"铜钱	2	钱币	4660	北宋"太平通宝"铜钱	34	钱币
4610	北宋"政和通宝"铜钱	7	钱币	4661	北宋"景祐元宝"铜钱	11	钱币
4611	北宋"政和通宝"铜钱	30	钱币	4662	北宋"景祐元宝"铜钱	12	钱币
4612	北宋"元祐通宝"铜钱	72	钱币	4663	北宋"熙宁元宝"铜钱	17	钱币
4613	北宋"元祐通宝"铜钱	95	钱币	4664	北宋"熙宁元宝"铜钱	16	钱币
4614	北宋"元祐通宝"铜钱	7	钱币	4665	东汉"货泉"铜钱	1	钱币
4615	北宋"元祐通宝"铜钱	10	钱币	4666	二十世纪日本"五钱"币	1	钱币
4616	北宋"崇宁重宝"铜钱	57	钱币	4667	清"康熙通宝"铜钱	1	钱币
4617	北宋"崇宁重宝"铜钱	15	钱币	4668	清"咸丰通宝"铜钱	1	钱币
4618	北宋"天禧通宝"铜钱	60	钱币	4669	清"光绪通宝"铜钱	1	钱币

(续表)

藏品编号	名　　称	数量	类别
4670	清"光绪通宝"铜钱	1	钱币
4671	清"光绪通宝"铜钱	1	钱币
4672	东汉"五铢"铜钱	2	钱币
4673	东汉"五铢"铜钱	2	钱币
4674	唐"乾元重宝"铜钱	4	钱币
4675	唐"乾元重宝"铜钱	10	钱币
4676	北宋"宋元通宝"铜钱	10	钱币
4677	南宋"绍兴元宝"铜钱	5	钱币
4678	南宋"绍兴元宝"铜钱	2	钱币
4679	北宋"元符通宝"铜钱	1	钱币
4680	北宋"元符通宝"铜钱	11	钱币
4681	北宋"元符通宝"铜钱	12	钱币
4682	南宋"绍兴通宝"铜钱	1	钱币
4683	南宋"绍兴通宝"铜钱	1	钱币
4684	南宋"绍兴通宝"铜钱	1	钱币
4685	南宋"绍兴元宝"铜钱	4	钱币
4686	前蜀"乾德元宝"铜钱	1	钱币
4687	清"乾隆通宝"铜钱	8	钱币
4688	清"乾隆通宝"铜钱	5	钱币
4689	清"乾隆通宝"铜钱	1	钱币
4690	清"乾隆通宝"铜钱	1	钱币
4691	北宋"明道元宝"铜钱	3	钱币
4692	北宋"明道元宝"铜钱	7	钱币
4693	清"道光通宝"铜钱	2	钱币
4694	南宋"建炎通宝"铜钱	4	钱币
4695	后周"周元通宝"铜钱	4	钱币
4696	唐"开元通宝"铜钱	2	钱币
4697	北宋"淳化元宝"铜钱	7	钱币
4698	北宋"淳化元宝"铜钱	12	钱币
4699	北宋"淳化元宝"铜钱	13	钱币
4700	唐"乾元重宝"铜钱	1	钱币
4701	唐"乾元重宝"铜钱	2	钱币
4702	唐"乾元重宝"铜钱	1	钱币
4703	唐"乾元重宝"铜钱	3	钱币
4704	唐"乾元重宝"铜钱	5	钱币
4705	唐"乾元重宝"铜钱	1	钱币
4706	前蜀"乾德元宝"铜钱	2	钱币
4707	前蜀"咸康元宝"铜钱	2	钱币
4708	南唐"大唐通宝"铜钱	1	钱币
4709	南唐"唐国通宝"铜钱	7	钱币
4710	南唐"唐国通宝"铜钱	1	钱币
4711	后汉"汉元通宝"铜钱	1	钱币
4712	金"正隆元宝"铜钱	1	钱币
4713	清"顺治通宝"铜钱	2	钱币
4714	清"顺治通宝"铜钱	2	钱币
4715	清"顺治通宝"铜钱	1	钱币
4716	北宋"庆历重宝"铜钱	1	钱币
4717	清"嘉庆通宝"铜钱	1	钱币
4718	清"嘉庆通宝"铜钱	1	钱币
4719	清"嘉庆通宝"铜钱	1	钱币
4720	清"顺治通宝"铜钱	1	钱币

(续表)

藏品编号	名　　称	数量	类别
4721	北宋"元丰通宝"铜钱	2	钱币
4722	北宋"元丰通宝"铜钱	2	钱币
4723	北宋"元丰通宝"铜钱	1	钱币
4724	北宋"元丰通宝"铜钱	1	钱币
4725	北宋"政和通宝"铜钱	2	钱币
4726	北宋"政和通宝"铜钱	1	钱币
4727	北宋"政和通宝"铜钱	1	钱币
4728	北宋"政和通宝"铜钱	1	钱币
4729	北宋"政和通宝"铜钱	1	钱币
4730	北宋"政和通宝"铜钱	2	钱币
4731	唐"开元通宝"铜钱	17	钱币
4732	唐"开元通宝"铜钱	21	钱币
4733	唐"开元通宝"铜钱	5	钱币
4734	清"康熙通宝"铜钱	2	钱币
4735	清"康熙通宝"铜钱	2	钱币
4736	清"雍正通宝"铜钱	1	钱币
4737	清"雍正通宝"铜钱	1	钱币
4738	南宋"绍兴元宝"铜钱	1	钱币
4739	南宋"绍兴元宝"铜钱	1	钱币
4740	南宋"绍熙元宝"铜钱	1	钱币
4741	明"永乐通宝"铜钱	1	钱币
4742	明"万历通宝"铜钱	1	钱币
4743	明"万历通宝"铜钱	2	钱币
4744	明"崇祯通宝"铜钱	2	钱币
4745	南宋"建炎通宝"铜钱	3	钱币
4746	南宋"建炎通宝"铜钱	1	钱币
4747	南宋"建炎通宝"铜钱	1	钱币
4748	南宋"建炎通宝"铜钱	1	钱币
4749	北宋"至和通宝"铜钱	1	钱币
4750	北宋"至和通宝"铜钱	2	钱币
4751	北宋"至和元宝"铜钱	3	钱币
4752	北宋"至和元宝"铜钱	2	钱币
4753	北宋"宋元通宝"铜钱	1	钱币
4754	北宋"咸平元宝"铜钱	2	钱币
4755	北宋"治平元宝"铜钱	1	钱币
4756	北宋"治平元宝"铜钱	1	钱币
4757	北宋"景祐元宝"铜钱	1	钱币
4758	北宋"景祐元宝"铜钱	2	钱币
4759	清"光绪元宝"铜钱	1	钱币
4760	清"光绪元宝"铜钱	1	钱币
4761	清"光绪元宝"铜钱	1	钱币
4762	清"光绪元宝"铜钱	2	钱币
4763	清"光绪元宝"铜钱	1	钱币
4764	民国二十文铜币	3	钱币
4765	民国"壹枚十文"铜币	2	钱币
4766	民国中华民国开国纪念币"十文"铜钱	1	钱币
4767	清"大清铜币"铜钱	5	钱币
4768	清"大清铜币"铜钱	1	钱币
4769	清"大清铜币"铜钱	4	钱币
4770	清"道光通宝"铜钱	2	钱币
4771	清"道光通宝"铜钱	2	钱币

藏品编号	名　　称	数量	类别
4772	清"道光通宝"铜钱	1	钱币
4773	清"道光通宝"铜钱	1	钱币
4774	北宋"淳化元宝"铜钱	2	钱币
4775	北宋"淳化元宝"铜钱	2	钱币
4776	北宋"至道元宝"铜钱	2	钱币
4777	北宋"至道元宝"铜钱	2	钱币
4778	北宋"明道元宝"铜钱	2	钱币
4779	北宋"明道元宝"铜钱	3	钱币
4780	清"咸丰重宝"铜钱	1	钱币
4781	清"咸丰重宝"铜钱	1	钱币
4782	清"咸丰通宝"铜钱	1	钱币
4783	清"咸丰重宝"铜钱	2	钱币
4784	清"同治重宝"铜钱	1	钱币
4785	清"同治重宝"铜钱	1	钱币
4786	清"同治通宝"铜钱	1	钱币
4787	清"同治通宝"铜钱	1	钱币
4788	清"乾隆通宝"铜钱	1	钱币
4789	北宋"庆历重宝"铜钱	1	钱币
4790	北宋"庆历重宝"铜钱	1	钱币
4791	北宋"庆历重宝"铜钱	1	钱币
4792	北宋"宣和通宝"铜钱	1	钱币
4793	北宋"宣和通宝"铜钱	1	钱币
4794	北宋"宣和通宝"铜钱	2	钱币
4795	北宋"宣和通宝"铜钱	2	钱币
4796	北宋"宣和通宝"铜钱	1	钱币
4797	北宋"宣和通宝"铜钱	1	钱币
4798	北宋"宣和通宝"铜钱	1	钱币
4799	北宋"元符通宝"铜钱	1	钱币
4800	北宋"元符通宝"铜钱	1	钱币
4801	北宋"元符通宝"铜钱	1	钱币
4802	北宋"元符通宝"铜钱	1	钱币
4803	北宋"嘉祐通宝"铜钱	1	钱币
4804	北宋"嘉祐通宝"铜钱	1	钱币
4805	北宋"嘉祐元宝"铜钱	1	钱币
4806	北宋"嘉祐元宝"铜钱	1	钱币
4807	北宋"熙宁重宝"铜钱	1	钱币
4808	北宋"熙宁重宝"铜钱	1	钱币
4809	北宋"熙宁元宝"铜钱	1	钱币
4810	北宋"熙宁元宝"铜钱	2	钱币
4811	北宋"熙宁元宝"铜钱	1	钱币
4812	北宋"天圣元宝"铜钱	5	钱币
4813	北宋"天圣元宝"铜钱	6	钱币
4814	北宋"景德元宝"铜钱	10	钱币
4815	隋"五铢"铜钱	5	钱币
4816	北宋"天禧通宝"铜钱	4	钱币
4817	北宋"祥符元宝"铜钱	1	钱币
4818	北宋"皇宋通宝"铜钱	3	钱币
4819	北宋"皇宋通宝"铜钱	3	钱币
4820	北宋"皇宋通宝"铜钱	2	钱币
4821	北宋"绍圣元宝"铜钱	2	钱币
4822	北宋"绍圣元宝"铜钱	1	钱币

藏品编号	名　　称	数量	类别
4823	北宋"崇宁通宝"铜钱	5	钱币
4824	北宋"崇宁重宝"铜钱	2	钱币
4825	北宋"崇宁重宝"铜钱	2	钱币
4826	北宋"崇宁重宝"铜钱	1	钱币
4827	北宋"大观通宝"铜钱	1	钱币
4828	北宋"大观通宝"铜钱	14	钱币
4829	金"正隆元宝"铜钱	19	钱币
4830	前蜀"通正元宝"铜钱	1	钱币
4831	南宋"乾道元宝"铜钱	1	钱币
4832	辽"大康元宝"铜钱	2	钱币
4833	辽"咸雍通宝"铜钱	1	钱币
4834	民国《史记》	21	古籍图书
4835	民国《前汉书》	32	古籍图书
4836	民国《后汉书》	30	古籍图书
4837	民国《晋书》	20	古籍图书
4838	民国《宋书》	16	古籍图书
4839	民国《北齐书》	4	古籍图书
4840	民国《南齐书》	8	古籍图书
4841	民国《陈书》	4	古籍图书
4842	民国《梁书》	6	古籍图书
4843	民国《魏书》	20	古籍图书
4844	民国《周书》	6	古籍图书
4845	民国《隋书》	12	古籍图书
4846	民国《南史》	12	古籍图书
4847	民国《北史》	20	古籍图书
4848	民国《旧唐书》	30	古籍图书
4849	民国《新唐书》	32	古籍图书
4850	民国《南唐书》	2	古籍图书
4851	民国《旧五代史》	12	古籍图书
4852	民国《新五代史》	6	古籍图书
4853	民国《宋史》	79	古籍图书
4854	民国《辽史》	8	古籍图书
4855	民国《金史》	20	古籍图书
4856	民国《元史》	30	古籍图书
4857	民国《明史》	52	古籍图书
4858	民国《战国策》	6	古籍图书
4859	民国《路史》	8	古籍图书
4860	民国《历代沿革表》	8	古籍图书
4861	民国《历代统计表》	14	古籍图书
4862	民国《说文系传》	3	古籍图书
4863	民国《说文解字段注》	12	古籍图书
4864	清《辽史纪事本末》	4	古籍图书
4865	清《金史纪事本末》	6	古籍图书
4866	清《盛京通志》	20	古籍图书
4867	清《御批通鉴辑览》	20	古籍图书
4868	清《六艺通考》	48	古籍图书
4869	清《历代画史汇传》	32	古籍图书
4870	清《博古图》	18	古籍图书
4871	清《考古图》	5	古籍图书
4872	民国《铁云藏龟》	7	古籍图书
4873	民国《盙斋吉金录》	8	古籍图书

锦州市全国第一次可移动文物普查藏品名录

(续表)

藏品编号	名　称	数量	类别
4874	清《积古斋钟鼎彝器款识》	4	古籍图书
4875	清《千甓亭古砖图释》	4	古籍图书
4876	清《积古斋钟鼎彝器款识》	4	古籍图书
4877	民国《寰宇贞石图》	6	古籍图书
4878	清《金石苑》	6	古籍图书
4879	清《古玉图考》	2	古籍图书
4880	清《金石索》	22	古籍图书
4881	清《古泉汇》	20	古籍图书
4882	民国《泉货汇考》	12	古籍图书
4883	清《泉志》	2	古籍图书
4884	清《饮定钱录》	4	古籍图书
4885	清《小石山房印谱》	6	古籍图书
4886	清《集古官印考证》	4	古籍图书
4887	民国《赵㧑叔印谱》	8	古籍图书
4888	清《古玉图》	1	古籍图书
4889	民国《水经注》	12	古籍图书
4890	民国《工程做法》	28	古籍图书
4891	清《封泥考略》	20	古籍图书
4892	民国《历代符牌图录》	3	古籍图书
4893	民国《古尺图录》	1	古籍图书
4894	清《蒙古游牧记》	4	古籍图书
4895	清《东周列国志》	24	古籍图书
4896	民国梭子	1	其他
4897	辽"大安元宝"铜钱	1	钱币
4898	辽"重熙通宝"铜钱	1	钱币
4899	北宋"大观通宝"铜钱	1	钱币
4900	北宋"大观通宝"铜钱	1	钱币
4901	南宋"乾道元宝"铜钱	1	钱币
4902	前蜀"天汉元宝"铜钱	7	钱币
4903	明"崇祯通宝"铜钱	9	钱币
4904	前蜀"咸康元宝"铜钱	2	钱币
4905	前蜀"光天元宝"铜钱	10	钱币
4906	西汉"半两"铜钱	13	钱币
4907	南汉"乾亨重宝"铜钱	1	钱币
4908	前蜀"乾德元宝"铜钱	34	钱币
4909	金"大定通宝"铜钱	16	钱币
4910	前蜀"通正元宝"铜钱	2	钱币
4911	治平"圣宝铜钱"	1	钱币
4912	辽"咸雍通宝"铜钱	1	钱币
4913	清"洪化通宝"铜钱	3	钱币
4914	战国布币	4	钱币
4915	南宋"咸淳元宝"铜钱	2	钱币
4916	战国"一刀"铜币	9	钱币
4917	北宋"绍圣元宝"铜钱	1	钱币
4918	清"同治通宝"铜钱	43	钱币
4919	清"同治重宝"铜钱	5	钱币
4920	清"大清铜币"铜钱	97	钱币
4921	十七世纪日本"宽永通宝"铜钱	65	钱币
4922	十九世纪越南"嘉隆通宝"铜钱	1	钱币
4923	新莽"货泉"铜钱	16	钱币
4924	明"洪武通宝"铜钱	1	钱币

(续表)

藏品编号	名　称	数量	类别
4925	十八世纪越南"景兴巨宝"铜钱	1	钱币
4926	十八世纪越南"景兴通宝"铜钱	6	钱币
4927	十六世纪越南"元隆通宝"铜钱	1	钱币
4928	清"昭武通宝"铜钱	1	钱币
4929	十八世纪越南"景盛通宝"铜钱	9	钱币
4930	十八世纪越南"光中通宝"铜钱	9	钱币
4931	辽"寿昌元宝"铜钱	1	钱币
4932	明"万历通宝"铜钱	1	钱币
4933	清"宣统通宝"铜钱	1	钱币
4934	南宋"建炎通宝"铜钱	165	钱币
4935	北宋"庆历重宝"铜钱	50	钱币
4936	南宋"绍兴通宝"铜钱	29	钱币
4937	南宋"淳熙元宝"铜钱	2	钱币
4938	后周"周元通宝"铜钱	120	钱币
4939	南宋"绍兴元宝"铜钱	52	钱币
4940	战国刀币	150	钱币
4941	南唐"唐国通宝"铜钱	304	钱币
4942	北宋"绍圣元宝"铜钱	1	钱币
4943	隋"五铢"铜钱	3	钱币
4944	十九世纪越南"嘉隆通宝"铜钱	1	钱币
4945	韩庆厚抗日烈士简略传记	2	文件、宣传品
4946	抗战时期张树玉抗日简略高迹	6	名人遗物
4947	"九一八"后辽西民众抗日经过概要	1	文件、宣传品
4948	抗日"救国联合会"会员证明书	1	文件、宣传品
4949	曾思志、李育民给郭玉满、李玉峰的信	2	名人遗物
4950	伪满政治	1	文件、宣传品
4951	中共冀热辽中央分局印"共产党员入党誓词"	1	文件、宣传品
4952	党建文选集	1	文件、宣传品
4953	土地分割登录申请书	3	文件、宣传品
4954	关于党员的组织关系问题	1	文件、宣传品
4955	关于党员的组织关系问题	1	文件、宣传品
4956	中央关于党费的决定	1	文件、宣传品
4957	1943年怎样做一个好党员	1	文件、宣传品
4958	1945年中国共产党七代会专文	1	文件、宣传品
4959	凌绥兴联合县第二区公所1945年夏季买粮及消耗统计表	3	档案文书
4960	抗联烈士材料	7	文件、宣传品

(续表)

藏品编号	名称	数量	类别
4961	新民主主义论	1	文件、宣传品
4962	辩证法唯物论	1	文件、宣传品
4963	东北问题	1	文件、宣传品
4964	中共中央北方分局关于晋察冀边区目前施政纲领	11	文件、宣传品
4965	论新阶段	62	文件、宣传品
4966	英勇奋斗的东北人民	1	文件、宣传品
4967	关于减租生产拥政爱民及宣传十大政策指示	55	文件、宣传品
4968	关于贯彻减租政策的指示	12	文件、宣传品
4969	工作总结提纲	17	文件、宣传品
4970	抗日战争时期详细履历大纲	7	文件、宣传品
4971	民国二十二年委任韩庆厚为警卫队上尉教练官	1	名人遗物
4972	阶段问答	20	文件、宣传品
4973	抗日战争时期东北情况	1	文件、宣传品
4974	农村支部教材	1	文件、宣传品
4975	抗日战争时期记邓铁梅抗日军在文字街的战斗事迹	1	文件、宣传品
4976	抗日战争时期学习笔记	3	文件、宣传品
4977	收据	1	档案文书
4978	伪满康德九年土地买卖证书	1	档案文书
4979	解放战争时期通行证	1	票据
4980	抗日战争时期收条	2	档案文书
4981	抗日战争时期冀热辽公用派饭粮柴票	7	票据
4982	抗日战争时期冀热辽公用粮票	23	票据
4983	抗日战争时期冀热辽公用柴票	11	票据
4984	抗日战争时期冀热辽公用粮票	12	票据
4985	抗日战争时期晋察冀边区银行伍佰元纸币	2	钱币
4986	伪满康德八年土地买卖契约书	1	档案文书
4987	伪满康德六年承领申请书	6	文件、宣传品
4988	抗日战争时期湘鄂赣苏维埃邮票	2	票据
4989	抗日战争时期皖省邮区军事邮票	23	票据
4990	现代仿晋察冀区邮票	4	邮品
4991	现代仿湘鄂赣公文邮票	6	邮品
4992	伪满康德七年土地执照	12	档案文书
4993	伪满康德八年契约书	2	档案文书

(续表)

藏品编号	名称	数量	类别
4994	民国时期伪满洲国土地买卖证书	2	档案文书
4995	民国更名执照	1	档案文书
4996	民国时期伪满洲国"必胜储蓄票"	10	票据
4997	抗日战争时期子弹	5	武器
4998	清光绪执照	1	档案文书
4999	抗日战争时期雨布	1	其他
5000	抗日战争时期子弹袋	1	织绣
5001	抗日战争时期导火索	1	武器
5003	抗日战争时期雨布	1	其他
5004	抗日战争时期雨帽	1	其他
5005	抗日战争时期小黄布口袋	1	织绣
5006	抗日战争时期钢笔	1	文具
5007	抗日战争时期刷牙缸	1	玻璃器
5008	抗日战争时期墨水瓶	1	玻璃器
5009	抗日战争时期洗脸盆	1	其他
5010	抗日战争时期饭锅	1	铁器、其他金属器
5011	抗日战争时期铁皮制饭碗	1	铁器、其他金属器
5012	抗日战争时期铁皮带柄碗	1	铁器、其他金属器
5013	抗日战争时期机枪梭子	2	武器
5014	抗日战争时期木制地雷壳	1	武器
5015	抗日战争时期铁皮饭锅	3	铁器、其他金属器
5016	抗日战争时期搪瓷饭碗	1	其他
5017	抗日战争时期刺刀	1	武器
5018	抗日战争时期手榴弹壳	1	武器
5019	抗日战争时期手榴弹壳	1	武器
5020	抗日战争时期地雷壳	2	武器
5021	抗日战争时期手榴弹壳	1	武器
5022	抗日战争时期手榴弹壳	1	武器
5023	抗日战争时期战刀	1	武器
5024	抗日战争时期战刀	1	武器
5025	抗日战争时期手榴弹壳	1	武器
5026	手榴弹壳	2	武器
5027	抗日战争时期地雷壳	1	武器
5028	清中英庚款	1	铜器
5029	地契	2	档案文书
5030	抗日战争时期辽西抗日义勇军日文史料	3	文件、宣传品
5031	辽西抗日义勇军中文史料	5	文件、宣传品
5032	抗日战争时期辽西抗日义勇军图片资料	21	文件、宣传品
5033	抗日战争时期子弹头	20	武器
5034	抗日战争时期子弹壳	5	武器
5035	抗日战争时期战刀	1	武器
5036	抗日战争时期日军军帽	1	其他
5037	1952年"中华人民共和国各民族团结起来"奖旗	1	其他

锦州市全国第一次可移动文物普查藏品名录

(续表)

藏品编号	名称	数量	类别
5038	1958年"第二批基本无文盲社"奖旗	1	其他
5039	1958年"完成扫盲历史任务"奖旗	1	其他
5040	1958年"苦战鏖战"奖旗	1	其他
5041	1958年"永远高举文化革命红旗，继续提高农民文化水平"奖旗	1	其他
5042	1959年"养猪先锋"奖旗	1	其他
5043	1960年"为加速实现我省农业四化"奖旗	1	其他
5044	蔬菜卫星流动红旗	1	其他
5045	1959年"古塔区福德百货商店医药小组"奖旗	1	其他
5046	1958年锦州市市委、工会奖给市福德百货锦旗	1	其他
5047	"白厂门乡绿宝山人民公社民兵团"臂章	30	其他
5048	1956年"奖给服务优良的锦州市百货公司福德街百货商店"奖状	1	其他
5049	1960年"高举三面红旗"奖旗	1	其他
5050	1958年"百调不厌，百问不烦"旗	1	其他
5051	"模范互助组"奖旗	1	其他
5052	1952年"中华人民共和国各民族团结起来"奖旗	1	其他
5053	1958年"坚持黄牛役乳繁综合利用方向生产大量乳品供应人民需要"奖旗	1	其他
5054	安全行驶三角红旗	1	其他
5055	红旗小组三角红旗	1	其他
5056	1958年"奖给先进单位"奖旗	1	其他
5057	1959年"感谢支援"红旗	1	其他
5058	钢铁红旗奖旗	1	其他
5059	1958年"献给锦州钟屯乡下放干部"红旗	1	其他
5060	东风民兵营红旗	1	其他
5061	锦州市直机关"深翻地战"奖旗	1	其他
5062	1958年"奖给虹螺岘乡下放干部"奖旗	1	其他
5063	1958年"赠给红光农业生产合作社"锦旗	1	其他
5064	1959年"在红专道路上胜利前进"锦旗	1	其他
5065	1958年"天安街耐火砖厂"锦旗	1	其他
5066	1958年奖给"正大街化肥厂"锦旗	1	其他
5067	1958年"中共黑山县委员会"锦旗	1	其他
5068	1958年"中国共产党辽宁省委奖"奖旗	1	其他
5069	1959年"中国共产党辽宁省锦州市委员会"奖旗	1	其他
5070	1960年"高举党的总路线的红旗为社会主义建设服务"锦旗	1	其他
5071	1959年"继续坚决贯彻党的教育方针力争学校工作全面跃进"旗	1	其他
5072	1958年赠给"锦州市沿海采矿营"锦旗	1	其他
5073	1959年"服务成绩优异"红旗	1	其他
5074	为争取教育战线上的更大胜利而奋斗奖旗	1	其他

(续表)

藏品编号	名称	数量	类别
5075	1958年"继续发挥文化革命的先锋作用"锦旗	1	其他
5076	1959年"感谢你们对水害桥修复工程的大力支援"锦旗	1	其他
5077	1958年"国务院奖给农业社会主义建设先进单位"奖状	2	文件、宣传品
5078	1959年"奖给工业社会主义建设先进生产者"奖状	2	文件、宣传品
5079	1960年奖给"劳动模范孙继本"奖状	1	文件、宣传品
5080	"奖给三八红旗手"奖状	1	文件、宣传品
5081	1960年"黑山县第五中学民兵营先进单位"奖状	1	文件、宣传品
5082	1955年奖给马庚午同志奖状	1	文件、宣传品
5083	1959年"辽宁省农业科学院研究员聘书"	1	文件、宣传品
5084	1958年"先进生产者命名书"	1	文件、宣传品
5085	1952年"国际预防接种证明书"	1	文件、宣传品
5086	朝鲜铜碗	4	铜器
5087	小水鞋	4	其他
5088	朝鲜女人衣裙	2	织绣
5089	沙手帕	1	织绣
5090	手绣饰件	3	织绣
5091	缎饰袋	1	织绣
5092	"赠朝中亲善元山浦下洞"勺	3	铁器、其他金属器
5093	1953年"奖给刘洪达生产合作社"锦旗	1	其他
5094	献给"刘洪达农业合作社"锦旗	1	其他
5095	1954年"奖给模范丰产社"锦旗	1	其他
5096	"保持荣誉，继续前进，树立集体化，机械化的先锋"奖旗	1	其他
5097	1954年"奖给新民县城工业生产合作社"旗	1	其他
5098	"革命十月农业生产合作社"锦旗	1	其他
5099	1955年"在金秋减少粮、棉损耗运动中获得优良成绩，特发奖章以资鼓励"奖章	13	文件、宣传品
5100	毛主席像章	716	文件、宣传品
5101	"革命领导小组"红旗	1	其他
5102	1957年中华人民共和国二级解放勋章	1	文件、宣传品
5103	1955年中华人民共和国三级独立自由式勋章	1	文件、宣传品
5104	北宋"元祐通宝"铜钱	5	钱币
5105	1951年抗美援朝纪念章	1	文件、宣传品

（续表）

藏品编号	名　　称	数量	类别
5106	中国人民抗日战争胜利60周年纪念章	1	文件、宣传品
5107	1957年中华人民共和国勋章证书	1	文件、宣传品
5108	朝鲜民主主义人民共和国勋章证	1	文件、宣传品
5109	☆自由·独立勋章（二级）	1	文件、宣传品
5110	☆朝鲜国旗勋章（二级）	1	文件、宣传品
5111	民国九年《锦县志略》	8	古籍图书
5112	伪满康德七年《锦县志拾遗》	2	古籍图书
5113	民国十八年《锦西县志》	6	古籍图书
5114	民国十六年《兴城县志》	4	古籍图书
5115	民国十八年《绥中县志》	8	古籍图书
5116	伪满大同二年《绥中县志》	2	古籍图书
5117	民国二十年《义县志（上、下）》	19	古籍图书
5118	民国十八年《北镇县志》	6	古籍图书
5119	民国十八年《北镇县志》	6	古籍图书
5120	清光绪十三年《承德府志》	24	古籍图书
5121	民国十九年《辽中县志》	6	古籍图书
5122	民国五年《昌图县志》	4	古籍图书
5123	民国十三年《新民县志》	4	古籍图书
5124	民国二十年《铁岭县志》	12	古籍图书
5125	伪满康德元年《黎树县志》	8	古籍图书
5126	现代仿苏维埃邮票	4	邮品
5127	民国陕甘宁边区邮票	8	邮品
5128	现代仿湘鄂赣邮票	3	邮品
5129	现代仿苏维埃邮票	1	邮品
5130	现代仿中苏邮政邮票	4	邮品
5131	十二世纪四十年代安东版毛泽东朱德像邮票	2	邮品
5132	1947年"二·七"大罢工二十四周年纪念邮票	1	邮品
5133	现代仿浙东区邮票	2	邮品
5134	现代仿二次国内革命战争时期邮票	1	邮品
5135	1952年"中国人民解放军建军二十五周年"邮票	1	邮品
5136	1952年"抗日战争十五周年"纪念邮票	1	邮品
5137	1949年"山东二七建邮七周年纪念"邮票	1	邮品
5138	1946年"光复周年纪念"邮票	3	邮品
5139	1949年华东邮政邮票	4	邮品
5140	中华人民共和国建国初期邮票	1	邮品
5141	中华人民共和国建国初期邮票	1	邮品
5142	中华人民共和国建国初期邮票	3	邮品
5143	中华人民共和国建国初期邮票	1	邮品
5144	中华人民共和国1952年"一定要把淮河修好"邮票	1	邮品
5145-1	中华人民共和国建国初期邮票	1	邮品
5145-2	中华人民共和国建国初期邮票	1	邮品

（续表）

藏品编号	名　　称	数量	类别
5146	1949年中华邮政华中区邮票	4	邮品
5147	民国晋冀鲁豫边区邮票	1	邮品
5148	1948年"纪念东北解放"邮票	2	邮品
5149	1949年"武汉解放纪念"邮票	2	邮品
5150	二十世纪四十年代东北邮电管理总局邮票	8	邮品
5151	二十世纪四十年代东北邮电管理总局邮票	1	邮品
5152	民国三十六年山东解放区邮票	1	邮品
5153	二十世纪四十年代东北邮电管理总局邮票	5	邮品
5154	二十世纪四十年代东北邮电管理总局邮票	3	邮品
5155	二十世纪四十年代东北邮电管理总局邮票	3	邮品
5156	二十世纪四十年代东北邮电管理总局邮票	2	邮品
5157	二十世纪四十年代东北邮电管理总局邮票	2	邮品
5158	二十世纪四十年代东北邮电管理总局邮票	2	邮品
5159	民国中华民国邮政东北贴用加盖华北人民邮政邮票	4	邮品
5160	民国中州邮政邮票	1	邮品
5161	民国晋察冀边区邮票	1	邮品
5162	民国解放战争时期华东人民邮政邮票	1	邮品
5163	中华人民共和国建国初期东北邮电管理总局邮票	1	邮品
5164	民国解放战争时期华北人民邮政邮票	1	邮品
5165	民国解放战争时期华北人民邮政邮票	1	邮品
5166	1949年中华邮政华中区邮票	1	邮品
5167	民国中华民国航空邮票	1	邮品
5168	1949年中国共产党二十八周年诞生纪念邮票	1	邮品
5169	民国加盖大清国邮政邮票	1	邮品
5170	1989年壹拾万元秘鲁纸币	1	钱币
5247	1948—2008年接管锦州六十周年纪念章	2	文件、宣传品
5248	民国十年袁世凯像银圆	30	钱币
5249	民国九年袁世凯像银圆	26	钱币
5250	民国三年袁世凯像银圆	100	钱币
5251	民国孙中山纪念币银圆	80	钱币
5252	清光绪元宝银圆	30	钱币
5253	"为人民服务"纪念章	116	文件、宣传品
5254	汉译本木板楷书阿毗达磨顺正理论卷	2	档案文书
5255	伪满康德七年文巡抚奏折黄色纸	1	档案文书
5256	晚清赵廷锡行书	1	古籍图书
5257	清楷书朱显廷殿试卷印本	1	档案文书
5258	清光绪恩科顺天乡试题目	3	档案文书
5259	清光绪黄龙皮纹板楷书试卷	1	档案文书

(续表)

藏品编号	名 称	数量	类别
5260	清道光黄皮朝考卷印本	1	档案文书
5261	清道光十八年时宪书黄皮印刷体	1	古籍图书
5262	黄纸楷书大清历代忌辰陵寝单	1	档案文书
5263	红格无字空白殿试卷	1	文具
5264	清第一场试卷样本	1	档案文书
5265	明末清初藏经书页	3	档案文书
5266	清石桥五百尊罗汉像册页	10	书法、绘画
5267	清妙法莲华经	7	档案文书
5268	清诰命	3	档案文书
5269	元至正刊本	1	古籍图书
5270	元大德刊本	1	古籍图书
5271	伪康德三年伪满洲帝国收入印纸	67	票据
5272	伪康德伪满洲帝国收入印纸	82	票据
5273	伪康德五年委任状	2	档案文书
5274	1954年中华人民共和国宪法草案公布宣传画	1	文件、宣传品
5275	1954年公民有受教育的权利宣传画	1	文件、宣传品
5276	新农村水彩宣传画	1	文件、宣传品
5277	辽礼佛图画像石	1	石器、石刻、砖瓦
5278	辽出行图画像石	1	石器、石刻、砖瓦
5279	辽乐舞图画像石	1	石器、石刻、砖瓦
5280	辽雕龙纹石门板	2	石器、石刻、砖瓦
5281	辽雕走兽纹石门额	1	石器、石刻、砖瓦
5282	辽雕墓主宴饮图画像石	1	石器、石刻、砖瓦
5283	辽雕乐舞图画像石	1	石器、石刻、砖瓦
5284	辽雕宝相花纹封顶石	1	石器、石刻、砖瓦
5285	辽石雕对鸟纹棺床围板	1	石器、石刻、砖瓦
5286	辽石制柱状构件	8	石器、石刻、砖瓦
5287	辽石柱础	6	石器、石刻、砖瓦
5288	辽石制斗拱	2	石器、石刻、砖瓦
5289	新石器时代磨制石斧	1	石器、石刻、砖瓦
5290	辽六耳铁锅	1	铁器、其他金属器

(续表)

藏品编号	名 称	数量	类别
5291	辽三足平底铁锅	1	铁器、其他金属器
5292	辽三足双耳平底铁锅	1	铁器、其他金属器
5293	辽长条形铁斧	7	铁器、其他金属器
5294	辽铁凿子	4	铁器、其他金属器
5295	辽铁冰穿	1	铁器、其他金属器
5296	辽双齿铁叉	2	铁器、其他金属器
5297	辽铁镢	1	铁器、其他金属器
5298	辽铁锁	3	铁器、其他金属器
5299	辽铁镐	1	铁器、其他金属器
5300	辽齿轮形铁銎	3	交通、运输工具
5301	辽长錾铁锤	1	铁器、其他金属器
5302	元铁权	1	度量衡器
5303	辽铁铧	4	铁器、其他金属器
5304	辽婴戏纹铜镜	1	铜器
5305	金海兽葡萄纹铜镜	1	铜器
5306	金龙纹铜镜	1	铜器
5307	辽铜灯碗	1	铜器
5308	辽铜花钱	3	钱币
5309	新石器时代石锄	1	石器、石刻、砖瓦
5310	青铜时代梯形石锛	1	石器、石刻、砖瓦
5311	青铜时代石斧	1	石器、石刻、砖瓦
5312	青铜时代石磬	1	石器、石刻、砖瓦
5313	青铜时代石斧	6	石器、石刻、砖瓦
5314	青铜时代陶纺轮	1	陶器
5315	青铜时代陶网坠	1	陶器
5316	清道光青花喜字纹花觚	1	瓷器
5317	民国新彩人物纹双耳瓶	1	瓷器
5318	民国磁州窑青花铁彩猫枕	1	瓷器
5319	民国磁州窑青花铁彩猫枕	1	瓷器
5320	清乾隆朝珠	1	玉石器、宝石

锦州市文物考古研究所藏品信息表

藏品编号	名称	数量	类别	藏品编号	名称	数量	类别
001	"中华民国三年造"银币	63	钱币	010	明八卦纹青花碗	1	瓷器
002	"中华民国九年造"银币	31	钱币	011	明谷纹白玉匜	1	玉石器、宝石
003	"中华民国十年造"银币	59	钱币				
004	中华民国开国纪念币	101	钱币	012	明石质扣	1	石器、石刻、砖瓦
005	清"光绪元宝"银币	98	钱币				
006	明"天启通宝"铜钱	1	钱币	013	明双耳铜锅	1	铜器
007	明白瓷杯(残)	1	瓷器	014	宋黑釉双耳香炉	1	瓷器
008	明瑞兽纹青花碗	1	瓷器	015	宋素面银钗	1	金银器
009	明凤戏牡丹纹青花碗	1	瓷器	016	宋素面银钗	1	金银器

凌海市文物管理处藏品信息表

藏品编号	名称	数量	类别	藏品编号	名称	数量	类别
LH0002	旧石器时代动物牙齿	4	牙骨角器	LH0022	新石器时代红山文化石网坠	1	石器、石刻、砖瓦
LH0004	旧石器时代刮削器	1	石器、石刻、砖瓦	LH0023	新石器时代红山文化石斧	1	石器、石刻、砖瓦
LH0005	新石器时代红山文化石斧	1	石器、石刻、砖瓦	LH0024	新石器时代红山文化石斧	1	石器、石刻、砖瓦
LH0006	新石器时代红山文化石锄	1	石器、石刻、砖瓦	LH0025	新石器时代红山文化石铲	1	石器、石刻、砖瓦
LH0008	新石器时代红山文化石斧	1	石器、石刻、砖瓦	LH0026	青铜时代夏家店下层文化石磨棒	1	石器、石刻、砖瓦
LH0009	新石器时代红山文化石锄	1	石器、石刻、砖瓦	LH0027	新石器时代红山文化石斧	1	石器、石刻、砖瓦
LH0010	新石器时代红山文化石锄	1	石器、石刻、砖瓦	LH0028	青铜时代夏家店下层文化陶器盖	1	陶器
LH0011	新石器时代红山文化石祖	1	石器、石刻、砖瓦	LH0029	青铜时代夏家店下层文化陶鬲(足)(修复)	1	陶器
LH0012	新石器时代红山文化石锤	1	石器、石刻、砖瓦	LH0030	青铜时代夏家店下层文化陶罐	1	陶器
LH0013	新石器时代红山文化石锄	2	石器、石刻、砖瓦	LH0031	东汉灰陶罐	1	陶器
				LH0032	东汉灰陶罐	1	陶器
LH0015	新石器时代红山文化石磨棒、石磨盘	2	石器、石刻、砖瓦	LH0033	东汉弦纹灰陶罐	1	陶器
				LH0034	东汉弦纹灰陶罐	1	陶器
				LH0035	东汉灰陶罐	1	陶器
LH0016	新石器时代红山文化石斧	3	石器、石刻、砖瓦	LH0036	东汉灰陶盉	1	陶器
				LH0037	东汉灰陶缸	1	陶器
LH0017	新石器时代红山文化石斧	4	石器、石刻、砖瓦	LH0038	东汉灰陶釜	1	陶器
				LH0039	东汉红陶釜	1	陶器
LH0018	新石器时代红山文化石球	2	石器、石刻、砖瓦	LH0040	东汉灰陶灶	1	陶器
				LH0041	东汉灰陶甑	1	陶器
LH0019	新石器时代红山文化打制石铲	1	石器、石刻、砖瓦	LH0042	东汉灰陶勺	3	陶器
				LH0043	东汉灰陶甑	2	陶器
LH0020	新石器时代红山文化石球	1	石器、石刻、砖瓦	LH0044	东汉灰陶盆	1	陶器
				LH0045	东汉灰陶壶	1	陶器
LH0021	新石器时代红山文化石刀	1	石器、石刻、砖瓦	LH0046	辽模制莲瓣纹灰陶炉	1	陶器
				LH0047	东汉灰陶灶	1	陶器
				LH0048	东汉灰陶仓	1	陶器

锦州市全国第一次可移动文物普查藏品名录

(续表)

藏品编号	名　　称	数量	类别
LH0049	东汉灰陶罐	1	陶器
LH0050	金酱釉带流单系瓷罐	1	瓷器
LH0051	民国灰陶盆	1	陶器
LH0052	民国灰陶盆	1	陶器
LH0053	清素三彩模印贴花博古纹六方瓶	2	瓷器
LH0054	清绿地墨彩云龙纹瓶	2	瓷器
LH0055	民国仿光绪款粉彩百花纹碗	2	瓷器
LH0056	民国仿雍正款绿地粉彩花卉纹瓶	1	瓷器
LH0057	民国仿康熙天蓝釉赏瓶	1	瓷器
LH0058	民国仿雍正款青瓷堆贴龙凤纹狮耳葫芦瓶	1	瓷器
LH0059	民国五彩三驼图棒槌瓶	1	瓷器
LH0060	清哥釉洗	1	瓷器
LH0061	民国窑变釉六棱瓶	1	瓷器
LH0062	民国窑变釉观音瓶	2	瓷器
LH0063	清代黄釉瓷瓶	1	瓷器
LH0064	清代兰釉瓷觚	1	瓷器
LH0065	清代大清康熙年制款云龙纹长颈瓶	1	瓷器
LH0066	民国窑变釉亚腰形瓶	1	瓷器
LH0067	清同治仿乾隆款吹绿釉盖碗	5	瓷器
LH0068	清窑变釉盖罐	2	瓷器
LH0069	民国青花花卉纹三足炉	1	瓷器
LH0070	民国淡绿釉瓷香炉	1	瓷器
LH0071	民国淡绿釉瓷香炉	1	瓷器
LH0072	清代哥釉花卉纹碟	1	瓷器
LH0073	民国粉彩吹箫引凤图盖罐	2	瓷器
LH0074	民国青花垂钓图盆	1	瓷器
LH0075	民国青花垂钓图盆	1	瓷器
LH0076	民国青花垂钓图盆	1	瓷器
LH0077	民国青花垂钓图盆	1	瓷器
LH0078	民国送子观音瓷坐像	1	雕塑、造像
LH0079	民国白釉瓷猴	1	雕塑、造像
LH0080	明天启青花缠枝莲纹罐	1	瓷器
LH0081	清代洋兰鱼龙纹大瓶	1	瓷器
LH0082	清代青花花卉纹碗	1	瓷器
LH0083	清青花花卉纹碟	1	瓷器
LH0084	明铜鎏金地藏菩萨坐像	1	雕塑、造像
LH0085	明铜鎏金地藏菩萨坐像	1	雕塑、造像
LH0086	清代菩萨铜坐像	1	雕塑、造像
LH0087	清代漆绘释迦牟尼铜坐像	1	雕塑、造像
LH0088	清观音铜坐像	1	雕塑、造像
LH0089	清代菩萨铜坐像	1	雕塑、造像
LH0090	清代观音铜坐像	1	雕塑、造像
LH0091	民国观音铜坐像	1	雕塑、造像
LH0092	清代释迦牟尼坐像	1	雕塑、造像
LH0093	民国观音铜坐像	1	雕塑、造像
LH0094	清代释迦佛铜坐像	1	雕塑、造像
LH0095	民国观音铜坐像	1	雕塑、造像
LH0096	民国观音铜坐像	1	雕塑、造像
LH0097	民国观音铜坐像	1	雕塑、造像
LH0098	民国观音铜坐像	1	雕塑、造像

(续表)

藏品编号	名　　称	数量	类别
LH0099	民国观音铜坐像	1	雕塑、造像
LH0100	民国观音铜坐像	1	雕塑、造像
LH0101	民国观音铜坐像	1	雕塑、造像
LH0102	民国观音铜坐像	1	雕塑、造像
LH0103	民国观音铜坐像	1	雕塑、造像
LH0104	民国观音铜坐像	1	雕塑、造像
LH0105	民国观音铜坐像	1	雕塑、造像
LH0106	民国观音铜坐像	1	雕塑、造像
LH0107	民国观音铜坐像	1	雕塑、造像
LH0108	民国观音铜坐像	1	雕塑、造像
LH0109	民国观音铜坐像	1	雕塑、造像
LH0110	清代断臂菩萨坐像	1	雕塑、造像
LH0111	民国观音铜坐像	1	雕塑、造像
LH0112	清代四臂菩萨铜坐像	1	雕塑、造像
LH0113	清代财神铜坐像	1	雕塑、造像
LH0114	民国观音铜坐像	1	雕塑、造像
LH0115	清铜鎏金如来坐像	1	雕塑、造像
LH0116	清代鎏金喇嘛铜坐像	1	雕塑、造像
LH0117	清代释迦佛铜坐像	1	雕塑、造像
LH0118	清代释迦佛铜坐像	1	雕塑、造像
LH0119	清代观音菩萨铜坐像	1	雕塑、造像
LH0120	民国观音铜坐像	1	雕塑、造像
LH0121	民国观音铜坐像	1	雕塑、造像
LH0122	民国观音铜坐像	1	雕塑、造像
LH0123	民国观音铜坐像	1	雕塑、造像
LH0125	民国观音铜坐像	1	雕塑、造像
LH0126	民国观音铜坐像	1	雕塑、造像
LH0127	民国观音铜坐像	1	雕塑、造像
LH0128	民国观音铜坐像	1	雕塑、造像
LH0129	民国观音铜坐像	1	雕塑、造像
LH0130	民国观音铜坐像	1	雕塑、造像
LH0131	民国观音铜坐像	1	雕塑、造像
LH0132	民国观音铜坐像	1	雕塑、造像
LH0133	民国观音铜坐像	1	雕塑、造像
LH0134	清代观音铜坐像	1	雕塑、造像
LH0136	辽代鎏金如来铜佛像	1	雕塑、造像
LH0137	清代菩萨铜坐像	1	雕塑、造像
LH0138	清代菩萨铜坐像	1	雕塑、造像
LH0139	清代观音铜坐像	1	雕塑、造像
LH0140	辽如来佛铜立像	1	雕塑、造像
LH0141	清仿大明宣德元年款菩萨铜坐像	1	雕塑、造像
LH0142	清漆绘释迦佛立像	1	雕塑、造像
LH0143	清漆绘关羽铜坐像	1	雕塑、造像
LH0144	清关羽铜坐像	1	雕塑、造像
LH0145	清仿大明年制款三足铜炉	1	铜器
LH0146	清仿大明宣德六年工部尚书臣吴邦佐监造三足铜炉	1	铜器
LH0147	清仿大明宣德六年工部尚书臣吴邦佐监造龙纹三足铜炉	1	铜器
LH0148	清仿大明宣德六年工部尚书臣吴邦佐监造三足铜炉	1	铜器

(续表)

藏品编号	名称	数量	类别
LH0149	清代镂空铜熏炉	2	铜器
LH0150	清云龙纹珐琅盒	1	铜器
LH0151	清代铜钵	1	铜器
LH0152	明"鸾凤和鸣"铭铜镜	1	铜器
LH0153	汉瑞兽纹铜镜	1	铜器
LH0154	清"连中三元"铭铜镜	1	铜器
LH0155	金瑞兽葡萄纹铜镜	1	铜器
LH0156	金缠枝花卉纹铜镜	1	铜器
LH0157	东汉连弧铭文铜镜	1	铜器
LH0158	金"总领兵马都提控"铜印	1	玺印符牌
LH0159	金"都山管□官印"铜印	1	玺印符牌
LH0160	辽代六耳铜锅	1	铜器
LH0161	清代铜盒	1	铜器
LH0162	明清刻划蕉叶纹石臼	1	石器、石刻、砖瓦
LH0163	东汉灰陶釜甑	2	陶器
LH0164	东汉灰陶盆	1	陶器
LH0165	明云龙纹金手镯	1	铜器
LH0166	金覆钵形灰陶砚	1	文具
LH0168	元白釉铁彩花卉纹四系瓶	1	瓷器
LH0169	金褐釉瓶	1	瓷器
LH0170	西晋青瓷印花四系罐	1	瓷器
LH0171	清代霁红釉罐	1	瓷器
LH0172	辽白瓷碗	1	瓷器
LH0173	辽白瓷瓜棱形小罐	1	瓷器
LH0174	辽酱釉瓜棱形小罐	1	瓷器
LH0175	辽黄釉凹弦纹瓷钵	1	瓷器
LH0176	商凸弦纹立耳铜鼎	1	铜器
LH0177	清仿天凤元年款龙纹铜布币	1	钱币
LH0178	清仿大隋始金铜牌	1	玺印符牌
LH0179	清代龙纹大清金宝	1	铜器
LH0180	明金耳环	5	金银器
LH0181	清代金耳环	2	金银器
LH0182	清代金耳环	2	金银器
LH0183	清代金耳环	4	金银器
LH0184	清代金耳环	1	金银器
LH0185	清代葡萄纹耳坠	1	金银器
LH0186	清代耳环	6	金银器
LH0187	清代带状素面金簪	1	金银器
LH0188	清代"吉"字鎏金银簪	1	金银器
LH0189	清代镂空球形首鎏金银簪	1	金银器
LH0190	清代空心银牛	1	金银器
LH0191	清代"寿"字鎏金银簪	1	金银器
LH0192	清代葫芦首鎏金银簪	1	金银器
LH0193	清代带状鎏金银簪	1	金银器
LH0194	清代龙纹柄银耳勺	1	金银器
LH0195	清代龙纹柄银钎	1	金银器
LH0196	清代葫芦首鎏金银簪	1	金银器

(续表)

藏品编号	名称	数量	类别
LH0197	清代半球形首素面银簪	1	金银器
LH0198	清代双菱首鎏金银簪	1	金银器
LH0199	清代带状卷首鎏金银簪	1	金银器
LH0200	清代银耳环	1	金银器
LH0201	清代梅花镶嵌紫水晶鎏金帽正	1	金银器
LH0202	清代"福"字银耳坠	1	金银器
LH0203	清代"三宝"首鎏金银簪	1	金银器
LH0204	清代"福"字首鎏金银簪	1	金银器
LH0205	清代盆花首银簪	1	金银器
LH0206	清代"宝顶"首鎏金银簪	1	金银器
LH0207	清代素面银手镯	2	金银器
LH0208	清代带状素面银簪	1	金银器
LH0209	清代"宝顶"首银簪	1	金银器
LH0210	清代素面空心银圆宝	1	金银器
LH0211	清代素面银手镯	2	金银器
LH0212	清代瓜形首银簪	1	金银器
LH0213	清代素面空心银牛	1	金银器
LH0214	清代空心银牛	1	金银器
LH0215	民国银麒麟锁	1	金银器
LH0216	民国"匠恒盛"款圆宝	1	钱币
LH0217	民国银质三设	1	金银器
LH0218	民国银质三设	1	金银器
LH0219	民国空心狗饰物	1	金银器
LH0220	清代素面银手镯	1	金银器
LH0221	清代变形蝉纹鎏金耳环	1	金银器
LH0222	清代镂空球形首鎏金银簪	1	金银器
LH0223	清代"金顺隆记"款鎏金银簪	1	金银器
LH0224	清代葫芦首包金银簪	1	金银器
LH0225	清代"锦县广德增"款包金银簪	1	金银器
LH0226	清代"天和增"款包金银簪	1	金银器
LH0227	清代"锦县广德增记"款银手镯	2	金银器
LH0228	清代素面银手镯	1	金银器
LH0229	清代带状竹节纹包金银簪	1	金银器
LH0230	清代竹节花卉纹鎏金银簪	1	金银器
LH0231	清代花卉首鎏金银簪	1	金银器
LH0232	清代莲蓬首鎏金银簪	1	金银器
LH0233	清代鎏金鹿饰头花	1	金银器
LH0234	清代宝顶首银簪	1	金银器
LH0235	清代"日"字纹银纽	1	金银器
LH0236	清代素面银纽	6	金银器
LH0237	清代提环空心银圆宝	2	金银器
LH0238	清代空心银圆宝	2	金银器
LH0239	清代带状竹节梅花纹银簪	1	金银器
LH0240	清代如意勾环球形鎏金银扣	4	金银器
LH0241	清代镂空球形首银簪	2	金银器
LH0242	清代莲花宝顶银簪	2	金银器
LH0243	清代空心银心	1	金银器
LH0244	清代实心银圆宝	3	钱币

义县文物管理处藏品信息表

藏品编号	名　　称	数量	类别	藏品编号	名　　称	数量	类别
YW0001	明"洪武二十三年造义州义字九号令"铜牌	1	玺印符牌	YW0040	元八思巴文铜钱	10	钱币
YW0002	辽白瓷划"官"款碗	1	瓷器	YW0041	清黑釉灯	2	瓷器
YW0003	青铜时代凌河文化青铜鱼纹镞	1	武器	YW0042	清铁刀	1	武器
YW0004	十二世纪青瓷镶嵌鸳鸯纹龙柄杯	1	瓷器	YW0043	清铁枪头	1	武器
YW0005	辽白瓷瓜棱形藤式提梁注壶	1	瓷器	YW0044	清铁箭头	3	武器
YW0006	金摩羯鱼纹菱花形铜镜	1	铜器	YW0045	清铁刀	3	武器
YW0007	辽莲瓣纹铜锤	1	铜器	YW0046	清铁马蹬	2	铁器、其他金属器
YW0008	宋云雷纹云耳长颈铜壶	1	铜器	YW0047	清铜带盖扁壶	1	铜器
YW0009	元钧釉窑变紫斑碗	1	瓷器	YW0048	元钧釉碗	1	瓷器
YW0010	辽"同世永元"铭万字纹铜镜	1	铜器	YW0049	元酱釉白里碗	1	瓷器
YW0011	金"都统府印天赐二年五月"印	1	玺印符牌	YW0050	辽白瓷碗	1	瓷器
YW0012	青铜时代凌河文化曲刃铜剑剑身	1	武器	YW0051	金铜灯碗	1	铜器
YW0013	宋鸾鹤纹铜镜	1	铜器	YW0052	辽白陶瓶	1	陶器
YW0014	青铜时代夏家店下层文化石斧	1	石器、石刻、砖瓦	YW0053	新石器时代红山文化石杵	1	石器、石刻、砖瓦
YW0015	青铜时代夏家店下层文化石铲	1	石器、石刻、砖瓦	YW0054	新石器时代红山文化石锄	1	石器、石刻、砖瓦
YW0016	元均釉碗	1	瓷器	YW0055	新石器时代红山文化刮削器	1	石器、石刻、砖瓦
YW0017	青铜时代夏家店下层文化石钺	1	石器、石刻、砖瓦	YW0056	青铜时代夏家店下层文化灰陶鬲	1	陶器
YW0018	元磁州窑白釉铁彩牡丹花纹罐	1	瓷器	YW0057	宋云海纹铜镜	1	铜器
YW0019	新石器时代红山文化石斧	1	石器、石刻、砖瓦	YW0058	金"宝鉴"铭兽面纹铜镜	1	铜器
YW0020	金白釉铁彩花卉纹碗	1	瓷器	YW0059	青铜时代夏家店下层文化陶纺轮	2	陶器
YW0021	金弦纹铜玉壶春瓶	2	铜器	YW0060	青铜时代夏家店下层文化红褐陶碗	1	陶器
YW0022	金钧釉三足炉	1	瓷器	YW0061	辽黑釉盖罐	1	瓷器
YW0023	元龙泉窑青瓷印草鱼纹盘	1	瓷器	YW0062	辽绿釉瓶	1	陶器
YW0024	清夔龙纹铜香炉	1	铜器	YW0063	清铁马蹬	2	铁器、其他金属器
YW0025	青铜时代夏家店下层文化骨匕	1	牙骨角器	YW0064	明黑釉盖罐	1	瓷器
YW0026	新石器时代红山文化石斧	1	石器、石刻、砖瓦	YW0065	元钧釉碗	1	瓷器
YW0027	青铜时代夏家店下层文化石钺	1	石器、石刻、砖瓦	YW0066	金瑞兽纹铜镜	1	铜器
YW0028	青铜时代凌河文化曲刃铜剑剑身	1	武器	YW0067	金灰陶瓶	1	陶器
YW0029	汉玄武铜灯	1	铜器	YW0068	金灰陶瓶	1	陶器
YW0030	清碧玉刻佛经描金嵌件	1	玉石器、宝石	YW0069	金黑釉水盂	1	瓷器
YW0031	金"十二生肖八卦术州验记官丞讫"铭文镜	1	铜器	YW0070	金瑞兽葡萄纹铜镜	2	铜器
YW0032	清木雕彩绘韦驮立像	1	竹木雕	YW0071	金缠枝莲纹铜镜	1	铜器
YW0033	明铜鎏金弥勒菩萨坐像	1	雕塑、造像	YW0072	明杂宝纹铜镜	1	铜器
YW0034	明"万历四十年"款铁磬	1	乐器、法器	YW0073	金松鹿纹铜镜	1	铜器
YW0035	清泥塑释迦佛坐像	1	雕塑、造像	YW0074	辽铜鎏金镂空云龙纹马具	21	铜器
YW0036	清泥塑药师佛坐像	1	雕塑、造像	YW0075	金瑞兽葡萄纹铜镜	1	铜器
YW0037	战国"安阳"平足布币	3	钱币	YW0076	清寿字纹铜带扣	1	铜器
YW0038	元龙泉窑青瓷盘	2	瓷器	YW0077	金瑞兽铭文铜镜	1	铜器
YW0039	辽茶叶末绿釉卧式瓷羊	1	瓷器	YW0078	元陶瓷水盂	3	瓷器
				YW0079	元钧釉盘	1	瓷器
				YW0080	金四神纹铜镜	1	铜器
				YW0081	金双鱼纹铜镜	1	铜器
				YW0082	金双鱼纹铜镜	1	铜器
				YW0083	金双鱼纹铜镜	1	铜器

藏品编号	名称	数量	类别
YW0084	清镂空双龙纹铜钱	2	钱币
YW0085	清镂空缠枝莲纹铜钱	1	钱币
YW0086	清四神纹铜钱	1	钱币
YW0087	金铜镳斗	1	铜器
YW0088	明四字吉语铭铜镜	1	铜器
YW0089	金人物故事铜镜	1	铜器
YW0090	金双鱼纹铜镜	1	铜器
YW0091	金瑞兽葡萄纹"永德"铭铜镜	1	铜器
YW0092	金瑞兽葡萄纹铜镜	1	铜器
YW0093	金缠枝莲纹铜镜	1	铜器
YW0094	金灰陶瓶	2	陶器
YW0095	元钧釉碗	1	瓷器
YW0096	元钧釉碗	1	瓷器
YW0097	元钧釉碗	1	瓷器
YW0098	宋云雁纹铜境	1	铜器
YW0099	明酱釉罐	1	瓷器
YW0100	清青花博古纹盘	1	瓷器
YW0101	清青花凤凰牡丹纹碗	1	瓷器
YW0102	清酱釉酒盅	1	瓷器
YW0103	清青花花鸟纹碗	1	瓷器
YW0104	元钧釉盘	1	瓷器
YW0105	元黑釉猫头形瓷埙	1	乐器、法器
YW0106	清青花花卉纹碗	1	瓷器
YW0107	清青花寿字碗	1	瓷器
YW0108	青铜时代夏家店下层文化石斧	1	石器、石刻、砖瓦
YW0109	金双龙纹铜镜	1	铜器
YW0110	清康熙青花缠枝牡丹纹盖罐	1	瓷器
YW0111	元白釉铁彩花卉纹碟	1	瓷器
YW0112	金"家常富贵"铭文铜镜	1	铜器
YW0113	金瑞兽葡萄纹铜镜	1	铜器
YW0114	金瑞兽葡萄纹铜镜	1	铜器
YW0115	清咸丰重宝铜钱	1	钱币
YW0116	清镂空双龙纹铜钱	1	钱币
YW0117	金四神规矩纹铜镜	1	铜器
YW0118	明弦纹铜镜	1	铜器
YW0119	清青花凤纹盘	1	瓷器
YW0120	清青花花卉纹盘	1	瓷器
YW0121	明洪武通宝铜钱	1	钱币
YW0122	青铜时代夏家店下层文化石铲	1	石器、石刻、砖瓦
YW0123	青铜时代凌河文化曲刃铜剑剑身	1	武器
YW0124	金铁镳斗	1	铁器、其他金属器
YW0125	明素面"薛口泉造"铭铜镜	1	铜器
YW0126	金双鱼纹铜镜	1	铜器
YW0127	金四神规矩铜镜	1	铜器
YW0128	明"三元通宝"铭铜镜	1	铜器
YW0129	金边弧纹"广府山东口"铭铜镜	1	铜器
YW0130	明酱釉罐	2	瓷器

藏品编号	名称	数量	类别
YW0131	清水晶手串	65	玉石器、宝石
YW0132	金缠枝莲纹铜镜	1	铜器
YW0133	青铜时代凌河文化曲刃铜剑加重器	1	武器
YW0134	新石器时代红山文化石锄	1	石器、石刻、砖瓦
YW0135	明铜洗	1	铜器
YW0136	青铜时代夏家店下层文化石斧	1	石器、石刻、砖瓦
YW0137	清酱釉印荷莲纹扁方瓶	1	瓷器
YW0138	青铜时代夏家店下层文化石斧	1	石器、石刻、砖瓦
YW0139	元龙泉窑青瓷印花卉纹高足碗	2	瓷器
YW0140	金黑釉酱彩碟	3	瓷器
YW0141	金双龙纹铜镜	1	铜器
YW0142	金四神纹铜镜	1	铜器
YW0143	金瑞兽葡萄纹铜镜	1	铜器
YW0144	金童子攀枝纹"大定通宝"铭铜镜	1	铜器
YW0145	明人物故事铜境	1	铜器
YW0146	元钧釉窑紫斑碗	1	瓷器
YW0147	元钧釉碗	1	瓷器
YW0148	元茶叶末釉瓶	1	瓷器
YW0149	明铜洗	1	铜器
YW0150	金双龙纹"三韩县骆记官丞"铭铜镜	1	铜器
YW0151	元黑釉双系罐	1	瓷器
YW0152	民国豆青釉瓷碗	11	瓷器
YW0153	民国蓝印花竹雀纹碗	4	瓷器
YW0154	民国豆青釉碟	5	瓷器
YW0155	民国豆青釉瓷盘	2	瓷器
YW0156	民国回纹百环铜觚	2	铜器
YW0157	青铜时代夏家店下层文化石斧	1	石器、石刻、砖瓦
YW0158	金四神铭文铜镜	1	铜器
YW0159	金六耳铜锅	1	铜器
YW0160	明"五子登科"铭文铜镜	1	铜器
YW0161	青铜时代夏家店下层文化石刀	1	石器、石刻、砖瓦
YW0162	青铜时代夏家店下层文化石斧	1	石器、石刻、砖瓦
YW0163	青铜时代夏家店下层文化石斧	1	石器、石刻、砖瓦
YW0164	金酱釉碗	1	瓷器
YW0165	明弦纹铜镜	1	铜器
YW0166	青铜时代夏家店下层文化灰陶纺轮	1	陶器
YW0167	金黑釉碗	1	瓷器
YW0168	元龙泉窑青瓷碟	1	瓷器
YW0169	青铜时代夏家店下层文化灰陶纺轮	1	陶器
YW0170	青铜时代凌河文化红褐陶单把陶罐	1	陶器
YW0171	元"元一"铭铜权	1	度量衡器
YW0172	明卷草纹铜镜	1	铜器

锦州市全国第一次可移动文物普查藏品名录

（续表）

藏品编号	名　　称	数量	类别
YW0173	青铜时代夏家店下层文化石刀	1	石器、石刻、砖瓦
YW0174	青铜时代夏家店下层文化石斧	1	石器、石刻、砖瓦
YW0175	青铜时代夏家店下层文化石斧	1	石器、石刻、砖瓦
YW0176	青铜时代夏家店下层文化石斧	1	石器、石刻、砖瓦
YW0177	青铜时代夏家店下层文化石斧	1	石器、石刻、砖瓦
YW0178	青铜时代夏家店下层文化石网坠	1	石器、石刻、砖瓦
YW0179	青铜时代夏家店下层文化石斧	1	石器、石刻、砖瓦
YW0180	青铜时代夏家店下层文化石斧	1	石器、石刻、砖瓦
YW0181	金酱釉白里碗	1	瓷器
YW0182	金黑釉白里碟	1	瓷器
YW0183	清黑压印花瓣纹瓶	1	瓷器
YW0184	青铜时代夏家店下层文化石斧	1	石器、石刻、砖瓦
YW0185	元酱釉双系瓶	1	瓷器
YW0186	金白釉铁彩草叶纹双系瓶	1	瓷器
YW0187	元黑釉三系瓶	1	瓷器
YW0188	金铁锄头	1	铁器、其他金属器
YW0189	明陶罐	1	陶器
YW0190	金山水人物铜镜	1	铜器
YW0191	元磁州窑白釉铁彩花卉纹碟	1	瓷器
YW0192	辽灰陶长颈壶	2	陶器
YW0193	清青花云凤纹碗	1	瓷器
YW0194	辽铜镜	1	铜器
YW0195	辽灰陶扑满	1	陶器
YW0196	明灰陶罐	1	陶器
YW0197	明"鸾凤和鸣"铭铜镜	1	铜器
YW0198	清骨板指	1	牙骨角器
YW0199	青铜时代夏家店下层文化半球形石研磨器	1	石器、石刻、砖瓦
YW0200	汉灰陶碗	1	陶器
YW0201	金钧釉三足炉	1	瓷器
YW0202	明人物杂宝纹铜镜	1	铜器
YW0203	金"管勾所记"铜印	1	玺印符牌
YW0204	明灰陶罐	1	陶器
YW0205	明酱釉瓶	1	瓷器
YW0206	元钧釉钵	1	瓷器
YW0207	元钧釉紫斑碟	2	瓷器
YW0208	元钧釉盘	1	瓷器
YW0209	元磁州窑黑釉兔毫斑碗	1	瓷器
YW0210	民国五彩缠枝花卉纹"永庆奇珍"铭碗	1	瓷器
YW0211	金白釉碗	1	瓷器
YW0212	元白釉铁彩草叶纹三系瓶	1	瓷器

（续表）

藏品编号	名　　称	数量	类别
YW0213	青铜时代夏家店下层文化单孔石镰	1	石器、石刻、砖瓦
YW0214	青铜时代夏家店下层文化石斧	1	石器、石刻、砖瓦
YW0215	清酱釉连珠纹瓶	1	瓷器
YW0216	民国酱釉酒盅	1	瓷器
YW0217	青铜时代凌河文化曲刃铜剑剑身	1	武器
YW0218	青铜时代凌河文化曲刃铜剑加重器	1	武器
YW0219	金海水龙纹铜镜	1	铜器
YW0220	金缠枝莲纹铜镜	1	铜器
YW0221	金人物故事带柄铜镜	1	铜器
YW0222	金铜玉壶春瓶	1	铜器
YW0223	元酱釉罐	1	瓷器
YW0224	明酱釉罐	2	瓷器
YW0225	青铜时代凌河文化曲刃铜剑加重器	1	武器
YW0226	金瑞兽葡萄纹铜镜	1	铜器
YW0227	明酱釉乳钉纹罐	1	瓷器
YW0228	民国白釉褐彩草叶纹碗	1	瓷器
YW0229	民国外酱釉青花花卉纹碗	1	瓷器
YW0230	民国青瓷雕莲塘游鱼纹碗	1	瓷器
YW0232	青铜时代夏家店下层文化石斧	1	石器、石刻、砖瓦
YW0233	金黑釉碟	1	瓷器
YW0234	金黑釉碗	1	瓷器
YW0235	辽卷草纹凤铎	2	铜器
YW0236	元龙泉窑青瓷印菊花纹盘	2	瓷器
YW0237	明白玉带具	10	玉石器、宝石
YW0238	明白玉带具	10	玉石器、宝石
YW0239	清木项串	110	漆器
YW0240	清料坠饰	6	玻璃器
YW0241	清水晶背云	1	玉石器、宝石
YW0242	清酱釉罐	1	瓷器
YW0243	清褐釉罐	1	瓷器
YW0244	清绿料串珠	30	玻璃器
YW0245	清青花卉纹碗	1	瓷器
YW0246	清灰釉双系瓶	1	瓷器
YW0247	清黑釉四系瓶	1	瓷器
YW0248	青铜时代夏家店下层文化石锄	2	石器、石刻、砖瓦
YW0249	元磁州窑白釉铁彩碗	3	瓷器
YW0250	元钧釉碟	2	瓷器
YW0251	元龙泉窑青瓷碗	1	瓷器
YW0252	元磁州窑白釉铁彩碗	1	瓷器
YW0253	元白釉碟	2	瓷器
YW0254	元灰酱釉单系流口罐	1	瓷器
YW0255	元褐釉罐	1	瓷器
YW0256	元白釉铁彩花卉纹双系罐	1	瓷器
YW0257	元酱釉单系流口罐	1	瓷器

第二章　锦州市第一次全国可移动文物普查成果藏品信息表

(续表)

藏品编号	名　　称	数量	类别
YW0258	青铜时代夏家店下层文化石斧	1	石器、石刻、砖瓦
YW0259	青铜时代夏家店下层文化石斧	1	石器、石刻、砖瓦
YW0260	青铜时代夏家店下层文化石斧	1	石器、石刻、砖瓦
YW0261	民国五彩花卉纹香炉	1	瓷器
YW0262	清青花花卉纹笔插	1	文具
YW0263	民国豆青釉碗	1	瓷器
YW0264	元龙泉窑青瓷刻卷草纹碗	1	瓷器
YW0265	青铜时代夏家店下层文化石斧	1	石器、石刻、砖瓦
YW0266	金外褐釉内白釉铁彩草叶纹碗	1	瓷器
YW0267	清青花花卉纹碗	1	瓷器
YW0268	青铜时代夏家店下层文化石斧	1	石器、石刻、砖瓦
YW0269	明黑釉双系罐	1	瓷器
YW0270	明酱釉罐	1	瓷器
YW0271	青铜时代凌河文化铜凿	1	铜器
YW0272	青铜时代凌河文化曲刃铜剑剑身	1	武器
YW0273	元钧釉盘	1	瓷器
YW0274	元白釉梅瓶	1	瓷器
YW0275	元龙泉窑青瓷碗	1	瓷器
YW0276	元龙泉窑青瓷印莲纹碗	1	瓷器
YW0277	元龙泉窑青瓷印莲纹碗	1	瓷器
YW0278	元龙泉窑青瓷印莲花纹碗	1	瓷器
YW0279	元龙泉窑青瓷印莲纹碗	1	瓷器
YW0280	元龙泉窑青瓷刻卷草纹碗	1	瓷器
YW0281	元龙泉窑青瓷刻印花卉纹碗	1	瓷器
YW0282	元龙泉窑青瓷印双鱼纹盘	1	瓷器
YW0283	元龙泉窑青瓷刻莲纹盘	1	瓷器
YW0284	元龙泉窑青瓷盘	1	瓷器
YW0285	清青花菊花纹盘	1	瓷器
YW0286	青铜时代夏家店下层文化石斧	1	石器、石刻、砖瓦
YW0287	清青花兔纹折腹碗	1	瓷器
YW0288	元龙泉窑青瓷碗	1	瓷器
YW0289	元铁镰斗	1	铁器、其他金属器
YW0290	金六耳铁锅	1	铁器、其他金属器
YW0291	元铜洗	1	铜器
YW0292	二十世纪五彩飞凤纹多棱形盖罐	1	瓷器
YW0293	二十世纪青瓷莲花式碗	1	瓷器
YW0294	清末仿康熙款黄釉雕松鹰纹印泥盒	1	文具
YW0295	清绿釉雕莲塘鹭鸶纹蟋蟀罐	1	瓷器
YW0296	清同治款绿釉笔筒	1	文具
YW0297	民国仿乾隆款五彩对虾图印泥盒	1	文具
YW0298	清青花过墙凤纹碗	1	瓷器
YW0299	清哥釉铁肩象耳瓶	2	瓷器

(续表)

藏品编号	名　　称	数量	类别
YW0300	民国仿乾隆款红地粉彩开光山水纹天球瓶	2	瓷器
YW0301	清青花缠枝牡丹纹三足炉	1	瓷器
YW0302	清霁蓝釉瓶	1	瓷器
YW0303	清乾隆款粉彩百鹿尊	2	瓷器
YW0304	清黄地粉彩雕博古纹双耳瓶	1	瓷器
YW0305	清同治粉彩花鸟纹双耳瓶	1	瓷器
YW0306	清光绪粉彩富贵图狮耳瓶	1	瓷器
YW0307	清道光豆青釉青花加白三星图双耳瓶	1	瓷器
YW0308	清青花渔樵耕读图双耳瓶	1	瓷器
YW0309	清光绪款粉彩塑贴博古纹六棱瓶	1	瓷器
YW0310	清同治粉彩花鸟博古纹帽筒	1	瓷器
YW0311	清哥釉青花八仙纹帽筒	1	瓷器
YW0312	民国酱釉瓷香炉	1	瓷器
YW0313	民国酱釉瓷香炉	1	瓷器
YW0314	民国酱釉瓷钵	1	瓷器
YW0315	民国白瓷香炉	1	瓷器
YW0316	清青花荷塘纹香炉	1	瓷器
YW0317	清青花山水纹香炉	1	瓷器
YW0318	清青花山水纹香炉	1	瓷器
YW0319	民国五彩花卉纹香炉	1	瓷器
YW0320	民国绿釉香炉	1	瓷器
YW0321	民国时期伪满洲国青花徽记碗	1	瓷器
YW0322	民国时期伪满洲国青花徽记碗	1	瓷器
YW0323	清窑变釉铺首耳海棠式瓶	1	陶器
YW0324	清石湾窑窑变釉达摩立像	1	雕塑、造像
YW0325	元龙泉窑青瓷雕莲瓣纹碟	1	瓷器
YW0326	金黑釉碟	2	瓷器
YW0327	清青白瓷盘	1	瓷器
YW0328	清顺治青花树叶纹盘	1	瓷器
YW0329	元黑釉碗	1	瓷器
YW0330	元白釉铁彩碗	1	瓷器
YW0331	金外酱釉内白釉铁彩花卉纹碗	2	瓷器
YW0332	元钧釉碗	1	瓷器
YW0333	金酱釉碗	2	瓷器
YW0334	民国青花莲塘纹碗	1	瓷器
YW0335	清"斩妖辟邪"等铭八卦纹铜挂牌	1	玺印符牌
YW0336	清"太真六铢"铭北斗龟剑纹铜钱	1	钱币
YW0337	清"宝"字铜钱	1	钱币
YW0338	清"风花雪月"铭压胜钱	1	钱币
YW0339	清"金玉满堂"铭压胜钱	1	钱币
YW0340	清"一刀五百"铜钱	1	钱币
YW0341	清"咸丰重宝"铁钱	1	钱币
YW0342	青铜时代夏家店下层文化红褐陶鬲	1	陶器
YW0343	清木雕释迦佛立像	1	雕塑、造像
YW0344	清木雕释迦佛坐像	1	雕塑、造像
YW0345	清木雕寿星立像	1	雕塑、造像
YW0346	民国黄地花卉纹镶铜玻璃盖罐	1	玻璃器
YW0347	民国"元景造像碑文"铜板	1	碑帖拓本
YW0348	民国万佛堂石窟"元景造像碑"拓片	1	碑帖拓本
YW0349	清雷公银簪	1	金银器

081

锦州市全国第一次可移动文物普查藏品名录

(续表)

藏品编号	名　　称	数量	类别
YW0350	清银鎏金龙首簪	1	金银器
YW0351	清金鱼纹玛瑙坠饰	1	玉石器、宝石
YW0352	清绿松石珠串饰	26	玉石器、宝石
YW0353	清琥珀串珠	65	玉石器、宝石
YW0354	清金耳环	2	金银器
YW0355	清白料带板	17	玻璃器
YW0356	清荷花形翠坠	1	玉石器、宝石
YW0357	金规矩纹铜镜	1	铜器
YW0358	清银圆宝	5	金银器
YW0359	清银雷公簪	1	金银器
YW0360	清丝编蝈蝈首发簪	2	金银器
YW0361	清金镯	1	金银器
YW0362	清银镯	1	金银器
YW0363	清竹节式银镯	1	金银器
YW0364	民国兽面纹玉斧	1	玉石器、宝石
YW0365	清玉扳指	1	玉石器、宝石
YW0366	清青白玉扳指	1	玉石器、宝石
YW0367	清白料板指	1	玻璃器
YW0368	清白料板指	1	玻璃器
YW0369	清雕莲塘鱼纹扳指	1	玉石器、宝石
YW0370	清银牛形坠饰	1	金银器
YW0371	清花卉纹银镯	1	金银器
YW0372	清花卉纹银镯	1	金银器
YW0373	清银镯	1	金银器
YW0374	民国粉彩弥勒佛坐像	1	雕塑、造像
YW0375	民国仿乾隆款粉彩鹿纹鹿头尊	1	瓷器
YW0376	元茶叶末绿釉四系瓶	1	瓷器
YW0377	金童子攀枝纹铜镜	1	铜器
YW0378	金海兽葡萄纹铜镜	3	铜器
YW0379	金四乳铭文铜镜	1	铜器
YW0380	民国仿"永元二年"款铜墨盒	1	文具
YW0381	民国铜提梁壶	1	铜器
YW0382	金瑞兽葡萄纹铜镜	1	铜器
YW0383	金瑞兽葡萄纹铜镜	1	铜器
YW0384	金人物故事铜镜	1	铜器
YW0385	清仿宣德款云龙纹铜香炉	1	铜器
YW0386	金人物故事带柄铜镜	1	铜器
YW0387	民国仿宣德款铜香炉	1	铜器
YW0388	清乾隆三十五年铜鎏金无量寿佛坐像	1	雕塑、造像
YW0389	清乾隆文殊菩萨度生佛坐像	1	雕塑、造像
YW0390	清铜香炉	1	铜器
YW0391	民国仿宣德款云龙纹铜香炉	1	铜器
YW0392	民国仿宣德款铜香炉	1	铜器

(续表)

藏品编号	名　　称	数量	类别
YW0393	民国仿宣德款铜香炉	1	铜器
YW0394	民国仿宣德款狮耳铜香炉	1	铜器
YW0395	清铜鎏金绿度母坐像	1	雕塑、造像
YW0396	清铜鎏金无量寿佛坐像	1	雕塑、造像
YW0397	清铜鎏金绿度母坐像	1	雕塑、造像
YW0398	清铜莲花座	1	铜器
YW0399	明铜鎏金药师佛坐像	1	雕塑、造像
YW0400	明铜鎏金释迦佛坐像	1	雕塑、造像
YW0401	明铜鎏金弥勒菩萨坐像	1	雕塑、造像
YW0402	清铜器座	1	铜器
YW0403	清铜器座	1	铜器
YW0404	明铜鎏金天王坐像	1	雕塑、造像
YW0405	明铜鎏金天王立像	1	雕塑、造像
YW0406	明铜鎏金准提菩萨立像	1	雕塑、造像
YW0407	明铜鎏金准提菩萨立像	1	雕塑、造像
YW0408	明铜鎏金天王立像	1	雕塑、造像
YW0409	明铜鎏金释迦佛坐像	1	雕塑、造像
YW0410	明铜鎏金真武大帝坐像	1	雕塑、造像
YW0411	明释迦佛铜坐像	1	雕塑、造像
YW0412	明铜鎏金释迦佛坐像	1	雕塑、造像
YW0413	清铜鎏金佛坐像	1	雕塑、造像
YW0414	民国彩绘释迦佛坐像	1	雕塑、造像
YW0415	民国漆绘铜菩萨坐像	1	雕塑、造像
YW0416	明铜鎏金天王坐像	1	雕塑、造像
YW0417	明文官铜立像	1	雕塑、造像
YW0418	明铜鎏金彩绘文官立像	1	雕塑、造像
YW0419	清铜鎏金彩绘文官坐像	1	雕塑、造像
YW0420	清铜鎏金罗汉立像	1	雕塑、造像
YW0421	清铜漆绘文殊菩萨坐像	1	雕塑、造像
YW0422	明铜鎏金药师佛坐像	1	雕塑、造像
YW0423	清铜鎏金接引佛坐像	1	雕塑、造像
YW0424	清铜鎏金彩绘文官坐像	1	雕塑、造像
YW0425	清铜鎏金药师佛坐像	1	雕塑、造像
YW0426	清铜鎏金罗汉立像	1	雕塑、造像
YW0427	清铜鎏金文官坐像	1	雕塑、造像
YW0428	清铜鎏金火神坐像	1	雕塑、造像
YW0429	清铜鎏金地藏菩萨坐像	1	雕塑、造像
YW0430	清铜鎏金地藏菩萨坐像	1	雕塑、造像
YW0431	清铜鎏金药师佛坐像	1	雕塑、造像
YW0432	清铜鎏金释迦佛坐像	1	雕塑、造像
YW0433	清彩绘铜文官立像	1	雕塑、造像
YW0434	清漆绘铜天王立像	1	雕塑、造像
YW0435	民国铜彩绘天王立像	1	雕塑、造像
YW0436	清铜鎏金天王立像	1	雕塑、造像
YW0437	民国彩绘释迦佛立像	1	雕塑、造像
YW0438	清铜鎏金判官立像	1	雕塑、造像
YW0439	清铜鎏金罗汉立像	1	雕塑、造像
YW0440	清漆绘铜文官立像	1	雕塑、造像
YW0441	清铜鎏金天王立像	1	雕塑、造像
YW0442	清铜鎏金罗汉立像	1	雕塑、造像
YW0443	清铜鎏金天王立像	1	雕塑、造像

藏品编号	名称	数量	类别
YW0444	民国铜菩萨坐像	1	雕塑、造像
YW0445	清彩绘铜释迦佛坐像	1	雕塑、造像
YW0446	清铜鎏金文官立像	1	雕塑、造像
YW0447	清铜鎏金阿弥陀佛坐像	1	雕塑、造像
YW0448	清铜释迦佛诞生像	1	雕塑、造像
YW0449	清铜鎏金释迦牟尼坐像	1	雕塑、造像
YW0450	清铜鎏金罗汉立像	1	雕塑、造像
YW0451	清铜菩萨坐像	1	雕塑、造像
YW0452	清铜鎏金文官立像	1	雕塑、造像
YW0453	清铜鎏金菩萨坐像	1	雕塑、造像
YW0454	清铜胁侍立像	1	雕塑、造像
YW0455	民国弥勒菩萨铜坐像	1	雕塑、造像
YW0456	清铜鎏金托塔天王立像	1	雕塑、造像
YW0457	明铜真武大帝坐像	1	雕塑、造像
YW0458	民国铜漆金释迦坐像	1	雕塑、造像
YW0459	民国铜彩绘牛角神人立像	1	雕塑、造像
YW0460	清铜鎏金菩萨坐像	1	雕塑、造像
YW0461	民国铜彩绘二郎神坐像	1	雕塑、造像
YW0462	清铜鎏金菩萨坐像	1	雕塑、造像
YW0463	清铜绿度母坐象	1	雕塑、造像
YW0464	民国铜彩绘释迦佛诞生像	1	雕塑、造像
YW0465	清铜漆金力士立像	1	雕塑、造像
YW0466	清铜释迦佛诞生像	1	雕塑、造像
YW0467	民国铜释迦佛诞生像	1	雕塑、造像
YW0468	民国铜胁侍立像	1	雕塑、造像
YW0469	民国铜弥勒菩萨坐像	1	雕塑、造像
YW0470	民国铜莲花座	1	铜器
YW0471	民国铜莲花座	1	铜器
YW0472	民国梅枝形器座	1	铜器
YW0473	民国铜器座	1	铜器
YW0474	民国铜漆金莲花座	1	铜器
YW0475	民国铜莲花座	1	铜器
YW0476	民国铜器座	1	铜器
YW0477	民国铜莲花座	1	铜器
YW0478	清"雍正元年"铭铜镜	1	铜器
YW0479	清"雍正元年"铭铜镜	1	铜器
YW0480	民国铜法铃	1	乐器、法器
YW0481	民国仿宣德款铜香炉	1	铜器
YW0482	民国仿宣德款铜香炉	1	铜器
YW0483	明"鸾凤和鸣"铭铜镜	1	铜器
YW0484	民国素面铜镜	1	铜器
YW0485	民国铜钟	1	乐器、法器
YW0486	民国铜云锣	1	乐器、法器
YW0487	清铜云锣	10	乐器、法器
YW0488	清凸弦纹铜镜	1	铜器
YW0489	民国铜钵	1	乐器、法器
YW0490	民国云龙纹铜熏炉	1	铜器
YW0491	民国铜钵	1	乐器、法器
YW0492	民国铜钵	1	乐器、法器
YW0493	清"雍正元年"铭铜镜	1	铜器
YW0494	民国铜钵	1	乐器、法器
YW0496	青铜时代夏家店下层文化双孔石刀	1	石器、石刻、砖瓦
YW0497	青铜时代夏家店下层文化石锛	1	石器、石刻、砖瓦
YW0498	青铜时代夏家店下层文化刮削器	1	石器、石刻、砖瓦
YW0499	青铜时代夏家店下层文化打制石斧	1	石器、石刻、砖瓦
YW0500	青铜时代夏家店下层文化有肩石锄	1	石器、石刻、砖瓦
YW0501	青铜时代夏家店下层文化石镞	1	武器
YW0502	青铜时代凌河文化曲刃铜剑剑身	1	武器
YW0503	汉铁镬	1	铁器、其他金属器
YW0504	金四神纹铜镜	1	铜器
YW0505	清十二生肖纹铜钱	1	钱币
YW0506	三国魏灰陶压划网格纹罐	1	陶器
YW0507	北魏始光元年灰陶瓜棱壶	1	陶器
YW0508	金茶叶末绿釉堆塑绳纹瓮	1	瓷器
YW0509	辽白釉雕莲瓣纹罐	1	瓷器
YW0510	辽铜洗	1	铜器
YW0511	辽花卉纹亚字形"义州弘政县记金"铭铜镜	1	铜器
YW0512	辽白釉铁彩萱草纹鸡腿瓶	1	瓷器
YW0513	元磁州窑白釉铁彩牡丹花纹罐	1	瓷器
YW0514	金铁锄	1	铁器、其他金属器
YW0515	元磁州窑黑釉兔毫斑碗	1	瓷器
YW0516	金铁铡刀	1	铁器、其他金属器
YW0517	金双鱼荷花纹铜镜	1	铜器
YW0518	金外酱内白釉碗	1	瓷器
YW0519	元龙泉窑青瓷菊瓣式碟	1	瓷器
YW0520	元灰陶谷仓罐	1	陶器
YW0521	元有铭铜权	1	度量衡器
YW0522	元磁州窑白釉铁彩"王"字碗	1	瓷器
YW0523	明铜熨斗	1	铜器
YW0524	明茶叶末绿釉蒺藜	1	武器
YW0525	明"五子登科"铭铜镜	1	铜器
YW0526	明五彩缠枝牡丹纹碗	1	瓷器
YW0527	明龙泉窑青瓷碗	1	瓷器
YW0528	金黑釉双系瓶	1	瓷器
YW0529	清双环耳铜洗	1	铜器
YW0530	清青花冰梅纹盘	1	瓷器
YW0531	清青花山水图碗	1	瓷器
YW0532	清外酱釉里青花卉纹碗	1	瓷器
YW0533	清康熙青缠枝牡丹纹盖罐	1	瓷器
YW0534	青铜时代凌河文化曲刃铜剑剑柄	1	武器
YW0535	青铜时代凌河文化曲刃铜剑加重器	1	武器
YW0536	元石雕狮人托砚	1	文具

(续表)

藏品编号	名　称	数量	类别
YW0537	青铜时代夏家店下层文化石锄	1	石器、石刻、砖瓦
YW0538	青铜时代夏家店下层文化半月形石刀	1	石器、石刻、砖瓦
YW0539	青铜时代夏家店下层文化石斧	1	石器、石刻、砖瓦
YW0540	清黑釉瓷灯	1	瓷器
YW0541	清铁马镫	2	铁器、其他金属器
YW0542	清铁马刀	1	武器

(续表)

藏品编号	名　称	数量	类别
YW0543	清铁锨	1	武器
YW0544	青铜时代高台山文化红陶豆	1	陶器
YW0545	辽篦齿纹灰陶罐	1	陶器
YW0546	辽篦齿纹灰陶瓶	1	陶器
YW0547	辽白釉绿彩执壶	2	瓷器
YW0548	元酱釉瓷蒺藜	2	武器
YW0549	辽四系灰陶罐	1	陶器
YW0550	辽白釉绿斑执壶	1	瓷器
YW0551	清康熙青花缠枝莲纹盖罐	1	瓷器
YW0552	汉灰陶扑满	1	陶器

北镇市文物处藏品信息表

藏品编号	名　称	数量	类别
BW001	辽双龙首纹金镯	1	金银器
BW002	辽钱形金箔	3	金银器
BW003	辽葫芦形金耳饰	4	金银器
BW004	辽嵌碧玺金戒指	1	金银器
BW005	金"副统之印"铜印	1	铜器
BW006	金"水竹居图书"驼纽铜印	1	铜器
BW007	金兴定二年"弹压所印"铜印	1	铜器
BW008	青铜时代凌河文化夹砂红褐陶罐	1	陶器
BW009	汉灰陶罐	1	陶器
BW010	金黄釉罐	1	陶器
BW011	汉灰陶盖罐	1	陶器
BW012	汉灰陶耳杯	1	陶器
BW013	汉灰陶钵	1	陶器
BW014	辽白釉小瓶	2	瓷器
BW015	民国仿乾隆粉彩人物故事图瓶	1	瓷器
BW016	清酱釉模印石榴纹瓷灯	1	瓷器
BW017	清灰陶砚	1	陶器
BW018	金茶末绿釉罐	1	瓷器
BW019	元白釉铁彩草叶纹四系瓶	1	陶器
BW020	明孔雀蓝釉梅瓶	1	陶器
BW021	明孔雀蓝釉梅瓶	1	陶器
BW022	明孔雀蓝釉梅瓶	1	陶器
BW023	明孔雀蓝釉梅瓶	1	陶器
BW024	金酱釉瓶	1	瓷器
BW025	金茶末绿釉瓶	1	瓷器
BW026	金褐釉梅瓶	1	瓷器
BW027	金酱釉梅瓶	1	瓷器
BW028	金茶末绿釉梅瓶	1	瓷器
BW029	元茶末绿釉瓶	1	瓷器
BW030	元酱釉双系瓶	1	瓷器
BW031	元褐釉三系瓶	1	瓷器
BW032	金褐釉瓶	1	瓷器
BW033	金酱釉瓶	1	瓷器
BW034	元褐釉钵	1	瓷器
BW035	金茶末绿釉黑彩碗	1	瓷器
BW036	金褐釉碗	2	瓷器
BW037	金白釉黑彩碗	2	瓷器
BW038	辽绿釉碗	1	瓷器
BW039	民国青花碗	1	瓷器
BW040	辽铜风铎	1	铜器
BW041	清铜钵	1	铜器
BW042	民国仿宣德三足铜炉	1	铜器
BW043	辽铜熨斗	1	铜器
BW044	清铜欢喜佛坐像	1	雕塑、造像
BW045	金双鱼纹铜镜	1	铜器
BW046	金连弧乳丁纹铜镜	1	铜器
BW047	明铜镜	1	铜器
BW048	宋"湖州孙家 青鸾宝鉴"铜镜	1	铜器
BW049	清"湖州鉴"铜镜	1	铜器
BW050	金"多福阳官□"人物故事图铜镜	1	铜器
BW051	清"三元及弟"四花铜镜	1	铜器
BW052	金"家常富贵"铜镜	1	铜器
BW053	宋"崇宁通宝"铜钱	1	铜器
BW055	清仿宣德三足铜炉	1	铜器
BW056	辽卷草纹铜铃	1	铜器
BW057	辽卷草纹铜风铃	1	铜器
BW058	辽云纹铜铃	1	铜器
BW059	清石杵	1	石器、石刻、砖瓦
BW060	明卷草纹带流把石杯	1	石器、石刻、砖瓦
BW061	民国石坠	1	石器、石刻、砖瓦
BW062	战国石铲	1	石器、石刻、砖瓦
BW063	战国石铲	1	石器、石刻、砖瓦
BW064	民国石刻	1	石器、石刻、砖瓦

(续表)

藏品编号	名　　称	数量	类别
BW065	青铜时代高台山文化石斧	1	石器、石刻、砖瓦
BW066	青铜时代高台山文化石斧	1	石器、石刻、砖瓦
BW067	青铜时代高台山文化石斧	1	石器、石刻、砖瓦
BW068	青铜时代高台山文化石斧	1	石器、石刻、砖瓦
BW069	青铜时代高台山文化石斧	1	石器、石刻、砖瓦
BW070	金铁锄	1	铁器、其他金属器
BW071	金铁镐	1	铁器、其他金属器
BW072	辽绿肥釉花卉纹建筑构件	1	陶器
BW073	辽兽形陶建筑构件	5	陶器
BW074	辽兽形陶建筑构件	4	陶器
BW075	元钧釉碟	5	瓷器
BW076	元龙泉窑青瓷碟	2	瓷器
BW077	辽无釉碗	1	陶器
BW078	元白釉铁黑彩草叶纹碟	1	瓷器
BW079	金酱釉碟	1	瓷器
BW080	金茶末绿釉碟	1	瓷器
BW081	元龙泉窑青瓷印双鱼纹碟	1	瓷器
BW082	元钧釉碟	1	瓷器
BW083	明孔雀蓝釉碟	1	陶器
BW084	元钧釉碟	1	瓷器
BW085	元钧釉碟	1	瓷器
BW086	元白釉碟	2	瓷器
BW087	元钧釉碟	2	瓷器
BW088	元钧釉碟	1	瓷器
BW089	元白釉碟	1	瓷器
BW090	元钧釉碟	1	瓷器
BW091	民国黑绿彩竹纹器盖	1	瓷器
BW092	辽布纹灰陶板瓦	1	陶器
BW093	清仿宣德三足铜炉	1	铜器
BW094	民国仿万历五彩龙衔灵芝纹梅瓶	1	瓷器
BW095	金狮兽纹花口三足铜盆	1	铜器
BW096	辽六耳铜釜	1	铜器
BW097	战国青铜剑	1	武器
BW098	青铜时代凌河文化石斧	1	石器、石刻、砖瓦
BW099	明褐釉蒺藜	1	武器
BW100	汉灰陶瓶	1	陶器
BW101	汉灰陶瓶	1	陶器
BW102	金褐釉罐	1	瓷器
BW103	金褐釉罐	1	瓷器
BW104	辽四系灰陶罐	1	陶器
BW105	金褐釉碗	1	瓷器
BW106	宋"潮州□……□"葵花形铜镜	1	铜器
BW107	汉铜镞	1	武器

(续表)

藏品编号	名　　称	数量	类别
BW108	金带流单把罐	1	瓷器
BW109	民国白瓷送子观音坐像	1	雕塑、造像
BW110	民国白瓷送子观音坐像	1	雕塑、造像
BW111	民国粉彩五子戏弥勒瓷像	1	雕塑、造像
BW112	民国粉彩观音菩萨坐像	1	雕塑、造像
BW113	民国粉彩观音菩萨坐像	1	雕塑、造像
BW114	民国五彩送子观音坐像	1	雕塑、造像
BW115	民国粉彩释迦佛立像	1	雕塑、造像
BW116	民国"北平法源律寺"酱釉钵	1	瓷器
BW117	清同治粉彩人物纹双耳壁瓶	1	瓷器
BW118	清同治粉彩人物纹双耳壁瓶	1	瓷器
BW119	清青花釉里红海兽纹鼻烟壶	1	瓷器
BW120	清仿成化款青花八卦纹印泥盒	1	瓷器
BW121	清仿成化款缠枝花卉纹印泥盒	1	瓷器
BW122	清掐丝珐琅花卉纹铜盖盒	1	铜器
BW123	民国霁蓝釉彩绘花篮纹盘	1	瓷器
BW124	民国霁蓝釉彩绘花篮纹盘	1	瓷器
BW125	民国霁蓝釉彩绘花篮纹盘	1	瓷器
BW126	民国粉彩人物故事图碟	1	瓷器
BW127	民国粉彩人物故事图碟	1	瓷器
BW128	民国粉彩人物故事图碟	1	瓷器
BW129	民国粉彩松鹤图杯	1	瓷器
BW130	民国粉彩松鹤图杯	1	瓷器
BW131	民国粉彩山水图杯	1	瓷器
BW132	民国矾红彩山水图杯	1	瓷器
BW133	民国五彩花鸟纹杯	1	瓷器
BW134	民国红黑彩绘花果纹带盖茶杯	1	瓷器
BW135	民国彩绘山村秋色图茶杯及杯托	2	瓷器
BW136	民国彩绘山村秋色图茶杯及杯托	2	瓷器
BW137	民国彩绘山村秋色图茶杯及杯托	2	瓷器
BW138	民国黑陶炉	1	陶器
BW139	战国红陶绳纹瓮	1	陶器
BW140	青铜时代凌河文化褐陶双耳壶	1	陶器
BW141	金黑釉碗	2	陶器
BW142	金黑釉碗	2	陶器
BW143	元褐釉碗	1	瓷器
BW144	金酱釉碗	1	瓷器
BW145	清青花花卉纹碗	3	陶器
BW146	明孔雀蓝釉碗	2	陶器
BW147	金酱釉碗	1	瓷器
BW148	民国仿乾隆青玉钵	1	玉石器、宝石
BW149	清木鱼	1	竹木雕
BW150	清木鱼	1	竹木雕
BW151	清荷纹木鱼	1	竹木雕
BW152	清荷纹木鱼	1	竹木雕
BW153	清刻花木鱼	1	竹木雕
BW154	清如意纹木鱼	1	竹木雕
BW155	清观音菩萨木立像	1	雕塑、造像
BW156	民国观音菩萨木坐像	1	雕塑、造像

锦州市全国第一次可移动文物普查藏品名录

(续表)

藏品编号	名　　称	数量	类别
BW157	清白玉扳指	1	玉石器、宝石
BW158	清碧玺串珠	4	玉石器、宝石
BW159	清寿星寿山石摆件	1	玉石器、宝石
BW160	清"吉庆有鱼"双鱼如意纹青玉饰牌	1	玉石器、宝石
BW161	清"福寿双全 天下太平"蝙蝠纹青玉饰牌	1	玉石器、宝石
BW162	清青玉鼻烟壶	1	玉石器、宝石
BW163	民国钟形玉坠饰	1	玉石器、宝石
BW164	清碧玺坠饰	1	玉石器、宝石
BW165	青铜时代凌河文化骨锥	1	牙骨角器
BW166	青铜时代凌河文化骨针	1	牙骨角器
BW167	清青玉雕蝙蝠纹坠饰	1	玉石器、宝石
BW168	明铜鎏金释迦牟尼坐像	1	雕塑、造像
BW169	清铜鎏金释迦牟尼坐像	1	雕塑、造像
BW170	清铜鎏金释迦牟尼坐像	1	雕塑、造像
BW171	清铜鎏金罗汉立像	1	雕塑、造像
BW172	明铜鎏金释迦牟尼坐像	1	雕塑、造像
BW173	明铜鎏金观音菩萨坐像	1	雕塑、造像
BW174	清铜鎏金菩萨坐像	1	雕塑、造像
BW175	清铜鎏金释迦牟尼坐像	1	雕塑、造像
BW176	清铜鎏金释迦牟尼坐像	1	雕塑、造像
BW177	明铜鎏金迦叶立像	1	雕塑、造像
BW178	清铜鎏金释迦牟尼坐像	1	雕塑、造像
BW179	明铜鎏金地藏菩萨坐像	1	雕塑、造像
BW180	清铜鎏金菩萨坐像	1	雕塑、造像
BW181	明铜鎏金金刚跪拜像	1	雕塑、造像
BW182	明铜鎏金阿难立像	1	雕塑、造像
BW183	清铜鎏金释迦牟尼坐像	1	雕塑、造像
BW184	清"大清乾隆年敬造 水月观世音"铜鎏金观音菩萨坐像	1	雕塑、造像
BW185	清铜鎏金释迦牟尼坐像	1	雕塑、造像
BW186	清铜鎏金菩萨坐像	1	雕塑、造像
BW187	清铜鎏金释迦牟尼坐像	1	雕塑、造像
BW188	清铜鎏金释迦牟尼坐像	1	雕塑、造像
BW189	清铜鎏金释迦牟尼坐像	1	雕塑、造像
BW190	清铜鎏金菩萨坐像	1	雕塑、造像
BW191	清铜鎏金释迦牟尼坐像	1	雕塑、造像
BW192	明铜鎏金释迦牟尼坐像	1	雕塑、造像
BW193	清铜鎏金绿度母坐像	1	雕塑、造像
BW194	明铜鎏金力士立像	1	雕塑、造像
BW195	清铜鎏金释迦牟尼坐像	1	雕塑、造像
BW196	清铜鎏金释迦牟尼坐像	1	雕塑、造像
BW197	清铜鎏金菩萨坐像	1	雕塑、造像

(续表)

藏品编号	名　　称	数量	类别
BW198	清铜鎏金释迦牟尼坐像	1	雕塑、造像
BW199	民国铜释迦牟尼坐像	1	雕塑、造像
BW200	清铜鎏金释迦牟尼坐像	1	雕塑、造像
BW201	清铜菩萨坐像	1	雕塑、造像
BW202	清掐丝珐琅座鎏金铜佛坐像	1	雕塑、造像
BW203	清"大清乾隆年敬造"铜鎏金菩萨坐像	1	雕塑、造像
BW204	清铜鎏金释迦牟尼坐像	1	雕塑、造像
BW205	清铜鎏金菩萨坐像	1	雕塑、造像
BW206	清铜鎏金释迦牟尼坐像	1	雕塑、造像
BW207	民国铜鎏金观音坐像	1	雕塑、造像
BW208	清铜释迦牟尼坐像	1	雕塑、造像
BW209	清铜释迦牟尼坐像	1	雕塑、造像
BW210	清铜鎏金释迦牟尼坐像	1	雕塑、造像
BW211	民国铜观音菩萨立像	1	雕塑、造像
BW212	清铜鎏金释迦牟尼坐像	1	雕塑、造像
BW213	清铜鎏金弥勒佛坐像	1	雕塑、造像
BW214	清铜鎏金释迦牟尼坐像	1	雕塑、造像
BW215	清铜鎏金释迦牟尼坐像	1	雕塑、造像
BW216	清铜释迦牟尼坐像	1	雕塑、造像
BW217	民国铜鎏金观音坐像	1	雕塑、造像
BW218	民国铜释迦牟尼坐像	1	雕塑、造像
BW219	明铜菩萨坐像	1	雕塑、造像
BW220	清铜鎏金菩萨坐像	1	雕塑、造像
BW221	清铜鎏金释迦牟尼坐像	1	雕塑、造像
BW222	明铜菩萨坐像	1	雕塑、造像
BW223	民国铜鎏金观音坐像	1	雕塑、造像
BW224	清铜鎏金释迦牟尼坐像	1	雕塑、造像
BW225	清铜鎏金菩萨立像	1	雕塑、造像
BW226	清铜鎏金菩萨立像	1	雕塑、造像
BW227	清铜鎏金菩萨立像	1	雕塑、造像
BW228	明彩绘铜菩萨坐像	1	雕塑、造像
BW229	清铜释迦牟尼立像	1	雕塑、造像
BW230	民国仿宣德双耳三足炉	1	铜器
BW231	民国仿宣德双耳三足铜炉	1	铜器
BW232	民国仿宣德双耳三足铜炉	1	铜器
BW233	民国仿宣德双耳三足铜炉	1	铜器
BW234	民国仿宣德双耳三足铜炉	1	铜器
BW235	民国仿宣德双耳三足铜炉	1	铜器
BW236	民国仿宣德双耳三足铜炉	1	铜器
BW237	民国仿宣德双耳三足铜炉	1	铜器
BW238	民国仿宣德龙纹双耳三足铜炉	1	铜器
BW239	民国仿宣德双耳三足铜炉	1	铜器
BW240	民国仿宣德双耳三足铜炉	1	铜器
BW241	民国仿宣德双耳三足铜炉	1	铜器
BW242	民国仿宣德双耳三足铜炉	1	铜器
BW243	民国仿宣德双耳三足铜炉	1	铜器
BW244	民国仿宣德双耳三足铜炉	1	铜器
BW245	民国仿宣德双耳三足铜炉	1	铜器
BW246	清铜盆	1	铜器
BW247	民国仿宣德双耳三足铜炉	1	铜器
BW248	民国仿宣德双耳三足铜炉	1	铜器

（续表）

藏品编号	名　　称	数量	类别
BW249	清铜盆	1	铜器
BW250	清双龙耳三足铜炉	1	铜器
BW251	清双龙耳三足铜炉	1	铜器
BW252	清如意形铜帐钩	1	铜器
BW253	清如意形铜帐钩	1	铜器
BW254	清如意形铜帐钩	1	铜器
BW255	清如意形铜帐钩	1	铜器
BW256	清如意形铜帐钩	1	铜器
BW257	清如意形银帐钩	1	金银器
BW258	清仿古兽面纹双耳铜壶	1	金银器
BW259	清仿古兽面纹双耳铜鼎	1	铜器
BW260	清桃形铜旗杆顶	1	铜器
BW261	清桃形铜旗杆顶	1	铜器
BW262	明铁炮	1	铁器、其他金属器
BW263	明铁炮	1	铁器、其他金属器
BW264	明铁炮	1	铁器、其他金属器
BW265	明"大明弘治年制"铜炮	1	铜器
BW266	清铜洗	1	铜器
BW267	宋铜饼	1	铜器
BW268	清铜笙座	1	乐器、法器
BW269	清铜笙座	1	乐器、法器
BW270	清铜蜡台	1	铜器
BW271	清铜蜡台	1	铜器
BW272	清铜蜡台	1	铜器
BW273	清铜磬	1	乐器、法器
BW274	清铜磬	1	乐器、法器
BW275	清铜磬	1	乐器、法器
BW276	清铜磬	1	乐器、法器
BW277	清铜磬	1	乐器、法器
BW278	清铜磬	1	乐器、法器
BW279	清铜磬	1	乐器、法器
BW280	清铜磬	1	乐器、法器
BW281	清铜磬	1	乐器、法器
BW282	清铜磬	1	乐器、法器
BW283	清铜磬	1	乐器、法器
BW284	清铜磬	1	乐器、法器
BW285	清铜磬	1	乐器、法器
BW286	日本"日本昭和十一年"铭文铜磬	1	乐器、法器
BW287	清素面铜镜	1	铜器
BW288	明凸弦纹铜镜	1	铜器
BW289	清"乾隆二十六年"制命	1	档案文书
BW290	清"乾隆二年"诰命	1	档案文书
BW291	清嘉庆戊辰《释迦如来成道记》刻本	4	古籍图书
BW292	北魏正光四年《鞠彦云墓志》拓片	1	碑帖拓本
BW293	清乾隆东巡亲祀碑拓片	1	碑帖拓本
BW294	清末民初吉林永衡钱帖	1	钱币
BW296	明茶末绿釉梅瓶	1	瓷器
BW297	明孔雀绿釉炉	1	陶器

（续表）

藏品编号	名　　称	数量	类别
BW298	金茶末绿釉罐	1	瓷器
BW299	明人物纹铜镜	1	铜器
BW300	金铁镬	1	铁器、其他金属器
BW301	汉四乳铭文铜镜	1	铜器
BW302	金"状元及弟"铜镜	1	铜器
BW303	宋"大观通宝"铜钱	1	铜器
BW305	清"孙星衍"云龙纹石砚	1	石器、石刻、砖瓦
BW306	清梅枝纹石砚	1	石器、石刻、砖瓦
BW307	清粉彩寿字纹画缸	4	瓷器
BW308	青铜时代凌河文化石斧	1	石器、石刻、砖瓦
BW309	清"鸾凤和鸣"铜镜	1	铜器
BW310	清弦纹铜镜	1	铜器
BW311	金白釉罐	1	陶器
BW312	金茶末绿釉瓶	1	陶器
BW313	明铜鎏金罗汉坐像	1	雕塑、造像
BW314	明铜鎏金地藏菩萨坐像	1	雕塑、造像
BW315	明铜鎏金释迦牟尼坐像	1	雕塑、造像
BW316	明铜鎏金罗汉坐像	1	雕塑、造像
BW317	明铜天王立像	1	雕塑、造像
BW318	明铜鎏金天王立像	1	雕塑、造像
BW319	明铜鎏金观音立像	1	雕塑、造像
BW320	明铜鎏金释迦牟尼坐像	1	雕塑、造像
BW321	明铜鎏金菩萨立像	1	雕塑、造像
BW322	明铜鎏金释迦牟尼坐像	1	雕塑、造像
BW323	清"乾隆庚寅年"铜鎏金菩萨坐像	1	雕塑、造像
BW324	清铜鎏金释迦牟尼立像	1	雕塑、造像
BW326	元磁州窑白釉铁彩双凤纹罐	1	瓷器
BW327	辽"耶律宗教"石墓志、志盖	2	石器、石刻、砖瓦
BW328	辽"秦晋国妃"石墓志、志盖	2	石器、石刻、砖瓦
BW329	辽"耶律宗政"石墓志、志盖	2	石器、石刻、砖瓦
BW330	辽"耶律宗允"石墓志、志盖	2	石器、石刻、砖瓦
BW331	清铜鎏金菩萨坐像	1	雕塑、造像
BW332	明铜鎏金释迦牟尼坐像	1	雕塑、造像
BW333	明铜鎏金释迦牟尼坐像	1	雕塑、造像
BW334	明铜鎏金释迦牟尼坐像	1	雕塑、造像
BW335	明铜鎏金释迦牟尼坐像	1	雕塑、造像
BW336	清铜鎏金绿度母坐像	1	雕塑、造像
BW337	明铜鎏金菩萨坐像	1	雕塑、造像
BW338	清铜鎏金宗克巴坐像	1	雕塑、造像
BW339	明铜鎏金释迦牟尼坐像	1	雕塑、造像
BW340	清铜释迦牟尼坐像	1	雕塑、造像
BW341	明铜鎏金菩萨坐像	1	雕塑、造像
BW342	清铜鎏金释迦牟尼坐像	1	雕塑、造像

藏品编号	名称	数量	类别
BW343	清铜鎏金金刚坐像	1	雕塑、造像
BW344	清铜释迦牟尼坐像	1	雕塑、造像
BW345	清铜鎏金菩萨坐像	1	雕塑、造像
BW346	清铜菩萨坐像	1	雕塑、造像
BW347	清铜鎏金菩萨坐像	1	雕塑、造像
BW348	明铜鎏金韦驮立像	1	雕塑、造像
BW349	明铁炮	1	铁器、其他金属器
BW350	金六耳铜釜	1	铜器
BW351	金六耳铁釜	1	铁器、其他金属器
BW352	金铁穿	1	铁器、其他金属器
BW353	金铁釜	1	铁器、其他金属器
BW354	元钧釉碗	1	瓷器

黑山县文物保护管理所藏品信息表

藏品编号	名称	数量	类别
HS001	金楼阁纹铜镜	1	铜器
HS002	宋舞凤狻猊葵花式铜镜	1	铜器
HS003	清"五子登科"铭铜镜	1	铜器
HS004	宋鸾鸟花枝纹葵花式铜镜	1	铜器
HS005	元锯齿纹铜镜	1	铜器
HS006	金"兵马副都之印"铜印	1	铜器
HS007	民国铜观音菩萨坐像	1	铜器
HS008	金黑釉铁彩连弧纹钵	1	瓷器
HS009	金黑釉铁彩草叶纹钵	1	瓷器
HS010	明白釉铁彩花卉纹罐	1	瓷器
HS011	元白釉铁彩开光牡丹花纹罐	1	瓷器
HS012	金白釉碗	1	瓷器
HS013	元白釉铁彩碗	1	瓷器
HS014	元白釉铁彩开光龙凤纹罐	1	瓷器
HS015	金酱釉铁彩边弧纹碗	1	瓷器
HS016	金黑釉碗	1	瓷器
HS017	元黑釉兔毫斑碗	1	瓷器
HS018	猪首形饰件	1	石器、石刻、砖瓦
HS019	金铁铲	1	铁器、其他金属器
HS020	金铁锄	1	铁器、其他金属器
HS021	辽代铁马蹬	2	铁器、其他金属器
HS022	金六耳铁锅	1	铁器、其他金属器
HS023	元绿釉缸	1	瓷器
HS024	元黑釉缸	1	瓷器
HS025-01	唐"开元通宝"铜钱	104	钱币
HS025-02	北宋"熙宁元宝"铜钱	102	钱币
HS025-03	北宋"元丰通宝"铜钱	144	钱币
HS025-04	北宋"元丰通宝"铜钱	67	钱币
HS025-05	北宋"熙宁重宝"铜钱	48	钱币
HS025-06	北宋"崇宁重宝"铜钱	26	钱币
HS025-07	北宋"宣和通宝"铜钱	6	钱币
HS025-08	北宋"宋元通宝"铜钱	4	钱币
HS025-09	北宋"圣宋元宝"铜钱	14	钱币
HS025-10	北宋"景德元宝"铜钱	10	钱币
HS025-11	北宋"至和元宝"铜钱	6	钱币
HS025-12	北宋"天圣元宝"铜钱	43	钱币
HS025-13	北宋"至道元宝"铜钱	26	钱币
HS025-14	北宋"元祐通宝"铜钱	73	钱币
HS025-15	北宋"天禧通宝"铜钱	24	钱币
HS025-16	北宋"祥符元宝"铜钱	53	钱币
HS025-17	北宋"治平元宝"铜钱	26	钱币
HS025-18	北宋"政和通宝"铜钱	30	钱币
HS025-19	北宋"皇宋通宝"铜钱	60	钱币
HS025-20	北宋"大观通宝"铜钱	15	钱币
HS025-21	北宋"淳化元宝"铜钱	11	钱币
HS025-22	北宋"咸平元宝"铜钱	24	钱币
HS025-23	北宋"嘉祐元宝"铜钱	16	钱币
HS025-24	北宋"绍圣元宝"铜钱	20	钱币
HS025-25	北宋"太平通宝"铜钱	9	钱币
HS026	元黑釉双耳罐	1	瓷器
HS027	清各式发簪	16	金银器
HS028	清银首饰	6	金银器
HS029	元铁马衔	1	铁器、其他金属器
HS030	金白釉铁彩"王"字纹碗	1	瓷器
HS031	金酱釉彩斑碗	1	瓷器
HS032	金褐釉铁彩连弧纹碗	1	瓷器
HS033	金黑釉碗	1	瓷器
HS034	金酱釉连弧纹碗	1	瓷器
HS035	金酱釉碗	1	瓷器
HS036	金酱釉碗	1	瓷器
HS037	金酱釉铁彩连弧纹碗	1	瓷器
HS038	金黑釉碗	1	瓷器
HS039	金褐釉碗	1	瓷器
HS040	金黑釉碗	1	瓷器
HS041	金褐釉碗	1	瓷器
HS042	金酱釉碗	1	瓷器
HS043	金褐釉碗	1	瓷器
HS044	元白釉铁彩牡丹花纹盘	1	瓷器

(续表)

藏品编号	名　称	数量	类别
HS045	元白釉铁彩牡丹花纹盘	1	瓷器
HS046	元白釉铁彩牡丹花纹盘	1	瓷器
HS047	元白釉铁彩牡丹花纹盘	1	瓷器
HS048	元白釉铁彩牡丹花纹盘	1	瓷器
HS049	元白釉铁彩牡丹花纹盘	1	瓷器
HS050	元白釉铁彩牡丹花纹盘	1	瓷器
HS051	元白釉铁彩牡丹花纹盘	1	瓷器
HS052	元白釉铁彩牡丹花纹盘	1	瓷器
HS053	元白釉铁彩牡丹花纹盘	1	瓷器
HS054	金六耳铁锅（残）	1	铁器、其他金属器
HS055	新石器时代高台山文化石斧	1	石器、石刻、砖瓦
HS056	青铜时代高台山文化石杵（残）	1	石器、石刻、砖瓦
HS057	青铜时代高台山文化石斧	1	石器、石刻、砖瓦
HS058	青铜时代高台山文化石斧	1	石器、石刻、砖瓦
HS059	青铜时代高台山文化石钺	1	石器、石刻、砖瓦
HS060	青铜时代高台山文化石斧	1	石器、石刻、砖瓦
HS061	金酱釉碗	1	瓷器
HS062	元钧釉碗	1	瓷器
HS063	元钧釉碗	1	瓷器
HS064	金双鱼纹铜镜	1	铜器
HS065	元白釉铁彩花叶纹四系瓶	1	瓷器
HS066	金双龙纹铜镜	1	铜器
HS067	辽灰陶罐	1	陶器
HS068	辽灰陶三足双环耳炉	1	陶器
HS069	北宋景德镇窑青白瓷花式口碟	1	瓷器
HS070	辽白釉刻萱草纹碟	1	瓷器
HS071	金褐釉双系罐	1	瓷器
HS072-1	金黑釉葫芦形执壶	4	瓷器
HS072-2	金、白黑釉瓶	3	瓷器
HS073	辽龙柄铜匜	1	铜器
HS074	辽童子铜挂件	1	雕塑、造像
HS075	辽童子铜挂件	1	雕塑、造像
HS076	金白瓷碗	1	瓷器
HS077	清云龙纹铜印牌	1	铜器
HS078	战国"明"刀币	3	钱币
HS079	金铁钁	1	铁器、其他金属器
HS080	金铁镫头	1	铁器、其他金属器
HS081	金铁镐	1	铁器、其他金属器
HS082	金剥皮铁刀	1	铁器、其他金属器

(续表)

藏品编号	名　称	数量	类别
HS083	金铁矛	1	铁器、其他金属器
HS084	金铁镰	1	铁器、其他金属器
HS085	金铁匕首	1	铁器、其他金属器
HS086	金铁车辖	1	铁器、其他金属器
HS087	青铜时代凌河文化曲刃铜剑剑身（残）	1	铜器
HS088	青铜时代凌河文化石棍棒头	1	石器、石刻、砖瓦
HS089	汉狮纽铜印	1	铜器
HS090	青铜时代凌河文化铜斧	1	武器
HS091	清石雕件	1	石器、石刻、砖瓦
HS092	青铜时代凌河文化石斧	1	石器、石刻、砖瓦
HS093	青铜时代凌河文化石斧	1	石器、石刻、砖瓦
HS094	青铜时代凌河文化石斧	1	石器、石刻、砖瓦
HS095	辽白瓷卧狮形摆件	1	瓷器
HS096	隋铁镞	22	武器
HS097	隋铁镞	24	武器
HS098	隋铁马蹬	6	铁器、其他金属器
HS099	隋铁带扣	18	铁器、其他金属器
HS100	隋铁甲片	156	铁器、其他金属器
HS101	明铁马衔	1	铁器、其他金属器
HS102	隋铁铲	3	铁器、其他金属器
HS103	隋铁穿	1	铁器、其他金属器
HS104	隋铁矛	2	铁器、其他金属器
HS105	隋铁矛	3	铁器、其他金属器
HS106	隋铁器	8	铁器、其他金属器
HS107	隋铁釜	1	铁器、其他金属器
HS108	金代六耳铜锅	1	铜器
HS109	明黑釉罐	1	瓷器
HS110	金黑釉罐	1	瓷器
HS111	汉卷云纹瓦当	1	石器、石刻、砖瓦
HS112	汉卷云纹半瓦当（残）	1	石器、石刻、砖瓦

(续表)

藏品编号	名　称	数量	类别
HS113	明瑞兽纹铜镜	1	铜器
HS114	虎头山金代窖藏铜钱	102	钱币
HS115	明板瓦	1	石器、石刻、砖瓦
HS116	汉网格纹灰陶拍（残）	1	陶器
HS117-01	清大清铜币	420	钱币
HS117-02	清大清铜币	18	钱币
HS117-03	清大清铜币	10	钱币
HS118	清银首饰	6	金银器
HS119	清银手镯	3	金银器
HS120	清白料顶珠	1	玻璃器
HS121	宋铜钱	65	钱币
HS122-01	民国时期伪满洲国镍币	24	钱币
HS122-02	民国时期伪满洲国镍币	13	钱币
HS122-03	民国时期伪满洲国镍币	59	钱币
HS122-04	民国时期伪满洲国镍币	23	钱币
HS123	辽花卉纹铜镜（残）	1	铜器
HS124	元白釉铁彩鱼藻纹盆	1	瓷器

(续表)

藏品编号	名　称	数量	类别
HS125	元黑釉碗	1	瓷器
HS126	金黑釉碟	1	瓷器
HS127	元酱釉碟	1	瓷器
HS128	金青白釉马佣	1	瓷器
HS129	清黑釉印花灯碗	1	陶器
HS130	清青花花卉纹碗	1	瓷器
HS131	清青瓷博古纹鼻烟壶	1	瓷器
HS132	金铁蒺藜	2	武器
HS133	汉封泥	1	玺印符牌
HS134	清"光绪元宝"银币	16	钱币
HS135	辽灰陶骰子	1	陶器
HS136	黑山阻击战"101"高地遗址出土铝碗	1	铁器、其他金属器
HS137	金仿汉连弧铭文镜	1	铜器
HS138	战国明刀币	86	钱币
HS139	青铜时代高台山文化石锛	1	石器、石刻、砖瓦

辽沈战役纪念馆藏品信息表

藏品编号	名　称	数量	类　别
0001	1953年8月17日锦西县人民委员会塔山战役纪文	1	档案文书
0002	解放战争时期黑山县十区妇联奖给第五街的"支前先锋"锦旗	1	文件、宣传品
0003	1948年黑山县委会印发的贺年折	1	其他
0004	1948年2月锦州人民报社印《土改文献》（第一集）	1	档案文书
0005	1947年12月25日毛泽东著《目前形势和我们的任务》	1	古籍图书
0006	1948年11月1日尚炳勋支前证明书	1	档案文书
0007	1948年东北邮电管理总局发行的纪念东北解放邮票	1	邮品
0008	1948年5月绥中四区关于筹集生铁的鸡毛信	3	档案文书
0009	解放战争时期任弼石著《土地改革中的几个问题》	1	古籍图书
0010	解放战争时期十八地委宣传部汇编《新收复城市和新区政策》（二）	1	古籍图书
0011	1945年8月20日《新闻汇报》第21期增刊	1	文件、宣传品
0012	1945年8月29日《新闻汇报》第29期	1	文件、宣传品
0013	1948年3月28日东北书店辽北分店印行的《东北局关于平分土地运动的基本总结》	1	古籍图书
0014	1948年5月12日中共辽吉省委印《突击开荒及时下种为超过耕地四百万垧而斗争》	1	档案文书
0015	解放战争时期中共辽吉省委翻印的《执行中央"五四"指示的基本总结及今后任务》	1	文件、宣传品
0016	1948年《哈尔滨特别市战时暂行劳动法初步草案》	1	档案文书
0017	解放战争时期绥中马尾沟村王廷来用过的梭标	1	武器
0018	解放战争时期绥中马尾沟村自卫队臂章	1	其他
0019	解放战争时期绥中马尾沟村自卫队用过的梭标	1	武器
0020	1947年11月绥中马尾沟村土改地富物件账	1	档案文书
0021	解放战争时民兵于占和使用的背包	1	织绣
0022	1946年辽西区派公粮小米贰斤饭票	1	票据
0023	1946年辽西区派公粮小米叁斤饭票	1	票据
0024	解放战争时期董万功荣获的"人民柱石"锦旗	1	文件、宣传品
0025	1947年晋察冀边区银行发行的伍仟元纸币	1	钱币

(续表)

藏品编号	名　　称	数量	类别
0026	1948年长城银行发行的贰佰元冀察热辽流通券	1	钱币
0027	1948年10月10日义县清河门村外出路条	2	其他
0028	1948年2月2日阜新腰衡门村分配银器名簿	1	档案文书
0029	1948年东北粮食总局发行前方战区特种粮票	1	票据
0030	1947年东北粮食总局发行公粮新区特种支拨证	1	票据
0031	1947年11月至1948年1月东北军区《自卫》合订本（102—120期）	1	文件、宣传品
0032	1947年4月6日一纵一师《三下江南政治工作总结报告》	1	古籍图书
0033	1948年3月18日一纵一师《战斗》报第312期	1	文件、宣传品
0034	1948年东北邮电管理总局发行的纪念东北解放邮票	1	邮品
0035	1948年10月4日一纵下发的《秋季攻势战役动员令》	1	档案文书
0036	1948年10月15日一纵《为坚决打援保证攻锦战役的圆满胜利告全体指战员书》	1	档案文书
0037	1948年10月26日一纵下发的《为争取"东北大决战战斗英雄连"的光荣称号而奋斗》的号召	1	文件、宣传品
0038	1948年5月7日十纵八十二团《战火》	1	文件、宣传品
0039	1948年9月1日冀察热辽办事处关于发行军用临时借粮证的通知	1	文件、宣传品
0040	1948年10月2日十八分区关于各县担架团向绥中担架团应战情形上报的通知	1	文件、宣传品
0041	1948年10月6日热河省武装部匪情通报	1	档案文书
0042	1948年9月26日绥中县参战团营连全体干部挑战书	1	文件、宣传品
0043	1948年8月20日十八分区武装部关于武装保卫秋收工作的指示	1	文件、宣传品
0044	1948年7月30日十八分区关于统一保管统一收发战鞋的联合通知	1	文件、宣传品
0045	1948年8月3日十八分区关于统一规定剿匪明暗联络记号的密令	1	档案文书
0046	1948年9月至12月十八公署为野战军收集空汽油桶以便输送食用油的通知	1	文件、宣传品
0047	1948年10月29日冀察热辽十八公署关于发动群众捐献干菜支援前线的指示	1	文件、宣传品
0048	1948年8月1日冀察热辽十八分区后勤部关于兵站工作的命令	1	文件、宣传品
0049	1948年7月19日十八分区关于民兵剿匪供给问题和县区指挥部经费问题的联合通知	1	文件、宣传品
0050	1948年6月22日十八分区后勤部关于在民兵中开展立功运动的通知	1	文件、宣传品
0051	1948年6月8日十八分区后勤部关于优待反战蒋军吃饭办法的通知	1	文件、宣传品
0052	1948年6月9日十八分区后勤司令部关于民兵剿匪的指示	1	文件、宣传品
0053	1948年4月15日热河省人民爱国自卫战争勤务条例	1	文件、宣传品
0054	1948年6月8日十八分区后勤司令部关于检阅全分区担架及畜力组织动员情况的通知	1	文件、宣传品
0055	1947年4月3日东北民主联军一师二团姜家屯歼灭战（迁期遭遇）战斗汇报	1	档案文书
0056	1947年4月东北民主联军一师二团罗家屯战斗汇报	1	档案文书
0057	1947年一纵一师政治部编印的《张麻子沟歼灭战》	1	古籍图书
0058	解放战争时期安东日报社编印的《彻底平分土地》	1	古籍图书
0059	1947年9月辽东日报社翻印的《中国土地法大纲》	1	古籍图书
0060	1947年至1948年复县白水井村审判团标签	1	其他
0061	1947年至1948年复县白水井村儿童团臂章	1	其他
0062	1947年至1948年复县白水井村妇女会臂章	1	其他
0063	1947年至1948年复县白水井村农民翻身会臂章	1	其他
0064	1947年至1948年复县白水井村自卫队员臂章	1	其他
0065	1947年至1948年复县白水井村贫农团部公安队员臂章	1	其他
0066	1948年1月22日复县白水井村果实分配台账	1	档案文书
0067	1948年1月5日复县白水井村翻身大队斗争账本	1	档案文书
0068	1948年3月5日邵力君给各村贫农团妇女委员及全村姐妹们的信	1	档案文书
0069	1948年11月24日隋忠给各村贫雇农大会的信	1	档案文书
0070	1948年12月14日隋忠给各村贫雇农团大会妇女儿童团的信	1	档案文书
0071	1947年新金县农会临时委员会《告农民书》	1	档案文书
0072	1947年至1948年孙守金使用的马鞭子	1	皮革

（续表）

藏品编号	名　　称	数量	类　别
0073	1947年至1948年自卫队员孙守金用的背包	1	织绣
0074	1947至1948年孙守金穿过的乌拉鞋	2	皮革
0075	1948年2月21日法库县四台子村土改阶级划清册	1	档案文书
0076	1947年至1948年法库县慈恩寺村农民会主任臂章	1	其他
0077	1947年至1948年法库县慈恩寺村工农会主席臂章	1	其他
0078	1947年至1948年支援前线民工穿的毡袜	2	织绣
0079	1947年至1948年担架队员穿过的乌拉鞋	2	皮革
0080	1947年至1948年法库县慈恩寺村土改仗地用绳	1	其他
0081	1947年至1948年法库县慈恩寺村土改时期用过的木枪	1	武器
0082	1946年东北民主联军二师工作模范奖章	1	文件、宣传品
0083	1946年东北民主联军二师模范党员奖章	1	文件、宣传品
0084	1946年东北民主联军二师战斗模范奖章	1	文件、宣传品
0085	1947年法库县秀水河子村东北段土地分配账本	1	档案文书
0086	1948年4月24日冀察热辽军区后勤司令部动员证	1	档案文书
0087	1947年东北野战军使用的擦枪油壶	1	其他
0088	1947年10月10日热东人民报社印《四大文件》	1	古籍图书
0089	1948年12月23日锦县委会翻印的中共中央东北局对新区土改的指示	1	档案文书
0090	1948年《中共中央关于一九三三年两个文件的决定》	1	文件、宣传品
0091	1948年11月辽沈战役中部分俘虏花名册	1	档案文书
0092	1948年12月9日北镇县孙馨远县长工作总结	1	档案文书
0093	1946年3月7日刘占奎卖地文契	1	档案文书
0094	1948年1月杜作宾的土地执照和地契	2	档案文书
0095	1948年12月5日冀察热辽办事处关于印行新支柴支油支盐证的通知	1	文件、宣传品
0096	1948年12月4日关于发动群众为支援前线而捐献干菜的通知	1	文件、宣传品
0097	1948年10月7日十八公署为布置完成八万双棉鞋任务令	1	文件、宣传品
0098	1948年10月27日冀察热辽办事处关于发起后方生产自给的通知	1	文件、宣传品
0099	1948年9月27日冀察热辽办事处发行军用柴票及使用办法的通知	1	文件、宣传品
0100	1948年8月15日冀察热辽第十八行政专署为代做棉鞋以保证供给军用令	1	文件、宣传品
0101	1948年8月20日锦县政府为代做棉鞋以保证供给军需令	1	档案文书
0102	1948年1月1日锦县政府关于为部队输送食油大量收集容油器的通知	1	文件、宣传品
0103	1948年8月20日锦县政府关于限期完成战鞋入库的命令	1	档案文书
0104	1948年11月20日锦县政府关于保证军需限期完成棉鞋任务的通知	1	文件、宣传品
0105	1948年12月1日锦县政府为明确做鞋与布置新夹鞋任务的通知	1	文件、宣传品
0106	1948年10月4日锦县战委会为突击完成借征粮与新借粮任务的紧急通知	1	文件、宣传品
0107	1948年锦县各区新兵花名册	1	档案文书
0108	1948年锦县各区上交支前物品收据存根	1	票据
0109	1948年11月东北行政委员会冀察热辽办事处发行的支料证	1	票据
0110	1948年11月东北行政委员会冀察热辽办事处发行的支料证	1	票据
0111	1948年11月东北行政委员会冀察热辽办事处发行的支料证	1	票据
0112	1948年11月东北行政委员会冀察热辽办事处发行的支料证	1	票据
0113	1948年12月1日东北粮食总局制发的东北解放区前方粮票	1	票据
0114	1948年11月东北行政委员会冀察热辽办事处发行的支草证	1	票据
0115	1948年11月东北行政委员会冀察热辽办事处发行的支草证	1	票据
0116	1948年11月东北行政委员会冀察热辽办事处发行的支草证	1	票据
0117	1948年12月东北行政委员会冀察热辽办事处发行的支粮证	1	票据
0118	1948年11月东北行政委员会冀察热辽办事处发行的支粮证	1	票据
0119	1948年11月东北行政委员会冀察热辽办事处发行的支粮证	3	票据
0120	1948年11月东北行政委员会冀察热辽办事处发行的支粮证	1	票据
0121	1948年11月东北行政委员会冀察热辽办事处发行的支粮证	1	票据
0122	1948年11月东北行政委员会冀察热辽办事处发行的支粮证	3	票据
0123	1948年11月东北行政委员会冀察热辽办事处发行的支粮证	3	票据
0124	1948年9月至12月东北行政委员会冀察热辽办事处发行的军用临时借粮证	1	票据

(续表)

藏品编号	名　　称	数量	类　别
0125	1948年11月东北行政委员会冀察热辽办事处发行的军用临时借粮证	1	票据
0126	1948年11月东北行政委员会冀察热辽办事处发行的支粮证	1	票据
0127	1948年11月东北行政委员会冀察热辽办事处发行的支柴证	1	票据
0128	1948年11月东北行政委员会冀察热辽办事处发行的军用草票	2	票据
0129	1948年11月东北行政委员会冀察热辽办事处印制的军用草票	1	票据
0130	1948年8月至10月热河省粮食局印制的草票	1	票据
0131	1948年9月1日东北粮食总局印制的临时借粮证	1	票据
0132	1948年9月1日东北粮食总局印制的临时借粮证	1	票据
0133	1948年12月至1949年11月东北粮食总局制发的东北解放区前方粮票	1	票据
0134	1948年12月1日东北粮食总局制发的东北解放区前方粮票	1	票据
0135	1957年11月2日朱德题"辽沈战役革命烈士永垂不朽"	1	名人遗物
0136	1957年11月2日辽沈战役纪念塔塔身蓝图		档案文书
0137	1948年11月3日《关东日报》号外	1	文件、宣传品
0138	1948年10月18日捷报	1	文件、宣传品
0139	1948年12月锦西县二区杨家沟村交纳公粮收据	2	票据
0140	1947年至1948年法库县秀水河子村查评地登记表	1	档案文书
0141	1945年2月30日通化日报社编印的《呼吁和平 反对内战》	1	古籍图书
0142	1945年辽东建国书社出版的《政治协商会议集》	1	古籍图书
0143	1948年7月30日冀察热辽十八分区关于武器登记给喀左旗的命令	1	档案文书
0144	1947年10月18日陈云在柳河工作团干部会议上关于群运基本问题的报告	1	档案文书
0145	1948年9月九纵炮团三营张春山的参军证明书	1	档案文书
0146	1948年锦西县门道沟村仲为德战勤服务证	1	档案文书
0147	1946年骑兵师二团韩才的革命军人家属证明书	1	档案文书
0148	1947年7月1日范久长的毕业证书	1	档案文书
0149	1948年11月19日一纵一师《战斗》报第398期	1	文件、宣传品
0150	1948年10月10日锦西县郭仪的战勤服务证	1	档案文书
0151	1948年11月17日第六师请建昌县照顾王文和家属的函	1	档案文书
0152	1948年二纵《前进》报副刊	1	文件、宣传品
0153	1948年开展诉苦运动初步的几点体会	1	档案文书
0154	1957年11月沈阳军区工程兵部在辽沈战役纪念塔落成典礼上敬哀的祭文	1	档案文书
0155	1957年11月2日三十八军在辽沈战役纪念塔落成典礼上敬哀的祭文	1	档案文书
0156	1957年11月2日台安县在辽沈战役纪念塔落成典礼上敬哀的祭文	1	档案文书
0157	1957年11月2日锦州造纸厂在辽沈战役纪念塔落成典礼上敬哀的祭文	1	档案文书
0158	1957年11月2日三十九军在辽沈战役纪念塔落成典礼上敬哀的祭文	1	档案文书
0159	1957年11月2日锦西县在辽沈战役纪念塔落成典礼上敬哀的祭文	1	档案文书
0160	1957年11月2日黄广生市长在辽沈战役纪念塔落成典礼上的致辞	5	档案文书
0161	1957年11月2日国家内务部长助理李芳远在辽沈战役纪念塔落成典礼上的讲话稿	4	档案文书
0162	1957年11月2日沈阳军区杜平在辽沈战役纪念塔落成典礼上的讲话稿	3	文件、宣传品
0163	1957年11月2日各界群众代表在辽沈战役纪念塔落成典礼上的祭文	4	档案文书
0164	1957年11月2日吉林省代表吴运田在辽沈战役纪念塔落成典礼上的讲话稿	5	档案文书
0165	1957年11月2日黑龙江省党政代表宗克文在辽沈战役纪念塔落成典礼上的讲话稿	3	档案文书
0166	1957年11月2日辽宁省各民主党派代表陈先舟在辽沈战役纪念塔落成典礼上的讲话稿	2	档案文书
0167	1957年11月2日烈士家属代表潘彩琴在辽沈战役纪念塔落成典礼上的讲话稿	1	档案文书
0168	1945年8月28日《新闻汇报》	1	文件、宣传品
0169	1945年8月28日《新闻汇报》	1	文件、宣传品
0170	1948年10月三纵二十四团七连三排荣获的"亮马山上打的硬"锦旗	1	文件、宣传品
0171	1948年3月三纵二十四团八连荣获的"林彪爆破连"锦旗	1	文件、宣传品
0172	1948年马云飞烈士照片	1	音像制品
0173	1948年10月朱瑞读过的《战术思想与战斗作风》	1	古籍图书

(续表)

藏品编号	名　称	数量	类　别
0174	1948年9月朱瑞读过的《五年工作总结及今后任务》	1	文件、宣传品
0175	1948年9月朱瑞读过的《毛泽东选集》	1	古籍图书
0176	1948年9月朱瑞读过的《苏联共产党历史》	1	古籍图书
0177	1948年9月朱瑞读过的《苏联共产党历史》	1	古籍图书
0178	1948年9月朱瑞读过的《整风文献》	1	古籍图书
0179	1948年9月朱瑞烈士读过的《苏联缩语新语词典》	1	古籍图书
0180	1948年9月朱瑞烈士读过的《海上述林》	1	古籍图书
0181	1948年朱瑞读过的《俄华合璧学生应用字典》	1	古籍图书
0182	1948年9月《东北画报》（41期）	1	文件、宣传品
0183	1953年8月1日杨国夫为黑山励家窝棚烈士纪念碑的题字	1	名人遗物
0184	1953年11月11日赖传珠题写的黑山励家窝棚烈士纪念塔碑文	1	档案文书
0185	1953年8月1日黄永胜为黑山励家窝棚烈士纪念塔的题字	1	档案文书
0186	1953年8月1日李作鹏为黑山励家窝棚烈士纪念塔的题字	1	档案文书
0187	1957年11月2日辽沈战役纪念塔落成典礼题字册	1	档案文书
0188	1948年10月二十八团一营教导员于新堂烈士照片	1	音像制品
0189	1948年9月朱瑞烈士生前学习留影	1	音像制品
0190	1948年9月朱瑞烈士牺牲时照片	1	音像制品
0191	1948年9月朱瑞烈士生前与战友合影照片	1	音像制品
0193	1948年9月朱瑞烈士生前穿的袜子	2	织绣
0194	1948年9月朱瑞烈士穿的皮拖鞋	2	皮革
0195	1948年9月朱瑞烈士用的皮手套	2	皮革
0196	1948年9月朱瑞读过的《论革命战争》	1	古籍图书
0197	1948年9月朱瑞读过的《中国革命战争的战略问题》	1	古籍图书
0198	1948年9月朱瑞读过的《论新阶段》	1	古籍图书
0199	1948年9月朱瑞读过的《察哈尔莱水岭村的土地复查》	1	档案文书
0200	1948年9月朱瑞烈士穿过的军装	2	织绣
0201	1948年9月朱瑞穿过的白衬衣	1	织绣
0202	1948年9月朱瑞使用的手帕	1	织绣
0203	1948年9月朱瑞烈士用过的背带	1	织绣
0204	1948年9月朱瑞烈士用过的包脚布	1	织绣
0205	解放战争时期朱瑞使用的牙刷	1	其他
0206	解放战争时期朱瑞烈士使用的眼镜片	2	玻璃器
0207	解放战争时期朱瑞使用的香皂盒	1	名人遗物
0208	解放战争时期朱瑞使用的象牙筷子	1	名人遗物
0209	1948年10月17日《炮校》第37期	1	文件、宣传品
0210	1948年10月19日《震空》报	1	文件、宣传品
0211	1948年朱瑞使用的蚊帐	1	名人遗物
0212	1948年10月三纵十九团一连荣获的"锦州尖刀连"锦旗	1	文件、宣传品
0213	1948年10月第三纵队七师十九团一连锦州战役登城红旗	1	文件、宣传品
0214	1948年10月三纵十九团一连荣获的"尖刀连"锦旗	1	文件、宣传品
0215	1947年10月17日三纵十九团八连二排荣获的"顽强攻下省政府"锦旗	1	文件、宣传品
0216	1948年10月三纵十九团荣获的"屡建伟勋的阶级硬骨头"锦旗	1	文件、宣传品
0217	1948年10月19日三纵七师《前卫报》第264期	1	文件、宣传品
0218	1948年10月19日三纵七师《前卫报》	1	文件、宣传品
0219	1948年10月21日三纵七师《前卫报》	1	文件、宣传品
0220	1948年11月3日三纵七师《前卫报》	1	文件、宣传品
0221	1948年11月4日三纵七师《前卫报》	1	文件、宣传品
0222	1948年11月12日三纵七师《前卫报》	1	文件、宣传品
0223	1948年11月14日三纵七师《前卫报》	1	文件、宣传品
0224-1	1948年11月17日三纵七师《前卫报》	1	文件、宣传品
0224-2	1948年11月19日三纵七师《前卫报》	1	文件、宣传品
0224-3	1948年11月20日三纵七师《前卫报》	1	文件、宣传品

（续表）

藏品编号	名　　称	数量	类　别
0225	1948年十纵八十二团《赶趟》报合订本	1	文件、宣传品
0226	1948年十纵八十二团《赶趟》报第350期	1	文件、宣传品
0227	1948年11月10日三纵七师为二十团记功授旗的通令	1	文件、宣传品
0228	1948年10月三纵二十团二连荣获的"大战凡尔登英雄建奇功"锦旗	1	文件、宣传品
0229	1948年10月三纵二十团二连机枪班荣获的"射击英雄班"锦旗	1	文件、宣传品
0230	1948年10月三纵七师奖给二十团二连一班"突破配水池的第一班"锦旗	1	文件、宣传品
0231	1948年11月国民党军用黄绒衣	1	织绣
0232	1948年二纵十五团参谋长高克照片	1	音像制品
0233	解放战争时期国民党军用钢盔	1	其他
0234	1948年10月二纵十五团八连梁士英烈士荣获的"功臣之家"锦旗	1	文件、宣传品
0235	1948年10月1日二纵十五团八连梁士英烈士的立功奖状	1	文件、宣传品
0236	1948年毛国荣获的立功证明书	1	文件、宣传品
0237	1948年九纵八十一团毛国荣获的战斗英雄代表会议纪念章	1	文件、宣传品
0238	1948年九纵八十一团毛国荣获的全国战斗英雄代表会议纪念章	1	文件、宣传品
0239	1948年毛国荣获的东北人民解放军勇敢奖章	1	文件、宣传品
0240	1948年九纵八十一团毛国荣获的艰苦奋斗奖章	1	文件、宣传品
0241	1948年10月九纵七十四团二连荣获的"守如泰山"锦旗	1	文件、宣传品
0242	1948年9月25日九纵七十四团一连"恶战在白老虎屯威震全国"锦旗	1	文件、宣传品
0243	1948年9月九纵七十四团一连荣获的"学习林司令战术的典范"锦旗	1	文件、宣传品
0244	1948年10月12日二纵《立功》第1期	1	文件、宣传品
0245	1948年10月14日《立功》第3期	1	文件、宣传品
0246	1948年李世贵的建功证明书	1	文件、宣传品
0247	1948年三纵十九团一连一排长李世贵的照片	1	音像制品
0248	1948年8月十一纵九十七团朱国斌的立功证明书	1	文件、宣传品
0249	1948年十一纵九十七团朱国斌荣获的勇敢奖章	1	文件、宣传品
0250	1948年三十九军立功画页（第一期）	1	音像制品
0251	1948年国民党军冀察热辽边区匪情动态判断要图	1	档案文书
0252	1948年10月14日中国人民解放军东北野战军司令部政治部布告	1	档案文书
0253	1948年1月1日锦州市政府布告	1	档案文书
0254	解放战争时期人民报社印《中共发言人发表和谈意见》	1	档案文书
0255	1948年朝锦义工作团编印《锦市简况》	1	档案文书
0256	1947年4月22日中共冀察热辽分局翻印的刘少奇同志给晋绥××等同志的信	1	档案文书
0257	1947年12月25日年热东人民报社印《目前形势和我们的任务》	1	古籍图书
0258	1949年人民报社印《将革命进行到底》新年献词	1	档案文书
0259	1947年中央分局宣传部印《人民解放军大举反攻》	1	古籍图书
0260	解放战争时期陈伯达著《发展工业的劳动政策和税收政策》	1	古籍图书
0261	1948年上海艺文社发行的《音乐入门》	1	古籍图书
0262	1948年四纵三十六团张凤山的"塔山英雄团纪念"背心	1	织绣
0263	1948年四纵三十六团张凤山的"白台山英雄团纪念"背心	1	织绣
0264	1948年10月马云飞穿过的上衣	1	织绣
0265	1948年10月马云飞读过的《中国共产党党章》	1	古籍图书
0266	1948年10月11日三纵九师关于"锦州战斗口号"的通知	1	文件、宣传品
0267	1948年10月8日三纵九师关于下发"打锦州鼓动口号"的通知	1	文件、宣传品
0268	1948年10月7日第三纵队《紧急动员起来完成攻取锦州的伟大历史任务》动员令	1	档案文书
0269	1949年4月22日龙江部队政治部印《捷报》	1	文件、宣传品
0270	1949年4月1日龙江部队政治部印《捷报》	1	文件、宣传品
0271	1947年6月15日第三纵队发布的战役动员令	1	档案文书
0272	1949年4月1日发布的中国人民解放军布告	1	档案文书
0273	1947年10月10日中国人民解放军总部颁布的电文	1	档案文书
0274	1948年5月1日东北人民解放军"告困守东北各城市国民党军官兵书"宣传单	1	文件、宣传品

(续表)

藏品编号	名　　称	数量	类　别
0275	1947年2月1日东北民主联军发布的"欢迎国民党军官举行爱国主义起义"宣传单	1	文件、宣传品
0276	解放战争时期国民党军马重山等发出的宣传单	1	文件、宣传品
0277	解放战争时期东北民主联军发布的宣传单	1	文件、宣传品
0278	1947年1月1日东北民主联军对放下武器的国民党军官兵处理办法的命令	1	档案文书
0279	1947年1月10日东北民主联军发布的宣传单	1	文件、宣传品
0280	1947年1月1日东北民主联军发布的宣传单	1	文件、宣传品
0281	1948年12月22日中国人民解放军平津前线司令部布告	1	档案文书
0282	1948年11月1日中国人民解放军惩处战犯命令	1	档案文书
0283	1948年1月21日东北野战军政治部印制的宣传单	1	档案文书
0284	1947年10月10日中国人民解放军宣言	1	文件、宣传品
0285	1947年10月10日胜利部反攻报社印行的号外	1	文件、宣传品
0286	1949年10月1日发布的中国人民解放军命令	1	档案文书
0287	1948年6月10日中共中央东北局关于保护新收复城市的指示	1	文件、宣传品
0288	1949年1月14日毛泽东主席发表关于时局的声明	1	文件、宣传品
0289	1949年1月21日东北野战军政治部印发的宣传单	1	文件、宣传品
0290	解放战争时期三纵首长慰问全体指战员书	1	档案文书
0291	1948年2月辽东军区政治部印《某纵队战士阶级教育经验》	1	古籍图书
0292	1947年4月2日辽东军区政治部印发的继续开展立功运动的指示	1	文件、宣传品
0293	1946年12月1日东北民主联军发布的训令	1	档案文书
0294	1957年11月2日中国民主同盟辽宁省委员会在辽沈战役纪念塔落成典礼上敬献的挽联	2	文件、宣传品
0295	1957年11月2日吉林省人民委员会在辽沈战役纪念塔落成典礼上敬献的挽联	1	文件、宣传品
0296	1957年11月2日中国共产党吉林省委员会在辽沈战役纪念塔落成典礼上敬献的挽联	1	文件、宣传品
0297	1957年中国人民解放军第三十九军在辽沈战役纪念塔落成典礼上敬献的挽联	1	文件、宣传品
0298	1957年11月2日中共义县县委、义县人委在辽沈战役纪念塔落成典礼上敬献的挽联	2	文件、宣传品
0299	1957年11月2日中国人民解放军第四十三军在辽沈战役纪念塔落成典礼上敬献的挽联	1	文件、宣传品
0300	1957年11月2日中国共产党辽宁省委员会在辽沈战役纪念塔落成典礼上敬献的挽联	1	文件、宣传品
0301	1957年11月2日辽宁省人民委员会在辽沈战役纪念塔落成典礼上敬献的挽帐	1	文件、宣传品
0302	1957年11月2日广州军区司令部政治部在辽沈战役纪念塔落成典礼上敬献的挽帐	1	文件、宣传品
0303	1957年11月2日台安县兵役局在辽沈战役纪念塔落成典礼上敬献的挽联	2	文件、宣传品
0304	1957年11月2日沈阳军区炮兵司令部政治部在辽沈战役纪念塔落成典礼上敬献的挽联	1	文件、宣传品
0305	1957年11月2日中国人民解放军第四十一军全体官兵在辽沈战役纪念塔落成典礼上敬献的挽联	2	文件、宣传品
0306	1957年11月2日中国人民解放军第四十七军全体官兵在辽沈战役纪念塔落成典礼上敬献的挽联	2	文件、宣传品
0307	1957年11月2日中国共产党步兵第一二九军委员会暨全体同志在辽沈战役纪念塔落成典礼上敬献的挽联	2	文件、宣传品
0308	1957年11月2日中国人民解放军〇九四八部队全体指战员在辽沈战役纪念塔落成典礼上敬挽之挽联	1	文件、宣传品
0309	1957年11月2日炮兵第一师全体官兵在辽沈战役纪念塔落成典礼上敬献的挽联	2	文件、宣传品
0310	1957年11月2日中国人民解放军五〇一三部队全体指战员在辽沈战役纪念塔落成典礼上敬献的挽联	2	文件、宣传品

（续表）

藏品编号	名　　称	数量	类　别
0311	1957年11月2日中国人民解放军第五十八文化补习学校在辽沈战役纪念塔落成典礼上敬献的挽联	1	文件、宣传品
0312	1957年11月2日辽宁省锦州市人民委员会在辽沈战役纪念塔落成典礼上敬献的挽联	2	文件、宣传品
0313	1957年11月2日中国人民解放军〇九五〇部队司令部政治部在辽沈战役纪念塔落成典礼上敬献的挽联	2	文件、宣传品
0314	1957年11月2日锦州市回民文化协进会在辽沈战役纪念塔落成典礼上敬献的挽联	2	文件、宣传品
0315	1957年11月2日中国人民解放军黑龙江省军区司令部政治部在辽沈战役纪念塔落成典礼上敬献的挽联	1	文件、宣传品
0316	1957年11月2日中国人民解放军锦州军分区全体官兵在辽沈战役纪念塔落成典礼上敬献的挽联	2	文件、宣传品
0317	1957年11月2日中国人民解放军沈阳军区装甲兵全体官兵在辽沈战役纪念塔落成典礼上敬献的挽联	2	文件、宣传品
0318	1957年11月2日中国人民解放军四十一军全体官兵在辽沈战役纪念塔落成典礼上敬献的挽联	1	文件、宣传品
0319	1957年11月2日中国人民解放军〇九五二部队全体指战员在辽沈战役纪念塔落成典礼上敬献的挽联	1	文件、宣传品
0320	1957年11月2日中国人民解放军第〇一三六部队全体指战员在辽沈战役纪念塔落成典礼上敬献的挽联	2	文件、宣传品
0321	1957年11月2日中国人民解放军第九一三八部队在辽沈战役纪念塔落成典礼上敬献的挽联	1	文件、宣传品
0322	1957年11月2日中国人民解放军第四十一军全体官兵在辽沈战役纪念塔落成典礼上敬献的挽联	1	文件、宣传品
0323	1957年11月2日中国国民党革命委员会辽宁省委员会在辽沈战役纪念塔落成典礼上敬献的挽联	2	文件、宣传品
0324	1957年11月2日辽宁军区全体官兵在辽沈战役纪念塔落成典礼上敬献的挽联	2	文件、宣传品
0325	1957年11月2日高坦在辽沈战役纪念塔落成典礼上敬献的挽联	2	文件、宣传品
0326	1957年11月2日锦州电业局在辽沈战役纪念塔落成典礼上敬献的挽联	2	织绣
0327	1957年11月2日在辽沈战役纪念塔落成典礼上中国民主促进会辽宁省委员会敬献的挽联	2	文件、宣传品
0328	1957年11月2日在辽沈战役纪念塔落成典礼上步兵第一四一师全体指战员敬献的挽联	1	文件、宣传品
0329	1957年11月2日在辽沈战役纪念塔落成典礼上解放军第二〇五医院全体同志敬献的挽联	2	织绣
0330	1957年11月2日在辽沈战役纪念塔落成典礼上中共黑龙江省委敬献的挽联	2	文件、宣传品
0331	1957年11月2日在辽沈战役纪念塔落成典礼上辽宁省民主妇女联合会敬献的挽联	2	文件、宣传品
0332	1957年11月2日在辽沈战役纪念塔落成典礼上解放军第一三九师全体指战员敬献的挽联	2	织绣
0333	1957年11月2日在辽沈战役纪念塔落成典礼上沈阳驻军全体官兵敬献的挽联	2	文件、宣传品
0334	1957年11月2日在辽沈战役纪念塔落成典礼上炮兵政治部司令部敬献的挽联	2	织绣
0335	1957年11月2日在辽沈战役纪念塔落成典礼上黑龙江省人民委员会敬献的挽联	2	文件、宣传品
0336	1957年11月2日在辽沈战役纪念塔落成典礼上锦州工农干部文化学校敬献的挽联	2	织绣
0337	1957年11月2日在辽沈战役纪念塔落成典礼上沈阳军区空军全体同志敬献的挽联	2	文件、宣传品
0338	1957年11月2日在辽沈战役纪念塔落成典礼上沈阳军区空军全体同志敬献的挽联	2	文件、宣传品
0339	1957年11月2日在辽沈战役纪念塔落成典礼上解放军总政治部敬献的挽联	1	文件、宣传品

(续表)

藏品编号	名　称	数量	类别
0340	1957年11月2日在辽沈战役纪念塔落成典礼上锦州地委、锦州专区敬献的挽联	2	文件、宣传品
0341	1957年11月2日在辽沈战役纪念塔落成典礼上锦州建筑公司敬献的挽联	1	文件、宣传品
0342	1949年3月20日第四十六军政治部编印的《白老虎连》	1	古籍图书
0343	1948年10月三纵二十五团一营一连荣获的"义州突破连"锦旗	1	文件、宣传品
0344	1948年9月三纵二十五团八连荣获的"攻得勇猛打得顽强大量歼敌的英雄连队"锦旗	1	文件、宣传品
0345	1948年9月三纵二十五团八连荣获的"勇敢顽强，越战越强"锦旗	1	文件、宣传品
0346	1948年10月三纵二十五团三连荣获的"顽强突击"锦旗	1	文件、宣传品
0347	1947年7月5日三纵九师为四棵树战斗有功单位个人记功的通令	1	档案文书
0348	1947年7月23日三纵九师发布的命令	1	档案文书
0349	1948年1年1日三纵九师为二十五团刘玉喜记功的命令	1	档案文书
0350	1948年9月1日三纵九师为二十五团一连练兵模范记功的通令	1	档案文书
0351	1948年10月11日三纵二十五团为义县战斗记功的通令	1	档案文书
0352	1948年10月11日三纵二十五团为义县外围战斗记功的通令	1	档案文书
0353	1948年11月15日三纵二十七团关于公布锦州辽西战役有功单位的命令	1	档案文书
0354	1948年11月12日三纵二十五团为担架排在秋攻中记功的通令	1	档案文书
0355	1948年10月8日三纵二十六团为三连义县南关战斗记功的通令	1	档案文书
0356	1948年10月8日三纵二十六团为六连在义县南关战斗记功的通令	1	档案文书
0357	1948年10月8日三纵二十六团为六连在义县南关战斗记功的通令	1	档案文书
0358	1948年10月11日三纵九师为贯彻城市政策纪律的命令	1	档案文书
0359	1948年10月1日三纵印发的《坚决消灭义县敌人打响秋季攻势头一炮》号召书	1	文件、宣传品
0360	1948年11月2日三纵二十五团为三营在秋攻中有功单位记功的通令	1	档案文书
0361	1948年9月13日三纵九师为练兵中有功单位记小功的通令	1	档案文书
0362-1	1948年9月30日三纵九师《火线》第145期	1	文件、宣传品
0362-2	1948年9月30日三纵九师《火线》第150期	1	文件、宣传品
0362-3	1948年9月30日三纵九师《火线》第151期	1	文件、宣传品
0362-4	1948年9月30日三纵九师《火线》第152期	1	文件、宣传品
0362-5	1948年9月30日三纵九师《火线》第153期	1	文件、宣传品
0362-6	1948年9月30日三纵九师《火线》第154期	1	文件、宣传品
0362-7	1948年9月30日三纵九师《火线》第155期	1	文件、宣传品
0362-8	1948年9月30日三纵九师《火线》第156期	1	文件、宣传品
0363	1948年9月27日三纵九师《火线》秋攻战时版第1期	1	文件、宣传品
0364	1948年9月30日三纵九师《火线》秋攻战时版第2期	1	文件、宣传品
0365	1948年三纵九师《火线》战时版第4期	1	文件、宣传品
0366	1948年三纵九师《火线》战时版第5期	1	文件、宣传品
0367	1948年9月29日三纵九师《火线》战时版第6期	1	文件、宣传品
0368	1948年9月29日三纵九师《火线》战时版第7期	1	文件、宣传品
0369	1948年10月20日三纵九师《火线》第170期	1	文件、宣传品
0370	1948年10月20日三纵九师《火线》第171期	1	文件、宣传品
0371	1948年三纵九师《火线》第172期	1	文件、宣传品
0372	1948年10月29日三纵九师《火线》第173期	1	文件、宣传品
0373	1948年10月22日三纵九师《火线》第174期	1	文件、宣传品
0374	1948年10月3日三纵九师《火线》第157期	1	文件、宣传品
0375	1948年10月4日三纵九师《火线》第158期	1	文件、宣传品
0376	1948年10月4日三纵九师《火线》第159期	1	文件、宣传品
0377	1948年10月11日三纵九师《火线》第160期	1	文件、宣传品
0378	1948年10月12日三纵九师《火线》第161期	1	文件、宣传品
0379	1948年10月14日三纵九师《火线》战时版第162期	1	文件、宣传品
0380	1948年10月14日三纵九师《火线》战时版第163期	1	文件、宣传品
0381	1948年10月14日三纵九师《火线》战时版第164期	1	文件、宣传品

(续表)

藏品编号	名　称	数量	类　别
0382	1948年10月14日三纵九师《火线》战时版第165期	1	文件、宣传品
0383	1948年三纵九师《火线》战时版第166期	1	文件、宣传品
0384	1948年三纵九师《火线》战时版第168期	1	文件、宣传品
0385	1948年三纵九师《火线》战时版第169期	1	文件、宣传品
0386	1948年11月22日三纵九师《火线》第181期	1	文件、宣传品
0387	1948年12月10日至1949年1月14日三纵九师《火线》合订本	1	文件、宣传品
0388	1948年11月1日三纵九师《火线》报	1	文件、宣传品
0389	1948年11月4日至20日三纵九师《火线》报合订本	1	文件、宣传品
0390	1948年9月29日《火星》报	1	文件、宣传品
0391	1948年10月1日《火星》报	1	文件、宣传品
0392	1948年10月3日《火星》报	1	文件、宣传品
0393	1948年12月14日三纵八师《火星》报	1	文件、宣传品
0394	1949年中国共产党中央委员会发布的庆祝北平天津解放口号	1	文件、宣传品
0395	1949年人民报社印发的各民主党派团体人士联名发表时局声明	1	文件、宣传品
0396	1949年4月24日人民报社印发的号外	1	文件、宣传品
0397	1949年10月28日《中国人民解放军对蒋方人员政策》宣传单	1	文件、宣传品
0398	1950年三纵二十七团陈秀卿的英雄纪念证	1	档案文书
0399	1948年10月14日陈秀卿荣获的东北人民解放军英雄奖章	1	文件、宣传品
0400	1948年10月14日陈秀卿的奖章证明书	1	档案文书
0401	1947年7月10日曹凤仪荣获的中国人民解放军坚苦奋斗奖章	1	文件、宣传品
0402	1948年10月二纵十五团十连荣获的"突击模范"锦旗	1	文件、宣传品
0403	1948年10月14日二纵十五团三连荣获的"勇猛顽强"锦旗	1	文件、宣传品
0404	1948年10月14日第二纵队十五团十连荣获的"锦州战役突破连"锦旗	1	文件、宣传品
0405	1948年10月14日二纵十五团九连荣获的"爆破模范"锦旗	1	文件、宣传品
0406	1948年10月九纵七十四团白老虎连盛饭用的桶	1	铁器、其他金属器
0407	1948年10月九纵七十四团白老虎连在锦州战斗中挖工事用的镐头	1	铁器、其他金属器
0408	1948年10月九纵七十四团白老虎连使用的六〇炮弹壳	1	武器
0409	1948年10月第九纵队七十四团白老虎连挖工事用的铁锹	1	铁器、其他金属器
0410	1948年10月第九纵队七十四团白老虎连37勇士架机枪用的饭桌	1	家具
0411	1948年11月国民党军士兵帽徽	50	其他
0412	1948年11月国民党军"还我山河"纪念章	1	文件、宣传品
0413	1948年11月国民党军校徽章	1	其他
0414	1948年11月国民党军中央训练团第十二军官总队同学纪念章	1	其他
0415	解放战争时期国民党统治时期的东北交通航政局徽章	1	其他
0416	解放战争时期国民党军安东团营区士兵训练班第一期毕业证章	1	其他
0417	1947年2月三纵二十六团八连荣获的"发扬阶级硬骨头作风"锦旗	1	文件、宣传品
0418	1947年三纵二十六团八连荣获的"能攻能守尖刀连"锦旗	1	文件、宣传品
0419	1948年10月三纵二十六团八连荣获的"插入纵深直捣敌巢"锦旗	1	文件、宣传品
0420	1948年10月三纵二十六团八连荣获的"直插敌脏尖刀排"锦旗	1	文件、宣传品
0421	1948年10月三纵二十六团八连五班荣获的"模范尖刀班"锦旗	1	文件、宣传品
0422	1948年10月三纵队二十六团三营荣获的"勇敢迅速"锦旗	1	文件、宣传品
0423	1947年三纵九师王殿文使用的皮挂包	1	皮革
0424	1946年11月三纵二十七团王佃文荣获的辽东军区战斗模范奖状	1	文件、宣传品
0425	1946年8月27日三纵二十七团王佃文的战斗英雄模范奖章执照	1	档案文书
0426	1948年10月28日辽东军区给张贵德烈士家属的通知书	1	档案文书
0427	1948年10月28日三纵二十七团张贵德的烈士纪念证	1	文件、宣传品
0428	解放战争时期张贵德烈士使用的砚台	1	文具
0429	1948年10月张贵德烈士在锦州战役中立两大功事迹	2	文件、宣传品
0430	1949年2月6日中国人民解放军第一三八师政治部编印的《功臣榜》	1	古籍图书
0431	1947年中国人民解放军东北军区十纵三十师政治部编印的《功臣大会特辑》	1	古籍图书
0432	1947年6月三纵二十七团九连徐立友功劳簿	1	档案文书

(续表)

藏品编号	名　称	数量	类　别
0433	1948年中国人民解放军东北军区政治部印的《记功簿》	1	档案文书
0434	1948年5月冯凯的日记	1	名人遗物
0435	1948年10月程远茂荣获的东北民主联军毛泽东奖章	1	文件、宣传品
0436	1948年10月四纵二十八团程远茂荣获的"英勇守备塔山旗帜永远鲜明"锦旗	1	文件、宣传品
0437	1948年10月四纵二十八团王炳忠荣获的东北人民解放军勇敢奖章	1	文件、宣传品
0438	1948年10月四纵二十八团王炳忠的立功证明书	1	文件、宣传品
0439	1948年10月第四纵队十师授予二十八团二连的"稳如泰山"锦旗	1	文件、宣传品
0440	1948年10月四纵二十八团五连荣获的"英勇顽强"锦旗	1	文件、宣传品
0441	1948年10月四纵二十八团通讯用的收发线架	1	铁器、其他金属器
0442	1948年10月四纵二十八团张德福的裤子	1	织绣
0443	1948年9月四纵二十八团于长生的立功证明书	1	文件、宣传品
0444	1948年10月九纵八十一团张永兴的立功证明书	1	文件、宣传品
0445	1948年10月四纵十师后勤部陶君荣获勇敢奖章证明书	1	文件、宣传品
0446	1948年10月四纵二十九团警卫连连长徐振业烈士照片	1	音像制品
0447	1948年10月四纵十师后勤部侯树藩的立功证明书	1	文件、宣传品
0448	1948年10月四纵十师后勤部董明顺使用的的皮带	1	皮革
0449	1948年10月四纵十师后勤部于显章使用的的皮带	1	皮革
0450	解放战争时期三纵二十七团武全德立功捷报	1	文件、宣传品
0451	1948年三纵二十七团于全德烈士纪念证	1	文件、宣传品
0452	1948年辽东军区给程斌烈士家属的通知书	1	档案文书
0453	1948年辽东军区给邵长春烈士家属的通知书	1	档案文书
0454	1948年10月四纵三十四团江雪山使用的手枪子弹	10	武器
0455	1948年10月王祥年荣获的勇敢奖章	1	文件、宣传品
0456	1948年七纵二十一师宣教科副科长王佑中烈士日记	1	档案文书
0457	1948年七纵五十九团白秀石的荣誉军人证明书	1	档案文书
0458	1948年10月白秀石照片	1	音像制品
0459-1	1948年朱月天的日记	1	档案文书
0459-2	1948年朱月天的日记	1	档案文书
0459-3	1948年朱月天的日记	1	档案文书
0459-4	1948年朱月天的日记	1	档案文书
0460	1948年六纵四十八团宣教股长朱月天烈士遗像	1	音像制品
0461	1948年七纵五十六团宋学礼的立功证明书	1	档案文书
0462	1948年七纵五十六团宋学礼烈士遗像	1	音像制品
0463	1948年10月朱月天烈士的"东北民主联军"臂章	1	其他
0464	1948年1月28日人民报社印发的号外	1	文件、宣传品
0465	1948年10月八纵七十一团孙连友荣获的毛泽东奖章	1	文件、宣传品
0466	1948年10月7日党委追认刘殿哲同志入党的剪报	1	文件、宣传品
0467	1948年10月19日第四纵队三十团党委追认刘殿哲同志入党的通告	1	档案文书
0468	1948年六纵四十六团二连连长周范烈士遗像	1	音像制品
0469	1948年三纵二十五团金在述的建功证明书	1	文件、宣传品
0470	1948年10月三纵二十五团金在述荣获英雄奖章证明书	1	文件、宣传品
0471	1948年11月三纵二十五团金在述的解放东北纪念章	1	文件、宣传品
0472	1948年11月三纵二十五团金在述荣获的英雄奖章	1	文件、宣传品
0473	1948年张慎烈士遗像	1	音像制品
0474	1948年六纵四十七团副团长刘富贵烈士遗像	1	音像制品
0475	解放战争时期二纵十四团三营副营长佟双久烈士遗像	1	音像制品
0476	1947年10月王奎的炮兵学校毕业证书	1	档案文书
0477	1947年10月王奎的功劳证	1	文件、宣传品
0478-1	解放战争时期八纵后勤卫生部长谢建益的日记	1	档案文书
0478-2	解放战争时期八纵后勤卫生部长谢建益的日记	1	档案文书
0478-3	解放战争时期八纵后勤卫生部长谢建益的日记	1	档案文书

(续表)

藏品编号	名　　称	数量	类　别
0478-4	解放战争时期八纵后勤卫生部长谢建益的日记	1	档案文书
0479	1947年九纵二十七师米玉泉烈士的光荣斗争史册	1	文件、宣传品
0480	解放战争时期米玉泉烈士军大第十一期毕业证章	1	文件、宣传品
0481	1948年八纵后勤卫生部长谢建益在卫生会议上的报告提纲	1	档案文书
0482	解放战争时期葛同勋烈士遗像	1	音像制品
0483	解放战争时期六纵四十六团三营营长何伦元烈士照片	1	音像制品
0484	解放战争时期七纵五十七团三营政治教导员杜希林烈士遗像	1	音像制品
0485	1948年七纵纵直高尚仁的参谋训练毕业证书	1	档案文书
0486	1948年7月8日七纵纵直高尚仁的保健证明书	1	档案文书
0487	解放战争时沈铁抚联合县保安团对敌斗争总结	1	档案文书
0488	解放战争时期五纵十四师通讯营使用过的号角	1	铁器、其他金属器
0489-1	1948年1月二纵炮团肖复荣的学习笔记	1	档案文书
0489-2	1948年1月二纵炮团肖复荣的学习笔记	1	档案文书
0490	1948年二纵炮团义县战斗政治工作总结	1	档案文书
0491	1948年10月18日四纵为塔山阻击战记功授旗的通令	1	档案文书
0492	1948年10月四纵医疗所在塔山战斗中使用的截肢刀	1	铁器、其他金属器
0493-1	1948年10月四纵医疗所在塔山战斗中做手术用的锯	1	铁器、其他金属器
0493-2	1948年10月四纵医疗所在塔山战斗中做手术用的锯	1	铁器、其他金属器
0494	1948年四纵医疗所在塔山战斗中使用的针头	6	其他
0495	1948年10月四纵医疗所在塔山战斗中使用的手术刀	1	铁器、其他金属器
0496	1948年10月四纵医疗所在塔山战斗中使用的钳子	1	铁器、其他金属器
0497	1948年10月四纵医疗所在塔山战斗中使用的无钩镊子	3	铁器、其他金属器
0498	1948年10月四纵医疗所在塔山战斗中使用的敷料剪	1	铁器、其他金属器
0499	1948年10月四纵医疗所在塔山战斗中使用的手术线剪	1	铁器、其他金属器
0500	1948年10月四纵医疗所在塔山战斗中使用的止血钳	6	铁器、其他金属器
0501	1948年10月四纵医疗所在塔山战斗中使用的探针	1	铁器、其他金属器
0502	1948年10月四纵医疗所在塔山战斗中使用的医疗器械	1	铁器、其他金属器
0503	1948年10月四纵医疗所在塔山战斗中使用的消毒盒	2	铁器、其他金属器
0504	1948年10月四纵医疗所在塔山战斗中使用的敷料桶	1	铁器、其他金属器
0505	1948年10月四纵医疗所在塔山战斗中使用的盐水碗	1	铁器、其他金属器
0506	1948年10月四纵医疗所在塔山战斗中使用的手术刀	2	铁器、其他金属器
0507	1948年10月四纵医疗所在塔山战斗中使用的药匙	1	其他
0508	1948年10月四纵医疗所在塔山战斗中使用的天平	1	铁器、其他金属器
0509	1948年10月四纵医疗所在塔山战斗中使用的小方瓷盘	1	其他
0510	1948年10月四纵医疗所在塔山战斗中使用的五官科手术器械	12	铁器、其他金属器
0511	1948年10月四纵医疗所在塔山战斗中使用的骨膜刀	1	铁器、其他金属器
0512	1948年10月四纵医疗所在塔山战斗中使用的额灯	1	其他
0513	1948年10月四纵医疗所在塔山战斗中使用的牙镜	1	其他
0514	1948年10月四纵医疗所在塔山战斗中使用的针管	1	玻璃器
0515	1948年10月四纵医疗所在塔山战斗中穿的手术衣	1	织绣
0516	1948年10月第七纵队二十一师授予六十一团七连的"钢铁连队"锦旗	1	文件、宣传品
0517	1948年10月七纵六十二团七连荣获的"突破典范"锦旗	1	文件、宣传品
0518	1948年10月七纵六十二团印发的《锦州战役城市政策纪律总结》	1	档案文书
0519	1948年11月5日七纵六十一团印发的两个月巩固竞赛简单总结	1	档案文书
0520	1948年10月5日七纵六十一团印发的秋季战役开始的十八天连续行军政治工作总结	1	档案文书
0521	1947年第七纵队六十二团夏季攻势记录	1	档案文书
0522	解放战争时期六纵四十六团贾兆祥烈士遗像	1	音像制品
0523	解放战争时期七纵五十七团李生才烈士遗像	1	音像制品
0524	解放战争时期的《论立功运动》	1	古籍图书
0525	1947年9月15日七纵政治部翻印的《东北民主联军立功运动暂行条例（草案）》	1	古籍图书

(续表)

藏品编号	名　称	数量	类　别
0526	1947年七纵六十一团印发的《夏季攻势政治工作总结》	1	古籍图书
0527	1948年10月七纵六十二团七连四班荣获的"冒敌炮火探水成功"锦旗	1	文件、宣传品
0528	1948年10月第六纵队五十二团五连荣获的"勇猛顽强"锦旗	1	文件、宣传品
0529	1948年10月张秀彦荣获的东北民主联军朱德奖章	1	文件、宣传品
0530	1948年10月杜宝珠荣获的东北民主联军毛泽东奖章	1	文件、宣传品
0531	1947年9月18日六纵十七师政治部编印的《英模功臣集》（2）	1	古籍图书
0532	1948年5月六纵十七师政治部编印的《英模功臣集》（3）	1	古籍图书
0533	1947年11月18日六纵十七师政治部印的《功臣榜》	1	古籍图书
0534	1948年六纵十七师五十一团锦州战役功臣名单	1	档案文书
0535	1948年10月三纵二十六团集体记功的单位与事迹	1	档案文书
0536	1948年8月25日六纵四十九团政治处印的《功臣榜》	1	古籍图书
0537	1948年10月18日六纵四十九团发布的记功令	1	档案文书
0538	1948年六纵四十九团发布的鞍山战斗记功令	1	档案文书
0539	1948年六纵十七师发布的锦州与辽西战役记功通令	1	档案文书
0540	1948年三纵七师发布的锦州战役记功通令	1	档案文书
0541	1948年8月27日郭亨瑞的中国人民解放军东北军区政治部护照	1	档案文书
0542	1948年2月11日四十九团发布的记功通令	1	档案文书
0543	1948年11月30日六纵四十九团为行军中发挥团结友爱并无减员单位记功的通令	1	档案文书
0544	1949年4月21日毛主席与朱总司令向人民解放军发出的命令	1	档案文书
0545	1948年10月第六纵队奖给四十九团六连的"吉林团山子连"锦旗	1	文件、宣传品
0546	1948年10月第六纵队四十九团八连荣获的"猛虎尖刀连"锦旗	1	文件、宣传品
0547	1948年10月六纵四十九团一连荣获的"机智顽强"锦旗	1	文件、宣传品
0548	1948年10月六纵四十七团一连荣获的"英勇连"锦旗	1	文件、宣传品
0549	1948年8月十纵八十三团《夺小旗是练兵中较好的鼓动工作方法之一》	1	档案文书
0550	1948年十纵八十三团《练兵中的带领互助》	1	档案文书
0551	1948年十纵八十三团政治工作报告	1	档案文书
0552	1948年十纵八十二团二连李国良的立功证明书	1	档案文书
0553	1948年10月十纵八十二团一连田提一的立功证明书	1	档案文书
0554	1948年10月十纵八十二团二连钱万友的立功证明书	1	档案文书
0555	1948年10月十纵八十二团二连阎登科的立功证明书	1	档案文书
0556	1948年10月十纵八十二团二连李钊的立功证明书	1	档案文书
0557	1948年10月十纵八十二团二连李德录的立功证明书	1	档案文书
0558	1948年10月十纵八十二团一连杜立信的立功证明书	1	档案文书
0559	1948年10月十纵八十二团杨怀玉的立功证明书	1	档案文书
0560	1948年10月十纵八十二团二连王锡久的立功证明书	1	档案文书
0561	1948年10月十纵八十二团二连杨文忠的立功证明书	1	档案文书
0562	解放战争时期东北军政大学第十期毕业证章	1	文件、宣传品
0563	解放战争时期东北军政大学第十一期毕业证章	1	文件、宣传品
0564	1948年东北人民解放军吉林军区模范奖章	1	文件、宣传品
0565	解放战争时期林彪投弹手奖章	1	文件、宣传品
0566	解放战争时期林彪射击手奖章	1	文件、宣传品
0567	解放战争时期东北野战军使用的油挑架	2	其他
0568	1948年10月东北野战军使用的铁勺	1	铁器、其他金属器
0569	解放战争时期东北野战军使用的饭铲	1	铁器、其他金属器
0570	解放战争时期东北野战军使用的饭铲	1	铁器、其他金属器
0571	解放战争时期东北野战军使用的四四行军锅	1	铁器、其他金属器
0572	解放战争时期东北野战军使用的六七行军锅	1	铁器、其他金属器
0573-1	1948年10月开原县妇女做的军鞋	2	织绣
0573-2	1948年10月开原县妇女做的军鞋	2	织绣
0574	解放战争时期解放军战士穿的裤子	1	织绣
0575	解放战争时期二纵五师宣传队使用的梆子	2	乐器、法器

（续表）

藏品编号	名　　称	数量	类　别
0576	解放战争时期二纵五师宣传队使用的板子	3	乐器、法器
0577	解放战争时期东北野战军使用的爆破筒	1	武器
0578	解放战争时期东北野战军使用的爆破筒	1	武器
0579	解放战争时东北野战军使用的三八式步枪	1	武器
0580	1947年9月二纵《立功报》第36期	1	文件、宣传品
0581	1947年9月10日二纵《立功报》	1	文件、宣传品
0582	1947年9月12日二纵《立功报》	1	文件、宣传品
0583	1947年9月20日二纵《立功报》	1	文件、宣传品
0584	1948年3月5日立功报社印《立功报》合订本	1	文件、宣传品
0585	1948年4月26日立功报社印《立功报》合订本	1	文件、宣传品
0586	1948年6月20日立功报社印《立功报》合订本	1	文件、宣传品
0587	1948年8月12日立功报社印《立功报》合订本	1	文件、宣传品
0588	1948年9月12日立功报社印《立功报》合订本	1	文件、宣传品
0589	1948年9月29日二纵《立功报》第106期	1	文件、宣传品
0590	1948年10月1日二纵《立功报》	1	文件、宣传品
0591	1948年10月10日《立功报》	1	文件、宣传品
0592	1948年11月14日二纵《立功报》第109期	1	文件、宣传品
0593	1948年二纵《立功报》102期	1	文件、宣传品
0594	1948年立功报社印《立功报》合订本	1	文件、宣传品
0595	1949年1月9日《立功报》战时版第25期	1	文件、宣传品
0596	1948年1月20日二纵《立功报》第121期	1	文件、宣传品
0597	1949年3月21日立功报社印《立功报》合订本	1	文件、宣传品
0598	1945年11月1日《东北画报》创刊号	1	文件、宣传品
0599	1946年8月《东北画报》第一卷第3期	1	文件、宣传品
0600	1947年6月30日《东北画报》	1	文件、宣传品
0601	1947年12月11日《东北画报》第17期	1	文件、宣传品
0602	1948年6月15日《东北画报》23—24合刊	1	文件、宣传品
0603	1948年7月1日《东北画报》第33期	1	文件、宣传品
0604	1948年7月15日《东北画报》第34期	1	文件、宣传品
0605	1948年《东北画报》第35期	1	文件、宣传品
0606	1948年8月15日《东北画报》第36期	1	文件、宣传品
0607	1948年9月1日《东北画报》第37期	1	文件、宣传品
0608	1948年9月15日《东北画报》第38期	1	文件、宣传品
0609	1948年10月1日《东北画报》第39期	1	文件、宣传品
0610	1948年10月1日《东北画报》第40期	1	文件、宣传品
0611	1948年11月30日《东北画报》第43期	1	文件、宣传品
0612	1949年1月15日《东北画报》第46期	1	文件、宣传品
0613	1949年1月30日《东北画报》第47期	1	文件、宣传品
0614	1947年8月30日至1948年1月15日《东北画报》合订本2（16—25期）	1	文件、宣传品
0617	1948年10月6日至1949年2月1日《东北前线》合订本	1	文件、宣传品
0618	1948年9月28日《前线》第267期第3版	1	文件、宣传品
0619	1948年9月30日四纵十师《前线》第268期	1	文件、宣传品
0620	1948年四纵十师《前线》第271期	1	文件、宣传品
0621	1948年10月4日四纵十师《前线》	1	文件、宣传品
0622	1948年9月6日《前线》第274期第2、3版	1	文件、宣传品
0623	1948年10月29日《前线》第319期	1	文件、宣传品
0624	1948年10月15日十纵《猛进报》第19期	1	文件、宣传品
0625	1948年10月17日《猛进报》第20期	1	文件、宣传品
0626	1948年10月20日《猛进报》第21期	1	文件、宣传品
0627	1948年10月23日《猛进报》第22期	1	文件、宣传品
0628	1948年10月25日《猛进报》第23期	1	文件、宣传品
0629	1948年11月1日《猛进报》第24期	1	文件、宣传品

(续表)

藏品编号	名　　称	数量	类　别
0630	1948年10月鲍仁川荣获的东北人民解放军英雄奖章	1	文件、宣传品
0631	解放战争时期四纵三十四团鲍仁川使用的文件筒	1	其他
0632	解放战争时期四纵三十四团鲍仁川使用的螺丝刀	1	铁器、其他金属器
0633	1950年四纵三十四团鲍仁川出席全国群英会代表纪念册	1	文件、宣传品
0634	解放战争时期二纵十五团使用的三八式步枪	1	武器
0635	解放战争时期二纵十五团使用的九九式步枪	1	武器
0636	解放战争时期二纵十五团使用的刺刀	1	武器
0637	解放战争时期二纵十五团使用的号角	4	铁器、其他金属器
0638	解放战争时期姜春良使用的香皂盒	1	其他
0639	1946年7月十旅编印的《长春线自卫战烈士纪念册》	1	古籍图书
0640	1949年1月中国人民解放军第四十八军政治部编印的《烈士纪念册》	1	古籍图书
0641	1947年东北人民解放军第四纵队政治部编印的《功臣榜》	1	文件、宣传品
0642	1948年三纵二十七团孔宪成的烈士纪念证	1	文件、宣传品
0643	1945年至1946年民主联军二师政治部印发的《英雄模范集》	1	古籍图书
0644	1947年4月6日东北民主联军一纵一师政治部印发的《三下江南政治工作总结报告》	1	古籍图书
0645	1948年3月1日东北人民解放军辽东军区政治部编印的《战评运动》	1	古籍图书
0646	1948年东北人民解放军东北军区政治部编印的《选读材料》	1	古籍图书
0647	1946年东北民主联军编印的《其塔木战役的英雄》	1	古籍图书
0648	1946年10月10日东北民主联军第四纵队政治编印的《英雄榜》	1	古籍图书
0649	1946年9月东北民主联军第一师政治部编印的《英雄模范集》（1）	1	古籍图书
0650	1948年11月3日《张绍柯、王静安、杨荫萱三同志纪念册》	1	古籍图书
0651	解放战争时期国民党军用的枕套	1	织绣
0652	解放战争时期国民党新五军军长陈林达使用的烟嘴	1	牙骨角器
0653	1948年丛金松的毛背心	1	织绣
0654	解放战争时期丛金松的布袜子	2	织绣
0655	解放战争时期二纵十五团丁翰使用的布挂包	1	织绣
0656	解放战争时期二纵十五团丁翰的布文件袋	1	织绣
0657	1948年二纵十三团卫生队用的手术衣	1	织绣
0658	1948年二纵四师通讯科用的军号	1	铜器
0659	1948年二纵十三团王景文荣获的勇敢奖章	1	文件、宣传品
0660	1948年二纵十三团王景文的立功证明书	1	文件、宣传品
0661	解放战争时期二纵十三团卫生队使用的医药箱	1	武器
0662	1948年10月二纵十三团七连荣获的"智勇双全"锦旗	1	文件、宣传品
0663	1946年12月3日二纵十三团四连荣获的"常胜连"锦旗	1	文件、宣传品
0664	1948年9月二纵十三团一连荣获的"先锋连"锦旗	1	文件、宣传品
0665	1948年9月二纵十三团一连荣获的"战斗模范"锦旗	1	文件、宣传品
0666	1948年10月二纵十三团一连荣获的"永保光辉"锦旗	1	文件、宣传品
0667	1946年至1947年东北民主联军模范奖章	1	文件、宣传品
0668	1948年的东北人民解放军奖章	1	文件、宣传品
0669	1948年9月12日二纵四师《功臣特刊》	1	文件、宣传品
0670	解放战争时期国民党军使用的V101B发报机	1	武器
0671	解放战争时期国民党军使用的GFE104T收报机	1	武器
0672	解放战争时期国民党军使用的手摇发电机	1	武器
0673	解放战争时期国民党军使用的马达	1	武器
0675	解放战争时期国民党军使用的电话机	1	武器
0676	解放战争时期国民党军使用的15W收发报机	1	武器
0677	解放战争时期国民党军使用的九四式三号甲无线机	1	武器
0678	解放战争时期日九九式7.7步枪	1	武器
0679	解放战争时期仿三四式7.9步枪	1	武器
0680	解放战争时期比二四式7.9步枪	1	武器
0681	解放战争时期顽三七式9.0冲锋枪	1	武器

（续表）

藏品编号	名　　称	数量	类　别
0682	解放战争时期顽三六式11.4冲锋枪	1	武器
0683	解放战争时期美汤姆生11.4冲锋枪	1	武器
0684	解放战争时期美伯朗宁7.62轻机枪	1	武器
0685	解放战争时期美勃朗宁7.62重机枪	1	武器
0686	解放战争时期德763二八驳壳枪	1	文件、宣传品
0687	解放战争时期德763三八驳壳枪	1	文件、宣传品
0688	解放战争时期德毛瑟新代式7.65手枪	1	武器
0689	解放战争时期比一九二二式伯朗宁7.65手枪	1	文件、宣传品
0690	解放战争时期日十四年式手枪	1	武器
0691	解放战争时期美式80转轮手枪	1	武器
0692	解放战争时期美短弹巢90转轮手枪	1	武器
0693	解放战争时期日二十六年式90转轮手枪	1	武器
0694	解放战争时期杂90转轮手枪	1	武器
0695	解放战争时期顽三三一式120迫击炮	1	武器
0696	解放战争时期顽式150迫击炮	1	武器
0697	解放战争时期日九五式75野炮	1	武器
0698	解放战争时期顽式60迫击炮	1	武器
0699	解放战争时期日三八式65骑枪	1	武器
0700	解放战争时期日四四式65骑枪	1	武器
0701	解放战争时期美式7.62卡宾枪	1	武器
0702	解放战争时期日四年式150榴炮	1	武器
0703	解放战争时期德苏鲁通式三七战防炮	1	武器
0704	解放战争时期美MIAI式75山炮	1	武器
0705	解放战争时期日九四式75山炮	1	武器
0706	解放战争时期美MIAI式三七战防炮	1	武器
0707	解放战争时期顽一三式75山炮	1	武器
0708	解放战争时期日九〇式75野炮	1	武器
0709	解放战争时期日九一式105榴炮	1	武器
0710	解放战争时期德一八式150榴炮	1	武器
0711	解放战争时期日八八式75高射炮	1	武器
0712	解放战争时期日十一年式6.15轻机枪	1	武器
0713	解放战争时期杂捷七九轻机枪	1	武器
0714	解放战争时期顽二四式七九重机枪	1	武器
0715	解放战争时期顽八二迫击炮	1	武器
0716	解放战争时期美一九〇九式7.62步枪	1	武器
0717	解放战争时期美一九七一式7.62步枪	1	武器
0718	解放战争时期美四二化学迫击炮	1	武器
0719	解放战争时期解放军戴的棉军帽	1	织绣
0720	解放战争时期解放军战士戴的朱德式军帽	1	织绣
0721	解放战争时期国民党陆军军官帽	1	织绣
0722	解放战争时期国民党海军军官帽	1	织绣
0723	解放战争时期国民党军士兵使用的风镜	1	其他
0724	解放战争时期国民党勋功旗章	1	文件、宣传品
0725	解放战争时期国民党陆军军服	2	织绣
0726	解放战争时期国民党陆军军官夹克服	2	织绣
0727	1948年国民党中央警官学校第五分校学生胸章	1	文件、宣传品
0728	1948年国民党陆军军官学校学生胸章	1	其他
0729	1946年国民党陆军卫生后勤训练所学生胸章	1	其他
0730	1946年国民党军张心亮的胸章	1	其他
0731	1946年国民党东北保安第十二支队第三十五团胸章	1	其他
0732	1946年国民党陆军新编第一军教导总队学生胸章	1	其他
0733	1946年国民党新一军胸章	1	其他

（续表）

藏品编号	名　　称	数量	类　别
0734	1946年国民党新一军胸章	1	其他
0735	1946年国民党新一军胸章	1	其他
0736	1946年国民党宪兵队胸章	1	其他
0737	解放战争时期国民党军胸章	1	其他
0738	1946年国民党陆军新一军新三十八师一一三团胸章	1	其他
0739	1946年国民党新一军复员学生胸章	1	其他
0740	1946年国民党东北保安第五支队十三团军需上士胸章	1	其他
0741	1946年国民党军虎威部胸章	1	其他
0742	1946年国民党军虎威部胸章	1	其他
0743	1946年国民党军臂章	1	其他
0744	1946年国民党军臂章	1	其他
0745	1946年国民党军臂章	1	其他
0746	1946年国民党军臂章	1	其他
0747	1946年国民党军士教导大队机炮中队学生胸章	1	其他
0748	1946年国民党新六军臂章	1	其他
0749	1946年国民国民党军无畏部胸章	1	其他
0750	1946年国民国民党军无畏部胸章	1	其他
0751	1948年国民党国民党军胸章	1	其他
0752	1948年国民党国民党军胸章	1	其他
0753	1948年国民党国民党军扬威部胸章	1	其他
0754	1948年国民党国民党军勇义部胸章	1	其他
0755	1948年国民党国民党军坚忍部胸章	1	其他
0756	1948年国民党国民党军决胜部胸章	1	其他
0757	1948年国民党国民党军长白部胸章	1	其他
0758	1948年国民党国民党军长春部胸章	1	其他
0759	1948年国民党军刘斌佩戴的官佐出入证	1	其他
0760	1948年国民党联勤部45医院少尉胸章	1	其他
0761	1948年国民党空运接收指挥所纠查队员胸章	1	其他
0762	1948年国民党联合勤务总司令部第一二八分站胸章	1	其他
0763	1948年国民党军出入证胸章	1	其他
0764	1948年国民党军出入证胸章	1	其他
0765	1948年国民党军外出证胸章	1	其他
0766	1948年国民党军基建部胸章	1	其他
0767	1948年国民党军胸章	1	其他
0768	1948年国民党军1309部胸章	1	其他
0769	1948年国民党军1309部胸章	1	其他
0770	1947年国民党军1501部胸章	1	其他
0771	1947年国民党军1960部胸章	1	其他
0772	1948年国民党军2201部胸章	1	其他
0773	1947年国民党军2325部胸章	1	其他
0774	1947年国民党军4342部胸章	1	其他
0775	1947年国民党军4446部胸章	1	其他
0776	1947年国民党军4469部胸章	1	其他
0777	1947年国民党军5350部胸章	1	其他
0778	1948年国民党军9252部胸章	1	其他
0779	1948年国民党军9253部胸章	1	其他
0780	1948年国民党军9254部胸章	1	其他
0781	1948年国民党军9217部胸章	1	其他
0782	1948年国民党军9255部胸章	1	其他
0783	1948年国民党军9256部胸章	1	其他
0784	1948年国民党军9256部胸章	1	其他
0785	1948年国民党军9271部胸章	1	其他

(续表)

藏品编号	名　称	数量	类　别
0786	1948年国民党军9294部胸章	1	其他
0787	1948年国民党军9296部胸章	1	其他
0788	1948年国民党军9324部胸章	1	其他
0789	1948年国民党军9326部胸章	1	其他
0790	1948年国民党军9349部胸章	1	其他
0791	1948年国民党军9349部胸章	1	其他
0792	1948年国民党军9356部胸章	1	其他
0793	1948年国民党军9389部胸章	1	其他
0794	1948年国民党军9391部胸章	1	其他
0795	1948年国民党军9398部胸章	1	其他
0796	1948年国民党军9399部胸章	1	其他
0797	1948年国民党军9437部胸章	1	其他
0798	1948年国民党军胸章	1	其他
0799	1948年国民党军胸章	1	其他
0800	1948年国民党军胸章	1	其他
0801	1948年国民党军胸章	1	其他
0802	1948年国民党军胸章	1	其他
0803	1948年国民党军胸章	1	其他
0804	1948年国民党军胸章	1	其他
0805	1948年国民党军杨玉良佩戴的胸章	1	其他
0806	1948年国民党军佩用的胸章	1	其他
0807	1948年国民党军刘松亭佩戴的胸章	1	其他
0808	1948年国民党军程秀山佩戴的胸章	1	其他
0809	1948年国民党军张铭珍佩戴的胸章	1	其他
0810	1948年国民党军史远厘佩戴的胸章	1	其他
0811	1948年国民党军医史钟俊佩戴的胸章	1	其他
0812	1948年8月五种地方自治税有关票照用存月报表	1	档案文书
0813	1948年税契卷宗	1	档案文书
0814	1948年中央银行壹元纸币	1	钱币
0815	1948年中央银行沈阳分行本票	1	票据
0816	1948年中央银行沈阳分行本票	1	票据
0817	1948年中央银行关金伍万元纸币	1	钱币
0818	解放战争时期中央银行发行的伍元纸币	1	钱币
0819	解放战争时期中央银行发行的贰角纸币	1	钱币
0820	1948年国民党廖耀湘兵团军官帽帽徽	1	其他
0821	1948年国民党军上衣	1	武器
0822	解放战争时期张绍柯使用的照相机	1	其他
0823	解放战争时期张绍柯的影集	1	音像制品
0824	解放战争时期张绍柯烈士的摄影遗作	1	音像制品
0825	1948年12月12日云泽写给张绍柯妻子杨云的信	1	档案文书
0826	1948年张绍柯烈士读过的《世界美术全集（32卷）》	1	古籍图书
0827	解放战争时期张绍柯烈士读过的《世界美术集》	1	古籍图书
0828	解放战争时期张绍柯烈士用过的圆规	1	铁器、其他金属器
0829	解放战争时期张绍柯烈士洗相用的夹子	1	其他
0830	解放战争时期张绍柯烈士用过的软铅笔	1	文具
0831	解放战争时期张绍柯烈士读过的《美术生活》（2）	1	古籍图书
0832	解放战争时期张绍柯烈士创作的《内蒙古剪影》	1	古籍图书
0833	1948年朱流为介绍马云飞事迹写给胡科长的信	1	档案文书
0834	1946年晋察冀边区伍百元纸币	2	钱币
0835	1948年6月1日至11月30日前方战区特种粮票	1	票据
0836	1948年10月黑山民兵施逢春在黑山阻击战中修工事用的大镐	1	武器
0837	1948年黑山群众高文达抬伤员用的扁担	1	其他

(续表)

藏品编号	名　　称	数量	类　别
0838	1948年民兵参战使用过的火枪	1	武器
0839	1947年至1948年中国土地法大纲	1	档案文书
0840	1948年10月黑山镇居民李安氏给伤员接尿的铁盘	1	铁器、其他金属器
0841	解放战争时期二纵十五团八连梁士英烈士使用过的皮带	1	皮革
0842	解放战争时期吴国章将军读过的《列宁主义问题》	1	古籍图书
0843	1948年吴国章将军读过的《毛泽东选集》	1	古籍图书
0844	解放战争时期吴国章将军的笔记本	1	档案文书
0845	解放战争时期吴国章将军的杂记本	4	文件、宣传品
0846	1948年吴国章将军读过的东北军区司令部辑印《四平攻坚战总结》	1	古籍图书
0847	1948年吴国章将军读过的《军大》第1期	1	文件、宣传品
0848	1948年吴国章将军读过的《炮兵战术研究》	1	档案文书
0849	1936年吴国章将军读过的《中国革命战争的战略问题》	1	古籍图书
0850	1946年吴国章将军读过的《干部学习文件》	1	档案文书
0851	1947年吴国章将军读过的《地形符号》	1	古籍图书
0852	1947年吴国章将军读过的《军事技术便览》	1	古籍图书
0853	1948年吴国章将军读过的《学习》第7期	1	文件、宣传品
0854	1948年吴国章将军读过的《野战条令》	1	档案文书
0855	1948年吴国章将军读过的《要使司令部成为能干的指挥机关》	1	档案文书
0856	1948年9月吴国章将军读过的军事参政资料选集《论军队教育》	1	文件、宣传品
0857	1948年2月22日吴国章将军读过的《中共中央关于土改与整党指示》	1	文件、宣传品
0858	1949年4月吴国章将军读过的《塔山阻援典型战例》	1	文件、宣传品
0859	1946年吴国章将军的干部保健证书	1	档案文书
0860	1949年8月28日吴国章将军读过的《塔山阻援战斗总结》	1	档案文书
0861	1948年吴国章将军读过的《人民解放战争两周年总结和第三年任务》	1	档案文书
0862	解放战争时吴国章将军读过的《第五师党委关于克服骄横本位的规定》	1	档案文书
0863	1948年7月吴国章将军读过的《军大》第4期	1	文件、宣传品
0864	解放战争时期吴国章将军读过的《第五师关于服从统一与守纪守法的规定》	1	档案文书
0865	1948年8月11日吴国章将军读过的《军事参考材料》	1	档案文书
0866	解放战争时期吴国章将军使用的香皂盒	1	其他
0867	1948年吴国章将军的解放东北纪念章	1	文件、宣传品
0868	1948年8月31日吴国章将军读过的《长春匪情汇编》	1	古籍图书
0869	1948年1月21日吴国章将军读过的《几个战术问题的初步总结》	1	档案文书
0870	1946年10月10日四纵《英雄榜》	1	古籍图书
0871	1947年7月《解放蒋军军官谈话》	1	古籍图书
0872	1947年7月20日三纵关于纪念独胆英雄陈树棠的决定	1	档案文书
0873	1950年四纵三十四团孙德友的立功证明书	1	档案文书
0874	1948年3月20日四纵三十四团孙德友的入党志愿书	1	档案文书
0875	1948年四纵三十四团孙德友的革命军人鉴定表	1	档案文书
0876	解放战争时期三纵十九团八连三排荣获的"猛追致胜"锦旗	1	文件、宣传品
0877	1948年10月国民党军使用的望远镜	1	武器
0878	1948年10月国民党军使用的工事锹	1	其他
0879	1948年10月国民党军使用的背壶	1	武器
0880	1948年10月国民党军使用的工事镐	1	其他
0881	1948年10月东北野战军在黑山阻击战中使用的洗菜盆	1	铁器、其他金属器
0882	1948年10月东北野战军使用的搪瓷杯	1	其他
0883	1948年10月东北野战军使用的水杯	1	铜器
0884	1948年10月东北野战军使用的筷子	1	其他
0885	1948年10月国民党军使用的工事锹	1	其他
0886	1948年10月国民党军使用的背壶	1	铁器、其他金属器
0887	解放战争时期吴信泉在东北使用的行军床	1	其他
0888	1948年10月黑山群众丛广林在黑山阻击战中为东北野战军送水的壶	1	铁器、其他金属器
0889	1948年10月国民党军使用的工事镐	1	铁器、其他金属器

(续表)

藏品编号	名 称	数量	类 别
0890	1948年10月黑山群众在黑山阻击战中为东北野战军送饭送水的桶	2	铁器、其他金属器
0891	1948年10月黑山镇群众李贵臣为东北野战军做干粮用的锅	1	铁器、其他金属器
0892	1948年10月东北野战军使用的菜刀	1	铁器、其他金属器
0893	解放战争时期东北野战军在黑山阻击战中使用的笊篱	1	其他
0894	解放战争时期黑山蔡喜萍为东北野战军送饭的扁担	1	其他
0895	解放战争时期黑山蔡喜萍为东北野战军御寒的棉毯	1	织绣
0896	1948年10月东北野战军使用的背壶	1	其他
0897	1948年东北野战军坚守101高地战士用的手榴弹壳	1	武器
0898	1948年10月国民党军杨滨的背包	1	织绣
0899	1948年10月国民党军用钢盔	1	武器
0900	1949年黑山战役及土改结束功臣大会纪念合影	1	音像制品
0901	1948年11月黑山县庆功大会追悼阵亡烈士墓前合影	1	音像制品
0902	1948年11月28日黑山县庆功大会特等功臣与领导合影	1	音像制品
0903	1948年10月罗荣桓在辽沈战役指挥所使用的书桌	1	家具
0904	1948年1月1日李立炎给我地下工作者的信	1	档案文书
0905	解放战争时期李佐给我地下工作者写信用的派克钢笔	1	文具
0906	1948年锦州战斗中我军送给葛占鳌的羊皮袄	1	皮革
0907	1948年10月锦县群众关文元给东北野战军送饭的扁担	1	其他
0908	1948年9月至10月锦县群众关文元为东北野战军送饭的桶	1	铁器、其他金属器
0909	1948年10月锦县群众给东北野战军推米磨面的簸箕	1	其他
0910	1948年锦县群众王庆本为东北野战军推米用的笊篱	1	铁器、其他金属器
0911	1948年10月锦县群众冯义发为东北野战军带路用的尺棍	1	度量衡器
0912	1948年郭景书为解放军称粮用的小铁桶	1	度量衡器
0913	1948年10月金吉有为东北野战军称粮用的秤	1	度量衡器
0914	1948年10月东北野战军在犴牛屯使用的扁担	1	其他
0915	1948年10月东北野战军帮助群众秋收用的镰刀	1	铁器、其他金属器
0916	1948年10月东北野战军在攻锦战斗中使用的弹药箱	1	其他
0917	1948年9月东北野战军帮助群众秋收用的镰刀	1	其他
0918	1948年10月国民党军用铁锤	1	武器
0919	1948年黑山县关于紧急支战工作再给各区全体同志的信	1	档案文书
0920	1948年7月26日黑山县工委《备战指示》	1	文件、宣传品
0921	1948年10月锦州解放捷报	1	文件、宣传品
0922	1948年我军进入长春号外	1	文件、宣传品
0923	1948年9月26日大虎山村农会公粮收入簿	1	档案文书
0924	1948年10月11日大虎山村第一街公所第一期战勤服务人员表	1	文件、宣传品
0925	1948年11月3日大虎山村扎面出粮草统计表	1	档案文书
0926	1948年黑山县《支前小报》（第一期）	1	文件、宣传品
0927	1948年10月荆文彬给解放军战士卷烟用的纸	1	其他
0928	1948年曾泽生起义、郑洞国投诚的捷报	1	文件、宣传品
0929	1948年10月东北野战军使用的水杯	1	其他
0930	解放战争时期东北野战军战士穿的布背心	1	织绣
0931	1948年10月东北野战军战士用的背兜	1	织绣
0932	1948年10月东北野战军使用的小铁匙	1	铁器、其他金属器
0933	1948年10月东北野战军使用的洋铁碗	2	铁器、其他金属器
0934	1948年10月东北野战军使用的笊篱	1	其他
0935	1948年10月东北野战军使用的饭碗	1	其他
0936	解放战争时期黑山吕广发给伤员喂饭的碗	1	瓷器
0937	1948年11月解放军的棉军帽	1	武器
0938	1948年10月黑山县吕广发给伤员喂饭的匙	1	铁器、其他金属器
0939	解放战争时期黑山县孙福新抬担架时穿的乌拉	2	皮革
0940	1948年10黑山韩子坤给东北野战军御寒的棉袍	1	织绣
0941	1948年10月东北野战军使用的玻璃杯	1	玻璃器

(续表)

藏品编号	名　　称	数量	类　别
0942	解放战争时期田广文事迹材料——《荣膺毛泽东奖章英雄》	1	文件、宣传品
0943	1948年10月周占山（田广文）的立功喜报	1	文件、宣传品
0944	1948年张连普使用的皮挂包	1	皮革
0945	1947年12月担架模范张林的手表	1	其他
0946	1951年9月28日吕绍德的烈士家属证明书	1	文件、宣传品
0947	1948年10月吕绍德使用的饭碗	1	其他
0948	1948年9月1日吕绍德的二齿钩	1	其他
0949	1948年9月吕绍德使用的鸭嘴抹子	1	其他
0950	1948年10月21日杜宝珠的立功喜报	1	文件、宣传品
0951	1948年10月杜宝珠荣获的"人民功臣"锦旗	1	文件、宣传品
0952	1948年10月杜宝珠荣获的"一人立功全家光荣"锦旗	1	文件、宣传品
0953	1948年10月周大娘在塔山阻击战中为东北野战军送水的桶	1	铁器、其他金属器
0954	1948年10月支前模范杨立忠的制服上衣	1	织绣
0955	1948年10月支前模范杨立忠的帽子	1	织绣
0956	1948年10月王云成给塔山阻击战阵地送水用的桶	1	铁器、其他金属器
0957	1948年10月王云成帮助东北野战军修筑塔山阻击战阵地工事用的镐	1	其他
0958	解放战争时期《向模范的共产党员学习》	1	文件、宣传品
0959	解放战争时期一纵三团诉苦运动总结	1	文件、宣传品
0960	1948年一纵二团在整训期间执行三大纪律的嘉奖令	1	文件、宣传品
0961	1948年辽东军区给赵长山烈士家属通知书	1	档案文书
0962	1948年10月30日三纵九师赵长山烈士抚恤证	1	文件、宣传品
0963	1948年三纵九师赵长山烈士生前给兄长的信	1	档案文书
0964	1947年至1948年魏登科使用的黄毛毯	1	织绣
0965	1948年11月杨同志穿的毛裤	1	织绣
0966	1948年10月30日锦县班吉塔宁玉奎的参战模范奖状	1	档案文书
0967	1948年10月刘福洲为东北野战军修工事伐木用的斧子	1	其他
0968	1948年9月义县九道岭刘福德为东北野战军架桥锯木料用的锯	1	铁器、其他金属器
0969	1948年9月刘福廷支前用的驴驮架	1	交通、运输工具
0970	1947年4月2日《东北解放区爱国自卫战争阵亡烈士抚恤暂行条例》	1	文件、宣传品
0971	1947年4月2日《东北解放区人民爱国自卫战争勤务暂行条例》	1	文件、宣传品
0972	1947年宽甸县农会的公函文件	1	文件、宣传品
0973	1948年10月国民党军的两用锹	1	武器
0974	1947至1948年刘家窝堡村贫雇农团红星标徽	1	文件、宣传品
0975	土地改革时期义县群众张海增分地用的标桩	1	其他
0976	1948年10月张凤山修工事的小镐	1	其他
0977	1947年2月4日松江一地委关于接收投降胡子参加主力的通知	1	档案文书
0978	1948年10月四纵三十六团机炮连张凤山的绑腿	2	武器
0979	1948年10月四纵三十六团机炮连张凤山用过的洋瓷碗	1	瓷器
0980	1948年10月张凤山的东北解放纪念章	1	文件、宣传品
0981	1948年10月四纵三十六团机炮连张凤山荣获的华北解放纪念章	1	文件、宣传品
0982	1948年10月四纵三十团五连荣获的"英勇善战"锦旗	1	文件、宣传品
0983	1948年10月四纵三十五团八连荣获的"英勇善战"锦旗	1	文件、宣传品
0984	1948年10月四纵三十团三连荣获的"秋毫无犯"锦旗	1	文件、宣传品
0985	1948年10月第四纵队三十六团六连荣获的"反击敌人如猛虎"锦旗	1	文件、宣传品
0986	1948年10月第四纵队三十四团二连荣获的"打的英勇守的顽强"锦旗	1	文件、宣传品
0987	1948年四纵三十六团一营机连荣获的"准确射击敌尸横阵地前"锦旗	1	文件、宣传品
0988	1948年10月四纵二十九团炮营一炮荣获的"百发百中"锦旗	1	文件、宣传品
0989	1948年10月四纵三十五团五连荣获的"独胆尖刀战斗模范连"锦旗	1	文件、宣传品
0990	1948年10月四纵三十团三连九班荣获的"开路先锋"锦旗	1	文件、宣传品
0991	1948年10月四纵三十四团迫击炮连荣获的"红色炮兵"锦旗	1	文件、宣传品
0992	1948年10月四纵三十四团二连荣获的"英勇果敢首创模范例"锦旗	1	文件、宣传品
0993	1948年10月第四纵队二十九团四连荣获的"状元旗插魁星楼"锦旗	1	文件、宣传品

（续表）

藏品编号	名　　称	数量	类　别
0994	1948年四纵三十二团迫击炮连荣获的"英勇歼敌"锦旗	1	文件、宣传品
0995	1948年10月四纵三十四团四连荣获的"你们英勇顽强堪称文武双全"锦旗	1	文件、宣传品
0996	1948年10月七纵六十二团三连荣获的"英勇壮烈寸土不让"锦旗	1	文件、宣传品
0997	1948年10月一纵三团荣获的"英勇突击"锦旗	1	文件、宣传品
0998	1948年10月一纵二团荣获的"勇敢前进"锦旗	1	文件、宣传品
0999	1948年四纵三十六团刘景文荣获勇敢奖章证明书	1	文件、宣传品
1000	1948年10月四纵三十六团刘景文荣获的勇敢奖章	1	文件、宣传品
1001	解放战争时期解放军卫生员使用的有钩镊子	1	铁器、其他金属器
1002	解放战争时期解放军卫生员使用的无钩镊子	1	铁器、其他金属器
1003	解放战争时期解放军卫生员使用的注射器	1	玻璃器
1004	1948年十纵八十二团钱万有荣获勇敢奖章证明书	1	文件、宣传品
1005	1948年10月十纵八十二团李德禄荣获勇敢奖章证明书	1	文件、宣传品
1006	1948年10月三纵二十六团炮二连锦县（锦州）战斗总结	1	档案文书
1007	1948年11月2日《辽宁日报》	1	文件、宣传品
1008	1948年"长春蒋军六十军全部起义"《东北前线》号外	1	文件、宣传品
1009	1948年东北人民解放军《告六十军官兵书》宣传单	1	文件、宣传品
1010	1948年"敬告长市蒋军官兵一条活路"宣传单	1	文件、宣传品
1011	1948年"东北人民解放军冬季攻势伟大战绩"宣传单	1	文件、宣传品
1012	1948年"你们的前途在哪里"宣传单	1	文件、宣传品
1013	1948年"你们的前途在哪里"宣传单（告蒋军官兵）	1	文件、宣传品
1014	1948年"翻身农民不能忘本投诚报恩回家团圆"宣传单	1	文件、宣传品
1015	1948年"告国民党警察宪兵特务谍报人员书"宣传单	1	文件、宣传品
1016	1948年10月国民党军用罗盘仪	1	武器
1017	1948年10月国民党军用指南针	1	武器
1018	1948年9月国民党军用绘图仪	7	文具
1019	1948年9月国民党军军号	1	其他
1020	1948年8月六纵五十三团政委李荣桂烈士的整党反省材料	1	档案文书
1021	1948年10月六纵五十三团政委李荣桂烈士遗像	1	音像制品
1022	1948年10月六纵五十三团政委李荣桂（李桂荣）烈士影集	1	音像制品
1023	1948年10月四纵三十四团刘经文照片底片	1	音像制品
1024	1948年10月四纵三十四团一连连长刘金山（刘景中）生前与战友合影	1	音像制品
1025	1948年10月四纵三十一团一营副营长刘连山烈士遗像	1	音像制品
1026	1948年四纵某团王祥年照片	1	音像制品
1027	1948年二纵锦州战斗前开会照片	1	音像制品
1028	1947年东北人民解放军某部欢迎新兵入伍照片	6	音像制品
1029	1947年新解放区开仓济贫照片	7	音像制品
1030	1948年东北画报社摄影师张绍柯烈士遗像	1	音像制品
1031	1948年某部三营营长张科烈士遗像	1	音像制品
1032	1948年六纵四十九团杜宝珠参军前照片	1	音像制品
1033	1948年六纵四十九团杜宝珠烈士照片底片	1	音像制品
1034	1948年锦县四区担架队员花名册	1	档案文书
1035	1947年国民党中央警官学校讲义警察摘要	1	古籍图书
1036	1947年国民党中央警官学校讲义法学摘要	1	文件、宣传品
1037	1947年国民党中央警官学校教材刑法分则讲义	1	古籍图书
1038	1947年国民党中央警官学校教材《总裁革命之理论与实践》	1	古籍图书
1039	1947年国民党中央警官学校教材《三民主义》	1	古籍图书
1040	1947年国民党中央警官学校教材《中国之命运》	1	古籍图书
1041	1947年国民党军步兵操典草案第一部	1	古籍图书
1042	1947年《军语译要》	1	古籍图书
1043	1947年4月国民党中央警官学校教材《刑法总则讲义》	1	古籍图书
1044	1947年2月中华民国宪法	1	古籍图书
1045	1948年7月10日辽吉五地委关于铲稍及有关铲稍问题意见和决定	1	文件、宣传品

锦州市全国第一次可移动文物普查藏品名录

(续表)

藏品编号	名　　称	数量	类　别
1046	1948年9月黑山县工委印发的《白大昌的秋收计划》	1	档案文书
1047	1948年9月16日黑山县工委印发的《秋收工作指示》	1	档案文书
1048	1948年6月10日黑山县工委印发的《生产快报》	1	档案文书
1049	1948年5月10日辽吉五地委关于抓紧时机全力督导春耕的通知	1	文件、宣传品
1050	1948年4月30日黑山县委关于春耕生产给各区委的信	1	档案文书
1051	1948年黑山县委印发的《在备战中如何掌握工作完成任务》的指示	1	文件、宣传品
1052	1948年黑山县委关于成立县妇联的通知	1	文件、宣传品
1053	1948年独立十师朗洪图烈士家属通知书	1	档案文书
1054	1948年独立十二师王焕文烈士家属证明书	1	文件、宣传品
1055	解放战争时期骑兵师赵海廷烈士功劳证	1	文件、宣传品
1056	1948年10月14日二纵十六团五连刘春山烈士家属证明书	1	文件、宣传品
1057	1948年11月三纵柳蕴琦烈士证明书	1	档案文书
1058	1948年10月14日二纵六师赵永禄烈士家属通知书	1	档案文书
1059	1948年七纵于景云烈士证明书	1	档案文书
1060	1948年10月七纵十九师张耀等四位烈士家属通知书	1	档案文书
1061	1948年10月七纵五十五团林万芳革命军人牺牲证明书	1	档案文书
1062	1948年10月十纵二十八师穆烈序烈士家属通知书	1	档案文书
1063-1	1948年10月十二纵张金烈士家属通知书	1	档案文书
1063-2	1948年10月十二纵苏振乾烈士家属通知书	1	档案文书
1063-3	1948年10月十二纵张才烈士家属通知书	1	档案文书
1063-4	1948年10月十二纵张永清烈士家属通知书	1	档案文书
1064	1948年10月9日彰武运输大队徐长占烈士家属通知书	1	档案文书
1065	1948年11月1日二十一分区独三团周义烈士家属证明书	1	文件、宣传品
1066	1948年1月二七部队担架队黄金颜等烈士家属证书	1	档案文书
1067	1948年3月6日独立十三师孙明文等烈士家属通知书	1	档案文书
1068	1947年张瑞芝烈士家属通知书	1	档案文书
1069	1946年至1947年自卫战争烈士家属通知书	1	档案文书
1070	1948年彰武县大队李万春烈士家属通知书	1	档案文书
1071	1948年彰武县各区中队烈士家属证书	1	档案文书
1072	1947年5月新民县大队王奎武烈士家属通知书	1	档案文书
1073	1949年5月4日彰武赵坨子村吴守忠民兵伤残证	1	档案文书
1074	1948年10月20日阎宝航在第四次专员联席会上的总结报告	1	档案文书
1075	1948年11月29日辽北省政府关于统一财政工作的指示	1	文件、宣传品
1076	1948年2月22日辽吉五地委关于叶舟同志的问题的调查材料	1	档案文书
1077	1948年辽吉五地委对孙兴远同志问题的总结意见	1	档案文书
1078	1946年至1948年彰武县土改大事记	1	档案文书
1079	1948年7月2日辽吉一地委出版刊物《平分》16期	6	文件、宣传品
1080	1948年6月至11月辽吉五地委出版刊物《工作通讯》	1	文件、宣传品
1081	1947年11月24日辽吉五地委对战区敌窜区当前工作的几个意见	1	文件、宣传品
1082	1947年至1949年土改与生产工作通信集	1	档案文书
1083	1948年辽吉五地委关于蒙古问题给各县旗工委的信	1	档案文书
1084	1948年2月14日苏维埃共和国中央政府关于土地斗争中一些问题的决定	1	文件、宣传品
1085	1948年在东北农村中划分阶级的一些问题	1	档案文书
1086	1948年2月1日辽吉五地委《关于蒙古工作问题》	1	档案文书
1087	1948年7月10日辽吉五地委《关于铲䅎及有关铲䅎诸问题意见和决定》	1	档案文书
1088	1948年4月毛主席在晋绥干部会议上的讲话	1	文件、宣传品
1089	1948年辽吉五地委翻印的土改文件	1	档案文书
1090	解放战争时期中共中央关于一九三三年两个文件的决定	1	档案文书
1091	1948年2月中共中央关于在老区半老区进行土地改革工作与整党工作的指示	1	档案文书
1092	1949年2月彰武县赵玉印等人领取土地执照申请书	1	档案文书
1093	1950年辽北省科左前旗李凤舞的土地执照	1	档案文书
1094	1949年2月彰武县发土地执照存根	1	档案文书

（续表）

藏品编号	名　　称	数量	类　别
1095	1951年辽西省人民政府为李永春颁发的房产执照	1	档案文书
1096	1951年1月彰武县发房照存根	1	档案文书
1097	1949年彰武县发的房照	1	档案文书
1098	1955年5月彰武县烈士墓设计图	1	档案文书
1099	1955年彰武县烈士墓落成典礼祭烈士文稿	1	档案文书
1100	1963年彰武县哈尔套烈士墓碑文底稿	1	档案文书
1101	1959年彰武县白山土村烈士墓落成典礼祭烈士文	1	档案文书
1102	1947年东北保安司令部《临近匪区各县范围位置略图》	2	档案文书
1103	1946年至1947年彰武县党政军民及财政经济调查表	1	档案文书
1104	1946年至1948年国民党第五三五一星字部队关防	1	玺印符牌
1105	1946年至1948年彰武县优待出征敌军人家属委员会图记	1	玺印符牌
1106	1946年至1948年彰武县农村合作社图记	1	玺印符牌
1107	1946年至1948年康平县后信村村长之印	1	玺印符牌
1108	1947年至1948年彰武县克鲁克旗联合政府成立时干部合影	1	音像制品
1109	1947年彰武县哈尔套区副区长王忠烈士的烟口袋	1	织绣
1110	1947年彰武县哈尔套区副区长王忠烈士的烟盒	1	铁器、其他金属器
1111	1947年彰武县哈尔套区副区长王忠烈士的修脚刀	1	铁器、其他金属器
1112	1947年冬杜耀庭烈士使用的烟嘴	1	其他
1113	1947年杜耀庭烈士使用的皂盒	1	其他
1114	1947年杜耀庭烈士使用的牙刷	1	其他
1115	1947年杜耀廷烈士使用的搪瓷杯	1	其他
1116	1948年9月彰武铁路工人修路运输使用的信号灯	1	铁器、其他金属器
1117	1948年9月彰武铁路工人修路运输使用的号角	1	铁器、其他金属器
1118	1948年9月彰武铁路工人修路运输使用的垛子	3	铁器、其他金属器
1119	1948年9月彰武铁路工人修路使用的锤子	1	铁器、其他金属器
1120	1948年彰武铁路工人修路运输使用的扳子	1	铁器、其他金属器
1121	1948年彰武铁路工人修路运输使用的铁锯	1	铁器、其他金属器
1122	1948年彰武铁路工人使用的信号旗	1	织绣
1123	1948年10月彰武铁路工人为我军修路运输时领取薪金明细表	1	档案文书
1124	1948年彰武铁路工人使用的电话机底座（外壳）	1	其他
1125	1947年彰武铁路工人修路运输使用的道钉	2	铁器、其他金属器
1126	解放战争时期彰武铁路工人修路运输使用的水平尺	1	铁器、其他金属器
1127	1948年彰武铁路工人使用的钢锉	1	铁器、其他金属器
1128	1948年彰武铁路工人使用的十字镐头	1	铁器、其他金属器
1129	1948年彰武铁路工人修路用的铁锹头	1	铁器、其他金属器
1130	1948年彰武铁路工人使用的码子锯	1	铁器、其他金属器
1131	1948年彰武铁路工人使用的道尺	1	其他
1132	1948年彰武铁路工人使用的撬棍	1	铁器、其他金属器
1133	1947至1948年彰武铁路工人使用的起道机	1	铁器、其他金属器
1134	1947至1948年彰武铁路工人为抢修机车使用的老虎钳子	1	铁器、其他金属器
1135	1947至1948年彰武铁路工人抢修机车使用的铁锤	1	其他
1136	1947至1948年彰武铁路工人周兴元为机车添煤用的铁锹	1	其他
1137	1947至1948年彰武铁路工人抢修机车用的瓦斯灯	1	铁器、其他金属器
1138	1948年彰武铁路工人抢修机车用的工具箱	1	铁器、其他金属器
1139	1947年黑山农村土地受领证	2	档案文书
1140	1949年黑山关于征收公粮入库问题的通知	1	文件、宣传品
1141	1948年黑山县罗烧村送交公粮台账	1	档案文书
1142	1948年黑山县城关区分配公粮表册	1	档案文书
1143	1948年黑山县城关区支前（木材马草）账本	1	档案文书
1144	1948年黑山县杨屯村公粮收条	1	档案文书
1145	1948年黑山县群众为东北野战军洗涮军衣的收条	1	票据
1146	1948年辽宁省黑山县李迎和的土地执照	1	档案文书

(续表)

藏品编号	名　　称	数量	类　别
1147	1948年12月29日黑山县城关区被害妇女儿童调查表	2	档案文书
1148	1948年黑山县罗烧村收入支出台账	1	档案文书
1149	1948年黑山城关区各种保证书	1	档案文书
1150	1948年黑山西下湾子地主王铭久的杂项来往账	1	档案文书
1151	1948年赵景文为东北野战军战士御寒的棉被	1	织绣
1152	1948年三纵二十一团卫生队张树坤的棉布毯	1	织绣
1153	1947至1948年东北野战军送给民工靖裕安的毯子	1	织绣
1154	1948年黑山杜光尧做军鞋用的剪子	1	铁器、其他金属器
1155	1948年10月黑山群众杜中喜做军鞋用的锥子	1	铁器、其他金属器
1156	1948年10月黑山群众陈康氏做军鞋用的锥子	1	铁器、其他金属器
1157	1948年东北野战军在黑山阻击战中使用的盆	1	其他
1158	1948年黑山群众马永芝做军鞋时使用的油灯碗	1	其他
1159	1948年东北野战军在黑山阻击战中使用的风镜	1	其他
1160	1948年十纵某部在黑山阻击战中修工事用的十字镐头	1	铁器、其他金属器
1161	1948年10月东北野战军战士使用过的铜箫	1	乐器、法器
1162	1948年黑山群众靖徐氏为东北野战军做饭的筐	1	其他
1163	1948年黑山镇王桂珍为东北野战军捣面的小缸	1	瓷器
1164	1948年黑山镇王桂珍为支前用的铁叉	1	其他
1165	1948年国民党军用美制胶皮靴	2	皮革
1166	1948年10月国民党军官用的文明棍	1	其他
1167	1948年10月国民党军的炮弹箱	1	武器
1168	1948年10月国民党军的炮弹盒	4	武器
1169	1948年10月国民党军的大三〇刺刀	1	武器
1170	1948年国民党军的小三〇刺刀	1	武器
1171	1948年国民党军军官的钢盔	1	武器
1172	1948年10月国民党军用的钢盔	1	武器
1173	1948年黑山白台子屯战斗遗址的砖	1	石器、石刻、砖瓦
1174	1948年东北野战军一〇一高地阵地的土石	1	石器、石刻、砖瓦
1175	1948年10月黑山群众张振铎为东北野战军送干粮用的扁担	1	其他
1176	1947年独立十四师二团杨树武使用的驳壳枪子弹	10	武器
1177	1947年独十四师二团杨树武的五子连皮夹	1	皮革
1178	1948年独十四师二团杨树武荣获的英雄奖章	1	文件、宣传品
1179	1947年独十四师二团杨树武的皮带	1	皮革
1180	1947年夏《三三制战术及一点两面战术》参考材料	1	档案文书
1181	1947年军事教材《操场动作》	1	古籍图书
1182	1946年《新党员课本》	1	古籍图书
1183	1947年《政治指导员工作》	1	古籍图书
1184	1948年7月《怎样做连队支部工作》	1	古籍图书
1185	1948年《支部工作采用群众路线的前后》	1	古籍图书
1186	1948年《怎样做小组长工作》	1	古籍图书
1187	1948年杨洪修烈士纪念证	1	档案文书
1188	1947年二纵1947年牺牲的营以上干部简传	1	档案文书
1189	1947年二纵十二团王林夫烈士的怀德战斗总结手册	1	档案文书
1190	1948年刘长盛烈士照片	1	音像制品
1191	1948年刘长盛烈士生前使用的筷子	2	其他
1192	1948年10月刘长盛烈士的名章	1	玺印符牌
1193	1948年10月刘长盛烈士的军属光荣证	1	文件、宣传品
1194	1947年8月28日松江省关于荣军组织领导及管理问题的决定	1	档案文书
1195	1948年10月中央银行本票东北流通券	1	票据
1196	1948年中央银行本票东北流通券	1	票据
1197	1948年中央银行本票东北流通券	1	票据
1198	1948年10月中央银行本票东北流通券	1	票据

(续表)

藏品编号	名　　称	数量	类　别
1199	1948年中央银行本票存根	1	票据
1200	1948年中央银行本票存根	1	票据
1201	1948年长春市民王东贵在围困期间挖野菜的筐	1	其他
1202	1948年国民党统治长春时市民王东贵挖野菜用的铁桶	1	铁器、其他金属器
1203	1948年国民党统治长春时市民王东贵挖野菜用的菜刀	1	铁器、其他金属器
1204	1948年国民党统治长春时市民王东贵挖野菜用的镰刀	1	铁器、其他金属器
1205	1948年国民党统治长春时市民王东贵挖野菜用的镐	1	铁器、其他金属器
1206	1948年国民党统治长春时市民王东贵挖野菜用的锄头	1	铁器、其他金属器
1207	1948年国民党统治长春时市民王东贵挖野菜用的小菜刀	1	铁器、其他金属器
1208	1948年国民党统治长春时市民孟继宗挖野菜用的镰刀	1	铁器、其他金属器
1209	1947年3月至1948年9月嫩江省战勤动员统计表	1	档案文书
1210	1948年黑龙江省民工车马动员统计表	1	档案文书
1211	1948年嫩江省后备兵源练数估计统计表	1	档案文书
1212	1945年至1948年嫩江省所出兵额统计表	2	档案文书
1213	1948年10月九纵七十六团吴国安荣获勇敢奖章证明书	1	档案文书
1214	1948年10月九纵七十六团吴国安荣获的勇敢奖章	1	文件、宣传品
1215	1950年8月九纵七十六团李振华出席军英模代表大会纪念册	1	档案文书
1216	1948年11月九纵七十六团李振华荣获的英雄奖章	1	文件、宣传品
1217	1948年九纵七十六团李振华的立功证明书	1	文件、宣传品
1218	1948年11月八纵六十五团贾洪文的立功证明书	1	文件、宣传品
1219	1948年6月八纵六十五团李墨林荣获的艰苦奋斗奖章	1	文件、宣传品
1220	1947年八纵六十五团四连荣获的"追击榜样"锦旗	1	文件、宣传品
1221	1948年10月八纵六十五团二连二排荣获的"英勇顽强"锦旗	1	文件、宣传品
1222	1948年10月第八纵队六十五团授予一连的"刺刀见红"锦旗	1	文件、宣传品
1223	1948年10月八纵六十五团二连荣获的"防御模范"锦旗	1	文件、宣传品
1224	1948年东北野战军塔山战斗中用的三号驳壳枪	1	武器
1225	1948年10月赵炳南为塔山阵地伙房送粮的布口袋	1	织绣
1226	1948年10月四纵三十四团一营在塔山阵地搭机枪掩体的木箱	1	其他
1227	1948年10月王凤江荣获的东北民主联军毛泽东奖章	1	文件、宣传品
1228	1948年9月二纵十四团战斗英雄申明和荣获的毛泽东奖章	1	文件、宣传品
1229	1948年9月二纵十四团战斗英雄杨青山荣获的毛泽东奖章	1	文件、宣传品
1230	1947年6月二纵十四团十连荣获的"无坚不摧"锦旗	1	文件、宣传品
1231	1948年9月二纵十四团十连六班荣获的"钢铁班"锦旗	1	文件、宣传品
1232	1948年10月二纵十四团十连机二班荣获的"智勇双全"锦旗	1	文件、宣传品
1233	1948年10月二纵十四团十连炊事班荣获的"英勇抢救"锦旗	1	文件、宣传品
1234	1948年10月二纵十四团十连荣获的"屡建奇功"锦旗	1	文件、宣传品
1235	1948年10月二纵十四团一连荣获的"锦州突破连"锦旗	1	文件、宣传品
1236	1948年10月二纵十四团五连荣获的"突破连"锦旗	1	文件、宣传品
1237	1948年10月二纵十五团三连荣获的"尖刀连"锦旗	1	文件、宣传品
1238	1948年特纵迫击炮团誓师大会照片	14	音像制品
1239	1948年三纵八师《火星》战时版第5期	1	文件、宣传品
1240	1948年三纵八师《火星》战时版第6期	1	文件、宣传品
1241	1948年三纵八师《火星》战时版第7期	1	文件、宣传品
1242	1948年三纵八师《火星》战时版第8期	1	文件、宣传品
1243	1948年三纵八师《火星》战时版第9期	1	文件、宣传品
1244	1948年三纵八师《火星》战时版第10期	1	文件、宣传品
1245	1948年三纵八师《火星》战时版第11期	1	文件、宣传品
1246	1948年三纵八师《火星》战时版第12期	1	文件、宣传品
1247	1948年三纵八师《火星》战时版第13期	1	文件、宣传品
1248	1948年三纵八师《火星》战时版第14期	1	文件、宣传品
1249	1948年三纵八师《火星》战时版第15期	1	文件、宣传品
1250	1948年三纵八师《火星》战时版第16期	1	文件、宣传品

(续表)

藏品编号	名　　称	数量	类　别
1251	1948年三纵八师《火星》战时版第17期	1	文件、宣传品
1252	1948年炮校第二期学员毕业典礼合影	1	音像制品
1253	1948年炮校营以上干部会议合影	1	音像制品
1254	1948年12月5日十一纵三十一师山炮营尚倩的立功证明书	1	文件、宣传品
1255	1947年独立旅十五团荣获的"百战百胜"锦旗	1	文件、宣传品
1256	1948年十一纵九十五团七连一班荣获的"战无不胜"锦旗	1	文件、宣传品
1257	1948年9月12日二纵十五团三连申洪奎的立功证明书	1	文件、宣传品
1258	1948年10月二纵十五团三连季操的立功证明书	1	文件、宣传品
1259	1948年10月二纵十四团七连杨青山的立功证明书	1	文件、宣传品
1260	1948年12月9日三纵八师杂交款收据	1	票据
1261	1948年三纵二十五团一连刘新禄烈士遗像	1	音像制品
1262	1948年8月三纵二十五团一连一排荣获的"官爱兵兵拥干团结巩固战胜困难"奖旗	1	文件、宣传品
1263	1948年5月十七师编印的《英模功臣集》	1	古籍图书
1264	1948年三纵二十团赵兴元使用的皂盒	1	其他
1265	解放战争时期赵兴元荣获的东北民主联军模范奖章	1	文件、宣传品
1266	解放战争时期三纵二十团赵兴元荣获的大功奖章	1	文件、宣传品
1267	解放战争时期三纵二十团赵兴元荣获的荣誉奖章	1	文件、宣传品
1268	1948年11月三纵二十团赵兴元的解放东北纪念章	1	文件、宣传品
1269	1950年三纵二十团赵兴元的华北解放纪念章	1	文件、宣传品
1270	1950年三纵二十团赵兴元的解放华中南纪念章	1	文件、宣传品
1271	1950年三纵二十团赵兴元的解放海南岛纪念章	1	文件、宣传品
1272	1950年三纵二十团赵兴元出席全国战斗英雄代表会议代表证	1	档案文书
1273	1948年9月三纵二十一团侦通连商联生入党志愿书	1	档案文书
1274	1948年10月三纵二十团奖给一连二排"英雄的二排"锦旗	1	文件、宣传品
1275	1948年10月三纵二十团奖给一连六班"反复争夺智勇双胜"锦旗	1	文件、宣传品
1276	解放战争时期内务条例	1	档案文书
1277	1948年东北人民解放军炮兵政治部订阅的《骨干》	1	文件、宣传品
1278	1948年二纵六师为练兵中有发明创造者记功的嘉奖令	1	档案文书
1279	1947年9月5日东北民主联军关于保护群众利益的通令	1	档案文书
1280	1947年11月13日二纵六师关于防空的训令	1	档案文书
1281	1948年8月二纵六师某部荣获的"攻无不克"锦旗	1	文件、宣传品
1282	1949年10月15日《东北人民武装自卫队组织与工作条例》	1	古籍图书
1283	1948年黑山城关区慰问军烈属、工属统计表	1	档案文书
1284	1948年国民党青年军纪念章	1	文件、宣传品
1285	1948年国民党青年远征军纪念章	1	文件、宣传品
1286	1948年国民党青年军新七军纪念章	1	文件、宣传品
1287	1947年10月至1949年1月胡旭的阵中日记	1	档案文书
1288	1948年8月九纵七十五团一连荣获的"攻如猛虎"锦旗	1	文件、宣传品
1289	1948年8月三纵二十二团三连荣获的"英勇顽强以少胜多"锦旗	1	文件、宣传品
1290	1948年10月三纵二十二团三连罗印成荣获的勇敢奖章	1	文件、宣传品
1291	1948年8月三纵二十二团二连荣获的"勇猛迅速"锦旗	1	文件、宣传品
1292	1948年8月三纵二十二团九连荣获的"军政两胜"锦旗	1	文件、宣传品
1293	1948年8月三纵二十二团九连荣获的"军政两胜"锦旗	1	文件、宣传品
1294	1948年10月三纵二十二团三连荣获的"尖刀直入三建奇功"锦旗	1	文件、宣传品
1295	1948年10月三纵二十二团三连荣获的"光荣的突击队"锦旗	1	文件、宣传品
1296	1947年望奎县农民使用的梭标	1	武器
1297	1947年望奎县正兰六村农民使用的洋炮匣子	1	武器
1298	1948年10月房干使用的望远镜	1	武器
1299	1948年10月二纵二十团一营教导员房干用的皮挂包	1	皮革
1300	1948年10月三纵二十团一营房干同志使用的银筷子	2	金银器
1301	1948年10月三纵二十团一营房干使用的饭叉子	1	铁器、其他金属器

(续表)

藏品编号	名　　称	数量	类　别
1302	1948年10月三纵二十一团一营教导员房干同志学习笔记	1	档案文书
1303	1947年三纵二十一团朱道泗荣获勇敢奖章证明书	1	文件、宣传品
1304	1948年朱道泗荣获的东北人民解放军勇敢奖章	1	文件、宣传品
1305	1950年6月30日三纵二十一团朱道泗的建功证明书	1	文件、宣传品
1306	1944年11月29日三纵二十一团朱道泗的入党志愿书	1	档案文书
1307	1946年三纵二十一团朱道泗的东北人民自治军臂章	1	其他
1308	1947年望奎县正兰店后三村农工商联合会外出呈请书	1	档案文书
1309	1946年12月1日吉林省延吉县夏朝林上地执照	1	档案文书
1310	1946年吉林省延吉县边应吉土地执照	1	档案文书
1311	1948年赵兴元使用的指北针	1	武器
1312	1948年10月28日四纵关于十师各团临时党代表做法的通报	1	档案文书
1313	1948年11月《立功入党》	1	古籍图书
1314	1948年11月十二师《怎样做个党的小组长》	1	古籍图书
1315	1946年10月至1948年6月军区下达的作战部署（抄录）	1	文件、宣传品
1316	1947年8月至1949年9月三十一师作战科长王永勤战斗总结笔记（3）	1	档案文书
1317	1947年9月至1948年12月三十一师作战科长王永勤的作战日记（4）	1	档案文书
1318	1948年7月至1949年7月三十一师作战科长王永勤的作战日记（9）	1	档案文书
1319	1947年至1948年三纵二十七团秋季战役以来功臣榜	1	文件、宣传品
1320	1963年林彪题"辽沈战役纪念馆"	1	名人遗物
1321	1948年10月儿童团长王振才的子弹袋	1	武器
1322	1948年10月黑山郝永宽为东北野战军送饭的桶	1	铁器、其他金属器
1323	1948年10月王连和给东北野战军送粮的布口袋	1	织绣
1324	1948年10月黑山李洪山借给东北野战军搭工事用的锹	1	其他
1325	1948年十纵修工事用的锹	1	其他
1326	1948年10月黑山下湾子支前木工组王振武用的锯	1	其他
1327	1948年黑山下湾子支前木工组王振武用的凿子	1	其他
1328	1947年至1949年刘亚楼使用的行军床	1	铁器、其他金属器
1329	1948年10月黑山下湾子支前木工组续贵廷用的刨子	1	其他
1330	1948年10月黑山下湾子支前木工组续贵廷用的斧子	1	其他
1331	1948年黑山下湾子支前木工组续贵廷用的凿子	1	其他
1333	1948年10月王玉给东北野战军伤员盖的被子	1	织绣
1334	1948年东北野战军于塔山阵地修工事用的锹	1	其他
1335	1948年锦西常家沟李连喜借给东北野战军修工事用的锹	1	其他
1336	1948年锦西常家沟高占兹借给东北野战军修理工具的锯条	1	铁器、其他金属器
1337	解放战争时期锦西常家沟穆文珍做军鞋的锥子	1	其他
1338	1948年锦西张家屯张文借给东北野战军送饭的水桶	1	铁器、其他金属器
1339	解放战争时期东北野战军使用的BC342收讯机	1	武器
1340	1948年10月锦西张家屯张富借给东北野战军用的菜刀	1	铁器、其他金属器
1341	1948年锦西张家屯张殿臣借给东北野战军碾米的大笸箩	1	其他
1342	1948年锦西张家屯张殿奎借给东北野战军用的铁锅	1	铁器、其他金属器
1343	1948年锦西张家屯张殿信借给东北野战军的筛箩子	1	其他
1344	解放战争时期东北野战军装炮弹用的纸盒	1	其他
1345	解放战争时期八纵七十团一连于富寿的手枪套	1	皮革
1346	1947年至1948年八纵七十团一连于富寿的五子连	1	皮革
1347	1947年2月至1948年10月七十团一连于富寿使用的包枪布	1	织绣
1348	解放战争时期郭俊卿使用的军号	1	乐器、法器
1349	解放战争时期日九二式76步兵炮	1	武器
1350	1948年八纵七十团一连于富寿照片	1	音像制品
1351	1948年10月锦西刘家屯陈庆云借给东北野战军搭工事的柜盖	1	其他
1352	解放战争时期锦西张殿信为东北野战军磨面的石磨	1	石器、石刻、砖瓦
1353	解放战争时期锦西张家屯张殿成给东北野战军装水用的地缸	1	瓷器
1354	解放战争时期锦西县塔山王玉借给东北野战军装水的地缸	1	瓷器

(续表)

藏品编号	名　称	数量	类　别
1355	1948年10月四纵三十六团在塔山阻击战中使用的电话线轴	1	铁器、其他金属器
1356	1948年10月东北野战军在塔山阻击战中使用的炮弹桶	1	铁器、其他金属器
1357	解放战争时期黑山厉家儿童团长厉家元用的刺刀	1	武器
1358	1948年东北野战军在辽西历家战斗中修工事用的锹	1	其他
1359	1948年国民党军官使用的大片刀	1	武器
1360	1948年10月东北野战军在辽西会战中使用的担架	1	武器
1361	1948年10月国民党军廖耀湘兵团使用的美式大三〇刺刀库	1	武器
1362	1948年八纵七十团金富的马褡子	1	织绣
1363	1948年11月至1949年7月八纵七十团金富的立功证明书	1	文件、宣传品
1364	1948年11月八纵七十团金富荣获的光荣奖章	1	文件、宣传品
1365	1948年四纵三十六团一营王霭卿的胶皮水靴子	1	皮革
1366	1948年四纵三十六团一营王霭卿同志用的马褡子	1	织绣
1367	1948年10月四纵炮团彭进仁使用的皮挂包	1	皮革
1368	1948年10月四纵十二师组织科长曲建邦的手枪套	1	皮革
1369	1947年为坚持敌后斗争有功者记功的通令	1	档案文书
1370	1947年12月8日辽东军区为表扬剿匪有功部队及李洪光支队的嘉奖令	1	文件、宣传品
1371	1948年1月12日嘉奖四纵三十五团侦察参谋曲祥云的通令	1	档案文书
1372	1948年10月7日四纵党委告全纵党员同志书	1	文件、宣传品
1373	1948年1月12日为健全连队士兵委员会的通知	1	档案文书
1374	1948年1月四纵士兵委员会工作草案	2	文件、宣传品
1375	1948年"警二连纷纷表决心互挑竞赛"剪报	1	文件、宣传品
1377	1948年10月九纵七十三团一连王凤山的军装	2	织绣
1378	1947年九纵七十三团一连王凤山立功喜报	1	文件、宣传品
1379	1948年11月2日四纵三十五团八连哈静涛立功喜报	1	文件、宣传品
1380	1948年10月三十五团八连哈静涛荣获的"人民武状元"锦旗	1	文件、宣传品
1381	1948年10月三十五团八连哈静涛荣获的"人民功臣"锦旗	1	文件、宣传品
1382	1948年10月四纵三十六团二营于新堂烈士生前读过的《整风》	1	古籍图书
1383	1948年11月东北野战军使用的茶杯	1	铁器、其他金属器
1384	解放战争时期东北野战军穿的布撒鞋	2	织绣
1385	1948年10月东北野战军使用的饭碗	1	其他
1386	解放战争时期黑山蔡喜萍给东北野战军战士治病的火罐	1	陶器
1387	辽沈战役期间黑山东下湾子儿童团员尹成厚的梭标	1	武器
1388	1948年梁士英炸碉堡的爆破筒残片	5	武器
1389	1948年二纵十五团八连掩护梁士英炸碉堡时的机枪子弹头	1	武器
1390	解放战争时期凌源县汤道沟村农民委员会资雇团会员胸章	1	其他
1391	1948年10月国民党东北剿总司令陈诚印	1	玺印符牌
1392	1948年10月国民党陆军独立师第二师师长印	1	玺印符牌
1393	1948年国民党辽宁先遣军第二十一师师长印	1	玺印符牌
1394	1948年国民党辽宁先遣军第十五路军副令之印	1	玺印符牌
1395	1948年国民党辽宁先遣军第二十一师关防	1	玺印符牌
1396	1948年国民党中央先遣军第十五路军关防	1	玺印符牌
1397	1948年国民党东北绥靖保安司令关防	1	玺印符牌
1398	1948年国民党东北保安第二支队步兵第二团关防	1	玺印符牌
1399	1948年国民党安东警备司令部参谋处之印	1	玺印符牌
1400	1948年国民党陆军第五十二军通讯兵第三连连长之印	1	玺印符牌
1401	解放战争时期美制"US"符号胸章	1	其他
1402	1947年至1948年国民党军少尉肩章	2	其他
1403	1947年至1948年国民党军中尉肩章	2	其他
1404	1947年至1948年国民党军上尉肩章	1	其他
1405	解放战争时期国民党军"99A辎汽连"证章	1	其他
1406	解放战争时期国民党新六军二二师干训班第一期毕业证章	1	文件、宣传品
1407	1939年国民党第六十军证章	1	文件、宣传品

(续表)

藏品编号	名　　称	数量	类　别
1408	解放战争时期国民党东北保安司令部长官沈阳指挥所进驻纪念章	1	文件、宣传品
1409	解放战争时期国民党军HEFD臂章	1	其他
1410	解放战争时期中国国民党辽宁省法库县党部臂章	1	其他
1411	解放战争时期国民党警察臂章	1	其他
1412	1948年10月国民党军空勤胸章	1	其他
1413	解放战争时期国民党新六军臂章	1	其他
1414	解放战争时期国民党新一军臂章	1	其他
1415	解放战争时期国民党五十二军二师臂章	1	其他
1416	解放战争时期国民党军青干臂章	1	其他
1417	解放战争时期国民党军臂章	1	其他
1418	解放战争时期锦州市青年服务队臂章	1	其他
1419	解放战争时期国民党军臂章	1	其他
1420	1945年国民党保安总队第二纵队臂章	1	其他
1421	1946年国民党军臂章	1	其他
1422	1944年国民党军臂章	1	其他
1423	解放战争时期国民党军立鸿部克武部外出证	1	其他
1424	1948年国民党军9265部胸章	1	其他
1425	1946年国民党军七十一军八十八师二六二团胸章	1	其他
1426	1946年国民党军第三兵站总监部第一四四分站军需胸章	1	其他
1427	1946年国民党军东北保安第六支队胸章	1	其他
1428	解放战争时期国民党军虎威部干训班胸章	1	其他
1429	解放战争时期国民党军使用的国旗	1	其他
1430	解放战争时期东北民主联军服装	2	织绣
1431	1948年国民党军官服装	2	织绣
1432	1948年国民党军士兵便服帽	1	织绣
1433	解放战争时期国民党九十三军二十二师一团军士队证章	1	文件、宣传品
1434	1946年至1948年国民党军五十三军第七期军医讲习班证章	1	文件、宣传品
1435	1946年至1948年国民党军五十六师干训班证章	1	文件、宣传品
1436	1946年至1948年国民党九十三军暂十八师荣誉证章	1	文件、宣传品
1437	解放战争时期国民党军亲爱精诚纪念章	1	文件、宣传品
1438	解放战争时期国民党新七军干部教导员总队毕业纪念章	1	文件、宣传品
1439	1946年至1948年国民党五十三军干训班军官队第二期毕业证章	1	文件、宣传品
1440	1946年至1948年国民党军荣誉证章	1	文件、宣传品
1441	1948年国民党九十三军"干"字证章	1	文件、宣传品
1442	1948年国民党军"教干"证章	1	文件、宣传品
1443	1948年10月11日第三纵队发布的作战命令	1	档案文书
1444	1948年《我完全解放东北最大城市沈阳并于同日收复营口》捷报	1	文件、宣传品
1445	1948年三纵二十团攻打锦州的五项口号宣传单	1	文件、宣传品
1446	1948年三纵七师为解放全东北而战宣传单	1	文件、宣传品
1447	1948年10月10日第三纵队十九团攻打锦州战斗口号十五条宣传单	1	文件、宣传品
1448	1948年10月11日第三纵队锦县作战部署图	1	档案文书
1449	1948年9月28日第三纵队义县战役部署图	1	档案文书
1450	1948年10月10日三纵十九团印发的宣传单	1	文件、宣传品
1451	1948年10月锦州守敌外围据点配水池工事要图	1	档案文书
1452	解放战争时期鄂东挺进军总指挥部独立支队部副官张天勇胸章	1	其他
1453	解放战争时期国民党军申建部一一三团战炮连炮手汪精云胸章	1	其他
1454	解放战争时期李少元使用的望远镜	1	武器
1455	1948年二纵十五团陈绍昆荣获的勇敢奖章	1	文件、宣传品
1456	1948年10月3日第二纵队十二团七连荣获的"钢铁堡垒"锦旗	1	文件、宣传品
1457	1948年10月3日二纵十二团七连荣获的"英雄连"锦旗	1	文件、宣传品
1458	1948年10月1日二纵十二团九连荣获的"守的顽强攻的巧妙"锦旗	1	文件、宣传品
1459	1950年毛泽东主席给民兵英雄孙义的请帖	1	档案文书

(续表)

藏品编号	名称	数量	类别
1460	1948年全国民兵英雄孙义破坏敌电线杆用的锯	1	其他
1461	1948年全国民兵英雄孙义破坏敌铁路用的大镐	1	其他
1462	解放战争时期全国民兵英雄孙义使用的帆布背兜	1	织绣
1463	解放战争时期全国民兵英雄孙义用过的手榴弹壳	1	武器
1464	解放战争时期孙义使用的子弹袋	1	武器
1465	解放战争时期全国民兵英雄孙义使用的九九式步枪子弹	50	武器
1466	1948年兴城梁水泉子杨刘氏做军鞋用的锥子	1	其他
1467	解放战争时期杨刘氏为部队做军鞋用的包袱皮	1	织绣
1468	1948年兴城梁水泉子王桂秋做军鞋用的锥子	1	其他
1469	1948年兴城梁水泉子王桂秋做军鞋用的剪子	1	铁器、其他金属器
1470	解放战争时期兴城凉水泉子村长高桂昌使用的刺刀	1	武器
1471	解放战争时期兴城凉水泉子村民兵杨德泉使用的梭标	1	武器
1472	解放战争时期兴城东门村民兵李广田使用的梭标	1	武器
1473	解放战争时期兴城东门村民兵制造的土地雷	1	武器
1474	1948年兴城梁水泉子陈素民做军鞋用的剪子	1	铁器、其他金属器
1475	1947年至1949年兴城凉水泉子出战勤总工账	1	档案文书
1476	1948年兴城三道沟王李氏做军鞋用的剪子	1	铁器、其他金属器
1477	1948年兴城三道沟王李氏做军鞋用的锥子	1	其他
1478	解放战争时期兴城三道沟王李氏做军鞋的线穗	1	其他
1479	1948年兴城民兵杨治山破坏敌人铁路用的镐	1	铁器、其他金属器
1480	1948年兴城梁水泉子村民岳德润送公粮的驴驮架	1	其他
1481	1948年兴城民兵李广祥破坏敌军铁路用的锹	1	铁器、其他金属器
1482	1948年兴城东门村韩桂珍做军衣用的纺车	1	其他
1483	1948年兴城东门村韩桂珍做军鞋用的锥子	1	其他
1484	解放战争时期于和使用的望远镜	1	武器
1485	1948年兴城二区区长领取木材的便函	1	档案文书
1486	1948年兴城东门区群众做军衣统计材料	1	档案文书
1487	1948年兴城县政府公草收据存根	1	票据
1488	1948年兴城县粮库第二支库拨粮证	1	票据
1489	1948年兴城县第二仓库拨草证	1	票据
1490	1948年11月兴城县政府公柴公草收据	3	票据
1491	1948年兴城兵站收谷草收据	1	票据
1492	1948年兴城梨树沟村交公粮收据	1	票据
1493	1948年兴城东门村群众为做军鞋领布收据	1	票据
1494	1948年兴城东门村保管某政府公粮收据	1	票据
1495	1948年兴城东门村领取物票据收据	1	票据
1496	1948年兴城东门村朱永珍做军鞋用的锥子	1	其他
1497	1948年兴城东门村常高氏做军鞋用的锥子	1	其他
1498	解放战争时期兴城东门沈朱氏为部队做的鞋底	1	织绣
1499	1946年至1949年兴城武装修械所修制武器用的锉	1	其他
1500	1946年至1949年兴城武装修械所修制武器用的铁锯弓子	1	铁器、其他金属器
1501	1946年至1949年兴城武装修械所修制武器使用的铁钳子	1	铁器、其他金属器
1502	1946年至1949年兴城武装修械所修制武器使用的台钳子	1	铁器、其他金属器
1503	解放战争时期张兆仁使用的指北针	1	武器
1504	解放战争时期王界业的东北军政大学臂章	1	其他
1505	1945年9月至1948年11月王界业使用的皮挂包	1	皮革
1506	1948《第二届炮兵会议》	1	档案文书
1507	1948年第二纵队十五团八连靳文清在攻锦战斗中荣获的毛泽东奖章	1	文件、宣传品
1508	1950年二纵十五团八连靳文卿的立功喜报	1	文件、宣传品
1509	1948年10月四纵三十五团八连哈静涛荣获的勇敢奖章	1	文件、宣传品
1510	解放战争时期王趣东在锦州战斗中使用的望远镜	1	武器
1511	1948年8月5日东北军区印刷的六〇宣传弹使用说明书	1	档案文书

（续表）

藏品编号	名　　称	数量	类　别
1512	1948年10月26日胡炳礼烈士的家属通知书	1	档案文书
1513	解放战争时期辽东军区颁发的荣誉证章	1	文件、宣传品
1514	1947年辽东军区颁发的战斗英雄奖章	1	文件、宣传品
1515	解放战争时期的特功奖章	1	文件、宣传品
1516	1947年辽吉军区颁发的的工作模范奖章	1	文件、宣传品
1517	1947年辽吉二区颁发的拥爱模范奖章	1	文件、宣传品
1518	1947年辽吉二区颁发的战斗英雄奖章	1	文件、宣传品
1519	1947年辽吉二区颁发的学习模范奖章	1	文件、宣传品
1520	1945年至1949年独立十四师三团团长谭庆荣使用的皮挂包	1	皮革
1521	解放战争时期独立十四师三团团长谭荣庆使用的绑腿	2	织绣
1522	1945年至1949年谭庆荣穿过的毛袜子	2	织绣
1523	1948年沈阳皇姑区委关于党建问题的报告记录	1	档案文书
1524	1947年2月三纵二十六团八连荣获的"进攻猛防守坚"锦旗	1	文件、宣传品
1525	1948年9月至10月三纵炮团使用的斧头	1	铁器、其他金属器
1526	1948年9月至10月三纵炮团使用的观测仪器箱	1	武器
1527	1948年9月至10月三纵炮团修工事用的锹	1	铁器、其他金属器
1528	解放战争时期三纵炮团使用的计算尺	1	度量衡器
1529	解放战争时期三纵炮团使用的计算尺	2	度量衡器
1530	1948年3月11日四平前线指挥部给国民党军第八十八师师长彭锷的通牒	1	档案文书
1531	1948年10月18日一纵关于俘房情况的通报	1	档案文书
1532	1948年10月4日一纵秋季攻势战役动员令	1	文件、宣传品
1533	1948年10月10日十纵在锦州战役前下发的紧急战斗口号	1	文件、宣传品
1534	1948年1月1日一纵委员会印发的的战斗号召	1	文件、宣传品
1535	1948年10月26日一纵委员会发表的《为争取"东北大决战战斗英雄连"而斗争》号召	1	文件、宣传品
1536	1948年10月8日一纵队政治部发表的《关于打援政治动员及工作指示》	1	文件、宣传品
1537	1948年6月13日一纵某团在公主岭练兵的工作总结	1	档案文书
1538	1948年9月4日第三十八军作战训练处司令部的练兵总结	1	档案文书
1539	1948年11月4日一纵关于传达贯彻秋季攻势战役动员令的指示	1	文件、宣传品
1540	1948年9月11日一纵关于秋季攻势政治工作指示	1	文件、宣传品
1541	1948年10月1日一纵关于新区筹粮工作指示	1	文件、宣传品
1542	1948年9月10日一纵队政治部印《抓紧新的战机争取新的胜利》	1	档案文书
1543	1947年10月11日一纵政治部印《为争取大反攻彻底胜利而奋斗教育提纲》	1	档案文书
1544	1948年一纵队印《以大量歼灭敌人的胜利迎接一九四八年》	1	档案文书
1545	1948年4月28日一纵队司令部印的战术通报	1	档案文书
1546	1948年10月一纵队政治部印《为彻底干脆全部消灭东北蒋匪军解放全东北而战》	1	档案文书
1547	1948年6月10日一纵二师司令部编印《纵深战斗中政治工作的几个问题》	1	档案文书
1548	1948年5月3日一纵队前进出版社印《前线》	1	文件、宣传品
1549	1948年8月25日一纵队前进出版社印《前线》	1	文件、宣传品
1550	1948年8月27日一纵队前进出版社印《前线》	1	文件、宣传品
1551	1948年9月8日一纵队前进出版社印《前线》	1	文件、宣传品
1552	1948年10月25日三纵二十五团张有的伤票	1	票据
1553	1947年6月冀察热辽军区十八分区兴城县兵站牌子	1	其他
1555	解放战争时期兴城东门村民兵刘宝玉使用的梭标头	1	武器
1556	解放战争时期兴城东门村民兵中队长李成田使用的梭标头	1	武器
1557	解放战争时期兴城东门村儿童团李常学使用的梭标头	1	武器
1558	解放战争时期兴城东门村儿童团王九祥使用的梭标头	1	武器
1559	1947年至1948年兴城东门村王连敞做军鞋时使用的小油灯	1	瓷器
1560	1947年至1948年兴城碱厂村王景瑞使用的铁撬棍	1	铁器、其他金属器
1561	1947年至1948年兴城碱厂村王景瑞破坏敌军电路使用的斧子	1	铁器、其他金属器
1562	1947年至1948年兴城碱厂村王景瑞使用的锯条	1	铁器、其他金属器

(续表)

藏品编号	名　称	数量	类别
1563	1948年3月兴城碱厂村王景瑞破坏敌人电路上的瓷瓶轴	1	其他
1564	1947年东北野战军使用的薄铁盒	1	铁器、其他金属器
1565	解放战争时期兴城二区政府地工人员用的饭碗	1	瓷器
1566	解放战争时期兴城碱厂村王景瑞支前使用的葫芦头	1	其他
1567	1946年至1948年兴城碱厂村王景瑞支前使用的瓶子	1	玻璃器
1568	1946年至1948年兴城碱厂村王景瑞支前使用的麻布口袋	1	织绣
1569	1947年至1948年兴城碱厂村杜宝泰破坏敌人铁路使用的十字镐头	1	铁器、其他金属器
1570	解放战争时期兴城碱厂村民兵窦井阳的梭标头	1	武器
1571	1947年至1948年兴城碱厂村姜万春破坏敌人电路使用的快马锯	1	铁器、其他金属器
1572	1947年12月兴城碱厂村王景宪破坏敌人电路使用的撬棍	1	铁器、其他金属器
1573	1947年至1948年兴城碱厂村王景宪破坏敌人铁路使用的十字镐	1	铁器、其他金属器
1574	解放战争时期兴城碱厂村基干队员汪会成用的梭标头	1	武器
1575	1947年至1948年兴城碱厂村汪会城破坏敌人电路使用的斧子头	1	铁器、其他金属器
1576	解放战争时期兴城北岭村儿童团使用的梭标头	1	武器
1577	1947年至1948年兴城北岭村王海龙破坏敌军交通使用的斧子	1	铁器、其他金属器
1578	1948年兴城北岭村王海龙破坏敌军交通使用的道钉	2	铁器、其他金属器
1579	1948年兴城碱厂村王国纯破坏敌军交通使用的电线	1	其他
1580	1947年至1948年兴城碱厂村顾显臣破坏敌军电路使用的锯条	1	铁器、其他金属器
1581	1947年至1948年兴城碱厂村顾显臣破坏敌军电路使用的斧子	1	铁器、其他金属器
1582	解放战争时期兴城碱厂村顾显臣使用的梭标头	1	武器
1583	解放战争时期兴城碱厂村顾显臣的公务人员证	1	档案文书
1584	解放战争时期兴城县委宣传部翻印的共产党员课本	1	古籍图书
1585	1947年中共辽西区党委宣传部印的党员识字课本	1	档案文书
1586	1948年6月热东支社印《祝五路大捷》	1	古籍图书
1587	解放战争时期热东人民报社印《告农民书》	1	古籍图书
1588	1948年兴城县第二区各村情况调查表	1	档案文书
1589	1948年12月兴城县第二区农会会员花名册	1	档案文书
1590	1946年至1948年兴城县第二区农会顾显臣的土改工作日记	1	档案文书
1591	1948年10月7日三纵二十七团为义县战斗记功的通令	1	档案文书
1592	1948年至1949年金庆显的儿童团长臂章	1	其他
1593	1947年至1948年四纵二十九团一连高连富使用的皮带	1	皮革
1594	1948年10月东北野战军战士使用的碗套	1	织绣
1595	1948年国民党吉林省政府修械所的关防	1	玺印符牌
1596	1948年国民党军用美制铁锹	1	武器
1597	1948年8月21日吉林省政府布置首批战勤任务的命令	1	档案文书
1598	1948年10月3日吉林省政府布置战勤任务的命令	1	档案文书
1599	1948年8月27日吉林省政府关于动员捐献干菜支援前线令	1	档案文书
1600	1948年东北人民解放军长春地区前线指挥部发表的告长春市民书	1	档案文书
1601	1948年东北人民解放军告长春蒋方人员的宣传单	1	文件、宣传品
1602	1949年1月18日东北军需一局庆功大会的照片	1	音像制品
1603	1948年哈尔滨被服厂干部与工人研究工作的照片	1	音像制品
1604	1948年哈尔滨被服厂徐子明荣获的红五月劳动英雄奖章	1	文件、宣传品
1605	1948年哈尔滨被服厂徐子明荣获的劳动模范奖章	1	文件、宣传品
1606	1948年3月起阜新县腰衙门村地主领粮台账	1	档案文书
1607	1949年1月25日锦县为庆祝胜利组织娱乐改善生活的通知	1	文件、宣传品
1608	1949年1月13日锦县为清理前代做夹鞋的通知	1	文件、宣传品
1609	1948年12月11日锦县为清理接收伪遗留官产令	1	档案文书
1610	1948年12月15日锦县为提高警惕严防敌特放毒的通知	1	文件、宣传品
1611	解放战争时期锦县政府为发展生产保证供给需要的通知	1	文件、宣传品
1612	解放战争时期锦县政府的下行公文	1	档案文书
1613	解放战争时期热东人民报社印《晋冀鲁豫中央局关于纠正左倾冒险主义的指示》	1	档案文书

第二章 锦州市第一次全国可移动文物普查成果藏品信息表

(续表)

藏品编号	名　　称	数量	类　别
1614	解放战争时期新党员简明课本	1	古籍图书
1615	1948年法库县刘家窝堡村标准亩登记表	1	档案文书
1616	解放战争时期光明书店印行《平分土地与整顿队伍》	1	古籍图书
1617	解放战争时期县委宣传部印《加强贫雇中农团结做到互助互济》	1	档案文书
1618	解放战争时期锦西县政治处翻印《土地改革后的政策》	1	古籍图书
1619	1948年1月1日东北行政委员会颁布的人民法庭条例及办事细则	1	档案文书
1620	解放战争时期吐左旗元帝区衙门村贫雇农团名册	1	档案文书
1621-1	1948年10月辽北书店印《共产党员课本》	1	古籍图书
1621-2	1948年10月辽北书店印《共产党员课本》	1	古籍图书
1622	1948年9月热辽地委宣传部编《时事读本》	1	古籍图书
1623	1948年12月14日关于管理地主坏蛋办法介绍	1	档案文书
1624	1947年5月1日《事实胜于雄辩——铁证》	1	档案文书
1625	解放战争时期许芝读过的东北书店印行《中国解放区的妇女翻身运动》	1	古籍图书
1626	解放战争时期绥中老坟村贫雇中农名册	1	档案文书
1627	1948年5月25日中共中央关于一九四八年土改工作和整党工作的指示	1	档案文书
1628	解放战争时期热东人民报社印发的《中共中央关于在老区半老区进行土地改革与整党工作的指示》	1	档案文书
1629	1948年6月5日热河省喀左旗张殿录的土地执照	1	档案文书
1630	解放战争时期中央工委对划分阶级的指示	1	档案文书
1631	1947年11月20日锦西县杨家沟村农会分地富财物账	1	档案文书
1632	1948年7月九纵炮团四连杨玉的参军证明书	1	档案文书
1633	1948年8月22日法库县韩家窝堡工农会发的通行证	1	档案文书
1634	1949年绥中县老坟村斗争地富财物清册	1	档案文书
1635	1948年3月23日法库县秀水河子村于金林战勤证	1	档案文书
1636	1948年8月锦西县凉水泉子村支援解放战争物资收据	3	票据
1637	1948年1月19日锦西县凉水泉子村农会领衣服账	1	档案文书
1638	1948年3月阜新县腰衙门村平分牲畜台账	1	档案文书
1639	1948年10月30日义县清河门南街村支前出棉鞋户花名册	1	档案文书
1640	1948年1月15日起阜新腰衙门村收入衣件簿	1	档案文书
1641	1948年阜新腰衙门村土地等级统计表	1	档案文书
1642	1948年阜新县下腰衙门村斗争果实、牲畜的分配清册	1	档案文书
1643	1948年8月复县杨店村通行证明	1	档案文书
1644	解放战争时期绥中五区给民兵英雄董万功的信	1	档案文书
1645	1949年1月26日彰武县哈尔套东门村第二团待分房间明细表	1	档案文书
1646	1948年9月阜义县清河门乡农民合作社股票	1	票据
1647	1947年4月至6月冀热辽区派饭票	4	票据
1648	1948年9月至11月辽宁省第五公署发行的公柴票	2	票据
1649	1948年12月至1949年11月东北粮食总局制发的东北解放区前方粮票	1	票据
1650	1948年8月至10月热河省粮食局饭票	8	票据
1651	1948年5月至7月热河省粮食局饭票	1	票据
1652	解放战争时期艾林臬村划阶级定成分统计表	1	档案文书
1653	1948年6月至11月东北粮食总局制发的前方战区特种粮票	1	票据
1654	1948年12月至1949年11月东北解放区后方粮票	1	票据
1655	解放战争时期东北解放区实行土地法大纲补充办法	1	档案文书
1656	解放战争时期锦西杨家沟村民兵用的小红旗	1	织绣
1657	1951年10月1日辽东省宽甸县张振山的土地执照	1	档案文书
1658	解放战争时期法库县刘家窝堡村作战地图	1	档案文书
1659	解放战争时期绥中县马尾沟村自卫队臂章	1	其他
1660	1948年5月一纵二师后勤部"为人民服务"锦旗	1	文件、宣传品
1661	1948年10月二纵十五团三连荣获的"锦州连"锦旗	1	文件、宣传品
1662	1947年绥中县加碑岩村土改时的丈量土地用绳	1	其他
1664	1949年3月1日热河省隆化县邢国恒的土地执照	1	档案文书

(续表)

藏品编号	名　　称	数量	类　别
1665	解放战争时期法库县刘家窝堡村使用的通行证	1	档案文书
1666	解放战争时期彰武群众做的布鞋	2	织绣
1667	解放战争时期杂八二迫击炮	1	武器
1668	解放战争时期绥中塔子沟地雷厂造的地雷壳	1	武器
1669	解放战争时期绥中马尾沟村王连山使用的梭标头	1	武器
1670	1948年法库县群众支前使用的扁担	1	其他
1671	解放战争时期一纵二师第一届党代会纪念章	1	文件、宣传品
1672	1948年12月25日哈尔滨市一九四八年度优抚工作总结	1	档案文书
1673	1948年9月哈尔滨市动员司机和民工工作总结	1	档案文书
1674	1948年3月15日哈尔滨特别市关于优属工作的指示	1	档案文书
1675	1948年6月14日哈尔滨市运输大队第十二中队队员名簿	1	档案文书
1676	1948年2月13日东北解放区优待革命军人家属条例	1	档案文书
1677	1949年12月5日张连德的参军证明书	1	档案文书
1678	1948年孙大娘絮衲军衣使用的线口袋	1	其他
1679	1948年哈尔滨群众孙大娘絮衲军衣使用的木顶针	1	其他
1680	1948年12月1日哈尔滨市妇女孙振宜荣获的甲等模范奖状	1	文件、宣传品
1681	1948年哈尔滨市孙振宜絮衲军衣使用的银顶针	1	其他
1682	1950年2月22日哈尔滨市杨朝荣荣获的一等模范军属奖状	1	文件、宣传品
1683	1947年至1948年哈尔滨杨朝荣的模范事迹材料	1	档案文书
1684	解放战争时期炮兵卫生部后方二所使用的骨科器械	5	其他
1685	1947年至1948年军需局胶鞋厂做军鞋使用的工具	14	铁器、其他金属器
1686	1947年至1948年军需局胶鞋厂做军鞋使用的缝纫机头	1	铁器、其他金属器
1687	1948年军需一局胶鞋厂巩振林荣获的劳模奖章	1	文件、宣传品
1688	1949年十二纵三十五师王振荣烈士的"功臣之家"匾	1	文件、宣传品
1689	1947年至1948年被服局胶鞋厂厂徽	1	其他
1690	1948年9月松江省政府秘书处编《松江行政导报》	1	文件、宣传品
1691	1948年11月松江省政府秘书处编《松江行政导报》	1	文件、宣传品
1692	1948年12月松江省政府秘书处编《松江行政导报》	1	文件、宣传品
1693	1948年1月8日关于土地平分运动的材料	1	档案文书
1694	1947年至1949年哈尔滨服装厂徐子明修理缝纫机使用的灯泡	1	其他
1695-1	1948年哈尔滨市机械铁工厂张国奇荣获的生产模范奖状	1	文件、宣传品
1695-2	1948年哈尔滨市机械铁工厂张国崎荣获的生产模范奖状	1	文件、宣传品
1696-1	1948年哈尔滨市机械铁工厂孙仁惠荣获的生产模范奖状	1	文件、宣传品
1696-2	1948年哈尔滨市机械铁工厂孙仁慧荣获的生产模范奖状	1	文件、宣传品
1697	1947年10月27日延寿县为奖励公粮购粮模范颁发奖状的通知	1	文件、宣传品
1698	1947年3月延寿县关于妥为保管工矿器材的通知	1	文件、宣传品
1699	1948年双城撒鞋厂杨连江同志的劳模奖章	1	文件、宣传品
1700	1947年至1949年双城撒鞋厂做军鞋使用的缝纫机头	1	铁器、其他金属器
1701	1947年至1949年双城撒鞋厂军鞋使用的工具	4	其他
1702	1947年延寿县同福村杨秀珍荣获的模范军属奖状	1	文件、宣传品
1703	1947年至1948年延寿县同福村杨秀琴使用的梭标头	1	武器
1704	解放战争时期延寿县同福村杨秀琴的"光荣军属"匾	1	文件、宣传品
1705	1948年9月11日巴彦县担架队员王山同志穿的乌拉	2	皮革
1706	1948年巴彦县大车运输队郝德山使用的饭盒	1	铁器、其他金属器
1707	1948年巴彦县大车运输队郝德山用的水杯	1	其他
1708	1948年2月1日巴彦县李有的土地执照	1	档案文书
1709	1947年至1949年巴彦县富络村土改时使用的算盘	1	度量衡器
1710	1947年至1949年巴彦县富裕村土改时民兵用的小洋炮	1	武器
1711	1948年10月独立一师战士陈景喜使用的水壶	1	其他
1712	1947年至1949年巴彦县朱成恩土改时期使用的梭标头	1	武器
1713	1947年至1949年巴彦县富裕村民兵队长徐文书土改时期使用的围枪	1	武器
1714	1948年至1949年延寿县拥军物资统计表	1	档案文书

(续表)

藏品编号	名　　称	数量	类　别
1715	1946年至1947年巴彦县西集区政府警卫队名簿	1	档案文书
1716	1948年5月巴彦县担架队名簿	1	档案文书
1717	1947年巴彦县民夫材料及报告	1	档案文书
1718	1948年2月16日巴彦县西集区军烈属救济粮名簿	1	档案文书
1719	1947年巴彦县双和区优抚工作总结汇报提纲	1	档案文书
1720	1947年8月26日巴彦县民夫参战复员大会总结报告	1	档案文书
1721	1947年8月26日巴彦县第八民夫队劳模英雄名簿	1	档案文书
1722	1947年巴彦县富裕区民夫第二大队追认功劳簿	1	档案文书
1723	1946至1948年巴彦县三年来动员民夫大车统计表	1	档案文书
1724	1947年巴彦县富裕区支前等问题材料	1	档案文书
1725	1947年至1949年哈尔滨军需被服厂做军衣使用的电熨斗	1	铁器、其他金属器
1726	1947年至1949年哈尔滨军需被服厂修理机器的工具	1	铁器、其他金属器
1727	1947年至1949年哈尔滨军需被服厂做军衣使用的缝纫机头	1	铁器、其他金属器
1728	1947年至1949年哈尔滨军需处被服厂厂徽	1	其他
1729	解放战争时期杂六〇迫击炮	1	武器
1730	1948年巴彦县担架队员傅兴和穿的乌拉鞋	2	皮革
1731	解放战争时期延寿县模范自卫队臂章	1	其他
1732	1947年6月4日延寿县王和的土地所有权执照	1	档案文书
1733	1948年1月14日炮兵师王海的立功喜报	1	文件、宣传品
1734	1948年2月28日延寿县关于捐献废铜铁的通知	1	文件、宣传品
1735	1948年10月27日延寿县关于加强优属工作的通知	1	文件、宣传品
1736	1947年1月11日延寿县给各区所关于做军鞋的通知	1	文件、宣传品
1737	1948年11月1日延寿县关于劳军的通知	1	文件、宣传品
1738	1948年2月28日延寿县关于动员与组织生产问题的通知	1	文件、宣传品
1739	1947年12月6日延寿县关于军需产品妥为保管的通知	1	文件、宣传品
1740	1947年延寿县政府印发的东北民主联军优待俘虏条例	1	档案文书
1741	1947年1月22日东北行政委员会关于褒奖榆树县民众参战成绩的通令	1	文件、宣传品
1742	1946年至1948年延寿县战勤动员数目字表	1	档案文书
1743	1947年延寿县关于收集军用器材的联合通知	1	文件、宣传品
1744	1948年2月25日双城县关于准备和组织春耕工作的指示	1	档案文书
1745	1948年7月10日延寿县关于动员打草支援前线的通知	1	文件、宣传品
1746	1947年5月6日东北行政委员会关于颁布生产节约暂行办法的命令	1	档案文书
1747	1946年至1949年兰西县土改时民兵使用的土枪	1	武器
1748	1948年4月16日东北行政委员会为实行居民证及旅行证的命令	1	档案文书
1749	1946年12月8日龙南地委关于支援前线与建军决定的指示	1	档案文书
1750	1946年9月19日东北局准备粉碎敌人进攻的指示	1	档案文书
1751	1947年12月黑龙江省委关于各县区间协同斗争的决定	1	档案文书
1752	1947年8月10日东北局关于收集与保护铁路交通器材的决定	1	档案文书
1753	1948年7月24日龙南地委关于支援前线战勤动员的的指示	1	档案文书
1754	1948年11月1日黑龙江省兰西县韩庆贵的土地执照	1	档案文书
1755	1946年至1948年兰西县榆林镇自卫队使用的洋炮枪	1	武器
1756	1946年至1948年兰西县榆林镇土改时使用的算盘	1	其他
1757	1946年至1948年兰西县榆林镇民兵孙长山使用的梭标头	1	武器
1758	1948年5月兰西县榆林镇郭长春荣获的"军属光荣"匾	1	文件、宣传品
1759	1948年兰西县榆林镇杨景新荣获的"功臣之家"匾	1	文件、宣传品
1760	1947年至1948年兰西县榆林镇韩士文抬伤员使用的担架	1	其他
1761	1948年兰西县榆林镇刘东升的"革命烈士家属"匾	1	文件、宣传品
1762	1948年10月兰西县榆林镇景国才的"功臣之家"匾	1	文件、宣传品
1763	1947年12月28日延寿县关于拥军运动月的工作指示	1	档案文书
1764	1947年延寿县拥军慰军统计表	1	档案文书
1765	1946年至1949年区干部孙万芳的背包	1	织绣
1766	1949年3月8日尚志县为迅速收集军需物资令	1	档案文书

(续表)

藏品编号	名　称	数量	类　别
1767	1948年8月22日尚志县关于担架车马问题的指示	2	档案文书
1768	1948年9月22日东北局、东北行政委员会关于车马交公补充路线的联合通知	1	文件、宣传品
1769	1947年11月17日松江省委关于建设新兵团的决定	1	档案文书
1770	1948年8月9日松江省委为号召献枪支援前线的通知	1	文件、宣传品
1771	1947年8月9日松江军区关于整顿县区武装的指示	1	档案文书
1772	1947年1月2日松江一地委转发省政府关于地方武装编制草案的通知	1	文件、宣传品
1773	1947年2月2日松江省关于整顿地方武装与清剿胡匪的指示	1	档案文书
1774	1948年8月15日松江省委关于动员汽车司机的决定	1	档案文书
1775	1947年7月16日松江省委关于经费被服的决定	1	档案文书
1776	1947年4月25日松江一地委关于建立地方武装及防匪工作指示	1	档案文书
1777	1947年1月15日尚志县关于春节庆功优属的指示	1	档案文书
1778	1948年10月13日尚志县委关于教育群众支援前线的指示	1	档案文书
1779	解放战争时期尚志县土改工作干部宣教土地法大纲提纲	1	档案文书
1780	1947年12月9日尚志县李政委关于整党问题的报告	1	档案文书
1781	解放战争时期延寿县农工联合会会章	1	档案文书
1782	1947年7月17日松江一地委关于发动搜山追捕逃亡地主的通知	1	文件、宣传品
1783	解放战争时期松江一地委关于剿匪除奸的通知	1	文件、宣传品
1784	解放战争时期尚志县关于地方武装建设的便函	1	档案文书
1785	解放战争时期关于生产、防匪、建军的补充指示	1	档案文书
1786	1947年11月16日吉林一地委关于加强武装组织与领导的通知	1	文件、宣传品
1787	1948年12月2日尚志县河东区秋收工作报告	1	档案文书
1788	1948年1月24日松江省委关于选送通讯兵学员的通知	1	文件、宣传品
1789	1948年9月21日松江省委关于健全党内生活的通知	1	文件、宣传品
1790	1947年9月2日松江省委关于建党整党问题的通知	1	文件、宣传品
1791	1947年9月21日松江省委关于选送军政干部受训的通知	1	文件、宣传品
1792	1947年9月13日松江省委关于建立报告制度的规定	1	档案文书
1793	1948年10月21日九纵七十四团陈学良的立功喜报	1	文件、宣传品
1794	1948年九纵七十四团陈学良与田广文合影	1	音像制品
1795	1948年8月十纵八十三团迫击炮连某班荣获的"优等炮手班"锦旗	1	文件、宣传品
1796	1948年3月十纵八十四团二连荣获的"勇猛机智"锦旗	1	文件、宣传品
1797	1948年3月十纵八十三团机连三班荣获的"为突击班开路"锦旗	1	文件、宣传品
1798	1948年10月十纵八十二团七连荣获的"战斗模范连"锦旗	1	文件、宣传品
1799	1948年10月十纵八十三团七连三排荣获的"机动歼敌"锦旗	1	文件、宣传品
1800	1948年10月十纵八十三团七连三排荣获的"机动反击巩固阵地"锦旗	1	文件、宣传品
1801	1948年跟随十纵前进的担架大队照片	1	音像制品
1802	1948年十纵二十八师战士们在诉苦大会上的照片	1	音像制品
1803	1948年十纵二十八师指战员们宣誓为烈士和家属复仇照片	2	音像制品
1804	1948年十纵战斗英雄倪恩善的照片	1	音像制品
1805	1948年十纵二十八师在开原召开冬季攻势庆功大会功臣合影照片	1	音像制品
1806	1948年3月十纵二十八师向黑山挺进的照片	1	音像制品
1807	1948年十纵二十八师几个会议的摘记	1	档案文书
1808	1947年为动员参军与民兵工作给宾县林立同志的信	1	档案文书
1809	1948年1月21日战斗英雄赵连才同志的生平事迹手册	1	档案文书
1810	1948年10月十纵八十二团李增寿烈士的材料	2	档案文书
1811	1947年哈南地委金铁群关于土改问题的便函	1	档案文书
1812	1948年十纵二十八师干部简历卡	1	档案文书
1813	1949年4月至5月十纵三十师党委会记录	1	档案文书
1814	1948年2月十纵八十四团刘其祥同志的思想检查材料	1	档案文书
1815	解放战争时期法一三二高射机枪	1	武器
1816	解放战争时期十纵队指挥员使用的美式撸子手枪	1	武器
1817	解放战争时期十纵队指挥员使用的指北针	1	武器
1818	解放战争时期高射机枪中正式指北针	1	武器

（续表）

藏品编号	名　　称	数量	类　别
1819	解放战争时期十纵队战士用过的三八式步枪	1	武器
1820	解放战争时期解放军使用的绑腿	2	织绣
1821	解放战争时期十纵队使用的美式单机电话	1	其他
1822	解放战争时期日十一年式轻机枪	1	武器
1823	解放战争时期美汤姆生轻机枪	1	武器
1824	解放战争时期美勃朗宁轻机枪	1	武器
1825	解放战争时期日造三八式骑枪	1	武器
1826	解放战争时期美造冲锋枪	1	武器
1827	解放战争时期美造铁把冲锋枪	1	武器
1828	解放战争时期日造三十年式步枪	1	武器
1829	解放战争时期日造三八式6.5步枪	1	武器
1830	解放战争时期水连珠步枪	1	武器
1831	解放战争时期日造九九式7.7步枪	1	武器
1832	解放战争时期美造大三〇步枪	1	武器
1833	解放战争时期顽中正式七九步枪	1	武器
1834	解放战争时期日造七九口径步枪	1	武器
1835	解放战争时期东北野战军使用的信号枪	1	武器
1836	解放战争时期左轮手枪	1	武器
1837	解放战争时期七星轮手枪	1	武器
1838	解放战争时期右轮手枪	1	武器
1839	解放战争时期日造十四年式手枪	1	武器
1840	解放战争时期顽式手枪	1	武器
1841	解放战争时期美造汤姆生手枪	1	武器
1842	解放战争时期美造匣撸子手枪	1	武器
1843	解放战争时期美造加拿大撸子手枪	1	武器
1844	解放战争时期美造马牌手枪	1	武器
1845	解放战争时期德造花牌手枪	1	武器
1846	解放战争时期德造撸子手枪	1	武器
1847	解放战争时期美造马牌撸子手枪	1	武器
1848	解放战争时期杂牌撸子手枪	1	武器
1849	解放战争时期顽铁公鸡手枪	1	武器
1850	解放战争时期解放军使用的八二迫击炮	1	武器
1851	解放战争时期九四式75山炮	1	武器
1852	解放战争时期俄造75野炮	1	武器
1853	解放战争时期美造火箭筒	1	武器
1854	解放战争时期八八式掷弹筒	4	武器
1855	1948年4月1日安东日报社编印《毛主席在晋绥干部会议上的讲话》	1	古籍图书
1856	1948年某部一连为宋德同志请功表	1	档案文书
1857	1948年5月1日为表扬二团六连在南进中执行政策纪律的通令	1	文件、宣传品
1858	1948年5月1日为巩固部队有成绩单位记功的通令	1	文件、宣传品
1859	解放战争时期郝清俊烈士穿过的鞋	2	织绣
1860	解放战争时期郝清俊烈士穿过的袜子	2	织绣
1861	1957年11月2日邓华在纪念塔落成典礼上的讲话稿	1	档案文书
1862	解放战争时期四纵十师阎庆锦荣获的勇敢奖章	1	文件、宣传品
1863	解放战争时期七纵五十九团九连荣获的"战斗堡垒"锦旗	1	文件、宣传品
1864	解放战争时期绥中老坟村阶级划分册	1	档案文书
1865	1949年3月10日塔山阻击战政治工作汇编	1	档案文书
1866	1946年至1948年绥中梁杖子村使用的通行证印模	1	其他
1867	1946年至1948年绥中五区梁杖子村农会公文袋	1	织绣
1868	解放战争时期九纵政治部理发员孙耀山使用的推子	1	其他
1869	1949年2月10日把革命进行到底宣传要点	1	档案文书
1870	1948年10月十纵八十二团沈国荣的革命军人光荣负伤纪念证	1	档案文书

(续表)

藏品编号	名　　称	数量	类　别
1871	1948年7月9日松江省委关于发动群众写慰问信的通知	1	文件、宣传品
1872	1948年5月17日尚志县塔河村曾殿治参加沙河战斗支前工作的完工证	1	档案文书
1873	解放战争时期彰武县第六区哈尔套街东关村分地账本	1	档案文书
1874	解放战争时期义县清河门村支前出粮米户花名册	1	档案文书
1875	解放战争时期反战蒋军通行证	1	档案文书
1876	1948年韩广诚荣获的东北解放纪念章	1	文件、宣传品
1877	1948年李德金荣获的东北民主联军英雄奖章	1	文件、宣传品
1878	解放战争时期锦西地方政府使用的米票	1	票据
1879	1948年东北银行发行的地方流通券	8	钱币
1880	1948年东北银行发行的地方流通券	4	钱币
1881	解放战争时期东北民主联军毛泽东奖章	1	文件、宣传品
1882	解放战争时期东北民主联军毛泽东奖章	1	文件、宣传品
1883	解放战争时期东北民主联军朱德奖章	1	文件、宣传品
1884	解放战争时期东北民主联军模范奖章	1	文件、宣传品
1885	解放战争时期东北民主联军勇敢奖章	1	文件、宣传品
1886	解放战争时期东北民主联军艰苦奋斗奖章	1	文件、宣传品
1887	1948年东北人民解放军模范奖章	1	文件、宣传品
1888	1948年东北人民解放军英雄奖章	1	文件、宣传品
1889	1948年东北人民解放军勇敢奖章	1	文件、宣传品
1890	1948年东北人民解放军艰苦奋斗奖章	1	文件、宣传品
1891	解放战争时期东北民主联军英雄奖章	1	文件、宣传品
1892	解放战争时期解放东北纪念章	1	文件、宣传品
1893	1950年华北解放纪念章	1	文件、宣传品
1894	1950年隆福胜烈士的淮海战役胜利纪念章	1	文件、宣传品
1895	1950年湘西剿匪胜利纪念章	1	文件、宣传品
1896	1950年隆福胜烈士的渡江胜利纪念章	1	文件、宣传品
1897	1950年隆福胜烈士的解放西南胜利纪念章	1	文件、宣传品
1898	1950年解放华中南纪念章	1	文件、宣传品
1899	1950年解放西北纪念章	1	文件、宣传品
1900	1950年解放海南岛纪念章	1	文件、宣传品
1901	1950年解放西南胜利纪念章	1	文件、宣传品
1902	解放战争时期"功"字奖章	1	文件、宣传品
1903	解放战争时期人民功臣奖章	1	文件、宣传品
1904	解放战争时期功臣代表大会纪念章	1	文件、宣传品
1905	1948年苏魁林的解放东北纪念章	1	文件、宣传品
1906	1948年王九维荣获的毛泽东奖章	1	文件、宣传品
1907	1947年宾县土地问题与土地改革运动材料	1	档案文书
1908	1947年8月宾县分地工作中几个问题	1	档案文书
1909	解放战争时期东北军政大学毕业证章	1	文件、宣传品
1910	解放战争时期工兵学校第四期毕业证章	1	文件、宣传品
1911	1949年中华人民共和国成立盛典纪念章	1	文件、宣传品
1912	解放战争时期铁道兵团纪念章	1	文件、宣传品
1913	解放战争时期宋德同志荣军纪念章	1	文件、宣传品
1914	1949年1月热河省粮食局印制的地方支粮证	1	票据
1915	解放战争时期东北粮食总局制发的东北解放区后方粮票	1	票据
1916	1949年1月热河省粮食局印制的地方支粮证	3	票据
1917	1948年12月热河省粮食局印制的地方草票	2	票据
1918	解放战争时期东北行政委员会冀察热辽办事处制发的支柴证	2	票据
1919	1948年8月至10月东北行政委员会冀察热辽办事处制发的草票	2	票据
1920	1948年8月至10月东北行政委员会冀察热辽办事处制发的军用草票	2	票据
1921	1948年8月至10月热河省粮食局草票	2	票据
1922	1949年1月热河省粮食局印制的地方粮票	12	票据

(续表)

藏品编号	名　　称	数量	类　别
1923	解放战争时期热河省粮食局印发的粮票	6	票据
1924	解放战争时期四十军三五九团九连荣获的"王庆文号英雄船"锦旗	1	文件、宣传品
1925	解放战争时期四十军三五九团八连荣获的"克服天险解放海南"锦旗	1	文件、宣传品
1926	解放战争时期张士毅使用的皮挂包	1	皮革
1927	1949年5月10日中共中原局庆祝南京太原解放通知中规定的目前标语口号	1	文件、宣传品
1928	1950年1月9日三纵九师南进功臣榜	1	档案文书
1929	1950年后关于运动战政治工作的设想	1	档案文书
1930	1946年3月2日刘庆恒烈士的入党志愿表	1	档案文书
1931	解放战争时期刘庆恒烈士的荣誉军人证明书	1	档案文书
1932	1948年5月20日刘庆恒烈士的保健证明书	1	档案文书
1933	解放战争时期刘庆桓烈士遗像	1	音像制品
1934	1948年戴文林烈士遗像	1	音像制品
1935	1948年张天涛烈士生前与战友合影	1	音像制品
1936	解放战争时期秦道生烈士遗像	1	音像制品
1937	解放战争时期孟宪章烈士遗像	1	音像制品
1938	1949年7月25日独立一师二团团长戴昊追悼大会照片	1	音像制品
1939-1	解放战争时期独立一师二团团长戴昊照片	1	音像制品
1939-2	解放战争时期独立一师二团团长戴昊照片	1	音像制品
1939-3	解放战争时期独立一师二团团长戴昊照片	1	音像制品
1939-4	解放战争时期独立一师二团团长戴昊遗像	1	音像制品
1939-5	解放战争时期独立一师二团团长戴昊照片	1	音像制品
1939-6	解放战争时期独立一师二团团长戴昊遗像	1	音像制品
1940-1	解放战争时期罗江华烈士生前留影	1	音像制品
1940-2	解放战争时期罗江华烈士生前留影	1	音像制品
1940-3	解放战争时期罗江华烈士生前留影	1	音像制品
1941	解放战争时期赵华烈士遗像	1	音像制品
1942	1949年4月2日七纵高尚仁烈士遗像	1	音像制品
1943	1948年三九军政治部出版《立功画页》	1	音像制品
1944	解放战争时期王亚夫烈士的日记	1	档案文书
1945	解放战争时期七纵高尚仁烈士日记	1	档案文书
1946	解放战争时期公安九师二十六团团长戴昊烈士的日记	1	档案文书
1947	1948年12月五纵十四师肖复荣同志的战时日记	1	档案文书
1948	解放战争时期十纵八十二团一连王汉民的立功证明书	1	档案文书
1949	解放战争时期十纵八十二团二连沈国荣的立功证明书	1	档案文书
1950	解放战争时期十纵八十二团二连庞连清同志立功证明书	1	档案文书
1951	1949年4月17日为在南下行军中巩固部队遵守纪律有成绩单位授奖通令	1	文件、宣传品
1952	1949年4月19日为在南下行军中有功个人记功的通令	1	文件、宣传品
1953	解放战争时期国民党军柏森部胸章	1	其他
1954	解放战争时期国民党军柏之部胸章	1	其他
1955	解放战争时期国民党军柏仁部胸章	1	其他
1956	解放战争时期国民党军柏华部胸章	1	其他
1957	解放战争时期国民党军毅勇部胸章	1	其他
1958	解放战争时期国民党军事委员会军事干部训练团胸章	1	其他
1959	解放战争时期国民党军事部副官处胸章	1	其他
1960	解放战争时期国民党军湘警胸章	1	其他
1961	解放战争时期国民党军临卫胸章	1	其他
1962	解放战争时期国民党湘卫临澧国民抗敌自卫团胸章	1	其他
1963	解放战争时期国民党虎咸部臂章	1	其他
1964	解放战争时期国民党H·D·E臂章	1	其他
1965	解放战争时期国民党T·D·W·H臂章	1	其他
1966	解放战争时期国民党龙山部胸章	1	其他
1967	解放战争时期国民党军后勤总部第五兵站医院留医证	1	其他

(续表)

藏品编号	名　　称	数量	类　别
1968	解放战争时期国民党军大场部胸章	1	其他
1969	解放战争时期国民党军2118部胸章	1	其他
1970	解放战争时期国民党军9342部胸章	1	其他
1971	解放战争时期"解放海南岛解放全中国"布贴	1	文件、宣传品
1972	1949年3月30日《东北画报》	1	文件、宣传品
1973	1949年4月15日《东北画报》	1	文件、宣传品
1974	1949年5月15日《东北画报》	1	文件、宣传品
1975	解放战争时期二纵五师师长吴国章读过的《苏军简史》	1	古籍图书
1976	1948年胡伟同志的整党鉴定材料	1	档案文书
1977	解放战争时期慰问袋	1	织绣
1978	解放战争时期二纵五师师长吴国章的思想历年变化表	1	档案文书
1979	1948年2月二纵五师师长吴国章的时事学习总反省	1	档案文书
1980	1949年二纵五师师长吴国章的干部档案	1	档案文书
1981	1949年1月1日崔殿辉同志在太原战役立功捷报	1	文件、宣传品
1982	1949年5月1日李秀文同志在渡江南下进军中立功捷喜报	1	文件、宣传品
1983	1949年1月28日七纵二十师赵玉海同志立大功喜报	1	文件、宣传品
1984	解放战争时期《东北画报》	1	文件、宣传品
1985	1937年热河省银行发行的地方流通券	1	票据
1986	1949年南京上海解放纪念邮票	1	邮品
1987	解放战争时期庆祝政协第一届全体会议邮票	1	邮品
1988	1949年武汉解放纪念邮票	1	邮品
1989	1949年广州解放纪念邮票	1	邮品
1990	1949年中国人民解放军建军二十二周年纪念邮票	1	邮品
1991	1949年中国人民解放军建军二十二周年纪念邮票	1	邮品
1992	解放战争时期黄布背兜	1	织绣
1993	解放战争时期三纵"单船战胜敌人炮舰"锦旗	1	文件、宣传品
1994	解放战争时期张士毅烈士的皮裤带	1	皮革
1995	1949年十纵八十二团杨志诚的学习光荣单	1	档案文书
1996	1949年十纵八十二团杨志诚的纪律光荣单	1	档案文书
1997	1949年十纵八十二团李德禄的立功证	1	档案文书
1998	1949年十纵八十二团罗治华的立功证明书	1	档案文书
1999	1949年十纵八十二团李钊的立功证明书	1	档案文书
2000	1949年十纵八十二团钱万友的立功证明书	1	档案文书
2001	1949年十纵八十二团庞连清革命斗争历史纪念证	1	档案文书
2002	1949年十纵八十二团庞连清的革命军人光荣负伤纪念证	1	档案文书
2003	1949年淮海战役纪念证	1	档案文书
2004	解放战争时期李耀山在解放战争中使用的刺刀	1	武器
2005	1949年华北解放纪念宣传图片	1	文件、宣传品
2006	1945年东北银行发行的辽东纸币	1	钱币
2007	解放战争时期中央银行发行的纸币	1	钱币
2008	解放战争时期中央银行发行的东北九省流通券	9	票据
2009	解放战争时期中央银行发行的关金	1	票据
2010	解放战争时期中央银行发行的纸币	3	钱币
2011	1946年晋察冀边区银行发行的纸币	2	钱币
2012	1948年九月二十五日东北局《关于土地改革运动中的打人问题》文件	1	档案文书
2013	解放战争时期中央银行的本票存根	14	票据
2014	解放战争时期中央银行发行的本票	35	票据
2015	解放战争时期王凤江烈士穿过的汗衫	1	织绣
2016	1949年3月18日东北银行农业生产放款联合借据	1	票据
2017	1947年10月八纵七十团一连六班的合影	1	音像制品
2018	1949年二纵十团刘本德的照片	1	音像制品
2019	1948年10月国民党军的刮脸刀盒	1	其他

(续表)

藏品编号	名　　称	数量	类　别
2020	1949年1月15日四十一军党委给师团的信	1	档案文书
2021	解放战争时期白老虎连老指导员国忠使用的皮挂包	1	皮革
2023	解放战争时期九纵七十四团白老虎连指导员国忠的加拿大手枪子弹	8	武器
2024	解放战争时期东北野战军在黑山阻击战中使用的手枪子弹	4	武器
2025	解放战争时期东北野战军在塔山阻击战中使用的三八式步枪刺刀	1	武器
2026	1945年东北银行发行的地方流通券	4	票据
2027	1948年1月1日锦州北山及大黑楼工事图	1	档案文书
2028	1947年兴城县第五区支援前线物资收据	1	票据
2029	1950年8月东北人民解放军炮兵司令朱瑞同志传略	1	档案文书
2030	1949年2月15日尚志县政府关于苏鲜日人民地权问题的决定	1	档案文书
2031	1948年8月15日《安东日报》	1	文件、宣传品
2032	1947年10月12日《辽东日报》	1	文件、宣传品
2033	解放战争时期国民党军队的各种军阶符号	63	其他
2034	1948年11月黑山县杨屯村支援前线的收据	1	票据
2035	解放战争时期黑山县关于优属工作的指示	1	档案文书
2036	1949年春浙江妇女送给解放军的慰问袋	1	织绣
2037	1949年5月11日东北行政公报	1	文件、宣传品
2038	1949年7月16日黑山城关区救济军烈属粮食统计表	1	档案文书
2039	1949年11月12日黑山城关区第五街公粮分配明细表	1	档案文书
2040	1948年至1950年黑山城关区第一街七间职业登记册	1	档案文书
2041	1949年于春青的革命军人证明书	1	档案文书
2042	1949年黑山县城关区招待新兵物资收据	2	票据
2043	1949年黑山城关区支前物资的收据	2	票据
2044	1949年3月黑山县城关区郭屯村招待新兵账	1	档案文书
2045	1947年警友服务社印行的《现行违警罚法》	1	古籍图书
2046	1947年陈锡桐主编的《袖珍警察法规》	1	古籍图书
2047	1947年国民党警察学校学员手簿	1	档案文书
2048	1949年哈尔滨人民给休养员的慰问袋	1	其他
2049	1948年7月长春解放前中华民国国民身份证	6	档案文书
2050	解放战争时期绥中五区武装部关于召开民兵队长会议的通知	1	文件、宣传品
2051	解放战争时期绥中五区给董万功的信	1	档案文书
2052	解放战争时期松江一地委关于教育伤员及残废军人的通知	1	文件、宣传品
2053	解放战争时期昌图汗沟村土地丈评账	1	档案文书
2054	1948年6月1日北阜义县农民合作社借用证	1	档案文书
2055	解放战争时期晋察冀边区银行发行的纸币	1	钱币
2056	1949年6月1日哈静涛的军属报功书	1	档案文书
2057	1951年张洪龙大进军中立功喜报	1	文件、宣传品
2058	解放战争时期热河省银行发行的地方流通券	1	票据
2059	1948年7月中央银行发行的纸币	1	钱币
2060	1948年7月交通银行发行的纸币	1	钱币
2061	1945年1月1日辽西专署关于检举汉奸恶霸的布告	1	档案文书
2062	1948年8月22日至9月25日《火线》合订本	1	文件、宣传品
2063	1949年7月12日马文山在建设人民铁路事业中荣获的奖状	1	文件、宣传品
2064	1948年3月21日松江省一地委关于优属工作的通知	1	文件、宣传品
2065	1947年12月东北军政大学路条	1	档案文书
2066	1948年松江军区政治部发的退伍证明书	1	档案文书
2067	1949年10月松江省人民政府发给民兵的土枪证	2	档案文书
2068	1949年延寿县民兵胸章	2	其他
2069	1949年10月延寿县民兵护林防火胸章	1	其他
2070	1947年3月7日延寿县关于搜集各种地图的通知	1	文件、宣传品
2071	解放战争时期延寿县关于召开全区民工大会检查民工动员工作提纲	1	档案文书
2072	1947年6月东北民主联军荣誉军人证明书	1	档案文书

(续表)

藏品编号	名　称	数量	类　别
2073	1947年12月17日黑龙江省军区关于除奸防暴动的紧急通知	1	文件、宣传品
2074	1948年2月东北人民解放军使用的外出护照	1	档案文书
2075	1948年3月23日松江省关于照顾汽车夫家属的通知	1	档案文书
2076	解放战争时期松江省战勤第七大队印章	1	玺印符牌
2077	解放战争时期松江省战勤第七大队第三中队印章	1	玺印符牌
2078	解放战争时期松江省战勤第七大队第四中队印章	1	玺印符牌
2079	解放战争时期松江省战勤第七大队第五中队印章	1	玺印符牌
2080	解放战争时期松江一地委关于扩兵补兵问题的便函	1	档案文书
2081	1948年1月松江省委军区关于动员干部战士回前方部队的通知	1	文件、宣传品
2082	1947年11月12日合江省政府关于优属工作的指示	1	档案文书
2083	1948年十纵队使用的79步枪子弹	5	武器
2084	解放战争时期驳壳枪套	1	武器
2085	解放战争时期皮子弹袋	1	武器
2086	解放战争时期铁地雷	1	武器
2087	解放战争时期瓷地雷	1	武器
2088	解放战争时期莲花街战斗图	1	档案文书
2089	解放战争时期兰旗堡子三日攻击态势图	1	档案文书
2090	1947年5月公怀路追歼战态势图	1	档案文书
2091	1946年肥牛屯战斗图	1	档案文书
2092	1946年4月金山堡歼灭战图	1	档案文书
2093	1948年四平攻坚战图	1	档案文书
2094	1947年6月四平攻坚战进展态势图	1	档案文书
2095	1947年6月四平攻坚战前后敌兵力分布图	1	档案文书
2096	1947年3月12日郭家屯战斗要图	1	档案文书
2097	解放战争时期郭家屯战斗图	1	档案文书
2098	解放战争时期朱月天烈士佩戴的中国人民解放军胸章	1	其他
2099	解放战争时期锦州战斗突破纵深经过要图	1	档案文书
2100	解放战争时期锦州战斗突破纵深经过要图	1	档案文书
2101	1948年长城银行发行的冀察热辽流通券	2	票据
2102	1946年东北烈士纪念塔邮票	1	邮品
2103	解放战争时期朱瑞长女照片底片	1	音像制品
2104	解放战争时期郭洪儒烈士遗像	1	音像制品
2105	1948年6月一三九师政治攻势成绩史	1	文件、宣传品
2106	解放战争时期一九四九年工作总结	1	档案文书
2107	1949年4月辽北省委宣传部编印《区委宣传委员怎样工作》	1	档案文书
2108	解放战争时期战斗英雄高子明遗像	1	音像制品
2109	解放战争时期十师警卫营营长王书烈士遗像	1	音像制品
2110	1946年4月1日四纵二十八团一营营长于波同志遗像	1	音像制品
2111	1947年5月1日四纵二十八团一营营长许万昌遗像	1	音像制品
2112	解放战争时期四纵二十八团二营政治教导员杨升龙遗像	1	音像制品
2113	1946年四纵二十八团营长张克勤遗像	1	音像制品
2114	解放战争时期四纵二十九团副营长刘良藻遗像	1	音像制品
2115	解放战争时期四纵二十九团四连连长徐成孟遗像	1	音像制品
2116	解放战争时期四纵三十团副营长赵成福遗像	1	音像制品
2117	1947年四纵三十一团一营政治教导员丛德兹同志遗像	1	音像制品
2118	解放战争时期四纵三十二团二（三）营副营长辛义斋遗像	1	音像制品
2119	解放战争时期四纵三十四团三营副营长朱俊生遗像	1	音像制品
2120	1946年四纵三十团俱乐部主任王永健遗像	1	音像制品
2121	解放战争时期四纵三十五团参谋长李文斌遗像	1	音像制品
2122	1947年四纵十二师参谋刘德盛生前与战友合影	1	音像制品
2123	1946年四纵三十六团政委王大伟生前与战友合影	1	音像制品
2124	1948年2月四纵三十六团政委潘德表遗像	1	音像制品

(续表)

藏品编号	名　　称	数量	类　别
2125	1948年3月1日四纵三十六团冬季攻势追悼大会会场照片	1	音像制品
2126	解放战争时期营长徐全福烈士遗像	1	音像制品
2127	1946年3月13日七旅秀河自卫战役祝捷大会战斗英雄模范合影	1	音像制品
2128	1946年七旅营以上干部于东沟合影	1	音像制品
2129	解放战争时期哈尔滨市杨朝荣模范军属奖章	1	文件、宣传品
2130	1948年12月至1949年11月东北解放区后方粮票	1	票据
2131	解放战争时期十二纵三十五师追悼殉国英烈宣誓大会照片	1	音像制品
2132	解放战争时期丛金松庆功纪念照片	1	音像制品
2133	解放战争时期兴城碱厂村缴纳公柴收条	1	票据
2134	1948年5月李成芳东北军政大学学习优胜奖状	1	文件、宣传品
2135	1948年底东北党政军民致入关东北人民解放军指战员书	1	档案文书
2136	解放战争时期六纵四十八团使用的党员介绍信	1	档案文书
2137	解放战争时期"革命军人八不怕"宣传材料	1	档案文书
2138	解放战争时期二团四连战士赵普的诗	1	档案文书
2139	1948年6月冀察热辽部队关于蔬菜自给的通知	1	文件、宣传品
2140	1948年2月22日安东省第四专署关于保护牲口的训令	1	档案文书
2141	1948年12月11日锦县政府关于代做夹鞋以保证军用供给军需令	1	档案文书
2142	1948年12月11日《东北画报》	1	文件、宣传品
2143	1949年3月东北行政委员会关于农业生产的布告	1	档案文书
2144	1948年8月15日东北军区关于收集与保护铁路交通器材的命令	1	档案文书
2145	1949年4月辽西省政府关于春耕生产的布告	1	档案文书
2146	1949年3月东北政委会关于保护电力设备的布告	1	档案文书
2147	1949年6月11日独五师关于优属问题给建昌县政府的公函	1	档案文书
2148	1947年中国人民解放军宣言剪报	1	文件、宣传品
2149	1947年二纵十团二营长王宝贵烈士遗像	1	音像制品
2150	1946年二纵十二团副营长李志杰烈士遗像	1	音像制品
2151	1948年3月杨道和烈士遗像	1	音像制品
2152	1948年5月18日九纵教导团米玉泉的功劳证	1	档案文书
2153	1947年东北民主联军在八面城战斗中传唱的曲谱	2	档案文书
2154	解放战争时期辽宁光明书店翻印《翻身农民政治课本》	1	古籍图书
2155	1948年12月至1949年11月东北解放区后方马草粮票	1	票据
2156	1948年11月冀察热辽部队支草证	2	票据
2157	1948年艾林皋村土地台账	1	档案文书
2158	1948年10月九纵七十四团白老虎连修工事用的锹	1	铁器、其他金属器
2159	解放战争时期九纵七十四团白老虎连指战员使用的手枪子弹头	14	武器
2160	1948年伪旗警察袖标	1	其他
2161	1948年给杜宝珠家送立功证的披红	1	其他
2162	1948年锦州外围国民党军部署草图	1	档案文书
2163	1950年11月2日《辽西日报》关于解放昌都的号外	1	文件、宣传品
2164	1947年6月松浦警备大队翻印《军事常识》	1	古籍图书
2165	1948年4月辽东荣代大会汇刊	1	文件、宣传品
2166	1947年2月军事科学常识丛书《地雷、手榴弹、掷弹筒》	1	古籍图书
2167	1947年至1952年九纵政治部理发员孙耀山的黄背包	1	织绣
2168	1948年10月东北书店印行《人民解放战争两周年的总结和第三年的任务》	1	古籍图书
2169	1947年辽宁省教育书店刊行的《一九四七年的形势与任务》	1	文件、宣传品
2170	1946年12月东北书店印行《毛泽东同志在延安文艺座谈会上的讲话》	1	古籍图书
2171	1949年9月毛泽东著《论人民民主专政》	1	古籍图书
2172	1948年毛泽东著《目前形势和我们的任务》	1	古籍图书
2173	1946年辽东建国书社出版的《毛泽东在重庆》	1	古籍图书
2174	1946年解放社印的《大后方的一般概况》	1	古籍图书
2175	1946年11月30日《时论丛刊》	1	文件、宣传品
2176	1950年中国人民解放军单军装	2	织绣

(续表)

藏品编号	名　称	数量	类　别
2177	1950年中国人民解放军子弹袋	1	武器
2178	1950年中国人民解放军手榴弹兜	2	武器
2179	1950年中国人民解放军黄布挂包	1	织绣
2180	1950年中国人民解放军卫生员用背兜	1	织绣
2181	解放战争时期地方部队使用的子弹袋	1	武器
2182	解放战争时期地方部队使用的布挂包	1	织绣
2183	1950年解放军使用的帆布梭子袋	1	武器
2184	1950年皮梭子袋	1	武器
2185	1950年五子连子弹袋	1	武器
2186	1950年皮子弹挎袋	1	武器
2187	解放战争时期国民党单军装	2	织绣
2188	解放战争时期国民党士兵单军装上衣	1	织绣
2189	解放战争时期国民党军用背兜	1	织绣
2190	解放战争时期国民党军用大衣	1	织绣
2191	解放战争时期国民党军官大衣	1	织绣
2192	解放战争时期国民党军用高靿皮鞋	2	皮革
2193	1946年4月东北书店印行《东北抗日联军斗争史略》	1	古籍图书
2194	解放战争时期通化日报社印《蒋伪合作宁渝合流的内战阴谋》	1	古籍图书
2195	解放战争时期光华书店发行的《中国四大家庭的危机》	1	古籍图书
2196	解放战争时期辽东建国书社出版的《去年国共谈判为什么失败》	1	古籍图书
2197	解放战争时期辽东建国书社出版的《中外舆论》	1	古籍图书
2199	1947年7月25日中共辽吉省委办公室编印的《坚持》	1	档案文书
2200	1948年辽北省第五行政公署新收复区征收公粮补充办法	1	档案文书
2201	1947年11月15日辽宁省委会工作通讯编委会编的《工作通讯》	1	文件、宣传品
2202	1947年8月刘少奇在全国土地会议上的报告和结论	1	档案文书
2203	1947年5月中共冀热辽分局宣传部编印的《关于增强党性的文献》	1	档案文书
2204	1948年3月辽吉一地委翻印的《在东北农村中划分阶级的一些问题》	1	档案文书
2205	1948年2月辽北省政府印的《农业生产指示汇编》	1	档案文书
2206	1947年1月辽吉省委宣传部印《一九四七年的任务》	1	档案文书
2207	1946年7月7日辽吉省委编印《工作经验与工作资料》	1	档案文书
2208	1948年8月奈曼旗《代林筒屯群众工作经过》	1	档案文书
2209	1948年冀察热辽党政民学及经济部门供给标准	1	档案文书
2210	1948年安东日报社编印的《土改与生产》	1	古籍图书
2211	1948年安东日报编《总结整编进行整党》	1	古籍图书
2212	1947年专署秘书处编《政策法令零集》	1	文件、宣传品
2213	1947年专署秘书处编《政策法令零集》	1	文件、宣传品
2214	1948年7月安东省委组织部编印的《扫除建党工作中的思想障碍》	1	档案文书
2215	1948年9月25日宽甸县政府翻印的《丈量土地与评定土地等级参考材料》	1	档案文书
2216	1947年7月1日安东军区民运部编印的《群众运动参考资料》	1	档案文书
2217	1947年7月安东日报社编印的《整顿队伍》	1	古籍图书
2218	1947年安东日报社编印的《贫雇农路线》	1	古籍图书
2219	1948年1月辽东书店印行的《土改中的几个问题》	1	古籍图书
2220	1948年7月《七五惨案》	1	档案文书
2221	1947年十八地委宣传部印《把解放区的农业生产提高一步》	1	档案文书
2222	1947年热东人民报社印的《关于纠正工商业中的左倾错误的决定》	1	档案文书
2223	1948年3月群众日报社印的《土改社论选集》	1	古籍图书
2224	1948年群众日报社印的《粉碎地主翻把阴谋》	1	古籍图书
2225	1947年8月热河省政府颁发的公务人员证书	1	档案文书
2226	1946年2月群编委会出版的《拉林县平分土地突点经验》	1	古籍图书
2227	1947年11月四纵二十八团二连程远茂的干部履历鉴定书	2	档案文书
2228	1949年东北军区编印的《解放战士政治课本》	1	古籍图书
2229	1948年东北书店编印《城市政策汇编》	1	古籍图书

(续表)

藏品编号	名　　称	数量	类　别
2230	1948年二纵十三团韦纪章的衬衣	1	织绣
2231	1948年四纵十师政治部印的《军政通讯》	1	文件、宣传品
2232	1947年至1948年《前线报》	1	文件、宣传品
2233	1947年四纵十师吴主任在师政治部整顿作风会议上的总结	1	档案文书
2234	1940年山东纵队第五旅的《甲组党课教材》	1	古籍图书
2235	1949年四纵三十四团五连的《荣誉教育介绍》	1	档案文书
2236	1949年四纵十二师政治部印的《党员课本》	1	古籍图书
2237	1949年四纵十二师政治部编印的《提拔干部的组织路线和群众路线》	1	古籍图书
2238	1947年东北民主联军编印的《共产党员的榜样》	1	古籍图书
2239	1947年1月10日辽东地区抚恤革命阵亡将士优待荣誉军人暂行办法	1	档案文书
2240	1946年辽东军区《关于执行新党章的几个具体规定》	1	档案文书
2241	1947年十六分区编印的《战士党员教材》	1	古籍图书
2242	1946年四纵政治部编印的《干部党员教材之一》	1	档案文书
2243	1947年12月13日辽东军区第四纵队政治部编印的《战斗》	1	文件、宣传品
2244	1947年四纵十师的立功运动参考材料	1	档案文书
2245	1948年群众日报社印的《整编后方充实前方》	1	古籍图书
2246	1947年十八分区宣传部翻印的《平分土地与整顿队伍》	1	档案文书
2247	1947年十月十三日《群众》	1	文件、宣传品
2248	1947年东北书店印行的《东北蒋占区真相》	1	古籍图书
2249	1948年9月15日热河省政府关于颁发公粮公草负担暂行条例的命令	1	档案文书
2250	1948年宾县剿匪与群众工作报告	1	档案文书
2251	1947年新解放区及边缘区政工讲话提纲	1	档案文书
2252	1947年9月11日关于东北解放区民主政权建设总结	1	档案文书
2253	1946年国共停战协议及政治协商会议重要文献	1	档案文书
2254	1948年12月辽北书店印行的《时局与任务重要文献汇集》	1	古籍图书
2255	1946年冀热辽印刷厂出版的《时论选集》	1	古籍图书
2256	1946年辽北省政府印的《农业生产手册》	1	档案文书
2257	1948年人民报社印的《关于中国职工运动当前任务的决议》	1	档案文书
2258	1949年四野政治部印的《城市政策选集》	1	古籍图书
2259	1948年人民报载《目前形势和我们的任务》	1	文件、宣传品
2260	1948年兴城县委宣传部翻印的《反对自由主义》	1	古籍图书
2261	1948年热东人民报社印《毛主席在晋绥干部会议上的讲话》	1	古籍图书
2262	1947年十八地委宣传部印《人民解放战争两周年的总结和第三年的任务》	1	古籍图书
2263	1948年12月10日人民报社印学习文件	1	档案文书
2264	1949年锦州人民报社印《关于建立中国新民主主义青年团的决议》	1	档案文书
2265	1947年热东人民报社翻印的《旧中国在灭亡新中国在前进》	1	古籍图书
2266	1948年2月热东人民报社印《论对缺点的不调和性和布尔什维克的严肃性》	1	古籍图书
2267	1949年辽西省委宣传部编印的《严惩翻把地主》	1	古籍图书
2268	1949年锦州人民报社印《春耕手册》	1	古籍图书
2269	1949年辽西省人民政府公安厅翻印《连队政治工作条例》	1	档案文书
2270	1948年3月16日群众日报社编印《领导春耕运动》	1	古籍图书
2271	1948年3月13日辽吉后工委编《工作往来》	1	文件、宣传品
2272	1948年热东人民报社印《整党民主填补运动的点滴经验》	1	古籍图书
2273	1947年安东日报社印《怎样分析阶级》	1	古籍图书
2274	1947年人民报十八支社编《新华通讯》	1	文件、宣传品
2275	1940年中共中央关于增强党性的决定	1	档案文书
2276	1947年中共辽吉省委办公室编印《怎样贯彻贫雇农路线》	1	古籍图书
2277	1949年10月辽西省人民政府印《丈评发照工作手册》	1	档案文书
2278	1949年10月11日辽西省委办公室印《秋征丈评工作参考资料》	1	档案文书
2279	1947年4月冀热辽中央分局翻印《中国共产党党章》	1	档案文书
2280	1948年热东人民报社印《崞县是怎样进行土地改革的》	1	古籍图书
2281	1948年1月9日延寿县《功臣登记簿》	1	档案文书

(续表)

藏品编号	名　　称	数量	类　别
2282	1948年1月东北书店发行的《平分土地运动中的几个问题》	1	古籍图书
2283	1947年12月中国共产党延寿县晋绥农委会发告农民书	1	档案文书
2284	1948年1月东北解放区县村人民代表选举条例草案	1	档案文书
2285	1948年阿城县第一次动员民夫的经验	1	档案文书
2286	1947年2月14日延寿县为节约开支规定经费标准的通知	1	文件、宣传品
2287	1949年1月3日延寿县各部门自己解决经费开支总结表	1	档案文书
2288	1948年11月15日松江省关于公营农业生产应交公粮任务的通知	1	文件、宣传品
2289	1948年延寿县第七次民工大车动员工作总结	1	档案文书
2290	1947年7月28日延寿县民工运输大队工作总结	1	档案文书
2291	1947年4月松江省哈南分区《动员担架大车暂行办法》	1	档案文书
2292	1948年7月7日松江省政府印发的《土地等级评定法》	1	档案文书
2293	1948年6月东北行政委员会颁布的《土地执照颁发办法及填写说明》	1	档案文书
2294	1948年2月宾县第一次民夫工作的布置	1	档案文书
2295	1947年11月12日东北局关于处理荣誉军人的决定	1	档案文书
2296	1948年9月1日东北政委会编《工作简讯》	1	文件、宣传品
2297	1948年1月1日东北政委会颁布的《人民法庭条例及办事细则》	1	档案文书
2298	1946年至1947年东北政委会编《东北行政导报》	3	文件、宣传品
2299	1947年10月东北日报社印行的《财经建设》	1	古籍图书
2300	解放战争时期松江省委社会部《工作导报》	1	文件、宣传品
2301	1949年2月23日东北政委会关于加强司法建设的公函	1	档案文书
2302	1949年1月10日东北政委会关于成立辽西省的通知	1	文件、宣传品
2303	1949年7月20日松江省人民政府关于任免县长令	1	档案文书
2304	1949年6月11日尚志县人民政府关于烈荣军属工作指示	1	档案文书
2305	1949年3月16日松江省政府关于优属土地包耕问题的指示	1	档案文书
2306	1948年松江省委关于训练干部计划的通知	1	文件、宣传品
2307	1947年5月6日松江省一地委关于挖匪根打胡子的讨论题	1	档案文书
2308	1947年5月25日尚志县马正区第一期兵训练的简单总结	1	档案文书
2309	1947年4月25日松江省一地委关于生产的工作指示	1	档案文书
2310	1947年4月25日尚志县荣安村建党问题	1	档案文书
2311	1948年10月八纵七十团三连荣获的"大胆沉着打退敌人"锦旗	1	文件、宣传品
2312	1947年一纵二团八连荣获的"四平战斗顽强冲锋"锦旗	1	文件、宣传品
2313	1947年一纵二团三连荣获的"机智勇敢"锦旗	1	文件、宣传品
2314	1949年一纵二团五连荣获的"扶危世民"锦旗	1	文件、宣传品
2315	1949年三十八军三三五团荣获的"军纪义里"锦旗	1	文件、宣传品
2316	1947年一纵二团荣获的"打胜仗爱人民讲团结"锦旗	1	文件、宣传品
2317	1948年八纵七十一团六连荣获的"勇猛机动"锦旗	1	文件、宣传品
2318	1948年八纵七十一团六连荣获的"连续爆破"锦旗	1	文件、宣传品
2319	1948年10月八纵七十团荣获的"顽强歼敌"锦旗	1	文件、宣传品
2320	1949年一纵二团五连荣获的"打得好纪律好团结好"锦旗	1	文件、宣传品
2321	1948年一纵二团荣获的"四平战斗模范连"锦旗	1	文件、宣传品
2322	1949年三十八军三三五团荣获的"走得好爱兵好纪律好"锦旗	1	文件、宣传品
2323	1949年三十八军三三五团三连荣获的"踏破长江"锦旗	1	文件、宣传品
2324	1947年5月3005次列车组穆成斌的英模证	1	档案文书
2325	1949年5月3005次列车组穆成斌的英模会入场证	1	档案文书
2326	1949年5月3005次列车组穆成斌的劳模证	1	档案文书
2327	1949年5月3005次列车组穆成斌的代表证	1	档案文书
2328	1949年6月3005次列车组穆成斌出席东北人民代表会用笺	1	其他
2329	1947年呼兰县高家村生产模范李发、王洪录的事迹材料	1	档案文书
2330	1947年呼兰县苫屯区生产模范袁凤山等人的事迹材料	1	档案文书
2331	1947年呼兰县苏德屯王海、高广录、祁廷文等人的模范事迹材料	1	档案文书
2332	1947年呼兰县苫屯区杏山堡屯和长岭区刘泉井屯生产特点总结	1	档案文书
2333	1947年10月关于公布中国土地法大纲的决议	1	档案文书

(续表)

藏品编号	名　　称	数量	类　别
2334	1948年9月十纵二十八师警卫连金寿一的光荣证	1	档案文书
2335	1948年东北银行发行的地方流通券	3	票据
2336	1947年黑龙江省某村土改分果实价格表	1	档案文书
2337	1947年阿城县关于扫堂子运动应注意问题的通知	1	文件、宣传品
2338	1947年黑龙江省第三村三合屯丈评土地底草	1	档案文书
2339	1949年3005次列车组穆成斌的功劳簿	1	档案文书
2340	1949年3月双城县胜利大队张德贵的土地执照	1	档案文书
2341	1950年9月双城县胜利大队张德贵的房产执照	1	档案文书
2342	1949年春东北各地优属工作经验总结	1	档案文书
2343	1948年3月26日群众日报社印发《解决春荒问题》	1	古籍图书
2344	1949年6月3005次列车组穆成斌保存的代表会议信封	2	其他
2345	1947年六纵孙华荣保存的三大纪律八项注意手册	1	档案文书
2346	1947年12月双城县编印《土改消息》	1	文件、宣传品
2347	1947年12月双城县编印《土改消息》	1	文件、宣传品
2348	1947年12月双城县编印《土改消息》	1	文件、宣传品
2349	1947年五常县各区平分土地运动斗争果实统计表	1	档案文书
2350	1949年2月尚志县政府关于各区所属行政村的通令	1	档案文书
2351	1949年4月延寿县关于生产动员大会简述	1	档案文书
2352	1948年4月锦西县委印发的《紧急动员起来全力突击春耕》	1	古籍图书
2353	1947年3月十八地委印发的《对于战后国际形势中几个基本问题的解释》	1	档案文书
2354	1948年热东人民报新华支社印的《十个月工作总结》	1	古籍图书
2355	1946年穆成斌保存的东北解放区邮票汇编	1	邮品
2356	1947年五常县新兴村分地统计表	1	档案文书
2357	1947年五常县各区分地统计表	1	档案文书
2358	1947年8月五常县民运部关于农村划分阶级的参考材料	1	档案文书
2359	1947年五常县第四区福农村白头屯好坏人登记表	1	档案文书
2360	1947年9月李一清著《五常县王家村的群众在砍挖运动中是怎样发动起来的》	1	档案文书
2361	1948年2月双城县编印《土改消息》	1	文件、宣传品
2362	1948年1月双城县编印《土改消息》	1	文件、宣传品
2363	1948年1月双城县编印《土改消息》	1	文件、宣传品
2364	1948年1月双城县编印《土改消息》	1	文件、宣传品
2365	1948年1月双城县编印《土改消息》	1	文件、宣传品
2366	1948年1月双城县编印《土改消息》	1	文件、宣传品
2367	1948年十二纵三十四师林太荣获的解放东北纪念章	1	文件、宣传品
2368	1948年呼兰县刘长贵荣获的解放东北纪念章	1	文件、宣传品
2369	1948年呼兰县刘义海荣获的解放东北纪念章	1	文件、宣传品
2370	1949年昂昂溪机务段徐诚忠荣获的功劳奖章	1	文件、宣传品
2371	1947年昂昂溪机务段穆成斌荣获的劳动英雄奖章	1	文件、宣传品
2372	1950年十二纵三十四师林太荣获的解放华中南纪念章	1	文件、宣传品
2373	1949年齐铁局穆成斌荣获的东铁工代劳模大会纪念章	1	文件、宣传品
2374	1949年穆成斌荣获的机务奖章	1	文件、宣传品
2375	1948年9月昂昂溪机务段徐诚忠使用的饭锅	1	铁器、其他金属器
2376	1948年9月穆成斌使用的检点锤	1	铁器、其他金属器
2377	1948年9月昂昂溪机务段段贵荣使用的饭箱子	1	铁器、其他金属器
2378	1948年9月昂昂溪机务段穆成斌使用的饭箱子	1	铁器、其他金属器
2379	1947年王喜在土改中分到的上衣	1	织绣
2380	解放战争时期八纵王传龙使用的字典	1	其他
2381	1948年担架队长张善会的皮带	1	皮革
2382	1947年一纵二师师长张友善使用的挂包	1	织绣
2383	1950年林太荣获的华北解放纪念章	1	文件、宣传品
2384	1948年八纵二十四师宋生荣获的毛泽东奖章	1	文件、宣传品

锦州市全国第一次可移动文物普查藏品名录

(续表)

藏品编号	名　　称	数量	类别
2385	1948年八纵二十四师宋生荣获的艰苦奋斗奖章	1	文件、宣传品
2386	解放战争时期焦玉山在塔山阻击战中使用的美式左轮手枪	1	武器
2388	解放战争时期东北党政军民各界致入关东北人民解放军指战员书	1	档案文书
2389	解放战争时期刘亚楼使用的公文皮包	1	名人遗物
2390	1948年10月刘亚楼使用的望远镜	1	武器
2391	1948年10月罗荣桓使用的望远镜	1	武器
2392	1948年四纵塔山英雄管兴志荣获的毛泽东奖章	1	文件、宣传品
2393	1948年10月四纵三十五团金振山荣获的毛泽东奖章	1	文件、宣传品
2394	1948年10月四纵二十八团各级战斗模范材料	1	档案文书
2395	1948年4月25日四纵三十六团立大功人员登记表	1	档案文书
2396	1947年四纵三十六团记功通令	1	档案文书
2397	1947年12月东北民主联军总政治部出版《战评运动》	1	古籍图书
2398	1947年8月10日夏季攻势中的立功运动与反倾向斗争的初步总结	1	档案文书
2399	1933年川陕省工农银行发行的布币	2	钱币
2400	1934年中华苏维埃共和国国家银行发行的纸币	2	钱币
2401	1935年群众给伤员喂饭的碗	1	瓷器
2402	1944年陕甘宁边区银行发行的纸币	4	钱币
2403	1947年5月四纵三十六团夏季攻势记功通令	1	档案文书
2404	1948年10月四纵三十六团塔山战斗功臣榜	1	档案文书
2405	1948年四纵三十六团为机枪连请功的报告	1	档案文书
2406	1948年四纵三十六团战地小报	1	文件、宣传品
2407	1948年10月19日四纵三十六团《战线》	1	文件、宣传品
2408	1949年1月9日三、六、九团政治处编白台山英雄团功臣榜	1	档案文书
2409	1948年10月罗天瑞给东北野战军伤员饮水用的茶碗	3	瓷器
2410	1948年10月罗天瑞给东北野战军伤员饮水用的茶壶	1	瓷器
2411	1948年10月罗天瑞支前用的煤油灯	1	其他
2412	1948年11月夏桐使用的双耳瓷缸	1	其他
2413	1947年黑山农民会会员陈秉玉用的鞭子	1	其他
2414	解放战争时期黑山镇下洼子村群众修101高地使用的门板	1	其他
2415	1948年10月黑山群众罗天瑞为东北野战军筹粮的大笸箩	1	其他
2416	1948年10月北镇县群众抬伤员使用的门板	1	其他
2417	1948年10月东北野战军医院使用的临时手术桌	1	其他
2418	1948年10月黑山镇群众罗天瑞支前用的柳条筐	1	其他
2419	1948年10月罗天瑞为东北野战军送粮使用的口袋	1	织绣
2420	1948年10月赵玉霞为东北野战军伤员使用的被面	1	织绣
2421	1948年10月北镇赵玉霞护理伤员用的煤油灯	1	其他
2422	1948年北镇宋国凡护理伤员用的煤油灯	1	其他
2423	1948年10月北镇宋国凡给伤员喂饭用的瓷碗	2	瓷器
2424	1948年10月北镇王凤云给伤员洗衣用的盆	1	陶器
2425	1948年10月北镇县赵玉霞借给东北野战军消毒用的铁锅	1	铁器、其他金属器
2426	1947年5月20日三纵七师为二十一团九连南山城子战斗记功的通令	1	档案文书
2427	1947年6月三纵为二十二团四平战役有功人员记功的通令	1	档案文书
2428	1948年6月三纵为四平战役有功单位记功的通令	1	档案文书
2429	1947年5月28日三纵七师为东丰战斗有功单位和个人记功的通令	1	档案文书
2430	1947年5月20日三纵七师为南山城子战斗有功单位记功的通令	1	档案文书
2431	1947年5月三纵七师为南山城子、东丰战斗有功单位记功的通令	1	档案文书
2432	1947年4月三纵七师为二十一团东丰战斗记功的通令	1	档案文书
2433	1947年4月三纵七师为二十一团北宁线进攻记功的通令	1	档案文书
2434	1948年10月三纵二十二团为义县战斗记功通令	1	档案文书
2435	1948年10月三纵十九团打锦州战斗口号十五条	1	文件、宣传品
2436	1948年10月三纵鞍山部转发东总打锦州鼓动口号	1	文件、宣传品
2437	1948年10月11日三纵二十二团为义县战斗记功通令	1	档案文书

(续表)

藏品编号	名　　称	数量	类　别
2438	1948年10月三纵七师锦州战役土工作业图	1	档案文书
2439	1948年10月三纵七师锦州伪省府战斗详图	1	档案文书
2440	1948年10月三纵七师辽西战役战斗要图	1	档案文书
2441	1948年10月三纵七师锦州战役突破伪省府要图	1	档案文书
2442	1948年三纵二十一团机炮一连荣获的"制压得力协同成功"奖旗	1	文件、宣传品
2443	1948年高德胜的解放东北纪念章	1	文件、宣传品
2444	1948年10月罗荣桓的行李袋	1	织绣
2445	解放战争时期韩玉楷使用的毛线毯	1	织绣
2446	解放战争时期韩玉楷使用的皮带	1	皮革
2447	1948年10月罗荣桓在辽沈战役前线指挥所使用的桌子	1	家具
2448	1948年10月罗荣桓在辽沈战役前线指挥所使用的炕桌	1	家具
2449	1948年10月罗荣桓在辽沈战役前线指挥所使用的方凳	1	家具
2450	1948年10月东北野战军参谋部在辽沈战役前线指挥所使用的方凳	1	家具
2451	解放战争时期美12.7高射机枪	1	武器
2452	解放战争时期美12.7高射机枪子弹	10	武器
2453-1	解放战争时期马克沁式7.9重机枪	1	武器
2453-2	解放战争时期马克沁式7.9重机枪	1	武器
2454-1	解放战争时期日九二式7.7重机枪	1	武器
2454-2	解放战争时期日九二式7.7重机枪	1	武器
2454-3	解放战争时期日九二式7.7重机枪	1	武器
2455	解放战争时期加拿大七七式7.9轻机枪	1	武器
2456	解放战争时期日三八式6.5步枪	1	武器
2457-1	解放战争时期日三八式6.5步枪	1	武器
2457-2	解放战争时期日三八式6.5步枪	1	武器
2457-3	解放战争时期日三八式6.5步枪	1	武器
2458-1	解放战争时期杂七九步枪	1	武器
2458-2	解放战争时期杂七九步枪	1	武器
2458-3	解放战争时期杂七九步枪	1	武器
2458-4	解放战争时期杂七九步枪	1	武器
2458-5	解放战争时期杂七九步枪	1	武器
2459-1	解放战争时期美卡宾枪	1	武器
2459-2	解放战争时期美卡宾枪	1	武器
2460-1	解放战争时期美大三〇步枪	1	武器
2460-2	解放战争时期美大三〇步枪	1	武器
2460-3	解放战争时期美大三〇步枪	1	武器
2460-4	解放战争时期美大三〇步枪	1	武器
2460-5	解放战争时期美大三〇步枪	1	武器
2460-6	解放战争时期美大三〇步枪	1	武器
2460-7	解放战争时期美大三〇步枪	1	武器
2460-8	解放战争时期美大三〇步枪	1	武器
2461-1	解放战争时期美小三〇步枪	1	武器
2461-2	解放战争时期美小三〇步枪	1	武器
2461-3	解放战争时期美小三〇步枪	1	武器
2462-1	解放战争时期日九九式七七步枪	1	武器
2462-2	解放战争时期日九九式七七步枪	1	武器
2462-3	解放战争时期日九九式七七步枪	1	武器
2462-4	解放战争时期日九九式七七步枪	1	武器
2462-5	解放战争时期日九九式七七步枪	1	武器
2462-6	解放战争时期日九九式七七步枪	1	武器
2462-7	解放战争时期日九九式七七步枪	1	武器
2462-8	解放战争时期日九九式七七步枪	1	武器
2462-9	解放战争时期日九九式七七步枪	1	武器

(续表)

藏品编号	名　称	数量	类　别
2462-10	解放战争时期日九九式七七步枪	1	武器
2463	解放战争时期德7.63一号驳壳枪	1	武器
2464	解放战争时期德7.63二号驳壳枪	1	武器
2465	解放战争时期德7.63三号驳壳枪	1	武器
2466	解放战争时期美盖德式11.4冲锋枪	1	武器
2467	解放战争时期日三八式刺刀	1	武器
2468	解放战争时期日三八式步枪刺刀	1	武器
2469	解放战争时期日七九式步枪刺刀	1	武器
2470	1946年9月27日三纵七师吕村夫执笔的《新战士工作初步研究》	1	档案文书
2471	1946年12月29日三纵七师政治部印《目前防御作战阶段政治工作指示》	1	档案文书
2472	1946年12月22日三纵七师爱兵模范张学进的先进材料	1	档案文书
2473	1946年1月14日关于作战的几个思想问题	1	档案文书
2474	1944年12月27日进一步认清自卫战争战局发展	1	档案文书
2475	1948年1月三纵二十一团冬季攻势奖章登记本	1	档案文书
2476	1946年东北民主联军制定的纪律守则	1	档案文书
2477	1948年10月三纵七师刘注东作《英雄三排找机会打得好》	1	档案文书
2478	1948年10月第三纵队七师授予二十一团三营的"击中要核"锦旗	1	文件、宣传品
2479	1948年10月三纵二十一团二连荣获的"锦州显神手击毁装甲车"锦旗	1	文件、宣传品
2480	1948年罗荣桓的防雨布	1	其他
2481	解放战争时期罗荣桓使用的皮文件包	1	名人遗物
2482	1948年十二纵一〇一团马彪使用的毛毯	1	织绣
2483	1948年十一纵九十一团王焕东使用的毛毯	1	织绣
2484	1948年十二纵队曾济伟使用的毛毯	1	织绣
2485	1948年十二纵队九十一团长霍成忠使用的皮带	1	皮革
2486	解放战争时期四纵三十六团周殿信荣获的模范奖章	1	文件、宣传品
2487	解放战争时期十二纵队一〇二团赵盛昌荣获的勇敢奖章	1	文件、宣传品
2488	解放战争时期十二纵队一〇二团赵盛昌荣获的艰苦奋斗奖章	1	文件、宣传品
2489	解放战争时期十二纵队一〇〇团白宗耀荣获的艰苦奋斗奖章	1	文件、宣传品
2490	1948年赵盛昌的绑腿	1	织绣
2491	1947年十二纵一〇〇团白宗耀使用的日式战刀	1	武器
2492	1978年10月叶剑英题"辽沈战役纪念馆"	1	其他
2493	解放战争时期梁华胜和王宪元照片	1	音像制品
2494	解放战争时期十二纵队九十七团参谋长李昌华拍摄的战地照片	1	音像制品
2495	1948年6月十二纵一〇二团赵盛昌的通讯员聘书	1	档案文书
2496	1948年十二纵一〇二团赵盛昌的立功证明书	1	档案文书
2497	1948年1月十一纵九十五团三连荣获的"北南战斗英雄连"锦旗	1	文件、宣传品
2498	1948年9月十一纵九十五团六连荣获的"北戴河尖刀排"锦旗	1	文件、宣传品
2499	1946年10月2日三纵七师《前卫报》战时版	1	文件、宣传品
2500	1946年10月3日三纵七师《前卫报》战时版	1	文件、宣传品
2501	1946年10月4日三纵七师《前卫报》战时版	1	文件、宣传品
2502	1946年10月5日三纵七师《前卫报》副刊	1	文件、宣传品
2503	1946年10月6日三纵七师《前卫报》战时版	1	文件、宣传品
2504	1946年9月16日三纵七师《前卫报》	1	文件、宣传品
2505	1946年9月16日三纵七师《前卫报》	1	文件、宣传品
2506	1946年9月18日三纵七师《前卫报》	1	文件、宣传品
2507	1946年9月19日三纵七师《前卫报》	1	文件、宣传品
2508	1946年9月21日三纵七师《前卫报》	1	文件、宣传品
2509	1946年9月24日三纵七师《前卫报》	1	文件、宣传品
2510	1946年9月24日三纵七师《前卫报》副刊	1	文件、宣传品
2511	1946年9月25日三纵七师《前卫报》	1	文件、宣传品
2512	1946年9月26日三纵七师《前卫报》	1	文件、宣传品
2513	1946年9月28日三纵七师《前卫报》	1	文件、宣传品

（续表）

藏品编号	名　称	数量	类　别
2514	1946年9月29日三纵七师《前卫报》	1	文件、宣传品
2515	1946年9月29日三纵七师《前卫报》	1	文件、宣传品
2516	1946年10月12日三纵七师《前卫报》	1	文件、宣传品
2517	1946年10月13日三纵七师《前卫报》	1	文件、宣传品
2518	1946年10月14日三纵七师《前卫报》	1	文件、宣传品
2519	1946年10月16日三纵七师《前卫报》	1	文件、宣传品
2520	1946年10月18日三纵七师《前卫报》	1	文件、宣传品
2521	1946年10月20日三纵七师《前卫报》	1	文件、宣传品
2522	1946年10月24日三纵七师《前卫报》副刊	1	文件、宣传品
2523	1946年10月25日三纵七师《前卫报》	1	文件、宣传品
2524	1946年10月27日三纵七师《前卫报》	1	文件、宣传品
2525	1946年10月27日三纵七师《前卫报》	1	文件、宣传品
2526	1946年10月28日三纵七师《前卫报》	1	文件、宣传品
2527	1946年10月31日三纵七师《前卫报》	1	文件、宣传品
2528	1946年11月9日三纵七师《前卫报》	1	文件、宣传品
2529	1946年11月10日三纵七师《前卫报》	1	文件、宣传品
2530	1946年11月12日三纵七师《前卫报》	1	文件、宣传品
2531	1946年11月13日三纵七师《前卫报》	1	文件、宣传品
2532	1946年11月15日三纵七师《前卫报》	1	文件、宣传品
2533	1946年11月17日三纵七师《前卫报》	1	文件、宣传品
2534	1946年11月23日三纵七师《前卫报》	1	文件、宣传品
2535	1946年11月25日三纵七师《前卫报》	1	文件、宣传品
2536	1946年11月26日三纵七师《前卫报》	1	文件、宣传品
2537	1946年11月28日三纵七师《前卫报》	1	文件、宣传品
2538	1946年11月30日三纵七师《前卫报》	1	文件、宣传品
2539	1946年12月3日三纵七师《前卫报》	1	文件、宣传品
2540	1946年12月6日三纵七师《前卫报》	1	文件、宣传品
2541	1946年12月11日三纵七师《前卫报》	1	文件、宣传品
2542	1946年12月16日三纵七师《前卫报》	1	文件、宣传品
2543	1946年12月18日三纵七师《前卫报》	1	文件、宣传品
2544	1946年12月21日三纵七师《前卫报》	1	文件、宣传品
2545	1946年12月25日三纵七师《前卫报》	1	文件、宣传品
2546	1946年12月26日三纵七师《前卫报·卫生专刊》	1	文件、宣传品
2547	1946年12月27日三纵七师《前卫报》	1	文件、宣传品
2548	1947年1月6日三纵七师《前卫报》	1	文件、宣传品
2549	1947年1月11日三纵七师《前卫报》	1	文件、宣传品
2550	1947年1月15日三纵七师《前卫报》	1	文件、宣传品
2551	1947年1月19日三纵七师《前卫报》	1	文件、宣传品
2552	1947年1月24日三纵七师《前卫报》	1	文件、宣传品
2553	1947年1月27日三纵七师《前卫报》	1	文件、宣传品
2554	1947年2月1日三纵七师《前卫报》	1	文件、宣传品
2555	1947年2月5日三纵七师《前卫报》	1	文件、宣传品
2556	1947年2月10日三纵七师《前卫报》	1	文件、宣传品
2557	1947年2月13日三纵七师《前卫报》	1	文件、宣传品
2558	1947年2月16日三纵七师《前卫报》	1	文件、宣传品
2559	1947年2月24日三纵七师《前卫报》	1	文件、宣传品
2560	1947年3月1日三纵七师《前卫报》	1	文件、宣传品
2561	1947年3月5日三纵七师《前卫报》	1	文件、宣传品
2562	1947年3月7日三纵七师《前卫报》	1	文件、宣传品
2563	1947年3月10日三纵七师《前卫报》	1	文件、宣传品
2564	1947年3月13日三纵七师《前卫报》	1	文件、宣传品
2565	1947年3月15日三纵七师《前卫报》	1	文件、宣传品

(续表)

藏品编号	名　称	数量	类　别
2566	1947年3月23日三纵七师《前卫报》战时版	1	文件、宣传品
2567	1947年3月25日三纵七师《前卫报》战时版	1	文件、宣传品
2568	1947年3月27日三纵七师《前卫报》战时版	1	文件、宣传品
2569	1947年3月29日三纵七师《前卫报》战时版	1	文件、宣传品
2570	1947年3月31日三纵七师《前卫报》战时版	1	文件、宣传品
2571	1947年3月21日三纵七师《前卫报》	1	文件、宣传品
2572	1947年4月2日三纵七师《前卫报》	1	文件、宣传品
2573	1947年4月9日三纵七师《前卫报》	1	文件、宣传品
2574	1947年4月11日三纵七师《前卫报》	1	文件、宣传品
2575	1947年4月15日三纵七师《前卫报》	1	文件、宣传品
2576	1947年4月17日三纵七师《前卫报》	1	文件、宣传品
2577	1947年4月25日三纵七师《前卫报》	1	文件、宣传品
2578	1948年3月10日三纵七师《前卫报》	1	文件、宣传品
2579	1948年3月11日三纵七师《前卫报》	1	文件、宣传品
2580	1948年3月1日三纵七师《前卫报》	1	文件、宣传品
2581	1948年3月12日三纵七师《前卫报》	1	文件、宣传品
2582	1948年3月13日三纵七师《前卫报》	1	文件、宣传品
2583	1948年3月19日三纵七师《前卫报》	1	文件、宣传品
2584	1948年7月12日十一纵昌黎战斗遭伤亡通报	1	档案文书
2585	1948年7月2日四纵关于二十八团演习三三制队形教育通报	1	档案文书
2586	1948年7月2日九纵七十五团三连投弹经验的教育通报	1	档案文书
2587	1947年10月16日三纵二十一团对威远堡战斗有功人员的通令	1	档案文书
2588	1947年2月21日三纵十九团对三元浦战斗有功人员的通令	1	档案文书
2589	1947年5月26日三纵七师为十九团在威远堡战斗记功的通令	1	档案文书
2590	1947年5月26日三纵七师为二十一团东丰战斗有功单位和个人记功的通令	1	档案文书
2591	1947年5月20日三纵七师为二十一团南山战斗有功单位和个人记功的通令	1	档案文书
2592	1948年11月9日三纵十九团为九连团结巩固部队有功人员记功的通令	1	档案文书
2593	1947年5月19日三纵七师对二十一团在南山城战斗有功人员记功通令	1	档案文书
2594	1947年7月6日三纵七师对二十一团在马道岭战斗有功人员记功通令	1	档案文书
2595	1947年6月28日三纵七师为二十一团六连东丰战斗记功通令	1	档案文书
2596	1948年6月8日三纵为二十二团四平战斗记功通令	1	档案文书
2597	1948年6月8日三纵七师为二十团东丰战役记功通令	1	档案文书
2598	1947年5月26日三纵七师为二十一团东丰战役记功通令	1	档案文书
2599	1947年6月6日三纵七师为二十一团一营在西安战斗记功通令	1	档案文书
2600	1947年10月10日三纵七师为二十团四连秋攻记功通令	1	档案文书
2601	1948年三纵为七师炮一连冬季攻势记功通令	1	档案文书
2602	1948年3月8日三纵二十一团为二连四平外围战记功通令	1	档案文书
2603	1947年10月5日三纵七师为炮兵营秋季攻势记功通令	1	档案文书
2604	1947年6月4日三纵七师为二十一团西安战斗记功通令	1	档案文书
2605	1947年6月17日三纵为四平战斗有功单位记功通令	1	档案文书
2606	1947年10月7日三纵七师为二十一团三连庙岭南山战斗记功通令	1	档案文书
2607	1947年5月28日三纵七师为炮兵营一连东丰战斗记功通令	1	档案文书
2608	1947年10月30日三纵七师为补充团教育成绩显著记功通令	1	档案文书
2609	1947年6月4日三纵七师为二十团炮兵连记功的通令	1	档案文书
2610	1948年5月15日三纵七师二十一团为五连王尧西战斗记功的通令	1	档案文书
2611	1947年4月1日四纵对二十九团在通化战斗记功通令	1	档案文书
2612	1947年4月5日辽宁省关于战争勤务决定的补充指示	1	档案文书
2613	1947年1月1日辽宁省关于战争勤务工作的决定	1	档案文书
2614	1948年9月三纵为将各师团器材、马匹集中的通知	1	文件、宣传品
2615	1948年8月三纵九师司令部两个月练兵总结	1	档案文书
2616	1948年11月12日独立一师辽沈战役各种统计表	1	档案文书
2617	1948年1月10日三纵关于供给标准通知	1	文件、宣传品

(续表)

藏品编号	名　　称	数量	类　别
2618	1947年2月22日三纵二十一团为四连三保临江战斗记功通令	1	档案文书
2620	1948年9月28日三纵七师关于十九团在执行政策纪律的通报	1	档案文书
2621	1948年9月24日三纵七师关于南下北宁线执行政策纪律的通报	1	档案文书
2622	1948年9月24日三纵七师关于二十团九连执行俘房政策的通报	1	档案文书
2623	1946年3月8日三纵针对敌特活动下发的政治通报	1	档案文书
2624	1946年3月8日三纵针对敌特活动下发的政治通报	1	档案文书
2625	1947年7月16日三纵关于个别人破坏政府法令的通报	1	档案文书
2626	1948年7月1日三纵关于二十团五连爆破学习中的几点意见的通报	1	档案文书
2627	1946年12月26日三纵关于阻击铁岭及公主岭之敌的战况通报	1	档案文书
2628	1948年11月13日东野转发军委关于全军组织及部队番号规定的通报	1	档案文书
2629	1948年7月5日三纵七师关于干部任免命令的通报	1	档案文书
2630	1947年4月10日三纵政治部巩固新战士政治工作指示	1	档案文书
2631	1947年6月21日辽东军区政治部扩兵指示	1	档案文书
2632	1947年6月21日三纵十九团对组织演习与"写想定"指示	1	档案文书
2633	1948年6月27日三纵七师关于纪念"七一"工作指示	1	档案文书
2634	1946年6月29日辽东省委关于组织工作团发动群众的指示	1	档案文书
2635	1947年2月25日辽东军区《巩固新解放同志政治工作指示》	1	名人遗物
2636	1948年9月3日关于整顿战斗作风的指示	1	档案文书
2637	1946年5月28日辽东军区关于收复区政治的工作指示	1	档案文书
2638	1947年6月8日停止夏季攻势转入大练兵政治工作指示	1	档案文书
2639	1948年夏季练兵运动动员提纲	1	档案文书
2640	1947年6月27日为消灭新六军加强战中政治工作指示	1	档案文书
2641	1947年6月27日辽东军区的政治工作指示	1	档案文书
2642	1947年7月29日关于连队党委工作指示	1	档案文书
2643	1947年9月3日三纵九师关于整顿部队战斗作风的指示	1	档案文书
2644	1947年7月三纵纪念"七七"的补充指示	1	档案文书
2645	1947年5月19日辽东军区关于敌人守城办法及设防的战术通报	1	档案文书
2646	1946年11月23日辽东军区关于四纵小市战斗经验教训的战术通报	1	档案文书
2647	1947年8月10日三纵转辽东军区对五纵管理人员违纪问题的通报	1	档案文书
2648	1948年6月4日三纵关于某师侦察员被俘变节的通令	1	档案文书
2649	1948年5月三纵关于某师攻击长春飞机场经验的战术通报	1	档案文书
2650	1946年关于春季对敌政治攻势的指示信	1	档案文书
2651	1947年三纵六道沟、热水河子战斗详图	1	档案文书
2652	1947年第二次敌进攻临江被粉碎前态势图	1	档案文书
2653	1947年7月23日三纵宣教会议总结	1	档案文书
2654	1948年8月三纵二十四团的步兵侦察教育总结	1	档案文书
2655	1947年12月三纵八师没收地主物品表	1	档案文书
2656	1946年至1947年三纵七、九两师战绩统计	1	档案文书
2657	1948年11月13日三纵二十团的事迹材料	1	档案文书
2658	1948年11月13日三纵二十团的事迹材料	1	档案文书
2659	1948年三纵八师电台班诉苦中得到的几点体会	1	档案文书
2660	1948年10月三纵关于锦州作战步炮协调注意事项	1	档案文书
2661	1947年8月25日三纵七师编印《诉苦与控诉》	1	古籍图书
2662	1947年8月9日三十七支队编印《土地政策学习参考资料》	1	古籍图书
2663	1948年10月三纵二十团的事迹材料	1	档案文书
2664	1947年8月15日辽东军区的修正立功暂行条例	1	档案文书
2665	1947年三纵八师纪光君、周朋的建功材料	1	档案文书
2666	1946年9月20日辽宁军区编印《目前时事教育材料》	1	档案文书
2667	1947年6月三纵编印《蒋介石还能打到什么时候》	1	档案文书
2668	1948年7月7日三纵九师政治部编印《在大练兵中一个连队的党委工作介绍》	1	档案文书
2669	1947年辽东军区政治部印《血战梅河口再歼一八四师政治工作总结》	1	档案文书

（续表）

藏品编号	名　　称	数量	类　别
2670	1948年第三纵队政治部保卫部印《罗政委在保工会上的初步总结提高》	1	档案文书
2671	1947年9月三纵七师夏季整训军教总结	1	档案文书
2672	1948年9月东北野战军司令部印《爆破经验总结》	1	古籍图书
2673	1948年3月10日辽东分局编印《工作通讯》	1	文件、宣传品
2674	1948年8月11日六纵编印《工作通讯》	1	文件、宣传品
2675	1948年8月15日第三纵队司令部印《整编工作总结》	1	档案文书
2676	1947年9月6日三纵七师政治部出版《拥干爱兵运动参考材料》	1	古籍图书
2677	1948年11月三纵编印《傅匪罪恶浓重华北人民苦难重重渴望我军解放》	1	古籍图书
2678	1948年10月25日东北局编印《入城政策手册》	1	古籍图书
2679	1948年11月19日迅速进关消灭傅匪解放华北的动员提纲	1	档案文书
2680	1948年9月三纵编印《认识胜利树立明确攻坚思想》	1	古籍图书
2681	1945年7月冀热辽军区《政治工作通讯》	1	文件、宣传品
2682	1948年5月三纵七师帮助群众春耕的通知	1	文件、宣传品
2683	1947年3月25日三纵七师紧急动员打垮敌人的号召	1	文件、宣传品
2684	1948年2月15日三纵翻印《东北国民党反动土匪武装的活动概况》	1	古籍图书
2685	1948年10月四纵医政梁见平的立功证明书	1	档案文书
2686	解放战争时期四纵医政梁见平荣获朱德奖章照片	1	音像制品
2687	1948年3月四纵医政梁见平于辽阳白塔的照片	1	音像制品
2688	1948年3月四纵梁见平与战友合影照片	2	音像制品
2689	1948年11月四纵医政梁见平模范事迹展览照片	1	音像制品
2690	解放战争时期四纵医政梁见平使用的皮挂包	1	皮革
2691	解放战争时期梁见平荣获的朱德奖章	1	文件、宣传品
2692	解放战争时期的10115E收发报机	1	武器
2693	解放战争时期军号	19	乐器、法器
2694	解放战争时期国民党军用美式线盘	1	其他
2695	解放战争时期国民党军用美式电线夹	1	其他
2696	解放战争时期国民党军用美式英文打字机	1	其他
2697	解放战争时期缴获国民党BC191军用电台	1	武器
2698	解放战争时期缴获国民党BC191军用电台	1	武器
2699	解放战争时期缴获国民党BC221军用电台	1	武器
2700	解放战争时期缴获国民党BC654军用电台	1	武器
2701	1948年10月27日三纵七师辽西战役战斗要图	1	档案文书
2702	1948年5月至1949年3月党中央在西柏坡机关食堂使用的饭碗	2	瓷器
2703	解放战争时期罗荣桓政委使用的茶色眼镜	1	名人遗物
2704	1948年5月至1949年3月党中央在西柏坡时工作人员使用的油灯	2	瓷器
2705	1955年罗荣桓的八一帽徽	1	名人遗物
2706	1947年王辉亭的布挂包	1	织绣
2707	1948年10月十一纵王辉亭的战斗日记	1	档案文书
2708	1949年2月21日四十军《前进报》	1	文件、宣传品
2709	1949年2月21日三纵七师《前卫报》副刊	1	文件、宣传品
2710	1948年8月17日三纵出版的《前进报》	1	文件、宣传品
2711	1949年2月12日四十军出版《前进报》	1	文件、宣传品
2712	1949年2月24日四十军出版《前进报》	1	文件、宣传品
2713	1947年11月东北民主联军总政治部印《宣传队工作》	1	文件、宣传品
2714	1948年11月11日冀东党委印《关于新收复区、新收复城市几个重要文件的汇集》	1	古籍图书
2715	1955年罗荣桓佩戴的解放军胸章	1	其他
2716	1955年罗荣桓警卫员刘培炎佩戴的公安臂章	1	其他
2717	解放战争时期罗荣桓的皮挂包	1	名人遗物
2718	中华人民共和国成立后罗荣桓照片	2	音像制品
2719	1945年张志诚的东北民主联军臂章	1	其他
2720	1948年9月八纵六十五团二连二排荣获的"英勇顽强"锦旗	1	文件、宣传品

(续表)

藏品编号	名　称	数量	类　别
2721	1948年10月七纵二十一师刘相久荣获的勇敢奖章	1	文件、宣传品
2722	1947年七纵六十团李玉琛荣获的毛泽东奖章	1	文件、宣传品
2723	1947年七纵六十团李玉琛荣获的英雄奖章	1	文件、宣传品
2724	1948年10月七纵六十团李玉琛荣获的模范奖章	1	文件、宣传品
2725	1947年七纵六十团李玉琛荣获的艰苦奋斗奖章	1	文件、宣传品
2726	1947年七纵六十团李玉琛荣获的勇敢奖章	1	文件、宣传品
2727	解放战争时期七纵六十团李玉琛的解放东北纪念章	1	文件、宣传品
2728	解放战争时期七纵六十团李玉琛的解放华中南纪念章	1	文件、宣传品
2729	1949年七纵六十团李玉琛的解放西南纪念章	1	文件、宣传品
2730	1950年七纵六十团李玉琛的华北解放纪念章	1	文件、宣传品
2731	1949年七纵六十团李玉琛的淮海战役纪念章	1	文件、宣传品
2732	1949年七纵六十团李玉琛的广州战役纪念章	1	文件、宣传品
2733	1945年至1950年七纵六十团李玉琛的解放奖章	1	文件、宣传品
2734	1950年10月七纵六十团李玉琛的英模会议纪念章	1	文件、宣传品
2735	1950年10月七纵六十团李玉琛的建国一周年纪念章	1	文件、宣传品
2737	解放战争时期六纵战斗英雄刘梅村荣获的模范奖章	1	文件、宣传品
2738	1948年六纵战斗英雄刘梅村的东北解放纪念章	1	文件、宣传品
2739	1949年11月六纵战斗英雄刘梅村的解放西南纪念章	1	文件、宣传品
2740	1950年六纵战斗英雄刘梅村的解放华中南纪念章	1	文件、宣传品
2741	1949年六纵战斗英雄刘梅村的政协会议章	1	文件、宣传品
2742	1950年六纵战斗英雄刘梅村的英模会纪念章	1	文件、宣传品
2743	1947年吉林军区第一届模范医务工作者合影	1	音像制品
2744	1949年2月23日十纵八十四团黑山战役典型材料	1	档案文书
2745	解放战争时期四纵三十六团江海在解放战争时期使用的钢笔	1	文具
2746	1950年四纵三十六团江海的华北解放纪念章	1	文件、宣传品
2747	1950年四纵三十六团江海的解放华中南纪念章	1	文件、宣传品
2748	1948年四纵三十六团江海的解放东北纪念章	1	文件、宣传品
2749	解放战争时期王子玉使用的戬式指南针	1	武器
2750	解放战争时期年四纵三十六团江海的绑腿	2	织绣
2751	解放战争时期四纵三十六团江海的毛毯	1	织绣
2752	1948年10月詹才芳使用的马褡子	1	织绣
2753	1948年10月高先贵使用的马褡子	1	织绣
2754	解放战争时期十二纵三十四师高先贵使用的皮带	1	皮革
2755	1950年高先贵的华北解放纪念章	1	文件、宣传品
2756	1955年高先贵荣获的独立自由奖章	1	文件、宣传品
2757	1948年6月张国兴的东北军区军需第一局工作人员身份证	1	档案文书
2758	1946年吉林省银行发行的地方流通券	1	票据
2759	1949年中国人民银行发行的纸币	1	钱币
2760	1949年中国人民银行发行的纸币	1	钱币
2761	1949年中国人民银行发行的纸币	1	钱币
2762	1946年东北银行发行的地方流通券	1	票据
2763	1945年晋察冀边区银行发行的纸币	1	钱币
2764	1947年詹才芳在解放战争时期使用的手枪	1	武器
2765	解放战争时期3001列车支部书记穆成斌使用的茶杯	1	其他
2766	解放战争时期3001列车支部书记穆成斌使用的菜盒	1	铁器、其他金属器
2767	1947年8月我独立二师某战士赔偿老乡的茶碗	1	瓷器
2768	解放战争时期罗荣桓使用的打火机式鎏金铅笔	1	文具
2769	解放战争时期霍成忠使用的望远镜	1	武器
2770	解放战争时期美九〇式火箭筒	1	武器
2771	解放战争时期左轮手枪	1	武器
2772	解放战争时期长瞄右轮手枪	1	武器
2773	解放战争时期短弹巢右轮手枪	1	武器

(续表)

藏品编号	名　称	数量	类　别
2774	解放战争时期七星右轮手枪	1	武器
2775	解放战争时期长瞄左轮手枪	1	武器
2776	解放战争时期短瞄右轮手枪	1	武器
2777	解放战争时期大长瞄右轮手枪	1	武器
2778	解放战争时期土造小口径六轮手枪	1	武器
2779	解放战争时期杂7.65撸子手枪	1	武器
2780	解放战争时期德7.63三八式驳壳枪	1	武器
2781	解放战争时期德7.63二八式驳壳枪	1	武器
2782	解放战争时期美九〇手枪	1	武器
2783	解放战争时期杂九〇式手枪	1	武器
2784	解放战争时期美11.4撸子手枪	1	武器
2785	解放战争时期杂6.35撸子手枪	1	武器
2786	解放战争时期日十四年式手枪	1	武器
2787-1	解放战争时期信号枪	1	武器
2787-2	解放战争时期信号枪	1	武器
2788	解放战争时期美勃朗宁轻机枪	1	武器
2789	解放战争时期美五五式57战防炮	1	武器
2790-1	解放战争时期杂八二迫击炮	1	武器
2790-2	解放战争时期杂八二迫击炮	1	武器
2791-1	解放战争时期美勃朗宁重机枪	1	武器
2791-2	解放战争时期美勃朗宁重机枪	1	武器
2791-3	解放战争时期美勃朗宁重机枪	1	武器
2791-4	解放战争时期美勃朗宁重机枪	1	武器
2791-5	解放战争时期美勃朗宁重机枪	1	武器
2792-1	解放战争时期五二式75无后坐力炮	1	武器
2792-2	解放战争时期五二式75无后坐力炮	1	武器
2793	解放战争时期日九二式炮对镜	1	武器
2794	解放战争时期日九二式0.75测距机	1	武器
2795	解放战争时期日六倍望远镜	1	武器
2796	解放战争时期日造四倍望远镜	1	武器
2797	解放战争时期美单眼式望远镜	1	武器
2798	1947年十纵八十二团一连荣获的"突击迅速"锦旗	1	文件、宣传品
2799	1948年3月十纵八十二团一连荣获的"群众路线支部工作"锦旗	1	文件、宣传品
2800	1947年十纵八十二团一连三排荣获的"迅速果敢"锦旗	1	文件、宣传品
2801	1948年10月第十纵队授予八十二团一连的"战斗模范连"锦旗	1	文件、宣传品
2802	1948年10月十纵八十二团一连三排荣获的"顽强坚守勇猛反击"锦旗	1	文件、宣传品
2803	1947年十纵八十二团八连荣获的"勇猛连"锦旗	1	文件、宣传品
2804	1947年十纵八十八团六连荣获的"杨木桥子连"锦旗	1	文件、宣传品
2805	1947年十纵八十八团六连荣获的"英勇果敢"锦旗	1	文件、宣传品
2806	解放战争时期高玉宝的钢笔	1	文具
2807	解放战争时期二纵申明和使用的皮挂包	1	皮革
2808	1948年10月周殿信的立功证和奖章证明书	2	档案文书
2809	1948年10月二纵四师陈延田的毛毯	1	织绣
2810	1948年11月二纵申明和使用的蚊帐	1	织绣
2811	1949年高玉宝使用的绑腿	2	织绣
2812	1949年高玉宝使用的伞套	1	织绣
2813	1948年高玉宝使用的干粮袋	1	织绣
2814	1948年十二纵三十六师侦察队长包文廷的立功证明书	1	档案文书
2815	1955年十二纵三十六师包文廷的解放奖章证书	1	档案文书
2816	1949年4月11日七纵二十一师出版的《战锋报》增刊	1	文件、宣传品
2817	解放战争时期二纵十五团宋海波使用的皮挂包	1	皮革
2818	1948年10月四纵三十五团周殿信的皮挂包	1	皮革

(续表)

藏品编号	名　　称	数量	类　别
2820	1950年10月1日十二纵三十六师包文廷的全国英模会议纪念章	1	文件、宣传品
2823	解放战争时期姜石修使用的马褡子	1	织绣
2824	1946年5月四纵二十八团领导与国民党五五二团起义领导合影	1	音像制品
2825	解放战争时期吴信泉使用的鸭绒被	1	织绣
2826	解放战争时期吴信泉使用的指南针	1	武器
2827	解放战争时期吴信泉使用的防水手表	1	名人遗物
2828	解放战争时期吴信泉使用的撸子手枪	1	武器
2829	解放战争时期十一纵司令员贺晋年使用的一号驳壳枪	1	武器
2830	1947年2月六纵四十九团三连荣获的"顽强冲杀连"锦旗	1	文件、宣传品
2831	1948年10月六纵四十六团二连荣获的"钢铁连"锦旗	1	文件、宣传品
2832	1949年三十九军一一六师编印的《东北三年作战总结》	1	档案文书
2833	1948年10月七纵五十七团三营副营长马耀武事迹材料	1	档案文书
2834	1947年12月28日十二纵三十四师《斗争》	1	文件、宣传品
2835	1949年4月22日十二纵三十四师《斗争》	1	文件、宣传品
2836	1947年4月16日十二纵三十四师《斗争》	1	文件、宣传品
2837	1947年4月6日十二纵三十四师《斗争》	1	文件、宣传品
2838	1947年4月23日十二纵三十四师《斗争》	1	文件、宣传品
2840	1947年2月7日独立二师《野战报》	1	文件、宣传品
2841	1947年4月13日十二纵三十四师《斗争》	1	文件、宣传品
2842	1947年5月3日十二纵三十四师《斗争》	1	文件、宣传品
2843	1948年1月8日十二纵三十四师《斗争》	1	文件、宣传品
2844	1949年1月18日十二纵三十四师《斗争》	1	文件、宣传品
2845	1947年4月25日十二纵三十四师《斗争》	1	文件、宣传品
2846	1947年12月25日十二纵三十四师《斗争》	1	文件、宣传品
2847	1949年1月18日十二纵三十四师《斗争》	1	文件、宣传品
2848	1949年3月十二纵三十四师《斗争》	1	文件、宣传品
2849	1947年5月17日十二纵三十四师《斗争》	1	文件、宣传品
2850	1948年8月12日十二纵三十四师《斗争》	1	文件、宣传品
2851	1948年8月8日十二纵三十四师《斗争》	1	文件、宣传品
2852	1949年1月9日十二纵三十四师《斗争》	1	文件、宣传品
2853	1948年5月27日十二纵三十四师《斗争》	1	文件、宣传品
2854	1948年1月28日十二纵三十四师《斗争》	1	文件、宣传品
2855	1948年3月16日十二纵三十四师《斗争》	1	文件、宣传品
2856	1948年1月5日十二纵三十四师《斗争》	1	文件、宣传品
2857	1948年12月11日十二纵三十四师《斗争》	1	文件、宣传品
2858	1948年11月7日十二纵三十四师《斗争》	1	文件、宣传品
2859	1948年1月11日十二纵三十四师《斗争》	1	文件、宣传品
2860	1948年1月12日十二纵三十四师《斗争》	1	文件、宣传品
2861	1948年四纵三十四团夏季攻势报仇的立功计划	1	档案文书
2862	1948年10月四纵三十六团为一连白台山战斗请功的报告	1	档案文书
2863	1948年7月7日四纵三十六团政治处会议记录	1	档案文书
2864	1947年9月13日四纵三十六团首届党代表大会记录	1	档案文书
2865	1947年9月13日四纵三十六团处务会备忘录	1	档案文书
2866	1948年11月3日四纵三十六团向关内进军中每日政治报告	1	档案文书
2867	1948年四纵三十六团政治处会议会报	1	档案文书
2868	1948年7月29日东北人民解放军第十二纵二十四师政治部斗争报社编印《斗争增刊》	1	文件、宣传品
2875	1947年四纵三十四团八连荣获的"攻无不克"锦旗	1	文件、宣传品
2876	1948年3月四纵三十四团二连荣获的"把解放旗帜插上辽阳城"锦旗	1	文件、宣传品
2877	1948年10月四纵三十四团七连荣获的"英勇善战"锦旗	1	文件、宣传品
2878	1948年10月四纵三十四团六连荣获的"反击敌人如猛虎"锦旗	1	文件、宣传品
2879	1948年10月四纵三十四团二连荣获的"坚守阵地英雄"锦旗	1	文件、宣传品

(续表)

藏品编号	名 称	数量	类 别
2880	解放战争时期四纵十二师荣获的"千里飞行"锦旗	1	文件、宣传品
2881	解放战争时期四纵十二师荣获的"仁义之师"锦旗	1	文件、宣传品
2882	1948年10月四纵三十四团警卫连荣获的"英勇善战"锦旗	1	文件、宣传品
2884	1948年10月四纵三十四团五连荣获的"英勇善战"锦旗	1	文件、宣传品
2885	解放战争时期四纵三十四团五连荣获的"人民的好儿子毛泽东的好战士"锦旗	1	文件、宣传品
2886	1948年10月四纵三十四团五连荣获的"坚守如泰山"锦旗	1	文件、宣传品
2887	解放战争时期四纵三十四团一营机连荣获的"团结的堡垒"锦旗	1	文件、宣传品
2888	解放战争时期四纵十二师某部五连荣获的"爱民模范"锦旗	1	文件、宣传品
2896	1946年10月四纵三十四团荣获的"新开岭战斗一等功勇夺千军"锦旗	1	文件、宣传品
2897	1946年10月四纵三十四团荣获的"把英雄旗帜插上辽阳城"锦旗	1	文件、宣传品
2898	1948年9月四纵三十四团四连荣获的"反击敌人如猛虎"锦旗	1	文件、宣传品
2899	1948年四纵三十四团一营机枪连荣获的"歌咏超群"锦旗	1	文件、宣传品
2900	1947年十二纵三十四师芦延庆照片	1	音像制品
2901	解放战争时期崔栋使用的刮脸刀	1	其他
2902	解放战争时期毛和发使用的派克钢笔	1	文具
2903	解放战争时期王昌善使用的望远镜	1	武器
2904	1953年林太的"八一"帽徽	1	文件、宣传品
2905	1954年林太的慰问解放军纪念章	1	文件、宣传品
2906	1946年至1948年十二纵三十四师林太荣获的勇敢奖章	1	文件、宣传品
2907	解放战争时期四纵十二师师长姜燮元的皮挂包	1	皮革
2908	解放战争时期十二纵一○四师政委王昌善的皮挂包	1	皮革
2909	解放战争时期十纵二十八师副师长刘子云的毛毯	1	织绣
2910	解放战争时期辽独二师一团崔栋使用的毛毯	1	织绣
2911	解放战争时期七纵六十一团团长毛和发使用的毛毯	1	织绣
2912	解放战争时期闵春明使用的马褡子	1	织绣
2913	解放战争时期刘佛海使用的马褡子	1	织绣
2914	解放战争时期四纵十二师师长姜燮元使用的马褡子	1	织绣
2915	解放战争时期十纵二十八师副师长刘子云使用的马褡子	1	织绣
2916	解放战争时期毛和发使用的白帆布	1	织绣
2917	解放战争时期十二纵一八四团王昌虎使用的马褡子	1	织绣
2918	解放战争时期十二纵三十六团许长庚使用的马褡子	1	织绣
2919	解放战争时期崔栋使用的马褡子	1	织绣
2920	解放战争时期王奎先使用的绑腿	2	织绣
2921	解放战争时期十二纵三十五师师长王奎先穿用过的军裤	1	织绣
2922	1953年十二纵三十四师林太的解放军胸章	1	其他
2923	1946年十二纵三十四师林太的立功证明书	1	档案文书
2924	解放战争时期叶健民在解放战争中使用的马牌撸子手枪	1	武器
2925	解放战争时期江燮元在塔山阻击战中使用的左轮手枪	1	武器
2926	解放战争时期欧志富的驳壳枪子弹	10	武器
2927	解放战争时期欧志富使用的一号驳壳枪	1	武器
2929	解放战争时期四纵政委莫文骅的军大衣	1	织绣
2930	解放战争时期四纵政委莫文骅的皮文件夹	1	皮革
2931	解放战争时期程子华的蚊帐	1	织绣
2932	1938年至1980年莫文骅使用的本国分省地图	1	档案文书
2933	解放战争时期谭政使用的五一派克钢笔	1	文具
2934	解放战争时期程子华使用的望远镜	1	武器
2935	解放战争时期孟宪连使用的马褡子	1	织绣
2936	解放战争时期二纵十二团一营陈宪连的毛衣片(残)	1	织绣
2937	解放战争时期辽南独一师刘彩琴使用的皮挂包	1	皮革
2938	解放战争时期二纵十二团孟宪连的照片	1	音像制品
2939	解放战争时期辽南独一师二团政委刘彩琴的照片	5	音像制品

第二章　锦州市第一次全国可移动文物普查成果藏品信息表

（续表）

藏品编号	名　　称	数量	类　别
2940	1948年10月二纵授予十四团十连的"钢铁连队"锦旗	1	文件、宣传品
2941	1948年11月二纵十七团五连荣获的"进军优胜"锦旗	1	文件、宣传品
2942	1949年二纵十七团一连荣获的"官兵一体铁的团结"锦旗	1	文件、宣传品
2943	1948年9月二纵十七团一连荣获的"锐如尖刀"锦旗	1	文件、宣传品
2944	1948年9月二纵十七团一连荣获的"摧毁敌阵"锦旗	1	文件、宣传品
2945	1946年6月二纵十八团一连荣获的"钢铁堡垒"锦旗	1	文件、宣传品
2946	解放战争时期九二式70步兵炮	1	武器
2947	解放战争时期日本军官战刀	1	武器
2948	抗日战争时期日式战刀	1	武器
2949	抗日战争时期套筒枪	1	武器
2950	抗日战争时期土枪	1	武器
2951	解放战争时期东北野战军使用的信号枪	1	武器
2951-1	解放战争时期东北野战军使用的信号枪	1	武器
2951-2	解放战争时期东北野战军使用的信号枪	1	武器
2951-3	解放战争时期东北野战军使用的信号枪	1	武器
2951-4	解放战争时期东北野战军使用的信号枪	1	武器
2952	解放战争时期德造狗牌撸子手枪	1	武器
2953	解放战争时期加拿大九〇手枪	1	武器
2954	解放战争时期德造三号撸子手枪	1	武器
2955	解放战争时期美11.4撸子手枪	1	武器
2956	解放战争时期日十四年式手枪	1	武器
2957	解放战争时期杂左轮手枪	1	武器
2958	解放战争时期杂右轮手枪	1	武器
2959	解放战争时期五凤左轮手枪	1	武器
2960	解放战争时期短弹槽左轮手枪	1	武器
2961	解放战争时期解放军使用的二十六年式右轮手枪	1	武器
2962	解放战争时期杂旁开门左轮手枪	1	武器
2963	解放战争时期捷79轻机枪	1	武器
2964	解放战争时期解放军使用的美11.4冲锋枪	1	武器
2965	解放战争时期解放军使用的美九〇式火箭筒	1	武器
2966	解放战争时期解放军使用的美7.62大三〇步枪	1	武器
2967	1949年1月20日三纵八师关于追认李惠春烈士为炮兵英雄的决定	1	档案文书
2968	1948年11月15日十一纵关于一五四团锦西阻援战斗的嘉奖令	1	档案文书
2969	1945年7月第十八集团军总政治部宣传部编《官兵关系》	1	古籍图书
2970	1948年6月14日十一纵九十八团隆化攻坚战斗总结报告	1	档案文书
2971	1948年6月31日十一纵隆化攻坚战初步检讨	1	档案文书
2972	1948年9月30日十一纵九十八团一营攻击起云寺初步检讨报告	1	档案文书
2973	1948年6月26日《群众日报》	1	文件、宣传品
2974	1949年10月11日十一纵九十一团李万余的人民功臣光荣证	1	档案文书
2975	解放战争时期十一纵九十一团李万余荣获的东北民主联军毛泽东奖章	1	文件、宣传品
2976	解放战争时期十一纵九十一团李万余荣获的东北民主联军朱德奖章	1	文件、宣传品
2977	解放战争时期十一纵九十一团李万余荣获的东北民主联军模范奖章	1	文件、宣传品
2978	解放战争时期十一纵九十一团李万余荣获的勇敢奖章	1	文件、宣传品
2979	1948年十一纵九十一团李万余的解放东北纪念章	1	文件、宣传品
2980	1948年十一纵九十一团李万余荣获的军战斗英雄纪念章	1	文件、宣传品
2981	1948年8月9日十纵后勤第一次党代会全体合影	1	音像制品
2982	1946年2月27日东满军区独一师一营战斗英雄留影	1	音像制品
2983	1947年三纵二十三团荣获的"党的光荣"锦旗	1	文件、宣传品
2984	1948年三纵二十三团荣获的"无坚不毁势不可挡"锦旗	1	文件、宣传品
2985	1948年3月三纵二十三团荣获的"平北连"锦旗	1	文件、宣传品
2986	1948年六纵一二八师李丕功等四人于锦州铁路合影	1	音像制品
2987	1948年11月我军缴获的车辆照片	1	音像制品

(续表)

藏品编号	名 称	数量	类 别
2988	1948年十一纵队首长在进关途中合影	1	音像制品
2989	解放战争时期八纵二十二师首长在建昌合影	1	音像制品
2990	解放战争时期东北炮校旧址照片	1	音像制品
2991-1	解放战争时期炮兵部队在辽沈战役前操练照片	1	音像制品
2991-2	解放战争时期炮兵部队在辽沈战役前操练照片	1	音像制品
2991-3	解放战争时期炮兵部队在辽沈战役前操练照片	1	音像制品
2991-4	解放战争时期炮兵部队在辽沈战役前操练照片	1	音像制品
2991-5	解放战争时期炮兵部队在辽沈战役前操练照片	1	音像制品
2991-6	解放战争时期炮兵部队在辽沈战役前操练照片	1	音像制品
2991-7	解放战争时期炮兵部队在辽沈战役前操练照片	1	音像制品
2992	解放战争时期炮兵司令朱瑞与炮纵首长合影	1	音像制品
2993	1948年炮二团向辽沈战役前线进军中照片	1	音像制品
2994	1949年九纵李中权政委照片	1	音像制品
2995	解放战争时期冀热察军区司令詹大南照片	1	音像制品
2996	解放战争时期多伦巷战照片	1	音像制品
2997	1948年冀热察军区首长在多伦前线的照片	1	音像制品
2998	解放战争时期八纵二十二师首长在建昌前线指挥所的照片	1	音像制品
2999	解放战争时期八纵二十二师首长在松树嘴子前线的照片	1	音像制品
3000	1948年八纵六十八团团长张俊岚烈士遗像	1	音像制品
3001	1946年三纵队程世才司令员的照片	1	音像制品
3002	1948年三纵队政委罗舜初的照片	1	音像制品
3003	解放战争时期詹大南使用的德式右轮手枪	1	武器
3004	解放战争时期程世才司令使用过的手枪	1	武器
3005	解放战争时期手提式皮文件包	1	皮革
3006	解放战争时期美制毛毯	1	织绣
3007	解放战争时期十一纵李勃副主任使用的望远镜	1	武器
3008	解放战争时期美手提式电子管收音机	1	其他
3009	解放战争时期九纵李中权政委用的马褡子	1	织绣
3010	1948年九纵队锦州战斗中战士用重机枪掩护冲锋的照片	1	音像制品
3011	1948年九纵七十三团首长合影	1	音像制品
3012	1948年锦州巷战中九纵占领院落的照片	1	音像制品
3013	1948年九纵队锦州战斗中送水的炊事员照片	1	音像制品
3014	1948年九纵队在锦州巷战中的炊事员照片	1	音像制品
3015	1948年九纵队某部一连进行架桥演习的照片	1	音像制品
3016	1948年炮纵邱创成在炮兵干部会议上作报告的照片	1	音像制品
3017	1948年6月5日十一纵李勃副主任在政治工作会议上的报告	1	档案文书
3018	1948年5月27日猛进政治部印《九纵参谋会议特刊》	1	文件、宣传品
3019	1947年8月26日在以运动战为主大力建设主力前提下部队政治工作的严重任务	1	档案文书
3020	1947年8月5日九纵詹司令、李政委的大会报告	1	档案文书
3021	1948年9月7日李中权在二十五师营以上干部会议上的报告	1	档案文书
3022	1947年12月4日九纵李副政委关于军区政工会的传达报告	1	档案文书
3023	1948年8月25日九纵李政委在二十七师营以上干部会议上的报告	1	档案文书
3024	1948年3月23日六纵十六师战斗英雄王先德同志的学员鉴定表	1	档案文书
3025	1948年六纵四十六团机枪连连长魏学明的反省记录	1	档案文书
3026	1948年1月4日六纵分支部对魏学明同志的意见书	1	档案文书
3027	1947年十六师四十六团政治处印六纵四十六团魏学明同志干部鉴定书	1	档案文书
3028	1948年8月31日八纵七十二团李景恩烈士的功臣证	1	档案文书
3029	1948年8月31日八纵七十二团某连战士李学棠同志的功臣证	1	档案文书
3030	1948年6月1日八纵七十团某连战士于动川烈士的功臣证	1	档案文书
3031	1948年6月4日八纵六十六团刘儒同志的功臣证	1	档案文书
3032	1948年6月4日八纵六十五团张桂臣同志的功臣证	1	档案文书

（续表）

藏品编号	名　　称	数量	类　别
3033	解放战争时期六纵四十六团张兴玉烈士的干部鉴定书	1	档案文书
3034	1948年四纵三十四团李言周烈士的干部履历鉴定书	1	档案文书
3035	1947年十六师四十六团政治处印六纵四十六团夏保全烈士的干部鉴定书	1	档案文书
3036	1948年六纵四十六团白云胜烈士的教导大队学员毕业鉴定书	1	档案文书
3037	1948年1月21日八纵六十八团团长张俊岚烈士的学习笔记	1	档案文书
3038	1948年11月14日九纵七十六团一营长徐治华烈士亡故经过	1	档案文书
3039	1947年8月25日二纵某团徐同来同志的奖状	1	文件、宣传品
3040	1947年11月8日八纵七十团二营某连班长邓广发烈士的入党志愿书	1	档案文书
3041	1947年11月12日八纵七十团三营长韩金耀烈士用过的日记本	1	档案文书
3042	1948年八纵六十四团一连战士杨文瑞同志用的笔记本	1	档案文书
3043	1948年八纵六十四团一连战士杨文瑞同志的决心书	1	档案文书
3044	1947年十六师四十六团政治处印六纵四十六团袁长生烈士的干部鉴定书	1	档案文书
3045	1947年十六师四十六团政治处印六纵四十六团邵子玉烈士的干部鉴定书	1	档案文书
3046	1948年8月十六师四十六团政治处印六纵四十六团杨甫南烈士的干部鉴定书	1	档案文书
3047	1948年3月22日六纵四十六团朱根生烈士的学员鉴定书	1	档案文书
3048	1948年3月23日六纵四十六团祁栖山烈士的鉴定材料	1	档案文书
3049	1948年8月30日八纵六十九团王松根烈士的功臣证	1	档案文书
3050	1948年10月19日某部石财烈士记功证	1	档案文书
3051	1948年8月29日八纵七十二团刘国安烈士功臣证	1	档案文书
3052	1948年5月30日八纵六十九团郑起烈士功臣证	1	档案文书
3053	1948年5月30日八纵六十九团张维庆烈士功臣证	1	档案文书
3054	1948年八纵六十七团王玉山烈士功绩章	1	文件、宣传品
3055	1948年八纵郭增烈士荣获的勇敢奖章证明书	1	档案文书
3056	1948年八纵王占鳌烈士荣获艰苦奋斗奖章证明书	1	档案文书
3057	1948年八纵七十团姜先烈士的奖章证明书	1	档案文书
3058	1948年9月12日十纵八十一团纪春林烈士的入党志愿书	1	档案文书
3059	解放战争时期八纵七十团机炮连班副邓广顺烈士的功臣证	1	档案文书
3060	1948年6月1日八纵七十团邓广顺烈士的功臣证	1	档案文书
3061	1948年6月1日八纵七十四团葛印双烈士的功臣证	1	档案文书
3062	1948年6月10日八纵二十三师李宝元烈士的功臣证	1	档案文书
3063	1948年6月1日八纵七十团谷凤祥烈士的功臣证	1	档案文书
3064	1948年8月八纵七十二团袁来峰烈士的功臣证	1	档案文书
3065	1948年8月28日八纵七十二团艾景林烈士的功臣证	1	档案文书
3066	1948年5月30日张广发烈士的功臣证	1	文件、宣传品
3067	1948年11月14日九纵七十八团李勤烈士亡故经过	1	档案文书
3068	1948年八纵六十七团李德昌烈士保存的《三三制战术》	1	档案文书
3069	1948年九纵七十八团李勤烈士的反省笔记	1	档案文书
3070	1948年八纵六十七团胡文彬烈士的笔记本	1	档案文书
3071	1948年十纵八十四团二大队一班长张君烈士的立功证	1	档案文书
3072	1948年6月11日八纵六十八团张俊岚烈士的保健费凭据	1	票据
3073	1948年7月25日八纵六十九团刘希礼烈士的杂记本	1	档案文书
3074	1948年八纵七十团七连三排长谷凤祥烈士的笔记本	1	档案文书
3075	1948年10月八纵使用的小紫荆山敌人工事构筑要图	1	档案文书
3076	1948年八纵六十八团张俊岚烈士的笔记本	1	档案文书
3077	1948年九纵七十六团徐治华烈士的反省笔记	1	档案文书
3078	1949年1月二纵十二团某排长陆祥烈士的请功表	1	档案文书
3079	1949年六纵四十六团某排副排长张诚烈士的学员鉴定表	1	档案文书
3080	1948年六纵四十六团见习参谋祁栖山的党员干部登记表	1	档案文书
3081	1947年十六师四十六团政治处印六纵四十六团见习参谋祁栖山的干部鉴定书	1	档案文书
3082	1948年八纵六十四团某连卫生员周庆和烈士的卫生学习笔记本	1	档案文书
3083	1948年八纵六十四团某连卫生员周庆和烈士的药学笔记	1	档案文书

(续表)

藏品编号	名　　称	数量	类　别
3084	1948年6月某连卫生员周庆和关于连队卫生的讲话稿	1	档案文书
3085	1948年1月一纵四团参谋长范鲁同志的干部档案	1	档案文书
3086	解放战争时期六纵后勤部万桂华烈士的在职干部履历与鉴定书	1	档案文书
3087	1948年六纵四十六团某营副政治指导员吕天和烈士的学员鉴定表	1	档案文书
3088	1947年十六师四十六团政治处印六纵四十六团二小队政指周范烈士的干部鉴定书	1	档案文书
3089	1947年六纵四十六团二小队政治指导员周范烈士的反省材料	1	档案文书
3090	1947年6月2日六纵四十六团宋振琦烈士的学员鉴定书	1	档案文书
3091	1947年十六师四十六团政治处印六纵四十六团排长潘明堂烈士的干部鉴定书	1	档案文书
3092	1948年八纵六十八团八连班长杨成昌烈士的笔记本	1	档案文书
3093	1944年8月新四军三师（苏北军区）政治部印六纵四十六团宋振琦烈士的干部鉴定书	1	档案文书
3094	1948年陈克加烈士的反省笔记	1	档案文书
3095	1948年韩凤久烈士的自我反省录	1	档案文书
3096	1947年7月六纵四十六团连长贾兆祥烈士学员鉴定书	1	档案文书
3097	1948年四野总部叶腾参谋用过的手套	2	皮革
3098	1948年炮纵坦克营董来福在攻锦战斗中荣获的东北人民解放军勇敢奖章	1	文件、宣传品
3099	1948年叶腾与鲍鳌、景德民合影照片	1	音像制品
3100	1948年东北野战军在辽西战场缴获大炮的照片	1	音像制品
3101	1947年辽东军区高干会议合影	1	音像制品
3102	解放战争时期辽东军区叶腾使用的军用地图	1	档案文书
3103	解放战争时期第三纵队政委罗兴初同志使用的手表	1	其他
3104	1948年三纵九师军事练兵政治工作经验材料	1	档案文书
3105	1948年8月六纵四十六团政委张天涛同志写给曾处长的信件	1	档案文书
3106	1948年六纵四十六团张天涛写给妻子蔡钧的信	1	档案文书
3107	1948年9月六纵四十六团张天涛烈士生前写给战友的信件	1	档案文书
3108	1947年4月25日六纵四十六团张天涛与蔡钧的结婚报告	1	档案文书
3109	1947年4月25日七纵参谋长高体乾用的笔记本	1	档案文书
3110	1947年东北民主联军冬季攻势三个月战果统计	1	档案文书
3111	解放战争时期独立十二师三团副团长白洁使用的子弹盒	1	武器
3112	解放战争时期独立十二师三团副团长白洁使用的皮挂包	1	皮革
3113	解放战争时期独立十二师三团副团长白洁使用的皮带	1	皮革
3114	解放战争时期独立十二师二团团长张庆成使用的毛毯	1	织绣
3115	解放战争时期独立十二师二团团长张庆成使用的蝇甩子	1	其他
3116	1948年独立七纵十二师二团团长张庆成使用的皮挂包	1	皮革
3117	解放战争时期彭真在东北使用的皮箱	1	名人遗物
3118	1948年七纵高体乾使用的皮箱	1	皮革
3119	1948年九纵七十三团副团长詹洪海使用的毛毯	1	织绣
3120	解放战争时期七纵二十一师副师长王萱春使用的挂包	1	织绣
3121	抗日战争时期独十二师一团团长王井义使用的绒毯	1	织绣
3122	解放战争时期独十二师一团团长王井义使用的皮挂包	1	皮革
3123	解放战争时期独十二师一团团长王井义使用的皮带	1	皮革
3124	1947年六纵四十六团政委张天涛烈士使用的皮箱	1	皮革
3125	1948年四纵三十五团政委许军成的毛猴大衣	1	织绣
3126	解放战争时期七纵二十一师副师长王萱春的皮帽子	1	皮革
3127	解放战争时期七纵二十一师副师长王萱春的皮手套	2	皮革
3128	解放战争时期七纵二十一师副师长王萱春使用的皮箱	1	皮革
3129	抗日战争时期独十二师一团团长王景义使用的马褡子	1	织绣
3130	抗日战争时期独十二师三团副团长白洁使用的马褡子	1	织绣
3131	解放战争时期四纵十二师政委谢家祥使用的马褡子	1	织绣
3132	1948年八纵二十三师政委谢家祥使用的洗脸盆套	1	织绣

(续表)

藏品编号	名　称	数量	类　别
3133	解放战争时期刘亚楼原警卫员李云智的裤衩	1	织绣
3134	1948年独十二师一团团长王景义使用的指甲剪	1	其他
3135	1938年独十二师一团团长王井义使用的印章	1	玺印符牌
3136	1948年汤永信使用的指北针	1	武器
3137	解放战争时期九纵七十三团副团长詹洪海在锦州攻坚战中使用的望远镜	1	武器
3138	解放战争时期七纵二十一师副师长王萱春在锦州攻坚战中使用的望远镜	1	武器
3139	1948年11月独立十二师二团团长张庆成在沈阳战斗中缴获的望远镜	1	武器
3140	1948年七纵参谋长高体乾在辽沈战役中使用的望远镜	1	武器
3141	1948年9月19日八纵二十三师首长于彰武聚江屯合影	1	音像制品
3142	1948年11月6日八纵二十三师首长于鞍山转盘街合影	1	音像制品
3143	1948年11月20日八纵二十三师祝捷庆功大会照片	1	音像制品
3144	1948年四纵三十五团政委许军成照片	1	音像制品
3145	1948年四纵三十五团政委许军成与爱人在锦州机场合影	1	音像制品
3146	1948年四纵三十五团干部在塔山合影	1	音像制品
3147	解放战争时期刘亚楼参谋长在东北的照片	1	音像制品
3148	1948年11月刘亚楼的警卫员李云智与兄李云泉合影照片	1	音像制品
3149	1948年六纵四十六团王成银烈士照片	1	音像制品
3150	解放战争时期十纵二十八师副师长张万春的照片	1	音像制品
3151	1947年4月20日六纵四十六团团长吴纯仁的照片	1	音像制品
3152	1948年六纵四十六团三营长吴保全的照片	1	音像制品
3153	1947年6月七纵六十二团副政委杨保生烈士照片	1	音像制品
3154	1948年七纵二十一师政委朱民亲照片	1	音像制品
3155	解放战争时期七纵二十一师副师长王春萱与爱人合影	1	音像制品
3156	1946年七纵六十一团团长黄励华烈士照片	1	音像制品
3157	解放战争时期六纵四十六团政委张天涛的笔记本影集	1	音像制品
3158	解放战争时期独十二师二团副团长张庆成与战友合影	1	音像制品
3159	1948年九纵七十三团副团长詹洪海与战友合影	1	音像制品
3160	解放战争时期独十二师一团马庆功的照片	1	音像制品
3161	1949年独十二师一团团长王井义的照片	1	音像制品
3162	1949年独十二师天津战斗后的照片	1	音像制品
3163	解放战争时期独十二师三团副团长白洁的照片	1	音像制品
3164	1948年11月2日我军在沈阳缴获的敌人大炮照片	1	音像制品
3165	解放战争时期独十二师三团白洁与战友合影	1	音像制品
3166	解放战争时期独十二师部队练兵场面照片	1	音像制品
3167	解放战争时期独十二师三团团长马庆功照片	1	音像制品
3168	解放战争时期独十二师三团庆功大会合影	1	音像制品
3169	1947年六纵四十六团政委张天涛与战友合影	1	音像制品
3170	1948年4月27日七纵二十一师战斗英雄合影	1	音像制品
3171	1948年3月25日七纵二十一师营以上干部及各连党委书记大会师直干部合影	1	音像制品
3172	1948年七纵二十一师干部合影	1	音像制品
3173	1948年10月唐天际在长春解放后进入市区与同志们合影	1	音像制品
3174	1948年唐天际观察战斗情况照片	1	音像制品
3175	1948年唐天际作围困长春动员的照片	1	音像制品
3176	1946年唐天际任吉东军区政委留影	1	音像制品
3177	1948年唐天际渡松花江的照片	1	音像制品
3178	1948年唐天际在长春前线与干部合影	1	音像制品
3179	1948年唐天际任长春军管会主任照片	1	音像制品
3180	1947年唐天际与吉东军区干部合影	1	音像制品
3181	1947年张天涛烈士使用过的毛毯	1	织绣
3182	解放战争时期六纵五十团在一次战役前的照片	1	音像制品
3183	解放战争时期六纵十七师五十团廖尚明与李革璞合影	1	音像制品

(续表)

藏品编号	名　称	数量	类　别
3184	解放战争时期六纵十七师五十团李革璞的照片	1	音像制品
3185	1983年离休干部孙干卿照片	1	音像制品
3186	1948年陇耀、李佐、曾泽生等人合影	1	音像制品
3187	1948年7月1日地下工作人员陈方在哈尔滨兴隆镇与武工队员合影	1	音像制品
3188	1947年地下工作人员陈方在安东的照片	1	音像制品
3189	1947年地下工作人员陈方在哈尔滨与同志合影	1	音像制品
3190	1946年刘浩与北平代表团合影	1	音像制品
3191	1948年刘浩与曾泽生合影	1	音像制品
3192	1947年刘浩与爱人录时英在哈尔滨合影	1	音像制品
3193	1947年刘浩的爱人录时英在哈尔滨留影	1	音像制品
3194	1947年刘浩与爱人录时英于哈尔滨东北局联络部驻地合影	1	音像制品
3195	1946年刘浩在北平的照片	1	音像制品
3196	1983年刘浩的照片	1	音像制品
3197	1947年刘浩与李立果合影	1	音像制品
3198	1948年潘朔端与周保中等人合影	1	音像制品
3199	解放战争时期潘朔端照片	1	音像制品
3200	1947年潘朔端照片	1	音像制品
3201	1947年潘朔端在"人民的光荣"锦旗前照片	1	音像制品
3202	解放战争时期潘朔端与郑祖志等人合影	1	音像制品
3203	解放战争时期潘朔端与周保中等人合影	1	音像制品
3204	解放战争时期潘朔端在大会上讲话的照片	1	音像制品
3205	解放战争时期潘朔端读过的《列宁主义问题》	1	古籍图书
3206	解放战争时期潘朔端读过的《新哲学大纲》	1	古籍图书
3207	解放战争时期潘朔端读过的《中国近代史》	1	古籍图书
3208	解放战争时期潘朔端读过的《辩证唯物论与历史唯物论基本问题》	1	古籍图书
3209	解放战争时期潘朔端读过的《中共七大文献》	1	古籍图书
3210	解放战争时期潘朔端读过的《联共党史》	1	古籍图书
3211	解放战争时期潘朔端读过的《人民是不朽的》	1	古籍图书
3212	解放战争时期潘朔端读过的《中共七大文献》	1	古籍图书
3213	解放战争时期东北军区任命潘朔端为嫩江军区副司令员的命令	1	档案文书
3214	1949年4月中央军委任命潘朔端为十二兵团副参谋长令	1	档案文书
3216	解放战争时期孙干卿用的《中国沿海形势图》	1	档案文书
3217	解放战争时期孙干卿用的日本版《支那地图册》	1	古籍图书
3218	解放战争时期陈方使用的马褡子	1	织绣
3219	解放战争时期潘朔端使用的日本毛毯	1	织绣
3220	1950年潘朔端使用的马褡子	1	织绣
3221	解放战争时期陈方穿过的布袜子	2	织绣
3222	解放战争时期刘浩用过的围巾	1	织绣
3223	解放战争时期潘朔端使用的文件夹	1	皮革
3224	解放战争时期刘浩使用的文件夹	1	皮革
3225	解放战争时期潘朔端的呢子上衣	1	织绣
3226	解放战争时期刘浩的皮包	1	皮革
3227	解放战争时期刘浩在争取国民党六十军起义时穿的骆绒大衣	1	织绣
3228	1946年6月6日东北民主联军总司令政治部赠给民主同盟军第一军成立一周年纪念旗	1	文件、宣传品
3229	1946年5月27日国民党一八四师海城起义时使用的红旗	1	文件、宣传品
3230	解放战争时期东北民主同盟军第一军军旗	1	文件、宣传品
3231	解放战争时期潘朔端使用的铁箱	1	铁器、其他金属器
3232	1948年9月1日六纵四十七团三营教导员赵庆尧工作杂记	1	档案文书
3233	1948年六纵四十七团赵庆尧与战友合影	1	音像制品
3234	1950年六纵四十七团赵庆尧的照片	1	音像制品
3235	1948年杨滨的妻子李静梧在长春单人照	1	音像制品

(续表)

藏品编号	名　　称	数量	类　别
3236	1948年滇军地下党员杨滨的单人照	1	音像制品
3237	1940年滇军地下党员杨滨与妻子、孩子合影	1	音像制品
3238	1949年刘浩、杨滨与曾泽生等人合影	1	音像制品
3239	1948年十纵政委周赤萍的照片	1	音像制品
3240	1948年10月赵庆尧在辽西战斗中缴获的筷子	1	牙骨角器
3241	1948年10月赵庆尧在辽西战斗中缴获的望远镜	1	武器
3242	解放战争时期六纵四十九团团长赵浩然的毛毯	1	织绣
3243	1948年10月六纵四十七团赵庆尧使用的毛毯	1	织绣
3244	解放战争时期杨滨做地下工作时使用的手提包	1	皮革
3245	解放战争时期十纵政委周赤萍使用的手提皮包	1	皮革
3246	解放战争时期杨滨的皮大衣	1	织绣
3247	解放战争时期陈奔使用的马褡子	1	织绣
3248	1948年萧劲光在长春围困战中使用的敌工事图	1	档案文书
3249	1948年萧劲光使用的长春敌军炮兵作战计划与永久碉堡位置图	1	档案文书
3250	1948年长春敌工事位置图	1	档案文书
3251	1947年9月萧劲光照片	1	音像制品
3252	1948年萧劲光照片	1	音像制品
3253	1947年东北民主联军委任郑祖志为副军长的委任状	1	档案文书
3254	1948年十纵八十三团钢八连政策公约	1	文件、宣传品
3255	1948年5月7日十纵八十三团钢八连指导员金教真的光荣证	1	文件、宣传品
3256	1948年10月十纵八十三团钢八连指导员金教真的笔记本	1	档案文书
3257	1948年10月十纵八十三团钢八连指导员金教真手章	1	玺印符牌
3258	1948年10月金教真在辽沈战役中使用的望远镜	1	武器
3259	1948年杨守沫穿的国民党军服	1	织绣
3260	1948年杨守沫使用的手提包	1	皮革
3261	解放战争时期四纵三十四团刘洪恩的立功证明书	1	档案文书
3262	解放战争时期塔山阻击战支前模范赵炳南与家人合影	1	音像制品
3263	解放战争时期杨守沫穿过的风雪衣	1	织绣
3264	1948年10月刘洪恩荣获的英雄奖章	1	文件、宣传品
3265	解放战争时期解放军使用的八二迫击炮弹头	1	武器
3266	解放战争时期解放军使用的七五炮弹头	2	武器
3267	1948年在锦州战斗中缴获国民党军的刮脸刀	1	其他
3268	解放战争时期杨守沫的墨镜	1	其他
3269	解放战争时期罗世维使用的金笔	1	文具
3270	1948年罗世贵使用的皮包	1	皮革
3271	1948年罗世贵做地下工作时使用的樟木箱	1	其他
3272	1948年5月5日冀察热辽军区为王海山开具的秘密工作证明	1	档案文书
3273	1948年刘希祥的私人印章	1	玺印符牌
3274	解放战争时期裕民生地下联络站埋传单用的坛子	1	瓷器
3275	社会主义时期常伦连制作的连史旗	1	文件、宣传品
3276	1948年中国人民解放军第四纵队编印的《锦州战役塔山阻援战斗典型战例（四）》	1	古籍图书
3277	1948年10月中国人民解放军第四十七军司令部编印的《黑山战役简要总结》	1	档案文书
3278	1948年11月1日东北局城工部编《城工通讯》	1	文件、宣传品
3279	1949年2月中共中央东北局宣传部编印的《干部学习》	1	文件、宣传品
3280	1948年9月中国人民解放军东北军区司令部辑印《军事参考资料选集》	1	古籍图书
3281	1948年9月中国人民解放军东北军区司令部辑印《军事参考资料选集》	1	古籍图书
3282	1949年2月2日热河省政府编印的《工作通讯》	1	文件、宣传品
3283	1948年2月人民解放军反攻形势图	1	档案文书
3284	1949年3月四纵队编印《塔山英雄集》	1	古籍图书
3285	1948年8月十纵八十二团战斗英雄倪恩善的干部登记表	1	档案文书
3286	1949年人民报社编《坚持和平，粉碎假和平》	1	古籍图书

(续表)

藏品编号	名　称	数量	类　别
3287	1949年2月辽北省政府编印的《辽北行政导报》	1	文件、宣传品
3288-1	1947年1月1日《东北公论》	1	文件、宣传品
3288-2	1947年1月1日《东北公论》	1	文件、宣传品
3288-3	1947年4月1日《东北公论》	1	文件、宣传品
3289	1949年9月15日新华社辽西分社印发的《通讯工作》	1	文件、宣传品
3290	1948年6月5日东北行政委员会办公厅编印的《东北行政导报》	1	文件、宣传品
3291	1947年东北书店出版的《民兵战术》	1	古籍图书
3292	1948年东北局宣传部编印的《共产党员课本》	1	古籍图书
3293	1948年东北书店印行的《部队的文化学习通讯工作》	1	古籍图书
3294	1947年光明书店翻印的《农村政治课本》	1	古籍图书
3295	1949年2月1日辽宁省政府秘书处编印《辽宁行政导报》	1	文件、宣传品
3296	1946年1月15日发行的《民主生活》	1	文件、宣传品
3297	1948年12月辽宁省政府行政导报编委会编《辽北行政导报》	1	文件、宣传品
3298	1947年3月11日晋察冀边区行政委员会秘书处编印的《边政导报》	1	档案文书
3299	1947年1月11日晋察冀边区行政委员会秘书处编印的《边政导报》	1	档案文书
3300	1948年6月《中国巨大变化的一年》	1	古籍图书
3301	1932年上海法政学社出版的《现行法令全书》	1	古籍图书
3302	1932年上海法政学社出版的《现行六法全书——宪法民法》	1	古籍图书
3303	1932年上海法政学社出版的《现行法令全书——地方制度党政类》	1	古籍图书
3304	1932年上海法政学社出版的《现行法令全书——交通铁道审计类》	1	古籍图书
3305	1932年上海法政学社出版的《现行法令全书——实业类》	1	古籍图书
3306	1932年上海法政学社出版的《现行法令全书——刑法商法》	1	古籍图书
3307	1932年上海法政学社出版的《现行法令全书——官规类》	1	古籍图书
3308	1932年上海法政学社出版的《现行法令全书——内政类（上）》	1	古籍图书
3309	1932年上海法政学社出版的《现行法令全书——内政类（下）》	1	古籍图书
3310	1932年上海法政学社出版的《现行法令全书——司法类》	1	古籍图书
3311	1932年上海法政学社出版的《现行法令全书——教育类》	1	古籍图书
3312	1932年上海法政学社出版的《现行法令全书——外交财政类》	1	古籍图书
3313	1932年上海法政学社出版的《现行法令全书——刑事诉讼法民事诉讼法》	1	古籍图书
3314	1932年上海法政学社出版的《现行法令全书——军政类》	1	古籍图书
3315	1948年《东北经济小丛书》	1	古籍图书
3316	1946年10月13日《警声月刊》	1	文件、宣传品
3317	1948年《东北经济小丛书》	1	古籍图书
3318	解放战争时期《内幕新闻》	1	文件、宣传品
3319	解放战争时期新生活运动及其他	1	档案文书
3320	1947年9月7日《彰武民报》	1	文件、宣传品
3321	1945年佟琦使用的剃须刀	1	铁器、其他金属器
3322	1945年陈云在东北使用的办公桌	1	家具
3323	1984年12月24日陈云为塔山纪念塔题词	1	名人遗物
3324	解放战争时期段苏权使用过的步枪	1	武器
3325	1950年7月22日范汉杰写的回忆录	1	档案文书
3326	1946年7月陈云在东北使用的文件箱	1	名人遗物
3327	1947年肖劲光在一、二保临江作战时使用的望远镜	1	武器
3328	解放战争时期神州国光社出版的《自然辩证法》	1	古籍图书
3329	解放战争时期罗玨如保存的《露和辞典》	1	古籍图书
3330	解放战争时期罗玨如在南满使用的的睡袋	1	织绣
3331	解放战争时期罗玨如使用的马褡子	1	织绣
3332	解放战争时期罗玨如使用的公文包	1	皮革
3333	1947年萧劲光等人合影	1	音像制品
3334	1947年四保临江胜利后临江各界庆祝胜利合影	1	音像制品
3335	1947年李明同志在通化留影	1	音像制品
3336	1945年滨海支队第二届群英大会全体同志留影	1	音像制品

(续表)

藏品编号	名 称	数量	类 别
3337	1949年5月4日五十军蓝排球队员合影	1	音像制品
3338	1949年5月13日五十军直机关进关前合影	1	音像制品
3339	解放战争时期王振乾的毛毯	1	织绣
3340	1947年8月3日辽吉军区第一次组织会议纪念留影	1	音像制品
3341	1945年解放战争时期王振乾于沈阳留影	1	音像制品
3342	1947年王振乾同志在一纵三师庆功会上讲话照	2	音像制品
3343	1947年一纵三师庆功会后部分同志合影	1	音像制品
3344	解放战争时期七纵政治工作会议部分同志留影	1	音像制品
3345	解放战争时期萧劲光用过的盘子	1	名人遗物
3346	1960年国务院关于任命曾泽生为五十军军长的命令	1	档案文书
3347	1955年国务院授予曾泽生中将军衔令	1	档案文书
3348	1955年曾泽生的军官身份证	1	档案文书
3349	1950年4月11日中央人民政府任命曾泽生为中南军政委员的通知书	1	档案文书
3350	1950年曾泽生亲笔填写的个人履历表	1	档案文书
3351	1948年追悼马仁兴师长大会会场照片	1	音像制品
3352	1948年3月23日七纵十九师四战四平后团以上干部合影	1	音像制品
3353	1948年追悼马仁兴烈士大会照片	1	音像制品
3354	1948年为马仁兴师长送葬的照片	1	音像制品
3355	1947年陈云穿过的棉马夹	1	名人遗物
3356	1946年陈云戴的棉皮帽	1	名人遗物
3357	1946年陈云夫人于若木的棉皮帽	1	织绣
3358	1938年陈云同志和夫人于若木在延安合影	1	音像制品
3359	1947年陈云同志和夫人及女儿在通化合影	1	音像制品
3360	1947年陈云同志和夫人及女儿在通化合影	1	音像制品
3361	1947年陈云与夫人及女儿在通化合影	1	音像制品
3362	1946年陈云在东北使用的文件包	1	名人遗物
3363	1946年陈云在东北使用的皮箱	1	名人遗物
3364	解放战争时期陈云秘书王玉清在东北使用的皮箱	1	皮革
3365	1948年陈云秘书王玉涛使用的刮脸刀	1	铁器、其他金属器
3366	1948年曾泽生读过的《政治经济学讲话》	1	古籍图书
3367	1948年曾泽生在长春起义时使用的手表	1	名人遗物
3368	1985年陈云手书条幅	1	名人遗物
3369	解放战争时期九纵二十五师政委艾平使用的军用毛毯	1	织绣
3370	1946年九纵七十八团政委巢锋的毛毯	1	织绣
3371	解放战争时期遵化担架团长杨青使用的军毯	1	织绣
3372	解放战争时期遵化担架队员王瑞的毡帽	1	织绣
3373	解放战争时期三纵八师师长左叶的皮帽	1	织绣
3374	解放战争时期富锦军区副司令员孙为的皮挂包	1	皮革
3375	解放战争时期左叶在解放战争时期使用的军用图囊	1	皮革
3376	解放战争时期富锦军区副司令员孙为使用的绑腿	2	织绣
3377	解放战争时期遵化担架团队员谷秀成用过的米袋子	1	织绣
3378	解放战争时期周德明使用的米袋子	1	织绣
3380	1948年1月1日九纵锦北作战地图	1	档案文书
3381	1947年1月1日冀察热辽分局印共产党员入党誓词	1	档案文书
3382	1946年建平六区三家村土地分配典型报告	1	档案文书
3383	1950年吴馥祥地照	1	档案文书
3384	1948年2月热河新区土改的初步总结	1	档案文书
3385	1947年关于热河省土改中的一些问题	1	档案文书
3386	1947年中共冀热察区党委宣传部编印《冀热察区土地改革手册(第一辑)》	1	古籍图书
3387	1948年许庆余使用的东北日报印行《土地改革中的几个问题》	1	古籍图书
3388	1948年2月5日遵化担架队员周德永光荣参战证	1	档案文书

(续表)

藏品编号	名　　称	数量	类　别
3389	1948年2月6日遵化担架队员阎子珍光荣参战证	1	档案文书
3390	1948年11月九纵七十五团纪士信在营战斗中荣获的勇敢奖章证明书	1	档案文书
3391	1948年11月九纵七十五团纪世信荣获的东北人民解放军勇敢奖章	1	文件、宣传品
3392	解放战争时期岳天培使用的望远镜	1	武器
3393	解放战争时期岳天培的胶皮水靴	2	其他
3394	解放战争时期萧华穿过的胶皮靴	1	其他
3395	1948年九纵七十六团巩玉然保存的手枪子弹	25	武器
3396	1945年岳天培保存的手枪子弹	40	武器
3397	1947年吴馥祥使用的梭标	1	武器
3398	1948年李伟与战友在辽中县洗礼街合影	1	音像制品
3399	1945年孙为照片	1	音像制品
3400	1947年孙为县长与依兰县政府工作人员合影	1	音像制品
3401	解放战争时期冀东军区第十旅刘永源照片	1	音像制品
3402	解放战争时期九纵二十六师政委李振声与战友合影	1	音像制品
3403	解放战争时期九纵一三七师政委李振声与战友合影	1	音像制品
3404	解放战争时期九纵一三七师政委李振声的照片	1	音像制品
3405	1947年九纵七十四团部分干部欢送吴华同志合影	1	音像制品
3406	1948年纪世信的照片	1	音像制品
3407	解放战争时期九纵二十五师政委徐光华的照片	1	音像制品
3408	1948年九纵七十六团政委枭锋与尤飞虹同志合影	1	音像制品
3409	1948年九纵七十六团枭锋在沟帮子留影	1	音像制品
3410	1946年冀东军区十三旅首届英模会议代表合影	1	音像制品
3411	1946年一兵团政委肖华同志在吉林龙潭山顶照片	1	音像制品
3412	1947年一兵团政委肖华在哈尔滨车站照片	1	音像制品
3413	1946年朱瑞照片	1	音像制品
3414	解放战争时期杜光华送给陈玲的花牌手枪	1	武器
3415	1947年九纵七十六团政委枭锋使用的美制左轮手枪	1	武器
3416	1947年10月10日中国人民解放军宣言	1	文件、宣传品
3417	1957年1月1日袁全海荣获的安全运行奖状	1	文件、宣传品
3418	解放战争时期依兰县乾德间各阶层划分簿	1	档案文书
3419	1947年小五号阵地打退敌人一个加强排的捷报	1	文件、宣传品
3420	1947年六纵五十一团三年战绩	1	档案文书
3421	1949年七纵黄文斌的《英雄像》	1	古籍图书
3422	1946年4月七纵五十五团四平保卫战模范连队介绍	1	档案文书
3423	1948年七纵五十五团钱万宝的立功证明书	1	档案文书
3424	1950年1月八纵二十三师张景发功臣证	1	档案文书
3425	1950年九纵七十六团马云参加军英模大会纪念册	1	档案文书
3426	1947年第一次杨杖子战斗缴获敌人的山炮照	1	音像制品
3427	1946年三十旅召开全旅追悼大会照片	1	音像制品
3428	1948年三十旅宣传队给群众表演歌舞剧照片	1	音像制品
3429	1948年三十旅宣传队员给群众挑水照片	1	音像制品
3430	1947年10月20日依兰县乾德同群众分配胜利果实的情景	2	音像制品
3431	1948年8月1日富锦县县政府工作人员合影	1	音像制品
3432	1946年富锦县独立团活捉李延惠等土匪的照片	1	音像制品
3433	1948年遵化县随军远征担架团领导合影	1	音像制品
3434	1947年遵化县全体武装扩干会议合影	1	音像制品
3435	1947年李荆璞副司令员检阅运动员照片	1	音像制品
3436	1947年李荆璞副司令员检阅军区剿匪部队的照片	1	音像制品
3437	1946年李荆璞与夫人胡丹生合影	1	音像制品
3438	1946年李荆璞与夫人胡丹生合影	1	音像制品
3439	1943年张士毅照片	3	音像制品
3440	1949年陈健在张士毅追悼会上所致的悼词照片	1	音像制品

(续表)

藏品编号	名　　称	数量	类　别
3441	1943年张士毅与其他四位同志的合影	1	音像制品
3442	1945年张士毅于北票照片	1	音像制品
3443	1945年张士毅与夫人陈健的合影	1	音像制品
3444	1943年张士毅同迁卢抚昌联合县政府同志合影	1	音像制品
3445	1946年张士毅在承德照片	1	音像制品
3446	1943年张士毅于一九四三年冬与战友的合影	1	音像制品
3447	1943年张士毅照片	1	音像制品
3448	1944年张士毅题"并肩作战的国际友人"	1	音像制品
3449	1944年张士毅与青龙、抚昌县委同志合影	1	音像制品
3450	1945年张士毅于锦州的照片	1	音像制品
3451	1946年张士毅与爱人、儿子的合影	1	音像制品
3452	1946年张士毅在承德与李东野、徐志的合影	1	音像制品
3453	1947年张士毅与夫人儿子与侄女的合影	1	音像制品
3454	1947年张士毅夫妇分别与儿子铁村的合影	2	音像制品
3455	1949年张士毅烈士迁墓的一组照片	15	音像制品
3456	1950年张士毅、梁士英烈士墓地照片	1	音像制品
3457	1949年张士毅烈士追悼大会照片	1	音像制品
3458	1979年吕明仁的爱人及女儿在吕明仁墓前的照片	1	音像制品
3459	1946年6月1日宁安县群众向坏蛋作斗争照片	1	音像制品
3460	1946年阎玉森在宁安县群众大会上讲话	1	音像制品
3461	1947年牡丹江军分区部分干部合影	1	音像制品
3462	1946年李砥平的半身照片	1	音像制品
3463	1947年李砥平的免冠照片	1	音像制品
3464	1948年九纵李英、刘大为大凌河战后留影	1	音像制品
3465	1948年九纵李英与刘大为合影	1	音像制品
3466	1946年东北我军军事训练照片	1	音像制品
3467	1945年七旅秀水河子战斗英雄像	1	音像制品
3468	1946年七旅轻重机枪大炮摄影	1	音像制品
3469	1946年七旅秀水河子战斗祝捷大会摄影	1	音像制品
3470	1946年七旅秀水河子自卫战役祝捷大会纪念摄影	1	音像制品
3471	1946年七旅秀水河子自卫战役祝捷大会胜利品之一部照片	1	音像制品
3472	1947年六纵四十七团庆功大会摄影纪念	2	音像制品
3473	1946年东北民主联军臂章	1	其他
3474	1946年依兰县民运工作团胸章	1	其他
3475	1948年四纵仇福林的碗套	1	织绣
3476	1947年九纵金祥用的布碗套	1	织绣
3477	1946年阎玉森使用的马褡子	1	织绣
3478	解放战争时期陈仁麒使用的马褡子	1	织绣
3479	1948年段苏权使用的马褡子	1	织绣
3480	1947年六纵五十一团六连荣获的"勇猛冲杀"锦旗	1	文件、宣传品
3481	解放战争时期六纵五十一团六连荣获的"积极奋勇"锦旗	1	文件、宣传品
3482	1948年10月八纵六十九团三连荣获的"英勇顽强"锦旗	1	文件、宣传品
3483	解放战争时期遵化县担架队员周德明的毛背心	1	织绣
3484	解放战争时期张春的皮帽子	1	织绣
3485	解放战争时期肖华使用的毛毯	1	织绣
3486	解放战争时期阎玉森使用的毛毯	1	织绣
3487	解放战争时期怀德县副县长王希光使用的毛毯	1	织绣
3488	解放战争时期李荆璞使用的毛毯	1	织绣
3489	解放战争时期陈仁麒使用的毛毯	1	织绣
3490	1947年张志明使用的皮带	1	皮革
3491	1947年张文成使用的皮带	1	皮革
3492	1947年张儒使用的皮带	1	皮革

(续表)

藏品编号	名　称	数量	类　别
3493	1947年谢洪勇使用的子弹盒	1	皮革
3494	1946年辽东军区参谋处周涌的军用地图筒	1	皮革
3495	1946年辽东军区参谋处周涌的军用皮挂包	1	皮革
3496	1947年九纵金祥的皮挂包	1	皮革
3497	解放战争时期杨文献的军用挂包	1	皮革
3498	1946年李荆璞使用的皮箱	1	皮革
3499	解放战争时期阎玉森使用的皮钱包	1	皮革
3500	1948年九纵马云荣获的勇敢奖章	1	文件、宣传品
3501	1948年四纵徐国栋荣获的艰苦奋斗奖章	1	文件、宣传品
3502	解放战争时期四纵二十八团政委张继璜的八一帽徽	1	文件、宣传品
3503	1948年四纵二十八团政委张继璜的解放东北纪念章	1	文件、宣传品
3504	1945年张继璜的荣誉纪念章	1	文件、宣传品
3505	1945年四纵二十八团政委张继璜的抗战胜利纪念章	1	文件、宣传品
3506	1945王希光的八年抗战纪念章	1	文件、宣传品
3507	1947年遵化县担架团黄宝的理发推子	1	铁器、其他金属器
3508	1948年10月田广文荣获的毛泽东奖章	1	文件、宣传品
3509	解放战争时期八纵毛信春荣获的勇敢奖章	1	文件、宣传品
3510	解放战争时期八纵林印生的解放东北纪念章	1	文件、宣传品
3511	1949年解放东北纪念章	1	文件、宣传品
3512	1949年解放东北纪念章	1	文件、宣传品
3513	1946年袁全海使用的检车锤	1	铁器、其他金属器
3514	1947年马宾使用的锄头	1	铁器、其他金属器
3515	解放战争时期宾县群众给马宾送饭的碗	1	瓷器
3516	解放战争时期遵化担架团谷秀成的饭碗	1	瓷器
3517	1946年李荆璞使用的洗脸盆	1	其他
3518	1948年金祥使用的搪瓷杯	1	其他
3519	解放战争时期李砥平使用的搪瓷杯	1	瓷器
3520	解放战争时期李砥平使用的望远镜	1	武器
3521	1945年一兵团政委肖华使用的照相机	1	其他
3522	解放战争时期张士毅使用的日式照相机	1	其他
3524	1944年张继璜在解放战争时期使用的派克钢笔	1	文具
3525	1945年至1946年袁学群的名章	2	玺印符牌
3526	1946年温风山烈士在土改时期使用的文件箱	1	其他
3527	解放战争时期朱瑞赠送给苏进的文件包	1	皮革
3528	1946年怀德县副县长王希光使用的文件箱	1	皮革
3530	1945年10月15日彭真为于克签署的党员证明书	1	档案文书
3531	1954年张士毅牺牲证明书	1	档案文书
3532	1948年10月1日记载张雨堂事迹的《战争动员》小报	1	文件、宣传品
3533	1959年1月1日王九珍烈士光荣纪念证	1	档案文书
3535	1962年张义祥烈士光荣纪念证	1	档案文书
3536	1947年1月1日马宾使用的群众编委会印《财神岗村深入土地斗争过程》一书	1	古籍图书
3537-1	1945年李若倩写给袁学群的信	1	档案文书
3537-2	1945年李若倩写给袁学群的信	1	档案文书
3537-3	1945年1月1日李若倩写给袁学群的信	1	档案文书
3537-4	1945年李若倩写给袁学群的信	1	档案文书
3537-5	1945年李若倩写给袁学群的信	1	档案文书
3537-6	1945年李若倩写给袁学群的信	1	档案文书
3537-7	1945年1月1日李若倩写给袁学群的信	1	档案文书
3537-8	1945年李若倩写给袁学群的信	2	档案文书
3537-9	1945年李若倩写给袁学群的信	1	档案文书
3537-10	1945年李若倩写给袁学群的信	2	档案文书

(续表)

藏品编号	名　　称	数量	类　别
3537-11	1945年李若倩烈士写给袁学群烈士的信	2	档案文书
3538	1941年袁学群烈士《学业成绩通知表》	1	档案文书
3539	解放战争时期袁学群烈士生前翻译的文稿	1	档案文书
3540	1940年袁学群读国高时的组长任命状	1	档案文书
3541	1949年崔光润、姚光彬写给袁学群烈士家的信	1	档案文书
3542	1948年周湧与江舟同志合影	1	音像制品
3543	1947年辽东军区通化军事会议合影	1	音像制品
3544	1948年四纵机要科集体立功合影	1	音像制品
3545	1948年三纵挥师进关通过义县大凌河照片	1	音像制品
3546	1947年三纵南山城子战斗缴获的美式山炮照片	1	音像制品
3547	1947年四纵南山城子战斗缴获的美式坦克照片	1	音像制品
3548	1947年梅河口解放后军民欢度春节照片	1	音像制品
3549	1947年李洪光支队三团功臣合影	1	音像制品
3550	1948年四纵三十四团政委刘玲照片	1	音像制品
3551	1947年辽东军区机关各科科长合影	1	音像制品
3552	1946年辽东军区高炮团训练照	1	音像制品
3553	1946年辽东军区军民联欢会合影	1	音像制品
3554	1948年长春围城军事会议部分人员合影	1	音像制品
3555	1948年岳天培于通化肖劲光司令员住楼前照片	1	音像制品
3556	1946年岳天培的半身照片	1	音像制品
3557	解放战争时期袁学群烈士照片	1	音像制品
3558	解放战争时期袁学群李若倩烈士合影	1	音像制品
3559	1945年李若倩烈士照片	1	音像制品
3560	1946年朱学仁烈士照片	1	音像制品
3561	1946年居仁屯土改工作组合影	1	音像制品
3562	解放战争时期谢东屏使用的棉褥子	1	织绣
3563	1948年12月1日尹海金护士毕业证书	1	档案文书
3564	解放战争时期朝鲜族战士林青龙的家信	1	档案文书
3565	1958年朝鲜族战士林青龙的光荣纪念证	1	档案文书
3566	1947年追悼林池龙烈士的文章	1	档案文书
3567	解放战争时期介绍林麟俊到部队探子的证明信	2	档案文书
3568	1947年1月1日《战士》报	1	文件、宣传品
3569	1948年12月29日赵桂兰的入党誓词	1	档案文书
3570	解放战争时期蛟河县三年来主要文件汇集	1	古籍图书
3571	1948年8月30日二十三后方医院尹海金的立功证书	1	文件、宣传品
3572	1949年2月4日七纵二十师宋基燮的立功喜报	1	文件、宣传品
3573	1950年春节朝鲜族烈士林云龙所在部队给家属的慰问信	2	档案文书
3574	1947年7月25日朝鲜族战士林青龙写给父亲嫂子的家信	1	档案文书
3575	解放战争时期东北区烈军属爱国公约和拥军优属公约	1	文件、宣传品
3576	抗美援朝时期林云龙服务证明书	1	档案文书
3577	1946年林升龙革命军人证明书	1	档案文书
3578	1948年8月1日林云龙军属证明书	1	档案文书
3579	1949年林池龙烈士的碑文底稿	1	档案文书
3580	解放战争时期朝鲜族战士林升龙、林青龙兄弟合影	1	音像制品
3581	解放战争时期朝鲜族战士林云龙与战友合影	1	音像制品
3582	1947年朝鲜族战士林池龙照片	1	音像制品
3583	1946年绥宁军区军政干部学校第四期学生毕业合影	1	音像制品
3584	1948年尹海金在吉东军区医院学习时先进集体合影	1	音像制品
3585	1948年吉东军区二十三后方医院护士班毕业合影	1	音像制品
3586	1947年延吉第二中学第二次参军纪念合影	1	音像制品
3587	1947年延吉第二中学第二次参军纪念合影	1	音像制品
3588	解放战争时期延吉民主学院学生参军时部分人员合影	1	音像制品

(续表)

藏品编号	名　称	数量	类　别
3589	1946年蛟河人民祭扫拉新战斗烈士墓照片	1	音像制品
3590	解放战争时期鸭绿江造纸厂第二届庆功大会前排练文艺节目照片	1	音像制品
3591	解放战争时期鸭绿江造纸厂日本工人庆祝五一节照片	1	音像制品
3592	解放战争时期鸭绿江造纸厂原料车间照片	1	音像制品
3593	解放战争时期鸭绿江造纸厂技术人员与工人计算产量照片	1	音像制品
3594	解放战争时期鸭绿江造纸厂成品车间照片	1	音像制品
3595	解放战争时期鸭绿江造纸厂工人自卫队照片	1	音像制品
3596	解放战争时期鸭绿江造纸厂欢送工人参军照片	1	音像制品
3597	解放战争时期鸭绿江造纸厂部分干部合影	1	音像制品
3598	解放战争时期鸭绿江造纸厂妇女组织照片	1	音像制品
3599	解放战争时鸭绿江造纸厂追悼烈士大会照片	1	音像制品
3600	1950年护厂模范赵桂兰照片	1	音像制品
3601	1950年旅大区党委给赵桂兰同志的慰问信照片	1	音像制品
3602	1937年吕明仁、丁修在延安宝塔山下合影	1	音像制品
3603	1937年吕明仁、丁修在延安东门外合影	1	音像制品
3604	1941年吕明仁的照片	1	音像制品
3606	1949年金松鹤的解放东北纪念章	1	文件、宣传品
3607	1948年于永铎佩戴的大连裕华工厂厂章	1	其他
3608	1948年徐长发佩戴的大连裕华工厂厂章	1	其他
3609	1948年1月1日捷报	1	文件、宣传品
3610	1947年3月1日东北十省明细地图	1	档案文书
3611-1	1948年1月1日中国沿海形势图	1	档案文书
3611-2	1948年1月1日中国沿海形势图	1	档案文书
3612	1947年2月辽东分局印《中央关于收复区某些人员赏罚问题指示》	1	档案文书
3613	1949年3月东北野战军后勤部印发的米票	1	票据
3614	1945年苏联红军印发的纸币	1	钱币
3615	1947年9月16日辽吉第一军分区卫生训练大队陆林的毕业证书	1	档案文书
3616	1948年四纵十师团体建功奖状存根	1	档案文书
3617	1948年10月四纵三十四团鲍仁川荣获英雄奖章的证明书	1	文件、宣传品
3618	1948年7月7日东北军政大学秦广连的学习优胜奖状	1	文件、宣传品
3619	1949年致入关东北人民解放军指战员书	1	档案文书
3620	1946年四纵二十八团宋世泽的入党志愿书	1	档案文书
3621	解放战争时期国民党新一军新三十师司令部命令	1	档案文书
3622	1946年国民党东北海城县党部会议记录	1	档案文书
3623	1947年6月7日国民党新一军司令部任职令	1	档案文书
3624	解放战争时期东北剿匪总司令部第三处翻印《匪现条件下运动战摘要》	1	档案文书
3625	1946年宽甸县军民庆祝新年拥护国共停战协定大会	1	音像制品
3626	1946年胡延豪烈士照片	1	音像制品
3627	1948年11月解放沈阳东大营战斗光荣牺牲的十九位烈士之墓照片	1	音像制品
3628	1950年7月1日东北军事工业先进生产者代表大会合影	1	音像制品
3629	1948年3月1日建新公司刘仁刚荣获的特功奖状	1	文件、宣传品
3630	1949年10月1日建新公司刘仁刚荣获的劳动英雄奖状	1	文件、宣传品
3631	1949年6月1日建新公司刘仁刚荣获的奖状	1	文件、宣传品
3632	解放战争时期建新公司刘仁刚模范事迹	1	档案文书
3633	解放战争时期建新公司吕昌发模范事迹	1	文件、宣传品
3634	解放战争时期建新公司吕昌发荣获的一等模范奖状	1	文件、宣传品
3635	1948年建新公司吕昌发的立功奖状	1	文件、宣传品
3636	1949年建新公司裕华铁工厂组织系统表	1	档案文书
3637	解放战争时期建新公司裕华铁工厂企业沿革简历	1	档案文书
3638	解放战争时期建新公司傅玉祥模范事迹	1	文件、宣传品
3639	解放战争时期建新公司鲍兆惠模范事迹	1	文件、宣传品
3640	1950年6月赵桂兰荣获的先进生产者奖状	1	文件、宣传品

（续表）

藏品编号	名　　　称	数量	类　别
3641	1950年6月赵桂兰列席全国政协一届二次会议的席次表	1	档案文书
3642	1950年赵桂兰的全国工农兵劳动模范代表会议出席证	1	档案文书
3644	解放战争时期大连建新公司在东北军区军工部军工会议资料	1	档案文书
3645	1948年建新公司裕华铁工厂生产工作总结	1	档案文书
3646	解放战争时期建新公司制造计划概容	1	档案文书
3647	解放战争时期滕墨林烈士使用的钱包	1	织绣
3648	1950年3月旅大市区党委机关妇女会给赵桂兰的慰问信	1	文件、宣传品
3649	1950年赵桂兰荣获的"模范的共产党员，优秀的中华儿女"锦旗	1	文件、宣传品
3651	1950年7月军工五一厂赠给赵桂兰的迫击炮弹模型	1	铁器、其他金属器
3652	1950年7月赵桂兰荣获的全国劳动模范奖章	1	文件、宣传品
3654	1949年7月大连建新公司吕昌发荣获的一等模范奖章	1	文件、宣传品
3655	1948年10月吕昌发的建新第一届职工代表大会纪念章	1	文件、宣传品
3656	解放战争时期建新公司军工生产用的锭床	1	铁器、其他金属器
3657	1950年赵桂兰使用的手表	1	其他
3658	解放战争时期赵炳安使用的望远镜	1	武器
3659	解放战争时期陈金宝烈士的小皮箱	1	皮革
3660	解放战争时期航校翻印《我军斗争史》	1	档案文书
3661	1947年中央银行发行的纸币	1	钱币
3662	1948年解放战争时期刘亚楼同志在哈尔滨群众大会上讲话照片	1	音像制品
3663	解放战争时期王弼的钢笔套	1	织绣
3664	解放战争时期王弼的军帽	1	织绣
3665	解放战争时期刘亚楼穿的上衣	1	织绣
3666	1947年四纵张继登的胜利纪念章	1	文件、宣传品
3667	1948年欧志富使用的马牌手枪	1	武器
3668	解放战争时期王弼佩戴的毛泽东主席像章	1	文件、宣传品
3669	解放战争时期王弼的眼镜	1	其他
3670	解放战争时期刘亚楼使用的眼镜	1	名人遗物
3671	1948年12月7日东北航校进关出发人员花名册	1	档案文书
3672	1948年1月1日《星火》	1	文件、宣传品
3673	1949年东北航校校长常乾坤给政委王弼同志的信	1	档案文书
3674	1948年东北航校滑翔机飞行照片	1	音像制品
3675	1946年十纵八十三团营长黄念怀烈士照片	1	音像制品
3676	解放战争时期合江军区警卫连连长杜胜的笔记本	1	档案文书
3677	1946年杜胜的印章	1	玺印符牌
3678	解放战争时期杜胜使用的皮带	1	皮革
3679	1945年温玉成使用的皮箱	1	皮革
3680	1945年温玉成的脸盆	1	其他
3681	1945年温玉成使用的马褡子	1	织绣
3682	解放战争时期方强使用的马褡子	1	织绣
3683	1948年段德章使用的马褡子	1	织绣
3684	1948年段德章使用的电报包	1	皮革
3685	1945年段德章的皮背包	1	皮革
3686	1948年段德章使用的搪瓷铁缸	1	其他
3687	1946年八纵主任段德章照片	1	音像制品
3688	1949年中央军委任命段德章为九纵副政治委员的委任书	1	档案文书
3689	1948年段德章使用的相机	1	其他
3690	1948年八纵主任段德章使用的铁皮箱	1	铁器、其他金属器
3691	解放战争时期金基铉使用的锄头	1	铁器、其他金属器
3692	解放战争时期李贞玉的光荣烈属匾	1	文件、宣传品
3693	1946年至1954年郭树德使用的检车锤	1	铁器、其他金属器
3694	1946年"朱德号"机车上的水表玻璃	1	玻璃器
3695	解放战争时期海石的棉手套	2	皮革

(续表)

藏品编号	名　称	数量	类　别
3696	解放战争时期海石穿过的毛衣	1	织绣
3697	解放战争时期王忠才使用的皮带	1	皮革
3698	解放战争时期俞屏使用的马褡子	1	织绣
3699	解放战争时期辽吉省委委员兼四地委书记喻屏的笔记本	1	档案文书
3700	解放战争时期辽吉省委委员兼四地委书记喻屏的笔记本	1	档案文书
3701	解放战争时期辽吉省委委员兼四地委书记喻屏的笔记本	1	档案文书
3702	解放战争时期辽吉省委委员兼四地委书记喻屏的笔记本	1	档案文书
3703	解放战争时期辽吉省委委员兼四地委书记喻屏的笔记本	1	档案文书
3704	解放战争时期辽吉省委委员兼四地委书记喻屏的笔记本	1	档案文书
3705	解放战争时期辽吉省委委员兼四地委书记喻屏的笔记本	1	档案文书
3706	解放战争时期辽吉省委委员兼四地委书记喻屏的笔记本	1	档案文书
3707	解放战争时期辽吉省委委员兼四地委书记喻屏的笔记本	1	档案文书
3708	解放战争时期辽吉省委委员兼四地委书记喻屏的笔记本	1	档案文书
3709	解放战争时期辽吉省委委员兼四地委书记喻屏的笔记本	1	档案文书
3710	解放战争时期辽吉省委委员兼四地委书记喻屏的笔记本	1	档案文书
3711	解放战争时期辽吉省委委员兼四地委书记喻屏的笔记本	1	档案文书
3712	解放战争时期辽吉省委委员兼四地委书记喻屏的笔记本	1	档案文书
3713	解放战争时期辽吉省委委员兼四地委书记喻屏的笔记本	1	档案文书
3714	解放战争时期辽吉省委委员兼四地委书记喻屏的笔记本	1	档案文书
3715	解放战争时期辽吉省委委员兼四地委书记喻屏的笔记本	1	档案文书
3716	解放战争时期辽吉省委委员兼四地委书记喻屏的笔记本	1	档案文书
3717	解放战争时期辽吉省委委员兼四地委书记喻屏的笔记本	1	档案文书
3718	解放战争时期辽吉省委委员兼四地委书记喻屏的笔记本	1	档案文书
3719	解放战争时期辽吉省委委员兼四地委书记喻屏的笔记本	1	档案文书
3720	解放战争时期辽北省各直属县劳模及训练开支表	1	档案文书
3721	解放战争时期辽北县各县现有人员马匹区村街统计表	1	档案文书
3722	解放战争时期金成灿写给父亲金基铉的信	1	档案文书
3723	解放战争时期辽北各县财政开支供给及自给表	1	档案文书
3724	1948年7月17日辽北省府贷借给后方直属各县粮食统计表	1	档案文书
3725	1948年7月20日辽北省后方直属十县征购粮统计表	1	档案文书
3726	解放战争时期中央宣传部复周扬同志函	2	档案文书
3727	解放战争时期辽吉省委通知	1	档案文书
3728	解放战争时期"满州帝国"分省地图地名总览	1	古籍图书
3729	1947年4月6日支前模范王忠才的奖状	1	文件、宣传品
3730	1949年11月7日"毛泽东号"机车司机长郭树德讲话照片	1	音像制品
3731	1951年毛泽东主席与"毛泽东号"机车司机郭树德握手的照片	1	音像制品
3732	1951年毛泽东为郭树德的《毛泽东选集》签字照片	1	音像制品
3733	1951年"毛泽东号"机车组乘务人员合影	1	音像制品
3734	1947年桓仁县妇女担架队进行支前训练的照片	1	音像制品
3735	1947年桓仁县贫雇农大会照片	1	音像制品
3736	1951年黑龙江省特等模范合影	1	音像制品
3737	1951年金基铉参加军烈属劳动模范代表大会的照片	1	音像制品
3738	解放战争时期傅淑清参加庆安县代表大会的照片	1	音像制品
3739	解放战争时期安庆县劳动模范傅淑清的纪念章	1	文件、宣传品
3740	解放战争时期安庆县劳动模范傅淑清的劳模奖章	1	文件、宣传品
3741	解放战争时期安庆县劳动模范傅淑清的劳动模范奖章	1	文件、宣传品
3742	解放战争时期桓仁县担架队支队长海石的坚持敌后斗争纪念章	1	文件、宣传品
3743	解放战争时期李玉今在支前生产中使用的镐头	1	铁器、其他金属器
3744	解放战争时期李玉今在支前生产中使用的锄头	1	铁器、其他金属器
3745	解放战争时期李玉今在支前生产中使用的犁杖	1	其他
3746	1948年合江省密山县李财的土地执照	1	档案文书
3747	1948年12月合江省密山县林世敏的土地执照	1	档案文书

（续表）

藏品编号	名　　称	数量	类　别
3748	1948年12月30日合江省密山县赵国山的土地执照	1	档案文书
3749	1948年12月30日合江省密山县刘锡久的土地执照	1	档案文书
3750	1951年1月1日合江省密山县刘锡久的房产执照	1	档案文书
3751	1951年中央任命罗成德为热河省人民政府主席的任命书	1	档案文书
3752	1947年东北民主联军《战略原理》	1	古籍图书
3753	1947年斯大林著《列宁主义问题》	1	古籍图书
3754	1948年《毛泽东选集》	1	古籍图书
3755	1949年九纵王竞荣获的艰苦奋斗奖章证明书	1	档案文书
3756	1946年王竞与战友于长春合影	1	音像制品
3757	解放战争时期王竞与战友于哈尔滨合影	1	音像制品
3758	1946年新四军第三师干部大会后于通辽合影	1	音像制品
3759	1947年东北行政委员会主席林枫在哈尔滨的照片	1	音像制品
3760	1948年七纵二十师师以上领导合影	1	音像制品
3761	1947年尚志县元宝区委书记韩会照片	1	音像制品
3762	1947年尚志县元宝区委书记韩会照片	1	音像制品
3763	解放战争时期冀察热辽军区后勤部副政委罗成德照片	1	音像制品
3764	1946年冀察热辽军区后勤部副政委罗成德照片	1	音像制品
3765	解放战争时期罗成德使用的马褡子	1	织绣
3766	1948年罗成德使用的行军床	1	其他
3767	解放战争时期桦川县吴桂兰打麻绳用的拨浪锤	1	其他
3768	1947年黑龙江省太平乡土改没收地主刘路的算盘	1	其他
3769	解放战争时期九纵王竞荣获的艰苦奋斗奖章	1	文件、宣传品
3770	解放战争时期韦祖珍使用的望远镜	1	武器
3771	解放战争时期韦祖珍使用的照相机	1	其他
3772	解放战争时期方知达使用的怀表	1	其他
3773	解放战争时期宫九如保存的泥碗	1	其他
3774	1947年石敬平的文件夹	1	皮革
3775	1951年"毛泽东号"机车标牌	1	铜器
3776	解放战争时期四纵副司令员胡奇才使用的手表	1	其他
3777	1946年曾克林在解放战争中使用的钢笔	1	文具
3778	1946年曾克林使用的指北针	1	武器
3779	1947年曾克林使用的望远镜	1	武器
3780	1948年10月罗桓斌在锦州攻坚战中使用的武装带	1	皮革
3781	1947年胡奇才的美式棉绒大衣	1	织绣
3782	1948年胡奇才的行军床	1	铁器、其他金属器
3783	解放战争时期胡奇才使用的左轮手枪	1	武器
3784	解放战争时期胡奇才使用的加拿大手枪	1	武器
3785	解放战争时期九纵白老虎连李广贵的东北解放纪念章	1	文件、宣传品
3786	解放战争时期九纵七十五团罗桓斌的华北解放纪念章	1	文件、宣传品
3787	1948年1月1日九纵七十五团罗恒斌的立功喜报	1	文件、宣传品
3788	1948年1月1日九纵白老虎连李广贵的立功喜报	1	文件、宣传品
3789	1948年1月1日九纵七十六团五连赵洪泉的立功喜报	1	文件、宣传品
3790	1959年4月28日任命郑洞国为国防委员的任命书	1	档案文书
3791	1946年胡奇才读过的《东北敌情》	1	文件、宣传品
3792	1947年松江省委书记张秀山的笔记本	1	档案文书
3793	1946年宾县群众庆祝土改胜利集会照片	1	音像制品
3794	1947年五常县土改工作队合影	1	音像制品
3795	1947年松江省五常县工农代表大会合影	1	音像制品
3796	1946年松江省人民代表大会部分代表合影	1	音像制品
3797	1947年7月16日冀东军区作战科全体同志合影	1	音像制品
3798	1948年岳天培使用的公文包	1	皮革
3799	1945年9月李运昌使用的公文包	1	皮革

(续表)

藏品编号	名　称	数量	类　别
3800	1945年李运昌使用的皮挎包	1	皮革
3801	1947年李运昌使用的望远镜	1	武器
3802	解放战争时期平泉街市图	1	档案文书
3803	1947月1日年东北南部详图	1	档案文书
3804	解放战争时期热河境内匪情图	1	档案文书
3805	1947年冀察热辽分局成员合影	1	音像制品
3806	1947年5月冀察热辽第一次党代会主席团成员合影	1	音像制品
3807	1947年3月中国五十万分之一军用地图	1	档案文书
3808	解放战争时期李运昌使用的笔记本	1	档案文书
3809	1945年10月李运昌使用的笔记本	1	档案文书
3810	1948年8月15日中共中央东北局党的工作编委编的《党的工作》	1	文件、宣传品
3811	1948年9月1日中共中央东北局党的工作编委会编的《党的工作》	1	文件、宣传品
3812	1948年9月15日中共中央东北局党的工作编委会编的《党的工作》	1	文件、宣传品
3813	1948年10月15日中共中央东北局党的工作编委会编的《党的工作》	1	文件、宣传品
3814	1948年11月7日中共中央东北局党的工作编委会编的《党的工作》	1	文件、宣传品
3815	1948年12月25日中共中央东北局党的工作编委会编的《党的工作》	1	文件、宣传品
3816	1949年1月10日中共中央东北局党的工作编委会编的《党的工作》	1	文件、宣传品
3817	1949年1月25日中共中央东北局党的工作编委会编的《党的工作》	1	文件、宣传品
3818	1949年2月14日中共中央东北局党的工作编委会编的《党的工作》	1	文件、宣传品
3819	1949年3月1日中共中央东北局党的工作编委会编的《党的工作》	1	文件、宣传品
3820	1949年3月21日中共中央东北局党的工作编委会编的《党的工作》	1	文件、宣传品
3821	1949年5月24日中共中央东北局党的工作编委会编的《党的工作》	1	文件、宣传品
3822	1949年6月10日中共中央东北局党的工作编委会编的《党的工作》	1	文件、宣传品
3823	1949年6月20日中共中央东北局党的工作编委会编的《党的工作》	1	文件、宣传品
3824	1949年7月28日中共中央东北局党的工作编委会编的《党的工作》	1	文件、宣传品
3825	1949年8月10日中共中央东北局党的工作编委会编的《党的工作》	1	文件、宣传品
3826	1949年9月8日中共中央东北局党的工作编委会编的《党的工作》	1	文件、宣传品
3827	1949年9月16日中共中央东北局党的工作编委会编的《党的工作》	1	文件、宣传品
3828	1949年10月7日中共中央东北局党的工作编委会编的《党的工作》	1	文件、宣传品
3829	1946年8月3日《群众》	1	文件、宣传品
3830	1947年3月3日《群众》	1	文件、宣传品
3831	1947年3月13日《群众》	1	文件、宣传品
3832	1947年5月30日《群众》	1	文件、宣传品
3833	1947年5月30日《群众》	1	文件、宣传品
3834	1947年9月3日《群众》	1	文件、宣传品
3835	1947年10月13日《群众》	1	文件、宣传品
3836	1947年10月30日《群众》	1	文件、宣传品
3837	1947年11月3日《群众》	1	文件、宣传品
3838	1947年12月3日《群众》	1	文件、宣传品
3839	1947年12月24日《群众》	1	文件、宣传品
3840	1948年1月6日《群众》	1	文件、宣传品
3841	1948年2月15日《群众》	1	文件、宣传品
3842	1948年1月冀察热辽分局社会部编的《锄奸保卫通讯》	1	文件、宣传品
3843	1948年6月冀察热辽分局社会部编的《锄奸保卫通讯》	1	文件、宣传品
3844	1948年7月冀察热辽分局社会部编的《锄奸保卫通讯》	1	文件、宣传品
3845	19498年6月21日东北局社会部编的《锄保工作文件汇编》	1	档案文书
3846	1949年7月21日东北局社会部编的《锄保工作文件汇编》	1	档案文书
3847	1949年8月21日东北局社会部编的《锄保工作文件汇编》	1	档案文书
3848	1947年8月8日东北局社会部编的《锄奸保卫工作》	1	档案文书
3849	1948年4月16日东北局社会部编的《锄奸保卫工作》	1	档案文书
3850	1948年7月14日东北局社会部编的《锄奸保卫工作》	1	档案文书
3851	1948年8月3日东北局社会部编的《锄奸保卫工作》	1	档案文书

(续表)

藏品编号	名　　称	数量	类　别
3852	1948年9月10日东北局社会部编的《锄奸保卫工作》	1	档案文书
3853	1948年10月10日东北局社会部编的《锄奸保卫工作》	1	档案文书
3854	1949年8月25日东北局社会部编的《锄奸保卫工作》	1	档案文书
3855	1948年6月15日《党内通讯》	1	文件、宣传品
3856	1948年6月20日《党内通讯》	1	文件、宣传品
3857	1948年9月1日《党内通讯》	1	文件、宣传品
3858	1948年10月1日《党内通讯》	1	文件、宣传品
3859	1948年9月15日《工作简讯》	1	文件、宣传品
3860	1948年10月15日《工作简讯》	1	文件、宣传品
3861	1947年12月10日《工作通讯》	1	文件、宣传品
3862	1947年6月1日《城工通讯》	1	文件、宣传品
3863	1947年9月20日《城工通讯》	1	文件、宣传品
3864	1948年8月15日《城工通讯》	1	文件、宣传品
3865	解放战争时期冀察热辽军区政治部印《城市纪律讲话》	1	档案文书
3866	1948年12月7日华北军区政治部编印《城市政策纪律教材》	1	档案文书
3867	解放战争时期《城市工作研究》	1	文件、宣传品
3868	解放战争时期东北民主联军总司令部翻印的《地形学教材》	1	古籍图书
3869	1947年5月23日《群众》	1	文件、宣传品
3870	1946年10月东北民主联军总司令部编的《情战汇报》	1	文件、宣传品
3871	1946年12月东北民主联军总司令部编的《情战汇报》	1	文件、宣传品
3872	1947年4月东北民主联军总司令部编的《情战汇报》	1	文件、宣传品
3873	1947年7月东北民主联军总司令部编的《情战汇报》	1	文件、宣传品
3874	1947年10月东北民主联军总司令部编的《情战汇报》	1	文件、宣传品
3875	1948年1月东北民主联军总司令部编的《情战汇报》	1	文件、宣传品
3876	1947年7月国统区的调查材料	1	档案文书
3877	1947年1月10日晋察冀军区司令部编印的《军事通讯》	3	文件、宣传品
3878	1947年热河省人民武装委员会编的《热河民兵》	3	文件、宣传品
3879	1947年5月和9月东北民主联军总司令部辑印的《军事参考资料选集》	2	档案文书
3880	1947年10月25日华北军区野战军第二兵团政治部出版《子弟兵》	1	文件、宣传品
3881	1947年10月人民解放军宣言	1	档案文书
3882	1945年9月新华书店晋察冀分店印行朱德著《论解放区战场》	1	古籍图书
3883	1947年东北民主联军总政治部出版毛泽东著《论革命战争》	1	古籍图书
3884	1945年4月1日中共冀热辽区党委敌工部刊印的《敌工通讯》	1	文件、宣传品
3885	1948年8月《蒋匪兵役组织机构及业务》	1	档案文书
3886	1948年3月27日《蒋匪特工秘密资料》	1	档案文书
3887	1947年8月东北民主联军总政宣传部编的《各战场蒋军概况》	1	档案文书
3888	1947年7月东北局城工部编印《国民党初步调查》	1	档案文书
3889	解放战争时期冀察热辽军区翻印《步兵战术基本参考材料》	1	档案文书
3890	1946年11月东北民主联军总司令部出版《论战局》	1	古籍图书
3891	1947年冀察热辽军区司令部翻印《蒋军步兵兵器》	1	古籍图书
3892	1948年5月中国人民解放军东北军区司令部印行《军事译丛》	1	古籍图书
3893	1947年7月东北民主联军总政司令部翻印《夜战教程》	1	古籍图书
3894	1947年10月东北军用图书社印行《步兵战术材料》	1	古籍图书
3895	1947年12月东北军用图书社印行《谍报勤务》	1	古籍图书
3896	1947年7月5日东北军社会部编印《国民党反动派在东北之"地下"组织活动概况》	1	档案文书
3897	1947年9月东北局城工部编印《东北蒋军政治工作初步调查补充材料》	1	档案文书
3898	1948年10月四纵三十团五连荣获的"夺得快守得稳"锦旗	1	文件、宣传品
3899	1948年10月四纵三十团七连荣获的"阶级兄弟团结一心"锦旗	1	文件、宣传品
3900	1947年5月16日四纵三十团四连荣获的"九退十进击溃虎师在大华山"锦旗	1	文件、宣传品
3901	1947年5月16日四纵三十团七连荣获的"九退十进击溃虎师在大华山"锦旗	1	文件、宣传品
3902	1948年10月四纵二十九团一连三排荣获的"攻似猛虎守如磐石"锦旗	1	文件、宣传品
3903	1946年5月25日四纵二十九团八连荣获的"机智灵活巧夺神社山"锦旗	1	文件、宣传品

(续表)

藏品编号	名　称	数量	类　别
3904	1948年9月四纵二十九团四连三排荣获的"步炮协同好闪占庙儿山"锦旗	1	文件、宣传品
3905	解放战争时期四纵荣获的"把海城团的胜利大旗插到孟家山上空"锦旗	1	文件、宣传品
3906	1946年5月四纵十师荣获的"把胜利的旗帜再次插到鞍山市上空"锦旗	1	文件、宣传品
3907	1948年5月30日四纵二十九团神社山连荣获的"民主团结一条心"锦旗	1	文件、宣传品
3908	解放战争时期四纵二十九团荣获的"英勇善战"锦旗	1	文件、宣传品
3909	解放战争时期四纵荣获的"英勇善战"锦旗	1	文件、宣传品
3910	解放战争时期"英勇善战"锦旗	1	文件、宣传品
3911	解放战争时期四纵荣获的"血战松柏岭"锦旗	1	文件、宣传品
3912	1948年3月李运昌的各地负责同志汇报记录	1	档案文书
3913	1948年1月27日冀察热辽军区司令部会议记录本	1	档案文书
3914	1948年7月冀察热辽军区会议记录	1	档案文书
3915	1948年6月19日西北野战军前委转给程子华同志新华社译稿抄件	1	档案文书
3916	1947年5月中共冀察热辽分局印的《目前形势与任务》	1	档案文书
3917	1947年5月中共冀察热辽分局印的《关于军事问题的报告》	1	档案文书
3918	1947年5月中共冀察热辽分局印的《冀察热辽党建工作》	1	档案文书
3919	1948年6月17日冀察热辽军区司令部部务会议记录	1	档案文书
3920	解放战争时期十八日战果概计	1	档案文书
3921	1948年8月20日《中共东北局关于建立报告制度的决定》	1	档案文书
3922	1948年8月20日东北局关于各部委报告制度的决定	1	档案文书
3923	1947年6月30日东北局社会部整理《延寿县锄奸工作与群众挖坏根运动的结合》	1	档案文书
3924	1947年8月东北局民运部编的《三肇土地问题》	1	档案文书
3925	1947年11月21日分局秘书处印的《冀察热辽土地改革情况》	1	档案文书
3926	1949年9月16日李卓然同志在各省市委宣传部长联席会议上的讲话提纲	1	档案文书
3927	1948年2月5日冀察热辽军区司令部印的《新战士教育计划》	1	档案文书
3928	1946年8月15日晋察冀《文件摘要》	1	档案文书
3929	1949年1月25日中组部关于组织部门业务与报告请示制度的通知	1	文件、宣传品
3930	1948年7月30日云泽同志在内蒙古干部会议上总结报告提纲	1	档案文书
3931	1948年7月30日云泽在内蒙古干部会议上的总结报告提纲	1	档案文书
3932	1948年10月23日中共东北局东北行政委员会关于冬季群众教育的指示	1	档案文书
3933	1948年9月25日华北军区野战军第二兵团政治部编印的《带兵英雄选集》	1	古籍图书
3934	1945年2月28日救国报社出版《克里米亚会议》	1	古籍图书
3935	1946年7月7日察哈尔省生产委员会印《劳动互助的总结材料》	1	档案文书
3936	1947年4月《一个有重要历史意义的会议》	1	档案文书
3937	1948年3月6日东北军区发布《立功运动暂行条例》	1	档案文书
3938	1945年3月15日冀察热辽军区政治部出版的《警惕》	1	文件、宣传品
3939	解放战争时期《热情通报》	1	文件、宣传品
3940	1948年1月24日《战线》	1	文件、宣传品
3941	1948年12月20日东北军区司令政治部颁发《东北军区整训师编制表》	1	档案文书
3942	1947年12月冀察热辽军区司令部印《新战士三个月的教育计划》	1	档案文书
3943	1948年8月中央分局秘书处《对今后乙化县特区工作意见》	1	档案文书
3944	1947年4月冀察热辽区人员统计	1	档案文书
3945	1948年7月中央分局秘书处《乙化特区暴动问题的调查》	1	档案文书
3946	1947年1月11日冀察热辽分局关于开展国军工作指示	1	档案文书
3947	1948年7月中央分局秘书处《乙化特区土改杀人调查材料》	1	档案文书
3948	解放战争时期冀察热辽分局关于城工工作几个问题给各地的信	1	档案文书
3949	1947年11月21日冀察热辽分局秘书处印《关于富农问题》	1	档案文书
3950	解放战争时期《关于中农问题》	1	档案文书
3951	1948年6月8日《坚决联合中农防止错定成分反对地主假冒中农》	1	档案文书
3952	1947年6月15日冀察热辽分局关于目前热察蒙民工作的意见	1	档案文书
3953	1947年4月19日冀察热辽分局关于动员一切力量争取战争胜利的指示	1	档案文书
3954	1948年1月5日冀察热辽分局关于执行中国土地法大纲的指示	1	档案文书
3955	1947年3月13日太行区党委关于农村阶级划分标准与具体划分的规定	1	档案文书

(续表)

藏品编号	名　　称	数量	类　别
3956	1946年7月中共中央为实现耕者有其田向各解放区政府的提议	1	档案文书
3957	解放战争时期晋察冀军区各级机关关防条印及方印存查	1	档案文书
3958	1948年12月23日东北军区司令部第85号命令	1	档案文书
3959	解放战争时期整训四师驻地表	1	档案文书
3960	1947年9月12日东北行政委员会关于教育工作的指示	1	档案文书
3961	解放战争时期关于工农团结彻底消灭封建的指示	1	档案文书
3962	解放战争时期东北局《关于农村斗争与铁路的关系问题》	1	档案文书
3963	解放战争时期东北局《关于挖财宝的指示》	1	档案文书
3964	解放战争时期东北局《关于清算地主在城市中工商业的指示》	1	档案文书
3965	1947年7月30日东北军区军分区独立团县大队卫生部医院政治机构暂行编制表	1	档案文书
3966	1949年8月2日东北行政委员会秘书厅编《东北行政公报》	1	文件、宣传品
3967	解放战争时期刘汉英辞职报告	1	档案文书
3968	1948年4月8日缴获统计及徐副司令员谈战斗作风	1	档案文书
3969	1948年7月3日长城通讯社《敌情参考》	1	文件、宣传品
3970	1948年9月12日长城通讯社《敌情参考》	1	文件、宣传品
3971	1948年9月17日长城通讯社《敌情参考》	1	文件、宣传品
3972	1948年10月长城通讯社《敌情参考》	1	文件、宣传品
3973	1948年10月22日长城通讯社《敌情参考》	1	文件、宣传品
3974	1948年11月22日长城通讯社《敌情参考》	1	文件、宣传品
3975	1949年1月3日东北军区司令部通知	1	文件、宣传品
3976	1945年12月9日东北自治军《对目前通讯联络指示》	1	档案文书
3977	解放战争时期冀察热辽财经委员会会议记录	1	档案文书
3978	解放战争时期冀察热辽《运输计划表》	1	档案文书
3979	解放战争时期九纵人员供给情况表	1	档案文书
3980	1942年晋察冀北方分局《党务广播》	1	文件、宣传品
3981	解放战争时期蒙政府干部名单及其职务	1	档案文书
3982	1945年4月18日冀察热辽军区《供给干部职责参考材料》	1	文件、宣传品
3983	1945年5月23日冀热辽军区司令部编印《管理工信暂行规定》	1	档案文书
3984	1945年4月20日冀热辽军区《队务工作暂行规定》	1	档案文书
3985	解放战争时期东蒙古人民自治政府施政纲领	1	档案文书
3986	1947年9月20日中共中央冀察热辽分局总工部编《城工通讯》	1	文件、宣传品
3987	解放战争时期龙标桂、王振东给军区首长的信	1	档案文书
3988	1946年内蒙干部名单	1	档案文书
3989	1948年北平城内全图	1	档案文书
3990	1948年1月1日冀察热辽分局关于中农问题给各级党委的指示信	1	档案文书
3991	1948年6月年冀察热辽分局关于执行《中央关于一九四八年土地改革工作与整党工作的指示》的指示	1	档案文书
3992	解放战争时期冀察热辽分局关于发展扩大爱护建设主力的指示	1	档案文书
3993	1947年5月1日冀察热辽分局《关于一年来形势的检讨与今后方针任务的决议》	1	档案文书
3994	解放战争时期冀察热辽分局关于发放生产贷款的指示	1	档案文书
3995	1948年1月20日东北行政委员会《关于一九四八防疫工作》的指示	1	档案文书
3996	1948年2月1日东北行政委员会《关于春节拥军优属工作》的指示	1	档案文书
3997	1947年12月1日 东北解放区实行土地法大纲补充办法	1	档案文书
3998	1947年8月14日长城通讯社《锦榆线敌情通报》	1	文件、宣传品
3999	解放战争时期东总《利用原有的有线电线传递电报暂行办法》	1	档案文书
4000	解放战争时期东北局东北行政委员会关于东北人民代表会议代表选举办法的指示	1	档案文书
4001	1948年7月10日冀察热辽军区第12号命令	1	档案文书
4002	1948年7月21日 冀察热辽军区第15号命令	1	档案文书
4003	1948年7月20日 冀察热辽军区第14号命令	1	档案文书
4004	1948年4月15日冀察热辽军区第9号命令	1	档案文书
4005	1948年4月4日冀察热辽军区第8号命令	1	档案文书
4006	1948年3月17日冀察热辽军区第49号命令	1	档案文书

(续表)

藏品编号	名　　称	数量	类　别
4007	1948年4月10日冀察热辽军区第64号命令	1	档案文书
4008	1948年4月1日冀察热辽军区关于抽调装备补充炮兵的命令	1	档案文书
4009	1948年4月3日冀察热辽军第63号命令	1	档案文书
4010	1948年5月8日冀察热辽军区第76号命令	1	档案文书
4011	1948年5月11日冀察热辽军区第77号命令	1	档案文书
4012	1948年7月3日冀察热辽军区第83号命令	1	档案文书
4013	1948年8月25日冀察热辽军区关于各纵队在热河冀东的补充师由军区统管的命令	1	档案文书
4014	1948年8月29日冀察热辽军区司令部关于在各地设立兵站的命令	1	档案文书
4015	1948年4月24日冀察热辽军区第5号训令	1	档案文书
4016	1948年4月22日冀察热辽军区第4号训令	1	档案文书
4017	1948年4月26日冀察热辽军区第6号训令	1	档案文书
4018	1947年11月27日东总训令	1	档案文书
4019	1948年4月19日冀察热辽军区后勤司令部关于紧急动员修整公路的指令	1	档案文书
4020	1948年2月18日冀察热辽军区练兵会议通报	1	档案文书
4021	1948年8月15日冀察热辽军区通报	1	档案文书
4022	1946年10月1日冀热辽分局关于补发文件书籍的通知	1	文件、宣传品
4023	1949年2月6日冀察热辽后司兵站部第一大站家务收支细呈表	1	档案文书
4024	1947年8月12日冀察热辽军区经济状况报告	1	档案文书
4025	1947年6月1日冀察热辽军区秋季度经费预算统计表	1	档案文书
4026	1948年1月16日冀察热辽军区经费预算表	1	档案文书
4027	1947年9月26日冀察热辽军区1947年5月份经费计算表	1	档案文书
4028	1947年5月14日冀察热辽第一次党代表会关于一年来形势的检讨与今后方针任务的决议	1	档案文书
4029	1946年9月25日冀察热辽分局关于紧急金融处理办法的决定	1	档案文书
4030	1947年1月1日热辽军区经费预算表	1	档案文书
4031	1946年11月15日从东北运转枪火物品报告书	1	档案文书
4032	1947年至1948年冀察热辽军区所属各级卫生机关及卫生人员现状表	1	档案文书
4033	1947年冀察热辽军区卫生部各级卫生机关手术统计表	1	档案文书
4034	1948年4月冀察热辽军区军工部成品收支表	1	档案文书
4035	1948年12月冀察热辽军区第八队材料工具统计表	1	档案文书
4036	1948年12月冀察热辽药品统计表	1	档案文书
4037	1948年12月19日冀察热辽军区后勤供给部家务收支明细表	1	档案文书
4038	1947年12月25日冀察热辽分局社会部对平分土地中加强各地保卫工作的指示	1	档案文书
4039	1947年5月30日冀察热辽军政联合财经办事处《财经统计材料》	1	档案文书
4040	1947年5月28日冀热辽军区《收支对照表》	1	档案文书
4041	1947年2月19日热辽军区《家产移交统计表》	1	档案文书
4042	1945年12月18日冀热辽军区供给部成品收发报告表	1	档案文书
4043	1947年冀热辽军区夏季战费预算表	1	档案文书
4044	解放战争时期冀察热辽《各级人员每年消耗统计表》	1	档案文书
4045	1947年兵站部六、七月运输物资人员总结报告表	1	档案文书
4046	解放战争时期冀东与热河供给标准比较表	1	档案文书
4047	1946年热河省各机关在战争中物资损失统计	1	档案文书
4048	1946年冀热辽军区供给部《发出各种布匹统计表》	1	档案文书
4049	1947年冀热辽军区供给部《运输情况统计表》	1	档案文书
4050	1947年冀察热辽军区供给部《车辆状况统计》	1	档案文书
4051	1947年白城子办事处物资统计	1	档案文书
4052	解放战争时期省府粮食局各地存粮数目	1	档案文书
4053	解放战争时期物品库存统计表	1	档案文书
4054	1948年7月15日冀察热辽办事处召开财经会议的通知	1	文件、宣传品
4055	解放战争时期热河各级机关编制表	1	档案文书
4056	1947年4月热河省解放区行政划分及人口土地统计表	1	档案文书
4057	解放战争时期冀热察地区关于财政问题的材料	1	档案文书

(续表)

藏品编号	名　　称	数量	类　别
4058	解放战争时期热河《金融贸易、税收等关系》	1	档案文书
4059	1947年陆锦廷揭发姜达生的材料	1	档案文书
4060	解放战争时期第二区公所关于省府被服厂生产处的说明材料	1	档案文书
4061	解放战争时期赤峰市财经局就浴池归属问题给张市长的报告	1	档案文书
4062	解放战争时期赤峰市电报电话局马如良关于一次纠纷的说明	1	档案文书
4063	解放战争时期赤峰市税务局对省公安局意见	1	档案文书
4064	解放战争时期关于检查卫生发生冲突和占房问题经过	1	档案文书
4065	解放战争时期赤峰市财经局关于省税务局留款问题说明	1	档案文书
4066	解放战争时期热辽分局八月政治汇报	1	档案文书
4067	1947年10月5日卓盟蒙民武装统计	1	档案文书
4068	解放战争时期东北军区《关于干部保健问题》的通知	1	文件、宣传品
4069	1947年热辽分区各部队家产物资一览表	1	档案文书
4070	1947年热辽分区发给二师物资报告表	1	档案文书
4071	1947年9月26日冀察热辽军区的不良倾向统计表	1	档案文书
4072	1948年2月1日《冀察热辽经济与财政问题》	1	档案文书
4073	解放战争时期热河辽西供给部物资登记表	1	档案文书
4074	1947年11月7日《东北解放区各级粮食局组织与工作暂行条例》	1	档案文书
4075	1947年11月12日东北局《关于处理荣誉军人的决定》	1	档案文书
4076	1947年9月12日东北行政委员会关于教育工作的指示	1	档案文书
4077	1948年10月23日东北行政委员会编《目前教育的指针》	1	档案文书
4078	1948年冀察热辽军区供给部《经费标准执行细则与科目序列之规定》	1	档案文书
4079	1948年4月22日冀察热辽军区《关于干部保健问题的通知》	1	文件、宣传品
4080	1945年3月嫩江省委《干部学习参考材料》	1	档案文书
4081	1949年5月东北军区政治部《关于目前干部工作的几点指示》	1	档案文书
4082	1948年5月10日东北军区出版 《目前后勤运输状况任务组织和运输力的统一与使用》	1	档案文书
4083	解放战争时期东北军区《目前情况与后勤的任务组织和工作》	1	档案文书
4084	1948年2月20日东北公营企业《战时暂行劳动保险条例》	1	档案文书
4085	解放战争时期冀察热辽军区印《供给机关行政工作制度》	1	档案文书
4086	1947年7月27日东北民主联军发《后勤导报》	1	文件、宣传品
4087	1948年12月1日内蒙党委发《学习》	1	文件、宣传品
4088	1946年《关于目前形势与任务的报告》	1	档案文书
4089	1947年9月11日林主席《关于东北解放区民主政权建设总结》	1	档案文书
4090	解放战争时期中共中央给晋绥分局、西北局《关于整党问题指示》	1	档案文书
4091	1949年中共中央东北局《庆祝中国共产党成立二十八周年宣传教育提纲（草案）》	1	档案文书
4092	1948年4月6日东北行政委员会《各级公安机关掌管事项及组织人员暂行编制》	1	档案文书
4093	1949年3月13日党的七届二中全会决议和报告	1	档案文书
4094	1949年5月10日中国新民主主义青年团第一届全国代表大会文献	1	档案文书
4095	1945年5月1日《群众工作指南》	1	档案文书
4096	1947年6月1日冀察热辽军区出版的《立功》	1	档案文书
4097	1948年9月中共中央关于请示报告制度的决议	1	档案文书
4098	1948年10月1日东北军区发《部队卫生人员薪津待遇暂行办法》	1	档案文书
4099	1948年5月4日编印《东北解放区毛泽东青年团暂行团章》	1	档案文书
4100	1945年5月1日东北军区《关于电报报告月终实力内容与格式之规定》	1	档案文书
4101	1949年5月6日东北军区关于干部评级问题的通知	1	文件、宣传品
4102	1948年11月东北局关于评定干部级别问题的通知	1	文件、宣传品
4103	1946年3月谭政《关于部队政治工作问题的报告》	1	档案文书
4104	1948年8月24日新华社冀察热辽分社出版的《新闻通讯》	1	文件、宣传品
4105	1948年7月东北军政大学编印《军大》	1	文件、宣传品
4106	1948年9月东北军区印《军事》	1	文件、宣传品
4107	解放战争时期东北书店印行《城市工作指南》	1	古籍图书
4108	1948年10月25日中共中央东北局编印《入城政策手册》	1	档案文书

(续表)

藏品编号	名　　称	数量	类　别
4109	1949年东北人民政府施政方针	1	档案文书
4110	1948年9月1日东北政委会《工作简讯》	1	文件、宣传品
4111	1948年9月15日东北政委会《工作简讯》	1	文件、宣传品
4112	1945年9月10日晋察冀分局《工作通讯》	1	文件、宣传品
4113	1945年9月25日晋察冀中央局《工作通讯》	1	文件、宣传品
4114	1946年7月10日晋察冀中央局《工作通讯》	1	文件、宣传品
4115	1948年7月冀察热辽中央分局编《工商业问题》	1	档案文书
4116	1947年2月21日冀察热辽分局出版的《团结奋斗》	1	文件、宣传品
4117	1947年2月25日冀察热辽分局出版的《团结奋斗》	1	文件、宣传品
4118	1947年4月5日冀察热辽分局出版的《团结奋斗》	1	文件、宣传品
4119	1947年10月15日冀察热辽中央分局出版的《团结奋斗》	1	文件、宣传品
4120	1948年11月东北各城市交通规则	1	档案文书
4121	1948年冀察热辽军事系统供给标准	1	档案文书
4122	1948年6月24日冀察热辽军区印《东北敌军战斗序列》	1	档案文书
4123	1948年6月冀察热辽军区干部任职命令	1	档案文书
4124	解放战争时期李运昌司令员签发的《关于建立各级后勤组织的命令（草稿）》	1	档案文书
4125	解放战争时期冀察热辽军区分区紧急通知草稿	1	文件、宣传品
4126	1948年3月29日冀察热辽军区《关于加强部队实力报告制度的指示》	1	档案文书
4127	1948年5月10日冀察热辽军区转发中央军委《关于黄克诚、程子华任职命令的通报》	1	档案文书
4128	1948年4月17日冀察热辽军区《关于召开各部门工作分工会议的通知》	1	文件、宣传品
4129	1948年7月26日冀察热辽军区《关于汽车队要严格遵守鼠疫区防疫规定的通知》	1	文件、宣传品
4130	1946年5月13日冀察热辽军区《关于召开干部会议的通知》	1	文件、宣传品
4131	1948年2月16日冀察热辽军政联合财经办《关于对工厂商店后方机关情况调查的通知》	1	文件、宣传品
4132	1948年6月7日东北局《关于征求如何加强对即将解放城市工厂领导的意见的通知》	1	文件、宣传品
4133	解放战争时期东北局《关于阅读文件的通知》	1	文件、宣传品
4134	1948年4月16日热河省政府《关于加强防疫工作的通知》	1	文件、宣传品
4135	1948年4月22日热河省政府《启用新公章的通知》	1	文件、宣传品
4136	解放战争时期冀察热辽军区《召开紧急会议讨论承德围困问题的通知》	1	文件、宣传品
4137	1946年10月17日热辽行政公署关于政权统归河省政府领导的通知	1	文件、宣传品
4138	1946年10月17日热河省政府《关于统一领导热河辽地区工作的通知》	1	文件、宣传品
4139	解放战争时期冀察热辽分局军区《关于合并文一团和鲁艺的通知》	1	文件、宣传品
4140	1948年冀察热辽军区政治部给李运昌送阅文件函	1	档案文书
4141	1947年8月总抚恤委员会《关于下发评定残废等级九条标准的通知》	1	文件、宣传品
4142	解放战争时期热辽地委转发分局《关于春耕组织领导的通知》	1	文件、宣传品
4143	解放战争时期冀东《关于情报工作联系人问题的通知》	1	文件、宣传品
4144	1947年11月10日冀察热辽分局《关于成立战勤指挥部的通知》	1	文件、宣传品
4145	1948年3月1日热辽地委《关于执行东北局颁布的婚姻问题新决定的通知》	1	文件、宣传品
4146	1948年5月14日冀察热辽分局《关于规范下发文件程序的通知》	1	文件、宣传品
4147	解放战争时期冀察热辽军政联合财经办《关于昭乌达期征烟购烟的通知》	1	文件、宣传品
4148	解放战争时期东北局宣传部《关于明确东北书店及分支机构隶属关系的通知》	1	文件、宣传品
4149	解放战争时期冀察热辽分局、军区司令部《关于禁止私自向东北推销特货的通令》	1	档案文书
4151	1947年4月冀察热辽军区《关于下发政治训令的通知》	1	文件、宣传品
4152	1945年8月11日朱德总司令《关于对城镇要塞实施紧急军事管制的命令》	1	档案文书
4153	1947年4月22日冀察热辽分局《关于更改体制归属问题的通知》	1	文件、宣传品
4154	1947年冀察热辽军区卫生工作总结	1	档案文书
4155	1948年12月冀察热辽军区秋季卫生工作总结	1	档案文书
4156	1947年冀察热辽一九四七年工作总结报告	1	档案文书
4157	1947年4月冀察热辽办事处《关于总支工作、政工干部配备与教育等方面的总结》	1	档案文书
4158	解放战争时期白城子拥政爱民材料	1	档案文书
4159	1946年11月7日泰华贸易公司林西零卖物价日报表	1	档案文书
4160	1947年11月热辽二十一分区被服材料费计算表	1	档案文书
4161	1947年1月14日冀热辽军区军直《关于供给自给生产节约会议决定》	1	文件、宣传品

(续表)

藏品编号	名　　称	数量	类　别
4162	解放战争时期热河省被服工作制度	1	档案文书
4163	1948年冀察热辽军区被服供给证书	1	档案文书
4164	1948年3月冀察热辽军区《关于今后供给工作的意见和工作作风》	1	档案文书
4165	1948年冀察热辽军区《军事系统供给标准》	1	档案文书
4166	1948年冀察热辽分局《关于粮秣制度试行办法》	1	档案文书
4167	1947年热辽区三十六年度收支预算材料	1	档案文书
4168	1946年冀察热辽军区购物凭据	1	票据
4169	1948年3月25日冀察热辽军区经费与物价标准	1	档案文书
4170	1948年12月28日冀察热辽军区装备及进关人数、武弹情况的报告	1	档案文书
4171	1946年9月24日冀察热辽分局《关于精减与调整组织的决定》	1	档案文书
4172	1946年10月6日冀热辽中央分局《关于成立自卫战争动员委员会的决定》	1	档案文书
4173	解放战争时期冀察热辽军区《关于组织缴获物资管理委员会之决定》	1	档案文书
4174	1947年11月1日冀察热辽《关于干部小灶待遇条件之决定》	1	档案文书
4175	1947年2月15日冀察热辽分局社会部《关于目前保卫工作的指示》	1	档案文书
4176	1947年5月12日冀察热辽第一次党代表会议决议	1	档案文书
4177	1947年11月15日冀热辽《关于处分唐华同志的决定》	1	档案文书
4178	1947年9月冀察热辽分局《关于贯彻东北局指示的决定》	1	档案文书
4179	1947年6月20日冀察热辽分局《关于新收复城市经济政策的决定》	1	档案文书
4180	1947年5月20日冀察热辽分局军区司令部《关于东北办事处的几项决定》	1	档案文书
4181	1947年12月13日冀察热辽分局《关于建立党内交通工作的决定》	1	文件、宣传品
4182	1947年2月7日晋察冀中央局《关于加强国军工作的决定》	1	档案文书
4183	1947年4月10日晋察冀中央局《关于讨论中央"二一"指示后的决定》	1	档案文书
4184	1948年2月14日《冀察热辽分局、军区机关成立各级后勤司令部的决定》	1	档案文书
4185	1948年冀察热辽军区《关于运输问题决定》	1	档案文书
4186	1948年冀察热辽军区《关于第二批独立团与地方军建设的决定》	1	档案文书
4187	解放战争时期冀察热辽军区《关于培养军队干部的决定》	1	档案文书
4188	1948年2月17日冀察热辽军区《关于处分黄国山同志的决定》	1	档案文书
4189	解放战争时期冀察热辽分局《关于土改转入春耕的指示》	1	档案文书
4190	1948年1月25日冀察热辽军区《关于审查俘房的决定》	1	档案文书
4191	1948年1月4日冀察热辽分局《关于统一公粮发行、贸易、税收的决定》	1	档案文书
4192	1948年4月15日冀察热辽分局《关于军邮工作的决定》	1	档案文书
4193	1948年冀察热辽分局《关于纠正侵犯工商业的决定》	1	档案文书
4194	1948年10月4日冀察热辽分局《关于统一供给前线与后方生产自给的决定》	1	档案文书
4195	1948年1月25日冀察热辽军区《关于警卫工作的决定》	1	档案文书
4196	1948年1月11日东北局《关于目前东北地下党组织之党员与抗联干部的决定》	1	档案文书
4197	解放战争时期东北局《关于征粮购粮的决定》	1	档案文书
4198	1948年1月3日冀察热辽军区练兵会议上的决定	1	档案文书
4199	1948年3月冀察热辽军区《关于各级后勤组织与编制的决定》	1	档案文书
4200	1948年6月东北军区《关于任命干部的秩序的规定》	1	档案文书
4201	1946年7月3日《金融参考消息》	1	文件、宣传品
4202	1947年3月22日冀察热辽军区军直现有人员马匹武器统计表	1	档案文书
4203	1947年12月20日冀察热辽军工厂人员器材成品统计表	1	档案文书
4204	1947年丙等医院政治处编制表	1	档案文书
4205	1948年关于建立医大分校给程政委、李司令员的报告	1	档案文书
4206	1948年4月20日冀察热辽军区卫生部直属各单位工休人员调查表	1	档案文书
4207	1947年至1948年冀察热辽火药物资统计表	1	档案文书
4208	1948年12月冀察热辽军区军工部军械科现有武器弹药统计表	1	档案文书
4209	1948年12月7日冀察热辽第七队工具材料统计表	1	档案文书
4210	1948年12月19日冀察热辽供给部《物资和仓库数统计》	1	档案文书
4211	1949年1月10日冀察热辽军区《辽西热河分区家务分配表》	1	档案文书
4212	1948年12月17日冀察热辽《工具明细表》	1	档案文书
4213	1948年4月11日十一纵队人马大车统计	1	档案文书

(续表)

藏品编号	名　称	数量	类　别
4214	1948年4月9日冀察热辽现有人马武弹及编制数目统计表	1	档案文书
4215	1949年1月19日各库武弹交东北呈报表	1	档案文书
4216	1947年李运昌关于军工卫生情况给程子华等人的报告	1	档案文书
4217	1948年4月23日冀察热辽军工部组织状况及生产情形	1	档案文书
4218	1946年8月六师成立大会誓词	1	档案文书
4219	1947年4月25日晋察冀中央局《关于正确对待逃亡人员和开展归队运动的指示》	1	文件、宣传品
4220	1946年12月15日冀热辽军区《联络工作指示》	1	文件、宣传品
4221	1946年2月14日冀热辽特委《关于情报联络工作的决定》	1	档案文书
4222	1947年李运昌关于节约粮食问题给有关部队的信	1	档案文书
4223	1947年2月24日晋察冀军区兵站工作条例草案	1	档案文书
4224	解放战争时期东北局关于《干部结婚问题新决定》的修改通知	1	文件、宣传品
4225	1947年10月20日东北局《关于妇女工作的指示》	1	文件、宣传品
4226	1947年11月关于部队复查工作与地主富农思想的材料	1	档案文书
4227	1948年1月10日冀察热辽分局《关于富农问题》摘要	1	档案文书
4228	1948年3月12日《关于女同志工作学习与待遇的意见》	1	档案文书
4229	1948年1月8日冀察热辽军区《关于各级后勤组织与编制的决定》	1	档案文书
4230	1948年3月21日冀察热辽办事处关于克服粮荒给各级政府、机关、部队的信	1	档案文书
4231	1948年4月24日冀察热辽后勤部《为展开整党整军运动的指示》	1	文件、宣传品
4232	1948年9月9日冀察热辽军区《关于归俘处理办法的指示》	1	文件、宣传品
4233	1949年5月10日冀察热辽野战军《处理俘虏工作暂行条例》	1	档案文书
4234	1948年2月28日王范在冀察热辽情报工作会议上的总结报告	1	档案文书
4235	1948年2月3日李副司令员在热河练兵会议上的结论	1	档案文书
4236	1948年12月阜义北县支队《月终实力报告》	1	档案文书
4237	1948年冀察热辽军区《建军会议总结》	1	档案文书
4238	解放战争时期袁诚贤等人《关于雇车运输炸药的报告》	1	档案文书
4239	解放战争时期热河卫生部、军工部需要解决之问题资料	1	档案文书
4240	解放战争时期冀察热辽供给部关于物资运输、经费等问题的汇报	1	档案文书
4241	解放战争时期新华总社关于目前报道内容的通报	1	档案文书
4242	1947年4月冀察热辽军区军法处判决书	1	档案文书
4243	1948年2月13日东北行政委员会颁布的三个条例	1	档案文书
4244	1948年1月1日东北行政委员会《人民法庭条例及办事细则》	1	档案文书
4245	解放战争时期冀察热辽军区讨论"集中力量打歼灭战"的发言记录	1	档案文书
4246	解放战争时期关于冀察热辽军大分校建设方针问题	1	档案文书
4247	解放战争时期东北局《关于土地改革运动中的打人问题》	1	档案文书
4248	1947年11月冀察热辽军工部各部成品单位材料费用表	1	档案文书
4249	1947年1月5日冀察热辽军区独立十六旅供给处现有物资统计表	1	档案文书
4250	1947年2月12日冀察热辽军区库存日报表	1	档案文书
4251	1945年12月26日冀察热辽军区供给部清查库存统计表	1	档案文书
4252	1948年5月冀察热辽军区供给部经费物价标准	1	档案文书
4253	1947年6月7日冀察热辽财经委员会会议记录	1	档案文书
4254	1947年11月20日冀东区1947年度服装副表	1	档案文书
4255	解放战争时期各队学员党员人数及职别统计	1	档案文书
4256	1947年9月15日冀察热辽财经委员会决议记录	1	档案文书
4257	1945年12月26日冀热辽军区供给部库存武器弹药统计表	1	档案文书
4258	1945年12月西线野战供给部武器弹药发放统计表	1	档案文书
4259	解放战争时期冀察热辽军工部物品重量统计报告	1	档案文书
4260	解放战争时期冬季发出人马数统计表	1	档案文书
4261	解放战争时期冀察热辽分局《关于加强县级军邮路线的决定》	1	档案文书
4262	1948年10月11日冀察热辽分局《关于各县召开劳模会议的指示》	1	文件、宣传品
4263	解放战争时期泰华贸易公司林西零卖物价日报表	1	档案文书
4264	1948年6月23日热河省《关于发放荣军抚恤金与换发新荣誉军人证的通知》	1	文件、宣传品
4265	1948年5月7日热河省政府《关于粮证管理问题的通令》	1	档案文书

(续表)

藏品编号	名　称	数量	类　别
4266	1948年10月11日热河省政府《关于召开省县旗劳模会议的通知》	1	文件、宣传品
4267	1946年1月26日晋察冀边区急需救济人数统计表	1	档案文书
4268	解放战争时期热河人民武装夏季参战经验	1	档案文书
4269	解放战争时期热河省人口土地汇总表	1	档案文书
4270	1947年4月热河全省人口土地统计表	1	档案文书
4271	1947年4月冀东行政划分及人口土地统计表	1	档案文书
4272	1946年6月至1947年7月热河人民武装建设状况	1	档案文书
4273	1947年12月25日五家煤窑初步调查材料	1	档案文书
4274	解放战争时期冀察热辽军区印《大烟问题》	1	档案文书
4275	解放战争时期命令	1	文件、宣传品
4276	解放战争时期六月份减租减息增资材料统计表	1	档案文书
4277	1947年热河省政府总支对姜达生的处分决定	1	档案文书
4278	1947年今后工作报告提纲	1	档案文书
4279	解放战争时期热河交通建设提案	1	档案文书
4280	1949年6月21日热河省春耕运动初步总结	1	档案文书
4281	解放战争时期赵明、张宾给李主席的报告	1	档案文书
4282	1948年东北局东北军区《关于组建二线兵团计划》电文抄件	1	档案文书
4283	1946年4月24日冀热辽分局《反贪污浪费之指示》	1	文件、宣传品
4284	1947年至1948年各地存有物资统计表	1	档案文书
4285	1946年9月14日冀察热辽军区供给部印《物资损失统计概数》	1	档案文书
4286	解放战争时期五旅实力统计	1	档案文书
4287	解放战争时期纵队各部人马武车编制一览表	1	档案文书
4288	1945年东北人民自治军抄转给李运昌《中央军委12月12日来电》全文	1	档案文书
4289	1947年4月4日冀热辽分局《财经文件汇集》	1	档案文书
4290	1948年8月1日北宁线（津榆段）蒋匪军概况	1	档案文书
4291	解放战争时期热中分区现有数人马武弹统计表	1	档案文书
4292	解放战争时期《热中手绘简图》	1	档案文书
4293	解放战争时期热中专署各县干部名单	1	档案文书
4294	1947年7月冀察热辽财经委员会1947年7月份经费分配表	1	档案文书
4295	1948年冀察热辽军区《一九四八年度供给标准》	1	档案文书
4296	1947年12月30日东总政治部《四七年的形势与四八年的任务》	1	档案文书
4297	1948年4月29日冀察热辽分局关于人民武装工作的指示	1	文件、宣传品
4298	1946年9月25日东北民主联军总司令部编印的《东北敌情》	1	文件、宣传品
4299	1947年6月10日东北民主联军总司令部编印的《东北敌情》	1	文件、宣传品
4300	1945年至1948年李运昌的电文笔记本	1	档案文书
4301	1945年李运昌的电文笔记本	1	档案文书
4302	1948年4月9日四纵三十师刘殿哲写给妻子的信	1	档案文书
4303	1948年4月四纵三十团刘殿哲烈士使用的麻花被面	1	织绣
4304	解放战争时期四纵三十团刘殿哲烈士参军前使用的小锄头	1	铁器、其他金属器
4305	解放战争时期刘殿哲使用的木工工具	3	铁器、其他金属器
4306	1979年6月盖县革委会补发杨运烈士光荣牺牲纪念证	1	档案文书
4307	1939年熊岳区区长杨运烈士生前照片底版	1	音像制品
4308	解放战争时期袁式毅（袁学群）烈士的手戳	1	玺印符牌
4309	解放战争时期周永贵使用的留声机	1	其他
4310	解放战争时期张魁印使用的望远镜	1	武器
4311	解放战争时期刘光涛使用的望远镜	1	武器
4312	1946年刘光涛使用的皮文件包	1	皮革
4313	解放战争时期陈升使用的皮背包	1	皮革
4314	1948年10月陈升使用的毛围巾	1	织绣
4315	解放战争时期冯还玉使用的皮背包	1	皮革
4316	解放战争时期蔡光济使用的皮背包	1	皮革
4317	1947年1月王凯使用的发梳	1	其他

(续表)

藏品编号	名　　称	数量	类　别
4318	1948年瞿永贵使用的指北针	1	武器
4319	解放战争时期吕本之使用的里程计	1	度量衡器
4320	解放战争时期吕本之使用的指北针	1	武器
4321	1945年白崇禧《现代陆军军事教育之趋势》	1	古籍图书
4322	1947年1月30日东北军区政治部出版《自卫社论选集》	1	文件、宣传品
4323	1947年5月东北军区政治部出版《自卫社论选集》	1	文件、宣传品
4324	1948年1月东北军区政治部出版《自卫社论选集》	1	文件、宣传品
4325	解放战争时期吉林军区司令部印《蒋匪战术参考材料》	1	档案文书
4326	1947年9月1日一纵司令部印《四平攻坚战总结》	1	档案文书
4327	1949年5月5日四野政治部印《入城政策手册》	1	档案文书
4328	1949年3月12日四野政治部印《七届二中全会决议》	1	档案文书
4329	1948年4月东北军区印任弼时著《土地改革中的几个问题》	1	古籍图书
4330	1948年6月10日一纵二师《纵深战斗中政治工作的几个问题》	1	档案文书
4331	1948年8月东野印《红军第四军第九次代表大会决议案》	1	古籍图书
4332	1947年11月东北民主联军总政治部出版的《中国人民解放军宣言、中国土地法大纲》	1	古籍图书
4333	1946年11月东北民主联军总政治部出版的《干部学习文件》	1	古籍图书
4334	1947年9月东北民主联军总政治部出版的《人民解放军大举反攻》	1	古籍图书
4335	1947年9月东北民主联军总政治部出版的《政治工作论丛》	1	古籍图书
4336	1947年10月东北民主联军总政治部出版的《贯彻土地改革的思想》	1	古籍图书
4337	解放战争时期辽东军区政治部编印《战时政治工作论文选》	1	古籍图书
4338	1945年东北书店印行的《论领导方法》	1	古籍图书
4339	解放战争时期一纵一师《梁政治委员的总结报告》	1	档案文书
4340	1947年9月东北民主联军政治部出版的《论土地改革》	1	古籍图书
4341	1947年6月东北民主联军政治部出版的《论宣传教育》	1	古籍图书
4342	1947年7月东北民主联军政治部出版的《论党的建设》	1	古籍图书
4343	1948年1月东北军区政治部出版的毛泽东著《论中国革命》	1	古籍图书
4344	1947年2月十八军政治部翻印的《军民关系》	1	古籍图书
4345	1945年7月十八集团军政治部翻印的《官兵关系》	1	古籍图书
4346	1949年8月15日四野政治部印发的《下乡工作手册》	1	档案文书
4347	1947年9月1日一纵《四平攻坚战总结》	1	古籍图书
4348	1948年8月东北军区《防止敌人军官逃跑和清查停房军官的办法》	1	档案文书
4349	1948年3月15日晋察冀军区《敌工研究》	1	文件、宣传品
4350	1947年12月东北民主联军《学习》	1	文件、宣传品
4351	1948年1月东北军区《学习》	1	文件、宣传品
4352	1948年2月东北军区《学习》	1	文件、宣传品
4353	1948年3月东北军区《学习》	1	文件、宣传品
4354	1948年5月东北军区《学习》	1	文件、宣传品
4355	1948年6月东北民主联军《学习》	1	文件、宣传品
4356	1948年6月东北军区《学习》	1	文件、宣传品
4357	1948年7月东北军区《学习》	1	文件、宣传品
4358	1948年8月东北军区《学习》	1	文件、宣传品
4359	1948年9月东北军区《学习》	1	文件、宣传品
4360	1948年10月东北军区《学习》	1	文件、宣传品
4361	1948年11月东北军区《学习》	1	文件、宣传品
4362	1948年12月东北军区《学习》	1	文件、宣传品
4363	1949年1月东北军区《学习》	1	文件、宣传品
4364	1949年2月东北军区《学习》	1	文件、宣传品
4365	1949年东北军区《学习》	1	文件、宣传品
4366	1949年4月东北军区《学习》	1	文件、宣传品
4367	1949年4月30日东北军区《学习》	1	文件、宣传品
4368	1949年5月东北军区《学习》	1	文件、宣传品

(续表)

藏品编号	名　　称	数量	类　别
4369	1949年6月东北民主联军《学习》	1	文件、宣传品
4370	1948年8月28日东北前线指挥所《围城简报》	1	文件、宣传品
4371	1948年7月25日东北前线指挥所《围城简报》	1	文件、宣传品
4372	1948年一纵一师团政治部主任吕本之的军人记账乘车券	1	票据
4373	1948年8月东北军区草料票	1	票据
4374	1948年东北银行发行的流通券	1	票据
4375	1947年东北人民解放军《一九四七年战绩》	1	古籍图书
4376	1948年9月18日杜庆山在战车团学习毕业证书	1	档案文书
4377	1948年12月14日第一三六师司令部《秋季战役总结》	1	档案文书
4378	1948年10月6日二十五大队政治部印《锦北战役政治工作总结》	1	档案文书
4379	1948年10月24日第二十五师司令部印《攻锦战斗总结》	1	档案文书
4380	1949年4月15日第四十六军政治部印《秋季战役专辑》	1	古籍图书
4381	1947年第纵队司令部印发的《九纵作战经验几个战例总结》	1	档案文书
4382	1946年中共吉辽省委印发的《中国共产党中央委员会为"七七"九周年纪念宣言》	1	档案文书
4383	1946年7月陈云同志讲话记录	1	档案文书
4384	解放战争时期真实出版社印行《国防新论》	1	古籍图书
4385	1948年国民党沈阳市政府印	1	玺印符牌
4386	解放战争时期三纵孙敏荣获的东北民主联军艰苦奋斗奖章	1	文件、宣传品
4387	1948年周福成在东北使用的手枪	1	武器
4388	1948年张竭诚使用的手枪	1	武器
4389	1949年3月26日东北军区一四三师给致顺义家属的立功喜报	1	文件、宣传品
4390	1948年郅顺义的立功证书	1	档案文书
4391	1948年11月6日曾雍雅师长给艾平烈士家属苏明的信	1	档案文书
4392	1945年九纵二十五师政委艾平烈士等三人合影	1	音像制品
4393	1940年九纵二十五师政委艾平烈士的照片	1	音像制品
4394	1940年九纵二十五师政委艾平烈士骑马照	1	音像制品
4395	1942年艾平烈士与爱人苏明合影	1	音像制品
4396	1947年独胆英雄陈树棠烈士追悼大会照片	1	音像制品
4397	1946年通化行政专署领导合影	1	音像制品
4398	1946年通化省委四临江破坏交通线人员合影	1	音像制品
4399	1948年三纵宣传工作会议合影	1	音像制品
4400	解放战争时期三纵九师部分人员合影	1	音像制品
4401	解放战争时期三纵九师师长郑大林照片	1	音像制品
4402	1946年三纵何英、左叶、杨树元合影	1	音像制品
4403	解放战争时期三纵八师邓岳、何英、杨树元合影	1	音像制品
4404	解放战争时期四保临江桦子沟战斗照片	1	音像制品
4405	解放战争时期三纵八师组织科长朱流在二保本溪阵地上的照片	1	音像制品
4406	1946年三纵在通化召开英模大会会址照片	1	音像制品
4407	1946年三纵八旅保卫四平北上前出发动员照片	1	音像制品
4408	1946年本溪联合中学慰问八旅的照片	1	音像制品
4409	1946年八旅（师）何英等人与本溪学生慰问团领导合影	1	音像制品
4410	1946年通化木塔	1	音像制品
4411	1946年元旦辽东军区前门照片	1	音像制品
4412	1945年三纵八师部分功臣合影	1	音像制品
4413	1948年9月三纵八师攻打义县照片	1	音像制品
4414	1946年四纵供给部部长邱国光视察机场照片	1	音像制品
4415	1946年后方医院运送伤员途中照片	1	音像制品
4416	1946年四纵前后方汽车队合并留影	1	音像制品
4417	1946年9月18日辽东军区卫生处长以上干部会议纪念照片	1	音像制品
4418	1948年为迎接辽沈战役搞好个人环境卫生动员照片	1	音像制品
4419	1946年十五旅特派员王凯在敦化机场日军飞机上留影	1	音像制品
4420	解放战争时期周保中铺床用的油漆布	1	其他

(续表)

藏品编号	名　　称	数量	类　别
4421	1946年周保中穿用的军裤	1	名人遗物
4422	1946年周保中使用的公文包	1	名人遗物
4423	1945年苏军授予周保中的红旗勋章	1	文件、宣传品
4424	解放战争时期周保中使用的行军床	1	家具
4425	1946年至1948年陈正人使用的收音机	1	其他
4426	1946年至1948年陈正人使用的望远镜	1	武器
4427	1945年至1948年陈云在东北使用的公文包	1	名人遗物
4428	1948年6月3日冀察热辽军区关于十八分区司令员任职的命令	1	档案文书
4429	1948年4月15日冀察热辽军区关于任命军区直属电台报务员令	1	档案文书
4430	1948年4月16日冀察热辽军区关于参谋任职的命令	1	档案文书
4431	1948年4月27日冀察热辽军区第70号命令	1	档案文书
4432	1948年4月27日冀察热辽军区关于冀东办事处主任的任职令	1	档案文书
4433	1948年4月28日冀察热辽军区第72号命令	1	档案文书
4434	1948年6月10日冀察热辽军区任命八纵炮兵主任令	1	档案文书
4435	1948年6月10日冀察热辽军区关于冀东军区副司令员的任职命令	1	档案文书
4436	1948年6月25日冀察热辽军区关于卫生人员的任职命令	1	档案文书
4437	1948年7月6日冀察热辽军区关于卫生人员任职令	1	档案文书
4438	1948年7月19日冀察热辽军区任职命令	1	档案文书
4439	1948年8月25日冀察热辽军区任职命令	1	档案文书
4440	1948年9月1日冀察热辽军区命令	1	档案文书
4441	1948年3月17日冀察热辽军区命令	1	档案文书
4442	1948年3月18日冀察热辽军区命令	1	档案文书
4443	1948年3月17日冀察热辽军区为炮兵部队调集骡马大车的命令	1	档案文书
4444	1948年3月24日冀察热辽军区任职命令	1	档案文书
4445	1948年3月29日冀察热辽军区任职命令	1	档案文书
4446	1948年3月29日冀察热辽军区命令	1	档案文书
4447	1948年3月28日冀察热辽军区后勤部干部任职命令	1	档案文书
4448	1948年4月1日冀察热辽军区建制变动命令	1	档案文书
4449	1948年3月28日冀察热辽军区任职命令	1	档案文书
4450	1948年7月14日冀察热辽军区干部调动命令	1	档案文书
4451	1948年3月17日冀察热辽军区干部任职命令	1	档案文书
4452	1948年4月3日冀察热辽军区任职命令	1	档案文书
4453	1948年长春起义人员吴君竹光荣军属证书	1	档案文书
4454	1950年8月28日二纵十三团政委朱嗣令烈士家属证明书	1	档案文书
4455	1945年二纵十三团政委朱嗣令烈士照片	1	音像制品
4456	1947年东北行政学院第一届学员毕业典礼照	1	音像制品
4457	1946年东北行政学院行政系学生宿舍照	1	音像制品
4458	1947年5月9日东北行政学院依兰工作队合影	1	音像制品
4459	1946年至1950年东北大学校徽	1	文件、宣传品
4460	1948年7月14日东北科学院教务处工作纪要	1	档案文书
4461	1945年11月3日辽宁省政府任命江涛为秘书的任命状	1	档案文书
4462	1948年9月16日刘玉璞的毕业证书	1	档案文书
4463	1947年秀水河子战斗前战士听指导员讲自卫方针	1	音像制品
4464	解放战争时期秀水河子战斗战士们战前合影	1	音像制品
4465	解放战争时期秀水河子战斗解放军进入作战地域	1	音像制品
4466	解放战争时期秀水河子战斗指挥员观测地形	1	音像制品
4467	解放战争时期秀水河子战斗照片	1	音像制品
4468	解放战争时期秀水河子战斗解放军匍匐前进照片	1	音像制品
4469	解放战争时期秀水河子战斗解放军正在射击	1	音像制品
4470	解放战争时期秀水河子战斗解放军准备冲锋	1	音像制品
4471	解放战争时期秀水河子战斗解放军向敌猛烈射击	1	音像制品
4472	解放战争时期秀水河子战斗解放军重机枪向敌射击	1	音像制品

第二章 锦州市第一次全国可移动文物普查成果藏品信息表

(续表)

藏品编号	名　称	数量	类　别
4473	解放战争时期秀水河子战斗解放军向敌人投掷手榴弹	1	音像制品
4474	解放战争时期秀水河子战斗解放军追击敌人进入村口	1	音像制品
4475	解放战争时期秀水河子战斗解放军在村口警戒	1	音像制品
4476	解放战争时期秀水河子战斗轻机枪手向狼狈溃退的敌人射击	1	音像制品
4477	解放战争时期秀水河子战斗解放军缴获敌人的武器	1	音像制品
4478	解放战争时期秀水河子战斗解放军缴获敌人的火箭炮	1	音像制品
4479	解放战争时期秀水河子战斗解放军缴获敌人的部分武器	1	音像制品
4480	解放战争时期秀水河子战斗解放军缴获敌人的火箭炮弹	1	音像制品
4481	解放战争时期秀水河子战斗解放军缴获敌人的汽车	1	音像制品
4482	解放战争时期秀水河子战斗解放军缴获敌人的部分火炮	1	音像制品
4483	解放战争时期秀水河子战斗静听解放军指导员讲话的俘虏们	1	音像制品
4484	解放战争时期秀水河子战斗老百姓抬送伤员	1	音像制品
4485	解放战争时期秀水河子战斗伤员被抬往野战医院	1	音像制品
4486	解放战争时期秀水河子战斗使用缴获的美式重机枪坚守阵地	1	音像制品
4487	解放战争时期秀水河子战斗封锁村口大道监视敌人	1	音像制品
4488	解放战争时期秀水河子战斗美式战车炮严阵以待	1	音像制品
4489	解放战争时期秀水河子战斗解放军使用上新式火箭炮了	1	音像制品
4490	解放战争时期秀水河子战斗美国战车炮坚守地阵	1	音像制品
4491	解放战争时期秀水河子战斗解放军凯旋归来	1	音像制品
4492	解放战争时期秀水河子战斗群众迎接解放军	1	音像制品
4493	解放战争时期秀水河子战斗东北民主联军召开会议欢庆胜利	1	音像制品
4494	1948年一纵一师党委扩大会合影	1	音像制品
4495	1947年1月5日总卫生部兵站医院二所全体合影	1	音像制品
4496	1948年9月5日中国医科大学第一分校毕业纪念留影	1	音像制品
4497	1947年7月8日蛟河县孙振东支前任务证	1	档案文书
4498	解放战争时期蛟河县张勤支前用的火针、迷针、白针	3	铁器、其他金属器
4499	解放战争时期蛟河县韩奶奶做军鞋用的锥子	1	铁器、其他金属器
4500	解放战争时期蛟河县妇女干事韩柏钧的手帕	1	织绣
4501	解放战争时期蛟河县王广富支前用的绑腿	1	织绣
4502	解放战争时期蛟河县王广富支前用的鞭杆	1	其他
4503	解放战争时期蛟河县王广贵支前用的提篮	1	其他
4504	解放战争时期蛟河县王广贵支前用的笸箩	1	其他
4505	解放战争时期蛟河县王广贵支前用的笸箩	1	其他
4506	解放战争时期蛟河县王广富支前用的斗	1	度量衡器
4507	1947年7月3日关东公安总局编印《警察规章》	1	档案文书
4508	1946年6月至1947年5月吉林省委书记陈正人的日记本	1	档案文书
4509	1947年9月至1948年1月吉林省委书记陈正人的省委土改会议记录本	1	档案文书
4510	1947年8月吉林省委书记陈正人的省委扩大会议记录本	1	档案文书
4511	1948年8月吉林省委书记陈正人的老干部会议记录本	1	档案文书
4512	1945年5月至12月吉林省委书记陈正人的日记本	1	档案文书
4513	1947年8月吉林省委书记陈正人的会议记录本	1	档案文书
4514	1947年7月至8月吉林省委书记陈正人的省委会议讨论记录本	1	档案文书
4515	1948年1月吉林省委书记陈正人的记录本	1	档案文书
4516	1947年12月29日陈正人的会议记录本	1	档案文书
4517	1947年11月10日陈正人的笔记本	1	档案文书
4518	1947年11月陈正人的吉林省土地改革总结讨论记录本	1	档案文书
4519	1948年2月陈正人在吉林省军区军政会议上总结	1	档案文书
4520	1948年7月27日陈正人的林彪七月二十七日报告记录稿	1	档案文书
4521	1946年6月陈正人在吉林省军区军政会议上的总结	1	档案文书
4522	1946年11月陈正人的群众工作会议记录本	1	档案文书
4523	1947年陈正人的"七七"决议及吉林派别问题的发言提纲	1	档案文书
4524	1948年2月14日陈正人的吉林省委会议记录	1	档案文书

(续表)

藏品编号	名　　称	数量	类　别
4525	1946年7月18日陈正人关于形势与今后方针的发言稿	1	档案文书
4526	1946年7月陈正人的敦化会议笔记本	1	档案文书
4527	1946年7月3日陈正人的敦化群众工作会议记录	1	档案文书
4528	1948年吉林省《朝鲜民族问题座谈会发言摘要》	1	档案文书
4529	1947年9月10日吉林省委秘书处印行的《土地改革与大胆放手》	1	古籍图书
4530	1946年东蒙自治政府暂行流通券	1	票据
4531	1946年兴安总省政府暂行流通券	1	票据
4532	1946年东蒙自治政府暂行流通券	1	票据
4533	1948年内蒙骑兵一师政委胡昭衡的支部工作笔记	1	档案文书
4534	1947年7月内蒙骑兵一连长和天保的立功证书	1	档案文书
4535	1949年内蒙骑兵一师连长胡格吉勒图的立功证书	1	档案文书
4536	1947年内蒙骑兵一师政委都固尔扎布的战场日记	1	档案文书
4537	1947年巴达玛扎布的功臣证明书	1	档案文书
4538	1948年内蒙一师连长拉玛扎布烈士的学习材料	1	档案文书
4539	1949年8月15日内蒙骑兵一师指导员图门仓荣获的奖状	1	文件、宣传品
4540	1949年内蒙骑兵一师指导员图门仓的功劳捷报	1	文件、宣传品
4541	1949年金琳的功臣证明书	1	档案文书
4542	1949年4月第四纵司令部编印的《锦州战役塔山阻援战斗典型战例》	1	古籍图书
4543	1948年内蒙骑兵一师闫世全的功臣证明书	1	档案文书
4544	1949年内蒙骑兵侦察排长高海龙功劳捷报	1	文件、宣传品
4545	1949年内蒙骑兵侦察排长高海龙功臣证明书	1	档案文书
4546	1950年2月20日高海龙荣获的立功喜报	1	文件、宣传品
4547	1948年骑兵一师干部检讨题纲	1	档案文书
4548	1948年内蒙骑兵一师三团围困长春的照片	1	音像制品
4549	1948年内蒙骑兵一师三团向长春挺进的照片	1	音像制品
4550	解放战争时期内蒙骑兵一师三团连长甘珠尔与战友合影	1	音像制品
4551	1947年冀察热辽军区团以上干部在朝阳合影	1	音像制品
4552	1948年冀察热辽军区骑兵六团团长李海涛照片	1	音像制品
4553	1948年骑兵一师一团连指导员图门昌照片	1	音像制品
4554	解放战争时期骑兵一师二团副连长金琳照片	1	音像制品
4555	1948年骑兵一师连长拉玛扎照片	1	音像制品
4556	1948年骑兵一师机枪连指导员巴达玛扎布照片	1	音像制品
4557	1948年通辽地委领导合影	1	音像制品
4558	1945年11月7日阜新纪念苏联十月革命节大会照片	1	音像制品
4559	1947年骑兵二师剿匪胜利归来照片	1	音像制品
4560	1946年辽吉地委书记郭峰与骑兵团政委高万宝扎布合影	1	音像制品
4561	1946年郭前旗翻身总会委员合影	1	音像制品
4562-1	1947年11月21日郭前旗各界庆祝胜利游行场面	1	音像制品
4562-2	1947年11月21日郭前旗各界庆祝胜利游行场面	1	音像制品
4563	1947年春郭前旗各界代表追悼死难烈士大会照片	1	音像制品
4564	1947年春郭前旗各界代表追悼死难烈士大会照片	1	音像制品
4565	1947年11月21日郭前旗贫农代表部分蒙族代表合影	1	音像制品
4566	1947年郭前旗贫农代表审查干部情形照片	1	音像制品
4567	1947年郭前旗贫农代表大会会场照片	1	音像制品
4568	1947年10月16日郭前旗区委书记联席会合影	1	音像制品
4569	1946年内蒙古文工团合影	1	音像制品
4570	1947年东北军大女学员毕业后参加土改途中照片	1	音像制品
4571	1947年欢迎晋冀鲁豫青年代表留影	1	音像制品
4572	1947年骑兵一师机枪连班长包成与夫人合影	1	音像制品
4573	解放战争时期好特老荣获的东北人民解放军勇敢奖章	1	文件、宣传品
4574	解放战争时期骑兵一师三团甘珠尔荣获的英雄奖章	1	文件、宣传品
4575	1947年高万宝扎布荣获的坚苦奋斗奖章	1	文件、宣传品

第二章　锦州市第一次全国可移动文物普查成果藏品信息表

（续表）

藏品编号	名　　　称	数量	类　别
4576	1947年荷云的东北军政大学毕业证章	1	文件、宣传品
4577	1948年荷云的内蒙文工团徽章	1	文件、宣传品
4578	1945年苏军授予抗联教导旅彭施鲁的红星勋章	1	文件、宣传品
4579	1949年王世举的解放东北纪念章	1	文件、宣传品
4580	1949年李胜贵的解放东北纪念章	1	文件、宣传品
4581	1948年骑兵三十四团曹德宝的内蒙军政大学第四期毕业证章	1	文件、宣传品
4582	1950年好特老的中国人民解放军战斗英雄代表会议纪念章	1	文件、宣传品
4583	1948年9月中国医科大学证章	1	文件、宣传品
4584	1947年邱奋利的保卫东北人民纪念章	1	文件、宣传品
4585	1947年鲍荫扎布使用的马褡子	1	织绣
4586	1948年鲍荫扎布使用的绑腿	2	织绣
4587	1948年额尔敦仓使用的马褡子	1	织绣
4588	1946年额尔敦仓使用的绑腿	3	织绣
4589	1946年骑兵一师副连长金琳穿过的衬衣	1	织绣
4590	1946年都固尔扎布使用的马褡子	1	织绣
4591	1946年都固尔扎布使用的绑腿	2	织绣
4592	1945年五纵司令员万毅使用的马褡子	1	织绣
4593	1948年韩国庆使用的线毯	1	织绣
4594	1948年骑兵一师指导员图门昌的裤子	1	织绣
4595	1947年骑兵师第三师师长孔飞的布袜	2	织绣
4596	1946年骑兵师第二师师长白音布鲁格使用的绑腿	2	织绣
4597	1946年8月白音布鲁格使用的马褡子	1	织绣
4598	1947年白音布鲁格穿用的棉裤	1	织绣
4599	1947年王海山使用的皮褥子	1	织绣
4600	1947年王海山使用的毛毯	1	织绣
4601	1945年张秀山使用的文件包	1	皮革
4602	1947年格力各中乃使用的公文包	1	皮革
4603	1947年马力勤使用的公文包	1	皮革
4604	1947年孔飞使用的公文包	1	皮革
4605	1947年那钦双合尔使用的军用挎包	1	皮革
4606	1947年都固尔扎布使用的武装带	1	皮革
4607	1946年额尔敦仓使用的武装带	1	皮革
4608	1947年甘珠尔使用的武装带	1	皮革
4609	1946年至1949年二纵司令员刘震使用的武装带	1	皮革
4610	1947年王海山穿过的马靴	2	皮革
4611	1946年乌兰穿过的蒙古袍	1	织绣
4612	1948年10月胡奇才穿的皮衣	1	皮革
4613	解放战争时期陈正人使用的鸭绒被	1	织绣
4614	1946年克力更戴过的皮帽子	1	织绣
4615	1947年哈丰阿使用的公文包	1	皮革
4616	1947年金琳使用的公文包	1	皮革
4617	1948年李海涛使用的公文包	1	皮革
4618	1945年至1948年博彦满都使用的公文包	1	皮革
4619	1945至1948年满达使用的军用挎包	1	武器
4620	1948年李金元使用的皮箱	1	皮革
4621-1	1948年李金元的热水瓶套	1	织绣
4621-2	1948年李金元的碗套	1	织绣
4622	1948年李金元的脸盆套	1	织绣
4623	1948年李金元使用的马褡子	1	织绣
4624	1946年李金元使用的马褡子	1	织绣
4625	1946年那钦双合尔使用的马褡子	1	织绣
4626	1945年张秀山进入东北时使用的布质地图	1	档案文书

（续表）

藏品编号	名　　称	数量	类　别
4627	1946年李海涛使用的马褡子	1	织绣
4628	1946年至1949年李中权使用的手枪	1	武器
4629	1946年至1949年二纵司令员刘震使用的手枪	1	武器
4630	解放战争时期马德良使用的7.65毛瑟半自动手枪	1	武器
4631	1946年宋治平保存的卡宾枪子弹	40	武器
4632	解放战争时期马庆功缴获的子弹	14	武器
4633	1946年额尔敦仓使用的马刀	1	武器
4634	解放战争时期内蒙骑兵一师连长巴达玛扎布使用的日本指挥刀	1	武器
4635	1945年辽东军区警卫团连长董正华缴获的日本指挥刀	1	武器
4636	1948年五纵司令员万毅使用的手表	1	其他
4637	1948年5月新特克使用的手表	1	其他
4638	1948年王再天使用的手表	1	其他
4639	1946年李金元使用的怀表	1	其他
4640	1945年哈丰阿使用的钢笔	1	文具
4641	1944年王海山的名章	1	玺印符牌
4642	1945年博彦满都戴过的眼镜	1	其他
4643	1945年彭施鲁使用的指北针	1	武器
4644	1947年马德良使用的指北针	1	武器
4645	1945年孙步仲使用的指北针	1	武器
4646	1947年七纵政委李中权使用的望远镜	1	武器
4647	1947年王海山使用的望远镜	1	武器
4648	1928年至1949年王再天使用的望远镜	1	武器
4649	1946年额尔敦仓用过的照相机	1	其他
4650	1948年四纵司令员吴克华使用的德造135照相机	1	其他
4651	1946年内蒙军区副司令员阿思根的名章	1	玺印符牌
4652	1946年内蒙军区副司令员阿思根的烟嘴	1	牙骨角器
4653	1947年黄成顺使用的指北针	1	武器
4654	1948年三纵十九团荣获的"铁拳头"锦旗	1	文件、宣传品
4655	1947年三纵十九团荣获的"铁拳"锦旗	1	文件、宣传品
4656	解放战争时期七纵六十一团钱安良荣获的勇敢奖章	1	文件、宣传品
4657	解放战争时期钱安良荣获的英雄奖章	1	文件、宣传品
4658	1948年钱安良荣获的东北民主联军毛泽东奖章	1	文件、宣传品
4659	解放战争时期全国战斗英雄杨海水荣获的战斗英雄奖章	1	文件、宣传品
4660	1947年全国战斗英雄杨海水荣获的立功奖章	1	文件、宣传品
4661	1947年何云杰荣获的勇敢奖章	1	文件、宣传品
4662	1947年一纵一师王云峰荣获的人民功臣奖章	1	文件、宣传品
4663	1947年刘梅村在四平战斗中荣获的东北民主联军毛泽东奖章	1	文件、宣传品
4664	1947年孙步仲荣获的艰苦奋斗奖章	1	文件、宣传品
4665	1947年贾景芳的军号嘴	1	乐器、法器
4666	1947年内蒙骑兵一师炮兵团索兴保使用的炮兵计算尺	1	度量衡器
4667	1947年内蒙骑兵一师一团指导员巴达玛扎布的大功证章	1	文件、宣传品
4668	1948年陈沂穿过的毛衣	1	织绣
4669	1949年内蒙骑兵一师二团高海龙的功臣之家匾	1	文件、宣传品
4670	1946年内蒙骑兵一师二团金琳使用的饭盒	1	铁器、其他金属器
4671	1946年鲍荫扎布使用的文件箱	1	铁器、其他金属器
4672	1948年国民党军使用的检知器盒	1	铁器、其他金属器
4673	1948年10月锦州战斗缴获的美军大衣	1	织绣
4674	1947年东北民主联军总卫生部编译处出版的《现代战争外科学》	1	古籍图书
4675	1948年5月《毛泽东选集》	1	文件、宣传品
4676-1	1937年10月至1948年11月佟静波的日记	1	档案文书
4676-2	1937年10月至1948年11月佟静波的日记	1	档案文书
4676-3	1937年10月至1948年11月佟静波的日记	1	档案文书

（续表）

藏品编号	名　　称	数量	类　别
4677	1948年8月东北野战军《野战参谋会议总结》	1	档案文书
4678	1947年至1949年邱玉金的日记	1	档案文书
4679	1948年10月东北军区印发的《报务人员必读》	1	档案文书
4680	解放战争时期陈明信《四平余生》	1	档案文书
4681	1947年一纵《四整一查资料汇编》	1	档案文书
4682	1947年北朝鲜中央银行发行的纸币	1	钱币
4683	1945年苏联红军发行的纸币	1	钱币
4684	1949年3月9日东北野战军后勤部印《连队政治教育工作》	1	古籍图书
4685	1946年11月至1947年张羽民四保临江战役日记	1	档案文书
4686	1947年3月东北军政大学毕业证书	1	档案文书
4687	1947年2月东北军政大学第九期毕业同学临别赠言录	1	档案文书
4688	1947年12月一纵《战术通报汇集》	1	档案文书
4689	1947年9月1日一纵《四平攻坚战总结》	1	档案文书
4690	1947年王云峰的奖章证明书	1	档案文书
4691	1947年3月荷云的东北军政大学毕业证书	1	档案文书
4692	1947年东北民主联军一〇部队《战时政治工作手册》	1	档案文书
4693	1945年博彦满都读过的《苏联共产党党史》	1	古籍图书
4694	1947年2月阿思根读过的《毛泽东选集》	1	古籍图书
4695	1948年10月徐治华烈士档案	1	档案文书
4696	1948年9月20日《东北日报》	1	文件、宣传品
4697	1948年6月《长城内外形势图》	1	档案文书
4698	1948年3月七纵六十一团钱安良立七大功奖状	1	文件、宣传品
4699	1948年四纵《后勤报》	1	文件、宣传品
4700	1946年9月23日安东省政府副主席吕其恩的任命状	1	档案文书
4701	1948年李毅使用的手枪	1	武器
4702	1948年马庆功使用的左轮手枪	1	武器
4703	解放战争时期许长庚使用的手枪	1	武器
4704	1948年哈尔滨星江工厂生产宣传弹照片	1	音像制品
4705	1947年安东省二地委书记吕其恩在临江照片	1	音像制品
4706	1945年安东省二地委书记吕其恩和苏军合影	1	音像制品
4707	1947年安东省政府副主席吕其恩与爱人王军合影	1	音像制品
4708	1944年至1947年九纵二十五师政委艾平照片	2	音像制品
4709	1946年艾平与战友合影	2	音像制品
4710	1948年5月25日骑兵师一团干部于黑山合影	1	音像制品
4711	1948年东北军区司令部参谋训练队第二期毕业合影	1	音像制品
4712	1948年5月20日七纵六十三团二营全体排以上干部合影	1	音像制品
4713	1945年东北军政大学辽东分校被服厂的部分日籍工人合影	1	音像制品
4714	1945年通辽军区某旅第十二团领导会见苏军驻沈阳某团领导	4	音像制品
4715	1948年长岭县劳模大会给劳模授旗	1	音像制品
4716	1948年长岭县劳模大会给二等劳模授旗	1	音像制品
4717	1948年长岭县劳模大会给一等妇女劳模授旗	1	音像制品
4718	1948年通辽县第一届劳模大会会场	1	音像制品
4719	1948年通辽县劳模的游行队伍	1	音像制品
4720	1948年锦州中学师生帮助招待所农场锄草时合影	1	音像制品
4721	1948年辽北省第一保育院工作人员合影	1	音像制品
4722	1947年三纵二十团在冬季攻势前进行战斗动员	1	音像制品
4723	1947年三纵二十团在冬季攻势中战士们架云梯通过护城河的照片	1	音像制品
4724	1947年卓盟纵队十一支队政委乌兰照片	1	音像制品
4725	1947年内蒙纳文慕仁盟长兼骑五师政委克力更单人照	1	音像制品
4726	1947年克力更与乌兰夫妇合影	1	音像制品
4727	1947年乌兰夫与内蒙党政军领导干部合影	1	音像制品
4728	1945年11月29日内蒙自治运动联合会执委合影	1	音像制品

(续表)

藏品编号	名　　称	数量	类　别
4729	1950年骑兵一师特等功臣阎世全照片	1	音像制品
4730	1946年7月1日一纵一团英模大会照片	2	音像制品
4731	1946年9月一纵一师群英大会照片	1	音像制品
4732	1946年8月1日一纵三团英模大会合影	3	音像制品
4733	1946年一纵二团九连五班参加秀水河子战斗全体合影	1	音像制品
4734	1946年秀水河子战斗英勇善战的二团八连全体合影	1	音像制品
4735	1946年秀水河子战斗后一纵一团四连三排全体合影	1	音像制品
4736	1945年大泉山战斗英雄狐克德照片	1	音像制品
4737	1946年东北民主联军一师直属队八一群英大会纪念照	1	音像制品
4738	1948年河北省玉田县人民送给东北人民解放军的慰问袋	1	织绣
4739	1947年孙诚的东北军政大学第八期毕业证章	1	文件、宣传品
4740	1945年吕其恩部在庄河使用的风琴	1	乐器、法器
4741	解放战争时期一纵二团八连卢锡勤的勇敢奖章	1	文件、宣传品
4742	解放战争时期一纵二团八连卢锡勤的坚苦奋斗奖章	1	文件、宣传品
4743	1950年9月一纵二团卢锡勤的全国战斗英雄代表会议纪念章	1	文件、宣传品
4744	1950年出席全国战斗英雄代表会议的中南四野代表团全体合影	1	音像制品
4745	1950年全国战斗英雄代表大会手册	1	档案文书
4746	1950年9月卢锡勤的全国战斗英雄代表会议代表证	1	档案文书
4747	1948年4月27日一纵《前进》报	1	文件、宣传品
4748	解放战争时期一纵芦家屯战斗详报	1	文件、宣传品
4749	1948年11月30日一纵入关作战政治工作指示	1	档案文书
4750	解放战争时期一纵《城市政策》	1	档案文书
4751	1948年6月3日一纵《战术通报》	1	文件、宣传品
4752	1948年4月28日一纵《战术通报》	1	文件、宣传品
4753	解放战争时期一纵《战术通报》	1	文件、宣传品
4754	1948年一纵二师《通报》	1	文件、宣传品
4755	1948年9月4日一纵《练兵总结》	1	档案文书
4756	1948年5月5日一纵《战术研究参考材料》	1	档案文书
4757	1948年5月9日一纵《战术研究参考材料》	1	档案文书
4758	1948年9月19日一纵政治部对建立报告制度的指示	1	档案文书
4759-1	1948年一纵委关于巩固部队的指示	1	档案文书
4759-2	1948年9月11日第一纵队印《纵委关于巩固部队的指示》	1	档案文书
4760	1948年9月11日一纵政治部关于秋季攻势政治工作指示	1	档案文书
4761	1948年6月一纵《四平攻坚战总结》	1	档案文书
4762	1948年9月11日一纵《行军中除奸保纪工作》	1	档案文书
4763	1948年一纵《在秋季攻势中完成纵委四八年歼敌号召》	1	文件、宣传品
4764	1948年5月30日一纵某师《学习报》	1	文件、宣传品
4765	1948年一纵《继续努力，继续挺进》	1	档案文书
4766	1948年6月10日一纵二师《纵深战斗中政治工作的几个问题》	1	档案文书
4767	解放战争时期一纵《教育通报》	1	文件、宣传品
4768	1947年7月2日《挺进报》	1	文件、宣传品
4769	1947年6月一纵《战斗报》	1	文件、宣传品
4770	1947年2月19日一纵二师城子街作战命令	1	档案文书
4771	1947年7月东北我军夏季攻势略图	1	档案文书
4772	1948年三纵二十二团辽原练兵射击成绩表	1	档案文书
4773	1947年夏克笔记本（1947年各部作战经验）	1	档案文书
4774	1947年夏克的笔记本	1	档案文书
4775	1948年6月至9月夏克的笔记本	1	档案文书
4776	1948年4月至7月夏克笔记本	1	档案文书
4777	1948年9至10月夏克的笔记本	1	档案文书
4778	1948年10月至1949年3月夏克的笔记本	1	档案文书
4779	1948年3月王良太的会议记录本	1	档案文书

(续表)

藏品编号	名　称	数量	类　别
4780	1946年12月《自卫报》	1	文件、宣传品
4781	1948年二纵十四团政委任茂如的立功喜报	1	文件、宣传品
4782	1948年王玉峰的工作记录	1	档案文书
4783	1948年华振林的立功证明书	1	档案文书
4784	1948年一纵华振林荣获的勇敢奖章	1	文件、宣传品
4785	解放战争时期一纵八团王志远荣获的坚苦奋斗奖章	1	文件、宣传品
4786	解放战争时期王志远荣获的勇敢奖章	1	文件、宣传品
4787	1948年温金良荣获的坚苦奋斗奖章	1	文件、宣传品
4788	1948年二纵温金良荣获的工作模范奖章	1	文件、宣传品
4789	1948年一纵彭树桢荣获的艰苦奋斗奖章	1	文件、宣传品
4790	1947年彭树桢荣获的勇敢奖章	1	文件、宣传品
4791	1948年彭树桢使用的美式指北针	1	武器
4792	1948年三纵二十团赵兴元使用的金笔	1	文具
4793	1948年三纵二十团赵兴元的镀金怀表	1	其他
4794	1948年邓岳使用的怀表	1	其他
4795	1948年邓岳使用的钢笔	1	文具
4796	1947年邓岳使用的指北针	1	武器
4797	1946年三纵七师师长邓岳照片	1	音像制品
4798	1948年二纵十七团副团长唐明与严素珍结婚照片	1	音像制品
4799	1948年中国人民解放军立功画页	1	音像制品
4800	1948年彭仲韬在锦州战斗中使用的快中快手枪	1	武器
4801	1946年11月15日兴安军区第一次政工会议代表合影	1	音像制品
4802	1946年11月15日兴安军区第一次政工会议代表入场场面	1	音像制品
4803	1945年12月四纵孙首训烈士与战友合影	1	音像制品
4804	1945年12月四纵于锡恩烈士照片	1	音像制品
4805	1945年11月四纵二十九团四连长王同春烈士与战友合影	1	音像制品
4806	1946年四纵烈士于××与战友合影	1	音像制品
4807	1943年冬四纵郑自修烈士与爱人合影	1	音像制品
4808	1948年东北宣传部副部长郭述申照片	1	音像制品
4809	解放战争时期黑龙江省委书记范式人、副书记王鹤寿等同志合影	1	音像制品
4810	1945年高崇民使用的《米南宫字帖》	1	档案文书
4811	1946年高崇民的《补缺集》	1	档案文书
4812	1945年至1948年高崇民使用的褥子	1	皮革
4813	1945年至1948年罗荣桓政委使用的药箱	1	名人遗物
4814	1948年罗荣桓政委穿过的皮鞋	2	名人遗物
4815	1949年罗荣桓的解放东北纪念章	1	文件、宣传品
4816	1950年罗荣桓的华北解放纪念章	1	文件、宣传品
4817	1950年罗荣桓的全军战斗英雄代表会议纪念章	1	文件、宣传品
4818	解放战争时期罗荣桓政委使用过的近视眼镜	1	其他
4819	解放战争时期罗荣桓政委使用过的墨镜	1	其他
4820	解放战争时期罗荣桓使用过的收音机	1	名人遗物
4821	解放战争时期彭明治使用的温度计	1	度量衡器
4822	抗日战争至解放战争时期彭明治使用的闹表	1	其他
4823	1945年至1948年罗荣桓使用的冰袋	1	其他
4825	解放战争时期李福泽使用的照相机	1	其他
4826	解放战争时期杜光华烈士的眼镜	1	其他
4827	解放战争时期刘兴元使用的象棋	1	牙骨角器
4828	解放战争时期五纵政委刘兴元的刮脸刀具	1	铁器、其他金属器
4829	解放战争时期李天佑使用的望远镜	1	武器
4830	解放战争时期李天佑使用的公文包	1	皮革
4831	解放战争时期李天佑使用的文件包	1	皮革
4832	1948年11月董纯才著《解放区群众教育建设的道路》	1	古籍图书

(续表)

藏品编号	名　称	数量	类　别
4833	1948年8月董纯才著《目前教育的指针》	1	古籍图书
4834	1950年4月董纯才著《改革我们的中学国文教学》	1	古籍图书
4835	1949年董纯才著《论东北教育的改革》	1	古籍图书
4836	1949年9月董纯才著《东北四年来教育文件汇编》	1	古籍图书
4837	1947年6月董纯才著《毛泽东同志论新民主主义的文化教育》	1	古籍图书
4838	解放战争时期郭述申的裤子	1	织绣
4839	东北局宣传部郭述申等人与修复松花江大桥的苏联专家合影	1	音像制品
4840	1946年扶余县三岔河区除奸办公照片	1	音像制品
4841	1947年安东省军区政委刘澜波办公照片	1	音像制品
4842	1946年1月29日安东市各界联合拥护停战协定大会照片	1	音像制品
4843	1946年东北局领导李立三于沈阳机场留影	1	音像制品
4844	1946年东北局领导李立三、伍修权等于沈阳机场留影	1	音像制品
4845	1946年夏李立三与王首道合影	1	音像制品
4846	1946年夏李立三单人照片	1	音像制品
4847	1946年李立三与工作人员合影	1	音像制品
4848	1946年李立三在哈尔滨照片	1	音像制品
4849	1946年李立三与苏联归来的同志合影	1	音像制品
4850	1946年李立三与牡丹江各界前线慰问团合影	1	音像制品
4851	1947年李立三与家人合影	1	音像制品
4852	1948年李立三与夫人李莎合影	1	音像制品
4853	解放战争时期李莎使用的医疗器械	14	铁器、其他金属器
4854	1949年1月李立三使用的《敌伪时期东北产业分布图》	1	档案文书
4855	1947年六纵政委赖传珠读过的《军事参考资料选集》	4	古籍图书
4856	1948年赖传珠读过的《冲锋》	1	文件、宣传品
4857	解放战争时期赖传珠穿的布鞋	2	织绣
4858	解放战争时期赖传珠使用的马褡子	1	织绣
4859	解放战争时期赖传珠穿的风雪衣	1	织绣
4860	解放战争时期赖传珠的防雨文件袋	1	其他
4861	解放战争时期赖传珠的美制子弹袋	7	武器
4862	解放战争时期赖传珠使用的铁皮箱	1	铁器、其他金属器
4863	1948年10月15日《东北日报》号外	1	文件、宣传品
4864	1949年1月26日淮海战役大捷布告	1	文件、宣传品
4865	1949年12月15日解放战争形势简图	1	档案文书
4866	1946年1月11日《解放日报》	1	文件、宣传品
4867	1945年8月27日《解放日报》	1	文件、宣传品
4868	1949年1月14日毛主席关于时局的声明	1	档案文书
4869	1947年10月10日《中国人民解放军宣言》	1	档案文书
4870	1948年3月28日东北局关于平分土地运动的基本总结	1	档案文书
4871	1946年3月18日北平军调处执行部大事记	1	档案文书
4872	1946年5月4日中共中央关于清算减租及土地问题的指示	1	档案文书
4873	解放战争时期八〇四部队《土改工作队公约》	1	档案文书
4874	1946年延边地区人民歌颂周保中将军的民谣	1	档案文书
4875	1946年3月大连市公安局编印的《警察课本》	1	古籍图书
4876	1946年至1947年苏军在大连驻军时使用的通行证	2	档案文书
4877	1949年3月14日独立十四师杨树武立功喜报	1	文件、宣传品
4878	1948年1月杨树武读过的《自卫社论选集》	1	古籍图书
4879	1947年杨树武读过的《从九一八到七七事变》	1	古籍图书
4880	1947年杨树武读过的《战士》	1	文件、宣传品
4881	1947年杨树武读过的《提高警惕反奸防特》	1	古籍图书
4882	1947年11月19日辽东军区政治部印《东北民主联军立功运动暂行条例》	1	档案文书
4883	解放战争时期东野独立十四师杨树武使用的驳壳枪子弹	9	武器
4884	1946年《蒋区经济》	1	文件、宣传品

(续表)

藏品编号	名　称	数量	类　别
4885	1946年《西满日报》	1	文件、宣传品
4886	1946年8月16日军委关于集中优势兵力各个歼敌的指示	1	档案文书
4887	1949年4月12日中国人民解放军太原前线司令部关于修改战斗开始时间的命令	1	档案文书
4888	1946年1月10日毛泽东关于国共协议停止内战给党政军的电文	1	档案文书
4889	1945年苏联红军印发的英雄证书	2	档案文书
4890	1945年8月7日至1946年1月13日日寇投降后阎军在忻县残杀抢夺人民的损失统计	1	档案文书
4891	1949年1月1日至2月28日《军大》	1	文件、宣传品
4892	1947年8月26日骑兵纵队改为骑兵师及干部配备的命令	1	档案文书
4893	解放战争时期军调处中国共产党代表团办事处章	1	文件、宣传品
4894	解放战争时期军调处执行部章	1	文件、宣传品
4895	解放战争时期中国人民解放军特功奖章	1	文件、宣传品
4896	1945年日本指挥刀	9	武器
4897	1948年骑兵马刀	9	武器
4898	1945年苏联红军在旅大出版的报纸	1	文件、宣传品
4899	1945年苏联英雄亚历山大·费尔索夫事迹材料	11	档案文书
4900	1945年苏军领导给英雄亚历山大·费尔索夫母亲的信	6	档案文书
4901	1950年4月苏最高苏维埃主席团给亚历山大·费尔索夫的苏联英雄证书	1	档案文书
4902	1945年二兵团副司令彭明治照片	1	音像制品
4903	1947年9月18日第十医院九一八运动大会各类选手及评判员全体留影	1	音像制品
4904	1946年四野后勤部副部长贺诚照片	1	音像制品
4905	1948年四野上干队第一期学员结业合影	1	音像制品
4906	解放战争时期六纵政委赖传珠工作照片	1	音像制品
4907	解放战争时期一兵团政委肖华与六纵政委赖传珠合影	1	音像制品
4908	解放战争时期张秀山、李天佑、李寿轩、李国华于哈尔滨合影	1	音像制品
4909	解放战争时期一纵司令员李天佑与李寿轩在哈尔滨合影	1	音像制品
4910	解放战争时期一纵司令员李天佑与夫人杜启远合影	1	音像制品
4911	1947年一纵司令员李天佑与夫人杜启远合影	1	音像制品
4912	解放战争时期一纵司令员李天佑与熊伯涛合影	1	音像制品
4913	1946年一纵司令员李天佑照片	1	音像制品
4914	解放战争时期松江省党政军领导合影	1	音像制品
4915	1946年二纵五师誓师大会照片	1	音像制品
4916	1946年二纵五师检阅部队装备照片	1	音像制品
4917	1946年二纵五师师长钟伟在操场讲话照片	1	音像制品
4918	解放战争时期二纵五师靠山屯战斗胜利而归照片	1	音像制品
4919	解放战争时期二纵五师炮兵训练照片	3	音像制品
4920	解放战争时期二纵五师山城堡战役闻家台战斗照片	1	音像制品
4921	解放战争时期四支队缴获胜利品照片	1	音像制品
4922	解放战争时期新四军十旅在海伦练兵场上照片	1	音像制品
4923	解放战争时期我军在四平阻击敌人照片	1	音像制品
4924	解放战争时期十二纵榆树屯战斗连排长报告情况	1	音像制品
4925	解放战争时期十二纵司令员钟伟单人照片	1	音像制品
4926	解放战争时期十二纵司令员钟伟与同志在哈尔滨合影	1	音像制品
4927	1947年十二纵司令员钟伟在重机枪阵地上	1	音像制品
4928	解放战争时钟伟与钟赤兵研究四平战斗的物资供应	1	音像制品
4929	1947年十二纵司令员钟伟与钟赤兵合影	1	音像制品
4930	解放战争时期钟伟使用的毛毯	1	织绣
4931	解放战争时期陈伯钧使用过的美式防毒面具	1	武器
4932	1945年朱理治使用的文件箱	1	其他
4933	1948年6月朱理治给东北局并转中央的报告手稿	1	档案文书
4934	1947年6月27日东北局驻朝办事处工作总结手稿	1	档案文书
4935	1947年东北驻朝办事处开会照片	1	音像制品
4936	1947年秋李富春与驻朝办事处朱理治等人合影	1	音像制品

(续表)

藏品编号	名　称	数量	类　别
4937	1947年东北局驻朝办事处原址照	1	音像制品
4938	1947年东北局驻朝办事处全权代表朱理治单人照片	1	音像制品
4939	1947年日本籍医师永濑为病人治牙照	1	音像制品
4940	1947年日本籍医师渡边先生在化验照片	1	音像制品
4941	1947年本溪湖医院院长日本籍医师有马勇二郎照片	1	音像制品
4942	1947年辽东军区后勤医院日本籍医生进行手术照	1	音像制品
4943	1947年辽东军区后勤医院日本籍医生为伤员检查治疗照片	1	音像制品
4944	1947年辽东军区后勤医院日本籍女医务工作者合影	1	音像制品
4945	1948年满铁医院日本籍医生为病员治疗照片	1	音像制品
4946	1947年至1948年鸭绿江文工团员邵春和的文化课笔记本	1	档案文书
4947-1	1949年鸭绿江文工团员李玉昆的笔记本	1	档案文书
4947-2	1949年鸭绿江文工团员李玉昆的笔记本	1	档案文书
4948	1948年鸭绿江文工团编《鸭绿江歌声》歌曲集	1	档案文书
4949	1947年有关鸭绿江文工团事迹的报道	1	档案文书
4950	1949年3月15日辽北省委省政府关于奖励辽北文工团的决定	1	档案文书
4951	1948年鸭绿江文工团马宏勋编的《打击乐谱》	1	档案文书
4952	1946年11月鸭绿江文工团《血泪仇》曲谱	1	档案文书
4953	1946年9月鸭绿江文工团臂章	1	其他
4954	1947年至1948年鸭绿江文工团的演出服装	1	织绣
4955	1947年鸭绿江文工团团员芦兴玉使用的被面	1	织绣
4956	1947年鸭绿江文工团团员徐风祥使用的绑腿	2	织绣
4957	1947年5月鸭绿江文工团团员李学文自制的立功奖章	1	文件、宣传品
4958	1949年1月辽北文艺工作团团徽	1	文件、宣传品
4959	1947年李学文的鸭绿江文工团团徽	1	文件、宣传品
4960	1948年鸭绿江文工团使用的黑管	1	乐器、法器
4961	1946年鸭绿江文工团使用的二胡	1	乐器、法器
4962	1948年九纵模范护士周惠茹荣获的艰苦奋斗奖章	1	文件、宣传品
4963	1948年鸭绿江文工团使用的铜盆	1	铜器
4964	1948年10月七纵徐连祥荣获的勇敢奖章	1	文件、宣传品
4965	1949年七纵徐连祥荣获的英雄奖章	1	文件、宣传品
4966	1949年七纵徐连祥立功证明书	1	档案文书
4967	1949年12月七纵徐连祥的《英雄模范最光荣》	1	古籍图书
4968	1946年东北军区骑兵纵队政委张策照片	1	音像制品
4969	1948年四纵司令员吴克华照片	1	音像制品
4970	解放战争时期刘道生使用的皮文件夹	1	皮革
4971	1949年高文清的朱瑞炮兵学校毕业证书	1	档案文书
4972	1948年10月26日朱瑞炮兵学校高文清的笔记本	1	档案文书
4973	解放战争时期东北九省地图	1	档案文书
4974	1946年10月2日炮校印榴弹、榴散弹、三八式野炮射表	1	古籍图书
4975	1948年牡市炮校教材	1	古籍图书
4976	1946年12月炮校印《马术教范》	1	古籍图书
4977	1948年9月15日炮兵学校印密位对数表	1	古籍图书
4978	1949年炮兵学校印《炮兵射击教材》	1	古籍图书
4979	1949年1月炮兵学校印《单炮教练教材》	1	古籍图书
4980	1947年炮兵学校印《野战炮兵通信教范》	1	古籍图书
4981	1945年二十四年式马克沁机关枪说明书	1	档案文书
4982	1948年8月《兵器教材》	1	古籍图书
4983	解放战争时期《炮兵马术参考教材》	1	古籍图书
4984	1948年12月炮兵学校印《炮兵连教练草案》	1	档案文书
4985	1949年1月高文清的一三、四一式山炮射表	1	档案文书
4986	1948年12月东北人民解放军炮校编印的《炮兵观测教材》	1	古籍图书
4987	1948年光华书店发行的《新文字单音字汇》	1	古籍图书

(续表)

藏品编号	名　称	数量	类　别
4988	1948年9月炮兵学校编印的《通信》	1	古籍图书
4989	1948年东北炮兵学校学员高文清与战友合影	1	音像制品
4990	解放战争时期高文清的水平罗盘仪	1	武器
4991	1949年高文清的东北解放纪念章	1	文件、宣传品
4992	1949年周纯全的解放东北纪念章	1	文件、宣传品
4993	1947年东北炮兵司令朱瑞烈士照片	1	音像制品
4994	1947年东北民主联军东线战勤司令员周纯全照片	1	音像制品
4995	1947年初东北民主联军东线战勤司令员周纯全与夫人郑竖岩合影	1	音像制品
4996	1947年"西满"分局主要成员合影	1	音像制品
4997	1948年东北军政大学副校长倪志亮照片	1	音像制品
4998	1948年6月8日东北军政大学副校长倪志亮单人照	1	音像制品
4999	1948年东北军政大学副校长倪志亮向学生讲话照片	1	音像制品
5000	1948年东北军政大学副校长倪志亮作报告照片	1	音像制品
5001	解放战争时期东北军区罗荣桓、刘亚楼参加东北军政大学开学典礼	1	音像制品
5002	解放战争时期蔡畅在东北军政大学作报告照片	1	音像制品
5003	解放战争时期东北军区参谋长伍修权给东北军政大学学员功臣戴光荣花	1	音像制品
5004	1946年齐齐哈尔市各界庆祝保卫和平胜利大会	1	音像制品
5005	1947年5月6日东北军大"西满"分校参加齐市祝捷大会	1	音像制品
5006	1947年6月1日东北军政大学"西满"分校举行建校十一周年纪念大会	1	音像制品
5007	解放战争时期辽北军区司令员倪志亮照片	1	音像制品
5008	解放战争时东北军政大学学生照片	1	音像制品
5009	解放战争时期倪志亮使用的钢笔	1	文具
5010	解放战争时期吕正操使用的毛毯	1	织绣
5011	1947年拉玛扎布烈士的军帽	1	织绣
5012	解放战争时期小英雄张德新生前使用过的纺车	1	其他
5013	1988年8月18日彭真为辽沈战役纪念馆的题词	2	其他
5014	1948年3月28日东北书店印行《东北局关于平分土地运动的基本总结》	1	古籍图书
5015-1	1949年《翻身乐》	1	古籍图书
5015-2	1949年《翻身乐》	1	古籍图书
5016	1949年《新农村》	1	文件、宣传品
5017	1948年《东北画报》	1	文件、宣传品
5018	1949年出版的《知识》	3	古籍图书
5019	1948年遵化县杨国忠的参战证	1	档案文书
5020	1948年12月1日哈尔滨市王桂珍荣获的特等英模奖状	1	文件、宣传品
5021	1947年5月12日马毅朋参加医疗救护工作荣获的奖状	1	文件、宣传品
5022	1948年马毅朋荣获的立功证书	1	档案文书
5023	1948年6月16日遵化县委关于支前备战工作的紧急指示	1	档案文书
5024	1948年2月遵化县梁万有的光荣参战证	1	档案文书
5025	1947年5月6日冬季连续战斗中的政治工作	1	档案文书
5026	1949年吴连胜的立功证明书	1	档案文书
5027	1948年刘成山的立功证明书	1	档案文书
5028	1948年中共红军第九次代表大会决议案	1	档案文书
5029	1949年哈尔滨市前线医疗队参加锦州等战役回哈时纪念照	1	音像制品
5030	1950年吴连胜照片	1	音像制品
5032	1947年吴富善与战友合影	1	音像制品
5033	1947年吴富善与战友合影	1	音像制品
5034	1947年东北民主联军"西满"军区独立师成立纪念照片	1	音像制品
5035	1948年马隄合影照片	1	音像制品
5036	1948年马隄合影照片	1	音像制品
5037	1948年马隄合影照片	1	音像制品
5038	1947年4月1日《合江工作通讯》	1	档案文书
5039	1946年中共辽西省委《工作经验与工作资料》	1	档案文书

(续表)

藏品编号	名　称	数量	类　别
5040	1946年11月5日中共黑龙江省委《工作通讯》	1	文件、宣传品
5041	1947年2月3日中共西满一分区地委《工作通讯》	1	文件、宣传品
5042	1946年5月25日中共辽东省委翻印的《工作通讯》	1	文件、宣传品
5043	1946年4月11日东北画报社出版的《木刻选集》	1	古籍图书
5044	1947年东北画报社翻身年画样本	1	档案文书
5045	解放战争时期詹才芳使用的文件包	1	皮革
5046	解放战争时期吴富善使用的公文包	1	皮革
5047	1948年尹健使用的文件夹	1	皮革
5048	1947年郭荣庆使用的皮带	1	皮革
5049	1947年燕江使用的望远镜	1	武器
5050	1945年郭春瑞使用的照相机	1	其他
5051	1947年燕江的皮乌拉鞋	2	皮革
5052	1947年尹健使用的茶壶	1	瓷器
5053	1948年马毅朋使用的水杯	1	其他
5054	1947年胡汉民使用的武装带	1	皮革
5055	1948年吴连胜荣获的东北人民解放军英雄奖章	1	文件、宣传品
5056	1949年吴连胜的解放东北纪念章	1	文件、宣传品
5057	解放战争时期刘成山荣获的勇敢奖章	1	文件、宣传品
5058	1949年刘成山的解放东北纪念章	1	文件、宣传品
5059	1949年刘成山的华北解放纪念章	1	文件、宣传品
5060	1950年刘成山的解放华中南纪念章	1	文件、宣传品
5061	1949年刘成山的慰问解放军纪念章	1	文件、宣传品
5062	1948年马堤使用的听诊器头	1	其他
5063	1947年周旭普使用的水杯	1	其他
5065	1948年杨青使用的马褡子	1	织绣
5066	1948年马堤使用的止血带	1	其他
5067	1947年胡汉民的骑兵马裤	1	织绣
5068	1948年马堤使用的手术箱	1	其他
5069	1947年遵化县担架团使用的独子撅手枪	1	武器
5070	1947年遵化县担架团使用的老套筒枪	1	武器
5071	1947年遵化县担架团使用的七九步枪	1	武器
5072	1947年杨青使用的手枪	1	武器
5073	1948年10月13日三纵二十四团沙文彬的建功证	1	档案文书
5074	1950年七纵二十师王兆义的立功证明书	1	档案文书
5075	1947年七纵二十五师王兆义荣获的"爆破英雄"锦旗	1	文件、宣传品
5076	1947年"黑山县前荒山子儿童团"旗	1	文件、宣传品
5077	1948年三纵八师沙文斌荣获的勇敢奖章	1	文件、宣传品
5078	1953年四纵三十五团二营教导员许英的革命军人家属证明书	1	档案文书
5079	1948年四纵三十五团二营教导员许英烈士照片	1	音像制品
5080	1947年5月12日冀察热辽军区司令部印《军事训练纲要》	1	文件、宣传品
5081	1948年杨卫群日记本	1	档案文书
5082	1945年杨卫群的进关日记	1	档案文书
5083	1948年三纵二十团赵兴元视察地形照片	1	音像制品
5084	1948年贺庆积在黑山阻击战中使用的观测镜	1	武器
5085	1945年以前莫德学习用《初等解析几何学》	1	古籍图书
5086	1945年莫德烈士在日本学医时用的手术工具	6	铁器、其他金属器
5087	1947年张天涛烈士自传	1	档案文书
5088	1945年郭全使用的《分省地图》	1	档案文书
5089	1950年郭全的荣誉军人证书	1	档案文书
5090	抗日战争时期张天涛烈士照片	1	音像制品
5091	抗日战争时期陈寅香烈士照片	1	音像制品
5092	1946年六纵十六师文工团于阿城会餐时照片	1	音像制品

（续表）

藏品编号	名　　称	数量	类　别
5093	解放战争时期孟宪章烈士照片	1	音像制品
5094	解放战争时期六纵四十七团副团长刘富贵烈士照片	1	音像制品
5095	解放战争时期郭全与战友合影	1	音像制品
5096	1948年王奎先照片	1	音像制品
5097	1948年郭全使用的皮箱	1	皮革
5098	1948年郭全使用的毛毯	1	织绣
5099	抗日战争时期郭全的毛裤	1	织绣
5100	1947年郭全使用的皮挂包	1	皮革
5101	1947年郭全使用的马褡子	1	织绣
5102	1947年戴天祥使用的马褡子	1	织绣
5103	1947年王奎先使用的马褡子	1	织绣
5104	1947年王奎先使用的皮包	1	皮革
5105	1947年王奎先的美式军用大衣里	1	织绣
5106	1948年林学诚使用的毛毯	1	织绣
5107	1948年杨尹铭的美式军用大衣里	1	织绣
5108	1947年杨尹铭使用的折叠刀	1	铁器、其他金属器
5109	1946年吴华使用的望远镜	1	武器
5110	1947年赵欣然的呢布	1	织绣
5111	1947年赵欣然的辽南军区立功奖章	1	文件、宣传品
5112	1949年赵欣然的解放东北纪念章	1	文件、宣传品
5113	1949年解放东北纪念章	1	文件、宣传品
5114	1954年全国人民慰问解放军代表团纪念章	1	文件、宣传品
5115	1948年8月10日十纵三十师林池龙烈士抚恤证	1	档案文书
5116	1951年3月25日十纵三十师林池龙的革命牺牲工作人员家属光荣纪念证	1	档案文书
5117	解放战争时期各单位悼念林池龙的文章	1	档案文书
5118	1947年林池龙使用的照相机	1	其他
5119	1946年黄炜华使用的望远镜	1	武器
5120	1942年黄炜华使用的金笔	1	文具
5121	1946年7月黄炜华使用的刮脸刀	1	其他
5122	1946年田文杨的照片	1	音像制品
5123	1947年11月黄炜华戴过的棉帽	1	织绣
5124	解放战争时期赖传珠使用的皮文件包	1	皮革
5125	1946年李光辉使用的皮箱	1	皮革
5126	1946年李光辉穿的皮大衣	1	织绣
5127	1946年李光辉使用的毛毯	1	织绣
5128	1946年李光辉使用的皮钱夹	1	皮革
5129	1948年李光辉荣获的英雄奖章	1	文件、宣传品
5130	1949年李光辉荣获的解放东北纪念章	1	文件、宣传品
5131	1946年李光辉使用的照相机	1	其他
5132	1946年四纵三十一团黄政海的立功证	1	档案文书
5133	1947年8月30日四纵三十一团黄政海荣获的奖状	1	文件、宣传品
5134	1947年11月20日四纵三十一团黄政海荣获的建功奖章证明书	1	档案文书
5135	解放战争时期黄政海荣获的荣誉奖章	1	文件、宣传品
5136	1949年四纵三十一团黄政海荣获的解放东北纪念章	1	文件、宣传品
5137	解放战争时期四纵三十五团吴毓昆荣获的勇敢奖章	1	文件、宣传品
5138	解放战争时期王新民的象牙名章	1	玺印符牌
5139	1947年2月四纵敌工科王瑞堂的光荣建功证书	1	档案文书
5140	1947年至1949年遵化远征担架团使用的担架	1	其他
5141	1948年三纵二十五团陈明煌的日记本	1	档案文书
5142	解放战争时期陈明煌使用的军毯	1	织绣
5143	1949年六纵十七师某团霍蓝田荣获的解放东北纪念章	1	文件、宣传品
5144	1947年六纵十七师某团霍蓝田荣获的保卫东北人民章	1	文件、宣传品

(续表)

藏品编号	名　称	数量	类　别
5145	1948年张步云保存的东北银行发行的流通券	1	票据
5146	1948年10月韩先楚在锦州战斗中使用的手枪	1	武器
5147	1947年李改使用的文件包	1	皮革
5148	解放战争时期程子华穿的皮夹克	1	皮革
5149	解放战争时期程子华使用的照相机	1	名人遗物
5150	1948年四纵工兵连李春智与架辽河桥立功人员合影	1	音像制品
5151	1948年大石桥镇公所赠给陈弟金的"功臣之家"匾	1	文件、宣传品
5152	1990年彭真为《东北解放战争革命烈士英名录》一书题词	1	名人遗物
5153	1990年洪学智为《东北解放战争革命烈士英名录》一书题词	1	名人遗物
5154	1990年苏进为《东北解放战争革命烈士英名录》一书题词	1	名人遗物
5155	1990年段苏权为《东北解放战争革命烈士英名录》一书题词	1	名人遗物
5156	1991年5月20日胡奇才为《东北解放战争革命烈士英名录》一书题词	1	名人遗物
5157	1990年袁升平为《东北解放战争革命烈士英名录》一书题词	1	名人遗物
5158	1990年曾克林为《东北解放战争革命烈士英名录》一书题词	1	名人遗物
5159	1990年9月4日李中权为《东北解放战争革命烈士英名录》一书题词	1	名人遗物
5160	1991年李运昌为《东北解放战争革命烈士英名录》一书题词	1	名人遗物
5161	1990年贺晋年为《东北解放战争革命烈士英名录》一书题词	1	名人遗物
5162	1990年吴富善为《东北解放战争革命烈士英名录》一书题词	1	名人遗物
5163	1990年彭嘉庆为《东北解放战争革命烈士英名录》一书题词	2	名人遗物
5164	1948年林池龙烈士葬礼照片	1	音像制品
5165	1946年林池龙烈士用过的怀表	1	其他
5166	1946年陆景明使用的宽影放映机	1	其他
5167	1948年10月徐锐使用的望远镜	1	武器
5168	1950年刘恩禄同志的立功材料	1	档案文书
5169-1	1955年刘恩禄的大尉肩章	4	其他
5169-2	1955年刘恩禄的大尉领章	2	其他
5170	1950年刘恩禄的全军英模会会签	1	其他
5171	1949年刘恩禄穿过的绒衣	1	织绣
5172	1954年刘恩禄穿过的绒衣	1	织绣
5173	1949年刘恩禄荣获的"青年模范干部"锦旗	1	文件、宣传品
5174	1949年刘恩禄荣获的"青年模范干部"锦旗	1	文件、宣传品
5175	1950年刘恩禄的伞兵纪念章	1	文件、宣传品
5176	1946年刘恩禄在营口小桥战斗中荣获的东北人民解放军英雄奖章	1	文件、宣传品
5177	1948年刘恩禄在辽西歼灭战中荣获的东北人民解放军勇敢奖章	1	文件、宣传品
5178	1949年刘恩禄荣获的东北人民解放军模范奖章	1	文件、宣传品
5179	1947年刘恩禄在双塔战斗中荣获的大功章	1	文件、宣传品
5180	1950年刘恩禄的中国人民解放军战斗英雄代表会议纪念章	1	文件、宣传品
5181	解放战争时期刘恩禄缴获的汤姆生枪子弹	3	武器
5182	解放战争时期刘恩禄保存的子弹	25	武器
5183	1950年刘恩禄使用的匕首	1	武器
5184	1948年邢维邦中弹时留在体内的弹片	2	其他
5185	1946年鄂致明单人照片	1	音像制品
5186	1947年鄂致明与战友董树德在承德合影	1	音像制品
5187	1947年鄂致明在欣赏缴获英国神父的手枪照片	1	音像制品
5188	1946年7月1日二十一军分区赤峰市卫生部医院照片	1	音像制品
5189	1947年二十一军分区宣传队员演出后剧组合影	1	音像制品
5190	1947年二十一军分区政委陈文彪作报告照片	1	音像制品
5191	1948年太吉营子土改时群众分衣物照片	1	音像制品
5192	1947年二十一军分区在夏季攻势时练兵照片的底片	11	音像制品
5193	1947年建平老百姓劳军照片	1	音像制品
5194	1947年二十一军分区攻打建平时俘敌及缴获武器照片	1	音像制品
5195	1947年二十一军宣传队员帮老乡拔草的照片底片	2	音像制品

(续表)

藏品编号	名　称	数量	类　别
5196	1947年二十一军分区战前动员照片	1	音像制品
5197	1947年热辽分区政治部召开动员参军大会照片	1	音像制品
5198	解放战争时期莫春和使用的皮挂包	1	皮革
5199	1946年伍修权穿过的大衣	1	名人遗物
5200	解放战争时期舒兰县支前用的花轱辘大车	1	交通、运输工具
5201	1948年江海使用的望远镜	1	武器
5202	1950年刘恩禄同志参加全国英模会照片	1	音像制品
5203	1950年刘恩禄同志在参加全国英模会期间接受朱总司令接见时合影	1	音像制品
5204	1983年7月7日陈云同志为《辽沈决战》一书题写的书名	1	名人遗物
5205	1948年中国医科大学四分校七所所长赵涟使用的绑腿	2	武器
5206	1948年中国医科大学四分校于芳兰使用的碗袋	1	织绣
5207	1948年中国医科大学四分校学员于芳兰使用的棉军被	1	织绣
5208	1946年金忠单人照片	2	音像制品
5209	1948年6月3日齐齐哈尔卫戍司令部全体临别纪念照	1	音像制品
5210	1948年野战医院第二所全体工作人员决心书	1	档案文书
5211	1950年四纵十二师警卫倪克盛的立功喜报	1	文件、宣传品
5212	1950年倪克盛穿过的军装	1	织绣
5213	1948年卫立煌私人印章	1	玺印符牌
5214	1948年史立德使用的公文包	1	皮革
5215	1949年4月四纵三十六团戴国祥的立功喜报	1	文件、宣传品
5216	1949年第四野战军政治部保卫部翻印的《警卫人员须知》	1	古籍图书
5217	1948年10月胡志远绘制的侦察草图	1	档案文书
5218	1948年胡志远办公用的信封	1	其他
5219	1948年胡志远办公用的信纸	1	文具
5220	1948年胡志远使用的皮挎包	1	皮革
5221	1948年胡志远使用的军用毛毯	1	织绣
5222	1949年东北党政军民各界《致入关东北人民解放军指战员书》	1	档案文书
5223	1950年七纵二十师王永强的立功喜报	1	文件、宣传品
5224	1947年辽南独立师三团（即二〇七团）合影	1	音像制品
5225	1947年10月21日辽南独立三团（即二〇七团）一营连以上干部合影	1	音像制品
5226	1948年谷岱春保存的照片	1	音像制品
5227	1948年张伯生使用的皮挂包	1	皮革
5228	解放战争时期秦道新使用的马褡子	1	织绣
5229	解放战争时期三纵二十团赵兴元珍藏的卡宾枪	1	武器
5230	1948年尚士杰烈士的遗信	1	档案文书
5231	1946年尚志杰烈士照片	1	音像制品
5232	1948年10月东北军区政治部印《指导员的职责和工作》	1	档案文书
5233	1948年10月东北野战军使用的饭铲	1	铁器、其他金属器
5234	1950年11月四十五军一三四师段克崇的革命军人证明书	1	档案文书
5235	1949年一三四师炮兵营段克崇荣获的立功证明书	1	档案文书
5236	1948年6月八纵二十三师炮兵营段克崇的功臣证	1	档案文书
5237	1948年11月八纵二十三师炮兵营段克崇的立功喜报	1	文件、宣传品
5238	1947年陶逸民保存的毛泽东奖章	1	文件、宣传品
5239	1948年十纵九十团闵耀庭使用的马褡子	1	织绣
5240	1950年8月1日王永强的立功证明书	1	档案文书
5241	1946年王永强荣获的东北人民解放军艰苦奋斗奖章	1	文件、宣传品
5242	1949年李永绵的解放东北纪念章	1	文件、宣传品
5243	1982年11月林池龙的革命烈士证明书	1	档案文书
5244	解放战争时期东北人民解放军艰苦奋斗奖章	1	文件、宣传品
5245	1949年王永强的解放东北纪念章	1	文件、宣传品
5246	1950年王永强的华北解放纪念章	1	文件、宣传品
5247	1950年王永强的解放华中南纪念章	1	文件、宣传品

(续表)

藏品编号	名　　称	数量	类　别
5248	1950年王永强的"八一"帽徽	1	文件、宣传品
5250	1948年蒋克诚使用的皮箱	1	皮革
5251	1948年房天静中弹的弹片	1	铁器、其他金属器
5252	解放战争时期国民党陆军大学毕业证章	1	文件、宣传品
5253	1948年11月3日中共中央委员会电贺沈阳及东北解放	1	档案文书
5254	1947年东北人民解放军勇敢奖章	1	文件、宣传品
5255	1946年四平战役英雄奖章	1	文件、宣传品
5256	1948年4月东北书店牡丹江分店印行的《通俗歌曲》	1	档案文书
5257	1948年配水池战斗中使用的子弹	1	武器
5258	1948年六纵四十七团夏精才缴获的国民党军用毛毯	1	织绣
5259	1948年六纵四十七团夏精才缴获的国民党军用水壶	1	铁器、其他金属器
5260	1949年2月18日六纵四十七团夏精才的照片	1	音像制品
5261	解放战争时期四纵三十二团团长刘剑秋使用的马褡子	1	织绣
5262	1948年李惠民使用的马褡子	1	织绣
5263	1946年至1948年4月合江省桦南县建立根据地的历史图片集	1	音像制品
5264	1948年炮兵纵队刘海涛的立功喜报	1	文件、宣传品
5265	1949年十纵何继臣荣获的立功证明书	1	档案文书
5266	1948年10月南秉钧在塔山阻击战中穿过的军衣	1	织绣
5267	解放战争时期苏静使用的卡宾枪	1	武器
5268	1945年至1948年吴烈在解放战争期间使用的地图	1	档案文书
5269	1950年9月29日吴烈任公安部参谋长的委任令	1	档案文书
5270	解放战争时期吴烈使用的毛毯	1	织绣
5271	解放战争时期吴烈使用的军用地图筒	1	皮革
5272	1947年赖传珠读过的《兵团战术概则》	1	古籍图书
5273	1948年2月赖传珠读过的《典型战例》	1	古籍图书
5274	1948年5月赖传珠读过的《军事译丛》	1	古籍图书
5275	1947年10月赖传珠读过的《战术思想与作战经验》	1	古籍图书
5276	1948年8月赖传珠读过的《炮兵的使用问题》	1	古籍图书
5277	1948年9月赖传珠读过的《斯大林格勒之战》	1	古籍图书
5278	1949年7月赖传珠读过的《论共产主义的劳动态度》	1	古籍图书
5279	1947年10月赖传珠读过的《中国历史简编》	1	古籍图书
5280	1948年11月16日王少芳烈士阵亡通知书	1	档案文书
5281	1948年王少芳的烈士纪念证	1	档案文书
5282	1948年王少芳写的家信	1	档案文书
5283-1	1948年8月28日旅大市政府介绍王少芳母亲去部队探望烈士函	1	档案文书
5283-2	1949年9月1日七纵十九团为王少芳的母亲开具的路条	1	票据
5284	解放战争时期孟范臣的立功证明书	1	档案文书
5285	解放战争时期孟范臣步兵学校毕业证书	1	档案文书
5286	解放战争时期孟范臣与战友合影	1	音像制品
5287	1948年6月孟范臣荣获的"勇敢为民"匾	1	文件、宣传品
5288	1948年6月孟范臣的大印章	1	玺印符牌
5289	解放战争时期孟范臣的小印章	1	玺印符牌
5290	解放战争时期七纵五十五团孟范臣单人照片	1	音像制品
5291	解放战争时期孟范臣与战友合影	1	音像制品
5293	1948年东北剿总使用过的衣柜	1	家具
5294	1948年东北剿总使用过的屏风	1	家具
5295	1948年东北剿总使用过的钟	1	家具
5296	解放战争时期卢仁盛使用的绑腿	2	织绣
5297	1946年卢仁盛与夫人女儿合影	1	音像制品
5298	1948年四纵二十九团团长卢仁盛与夫人女儿合影	1	音像制品
5299	1950年张凤林的立功证明书	1	档案文书
5300	解放战争时期锦州市民支前用的缝纫机	1	铁器、其他金属器
5301	1948年10月14日张绍勋的伤票	1	票据

黑山阻击战纪念馆藏品信息表

藏品编号	名　　称	数量	类　别
HSJ001	贺庆积用过的眼镜	2	名人遗物
HSJ002	贺庆积黑山阻击战中用过的指南针	2	名人遗物
HSJ003	贺庆积黑山阻击战中用过的照相机	2	名人遗物
HSJ004	贺庆积黑山阻击战中所用的战地医疗救治包和器具	2	名人遗物
HSJ005	贺庆积黑山阻击战战斗时用的宿营蚊帐	1	名人遗物
HSJ006	贺庆积黑山阻击战战斗时用过的美式军毯	1	名人遗物
HSJ007	贺庆积黑山阻击战中用过的陆军作战指挥尺	1	名人遗物
HSJ008	贺庆积解放战争中（1945年—1949年）的部分战时日记	3	名人遗物
HSJ009	贺庆积黑山阻击战中宿营时用过的日式军毯	1	名人遗物

凌海烈士管理所藏品信息表

藏品编号	名　　称	数量	类　别
LLS0001	辽沈战役期间王德坤烈士穿过的鞋	2	名人遗物
LLS0002	辽沈战役期间丁荣烈士用过的水壶	1	名人遗物
LLS0003	辽沈战役期间丁荣烈士用过的水杯	1	名人遗物
LLS0004	辽沈战役期间丁荣烈士用过的铁碗	1	名人遗物
LLS0005	辽沈战役期间高富贵烈士用过的铁碗	1	名人遗物

萧军纪念馆藏品信息表

（续表）

藏品编号	名　　称	数量	类别	藏品编号	名　　称	数量	类别
0330	现代萧军重写回故乡诗手稿	1	名人遗物	0690	清钦定《唐书》二百二十五卷附《释音卷》二十五卷	50	古籍图书
0388	清《各项奏稿》书册	1	档案文书	0691	清钦定《五代史》七十四卷	10	古籍图书
0479	现代萧军用过的《二十四史》书柜	1	名人遗物	0692	清钦定《明史》三百三十二卷	112	古籍图书
0489	清王觉斯款《临古墨迹》册页	1	书法、绘画	0693	清钦定《宋史》四百九十六卷	100	古籍图书
0506	清舒延寿《锡厚菴都护墨宝》册页	1	书法、绘画	0694	清钦定《北齐书》五十卷	8	古籍图书
0511	清曾国《南华经墨迹》册页	1	书法、绘画	0695	清钦定《南齐书》五十九卷	8	古籍图书
0512	清《临黄庭坚宝贤堂帖》册页	1	碑帖拓本	0696（1274）	清钦定《史记》一百三十卷	26	古籍图书
0513	民国《周吉人临圣教序》册页	1	书法、绘画	0697	清钦定《旧唐书》二百卷	48	古籍图书
0514	清钦定《重刻淳化阁帖第五》册	1	书法、绘画	0698	清钦定《周书》五十卷	8	古籍图书
0515	明《刘理顺书墨迹》书册	1	书法、绘画	0699	清钦定《三国志·三国魏》三十卷、《三国蜀》十五卷、《三国吴》二十卷	14	古籍图书
0516	清《林仙客书法》册页	1	书法、绘画	0700	清钦定《三国志·吴志》卷二十卷	1	古籍图书
0517	清《诒晋斋法书》册页	1	书法、绘画	0701	清《绣像第一才子书》十九卷	20	古籍图书
0518	明《仿黄庭坚书法》册页	1	书法、绘画	0703	《大越史记全书》二十四卷	10	古籍图书
0678	清钦定《辽史》一百十六卷	8	古籍图书	0704	清《史记选》六卷	4	古籍图书
0679	清钦定《陈书》三十六卷	6	古籍图书	0705	清《史记菁华录》四卷	4	古籍图书
0680	清钦定《隋》八十五卷	24	古籍图书	0707	清《子史精华》一百六十卷	8	古籍图书
0681	清钦定《晋书》一百三十卷	30	古籍图书	0708	清《子史精华》一百六十卷	8	古籍图书
0682	清钦定《南史》八十卷	20	古籍图书	0709	清钦定《旧五代》一百五十卷	24	古籍图书
0683	清钦定《金史》一百三十五卷	24	古籍图书	0710	清《古今史论大观前编》十五卷、《后编》十七卷	9	古籍图书
0684	清钦定《后汉书》一百二十卷	28	古籍图书	0711	清《文献通考详节》二十四卷	10	古籍图书
0685	清钦定《前汉书》一百卷	32	古籍图书				
0686	清钦定《魏书》一百十四卷	24	古籍图书				
0687	清钦定《北史》一百卷	24	古籍图书				
0688	清钦定《宋书》一百卷	24	古籍图书				
0689	清钦定《元史》二百十卷	51	古籍图书				

(续表)

藏品编号	名　称	数量	类别
0712~0737	清《元史》二百十卷	26	古籍图书
0738	清《明宫史》八卷	2	古籍图书
0739	清《训蒙史略详注》二卷	2	古籍图书
0740	清《评选古诗源》四卷	4	古籍图书
0741	清《古诗源》十四卷	4	古籍图书
0742~0748	清《古文辞类纂》七十五卷	12	古籍图书
0743	清《绣像今古奇观》四十卷	6	古籍图书
0744	清《牟子》一卷、《古今注》三卷	1	古籍图书
0745~0746	清《鹖冠子》三卷、《鬻子》一卷、《计倪子》一卷、《于陵子》一卷、《子华子》二卷	2	古籍图书
0747	清《古文渊鉴》六十四卷	30	古籍图书
0749	清《批点春秋左传纲目句解汇隽》六卷	5	古籍图书
0750	清《春秋左传》杜注三十卷	5	古籍图书
0752	清《春秋左传》五十卷	6	古籍图书
0753	清《春秋左传》五十卷	9	古籍图书
0754~0759	清《春秋左传》三十卷	6	古籍图书
0760	清《春秋左传》五十卷	9	古籍图书
0761~0771	清曲江书屋《新订批注左传快读》十八卷	11	古籍图书
0772~0782	清《春秋左传》五十卷	11	古籍图书
0783	清《昭代名人尺牍小传》二十四卷	14	古籍图书
0784	清《绣像第一才子书》十九卷一百二十回	20	古籍图书
0785~0786	清《读通鉴论》三十卷	14	古籍图书
0787	清《御批资治通鉴纲目》三编二十卷	6	古籍图书
0788	清《元经》十卷	3	古籍图书
0789-1	清《风俗通义》十卷	2	古籍图书
0789-2	清《中论》二卷	1	古籍图书
0789-3	清《中说》一卷	1	古籍图书
0789-4	清《人物志》二卷、《新论》十卷	2	古籍图书
0790	清《通鉴揽要正编》十九卷、《前编》二卷、《续编》八卷、《明史揽要》八卷	16	古籍图书
0791	明《御批资治通鉴纲目正编》五十九卷、《续编》二十七卷首一卷	30	古籍图书
0792~0821	清《御批历代通鉴辑览》一百二十卷	30	古籍图书
0822	清《绣像封神演义》一百回	10	古籍图书
0823	清《钟伯敬先生评重镌绘像封神演义》十九卷九十九回	20	古籍图书
0824	清京师大学堂《伦理学讲义目次》二十章	1	古籍图书
0825~0826	清《风俗通义》十卷	2	古籍图书

(续表)

藏品编号	名　称	数量	类别
0827	清钦定《诗经传说汇纂》二十一卷首二卷	2	古籍图书
0828~0829	清《湖海诗传》四十六卷	16	古籍图书
0830	清《绣像双凤奇缘昭君传》八卷八十回	8	古籍图书
0831~0832	清《春秋谷梁读本》四卷	2	古籍图书
0833~0834	清《春秋公羊读本》四卷	2	古籍图书
0835~0843	清《文献通考》三百四十八卷	9	古籍图书
0844~0854	清《皇朝文献通考》三百卷	11	古籍图书
0855~0863	清《通志》二百卷	9	古籍图书
0864~0868、1165~1168	清《绘图四书速成新体读本（论语卷）》□卷	9	古籍图书
0869	清《昌黎先生集》四十卷	5	古籍图书
0870~0871	清《易经旁训》三卷	2	古籍图书
0872	清《纪文达公遗集文》十六卷、《诗》十六卷	16	古籍图书
0873	清《亭林文集》六卷、《亭林余集》一卷	4	古籍图书
0874	清《亭林诗文集》十二卷	4	古籍图书
0875	清《古文未曾有》八卷	4	古籍图书
0876	清《诒晋斋集》八卷、《后集》一卷、《随笔》一卷	4	古籍图书
0877	清《香咳集》十卷	4	古籍图书
0879	明《诚意伯刘文成公文集》二十卷	10	古籍图书
0881	清《曾南丰文集》四卷	2	古籍图书
0882	清《王临川先生文集》四卷	4	古籍图书
0883~0884	清《欧阳文忠公全集》一百五十三卷首一卷、附录五卷	24	古籍图书
0885	清《郑板桥全集》六编	3	古籍图书
0886	清《戴东原集》十二卷、《年谱》一卷、《札记》一卷	4	古籍图书
0887	宋《徐公文集》三十卷	6	古籍图书
0888	清《徐文长集》三十卷	8	古籍图书
0889	清《新刊文选后集》十五卷、《音释》十二卷	11	古籍图书
0890	清《圣武记》十四卷	12	古籍图书
0892	清《太平广记》五百卷	8	古籍图书
0893	清《增注第六才子书释解》八卷	6	古籍图书
0897	清《西京杂记》六卷、《汉武内传》一卷、《汉武帝内传》一卷、《飞燕外传》一卷、《杂事秘辛》一卷	1	古籍图书
0898	清《还冤记》一卷、《神异经》一卷、《海内十洲记》一卷、《洞冥记》四卷、《枕中书》一卷	1	古籍图书

（续表）

藏品编号	名 称	数量	类别
0899	清《阴符经》三篇、《风后握奇经》一卷、《独断》一卷、《忠经》一卷、《孝传》一卷、《小尔雅》一卷	1	古籍图书
0904	明《佛国记》一卷	1	古籍图书
0905	清《蒙古游牧记》十六卷	4	古籍图书
0906	清《搜神后记》十卷	1	古籍图书
0907~0908	清《搜神记》二十卷	2	古籍图书
0910~0912	清《宋本十三经注疏附校勘记》□卷	18	古籍图书
0913-1	清《历代名臣言行录》二十四卷	7	古籍图书
0913-2	清《历代名臣言行录》二十四卷	1	古籍图书
0914	清《渔洋山人精华录笺注》十二卷	8	古籍图书
0915	清《闲谈消夏录》十二卷	12	古籍图书
0916	清《秋浦双忠录》四十卷	6	古籍图书
0917	清《尺木堂纲鉴易知录》九十二卷、明《鉴易知录》十五卷	8	古籍图书
0918	清《尺木堂纲鉴易知录》九十二卷	6	古籍图书
0919	清《补注洗冤录集证》四卷、附刊《检骨图格》一卷	4	古籍图书
0920	清《重刊补注洗冤录集证》六卷	6	古籍图书
0922-1	清《御撰资治通鉴纲目》三编二十卷	8	古籍图书
0922-2	清《大文堂纲鉴易知录》九十二卷	24	古籍图书
0923	清《尺木堂纲鉴易知录》九十二卷	6	古籍图书
0924	清《增补尚友录》二十二卷	6	古籍图书
0925	清《历代名臣言行录》二十四卷	32	古籍图书
0926	清《张中丞事集录》三卷首一卷	1	古籍图书
0927	清《国朝鼎甲录》一卷	1	古籍图书
0928	清《明湖语录》六卷	4	古籍图书
0929、0989~0992	清《孟子》七卷	6	古籍图书
0930~0931 0988	清《绘图四书速成新体读本孟子》□卷	3	古籍图书
0932	清《孟子》十四卷	1	古籍图书
0933~0934	清《孟子》十四卷	2	古籍图书
0935	清《增补苏批孟子》二卷	1	古籍图书
0936 0946	清《庄子》十卷	4	古籍图书
0937	清《庄子内篇注》四卷	2	古籍图书
0938~0942	明《南华真经评注》十卷	5	古籍图书
0943~0944	清《庄子南华真经内篇》一卷、《外篇》一卷、《杂篇》一卷、《阙误》一卷	2	古籍图书
0945	清《庄子集解》八卷	4	古籍图书
0947~0949	清《淮南子》二十一卷	3	古籍图书
0950	清《淮南子》二十一卷	4	古籍图书

（续表）

藏品编号	名 称	数量	类别
0952	清《列子》二卷	1	古籍图书
0953	清《列子》二卷	1	古籍图书
0954	清《神异经》一卷、《海内十洲记》一卷、《洞冥记》四卷、《穆天子传》六卷	1	古籍图书
0955	清《亢仓子》九篇、《玄真子》一卷、《天隐子》一卷、《无能子》三卷、《胎息经》一卷、《胎息经疏》一卷、	1	古籍图书
0956	清《孔丛子》二卷	1	古籍图书
0957	清《颜氏家训》二卷	1	古籍图书
0958	清《尹文子》一卷、《慎子》一卷、《公孙龙子》一卷、《鬼谷子》一卷	1	古籍图书
0959	清《拾遗记》十卷	1	古籍图书
0960	清《尉缭子》二卷、《素书》一卷、《心书》一卷	1	古籍图书
0961	清《傅子》一卷、《续孟子》二卷	1	古籍图书
0962	清《商子》五卷	1	古籍图书
0963	清《至游子》二卷	1	古籍图书
0965	清《燕丹子》三卷、《玉泉子》一卷、《金华子》二卷	1	古籍图书
0966	清《郁离子》一卷、《空同子》一卷、《海析子》五卷	1	古籍图书
0967	清《仲蒙子》三卷、《素履子》三卷	1	古籍图书
0968	清《申监五卷中论》二卷	1	古籍图书
0969	清《文中子》十篇	1	古籍图书
0970	清《声隅子》二卷、《嫩真子》五卷、《广成子解》一卷	1	古籍图书
0971	清《韩非子》二十卷	4	古籍图书
0972	清《荀子》三卷三十二篇	2	古籍图书
0973	清《孙子》三卷、《吴子》二卷、《司马迁》一卷	1	古籍图书
0974	清《邓析子》一卷、《尸子》二卷	1	古籍图书
0975	清《刘子》二卷	1	古籍图书
1000	清《尸子》二卷、《尸子存疑》一卷	1	古籍图书
1002	清《明季北略》二十四卷、《南略》十八卷	10	古籍图书
1020 1063	清《子书》二十八种	15	古籍图书
1023~1025	清《约章成案汇览甲篇》十卷、《乙篇》四十二卷	36	古籍图书
1026	清《约章成案汇览甲篇》十卷、《乙篇》四十二卷	47	古籍图书
1027	清《康熙字典》四十二卷、《附字典考证》一卷	44	古籍图书
1036	清《国语》二十一卷、《国语札记》一卷	6	古籍图书
1037	清《仿宋本国语》二十一卷、《国策》三十三卷、《国策札记》三卷	8	古籍图书
1038	清《史姓韵编》二十四卷	4	古籍图书
1040	清《校正增广验方新编》二十四卷	6	古籍图书
1043	清《尺牍续编》四卷	4	古籍图书
1044~1060	清《袁了凡王凤洲纲鉴合编》三十九卷	17	古籍图书

（续表）

藏品编号	名　　称	数量	类别
1061~1062	清《御撰资治通鉴明纪》二十卷	2	古籍图书
1064~1073	清加批《王凤洲袁了凡先生纲鉴合纂》三十九卷首一卷、加批《明纪通鉴纲目》二十卷、《资治明纪纲目》三编	18	古籍图书
1074	清《曾文正公劝学篇》一卷	1	古籍图书
1075	清《曾文正公劝学篇》一卷	1	古籍图书
1076	清《曾文正公劝学篇》一卷	1	古籍图书
1077	清《重修炉桥方氏家谱》四卷首二卷	6	古籍图书
1078	清江西《马氏家谱》一卷	4	古籍图书
1079	清《马氏家谱》□卷	1	古籍图书
1080	清《马氏家谱》□卷	1	古籍图书
1083~1087	清《佩文斋广群芳谱》一百卷	40	古籍图书
1089	清《祖国女界文豪谱》一卷	1	古籍图书
1090	民国《名花十友谱》一卷	1	古籍图书
1091	清《折谱》一卷	1	古籍图书
1092	清《春秋世族谱》一卷	1	古籍图书
1093	清《商君书》五卷	1	古籍图书
1094	清《达生编》一卷、后附《保婴编》一卷	1	古籍图书
1096	清《赋汇题注》八卷	8	古籍图书
1097	清《山海经》十八卷	2	古籍图书
1098	清《状元阁女四书》二卷	2	古籍图书
1099	宋《小学集注》六卷	4	古籍图书
1100	清《温飞卿诗集笺注》九卷	4	古籍图书
1101	清《荀子补注》二卷	2	古籍图书
1102	清《四书集注》十九卷	1	古籍图书
1103	清《重校五经体注》四十五卷	16	古籍图书
1104	清《左绣》三十卷首一卷	16	古籍图书
1105~1119	清钦定《礼记义疏》八十二卷首一卷	15	古籍图书
1120~1130	清钦定《仪礼义疏》四十八卷	11	古籍图书
1131	清钦定《蒙古源流》八卷	4	古籍图书
1132~1142	清钦定《续通志》六百四十卷	11	古籍图书
1143~1149	清钦定《续通典》一百五十卷	7	古籍图书
1150	清钦定《书经传说汇纂》二十一卷、首二卷	12	古籍图书
1151	清《本草纲目》五十二卷附图三卷、《本草纲目拾遗》十卷首一卷、《万方针线》八卷	16	古籍图书
1154	清《诸葛忠武志》十卷	8	古籍图书
1155	清《增评全图足本金玉缘》一百二十回首一卷	16	古籍图书
1156	清《新刻玉钏缘全传》三十二卷	8	古籍图书
1158	清《论衡》三十卷	6	古籍图书
1159	宋《监本书经》六卷	3	古籍图书
1160	清《尔雅》三卷	4	古籍图书

（续表）

藏品编号	名　　称	数量	类别
1161~1162	清《文选》六十卷	12	古籍图书
1163	清《六书通》十卷	6	古籍图书
1164	清续《古文辞类纂》三十四卷	8	古籍图书
1169	清《墨子间诂》十五卷目录一卷附录一卷附后语二卷	8	古籍图书
1170	清《大学衍义》四十三卷	8	古籍图书
1171-1	清《书经》六卷	4	古籍图书
1171-2	清《书经》六卷	4	古籍图书
1172	清《书经》六卷	4	古籍图书
1173	宋《诗经》八卷	3	古籍图书
1174-1	清《十三经集字》一卷	1	古籍图书
1174-2	清《重校十三经不贰字》一卷	1	古籍图书
1175	清《易经》八卷	4	古籍图书
1176	清《大方广佛华严经》八十卷	1	古籍图书
1177~1187	清《大方广佛华严经纲要》八十卷	28	古籍图书
1188	清《四书经义考辨汇存》十六卷首一卷	4	古籍图书
1189	宋《新刊道书全集文始真经言外经旨》二卷、《道书全集阴符经三皇玉诀》三卷	3	古籍图书
1191	清《大般涅槃经》四十卷	1	古籍图书
1192	民国《大般涅槃经》三十六卷首一卷、后分卷二卷	10	古籍图书
1193	清《礼记体注》四卷	4	古籍图书
1194~1197	清《春秋大事表》五十卷	20	古籍图书
1198~1205	清《春秋比事参义》十六卷	8	古籍图书
1206	清《吕氏春秋》二十六卷	4	古籍图书
1214	民国《吕氏春秋》二十六卷	5	古籍图书
1215	清《晏子春秋》八卷二百十五章	1	古籍图书
1216	清《历代职官表》六卷	6	古籍图书
1219	清《注疏三百首合编》六卷、《唐诗三百首》续选二卷	8	古籍图书
1220	清《唐宋八大家类选》十四卷	6	古籍图书
1221	清《唐宋八大家类选》十四卷	5	古籍图书
1222	清《佩文斋咏物诗选》不分卷	6	古籍图书
1223~1228	清《小仓山房诗集》三十七卷补遗二卷	6	古籍图书
1229-1	清《古唐诗合解》四卷	1	古籍图书
1229-2	清《古唐诗合解》十二卷	5	古籍图书
1230	清《全唐诗》九百卷	1	古籍图书
1231	清《杜樊川诗注诗集》四卷、《别集》一卷、《外集》一卷、《补遗》一卷	4	古籍图书
1233	清《守柔斋行河集》二卷	1	古籍图书
1234	清《守柔斋诗钞续集》四卷	1	古籍图书
1235	清《守柔斋诗钞初集》四卷	1	古籍图书
1236~1237	清《御制圆明园诗》不分卷	2	古籍图书

（续表）

藏品编号	名称	数量	类别
1241	清《渔洋山人古诗选五言诗》十七卷七言诗十五卷	6	古籍图书
1250	清《古文观止》十二卷	2	古籍图书
1251~1258	清《澄衷蒙学堂字课图说》四卷、《检字》一卷、《类字》一卷	8	古籍图书
1259~1260	清《澄衷蒙学堂字课图说》四卷	2	古籍图书
1261	清《澄衷蒙学堂字课图说》四卷、《检字》一卷、《类字》一卷	8	古籍图书
1262	清《澄衷蒙学堂字课图说》四卷、《检字》一卷、《类字》一卷	8	古籍图书
1263	明《朱文公校正昌黎先生全集考异》四十卷、《外集》十卷转一卷、《遗文》一卷	16	古籍图书
1264	清《山海经图赞》一卷、《山海经补注》一卷	1	古籍图书
1265~1266	清《山海经》十八卷	2	古籍图书
1267	清《五经图》六卷	1	古籍图书
1268	清《新语》二卷《忠经》一卷	1	古籍图书
1269	清《道德真经注》四卷	1	古籍图书
1270	清《老子道德经》二卷	1	古籍图书
1276	清《吕帝心经》一卷	1	古籍图书
1277	清《大清律例增修统纂集成》四十卷、《督捕则例附纂》二卷	6	古籍图书
1278	清《增广留青新集》二十四卷	12	古籍图书
1279	明《新镌韵府群玉》二十卷	8	古籍图书
1280	清《新增智囊补》二十八卷	6	古籍图书
1281	清《翁注困学纪闻》二十卷、《编目》二十卷、《续编编目》六卷	6	古籍图书
1291	民国《怀素圣母帖》拓本册页	1	碑帖拓本
1294	清《庸闲斋笔记》十二卷	4	古籍图书
1296~1300	清《鸿雪因缘图记》三集	5	古籍图书
1301~1306	清《都门汇纂》不分卷	6	古籍图书
1307	清《增补剔弊五方元音》三卷首一卷	4	古籍图书
1308	清《齐民要术》十卷	4	古籍图书
1309	清《外科大成》四卷	4	古籍图书
1310	清《万国药方》八卷	8	古籍图书
1311	清《急救良方》一卷	1	古籍图书
1312	清《西医略论》三卷	1	古籍图书
1313~1320	明《新刊万病回春原本》八卷、《增补万病回春原本》一卷	8	古籍图书
1321	清《医药通考》四卷	4	古籍图书
1322	清《神训旁注便读》一卷	1	古籍图书
1324	清《历代黄河变迁图考》四卷	3	古籍图书
1328	清《通鉴地理今释》十六卷	3	古籍图书
1330	清《说苑》二十卷	4	古籍图书
1331	清《汉书评林》一百卷	6	古籍图书
1332	清《暗室灯四卷重刻暗室灯》二卷	6	古籍图书
1333	清《四书人物类典串珠》四十卷	4	古籍图书
1334	清《绘图花月姻缘》十六卷五十二回	6	古籍图书
1336	清《越绝书》十五卷	2	古籍图书
1337	明《越绝书》十五卷	2	古籍图书
1340	民国《大唐三藏圣教序》拓本	1	碑帖拓本
1345	清《贾谊新书》十卷	2	古籍图书
1347	清《素书》一卷、《莲社高贤传》一卷	1	古籍图书
1348	清《米芾草书》不分卷	1	古籍图书
1349	清《四书正本》一卷	1	古籍图书
1351	清《福寿全书》六卷	1	古籍图书
1352	清《杨子法言》一卷、《方言》十三卷	1	古籍图书
1353	清《易理汇参臆言》二卷	1	古籍图书
1354	清《胡子知言》六卷、《疑义》一卷、《附录》一卷、《薛子道论》三卷、《海樵子》一卷	1	古籍图书
1356	清《精校呻吟语》四卷	2	古籍图书
1357	清《八贤手札墨迹》八卷	1	古籍图书
1358	唐刘润琴殿撰《圣教叙》不分卷	1	古籍图书
1359	清刘润琴殿撰《阴骘文》不分卷	1	古籍图书
1360	清刘润琴殿撰《阴骘文》不分卷	1	古籍图书
1361~1362	清《潜夫论》十卷	2	古籍图书
1363	清《盐铁论》二卷	2	古籍图书
1364~1365	清《白虎通德论》四卷	2	古籍图书
1367~1368	清《新序》十卷	2	古籍图书
1369	清《续博物志》十卷	1	古籍图书
1370	清《博物志》十卷	1	古籍图书
1371	清《博物志》十卷	1	古籍图书
1373	清《续博物志》十卷《桂海虞衡志》一卷	2	古籍图书
1374	明《梵纲经直解》二卷	2	古籍图书
1375	明《樊梵纲经直解》二卷《附直解事义》一卷	1	古籍图书
1376	民国《颜李自修指义》二卷	2	古籍图书
1377~1378	清《重订教乘法数》十二卷	2	古籍图书
1379	清《张廉卿先生论学手札》不分卷	2	古籍图书
1380~1381	清《御纂诗义折中》二十卷	2	古籍图书
1382~1383	清《菊部群英》二卷	2	古籍图书
1389	清《格言联璧》一卷	2	古籍图书
1393	清《春秋繁露》十七卷	2	古籍图书
1396	清《秋盦遗稿》一卷	1	古籍图书
1398	清《御批历代通鉴辑览》一百二十卷	1	古籍图书
1399	清《曾国藩手迹》一卷	1	古籍图书
1400	清《关帝诗林竹拓片》册页	1	碑帖拓本
1401	清《桃花扇传奇》二卷四十出	4	古籍图书
1405	清《毛诗》二十卷	4	古籍图书

(续表)

藏品编号	名称	数量	类别
1406	《支那史要》附图一卷	1	古籍图书
1407~1411	清《虞初续志》十二卷	5	古籍图书
1412~1415	清《虞初新志》二十卷	4	古籍图书
1417	清《陆宣公奏议读本》四卷首一卷	1	古籍图书
1420	清《新书》十卷	2	古籍图书
1421	清《阅藏随笔》二卷、续一卷	1	古籍图书
1422	清《历代画史汇传》七十二卷、附录二卷	12	古籍图书
1434	清《訇齐藏瘗鹤铭两种合册》一卷	1	古籍图书
1435	清《訇齐藏瘗鹤铭两种合册》一卷	1	古籍图书
1436	明《董香光墨迹三种合册》一卷	1	古籍图书
1437	清《董香光墨迹四种》一卷	1	古籍图书
1438	清《董其昌影印墨迹》一卷	1	古籍图书
1439	清《人生必读书》十二卷	6	古籍图书
1442	清《增修刑部奏定新章》五卷	5	古籍图书
1450	清《列国政要》一百三十三卷	8	古籍图书
1451	清《四书》十九卷	6	古籍图书
1452	清《清史揽要》四卷	4	古籍图书
1453	清《通鉴明纪全载辑略》五十五卷	1	古籍图书
1454	清《周易》二卷	2	古籍图书
1457	清《三辅黄图》六卷	1	古籍图书
1459	清《博雅》十卷	1	古籍图书
1460	清《书谱卷》一卷	1	古籍图书
1461	清《竹书纪年二卷穆天子传》六卷	1	古籍图书
1462	清《通典》二百卷	1	古籍图书
1464	清《医经原旨》六卷	1	古籍图书
1465	民国《昼锦堂》拓本册页	1	碑帖拓本
1466	清《御书药师琉璃光如来本硕功德经》不分卷	1	古籍图书
1467	清《江忠烈公行状》一卷	1	古籍图书
1468	清《内经知要》二卷	2	古籍图书
1470	宋《易筋经》一卷	1	古籍图书
1471	明《风雅逸篇》十卷	1	古籍图书
1474	清《地理问答》六十六章	1	古籍图书
1475	清《璇玑图诗》一卷	1	古籍图书
1476	清《板桥诗钞》三卷	1	古籍图书
1478	明《楞严宗通》□卷	1	古籍图书
1479	民国《乾隆御题棉苹图》拓本册页	1	碑帖拓本
1480	清《香迹寺灵塔铭》拓本册页	1	碑帖拓本
1481	民国《柳本兰亭》拓本册页	1	碑帖拓本
1482	清《东莞袁崇焕督辽饯别图诗》一卷	1	古籍图书
1484	清《重刊玉历至宝钞》不分卷	1	古籍图书
1485	清《古今注》三卷	1	古籍图书
1486	清《释名》四卷	1	古籍图书
1487	清《楚史梼杌》一卷、《晋史乘》一卷	1	古籍图书
1489 1885	清《周易参同契集韵前卷》三篇、《后卷》三篇	2	古籍图书
1492	清《风俗通义》四卷、《列仙传》二卷、《集异记》一卷、《续齐谐记》一卷	1	古籍图书

(续表)

藏品编号	名称	数量	类别
1493	清《佩文韵府》一百六卷	1	古籍图书
1495	清《二三家宫词》一卷	1	古籍图书
1496	清《山海经》十八卷、《图像山海经详注》五卷	4	古籍图书
1498	清《董仲舒对贤良策》三篇	1	古籍图书
1499	清《章夫人事略》不分卷	1	古籍图书
1500	清《袁王纲鉴会纂》三十九卷	1	古籍图书
1501	民国《昼上人集》十卷	1	古籍图书
1502	清《如是我闻》四卷	1	古籍图书
1503	清《净土仪式》一卷	1	古籍图书
1504	清《四分戒本》一卷	1	古籍图书
1505	清《味余书室随笔》二卷	1	古籍图书
1506	清《宋本钱杲之离骚集传》不分卷	1	古籍图书
1509	清《姑妄听之》四卷	2	古籍图书
1511	清《肇论新疏游刃》三卷	1	古籍图书
1513	清《傅青主先生自书诗稿墨迹》一卷	1	古籍图书
1516	清《送吴立如南归叙》不分卷	1	古籍图书
1517	清《西海纪游草》一卷	1	古籍图书
1518	清《历代世系纪年编》一卷	1	古籍图书
1519	清《论孟一脔》一卷	1	古籍图书
1521	清《韫山堂时文》三集	1	古籍图书
1522	清《朝鲜亡国史》四编六十七章	1	古籍图书
1523	清《湖北闱墨》一卷	1	古籍图书
1524	清《校正增广验方新编》十六卷	1	古籍图书
1525	清《绘图四书速成新体读本中庸》二卷	1	古籍图书
1526	清《破邪论》二卷	1	古籍图书
1527~1528	清《蜀輶日记》四卷	2	古籍图书
1529	清《白云洞志》一卷	1	古籍图书
1531	清《跌打损伤回生集》三卷	1	古籍图书
1532	清《喉科方论》一卷	1	古籍图书
1533	清《经验奇方》二卷	1	古籍图书
1534	清《滦阳续录》六卷《滦阳消夏录》六卷	3	古籍图书
1563	清《史君之碑》拓本册页	1	碑帖拓本
1564	民国《隋龙藏寺》拓本册页	1	碑帖拓本
1566	民国《新修城隍庙碑记》拓本册页	1	碑帖拓本
1568	清《右伊阙佛龛碑》拓本册页	1	碑帖拓本
1571	清《李秀残碑题跋》拓本册页	1	碑帖拓本
1573	清《汉蔡邕夏承碑四册》拓本册页	1	碑帖拓本
1576	清《华山碑》拓本册页	1	碑帖拓本
1580	民国《宋拓唐云麾将军碑》影印本书册	1	碑帖拓本
1581	民国《董香光行书钱忠所神道碑》影印本书册	1	碑帖拓本
1585	清《平津馆读碑记》三卷	1	古籍图书
1596	民国《戏鸿堂帖》影印本册页	1	碑帖拓本
1598	民国《百寿字》朱拓影印本册页	1	碑帖拓本
1599	清《江忠烈公遗集》二卷、附录一卷	1	古籍图书
1605	民国《清爱堂石刻》拓本影印本书册	2	碑帖拓本
1607	民国《林逋手札二帖》影印本书册	1	碑帖拓本

第二章　锦州市第一次全国可移动文物普查成果藏品信息表

（续表）

藏品编号	名　称	数量	类别
1612	清《独断》一卷	1	古籍图书
1613	清《握奇经》一卷、《六韬》三卷	1	古籍图书
1614	清《白香亭诗集》三卷	1	古籍图书
1615	清《何博士备论》二卷、《李忠定辅政本末》一卷	1	古籍图书
1616	民国《汉武梁祠画像题》书册	1	碑帖拓本
1617	清《修心诀三种》一卷	1	古籍图书
1618	清《石印冯阁学灵飞经》一卷	1	古籍图书
1619	清《吴渔山雪山图》一卷	1	古籍图书
1620	清《增补剔弊五方元音》三卷首一卷	1	古籍图书
1621	清《挂月山庄诎存》一卷	1	古籍图书
1622	清《选注六朝唐赋》不分卷	1	古籍图书
1623	清《佩文诗韵释要》五卷	1	古籍图书
1624	清《历代帝王年表》不分卷	4	古籍图书
1625	《东洋历史辞典》不分卷	1	古籍图书
1626	《饮冰室文集类编》不分卷	1	古籍图书
1629-1	清《读通鉴论》十六卷、附《宋论》十五卷	12	古籍图书
1629-2	清《读通鉴论》十六卷、附《宋论》十五卷	12	古籍图书
1716	民国《岳飞前后出师表》影印本册页	1	碑帖拓本
1717	民国《岳飞前后出师表》影印本册页	1	碑帖拓本
1718	民国《岳飞前后出师表》影印本册页	1	碑帖拓本
1727	清《论语话解》十卷	2	古籍图书
1731~1740	清《贰臣传》八卷、《逆臣传》二卷	10	古籍图书
1759 1905	清《天水冰山录》不分卷	10	古籍图书
1780	清《李长吉集》四卷、《外卷》一卷	2	古籍图书
1781~1783、1910	《新纂外科各论》□卷	4	古籍图书
1785	清《经验百方》一卷	1	古籍图书
1786~1787	清《大方广佛华严经纲要》八十卷	2	古籍图书
1812~1813	清《桐城方柏堂志学录》八卷、《辅仁录》四卷	2	古籍图书
1842	清《金仙证论》不分卷	1	古籍图书
1849	民国《黄帝内经灵枢》十二卷、《补注黄帝内经素问》二十四卷	3	古籍图书
1862	清《外文典籍》不分卷	1	古籍图书
1883	清《评选六朝文絜笺注》十二卷	1	古籍图书
1886	清《御纂诗义折中》二十卷	1	古籍图书
1887~1888	清《鉴轩医书二种》四卷	2	古籍图书
1889	清《清籁阁诗草》一卷	1	古籍图书
1890	清《选注六朝唐赋》一卷	1	古籍图书
1895	清《求嗣指源二集》、《求嗣指源初集》一卷	1	古籍图书
1897	清《四松草堂诗略》四卷	1	古籍图书

（续表）

藏品编号	名　称	数量	类别
1899	清《新刊康对山先生武功县志》三卷首一卷	1	古籍图书
1900	清《救伤秘旨》一卷	1	古籍图书
1901	清《王侍中集》一卷	1	古籍图书
1904	清《千首宋人绝句》十卷	1	古籍图书
1963	清《马氏文通》十卷	1	古籍图书
1965	清《道书一贯真机易简录》十二卷	1	古籍图书
1967	清《阮太傅橘记》一卷	1	古籍图书
1988	《言海》不分卷	1	古籍图书
2004	民国《昼上人集》十卷	1	古籍图书
2054	清《关圣撮言》八卷	1	古籍图书
2162	清《医学三字经》四卷	1	古籍图书
2202	清《急救良方》一卷	1	古籍图书
2212	清《奇效经验良方》一卷	1	古籍图书
2361	清《查办八旗事务表》不分卷	24	古籍图书
2362	清《十八家诗钞》二十八卷	24	古籍图书
2363	清《北徼汇编》六卷	6	古籍图书
2364	清《龙威秘书》十集八十册	8	古籍图书
LH0001	民国杨生兰款山水人物立轴	1	书法、绘画
LH0002	清陈鸿寿青绿山水立轴	1	书法、绘画
LH0003	清戴熙款山水立轴	1	书法、绘画
LH0004	清仿董其昌草书立轴	1	书法、绘画
LH0005	清戴熙水墨山水图卷	1	书法、绘画
LH0006	民国仿董邦达设色溪山秋色图立轴	1	书法、绘画
LH0007	清佚名青绿山水图四条屏	4	书法、绘画
LH0009	民国仿关槐设色山水人物图立轴	1	书法、绘画
LH0011	清黄小松水墨松阴高士图立轴	1	书法、绘画
LH0012	清黄鼎设色松溪积翠图卷	1	书法、绘画
LH0013	清黄鼎水墨山水图立轴	1	书法、绘画
LH0014	清高南阜指画山水图立轴	1	书法、绘画
LH0015	清黄鼎款设色山色奇苍图立轴	1	书法、绘画
LH0016	清海崟水墨山水图横幅	1	书法、绘画
LH0017	清洪亮吉款水墨山水图立轴	1	书法、绘画
LH0019	清仿罗聘晓风残月图轴	1	书法、绘画
LH0020	清王宸款山水图轴	1	书法、绘画
LH0021	清吕焕成青绿山水立轴	1	书法、绘画
LH0022	清李士倬款山水立轴	1	书法、绘画
LH0023	清吴历款墨笔山水图轴	1	书法、绘画
LH0024	民国钱维城款水墨山水立轴	1	书法、绘画
LH0025	清黎简洞庭秋色图卷	1	书法、绘画
LH0026	清林纾山水立轴	1	书法、绘画
LH0027	清青溪道人山水人物六条屏	6	书法、绘画
LH0028	清蓝瑛款秋山纡旅图卷	1	书法、绘画
LH0029	清钱杜款水墨山水立轴	1	书法、绘画
LH0031	清钱杜款水墨山水人物图轴	1	书法、绘画
LH0033	清沈凤水墨山水立轴	1	书法、绘画
LH0034	清唐寅款山水立轴	1	书法、绘画
LH0035	清吴历款水墨山水立轴	1	书法、绘画
LH0036	民国王石谷款秋亭闲话立轴	1	书法、绘画
LH0037	清王时敏款设色山水人物立轴	1	书法、绘画
LH0038	清王原祁款设色山水立轴	1	书法、绘画

锦州市全国第一次可移动文物普查藏品名录

(续表)

藏品编号	名称	数量	类别
LH0040	民国吴小仙款山水人物立轴	1	书法、绘画
LH0042	清王石谷款青绿山水立轴	1	书法、绘画
LH0043	清文伯仁墨笔山水图轴	1	书法、绘画
LH0044	清佚名雪霁山水图立轴	1	书法、绘画
LH0045	清徐枋款山水立轴	1	书法、绘画
LH0046	清奚冈款设色山水人物立轴	1	书法、绘画
LH0047	清奚冈款山水立轴	1	书法、绘画
LH0048	清李世绰款山水人物立轴	1	书法、绘画
LH0049	清谢时臣款山水人物立轴	1	书法、绘画
LH0050	清小川款设色山水人物双挖执扇镜心	1	书法、绘画
LH0051	清杨文聪款设色山水人物立轴	1	书法、绘画
LH0052	清仿李衎山水立轴	1	书法、绘画
LH0053	清姚钟葆设色山水人物立轴	1	书法、绘画
LH0054	清朱鹤年山水款山水立轴	1	书法、绘画
LH0055	清僧仁水墨山水立轴	1	书法、绘画
LH0056	清张鉴仿沈周水墨山水立轴	1	书法、绘画
LH0057	清王原祁款水墨山水人物立轴	1	书法、绘画
LH0058	民国佚名拓钟鼎图立轴	1	书法、绘画
LH0059	清拓邑子像碑立轴	1	碑帖拓本
LH0060	现代萧军题虢季子盘影印本拓片立轴	1	书法、绘画
LH0061	明陈继儒草书立轴	1	书法、绘画
LH0062	清草书赤壁赋绢本镜心	1	书法、绘画
LH0063	清佚名草书孙过庭书谱镜心	7	书法、绘画
LH0065	民国拓白石神君碑四幅拓片立轴	1	碑帖拓本
LH0066	民国郑孝胥观千剑楼横幅	1	书法、绘画
LH0067	清拓爨宝子碑拓片立轴	1	碑帖拓本
LH0068	清邓石如隶书八条屏	8	书法、绘画
LH0070	清仿陈鸿寿行书立轴	1	书法、绘画
LH0074	民国仿黄道周行书轴	1	书法、绘画
LH0080	民国佚名拓汉青铜器图立轴	1	书法、绘画
LH0085	清拓佛顶尊胜陀罗尼经立轴	4	书法、绘画
LH0089	民国拓三足鼎图立轴	1	书法、绘画
LH0091	清拓颜真卿争座位帖手卷	1	书法、绘画
LH0092	民国姚华绘古砚四条屏	4	书法、绘画
LH0093	清薛怀水墨没骨荷花图立轴	1	书法、绘画
LH0094	清卜云波仕女图镜心	1	书法、绘画
LH0095	清程惠没骨花卉四条屏	4	书法、绘画
LH0097	清仿仇英饮中八仙图手卷	1	书法、绘画
LH0098	清仿董其昌水墨山居图手卷	1	书法、绘画
LH0099	民国仿戴熙绿林书屋图卷	1	书法、绘画
LH0100	清仿董源北苑秋山图立轴	1	书法、绘画
LH0105	清仿管道升竹雀图立轴	1	书法、绘画
LH0106	清仿黄易花卉图轴	1	书法、绘画
LH0108	民国仿黄公望设色山水手卷	1	书法、绘画
LH0110	清仿恽寿平横香雪图立轴	1	书法、绘画
LH0111	清仿王蒙水墨山水手卷	1	书法、绘画
LH0112	清仿王绂墨梅图立轴	1	书法、绘画
LH0114	清仿李鱓三羊开泰立轴	1	书法、绘画
LH0115	清仿陆治花卉手卷	1	书法、绘画
LH0117	民国李忠娴百花寿字图立轴	1	书法、绘画

(续表)

藏品编号	名称	数量	类别
LH0118	清郎葆辰墨蟹图立轴	1	书法、绘画
LH0119	民国佚名市井人物图横批	1	书法、绘画
LH0128	清钱松壶万松叠翠图手卷	1	书法、绘画
LH0131	二十世纪日本平八郎花鸟图、鏊二花鸟图立轴	2	书法、绘画
LH0133	清佚名仕女图立轴	1	书法、绘画
LH0139	清仿王绂水墨梅花条屏	3	书法、绘画
LH0140	清仿王绂墨笔梅花条屏	2	书法、绘画
LH0141	清佚名罗汉图立轴	1	书法、绘画
LH0142	清程蕙菊花图立轴	1	书法、绘画
LH0143	清仿薛素素墨笔兰花图立轴	1	书法、绘画
LH0144	清仿方塘墨竹图立轴	1	书法、绘画
LH0145	清仿李鱓秋菊图立轴	1	书法、绘画
LH0149	清仿禹之鼎桂花仕女图立轴	1	书法、绘画
LH0158	清张承口绘富春山图手卷	1	书法、绘画
LH0159	清仿郑板桥兰花图十二幅手卷	1	书法、绘画
LH0163	清仿陈淳水墨花卉手卷	1	书法、绘画
LH0165	清程蕙花鸟图条屏	1	书法、绘画
LH0166	清谢方塘水墨松竹四条屏	4	书法、绘画
LH0167	清吴焕采没骨兰竹图条屏	2	书法、绘画
LH0169	民国仿高凤翰行书书法手卷	1	书法、绘画
LH0170	清仿王穉登诗文行草书手卷	1	书法、绘画
LH0172	民国仿阮元书法手卷	1	书法、绘画
LH0174	清何道生楹联	2	书法、绘画
LH0175	清仿汤贻汾款山水书画合卷	1	书法、绘画
LH0176	民国仿蒋廷锡花卉手卷	1	书法、绘画
LH0177	清赤壁赋草书手卷	1	书法、绘画
LH0182	清张𨒂耆花鸟中堂	1	书法、绘画
LH0183	清仿华嵒洗象图立轴	1	书法、绘画
LH0187	清仿王鉴山水图立轴	1	书法、绘画
LH0228	现代彭真为萧军题辞	1	其他
LH0230	1952年萧军《五月的矿山》手稿	634	名人遗物
LH0231	1952年萧军《第三代》手稿	8	名人遗物
LH0232	1956年萧军《吴越春秋史话》手稿	2	名人遗物
LH0233	1960年萧军《卧薪尝胆》京剧剧本手稿	8	名人遗物
LH0234	1962年萧军《吴越春秋史话》剧本手稿	22	名人遗物
LH0235	1984年萧军题写"文化室"手稿	1	名人遗物
LH0236	1984年萧军为家乡刊物题名手稿	2	名人遗物
LH0237	1985年萧军为锦州企业家俱乐部题字手稿	1	名人遗物
LH0238	1985年萧军为锦州时报星期天版题名手稿	1	名人遗物
LH0239	1976年萧军诗手稿	1	名人遗物
LH0240	1987年萧军给宋力军的信手稿	2	名人遗物
LH0242	1969年萧军赠德芬诗手稿	1	名人遗物
LH0243	1963年萧军《赋离别》手稿	1	名人遗物
LH0244	1963年萧军诗手稿	1	名人遗物
LH0245	1986年萧军为家乡文艺界题字手稿	1	名人遗物
LH0246	1983年萧军为凌海市《锦花》刊物题词手稿	1	名人遗物

（续表）

藏品编号	名称	数量	类别
LH0247	1952年萧军《春夜杂咏》17首手稿	1	名人遗物
LH0248	1986年萧军为县志题字手稿	1	名人遗物
LH0249	1980年萧军给读者的信手稿	2	名人遗物
LH0250	1955年萧军《冬夜书怀》手稿	1	名人遗物
LH0251	1963年萧军诗手稿	1	名人遗物
LH0252	1986年萧军偶题诗手稿	1	名人遗物
LH0254	1991年彭真题"萧军纪念馆"馆名	1	名人遗物
LH0257	1986年萧军为县图书馆题名手稿	3	名人遗物
LH0262	清代俄国给清政府照会译文稿折页	4	档案文书
LH0263	清光绪二十一年俄馆收发电报译文稿册	3	档案文书
LH0264	清光绪三十三年至宣统三年清政府收发电文底簿	14	档案文书
LH0265	清宣统二年至三年清政府外交函稿文书册	7	档案文书
LH0266	清光绪二十六年至二十七年俄馆杨任发电稿册	5	档案文书
LH0267	清宣统元年使俄公函	1	档案文书
LH0269	清光绪三十四年至宣统三年清政府咨稿、函稿、公文册	4	档案文书
LH0270	清光绪二十八年至三十年抄电稿册	2	档案文书
LH0271	清光绪三十一年至三十三年抄胡仁电稿册	1	档案文书
LH0272	清光绪二十二年至二十三年收发电报簿册	1	档案文书
LH0369	清宣统照录俄大使照会	1	档案文书
LH0373	清光绪东陵查办事件稿案总集册	1	档案文书
LH0437	清王澍款书法册页	1	书法、绘画
LH0439	清澂园尺牍册页	1	书法、绘画
LH0440	清光绪所驻国与他国相关之事俄国外交剪报册	1	文件、宣传品
LH0441	清光绪现时政党及政策俄文剪报册	1	文件、宣传品
LH0443	清光绪关法司法部之事俄文剪报册	1	文件、宣传品
LH0445	清光绪《松花江》俄文剪报册	1	文件、宣传品
LH0447	清光绪俄国新颁命令俄文剪报册	1	文件、宣传品
LH0448	清光绪俄国现时财政情形俄文剪报册	4	文件、宣传品
LH0452	清《金刚般若波罗蜜经》册页	1	古籍图书
LH0456	清于澹园手书自箸诗册	1	书法、绘画
LH0457	清田舍翁书札册页	1	书法、绘画
LH0509	清方孝儒款书法册页	1	书法、绘画
LH0511	清乾嘉名贤为子纯先生题咏册	1	书法、绘画
LH0552	清道光东山殿撰墨迹册页	1	书法、绘画
LH0553	民国徐慎伯书法册页	1	书法、绘画
LH0559	清翁方纲阮元等尺牍册页	1	书法、绘画
LH0563	民国梁鼎芬书札册页	2	书法、绘画
LH0617	清仿董其昌书法册页	2	书法、绘画
LH0622	清张复生书《般若波罗蜜多心经》册页	1	书法、绘画
LH0623	清宝晋斋摹古法书册页	6	书法、绘画
LH0631	清仿王文治书法册页	1	书法、绘画
LH0819	清周于礼书法册页	2	书法、绘画
LH0820	民国张白翔先生西湖诗稿册页	1	书法、绘画
LH0851	现代萧军写《鲁迅书简注释》手稿	171	名人遗物
LH0863	民国萧军前妻卖身契约	1	档案文书
LH0864	现代萧军使用过的弹壳手杖	1	名人遗物
LH0865	现代萧军用过的画龙纹黑漆竹节手杖	1	名人遗物
LH0866	现代萧军用过的木刀	1	名人遗物
LH0867	现代萧军用过的活节铝手杖	1	名人遗物
LH0868	现代萧军用过的人发竹柄拂尘	1	名人遗物
LH0869	现代萧军用过的方形凉枕	1	名人遗物
LH0870	现代萧军用过的铜嘴木烟斗、料嘴木烟斗	2	名人遗物
LH0871	现代萧军用过的花椒木烟嘴	1	名人遗物
LH0872	现代萧军用过的红料烟嘴	1	名人遗物
LH0873	现代萧军用过的花椒木烟嘴	1	名人遗物
LH0874	现代萧军用寿山石"银桥室印"印章	1	名人遗物
LH0875	现代萧军穿过的灰色革面鞋	1	名人遗物
LH0876	现代萧军用过的黄色布背包	1	名人遗物
LH0880	清光绪窑变釉杏圆贯耳方瓶	1	瓷器
LH0881	现代萧军用过的汉瓦当砚	1	名人遗物
LH0882	现代萧军用过的书桌	1	名人遗物
LH0883	现代萧军用过的红木嵌理石太师椅	1	名人遗物
LH0884	现代萧军用过的"乌龙"铭黑漆藤手杖	1	名人遗物
LH0885	现代萧军穿过的皮大衣	1	名人遗物
LH0886	现代萧军穿过的俄式上衣	1	名人遗物
LH0887	现代萧军用过的料烟嘴木烟斗	1	名人遗物
LH0888	现代彭真送给萧军的象首耳紫砂盖罐	1	名人遗物
LH0889	现代萧军新疆朋友送的维族小帽	1	名人遗物
LH0890	现代彭真送给萧军的双牛首耳紫砂盖罐	1	名人遗物
LH0891	现代萧军使用过的铁柄木手杖	1	名人遗物
LH0892	现代萧军使用过的木手杖	1	名人遗物
LH0893	现代萧军使用过的木柄木鞘铁剑	1	名人遗物
LH0894	现代萧军使用过的铜柄木鞘铁剑	1	名人遗物
LH0895	现代萧军用过的木雕笔架	1	名人遗物
LH0896	现代萧军使用过的台灯	1	名人遗物
LH0897	现代萧军用过的牛角笔筒	1	名人遗物
LH0898	现代萧军使用过的紫檀镇尺	1	名人遗物
LH0899	现代萧军使用过的海螺烟缸	1	名人遗物
LH0901	1986年萧军重写1926年所作《立秋有感》手稿	1	名人遗物
LH0902	1986年萧军重写1932年给萧红《东病中悄悄》手稿	1	名人遗物
LH0903	1986年萧军去日本题词的备忘手稿	1	名人遗物

锦州市图书馆藏品信息表

(续表)

藏品编号	名　　称	数量	类别	藏品编号	名　　称	数量	类别
011.1-4094-14388	《校雠通义》四卷	2	古籍图书	081.6-0040-11622	《文史通义》九卷、《校雠通义》四卷	8	古籍图书
011.1-5000-36080	《中国版本略说》一卷	1	古籍图书	081.6-0466-6191	《诸葛武侯全集》十八卷、《文集》一卷	8	古籍图书
011.1-7201-10338	《刘向校雠学纂微》不分卷	1	古籍图书	081.6-1090-6798	《不忍杂志汇编》八卷	8	古籍图书
011.2-4864-5087	《故宫善本书影初编》不分卷	1	古籍图书	081.6-2025-6946	《舜水遗书》二十九卷	12	古籍图书
011.2-8315-5453	《铁琴铜剑楼宋元本书影识语》四卷	9	古籍图书	081.6-2025-7871	《舜水遗书》二十九卷	12	古籍图书
011.3-6702-36076	明代版本《图录初编》十二卷	4	古籍图书	081.6-2290-5998	《梨洲遗箸汇刊》六十八卷首一卷	20	古籍图书
011.9-0468-7426	《读书敏求记》四卷	4	古籍图书	081.6-5010-51458	《拙尊园丛稿》六卷	1	古籍图书
012.23-5090-19207	《东蒙书局招股简章》一卷	1	古籍图书	081.6-5320-50961	《咸平集》三十卷	5	古籍图书
013.1-0040-22447	《文渊阁藏书全景》一卷	2	古籍图书	081.6-6778-51060	《饮冰室壬寅文集》十六卷	10	古籍图书
013.1-5060-22052	《书目答问》一卷	2	古籍图书	081.6-9000-51455	《小仓山房外集》八卷	1	古籍图书
013.1-6762-5075	《邵亭知见传本书目》十六卷	8	古籍图书	121-6022-50857	《易原窥余》不分卷	1	古籍图书
017.11-3111-5106	《江苏省立国学图书馆图书总目》四十四卷	24	古籍图书	121-6022-50973	《易原窥余》不分卷	2	古籍图书
017.11-3111-5130	《江苏省立国学图书馆图书总目》补编十二卷	6	古籍图书	122.1-0862-51239	《论语》□□卷	1	古籍图书
018.1-2824-7430	《征刻南北宋人集启》一卷	1	古籍图书	122.1-0862-51243	《论语·学问篇》一卷、《社会篇》一卷、《政治篇》一卷、《道德篇》一卷	4	古籍图书
018.1-3730-5031	《通学斋书目第一期》不分卷	1	古籍图书	122.1-1241-11853	《孔子改制考》二十一卷	10	古籍图书
018.1-4090-5054	《来熏阁书目第四期》不分卷	1	古籍图书	122.1-1241-50915	《孔教新编》一卷	1	古籍图书
019.3-3214-5994	《丛书书目汇编》不分卷	4	古籍图书	122.1-1241-50961	《孔子集语》十七卷	1	古籍图书
019.51-6021-38468	《四部备要书目提要》四卷	3	古籍图书	122.9-5060-19834	《董子春秋繁露》一卷	1	古籍图书
019.51-6021-3975	《四部备要书目提要》四卷	4	古籍图书	122.9-6040-19835	《晏子春秋》一卷	1	古籍图书
031-1740-7360	《子史精华》一百六十卷	16	古籍图书	122-0028-41107	《言文对照广注孟子读本》七卷	3	古籍图书
031-2024-40180	《辞源》不分卷	12	古籍图书	122-3521-12717	《礼记菁华录》八卷	4	古籍图书
031-2024-5094	《辞源》不分卷	12	古籍图书	122-5000-19583	《中庸讲义》一卷	1	古籍图书
031-2610-52277	《皇朝文献通考辑要》二十六卷	4	古籍图书	122-5000-9606	《中庸说》三卷	1	古籍图书
031-2610-52347	《皇朝文献通考辑要》二十六卷	1	古籍图书	122-6000-51289	《新订四书补注备旨》□□卷	2	古籍图书
031-3210-6720	《渊鉴类函》四百五十卷、目录四卷	64	古籍图书	122-6021-20922	《四书今译》不分卷	7	古籍图书
031-4015-6784	《国民宝库全书》不分卷	6	古籍图书	122-6021-20929	《新注四书白话解说》不分卷	11	古籍图书
031-4060-12518	《古事比》五十二卷	6	古籍图书	122-6021-21422	《奎璧四书》不分卷	1	古籍图书
031-4060-2464	《古今图书集成》一万卷	799	古籍图书	122-6021-41371	《四书集注直解》二十七卷	8	古籍图书
031-4060-3264	《古今图书集成考证》不分卷	8	古籍图书	123.1-3830-19570	《新注道德经白话解说》二卷	1	古籍图书
031-5000-7398	《增补事类统编》九十三卷	12	古籍图书	123.1-4471-17879	《老子古义》二卷	1	古籍图书
041.19-2191-13880	《经学历史》不分卷	1	古籍图书	123.1-4471-41681	《老子道德经》二卷	1	古籍图书
041.2-0292-14944	《伪经考》十四卷	6	古籍图书	123.4-4421-51116	《重订庄子集注》□□卷	1	古籍图书
041.2-0468-7355	《读子卮言》二卷	2	古籍图书	123.4-4421-7180	《庄子集解》八卷	2	古籍图书
069.1-6015-19577	《国立北平故宫博物院三十五年度工作报告》一卷	1	古籍图书	123.4-4421-7376	《南华真经评注》十卷	5	古籍图书
081.1-4000-5908	《重刊宋本十三经注疏附校勘记》四百十六卷	80	古籍图书	123-3830-45315	《道德经》二卷	2	古籍图书
081.2-2191-21390	《经说选粹》不分卷	6	古籍图书	124.1-6010-14453	《墨子》十六卷	2	古籍图书
081.2-3730-18996	《通志堂经解提要》四卷首一卷	2	古籍图书	126-0862-7339	《论衡》三十卷	6	古籍图书
081.3-0466-14425	《诸子文粹》六十二卷《续编》十卷	20	古籍图书	126-3011-12583	《淮南鸿烈集解》二十一卷、《淮南天文训补注》一卷	6	古籍图书
081.3-7712-5720	《归震川评点百二十子》二十六卷、《补遗》十三卷	40	古籍图书	127.1-4692-21489	《杨龟山先生集》四十二卷首一卷	8	古籍图书
081.4-6021-36104	《四库珍本》不分卷	1,952	古籍图书	127.3-7620-46988	《阳明学》一卷	1	古籍图书
				128.1-1010-6986	《二曲集钞》一卷	1	古籍图书
				175-0024-13041	《人心能力论》一卷	1	古籍图书

（续表）

藏品编号	名　　称	数量	类别
180.11-2722-11671	《御注孝经》一卷	1	古籍图书
180.11-2722-11672	《御注孝经》一卷	1	古籍图书
180.11-2722-11673	《御注孝经》一卷	1	古籍图书
180.11-2722-11674	《御注孝经》一卷	1	古籍图书
180.11-2722-11675	《御注孝经》一卷	1	古籍图书
180.11-2722-11676	《御注孝经》一卷	1	古籍图书
180.11-2722-11677	《御注孝经》一卷	1	古籍图书
180.11-2722-11678	《御注孝经》一卷	1	古籍图书
180.11-2722-11679	《御注孝经》一卷	1	古籍图书
180.11-2722-11680	《御注孝经》一卷	1	古籍图书
180.11-2722-11681	《御注孝经》一卷	1	古籍图书
180.11-9020-7414	《少年进德录》不分卷	1	古籍图书
180.11-9020-7415	《少年进德录》不分卷	1	古籍图书
185.4-6042-7502	《男女百孝图全传》四卷	5	古籍图书
188.2-4060-20475	《古今格言》四卷	3	古籍图书
188.2-4060-7207	《古今格言》四卷	4	古籍图书
188.3-7121-15340	《历代中外男女孝弟言行录》二十卷	4	古籍图书
199.5-4003-45309	《太乙数统宗大全》六卷	6	古籍图书
199.9-4411-13882	《地理录要》四卷	4	古籍图书
199.9-6091-7410	《罗经解定》四卷	4	古籍图书
199.9-7622-45280	《阳宅爱众篇》四卷	3	古籍图书
199.9-7622-45333	《阳宅大全》十卷	4	古籍图书
199-9402-45341	《钦定协纪便方书》三十六卷	8	古籍图书
202-2502-46271	《佛学概论》一卷	1	古籍图书
202-2522-46262	《佛典泛论》一卷	1	古籍图书
202-2522-46263	《佛教浅测》一卷	1	古籍图书
202-2522-46270	《佛家哲学通论》不分卷	1	古籍图书
24-0025-49094	《摩诃止观辅行传弘决》四卷	2	古籍图书
24-0025-49737	《摩诃止观》十卷	5	古籍图书
24-0025-49752	《摩诃止观辅行传弘决》四十卷	20	古籍图书
24-0025-49799	《摩诃止观辅行传弘决》四十卷	18	古籍图书
24-0028-49574	《千手千眼观世音菩萨广大圆满无碍大悲心陀罗尼经》一卷、《妙法莲华经观世音菩萨普门品》一卷	1	古籍图书
24-0044-50035	《辨中边论述记》六卷	3	古籍图书
24-0073-49484	《玄灵玉皇经》一卷	1	古籍图书
24-0080-49096	《六祖大师法宝坛经》不分卷	1	古籍图书
24-0466-49982	《诸佛护念经论语录辑要》不分卷	1	古籍图书
24-0466-49983	《诸佛护念经论语录辑要》不分卷	1	古籍图书
24-0466-49984	《诸佛护念经论语录辑要》不分卷	1	古籍图书
24-0466-49985	《诸佛护念经论语录辑要》不分卷	1	古籍图书
24-1010-49555	《玉准轮科辑要》□□卷	6	古籍图书
24-1010-49586	《佛说盂兰盆经新疏》一卷	1	古籍图书
24-1080-49965	《天台四教仪》一卷	1	古籍图书
24-1080-49966	《天台四教仪》一卷	1	古籍图书

（续表）

藏品编号	名　　称	数量	类别
24-1122-49816	《佛说阿弥陀经疏钞撷》一卷	1	古籍图书
24-1720-49855	《了凡圣禅师语录》六卷	2	古籍图书
24-2010-50190	《二课合解》七卷	2	古籍图书
24-2110-49850	《止观私记》十卷	5	古籍图书
24-2171-49624	《比丘日用》不分卷	1	古籍图书
24-2522-49515	《佛说梵纲经》二卷	1	古籍图书
24-2522-49569	《佛母哭世》一卷	1	古籍图书
24-2522-49589	《佛说盂兰盆经》一卷	1	古籍图书
24-2522-49590	《佛说盂兰盆经》一卷	1	古籍图书
24-2600-49494	《白云法师望江南净土词》一卷	1	古籍图书
24-2600-49495	《白云法师望江南净土词》一卷	1	古籍图书
24-2694-49987	《释迦如来应化事迹》不分卷	4	古籍图书
24-2725-49491	《解深密经注》十卷	3	古籍图书
243.16-8010-53280	《金刚般若波罗蜜经破空论》一卷	1	古籍图书
243.16-8010-53282	《金刚般若波罗蜜经》□□卷	1	古籍图书
243.16-8010-53283	《金刚般若波罗蜜经》□□卷	1	古籍图书
243.16-8010-53284	《金刚般若波罗蜜经》□□卷	1	古籍图书
243.19-1060-53264	《百喻经》二卷	1	古籍图书
243.19-2522-53216	《佛说盂兰盆经》一卷	1	古籍图书
243.19-2522-53217	《佛说盂兰盆经》一卷	1	古籍图书
243.19-2522-53218	《佛说盂兰盆经》一卷	1	古籍图书
243.19-2522-53219	《佛说盂兰盆经》一卷	1	古籍图书
243.19-2522-53220	《佛说盂兰盆经》一卷	1	古籍图书
243.19-2522-53221	《佛说盂兰盆经》一卷	1	古籍图书
243.19-2522-53222	《佛说盂兰盆经》一卷	1	古籍图书
243.19-2522-53223	《佛说盂兰盆经》一卷	1	古籍图书
243.19-2522-53224	《佛说盂兰盆经》一卷	1	古籍图书
243.19-2522-53225	《佛说盂兰盆经》一卷	1	古籍图书
243.19-2522-53226	《佛说盂兰盆经》一卷	1	古籍图书
243.19-2522-53227	《佛说盂兰盆经》一卷	1	古籍图书
243.19-2522-53228	《佛说盂兰盆经》一卷	1	古籍图书
243.19-2522-53229	《佛说盂兰盆经》一卷	1	古籍图书
243.19-2522-53230	《佛说盂兰盆经》一卷	1	古籍图书
243.19-2522-53231	《佛说盂兰盆经》一卷	1	古籍图书
243.19-2522-53232	《佛说盂兰盆经》一卷	1	古籍图书
243.19-2522-53233	《佛说盂兰盆经》一卷	1	古籍图书
243.19-2522-53234	《佛说盂兰盆经》一卷	1	古籍图书
243.19-2522-53235	《佛说盂兰盆经》一卷	1	古籍图书
243.19-2522-53236	《佛说盂兰盆经》一卷	1	古籍图书
243.19-2522-53237	《佛说盂兰盆经》一卷	1	古籍图书
243.19-2522-53238	《佛说盂兰盆经》一卷	1	古籍图书
243.19-2522-53239	《佛说盂兰盆经》一卷	1	古籍图书
243.19-2522-53240	《佛说盂兰盆经》一卷	1	古籍图书
243.19-2522-53241	《佛说盂兰盆经》一卷	1	古籍图书
243.19-2522-53242	《佛说盂兰盆经》一卷	1	古籍图书
243.19-2522-53243	《佛说盂兰盆经》一卷	1	古籍图书
243.19-2522-53244	《佛说盂兰盆经》一卷	1	古籍图书
243.19-2522-53245	《佛说盂兰盆经》一卷	1	古籍图书
243.19-2522-53246	《佛说盂兰盆经》一卷	1	古籍图书
243.19-2522-53247	《佛说盂兰盆经》一卷	1	古籍图书

锦州市全国第一次可移动文物普查藏品名录

(续表)

藏品编号	名　　称	数量	类别
243.19-2522-53248	《佛说盂兰盆经》一卷	1	古籍图书
243.19-2522-53249	《佛说盂兰盆经》一卷	1	古籍图书
243.19-2522-53250	《佛说盂兰盆经》一卷	1	古籍图书
243.19-2522-53251	《佛说盂兰盆经》一卷	1	古籍图书
243.19-2522-53252	《佛说盂兰盆经》一卷	1	古籍图书
243.19-2522-53253	《佛说盂兰盆经》一卷	1	古籍图书
243.19-2522-53254	《佛说盂兰盆经》一卷	1	古籍图书
243.19-2522-53255	《佛说盂兰盆经》一卷	1	古籍图书
243.19-2522-53256	《佛说盂兰盆经》一卷	1	古籍图书
243.19-2522-53257	《佛说盂兰盆经》一卷	1	古籍图书
243.19-2522-53258	《佛说盂兰盆经》一卷	1	古籍图书
243.19-2522-53259	《佛说盂兰盆经》一卷	1	古籍图书
243.19-2522-53260	《佛说盂兰盆经》一卷	1	古籍图书
243.19-2522-53261	《佛说盂兰盆经》一卷	1	古籍图书
243.19-2522-53262	《佛说盂兰盆经》一卷	1	古籍图书
24-3090-49533	《宋文宪公护法录》十卷	4	古籍图书
24-3215-50094	《净土津梁》十三种	8	古籍图书
24-3413-49616	《法界次第初门》三卷	3	古籍图书
24-3625-49667	《禅门日诵》不分卷	1	古籍图书
24-3625-49668	《禅门日诵》不分卷	1	古籍图书
24-3625-49911	《禅秘要法经》三卷	1	古籍图书
24-3625-49912	《禅秘要法经》三卷	1	古籍图书
24-3625-49913	《禅秘要法经》四卷	1	古籍图书
24-3790-49700	《梁皇忏随闻录》十卷首一卷	3	古籍图书
24-3833-49689	《新注道德经白话解说》□□卷	1	古籍图书
24-4003-49433	《太阳太阴真经》一卷	1	古籍图书
24-4003-49570	《太上感应篇直讲》一卷	1	古籍图书
24-4022-49626	《佛说菩萨内戒经》一卷、《菩萨优婆塞五戒威仪经》一卷、《佛说文殊师利净律经》一卷	1	古籍图书
24-4048-49994	《大乘起信论》一卷	1	古籍图书
24-4048-49996	《大乘起信论》一卷	1	古籍图书
24-4080-49097	《大乘本生心地观经浅注》八卷	10	古籍图书
24-4080-49136	《妙法莲华经》七卷	4	古籍图书
24-4080-49141	《妙法莲华经》七卷	4	古籍图书
24-4080-49340	《大佛顶如来密因修证了义诸菩萨万行首楞严经玄义》二卷	1	古籍图书
24-4080-49428	《大佛顶如来密因修证了义诸菩萨万行首楞严经玄义》二卷	1	古籍图书
24-4080-49443	《大佛顶经妙玄要旨》一卷	1	古籍图书
24-4080-49444	《大毗卢遮那成佛神变加持经》七卷	1	古籍图书
24-4080-49445	《大毗卢遮那成佛神变加持经》七卷	2	古籍图书
24-4080-49597	《大乘相宗十胜论》一卷、《相宗新旧两译不同论》一卷	1	古籍图书
24-4080-49607	《大般若波罗蜜多经》□□卷	1	古籍图书
24-4080-49615	《大乘起信论亲闻记》不分卷	1	古籍图书
24-4080-49715	《法华五重玄义辑略》一卷、《圆觉五重玄义辑略》一卷、《大佛顶经五重玄义辑略》一卷	1	古籍图书

(续表)

藏品编号	名　　称	数量	类别
24-4080-49725	《大毗卢遮那成佛神变加持经》七卷	1	古籍图书
24-4080-49734	《大乘止观述记》二卷	2	古籍图书
24-4080-50001	《大乘起信论》一卷	1	古籍图书
24-4080-50004	《大乘起信论》一卷	1	古籍图书
24-4080-50005	《大乘起信论》一卷	1	古籍图书
24-4080-50006	《大乘起信论亲闻记》不分卷	1	古籍图书
24-4080-50007	《大乘起信论亲闻记》不分卷	1	古籍图书
24-4080-50008	《大乘起信论亲闻记》不分卷	1	古籍图书
24-4080-50112	《大毗卢遮那成佛神变加持经》七卷	1	古籍图书
24-4422-49575	《劝比丘学比丘戒浅说》一卷	1	古籍图书
24-4422-49591	《盂兰盆报恩大斋圣会仪轨辑要》不分卷	1	古籍图书
24-4430-49690	《御选云栖莲池袾大师语录》一卷	1	古籍图书
24-4692-49262	《楞严经灌顶疏》十卷、《首楞严经灌顶疏科文》一卷、《首楞严经灌顶疏序释》一卷、《首楞严经灌顶疏圆谭》二卷	25	古籍图书
24-4692-49682	《大佛顶首楞严忏悔行法》一卷	1	古籍图书
24-4692-49683	《大佛顶首楞严忏悔行法》一卷	1	古籍图书
24-4692-49684	《大佛顶首楞严忏悔行法》一卷	1	古籍图书
24-4721-49600	《佛说观药王药上二菩萨经》一卷	1	古籍图书
24-4721-49604	《般若波罗蜜多心经》一卷	1	古籍图书
24-4721-49608	《观世音菩萨灵异纪》二卷	1	古籍图书
24-4721-49609	《观世音菩萨本迹感应颂》四卷	2	古籍图书
24-4721-49643	《观世音菩萨本迹感应颂》四卷	2	古籍图书
24-4721-49675	《妙法莲华经观世音菩萨普门品》一卷	1	古籍图书
24-4721-49676	《妙法莲华经观世音菩萨普门品》一卷	1	古籍图书
24-4721-49677	《妙法莲华经观世音菩萨普门品》一卷	1	古籍图书
24-4721-49678	《妙法莲华经观世音菩萨普门品》一卷	1	古籍图书
24-4721-49679	《妙法莲华经观世音菩萨普门品》一卷	1	古籍图书
24-4721-49680	《妙法莲华经观世音菩萨普门品》一卷	1	古籍图书
24-4721-49681	《妙法莲华经观世音菩萨普门品》一卷	1	古籍图书
24-4721-49726	《新编观音灵感录》一卷	1	古籍图书
24-4721-49842	《观音玄义记》四卷	2	古籍图书
24-4721-49844	《观音玄义记》四卷	2	古籍图书
24-4724-49584	《毂𬭎纪闻》三卷	1	古籍图书
24-4844-49449	《天台教观选录》八卷	5	古籍图书
24-4844-49467	《教观纲宗释义纪》三卷	3	古籍图书
24-4844-49470	《教观纲宗释义纪》三卷	3	古籍图书
24-4844-49473	《教观纲宗释义纪》三卷	3	古籍图书

(续表)

藏品编号	名称	数量	类别
24-4844-49476	《教观纲宗释义纪》三卷	3	古籍图书
24-5064-50086	《寿康宝鉴》一卷	1	古籍图书
24-5064-50087	《寿康宝鉴》一卷	1	古籍图书
24-6000-49687	《白衣大士神咒》一卷	1	古籍图书
24-6000-49688	《白衣大士神咒》一卷	1	古籍图书
24-6001-47480	《唯心》五种	1	古籍图书
24-6001-49479	《唯心》五种	1	古籍图书
24-6001-49611	《唯识三十论略解》二卷	1	古籍图书
24-6001-49612	《唯识三十论略解》二卷	1	古籍图书
24-6021-49429	《佛说四十二章经疏钞》九卷、《附佛说八大人觉经疏》一卷	3	古籍图书
24-6021-49441	《四十二章经讲录》一卷	1	古籍图书
24-6021-49704	《佛说四十二章经疏钞》五卷、附《佛说八大人觉经疏》一卷	3	古籍图书
24-6021-49707	《佛说四十二章经疏钞》五卷、附《佛说八大人觉经疏》一卷	3	古籍图书
24-6021-50044	《四分戒本如释》十二卷	6	古籍图书
24-6021-50050	《四分戒本如释》十二卷	1	古籍图书
24-6021-50066	《四分律含注戒本讲录》不分卷	1	古籍图书
24-6021-50088	《四分律含注戒本》三卷	1	古籍图书
24-6021-50090	《昙无德部四分律删补随机羯磨》二卷	1	古籍图书
24-6021-50091	《四分戒本》一卷	1	古籍图书
24-6021-50092	《四分律含注戒本》三卷	1	古籍图书
24-6021-50101	《四分戒本如释》十二卷	6	古籍图书
24-6021-50189	《天台四教仪集注》十卷	1	古籍图书
24-6706-49463	《略述法相义》三卷	1	古籍图书
24-7423-49531	《随机羯磨讲录》一卷	1	古籍图书
24-7423-49532	《随机羯磨讲录》一卷	1	古籍图书
247-4844-53277	《教观纲宗》一卷、《教观纲宗释义》一卷	1	古籍图书
24-7521-50089	《体仁要术》一卷、《戒杀三说》一卷	1	古籍图书
24-7722-49572	《月溪法师问答录》一卷	1	古籍图书
24-7772-49872	《印光法师文钞》四卷	4	古籍图书
24-7772-49876	《印光法师嘉言录》不分卷	1	古籍图书
24-7772-49877	《印光法师嘉言录》不分卷	1	古籍图书
24-7772-49878	《印光法师文钞》四卷	4	古籍图书
24-7772-49882	《印光法师文钞》不分卷	4	古籍图书
24-7823-49703	《阴骘文广义》二卷	1	古籍图书
24-8010-49619	《金刚般若波罗蜜经》一卷	1	古籍图书
24-8010-50030	《金刚般若波罗蜜经破空论》不分卷	1	古籍图书
24-8033-49483	《无生居士自知录》一卷	1	古籍图书
24-8060-49645	《妙法莲华经指掌疏观音普门品别行》一卷	1	古籍图书
24-8880-49899	《笑岩宝祖语录》四卷	4	古籍图书
24-9060-49648	《省庵法师语录》二卷	2	古籍图书
253-8010-19246	《金科辑要闺范篇》三卷	1	古籍图书
256-4001-14203	《增续铁刹山志》十六卷	6	古籍图书
320.19-2191-7967	《经济思想史》不分卷	1	古籍图书

(续表)

藏品编号	名称	数量	类别
329.91-0040-46094	《交通史邮政编》不分卷	4	古籍图书
330.141-4445-41095	《韩非子》二十卷	6	古籍图书
330.141-4445-41333	《韩非子》二十卷	3	古籍图书
330.141-8877-19837	《管子》不分卷	2	古籍图书
330.141-8877-19839	《管子》不分卷	1	古籍图书
330.141-9977-13358	《管子补注》二十四卷	6	古籍图书
330.141-9977-7863	《管子》二十四卷	8	古籍图书
330.14-2621-13366	《鬼谷子》三卷	1	古籍图书
330.41-7778-7965	《欧战后之中国经济与教育》不分卷	1	古籍图书
330.42-4001-21009	《左文襄公奏疏初编》三十八卷、《续编》七十六卷、《三编》六卷	12	古籍图书
330.42-4499-22347	《林文忠公政书》三集□□卷	10	古籍图书
330.42-4499-22348	《林文忠公政书》三集□□卷	2	古籍图书
330.42-7421-11256	《唐陆宣公奏议读本》四卷	2	古籍图书
330.42-7451-6968	《唐陆宣公集》二十二卷	6	古籍图书
337.11-9021-46182	《丙午年交涉要览》七卷	6	古籍图书
337.11-9021-46188	《丙午年交涉要览》七卷	1	古籍图书
337.11-9021-46189	《丙午年交涉要览》七卷	6	古籍图书
337.13-3512-14614	《清光绪朝中日交涉史料》八十八卷	44	古籍图书
342.5-4460-45966	《营壘图说》一卷	1	古籍图书
349.1-1249-41795	《孙子十家注》十三卷、《遗说》一卷、《叙录》一卷	6	古籍图书
349.1-1249-41801	《孙子十家注》十三卷、《遗说》一卷、《叙录》一卷	6	古籍图书
351.11-2122-7966	《行政法总论》不分卷	1	古籍图书
351.219-3413-10982	《汉官仪》三卷	1	古籍图书
351.219-7722-7431	《周礼》四十二卷	8	古籍图书
366.1-3780-52499	《资治新书》十四卷	1	古籍图书
366.7-9252-51262	《京师地方审判厅法曹会判牍汇编（刑事）》不分卷	2	古籍图书
367.41-1726-7473	《司法主臬》二卷、初编二卷	8	古籍图书
370.13-0292-14315	《新教育论》不分卷	1	古籍图书
372.11-4423-22098	《蒙师箴言》不分卷	1	古籍图书
372.51-0292-51029	《全国高小学生成绩新文库甲编》十九卷	4	古籍图书
372.51-0292-51380	《新修汉文》□□卷	1	古籍图书
372.511-4423-22521	《蒙学读本全书》不分卷	5	古籍图书
372.51-2471-51208	《新增绘图幼学故事琼林》□□卷	1	古籍图书
372.51-2721-51368	《新式儿童作文入门》不分卷	1	古籍图书
372.51-6015-51363	《前期小学国语读本教学法》不分卷	1	古籍图书
372.57-0292-51370	《新幼学句解》二卷	2	古籍图书
372.57-8811-51332	《增定鉴略妥注读本》□□卷	2	古籍图书
381-2825-7439	《仪礼》十七卷	8	古籍图书
381-3521-51123	《节本礼记》十卷	4	古籍图书
381-3521-51129	《礼记》十卷	7	古籍图书
381-3521-51136	《礼记》十卷	1	古籍图书
419.6-1519-50862	《精校增图珠算课本》不分卷	1	古籍图书

(续表)

藏品编号	名　称	数量	类别
419-5844-22504	《御制数理精蕴》□□卷	9	古籍图书
419-8844-50858	《增删算法统宗》十一卷	4	古籍图书
419-8844-50863	《增删算法统宗》十一卷	1	古籍图书
419-8844-50865	《增删算学统宗》十一卷	1	古籍图书
440.2-0023-12012	《诸天讲》十五卷	2	古籍图书
444-1010-13819	《灵台秘苑》十五卷	4	古籍图书
448.121-5000-13042	《中元己巳岁七政经纬通书》不分卷	1	古籍图书
452.11-1022-46387	《尔雅图赞》一卷 《山海经图赞》二卷	1	古籍图书
463-1043-13824	《天演论》二卷	2	古籍图书
463-1043-7798	《天演论》二卷	2	古籍图书
508-1043-19998	《天工开物》三卷	3	古籍图书
515.76-1220-51675	《引痘略》不分卷	1	古籍图书
519.01-0080-20037	《六科准绳》四十四卷	42	古籍图书
519.01-4080-45386	《补注黄帝内经素问》二十四卷、《黄帝内经素问遗编》一卷、《黄帝内经灵枢》十二卷	4	古籍图书
519.01-4480-40725	《补注黄帝内经素问》二十四卷、《附卷末》一卷、《黄帝内经灵枢》十二卷	4	古籍图书
519.02-1123-21670	《景岳全书》六十四卷	14	古籍图书
519.02-1123-7901	《景岳全书》六十四卷	16	古籍图书
519.02-2722-46338	《御纂医宗金鉴》七十四卷首一卷	2	古籍图书
519.02-3411-9275	《沈氏尊生书》七十二卷	24	古籍图书
519.02-3812-7853	《冷庐医话》五卷	4	古籍图书
519.02-4033-8986	《赤水玄珠全集》三十卷、《医案》四卷、《医旨绪余》二卷	16	古籍图书
519.02-4471-51683	《世补斋医书》六种	8	古籍图书
519.02-5090-9445	《灵枢经合纂》十卷	9	古籍图书
519.02-6072-40997	《订补明医指掌》十卷	4	古籍图书
519.02-7760-19843	《御纂医宗金鉴》九十卷	20	古籍图书
519.02-7760-39400	《医镜》十六卷	6	古籍图书
519.02-7760-40861	《医学心悟》六卷	3	古籍图书
519.02-7760-41278	《医学三字经》四卷	1	古籍图书
519.02-7760-41297	《古吴童氏重校医宗必读》十卷	5	古籍图书
519.02-7760-7793	《医学南针二集》不分卷	1	古籍图书
519.02-7760-7992	《医学南针》不分卷	1	古籍图书
519.02-8850-41279	《笔花医镜》四卷	2	古籍图书
519.08-3116-7917	《潜斋医书》五种	8	古籍图书
519.08-4480-8006	《黄氏医书》八种	12	古籍图书
519.08-7529-7577	《陈修园医书》六十种	14	古籍图书
519.08-9060-4080	《当归草堂医学丛书初编》四十种	10	古籍图书
519.08-9060-47070	《当归草堂医学丛书初编》四十种	10	古籍图书
519.11-1010-40830	《三指禅》二卷	2	古籍图书
519.11-4051-21690	《校正图注八十一难经》四卷	1	古籍图书
519.1-7760-45191	《古吴童氏重校医宗必读》十卷	4	古籍图书

(续表)

藏品编号	名　称	数量	类别
519.2-1010-21691	《王氏医案绎注》十卷、附录一卷	3	古籍图书
519.21-2822-45188	《注解伤寒论》十卷	3	古籍图书
519.2-2324-18237	《傅青主男科》二卷	1	古籍图书
519.2-2324-7811	《傅青主男科》二卷、《女科》二卷	2	古籍图书
519.2-3042-7824	《寓意草》一卷	1	古籍图书
519.2-3611-40856	《温病条辨》六卷	4	古籍图书
519.2-3611-45401	《温疫论补注》二卷	1	古籍图书
519.2-4022-7797	《内科易知》一卷	1	古籍图书
519.2-4094-41340	《校正图注八十一难经》四卷	2	古籍图书
519.2-4816-41283	《增批温热经纬》四卷	2	古籍图书
519.2-7760-7819	《医门法律》六卷	3	古籍图书
519.2-9022-7822	《尚论篇》四卷	1	古籍图书
519.2-9022-7823	《尚论后篇》四卷	1	古籍图书
519.31-2824-51515	《霉疮秘录》□□卷	1	古籍图书
519.3-2320-26189	《中西合纂外科大全》五卷	1	古籍图书
519.3-2320-40852	《外科正宗》十二卷	4	古籍图书
519.3-2320-41003	《外科正宗》十二卷	1	古籍图书
519.3-2320-45197	《外科大成》四卷	4	古籍图书
519.3-7760-41001	《医宗金鉴》十六卷	3	古籍图书
519.4-2324-45195	《傅青主男科》二卷、《女科》二卷	2	古籍图书
519.4-2324-45201	《补注傅氏女科全集》□□卷	4	古籍图书
519.4-3430-51635	《达生全编》二卷	1	古籍图书
519.4-4742-7925	《妇人良方》六卷	6	古籍图书
519.4-4742-7996	《妇科易知》一卷	1	古籍图书
519.4-4744-41005	《妇人良方》六卷	6	古籍图书
519.5-0011-18238	《痘疹正宗》二卷	1	古籍图书
519.5-0011-21727	《痘诊集成》□□卷	1	古籍图书
519.5-0011-41338	《痘科全书》四卷	2	古籍图书
519.5-2472-8005	《幼科推拿秘书》四卷	1	古籍图书
519.5-4490-18236	《叶天士幼科医案》一卷	1	古籍图书
519.5-9000-41281	《推拿广意》三卷	1	古籍图书
519.6-1060-14354	《雷公药性赋》四卷	3	古籍图书
519.6-1060-14355	《雷公炮制药性解》六卷	1	古籍图书
519.6-4490-51674	《药性易知》一卷	1	古籍图书
519.6-4490-7998	《药性易知》一卷	1	古籍图书
519.6-5023-15424	《增广本草纲目》七十六卷	20	古籍图书
519.6-5023-7999	《本草备要》八卷	4	古籍图书
519.7-2122-7807	《卫生鸿宝》六卷	4	古籍图书
519.7-2227-41682	《仙凡验方合刻》不分卷	1	古籍图书
519.7-2773-45372	《良方汇选》二卷	1	古籍图书
519.7-3073-41282	《良方集要》一卷	1	古籍图书
519.7-3612-8003	《汤头歌诀》一卷 《经络歌诀》一卷	2	古籍图书
519.7-4022-7539	《经验良方大全》十卷	9	古籍图书
519.7-4094-46341	《时病论》八卷	4	古籍图书
519.7-7760-45178	《增评医方集解》二十三卷	4	古籍图书
519.7-7831-40846	《重订验方新编》十八卷	6	古籍图书
519.82-8315-15317	《针灸大成》十二卷	6	古籍图书

(续表)

藏品编号	名称	数量	类别
519-4480-51697	《黄氏医书》八种	6	古籍图书
519-7760-45485	《医学白话》四卷	4	古籍图书
531.071-5523-19206	《农林学问答》一卷	1	古籍图书
531.1-5523-13039	《农话》一卷	1	古籍图书
534-0028-18419	《佩文斋广群芳谱》一百卷	24	古籍图书
549.32-3116-20202	《酒经》二卷	1	古籍图书
581.2-4493-9542	《书记指南模范文牍大全》不分卷	4	古籍图书
581.2-4816-46391	《写信必读》十卷	6	古籍图书
581.2-6014-12564	《士商实用最新公牍全书》六卷	2	古籍图书
581.2-6014-12566	《广注高等尺牍大全》二卷	1	古籍图书
588-0040-19567	《交际大全》不分卷	1	古籍图书
612-2025-51347	《辞源》不分卷	4	古籍图书
622-0080-45952	《六书解例》一卷	1	古籍图书
622-0292-13370	《新定说文古籀考》三卷	1	古籍图书
622-0861-13348	《说文解字》十五卷	4	古籍图书
622-0861-13878	《说文通检》十四卷首一卷、末一卷	2	古籍图书
622-0861-20274	《说文解字》十五卷	6	古籍图书
622-1022-7766	《尔雅》十一卷	3	古籍图书
622-1022-7769	《孝经》九卷	1	古籍图书
622-3861-46373	《说文解字研究法》不分卷	1	古籍图书
622-4060-35695	《古篆考正》不分卷	3	古籍图书
622-4980-35699	《六朝别字记》一卷	1	古籍图书
622-5000-45989	《中国文字之原始及其构造》不分卷	2	古籍图书
622-8010-10814	《金文续编》十四卷	2	古籍图书
623-0023-52494	《康熙字典》不分卷	1	古籍图书
623-0023-52495	《康熙字典》不分卷	1	古籍图书
623-0029-46781	《康熙字典》不分卷	6	古籍图书
623-0029-46787	《康熙字典》不分卷	6	古籍图书
623-1824-51228	《鸿宝斋考正字汇》二卷	1	古籍图书
623-1824-52401	《鸿宝斋考正字汇》二卷	1	古籍图书
623-2025-52405	《辞源》不分卷	5	古籍图书
623-2896-45941	《改良绘图注释一万字文》不分卷	2	古籍图书
624-0064-8898	《诗韵汇海》	10	古籍图书
624-1010-51053	《增补五方元音》不分卷	4	古籍图书
624-2721-18684	《佩文韵府》□□卷	21	古籍图书
627.2-0221-50308	《龙文鞭影》□□卷	3	古籍图书
627.2-0292-51099	《新编详注学校公文公牍程序》不分卷	5	古籍图书
627.2-2472-22541	《浙绍奎照楼书庄精校新增绘图幼学故事琼林》□□卷首一卷	4	古籍图书
627.2-2472-22545	《新增绘图幼学故事琼林》□□卷首一卷	2	古籍图书
627.2-7723-51041	《国民适用通俗白话尺牍大全》不分卷	4	古籍图书
627.2-8022-51035	《新撰句解分类尺牍正轨》八卷	3	古籍图书
627.2-8073-51482	《最新详解公文程序大全》不分卷	1	古籍图书

(续表)

藏品编号	名称	数量	类别
627.3-6404-50967	《仁在堂时艺课》一卷	1	古籍图书
627.5-4060-50918	《重订古文释义新编》八卷	2	古籍图书
627.7-0040-51403	《文选》□□卷	1	古籍图书
627.7-0164-51400	《评注昭明文选》十五卷首一卷、末一卷	4	古籍图书
627.7-0292-50379	《民国写信事事不求人》二十八卷	5	古籍图书
627.7-0865-51472	《详注分类尺牍集成》六卷	1	古籍图书
710.22-3123-9056	《作文初步》四卷	2	古籍图书
710.23-2334-12701	《最浅学词法》不分卷	1	古籍图书
710.23-3403-13040	《学诗入门》一卷	1	古籍图书
710.23-5000-21924	《中原音韵正语作词起例》不分卷	1	古籍图书
710.23-7121-39139	《历代诗话》不分卷	16	古籍图书
710.3-0412-20016	《小学必用新体作文材料》四卷	4	古籍图书
710.3-1124-13869	《赋学鸡跖集》三十卷、附录一卷	8	古籍图书
710.3-4657-9110	《古今诗学大全》不分卷	14	古籍图书
710.3-7223-18111	《文学论文索引续编》不分卷	1	古籍图书
710.3-7865-22218	《新增说文韵府群玉》□□卷	4	古籍图书
710.76-0034-9456	《殿阁词林记》二十二卷	6	古籍图书
710.9-5247-8662	《中国文学史》不分卷	29	古籍图书
711.11-1162-10400	《当代五百名家分类应酬文汇》二十二卷	12	古籍图书
711.12-1003-9048	《古诗评注读本》三卷	2	古籍图书
711.12-1042-2200	《古唐诗合解》十二卷、《古诗合解》四卷	1	古籍图书
711.12-1042-22000	《古唐诗合解》十二卷、《古诗合解》四卷	1	古籍图书
711.12-2234-13647	《岭南诗存》不分卷	8	古籍图书
711.12-2874-9607	《玉台新咏》十卷	2	古籍图书
711.12-4728-13881	《澹宗》五卷	1	古籍图书
711.12-8003-45000	《重订古文释义新编》八卷	7	古籍图书
711.12-8003-45023	《重订古文释义新编》八卷	3	古籍图书
711.12-8064-21955	《十八家诗钞》□□卷	6	古籍图书
711.13-0175-10574	《古文百篇》	2	古籍图书
711.13-0857-8546	《言文对照古文观止》十二卷	12	古籍图书
711.13-1042-22054	《古唐诗合解》十二卷、《古诗合解》四卷	9	古籍图书
711.13-1042-22055	《古唐诗合解》十二卷、《古诗合解》四卷	2	古籍图书
711.13-1146-9325	《古今文综》不分卷	40	古籍图书
711.13-1146-9365	《古今文综》不分卷	40	古籍图书
711.13-2477-9466	《古文菁华》六种	16	古籍图书
711.13-2498-22196	《续古文辞类纂》二十八卷	7	古籍图书
711.13-2498-22203	《续古文辞类纂》三十四卷	1	古籍图书
711.13-2624-18341	《古文观止》十二卷	5	古籍图书
711.13-2683-16021	《涵芬楼古今文钞》一百卷、《简编》四十卷、《小传》四卷首一卷	72	古籍图书

（续表）

藏品编号	名　　称	数量	类别
711.13-2683-16025	《涵芬楼古今文钞》一百卷、《简编》四十卷、《小传》四卷首一卷	27	古籍图书
711.13-3714-20440	《言文对照古文评注读本》十二卷	11	古籍图书
711.13-4038-10216	《古文快读贯通》四卷	4	古籍图书
711.13-4054-10324	《古文笔法》二十卷	4	古籍图书
711.13-4054-20094	《古文笔法》二十卷	1	古籍图书
711.13-4217-10220	《名家圈点笺注批评古文辞类纂》七十四卷	16	古籍图书
711.13-4217-22182	《评校音注古文辞类纂》七十四卷	6	古籍图书
711.13-4217-22188	《名家圈点笺注批评古文辞类纂》七十四卷	4	古籍图书
711.13-4217-22192	《名家圈点笺注批评古文辞类纂》七十四卷	2	古籍图书
711.13-4217-22194	《古文辞类纂》□□卷	2	古籍图书
711.13-4217-9124	《精选广注姚氏古文辞类纂》不分卷	4	古籍图书
711.13-4418-8876	《古文析义初编》六卷、《二编》八卷	14	古籍图书
711.13-4448-8648	《评选四六法海》八卷	8	古籍图书
711.13-4460-20461	《评注古文读本》不分卷	6	古籍图书
711.13-5054-10286	《精选广注黎氏古文辞类纂》不分卷	4	古籍图书
711.13-5457-9496	《论说大观》六十二卷	12	古籍图书
711.13-6641-22090	《文选考异》十卷	2	古籍图书
711.13-6641-22092	《文选》六十卷	6	古籍图书
711.13-6641-22116	《文选》六十卷	6	古籍图书
711.13-6641-22122	《文选考异》十卷	2	古籍图书
711.13-6641-9546	《昭明文选大成》二十四卷	24	古籍图书
711.13-7421-14320	《言文对照高等新文范》四卷	4	古籍图书
711.13-7547-10432	《古文比》四卷	4	古籍图书
711.13-7749-9087	《文章指南》不分卷	5	古籍图书
711.13-8003-21961	《重订古文释义新编》八卷	6	古籍图书
711.13-8003-8909	《重订古文释义新编》八卷	8	古籍图书
711.13-8003-9136	《重订古文释义新编》八卷	8	古籍图书
711.13-8064-14316	《鸣原堂论文》二卷	1	古籍图书
711.2-1042-22001	《古唐诗合解》十二卷、《古诗合解》四卷	2	古籍图书
711.2-1042-22003	《古唐诗合解》十二卷、《古诗合解》四卷	2	古籍图书
711.22-1072-13854	《诗总闻》二十卷	5	古籍图书
711.22-2108-46010	《诗旨纂辞》□□卷	1	古籍图书
711.22-2391-21382	《御纂诗义折中》二十卷	6	古籍图书
711.22-2391-21388	《御纂诗义折中》二十卷	2	古籍图书
711.22-2747-8614	《御案诗经备旨》八卷	4	古籍图书
711.22-4001-21953	《左孟庄骚精华录》二卷	1	古籍图书
711.22-4420-8604	《黄维章先生诗经嫘螺体注》八卷	6	古籍图书

（续表）

藏品编号	名　　称	数量	类别
711.22-8700-11863	《毛诗》二十卷《毛诗音义》三卷	8	古籍图书
711.22-8700-8600	《毛诗》二十卷	4	古籍图书
711.23-0163-8529	《离骚》三种	3	古籍图书
711.23-1003-10214	《秦汉三国文评注读本》不分卷	2	古籍图书
711.23-4477-21923	《楚辞后语》六卷	1	古籍图书
711.23-7771-13005	《屈原赋》七卷、《通释》二卷、《音义》三卷	1	古籍图书
711.23-7771-20556	《楚辞》八卷	2	古籍图书
711.31-1114-10024	《汉魏六朝百三名家集》不分卷	48	古籍图书
711.32-1032-10129	《全汉三国晋南北朝诗》五十四卷	20	古籍图书
711.32-2874-21075	《玉台新咏》十卷	5	古籍图书
711.33-1003-10430	《南北朝文评注读本》不分卷	2	古籍图书
711.33-1003-9570	《南北朝文评注读本》不分卷	2	古籍图书
711.41-2478-9679	《唐宋十大家全集》五十一卷	32	古籍图书
711.42-0043-12623	《唐诗百名家全集》一百十六卷	40	古籍图书
711.42-0043-12652	《昌黎先生诗集》二卷	1	古籍图书
711.42-0837-8818	《唐人八家诗》四十二卷	8	古籍图书
711.42-1003-9195	《唐诗评注读本》六卷	2	古籍图书
711.42-3415-8826	《唐四名家集》十一卷	4	古籍图书
711.42-4062-13015	《松陵集》十卷	4	古籍图书
711.42-4641-18326	《批点唐诗始音》十五卷	4	古籍图书
711.42-9015-8618	《唐六名家集》三十七卷	6	古籍图书
711.43-1003-8790	《宋元明文评注读本》不分卷	2	古籍图书
711.43-1003-9092	《唐文评注读本》不分卷	2	古籍图书
711.43-1146-9050	《唐文粹简编》六卷	6	古籍图书
711.52-2617-13969	《宋诗钞初集》九十五卷	40	古籍图书
711.52-2617-14009	《宋诗钞初集》九十五卷	38	古籍图书
711.52-4030-14042	《宋诗钞补》不分卷	8	古籍图书
711.52-4471-9732	《宋八家集》八卷	8	古籍图书
711.53-4437-10096	《三苏文评注读本》四卷	3	古籍图书
711.53-4437-10339	《三苏策论》十二卷	6	古籍图书
711.53-4437-22140	《三苏文集》四十四卷	8	古籍图书
711.61-4429-46806	《辽文补录》一卷	1	古籍图书
711.62-2894-491	《元人十种诗》六十卷	20	古籍图书
711.62-7521-12571	《元诗纪事》四十五卷	12	古籍图书
711.63-4412-9094	《元文类简编》二卷	2	古籍图书
711.72-3111-8427	《钝吟集》三卷、《冯舍人遗诗》六卷	4	古籍图书
711.73-1003-8532	《明清六才子文》不分卷	4	古籍图书
711.73-1146-8247	《明文在简编》四卷	4	古籍图书
711.73-3257-9079	《明诗八大家文钞》八卷	8	古籍图书
711.8-1003-9060	《清代骈文评注读本》不分卷	4	古籍图书
711.81-1146-8493	《姚氏清朝文录简编》六卷	6	古籍图书
711.81-4447-38720	《金文雅》十六卷	4	古籍图书
711.82-1116-19256	《七家试帖辑注》不分卷	8	古籍图书
711.82-2470-21954	《清代闺秀诗钞》□□卷	1	古籍图书
711.82-6724-22371	《兰言诗钞》四卷	3	古籍图书
711.82-7521-1224	《近代诗钞》不分卷	24	古籍图书
711.82-8852-18277	《画舫录投赠》三卷	1	古籍图书

(续表)

藏品编号	名　　称	数量	类别
711.83-0000-46124	《大题文富》不分卷	9	古籍图书
711.83-0167-10099	《戊戌六君子遗集》十七卷	6	古籍图书
711.83-1003-9271	《清文评注读本》不分卷	4	古籍图书
711.83-1003-9757	《清文评注读本》不分卷	4	古籍图书
711.83-1020-9128	《评校音注续古文辞类纂》三十四卷	8	古籍图书
711.83-1032-9611	《当代八家文钞》二十卷	18	古籍图书
711.83-1032-9628	《当代八家文钞》二十卷	2	古籍图书
711.83-3121-20548	《汪罗彭薛四家合钞》十五卷	6	古籍图书
711.83-4414-10468	《新古文辞类纂》六十卷	24	古籍图书
711.83-4414-22170	《新古文辞类纂》六十卷	12	古籍图书
711.83-4427-8568	《林严文钞》四卷	4	古籍图书
711.83-5074-8576	《精选广注王氏古文辞类纂》不分卷	4	古籍图书
711.89-7200-40262	《仙樵诗钞》十二卷、附补遗一卷	4	古籍图书
711.91-7157-40777	《邂园杂俎文集》二卷、《诗集》十卷	6	古籍图书
711.92-2624-19185	《津步联吟集》一卷	1	古籍图书
711.93-4433-19208	《全国学校国文精华录》六卷	12	古籍图书
711.93-4657-19076	《奉天学生成绩文库初编》十三卷	1	古籍图书
712.31-2880-15528	《徐公文集》三十卷	7	古籍图书
712.31-5544-9750	《曹子建集》十卷	3	古籍图书
712.41-7424-9064	《重刊校正笠泽丛书》四卷、补遗一卷、续补遗一卷	3	古籍图书
712.42-4026-13896	《歌诗编》四卷	1	古籍图书
712.42-4026-8838	《李太白文集》三十卷、附录六卷	14	古籍图书
712.42-4453-9199	《杜诗详注》三十一卷	28	古籍图书
712.42-7746-9761	《周贺诗集》一卷	1	古籍图书
712.43-4480-20091	《韩文评注读本》二卷	2	古籍图书
712.43-4731-13865	《山晓阁选唐大家柳柳州全集》四卷	4	古籍图书
712.43-4731-19250	《柳柳州文评注读本》二卷	2	古籍图书
712.4-4480-8697	《昌黎先生集》四十卷、《外集》十卷、《遗文》一卷、《朱子校昌黎先生集》一卷	10	古籍图书
712.51-1072-20483	《绍陶录》二卷	1	古籍图书
712.51-2821-12617	《宋学士徐文惠公存稿》五卷、附录一卷	2	古籍图书
712.51-4000-13581	《济南集》八卷	3	古籍图书
712.51-8044-8978	《姜白石全集》十三卷	4	古籍图书
712.51-8774-35904	《心史》不分卷	1	古籍图书
712.52-2618-9763	《注鹤山先生渠阳诗》一卷	1	古籍图书
712.52-4012-9762	《李丞相诗集》二卷	1	古籍图书
712.52-4433-11650	《林和靖先生诗集》四卷、附录一卷、校语一卷	5	古籍图书
712.52-4453-13371	《东坡禅喜集》不分卷	1	古籍图书
712.52-5013-13095	《友林乙藁》一卷	1	古籍图书

(续表)

藏品编号	名　　称	数量	类别
712.52-7278-13887	《须溪先生四景诗集》四卷、《骚略》三卷	1	古籍图书
712.53-1031-14328	《王临川文评注读本》二卷	2	古籍图书
712.53-4453-20528	《音注苏东坡文》四卷	2	古籍图书
712.53-7772-9784	《欧阳文评注读本》二卷	2	古籍图书
712.53-8017-9787	《曾南丰文评注读本》不分卷	1	古籍图书
712.71-0717-13893	《林外野言》二卷、补遗一卷	1	古籍图书
712.71-2674-13667	《吴日千先生集》一卷	1	古籍图书
712.72-0038-20991	《青邱高季迪先生诗集》十八卷首一卷、补遗一卷《诗余》一卷、附录一卷	6	古籍图书
712.72-7744-20997	《翁山诗外》十九卷	6	古籍图书
712.81-3191-10523	《亭林文集》十二卷	4	古籍图书
712.81-3191-8509	《亭林诗集》十二卷	4	古籍图书
712.81-4037-20777	《李笠翁一家言》□□卷	12	古籍图书
712.81-4037-20791	《李笠翁一家言》□□卷	7	古籍图书
712.81-4048-1466	《小仓山房诗集》三十七卷、补遗二卷	10	古籍图书
712.81-4217-9187	《惜抱轩全集》四十九卷	8	古籍图书
712.81-4327-20478	《西堂杂组》三集二十四卷	4	古籍图书
712.81-4427-11889	《畏庐文集》一卷、《续集》一卷、《三集》一卷、《论文》一卷、《诗存》二卷	5	古籍图书
712.81-4443-9008	《樊山续集》三十二卷	6	古籍图书
712.81-8799-8423	《郑板桥全集》六卷	4	古籍图书
712.82-3410-22420	《涛园诗集》不分卷	1	古籍图书
712.82-4048-9102	《小仓山房诗集》三十一卷、补遗一卷、附录一卷	8	古籍图书
712.82-4428-21919	《未谷诗集》四卷	2	古籍图书
712.82-5044-13329	《浮槎山馆诗集》三卷	1	古籍图书
712.82-6098-20226	《瞿文慎公诗选遗墨》四卷	4	古籍图书
712.82-6627-45986	《严东有诗集》十卷	2	古籍图书
712.82-7132-45944	《西冈诗草》四卷	2	古籍图书
712.82-8026-35890	《秋蟪吟馆诗钞》七卷	4	古籍图书
712.82-8026-8313	《秋蟪吟馆诗钞》七卷、附《文钞》一卷	6	古籍图书
712.82-8725-21110	《补学轩诗集》十二卷	3	古籍图书
712.82-8741-22491	《海藏楼诗集简编》二卷	1	古籍图书
712.83-0167-21917	《谭复生文钞》二卷	1	古籍图书
712.83-1062-9764	《烟霞万古楼文集》六卷	3	古籍图书
712.83-2683-19200	《漪香山馆文集》不分卷	1	古籍图书
712.83-4048-18265	《随园文集》一卷	1	古籍图书
712.83-4048-18276	《袁太史稿》一卷	1	古籍图书
712.83-8002-10788	《复初斋文集》三十五卷首一卷	12	古籍图书
712.84-2623-13666	《梅村诗话》一卷	1	古籍图书
712.84-3094-8711	《耐冷谭》十六卷	4	古籍图书
712.84-4048-10014	《随园诗话》十六卷、补遗十卷	10	古籍图书
712.84-4048-13343	《越缦堂诗话》三卷	2	古籍图书
712.84-6002-12715	《批本随园诗话》十六卷、补遗十卷、附录一卷	2	古籍图书

藏品编号	名　　称	数量	类别
712.84-7521-35781	《石遗室诗话》三十二卷	4	古籍图书
712.91-1721-45135	《南阳庐诗草》一卷	1	古籍图书
712.91-4035-18125	《李彰久先生诗文集》七卷	2	古籍图书
712.92-1144-19181	《士学集》一卷	1	古籍图书
712.92-4049-19182	《红螺山馆诗钞》一卷、《红蠃山馆遗诗》一卷	1	古籍图书
712.92-4082-19169	《扈从东渡百九诗》一卷	1	古籍图书
712.92-4934-19198	《庸斋诗草》一卷	1	古籍图书
712.92-7173-12755	《咏清史诗五绝三百首》一卷、《亲体诗》一卷	1	古籍图书
712.92-7763-21137	《浑南诗初集》□□卷	1	古籍图书
712.93-1032-19171	《悔籀文稿》一卷	1	古籍图书
712.93-1091-12796	《于省吾文钞》一卷	1	古籍图书
712.93-2644-21981	《中华民国名人文钞》八卷	3	古籍图书
712.93-3734-10106	《饮冰室自由书》一卷	1	古籍图书
712.93-4008-19170	《学敬斋遗稿》一卷	1	古籍图书
712.93-4008-19183	《学敬斋遗稿》一卷	1	古籍图书
712.93-4008-19184	《学敬斋遗稿》一卷	1	古籍图书
712.93-4457-14324	《中等新论说文范》四卷	4	古籍图书
712.94-4032-10612	《合肥诗话》三卷	1	古籍图书
713.1-1022-9319	《历朝名人词选》十三卷	6	古籍图书
713.1-2157-13657	《宋词三百首》一卷	1	古籍图书
713.1-4637-11648	《和清真词》二卷	1	古籍图书
713.1-8010-21996	《全唐词选》二卷	1	古籍图书
713.2-0000-18266	《稼轩长短句》十二卷	4	古籍图书
713.2-3484-9730	《曼陀罗寱词》一卷	1	古籍图书
713.2-3484-9731	《曼陀罗寱词》一卷	1	古籍图书
713.2-4033-9729	《双辛夷楼词》一卷	1	古籍图书
713.2-4442-18122	《聊斋词》一卷	1	古籍图书
713.2-4453-13845	《东坡乐府笺》三卷	2	古籍图书
713.2-4606-13642	《东山乐府》一卷	1	古籍图书
713.2-5090-51420	《东坡乐府笺》三卷	1	古籍图书
713.2-6033-11649	《晁氏琴趣外篇》六卷	1	古籍图书
713.2-7757-13353	《清真集》二卷	1	古籍图书
713.2-7772-18330	《欧阳文忠公近体乐府》三卷	1	古籍图书
713.4-6048-41772	《南北词简谱》十卷	4	古籍图书
713.5-2258-38524	《散曲丛刊》十五种	28	古籍图书
713.6-4127-9096	《红楼梦散套》不分卷	6	古籍图书
713.7-7574-44919	《曲苑》三十卷	9	古籍图书
713.8-2090-1270	《集成曲谱玉集》八卷	8	古籍图书
713.8-2090-1278	《集成曲谱声集》八卷	8	古籍图书
713.8-2090-20649	《集成曲谱金集》八卷	5	古籍图书
713.8-2090-20654	《集成曲谱振集》八卷	5	古籍图书
714.1-2204-44936	《新曲苑》不分卷	11	古籍图书
714.3-1035-243	《增批绘像第六才子书》八卷	4	古籍图书
714.3-1035-35971	《增批绘像第六才子书》八卷	4	古籍图书
714.3-2271-1248	《绘图精选昆曲大全》不分卷	24	古籍图书
714.4-0060-9197	《新刊巾箱蔡伯喈琵琶记》二卷	2	古籍图书
714.4-1022-578	《碧山楼传奇》十二折	1	古籍图书
714.4-1248-579	《思子轩传奇》一卷	1	古籍图书
714.4-3663-39210	《按对大元九宫词谱格正全本还魂记词调》二卷	2	古籍图书
714.4-4401-2129	《当垆艳》二卷	1	古籍图书
715.3-0022-9610	《搜神秘览》三卷	1	古籍图书
715.3-0863-45087	《秋水轩》二卷	2	古籍图书
715.3-1003-15468	《说库》一百七十种	60	古籍图书
715.3-1004-19585	《柳南随笔》三卷	1	古籍图书
715.3-1009-13142	《百岁叙谱》六卷	6	古籍图书
715.3-1040-35901	《平等阁笔记》二卷	1	古籍图书
715.3-1043-1122	《池北偶谈》二十六卷	6	古籍图书
715.3-1043-9655	《香祖笔记》十二卷	4	古籍图书
715.3-1043-9659	《香祖笔记》十二卷	4	古籍图书
715.3-1043-9769	《香祖笔记》十二卷	2	古籍图书
715.3-1047-22082	《续夷坚志》四卷	2	古籍图书
715.3-1137-9239	《虞初新志》二十卷、《续志》十二卷	10	古籍图书
715.3-1185-13331	《张氏可书》一卷、《先进遗风》二卷	1	古籍图书
715.3-2030-20288	《对山书屋墨余录》四卷	2	古籍图书
715.3-2287-18239	《清ueil记小说》六种	25	古籍图书
715.3-2650-22509	《东轩笔录》十五卷	2	古籍图书
715.3-2738-12707	《旧学盦笔记》一卷	1	古籍图书
715.3-2741-10608	《秦淮广纪》三卷	4	古籍图书
715.3-2801-45113	《六合内外璅言》二十卷	9	古籍图书
715.3-2880-45134	《稽神录》六卷、拾遗一卷、补遗一卷	1	古籍图书
715.3-3037-13369	《宋景文公笔记》三卷	1	古籍图书
715.3-3128-9165	《顾氏文房小说》五十七卷	10	古籍图书
715.3-3434-12663	《夷坚志》二百零六卷	19	古籍图书
715.3-3434-12673	《夷坚志》二百零六卷	1	古籍图书
715.3-3434-9767	《谐铎》十二卷	2	古籍图书
715.3-3722-17857	《两般秋雨盦随笔》八卷	6	古籍图书
715.3-4033-8715	《虞初志》七卷	4	古籍图书
715.3-4048-21783	《新齐谐初集》五卷、《续新齐谐》三卷	8	古籍图书
715.3-4060-21792	《太平广记》五百卷	31	古籍图书
715.3-4060-21823	《太平广记》五百卷	6	古籍图书
715.3-4422-13007	《茅亭客话》十卷	10	古籍图书
715.3-4430-13655	《三国志捃华》二卷	2	古籍图书
715.3-4442-1	《详注聊斋志异图咏》十六卷	8	古籍图书
715.3-4442-14346	《聊斋志异评注》十六卷	8	古籍图书
715.3-4474-8942	《唐人说荟》一百六十四种	16	古籍图书
715.3-7112-14330	《茶余客话》十二卷	4	古籍图书
715.3-7280-9643	《世说新语》六卷	6	古籍图书
715.3-7549-8890	《敏求轩述记》十六卷	4	古籍图书
715.3-7754-13008	《唐段少卿酉阳杂俎前集》二十卷、续集十卷	4	古籍图书
715.3-8040-13321	《遣愁集》十四卷	8	古籍图书
715.3-8043-385	《右台仙馆笔记》十六卷	8	古籍图书

(续表)

藏品编号	名　　称	数量	类别
715.3-8328-8917	《屑玉丛谭初集》六卷、《二集》六卷、《三集》六卷、《四集》六卷	24	古籍图书
715.3-8660-14356	《增广智囊补》二十八卷	8	古籍图书
715.4-1010-14194	《景宋残本五代平话》□□卷	3	古籍图书
715.4-1032-19604	《新刊大宋宣和遗事》不分卷	4	古籍图书
715.4-1032-19608	《新刊大宋宣和遗事》不分卷	3	古籍图书
715.4-1032-19611	《新刊大宋宣和遗事》不分卷	1	古籍图书
715.4-5048-21895	《绘图改正今古奇观》六卷四十回	6	古籍图书
715.5-0000-45973	《绣像顺治过江》四卷二十二回	4	古籍图书
715.5-0701-379	《永庆升平》二十四卷九十七回	6	古籍图书
715.5-0810-21993	《新式水浒演义》四卷	2	古籍图书
715.5-2222-44959	《绘图第八才子书白圭志》四卷	4	古籍图书
715.5-2469-9299	《上下古今谈》四卷	4	古籍图书
715.5-2644-21942	《增补齐省堂儒林外史》六卷六十回	5	古籍图书
715.5-2644-584	《增补齐省堂全图儒林外史》六卷六十回	6	古籍图书
715.5-3012-44951	《新刊绣像评讲济公传》四卷一百二十回、《绣像评演接续后部济公传》四卷一百二十回	8	古籍图书
715.5-3140-371	《增像全图东周列国志》二十七卷一百零八回	8	古籍图书
715.5-3140-600	《增像全图东周列国志》□□卷□□回	6	古籍图书
715.5-4454-10584	《绘图南北史通俗演义》十卷一百回	10	古籍图书
715.5-4454-21834	《绘图宋史通俗演义》十卷一百回	8	古籍图书
715.5-4454-21844	《清史通俗演义》十卷一百回	3	古籍图书
715.5-4454-21846	《绘图明史通俗演义》十卷一百回	6	古籍图书
715.5-4454-21852	《绘图两晋通俗演义》十卷一百回	7	古籍图书
715.5-4454-45038	《绘图两晋通俗演义》十卷一百回	9	古籍图书
715.5-4454-50288	《清史通俗演义》十卷一百回	9	古籍图书
715.5-4454-50297	《绘图宋史通俗演义》十卷一百回	10	古籍图书
715.5-5077-21891	《绘图民国通俗演义》□□卷□□回	4	古籍图书
715.5-6058-36028	《精订纲鉴廿四史通俗衍义》六卷四十四回	2	古籍图书
715.5-6075-21880	《第一才子书》□□卷□□回	7	古籍图书
715.5-7067-565	《老残游记》不分卷	4	古籍图书
715.5-8022-51883	《绘图前汉通俗演义》十卷一百回	1	古籍图书
717.1-3410-51466	《对床夜语》□□卷	1	古籍图书
717.2-1113-46077	《裴任卿先生纪念刊》一卷	1	古籍图书
717.3-0022-40375	《张母刘太夫人哀挽录》一卷	1	古籍图书

(续表)

藏品编号	名　　称	数量	类别
717.3-2510-19575	《朱给谏纯慎先生哀挽录》一卷	1	古籍图书
717.3-3093-10302	《锦县王乃赓先生暨德配屈太君八旬双庆寿文》不分卷	2	古籍图书
717.3-3430-19252	《育民王老封翁暨德配郝太夫人七秩双庆》不分卷	4	古籍图书
717.3-4444-46078	《王太夫人八旬晋八寿言》一卷	1	古籍图书
717.6-4796-50896	《格言联珠》不分卷	1	古籍图书
717.7-0175-19938	《宋人尺牍》二十九种	30	古籍图书
717.7-0175-22010	《归震川书牍》不分卷	2	古籍图书
717.7-0175-22012	《史忠正书牍》一卷	1	古籍图书
717.7-0175-22013	《欧阳文忠公书牍》四卷	4	古籍图书
717.7-0175-22017	《欧阳文忠公书牍》四卷	2	古籍图书
717.7-0175-22019	《司马温公书牍》不分卷	1	古籍图书
717.7-0175-22021	《陆渭南书牍》不分卷	2	古籍图书
717.7-0175-22023	《文信国书牍》不分卷	2	古籍图书
717.7-0175-22025	《钱牧斋尺牍》三卷	1	古籍图书
717.7-0175-22026	《曾文正公尺牍》四卷	4	古籍图书
717.7-0175-22030	《春在堂尺牍》二卷	1	古籍图书
717.7-0175-22031	《袁简斋尺牍》十卷	1	古籍图书
717.7-0175-22032	《吴挚甫尺牍》五卷	9	古籍图书
717.7-1010-51462	《三余札记》二卷	1	古籍图书
717.7-1037-21136	《曾文正公日记》二卷	1	古籍图书
717.7-1041-8962	《音注分类交际尺牍大全》不分卷	12	古籍图书
717.7-1128-9753	《清代名人书牍》八卷	4	古籍图书
717.7-2643-40425	《历代名人小简》二卷	2	古籍图书
717.7-2643-40427	《国朝名人小简》二卷	2	古籍图书
717.7-2643-40429	《国朝名人书札》二卷	4	古籍图书
717.7-2683-13628	《历代名人小简》二卷	2	古籍图书
717.7-2683-13630	《历代名人小简续编》二卷	2	古籍图书
717.7-2683-19936	《历代名人书札》二卷	2	古籍图书
717.7-2683-22041	《历代名人书札注释》四卷	3	古籍图书
717.7-2683-22044	《历代名人书札续编》二卷	4	古籍图书
717.7-2732-8830	《详注分类尺牍集成》六卷	6	古籍图书
717.7-2748-22006	《昌言庐尺牍》四卷	4	古籍图书
717.7-2767-13632	《十大名家家书》不分卷	10	古籍图书
717.7-2807-10296	《通俗云笺》二卷	2	古籍图书
717.7-3423-8974	《详注骈珠尺牍》四卷	4	古籍图书
717.7-3840-22005	《缁林尺牍》一卷	1	古籍图书
717.7-4048-22048	《新体广注小仓山房尺牍》八卷	4	古籍图书
717.7-4094-45047	《耕斋日记》一卷、《附哀挽录》一卷	1	古籍图书
717.7-4230-10246	《古今尺牍大观》不分卷	40	古籍图书
717.7-4462-20530	《道咸同光名人手札小传》八卷	7	古籍图书
717.7-8012-21921	《兰言偶录》二卷	2	古籍图书
717.7-8060-51042	《曾南丰尺牍》一卷	1	古籍图书
717.7-8296-10348	《分类笺注文辞大尺牍》二十六卷	16	古籍图书
717.7-8296-8802	《分类详注文学尺牍大全集》二十卷	16	古籍图书
717.8-1010-8540	《古今滑稽文选》六卷	6	古籍图书

藏品编号	名称	数量	类别	藏品编号	名称	数量	类别
717.9-4443-10332	《樊山判牍》四卷	4	古籍图书	811.51-2221-35406	旧拓《崔敬邕墓志铭》一卷	1	古籍图书
717.9-4443-22063	《樊山公牍》四卷	4	古籍图书	811.51-2222-35345	魏初拓《放大嵩高灵庙碑》一卷	1	古籍图书
717.9-4443-22067	《樊山判牍续编》四卷	4	古籍图书	811.51-2323-35288	《虞世南父子庙堂碑》一卷	1	古籍图书
795.962-2740-20482	《绘图白话伊索寓言》一卷	1	古籍图书	811.51-2421-35400	宋拓《化度寺碑》一卷	1	古籍图书
811.3-3029-35678	《寐叟题跋》四卷	4	古籍图书	811.51-2610-35351	宋拓《皇甫君碑》一卷	1	古籍图书
811.4-2721-18935	《佩文斋书画谱》一百卷	40	古籍图书	811.51-2610-35411	宋拓《皇甫诞碑》一卷	1	古籍图书
811.46-2121-20624	《虚斋名画录》十六卷	8	古籍图书	811.51-2647-35319	《魏王基断碑》一卷	1	古籍图书
811.49-5060-50311	《续书画谱》□□卷	7	古籍图书	811.51-2647-46370	《魏王基断碑》一卷	1	古籍图书
811.49-6010-9482	《墨林今话》十八卷	6	古籍图书	811.51-2720-35547	宋拓《多宝塔碑》一卷	1	古籍图书
811.49-6060-10640	《图画见闻志》六卷	6	古籍图书	811.51-3413-35311	《汉荡阴令张迁碑》一卷	1	古籍图书
811.49-6060-10646	《图画见闻志》六卷	6	古籍图书	811.51-3413-35330	《西岳华山庙碑》一卷	1	古籍图书
811.49-6060-18443	《图绘宝鉴》五卷、补遗一卷	2	古籍图书	811.51-3413-35341	旧拓《汉杨伯起碑》一卷	1	古籍图书
811.49-7121-10652	《历代画史汇传》七十二卷首一卷	12	古籍图书	811.51-4001-35331	宋拓《九成宫醴泉铭》一卷	1	古籍图书
811.49-7121-40413	《历代画史汇传》七十二卷首一卷	8	古籍图书	811.51-4001-35404	明拓《汉史晨前碑》一卷	1	古籍图书
811.51-0022-35320	初拓《高湛墓志》一卷	1	古籍图书	811.51-4001-35455	海内第一唐拓《九成宫醴泉铭》一卷	1	古籍图书
811.51-0022-35354	唐拓《全石唐顺陵碑孤本》不分卷	4	古籍图书	811.51-4040-35561	宋拓《颜书李元靖碑》不分卷	4	古籍图书
811.51-0022-35358	唐拓《全石唐顺陵碑孤本》不分卷	4	古籍图书	811.51-4421-35407	宋拓《麓山寺碑》一卷	1	古籍图书
811.51-0028-35342	《广武将军碑及碑阴》一卷	1	古籍图书	811.51-4593-11132	《隶辨》八卷	8	古籍图书
811.51-0029-35402	《大字麻姑仙坛记》一卷	1	古籍图书	811.51-4980-35364	《赵松雪道教碑》不分卷	2	古籍图书
811.51-0033-35327	《六朝大楷爨龙颜碑精华》一卷	1	古籍图书	811.51-5000-35405	明拓《中岳嵩高灵庙碑》一卷	1	古籍图书
811.51-0033-35559	初拓《爨龙颜碑》一卷	1	古籍图书	811.51-5560-35314	《曹景完碑》一卷	1	古籍图书
811.51-0033-35560	初拓《爨龙颜碑》一卷	1	古籍图书	811.51-5560-35409	明拓《本曹全碑》一卷	1	古籍图书
811.51-0033-36323	旧拓《爨宝子碑》一卷	1	古籍图书	811.51-7121-39090	《历代碑帖大观》五十一种	49	古籍图书
811.51-0121-35325	《六朝中楷龙门二十品精华》一卷	1	古籍图书	811.51-7132-35322	《六朝中楷马鸣寺精华》一卷	1	古籍图书
811.51-0128-35301	宋拓《颜家庙碑》不分卷	2	古籍图书	811.51-7210-35316	天一阁宋拓《刘熊碑双钩本》一卷	1	古籍图书
811.51-0128-35324	宋拓《颜书李元靖碑》不分卷	4	古籍图书	811.51-8010-35296	《金刚般若波罗蜜经》一卷	1	古籍图书
811.51-0128-35329	《颜书元君碑》一卷	1	古籍图书	811.52-0029-35401	宋拓《麻古仙坛记》一卷	1	古籍图书
811.51-1024-35363	宋拓《夏承碑》一卷	1	古籍图书	811.52-0040-35436	《文徵明书赤壁赋石鼓文》一卷	1	古籍图书
811.51-1034-35315	《米襄阳书天衣禅师碑》一卷	1	古籍图书	811.52-0128-35373	《颜真卿楷书双鹤铭帖》一卷	1	古籍图书
811.51-1043-35543	明拓《天发神谶碑缩本》一卷	1	古籍图书	811.52-0128-35374	《颜真卿双鹤铭》一卷	1	古籍图书
811.51-1060-35295	《雷峰塔华严经残石真迹》一卷	1	古籍图书	811.52-0128-35397	宋拓《颜鲁公大麻姑仙坛记》一卷	1	古籍图书
811.51-1060-35310	拓本《六朝碑帖精华》十种	1	古籍图书	811.52-0129-35441	北宋拓《争座位帖》一卷	1	古籍图书
811.51-1073-35408	宋拓《云麾李思训碑》一卷	1	古籍图书	811.52-1010-35450	《王右军奉橘帖》一卷	1	古籍图书
811.51-1073-35542	唐拓《云麾李秀碑》一卷	1	古籍图书	811.52-1010-35457	《王觉斯分书八关斋》一卷	1	古籍图书
811.51-1123-35292	《魏鲁郡太守张府君清颂之碑》一卷	1	古籍图书	811.52-1010-39024	《钦定三希堂法帖》一卷	1	古籍图书
811.51-1123-35293	《六朝中楷张猛龙碑精华》一卷	1	古籍图书	811.52-1010-51959	《三希堂米南宫法书帖》不分卷	1	古籍图书
811.51-1123-35312	宋拓《张猛龙碑》一卷	1	古籍图书	811.52-1833-35440	《憨山大师自书六咏诗真迹》一卷	1	古籍图书
811.51-1123-35313	《张猛龙碑》一卷	1	古籍图书	811.52-2122-35393	《何义门桃花源记》一卷	1	古籍图书
811.51-1123-35328	《何蝯叟藏张黑女志》一卷	1	古籍图书	811.52-2122-35466	《何子贞临石门颂真迹》一卷	1	古籍图书
811.51-1123-35350	《张文襄公遗爱碑》一卷	1	古籍图书	811.52-2324-35448	《傅青主墨迹》一卷	1	古籍图书
811.51-1123-35548	旧拓《张黑女墓志》一卷	1	古籍图书	811.52-2643-35382	《吴清卿摹彝器款识》一卷	1	古籍图书
811.51-1241	宋拓《孔宙碑》一卷	1	古籍图书	811.52-3090-35452	《宋游丞相藏兰亭玉泉本》一卷	1	古籍图书
811.51-1712-35370	初拓《刁惠公墓志》一卷	1	古籍图书	811.52-3090-35514	宋拓《争坐位帖》一卷	1	古籍图书
811.51-1750-35369	《六朝大楷吊比干文精华》一卷	1	古籍图书	811.52-3090-35516	《宋庆历内府刻阁帖》不分卷	10	古籍图书
811.51-2122-35318	《何子贞书廖夫人墓志》一卷	1	古籍图书	811.52-3090-45954	《故宫藏本宋四家墨宝》一卷	1	古籍图书
				811.52-3621-35396	《祝枝山赤壁赋》一卷	1	古籍图书
				811.52-3716-35388	初拓《洛神赋十三行》一卷	1	古籍图书

（续表）

藏品编号	名　　称	数量	类别
811.52-4003-35706	宋拓《怀仁集书圣教序》一卷	1	古籍图书
811.52-4196-35530	《再续景楷帖》三十种	4	古籍图书
811.52-4422-35469	《兰亭序》不分卷	10	古籍图书
811.52-4692-35384	《杨少师韭花帖墨迹》一卷	1	古籍图书
811.52-4792-35439	宋拓《柳临洛神赋十三行》一卷	1	古籍图书
811.52-4980-35513	《赵松雪兰亭十三跋》一卷	1	古籍图书
811.52-7210-35435	《刘春霖殿撰洛神赋》一卷	1	古籍图书
811.52-7778-35467	《欧阳询九成宫》一卷	1	古籍图书
811.52-8315-35395	《钱南园书施芳谷寿序》一卷	1	古籍图书
811.52-9090-35403	宋拓《米海岳方圆庵记》不分卷	1	古籍图书
811.52-9090-35431	宋拓《米襄阳行书》不分卷	1	古籍图书
811.54-2760-10535	《名人手札真迹大全》不分卷	6	古籍图书
811.54-8012-10456	《翁松禅相国尺牍真迹》不分卷	12	古籍图书
811.55-8782-45988	《郑海藏先生书法抉微》一卷	1	古籍图书
811.61-3021-40483	《雀巢画宝》四种	4	古籍图书
811.61-3021-40487	《雀巢画妙》不分卷	4	古籍图书
811.61-7121-35237	《历朝名画家》八集	7	古籍图书
811.61-8000-35235	《清艾启蒙八骏图》不分卷	1	古籍图书
823.1-1010-35698	《三体石经未裂本》一卷	1	古籍图书
823.1-3430-20292	《辽陵石刻集录》六卷	2	古籍图书
823.4-0121-40832	《龙泓山人印谱》不分卷	8	古籍图书
823.4-1060-17881	《西夏官印集存》一卷	1	古籍图书
823.4-1241-50206	《飞鸿堂印谱》四十卷	20	古籍图书
823.4-2323-10596	《伏庐藏印》十二卷	6	古籍图书
823.4-8823-20606	《篆刻针度》八卷	2	古籍图书
823.9-8640-20290	《知白斋墨谱》不分卷	2	古籍图书
830-7722-50901	《骨董琐记》八卷	2	古籍图书
831.1-2772-18278	《匋雅》二卷	4	古籍图书
834.1-4024-14340	《存素堂丝绣录》不分卷	1	古籍图书
861.6-0024-14184	《度曲须知》二卷	4	古籍图书
861.6-0024-46067	《度曲须知》二卷	1	古籍图书
861.6-4001-13919	《新定九宫大成南北词宫谱》八十二卷	30	古籍图书
881.61-2643-10784	《吴友如百美画谱》不分卷	2	古籍图书
894.2-0044-50467	《奕萃官子》二卷	2	古籍图书
911-2320-14878	《绘图外国白话史》不分卷	4	古籍图书
920.12-0040-22106	《文史通义》九卷	6	古籍图书
920.12-5000-14215	《史通通释》二十卷	8	古籍图书
920.24-1060-10620	《西清续鉴乙编》二十卷	20	古籍图书
920.24-1124-9303	《钱志新编》二十卷、《嘉荫簃论泉截句》二卷	8	古籍图书
920.24-2598-11119	《积古斋钟鼎彝器款识》八卷	5	古籍图书
920.24-3116-18543	《河南通志文物志·吉金编上浚县彝器》不分卷	1	古籍图书
920.24-3418-46064	《汉魏六朝专文》不分卷	2	古籍图书
920.24-4060-40443	《匋雅》二卷	4	古籍图书
920.24-6050-19264	《甲骨学商史编》不分卷	2	古籍图书
920.24-8043-19614	《矢彝考释质疑》一卷	1	古籍图书
920.24-8722-10172	《邠州石室录》三卷	6	古籍图书
920.25-4001-13877	《九州岛释名》一卷	1	古籍图书
920.25-8010-12006	《全边略记》十二卷	6	古籍图书
920.31-2791-13561	《纪元以来朔闰考》六卷	3	古籍图书
920.31-4094-13830	《校增纪元编》三卷	3	古籍图书
920.4-5000-12756	《史事论甲编》十卷、《乙编》六卷、《丙编》四卷、《丁编》四卷、《戊编》十卷	20	古籍图书
920.4-5000-13315	《史通削繁》四卷	4	古籍图书
920.4-6015-14209	《国史概论》四卷	6	古籍图书
920.8-5000-11903	《史料旬刊》不分卷	37	古籍图书
921.2-5000-40866	《言文对照史记评注读本》不分卷	3	古籍图书
921.4-1010-18473	《增修补注历代通鉴辑览》一百四十卷	40	古籍图书
921.4-1010-18513	《增修补注历代通鉴辑览》一百四十卷	30	古籍图书
921.4-2722-52974	《御撰资治通鉴纲目》三编四卷	2	古籍图书
921.4-2792-22291	《尺木堂纲鉴易知录》一百七卷	23	古籍图书
921.4-2792-40814	《纲鉴择语》十卷	6	古籍图书
921.4-2792-50414	《尺木堂明鉴易知录》九十二卷	5	古籍图书
921.4-3780-12555	《资治通鉴释文》三十卷	5	古籍图书
921.4-3780-18208	《资治通鉴目录》三十卷	10	古籍图书
921.4-3780-18218	《资治通鉴考异》三十卷	6	古籍图书
921.4-3780-18224	《资治通鉴考异》三十卷	6	古籍图书
921.4-4073-14076	《增评加批历史纲鉴补》三十九卷、《资治明纪纲目》二十卷、附《明纪福唐桂王王本末》一卷	18	古籍图书
921.4-7121-19671	《御批历代通鉴辑览》一百二十卷	40	古籍图书
921.6-6015-22071	《二百大家评注国史成绩论断大全》十一卷	11	古籍图书
922.2-5000-13309	《分段详注评点史记菁华录》六卷	6	古籍图书
922.2-5000-13364	《史记论文》一百三十卷	16	古籍图书
922.2-5000-17956	《教科适用史记精华》不分卷	8	古籍图书
922.2-5000-18381	《史记菁华录》六卷	3	古籍图书
922.2-5000-20413	《历代名家评注史记集说》一百三十卷	15	古籍图书
922.2-5000-52542	《史记菁华录》六卷	1	古籍图书
922.2-5060-11093	《书经体注大全合参》六卷	4	古籍图书
922.2-5060-11109	《书经》六卷	6	古籍图书
922.2-5060-15349	《新刻书经备旨善本辑要》六卷	5	古籍图书
922.2-6015-11986	《国语》二十一卷	6	古籍图书
922.2-6015-11992	《战国策》三十三卷、《重刻剡川姚氏本战国策札记》三卷	8	古籍图书
922.2-6015-21430	《国语韦解补正》二十一卷	3	古籍图书
922.2-6015-40871	《言文对照国语评注读本》不分卷	2	古籍图书
922.2-6015-40873	《言文对照国策评注读本》不分卷	2	古籍图书
922.2-7910-46308	《书经》六卷	4	古籍图书

藏品编号	名　　　称	数量	类别	藏品编号	名　　　称	数量	类别
922.2-9022-15715	《尚史七十卷世系图》一卷、《序传》一卷	24	古籍图书	981.11-2824-4881	民国《复县志略》不分卷	6	古籍图书
922.2-9022-15739	《尚史七十卷世系图》一卷、《序传》一卷	12	古籍图书	981.11-3430-19216	光绪《辽阳乡土志》不分卷	1	古籍图书
				981.11-3430-4694	民国《辽阳县志》四十卷首一卷	12	古籍图书
922.4-4001-19218	《左传菁华录》二十四卷	6	古籍图书	981.11-3430-4706	民国《辽阳县志》四十卷首一卷	6	古籍图书
922.4-4001-19224	《左传撷华》二卷	2	古籍图书	981.11-3815-4647	伪满康德《海龙县志》二十二卷	10	古籍图书
922.4-4001-40864	《言文对照左传评注读本》不分卷	2	古籍图书	981.11-3815-4657	伪满康德《海龙县志》二十二卷	5	古籍图书
				981.11-4410-4938	民国《盖平县志》十六卷首一卷、末一卷	6	古籍图书
922.4-4001-51148	《言文对照左传评注读本》二卷	1	古籍图书	981.11-4410-4944	民国《盖平县志》十六卷首一卷、末一卷	3	古籍图书
922.4-5060-13086	《春秋词命》三卷	1	古籍图书				
922.4-5060-22501	《春秋国名考释》三卷	1	古籍图书	981.11-7780-4639	伪满康德《兴京县志》十五卷首一卷	8	古籍图书
922.4-5060-51209	《春秋公羊传》八卷	4	古籍图书				
922.4-5060-51213	《春秋谷梁传》十二卷	2	古籍图书	981.12-0242-36006	伪满大同《彰武县志》四卷	4	古籍图书
922.4-6015-51468	《国语详注》二十一卷	1	古籍图书	981.12-0242-4822	伪满大同《彰武县志》四卷	4	古籍图书
922.6-5090-11042	《东莱博议》四卷	4	古籍图书	981.12-2360-4895	民国《台安县志》五卷	4	古籍图书
922.6-5090-51253	《批评东莱博议》四卷	1	古籍图书	981.12-2360-4899	民国《台安县志》五卷	4	古籍图书
922-5060-52361	《春秋传》三十卷	1	古籍图书	981.12-2740-35995	伪满康德《阜新县志》六卷	6	古籍图书
923.2-2224-13614	《后汉书》一百二十卷	12	古籍图书	981.12-2740-4533	伪满康德《阜新县志》六卷	6	古籍图书
923.2-3413-40869	《言文对照汉书评注读本》二卷	2	古籍图书	981.12-2740-4539	伪满康德《阜新县志》六卷	5	古籍图书
923.4-1010-46889	《第一才子书》二十卷一百二十回	20	古籍图书	981.12-2790-4556	伪满康德《梨树县志》三十一卷	7	古籍图书
				981.12-3430-4585	民国《辽中县志》二十九卷首一卷	6	古籍图书
923.4-1010-46890	《第一才子书》二十卷一百二十回	20	古籍图书	981.12-3430-4591	民国《辽中县志》二十九卷首一卷	6	古籍图书
924.2-1010-12540	《欧阳文忠公五代史抄》二十卷	4	古籍图书				
924.5-3412-11187	《渤海国志长编要删》一卷	1	古籍图书	981.12-4010-17934	伪满康德《台安县建国十年史》不分卷	1	古籍图书
925.024-3430-46807	《辽代金石录》四卷	2	古籍图书				
925.2-8010-52895	《金史》一百三十五卷	8	古籍图书	981.12-7744-4544	民国《开原县志》六卷	6	古籍图书
925.5-4022-35902	《南渡录》四卷	1	古籍图书	981.12-7744-4550	民国《开原县志》六卷首一卷	6	古籍图书
926.3-6702-14370	《明季稗史汇编》□□卷	12	古籍图书	981.12-7780-4563	民国《兴城县志》十五卷首一卷	4	古籍图书
926.4-6702-22168	《资治明纪纲目》二十卷	2	古籍图书	981.12-7780-46939	民国《兴城县志》十五卷首一卷	4	古籍图书
926.5-1010-15354	《三朝辽事实录》十七卷	10	古籍图书	981.12-8055-36040	民国《义县志》二十卷	20	古籍图书
926.5-6702-17964	《明季稗史初编》二十七卷	6	古籍图书	981.12-8055-4492	民国《义县志》二十卷	2	古籍图书
926.5-6702-17970	《明季稗史续编》六卷	3	古籍图书	981.12-8055-46943	民国《义县志》二十卷	20	古籍图书
927.2-3512-52397	《清史稿目录》五卷	1	古籍图书	981.12-8612-40216	民国《锦西县志》六卷	6	古籍图书
927.3-3412-19226	《满洲实录》八卷	8	古籍图书	981.12-8612-4567	民国《锦西县志》六卷	6	古籍图书
927.4-3512-14094	《注释清鉴辑览》二十八卷	12	古籍图书	981.12-8612-4573	民国《锦西县志》六卷	6	古籍图书
927.5-0040-13140	《辛亥武昌首义纪》二卷	2	古籍图书	981.14-0121-18264	民国《龙城旧闻》三卷	1	古籍图书
927.5-0040-14338	《辛亥武昌首义纪》二卷	2	古籍图书	981.14-0462-47019	民国《讷河县志》十二卷	6	古籍图书
927.5-0040-18167	《清三藩史料》不分卷	6	古籍图书	981.14-6033-4662	民国《黑龙江志稿》六十二卷大事记四卷	32	古籍图书
927.5-1123-11646	《张文襄公治鄂记》不分卷	1	古籍图书				
927.5-1123-13886	《张文襄公治鄂记》不分卷	1	古籍图书	981.1-5090-4826	清宣统《东三省政略》十二卷	40	古籍图书
927.6-3512-11158	《清代史论》十六卷	8	古籍图书	981.15-3023-4712	伪满康德《永吉县志》五十卷	32	古籍图书
927.7-3230-47013	《绘图近代野史奇观》不分卷	2	古籍图书	981.15-3080-20031	伪满康德《宝清县县志》二十三卷、附《三江省宝清县一般状况》一卷	6	古籍图书
927.7-3300-19248	《心史丛刊二集》不分卷	2	古籍图书				
927.7-3412-14310	《满洲老档秘录》不分卷	2	古籍图书				
927.7-3512-11207	《国朝宫史续编》一百卷	12	古籍图书	981.15-3730-4932	伪满康德《通化县志》四卷	6	古籍图书
927.7-9050-19189	《掌故丛编》不分卷	3	古籍图书	981.15-4495-36051	民国《桦川县志》六卷	6	古籍图书
980.89-4411-13043	《蒙学课本地球歌韵》四卷	2	古籍图书	981.15-7876-4866	伪满康德《临江县志》八卷首一卷	6	古籍图书
981.101-3316-40280	民国《沈阳县志》十五卷	1	古籍图书				
981.11-1060-4903	伪满康德《西丰县志》二十四卷首一卷	5	古籍图书	981.15-7876-4872	伪满康德《临江县志》八卷首一卷	4	古籍图书

（续表）

藏品编号	名　　称	数量	类别
981.15-7876-4876	伪满康德《临江县志》八卷首一卷	1	古籍图书
981.16-4433-4605	清乾隆《钦定热河志》一百二十卷	24	古籍图书
981.16-4742-4597	民国《朝阳县志》三十六卷	8	古籍图书
981.21-2210-4920	清光绪《丰润县志》十二卷	12	古籍图书
981.21-3130-46379	民国《迁安政治纪实》□□卷	1	古籍图书
981.21-3130-46380	民国《迁安政治纪实》□□卷	1	古籍图书
981.21-4010-45992	《直隶工艺志初编》□□卷	4	古籍图书
981.21-7876-36063	民国《临榆县志》二十四卷首一卷	13	古籍图书
981.21-7876-4907	民国《临榆县志》二十四卷首一卷	13	古籍图书
981.43-5090-36099	民国《东林山志》二十四卷首一卷	4	古籍图书

（续表）

藏品编号	名　　称	数量	类别
981.45-3126-14514	民国《福建通志》五十一总卷	95	古籍图书
982-1529-11199	清嘉靖《殊域周咨录》二十四卷	8	古籍图书
990.0-2743-13528	《疑年录汇编》十六卷、《疑年录汇编分韵人表》一卷、《历代帝王疑年录》一卷	9	古籍图书
990.0-6023-20543	《黑水先民传》二十四卷	4	古籍图书
990.0-6023-20547	《黑水先民传》二十四卷	1	古籍图书
991.01-6015-22534	《绘图国民模范》不分卷	4	古籍图书
991.01-6015-22538	《绘图少年模范》不分卷	3	古籍图书
991.03-7121-51330	《历代名人小简》二卷	1	古籍图书
991.04-1060-51430	《百岁叙谱》□□卷	1	古籍图书
991.339-0040-11258	《辛亥殉难记》六卷首一卷、《西安驻防殉难职官兵丁表》一卷	1	古籍图书

凌海市图书馆藏品信息表

藏品编号	名　　称	数量	类　别
098577	民国九年《锦县志略》	15	古籍图书
098627	清光绪丁未年六月《钦定明史》	392	古籍图书

宜州化石馆藏品信息表

藏品编号	名　　称	数量	类别
YHG001	中生代早白垩世义县龙	1	标本、化石
YHG002	中生代早白垩世蜥脚类恐龙	1	标本、化石
YHG003	中生代早白垩世驰龙	1	标本、化石
YHG004	中生代早白垩世翼龙	1	标本、化石
YHG005	中生代早白垩世细小矢部龙	1	标本、化石
YHG006	中生代早白垩世中华神州鸟	1	标本、化石
YHG007	中生代早白垩世孔子鸟	1	标本、化石
YHG008	中生代早白垩世孔子鸟	1	标本、化石
YHG009	中生代早白垩世孔子鸟	1	标本、化石
YHG010	中生代早白垩世孔子鸟	1	标本、化石
YHG011	中生代早白垩世孔子鸟	1	标本、化石
YHG012	中生代早白垩世朝阳会鸟	1	标本、化石
YHG013	中生代早白垩世强壮爬兽	1	标本、化石
YHG014	中生代早白垩世白台沟潜龙	1	标本、化石
YHG015	中生代早白垩世白台沟潜龙	1	标本、化石

藏品编号	名　　称	数量	类别
YHG016	中生代早白垩世白台沟潜龙	1	标本、化石
YHG017	中生代早白垩世长趾大凌河龙	1	标本、化石
YHG018	中生代早白垩世满州鳄	1	标本、化石
YHG019	中生代早白垩世满州龟	1	标本、化石
YHG020	中生代早白垩世满州龟群	1	标本、化石
YHG022	中生代早白垩世鹦鹉嘴龙	1	标本、化石
YHG023	中生代早白垩世鹦鹉嘴龙	1	标本、化石
YHG024	中生代早白垩世鹦鹉嘴龙	1	标本、化石
YHG025	中生代早白垩世鹦鹉嘴龙	1	标本、化石
YHG026	中生代早白垩世热河龙	1	标本、化石
YHG027	中生代早白垩世鹦鹉嘴龙	1	标本、化石
YHG028	中生代早白垩世中华弓鳍鱼	1	标本、化石
YHG085	中生代早白垩世中华古果	1	标本、化石
YHG086	中生代早白垩世辽宁古果	1	标本、化石

锦州道光廿五文化博物馆藏品信息表

藏品编号	名　　称	数量	类　别
0001	清道光1号木酒海	1	其他
0002	清道光3号木酒海	1	其他
0006	清道光乙巳年白酒	4000kg	其他

第三章 锦州市第一次全国可移动文物普查珍贵藏品赏析

饕餮纹青铜铃俎

青铜时代魏营子文化
长33.5厘米　宽17.8厘米　高14.2厘米
义县稍户营子镇花尔楼村出土
国家一级文物
锦州市博物馆藏

　　俎是切肉、盛肉的砧板，是古代祭祀中不可缺少的礼器。此俎面为长方形盘，呈凹槽状。下面为四个相对的倒凹字形板足，板足面饰精致的饕餮纹，衬以云雷纹地；板足裆间两端各吊有扁圆形小铃一个，铃上均有对称的扉子，一铃为素面，另一铃有单层纹饰。其制作精美别致，为国内仅见。

饕餮纹青铜簋

青铜时代魏营子文化
通高14厘米　口径19.2厘米　底径14.2厘米
义县稍户营子镇花尔楼村出土
锦州市博物馆藏

饕餮纹青铜鼎

青铜时代魏营子文化
通高33厘米　口径25.3厘米　腹深16.2厘米
义县稍户营子镇花尔楼村出土
锦州市博物馆藏

双耳青铜甗

青铜时代魏营子文化
高52.7厘米　口径30.8厘米
义县稍户营子镇花尔楼村出土
锦州市博物馆藏

第三章　锦州市第一次全国可移动文物普查珍贵藏品赏析

夔龙纹铜香炉

清（1616—1911）
高22.5厘米　口径31.5厘米　底径29.5厘米
义县文物管理处藏

双龙耳三足铜炉

清（1616—1911）
高46.5厘米　腹围37厘米　口径27厘米
北镇市文物处藏

铜法铃

中华民国(1912—1949)
铃直径9厘米 通高17.5厘米
义县文物管理处藏

"日本昭和十一年"铭文铜磬

日本昭和十一年(1936)
高33厘米 腹围52厘米 口径45厘米
北镇市文物处藏

"万历四十年"款铁磬

明万历四十年（1612）
高36厘米　口径54厘米
义县文物管理处藏

铜"都统府印"

金（1115—1234）
长7.3厘米　宽7.3厘米　厚1.6厘米
义县文物管理处藏

"总领兵马都提控"铜印

金（1115—1234）
纵8.49厘米　横8.5厘米　高5.68厘米
凌海市文物管理处藏

"弹压所印"铜印

金兴定二年（1218）
通高14.8厘米　印高2厘米　长6.3厘米　宽6.2厘米
北镇市广宁镇林场村出土
北镇市文物处藏

狮钮银印章

清（1616—1911）
通高8厘米 印高2厘米 长5.8厘米 宽5.5厘米
锦州市博物馆藏

舞凤狻猊葵花式铜镜

宋（960—1279）
直径21.4厘米 厚1厘米
黑山县无梁殿镇廖屯村出土
黑山县文物保护管理所藏

楼阁纹铜镜

金（1115—1234）
直径14厘米　厚0.2厘米
黑山县镇安乡团台子村出土
黑山县文物保护管理所藏

双鱼荷花纹铜镜

金（1115—1234）
直径24厘米　厚0.8厘米
义县文物管理处藏

四乳"栗"字铜镜

金（1115—1234）
直径7.7厘米　厚0.4厘米
锦州市北山出土
锦州市博物馆藏

"鸾凤和鸣"铜镜

明（1368—1644）
直径13.4厘米　厚0.7厘米
义县文物管理处藏

"洪武二十三年造义州义字九号令"铜牌

明洪武二十三年（1390）
通高17厘米　宽14厘米　厚0.4厘米
义县文物管理处藏

连珠纹连柄青铜戈

青铜时代夏家店下层文化（前2000—前1500）
通长80.2厘米　戈长19.5厘米　戈中宽4厘米
凌海市松山镇水手营子村出土
国家一级文物
锦州市博物馆藏

　　戈是中国古代特有的兵器，既可横击，又可钩援。此戈柄部铸菱形纹，菱形纹内铸连珠纹；柄首呈扁圆形；戈顶有云形饰，内有长方形假穿。该戈不仅具有夏到早商时期铜戈的基本特征，而且铜柄、戈头与柄连铸，极为罕见，是王权的象征物。戈柄铸菱格连珠纹，规整精细，说明该时期已掌握了铸造青铜容器的技术。

"斩妖辟邪"等铭八卦纹铜挂牌

清（1616—1911）
通长7.6厘米　直径5.2厘米　厚0.3厘米
义县文物管理处藏

曲刃铜剑剑身

青铜时代凌河文化
长30.2厘米　叶宽4.8厘米　铤长4厘米
义县文物管理处藏

青铜剑

战国（前475—前221）
通长59.4厘米　最宽5厘米
北镇市廖屯乡马太堡村出土
北镇市文物处藏

直援青铜戈

青铜时代
通长18.8厘米　宽16.5厘米
葫芦岛市邰集屯镇伞金沟村出土
锦州市博物馆藏

此戈形制为双刃、双胡、双穿、双凹槽。中间起脊，短内，内长1.4厘米×2.4厘米×0.6厘米，长直援。刃部锋利，形制特殊，对研究战国时代兵器的发展有重要的参考价值。

第三章　锦州市第一次全国可移动文物普查珍贵藏品赏析

铜铳

明洪武十年（1377）
长43.5厘米　铳口外径3.7厘米　内口径2.4厘米
凌海市化肥厂院内出土
锦州市博物馆藏

铁释迦牟尼坐像

辽（907—1125）
通高46.5厘米
锦州市博物馆藏

铜鎏金释迦牟尼坐像

明（1368—1644）
通高26厘米　座长17厘米　座宽15.9厘米
北镇市文物处藏

铜鎏金弥勒菩萨坐像

明（1368—1644）
高48厘米　座长35.7厘米　座宽24厘米
义县文物管理处藏

铜鎏金观音立像

明（1368—1644）
通高18厘米　宽11.5厘米
北镇市文物处藏

铜鎏金罗汉坐像

明（1368—1644）
通高9.5厘米　座长11.5厘米　座宽8.53厘米
北镇市文物处藏

掐丝珐琅座鎏金铜佛坐像

清（1616—1911）
通高14.4厘米 座长10.3厘米 座宽7.56厘米
北镇市文物处藏

铜鎏金绿度母坐像

清（1616—1911）
长8.5厘米 宽5.8厘米 高11.7厘米
义县文物管理处藏

第三章　锦州市第一次全国可移动文物普查珍贵藏品赏析

铜鎏金观音菩萨坐像

清乾隆（1736—1795）
高16.5厘米　座长12厘米　座宽8.5厘米
北镇市文物处藏

文殊菩萨度生佛坐像

清乾隆（1736—1795）
高18.5厘米　长14.9厘米　宽8.5厘米
义县文物管理处藏

鎏金铜千手观音像

中华民国（1912—1949）
通高53厘米
锦州市博物馆藏

仿乾隆粉彩描金无量寿佛

中华民国（1912—1949）
通高44.5厘米　座高10厘米　底长23厘米　底宽20厘米
锦州市博物馆藏

第三章　锦州市第一次全国可移动文物普查珍贵藏品赏析

粉彩弥勒佛坐像

中华民国（1912—1949）
高25.3厘米　座长22.4厘米　座宽13.5厘米
义县文物管理处藏

海水云龙纹景泰蓝扁壶

清（1616—1911）
高38.8厘米　口径22.1厘米　底径14.6厘米
锦州市博物馆藏

景泰蓝佛塔

清（1616—1911）
高27.2厘米　底径12.6厘米
锦州市博物馆藏

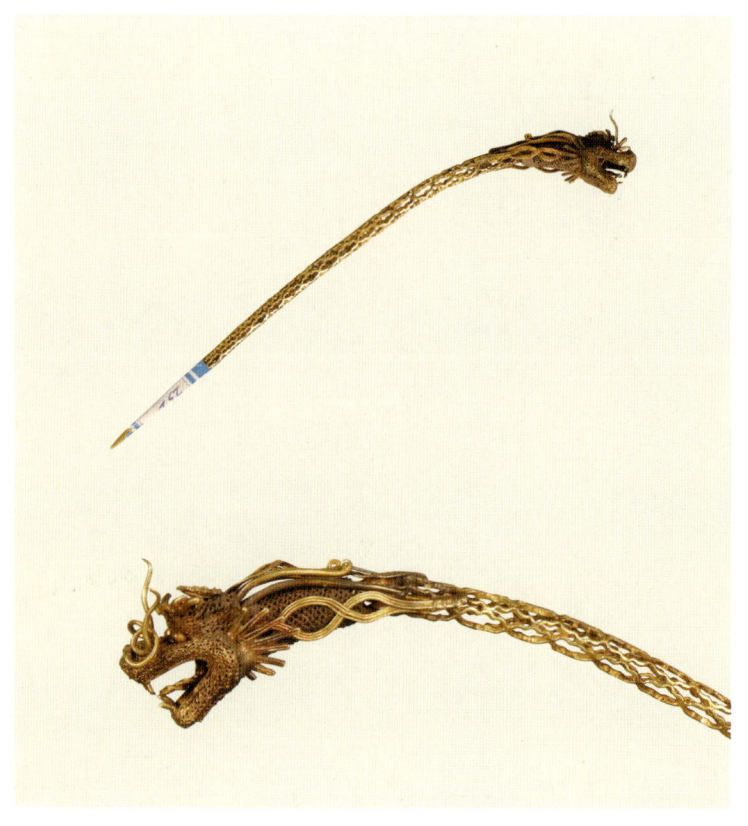

累丝龙首金簪

清乾隆（1736—1795）
通长为13.5厘米　龙头宽1厘米
锦州市北郊尹继善墓出土
锦州市博物馆藏

整个头簪为金丝编织而成。簪首累丝做龙鳞，金丝做龙须、龙角。金龙高额深目，张口露舌，利齿外现，须顺鳞丰，威仪逼人。簪身呈鞭梢状，且镂空，似有鳞。整个头簪做工精细，造型生动，形象逼真，充分显示了清代金丝编织工艺的高超水平。

第三章　锦州市第一次全国可移动文物普查珍贵藏品赏析

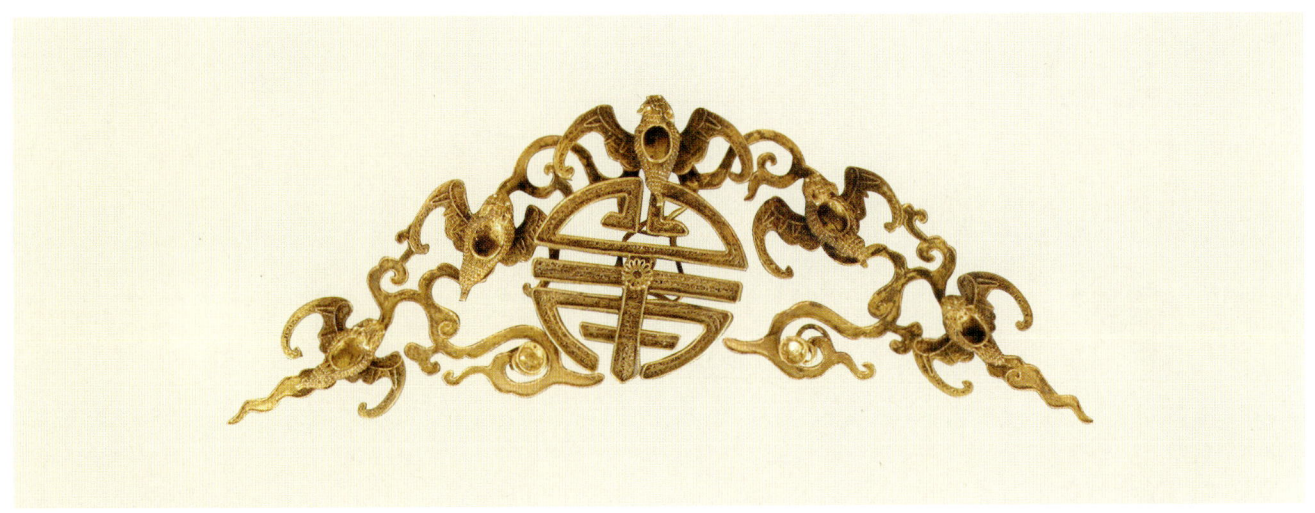

累丝五蝠捧寿纹金饰件

清乾隆（1736—1795）
长13厘米　宽4.3厘米
锦州市北郊尹继善墓出土
锦州市博物馆藏

点翠云蝶鎏金银发饰

清（1616—1911）
通长19.4厘米　宽5.2厘米
锦州市北郊尹继善墓出土
锦州市博物馆藏

　　该饰件为头饰，银质鎏金。上层用银丝编制成镂空花蝶纹，下层用银丝编制成卷云纹，中间用银丝编制成镂空"寿"字，底部挂有用银丝编制成的7个蝶形坠。此饰件做工精美，层次丰富，玲珑剔透，精美绝伦。

云龙纹金手镯

明（1368—1644）
通长22.3厘米　宽1.4厘米　厚0.5厘米
凌海市文物管理处藏

"中统元宝交钞贰贯文省"铜钞版

元中统（1260—1263）
长29厘米　宽18.7厘米　厚0.9厘米～1.35厘米
黑山县胜利乡烂泥泡村出土
国家一级文物
锦州市博物馆藏

此钞版是元代初期印制纸币用的铜版，为元代中统年间所铸造。背光素，版面共分三段，上段是钞名"中统元宝交钞"；中段中间为金额"贰贯文省"，其下为交叉形二盘线图，右侧是九叠篆"中统元宝"，其下为汉文"字号"二字。左侧是九叠篆"请通行"，其下为汉文"官字料"三字；下段是印钞的发行机关。中统钞共分九等，贰贯文省是当时最大的面值，每张可兑换白银一两。此钞版是行中书省刊刻的，是迄今难得一见的元代早期印制纸币的钞版。

双龙耳烧蓝龙纹银杯

清（1616—1911）
高6.3厘米　口径7.4厘米　底径3.2厘米
锦州市博物馆藏

马蹄金

西汉（前206—25）
计3块
其一径5.4厘米　厚1厘米
其二径5.1厘米　厚1.6厘米
其三径5.1厘米　厚1.2厘米
凌海市东花乡夏家村出土
锦州市博物馆藏

"建中靖国"铜钱

北宋建中靖国元年（1101）
钱径3.5厘米　穿宽0.8厘米
锦州市北郊农场出土
国家一级文物
锦州市博物馆藏

　　此钱为圆形，方穿，有边廓，素背。钱文为隶书"建中靖国"对读。建中靖国是北宋徽宗赵佶的年号，北宋使用这个年号只有一年（1101）。《宋史·食货志》载"建中靖国元年，陕西转运副史孙杰以铁钱多而铜钱少，请复铸铜钱，候铜铁钱轻重稍均，即听兼铸"，说明建中靖国元年铸过钱，但所铸钱是何形制，史料无明确记载。"建中靖国"钱的发现解决了"建中靖国"元年无铸其钱之疑案，填补了中国货币史的空白。

"大观通宝"铜钱

北宋（960—1127）
直径4.1厘米　厚0.25厘米
北镇市五粮乡后五粮村出土
北镇市文物处藏

"光绪元宝"银币

清光绪（1875—1908）
直径3.91厘米　厚0.25厘米
锦州市老城区出土
锦州市文物考古研究所藏

中华民国开国纪念币

中华民国（1912—1949）
直径3.87厘米　厚0.24厘米
锦州市老城区出土
锦州市文物考古研究所藏

"中华民国三年造"银币

中华民国三年（1914）
直径3.9厘米　厚0.26厘米
锦州市老城区出土
锦州市文物考古研究所藏

"中华民国九年造"银币

中华民国九年（1920）
直径3.88厘米　厚0.25厘米
锦州市老城区出土
锦州市文物考古研究所藏

"中华民国十年造"银币

中华民国十年（1921）
直径3.88厘米　厚0.25厘米
锦州市老城区出土
锦州市文物考古研究所藏

吉林永衡钱帖

清末民初（1909—1916）
长21厘米　宽10厘米
北镇市文物处藏

石锄

新石器时代红山文化
纵2.3厘米　厚1.6厘米　高14厘米
凌海市巧鸟乡馒头山新时器时代遗址出土
凌海市文物管理处藏

石网坠

新石器时代红山文化
纵10.2厘米　横7.1厘米　高1.2厘米
凌海市巧鸟乡四道沟新时器时代遗址出土
凌海市文物管理处藏

石钺

青铜时代高台山文化
长15.5厘米　顶宽8.5厘米　刃宽11厘米　厚1厘米
黑山县黑山镇石龙村出土
黑山县文物保护管理所藏

石铲

战国（前475—前221）
长25.5厘米　刃宽9.2厘米　背宽6.5厘米
北镇市富屯乡华丰村出土
北镇市文物处藏

白玉浮雕龙凤纹链壶

清乾隆（1736—1795）
通高21厘米　壶宽15厘米　厚7.8厘米
国家一级文物
锦州市博物馆藏

　　此玉壶玉质温润细腻，具有羊脂光泽，洁白无瑕。壶盖纽上端雕覆荷叶形，壶身两侧雕有对称的凤耳，在连接壶身与壶盖的左耳上还雕1条长35厘米、计21个环的透雕玉链，使壶、盖、链浑然一体。壶底部雕有海潮纹，壶身正面雕有龙、凤及火焰珠纹，龙、凤足踏海潮纹上之怪石。背面雕有龙和火焰珠纹，龙踏海潮。正面纹饰代表"龙凤呈祥"之意，背面纹饰代表"教子升天"之意。整个作品系用1块白玉所雕，雕琢精工，造型生动逼真，寓意深刻，是清代乾隆时期玉雕工艺的佳作。

白玉仿古斧形佩

清乾隆（1736—1795）
长11.3厘米　刃宽4.9厘米　首宽3厘米
北镇市闾阳镇闾阳小学院内出土
国家一级文物
锦州市博物馆藏

　　此玉佩材质为和田玉，玉质温润，洁白无瑕，晶莹放光。玉佩上下部各有两条夔龙首两两相对。上部的两个夔龙首间有穿，下部的两个夔龙首间有阳雕双鱼纹。玉佩的刃、首边缘及两个夔龙首间均浮雕雷纹，其余部分为阴刻云纹。刃部两侧均有铭文，一侧为"乾隆年制"，一侧为"墨字一百九十三号"，正反面纹饰相同。该器属清宫廷用品。材质精良，雕刻精细。

鹌鹑形白玉盒

清（1616—1911）
通长11.25厘米　宽5.42厘米　通高6.3厘米
北镇市闾阳镇闾阳小学院内出土
国家一级文物
锦州市博物馆藏

此白玉盒材质为和田玉，玉质温润晶莹、无瑕。内为椭圆形，外为鹌鹑形，由盖、盒两部分组成。通体雕刻以阴线条为主，阳线条为辅。所雕鹌鹑做歇息状，各个部位雕刻都极其形象逼真。盒与盖为子母口，紧密咬合，成为完整的一体，是清代玉雕中的珍品。

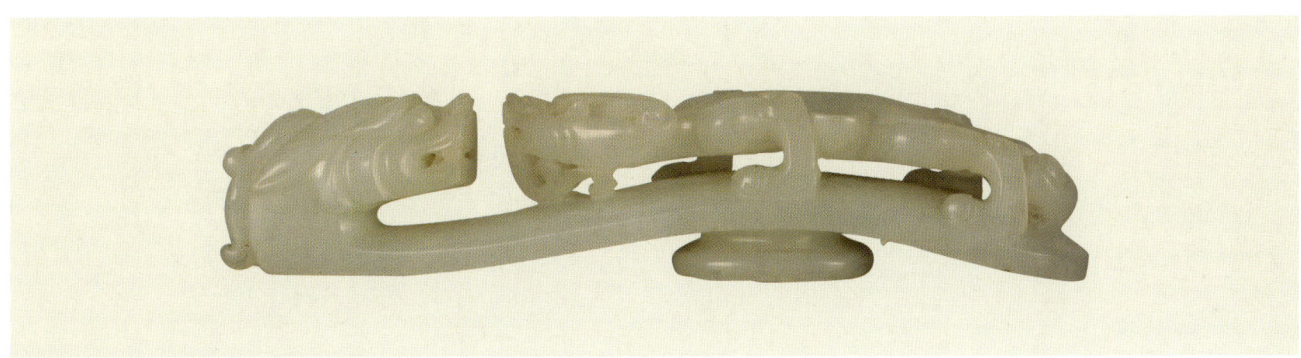

螭龙纹白玉带钩

清（1616—1911）
长12厘米　宽2.1厘米　高2.5厘米
北镇市闾阳镇闾阳小学院内出土
锦州市博物馆藏

谷纹白玉匜

明（1368—1644）
长11.2厘米　宽5.8厘米　高3.8厘米
锦州盛世新城二期工程住宅楼工地出土
锦州市文物考古研究所藏

雕云纹白玉匜

清乾隆（1736—1795）
通高4.2厘米　口径长9厘米　宽5.7厘米
北镇市间阳镇间阳小学院内出土
锦州市博物馆藏

　　此玉匜由白玉雕琢而成，玉质温润洁白，胎薄体轻。玉匜呈椭圆形，前凸出为流，后面为一扳形执柄，腹饰云纹，圈足。玉质精良，雕工精细。

骨锥

青铜时代凌河文化
长9.8厘米　最宽1.1厘米
北镇市广宁镇内出土
北镇市文物处藏

金鱼纹玛瑙坠饰

清（1616—1911）
纵3.7厘米　横2.5厘米
义县文物管理处藏

兽面纹玉斧

中华民国（1912—1949）
纵9.5厘米　横5厘米　厚0.8厘米
义县文物管理处藏

象牙雕三国人物纹摆件

清（1616—1911）
高32.5厘米　底径8.7厘米
锦州市博物馆藏

象牙雕竹林七贤图座屏

清（1616—1911）
通高37.5厘米
锦州市博物馆藏

寿山石雕凤凰牡丹纹摆件

清（1616—1911）
通高36厘米　宽21厘米
锦州市博物馆藏

"燕国蓟李廆"墓表

东晋十六国太宁二年（324）
长32.5厘米　宽15厘米　厚5厘米
锦州市凌河区海锦大厦工地出土
国家一级文物
锦州市博物馆藏

　　此墓表为砖形，长方体，表面阴刻3行汉字，计15字：燕国蓟李廆永昌三年正月廿六日亡。表背面有压印绳纹。据考证，永昌三年当是东晋明帝太宁二年（324）。这是锦州地区首次发现的带有准确纪年的十六国时期的墓葬，为研究辽西地区十六国时期的历史提供了重要的实物资料。同时大量随葬品的发现，也为这一时期的考古提供了一批典型的标准器物。

"耶律宗教"石墓志、志盖

辽重熙二十一年（1052）
志石边长117厘米　厚17厘米
志盖边长117厘米　厚15厘米
北镇市鲍家乡高起村耶律宗教墓出土
北镇市文物处藏

 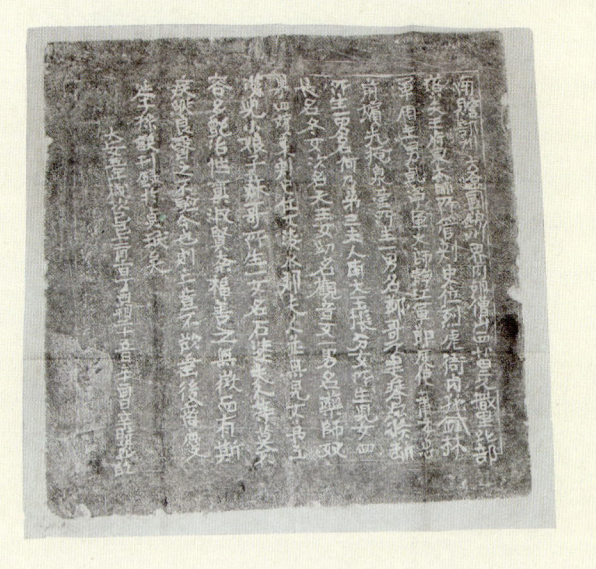

萧孝忠墓志

辽大安五年（1089）
长67厘米　宽67厘米　厚7.5厘米
葫芦岛市连山区山神庙子乡西孤山村出土
国家一级文物
锦州市博物馆藏

　　此墓志为一盒，方形、板状，上盖为四阿式，盖面阴刻莲花纹，四周刻有卷草纹，盖里面刻有汉字志文12行，末行为"大安五年十二月一日"，计240个字。墓志上刻契丹大字18行，每行字数不等，共540个字。《萧孝忠墓志》为契丹大字的研究提供了珍贵的资料，等于为解开契丹大字之谜提供一把钥匙。

灰陶仓

东汉（25—220）
高2.5厘米　腹径1.74厘米　底径17.3厘米
凌海市右卫镇北地村砖厂出土
凌海市文物管理处藏

红陶马

东晋十六国（304—439）
长22厘米　高21厘米
锦州市太和区新民乡前山村出土
锦州市博物馆藏

　　此陶马为泥质红陶。仰首站立，直鬃，首稍倾，眼睛往一侧注视，显得非常灵动，背上置鞍，身体强健，四肢健壮有力，马尾残缺。整体虽然线条简洁，但造型准确，生动形象。

定窑酱釉盏托

北宋（960—1127）
通高5.8厘米　口径5.45厘米
国家一级文物
锦州市博物馆藏

　　此器形制为敛口杯状托圈，下置托盘，托盘微敛上收，高圈足，通体施酱釉。北宋时期定窑烧制。国内现存酱釉定窑完整器非常少见，因此，此器为研究定窑的酱釉工艺和盏托的演变发展提供了重要的实物资料。

景德镇窑青白釉刻花碗

北宋（960—1127）
通高3.6厘米　口径11.7厘米　足径3厘米
锦州市博物馆藏

青瓷镶嵌鸳鸯纹龙柄杯

十二世纪（1101—1200）

口径8厘米　底径5.3厘米　高4厘米

义县文物管理处藏

绿釉凤首瓶

辽（907—1125）

高33厘米　口径10厘米　底径9.8厘米

锦州市博物馆藏

模制莲瓣纹灰陶炉

辽（907—1125）
高12厘米　口径7厘米　腹径8.6厘米
凌海市双羊镇卧龙村出土
凌海市文物管理处藏

三彩盘

辽（907—1125）
高4.3厘米　口径17.4厘米　底径6.7厘米
锦州市凌河区公安分局刑警大队移交
锦州市博物馆藏

兽形陶建筑构件

辽（907—1125）
高4厘米　纵17.5厘米　横11.2厘米
北镇市第二中学院内出土
北镇市文物处藏

白釉黑彩碗

金（1115—1234）
高7.2厘米　腹围19.8厘米　口径19.8厘米
底径6.9厘米
北镇市廖屯镇北李屯村出土
北镇市文物处藏

黑釉铁彩连弧纹钵

金（1115—1234）
口径29.5厘米　高17.5厘米　足直径12厘米
黑山县文物保护管理所藏

酱釉铁彩连弧纹碗

金（1115—1234）
口径21厘米　高8厘米　圈足径8.5厘米
黑山县白厂门镇出土
黑山县文物保护管理所藏

三彩刻划双凤纹仕女枕

金（1115—1234）

通高12.2厘米　长24.8厘米　宽6厘米

锦州市博物馆藏

此器做卧式仕女状，臂抱胸，一肘挂地，头部扬起与裙脚形成凹面，枕面厚1厘米与之形成一体，枕面为花瓣形，面刻双凤牡丹花。枕上施有黑、黄、绿三色釉。此枕以横卧仕女为座，上置枕面的形式，始于金代，延续至元，为研究金代的瓷枕制作工艺提供了可靠的实物资料。

白釉梅瓶

元（1206—1368）

口径4.7厘米　底径9.8厘米　腹围37.5厘米

高23.5厘米

义县文物管理处藏

白釉铁彩牡丹花纹盘

元（1206—1368）
口径17.6厘米　高4.3厘米　底径8厘米
黑山县白厂门镇二道沟村出土
黑山县文物保护管理所藏

钧釉碗

元（1206—1368）
口径19.5厘米　高8.2厘米　底径7.1厘米
黑山县薛屯乡杨城村出土
黑山县文物保护管理所藏

白釉铁彩花卉纹罐

明（1368—1644）
口径19.5厘米　腹径40.5厘米　底径17厘米
高50厘米
黑山县白厂门镇石头堡子村出土
黑山县文物保护管理所藏

霁蓝釉瓶

清（1616—1911）
高41.2厘米　口径13.5厘米　底径15厘米
腹围80厘米
义县文物管理处藏

窑变釉杏圆贯耳方瓶

清光绪（1875—1908）
通高30厘米　口径11厘米　腹径19厘米
底径12.2厘米
萧军纪念馆藏

青花渔樵耕读图双耳瓶

清（1616—1911）
高62厘米　腹围83厘米　口径21.5厘米
底径19.5厘米
义县文物管理处藏

第三章　锦州市第一次全国可移动文物普查珍贵藏品赏析

哥釉青花八仙纹帽筒

清（1616—1911）
口径12.8厘米　底径12.8厘米　腹围39厘米
高29厘米
义县文物管理处藏

粉彩寿字纹画缸

清（1616—1911）
高38厘米　口径39厘米　底径30厘米
北镇市文物处藏

粉彩百鹿尊

清乾隆（1736—1795）
高43.5厘米　腹围116厘米　口径16.5厘米　底径24.5厘米
义县文物管理处藏

五彩三驼图棒槌瓶

中华民国（1912—1949）
高20.6厘米　腹径9.1厘米　口径6.5厘米　底径5.7厘米
凌海市文物管理处藏

绿地粉彩花卉纹瓶

中华民国（1912—1949）
高17.6厘米　腹径12.5厘米　口径5.3厘米　底径6.7厘米
凌海市文物管理处藏

仿乾隆款红地粉彩开光山水纹天球瓶

中华民国（1912—1949）
口径6厘米　底径9.5厘米　高32.5厘米
义县文物管理处藏

仿乾隆款五彩对虾图印泥盒

中华民国（1912—1949）
口径6.5厘米　底径4厘米　高2.4厘米
义县文物管理处藏

"北平法源律寺"酱釉钵

中华民国（1912—1949）
高8.8厘米　腹围15厘米　口径12厘米
北镇市文物处藏

彭真送给萧军的双牛首耳紫砂盖罐

现代
通高7.6厘米　底7.5厘米×4.8厘米　口4.7厘米×4.7厘米
萧军纪念馆藏

萧军用过的汉瓦当砚

现代
薄3.2厘米　厚3.4厘米　直径19.5厘米
萧军纪念馆藏

雕漆人物纹盖盒

清（1616—1911）
高12.8厘米　外径26.7厘米　底径18.1厘米
锦州市博物馆藏

剔红婴戏纹长颈瓶

清（1616—1911）
高29厘米　口径4.8厘米　底径7厘米
锦州市博物馆藏

诰命

清乾隆二年（1737）
长210厘米　宽31.5厘米
北镇市文物处藏

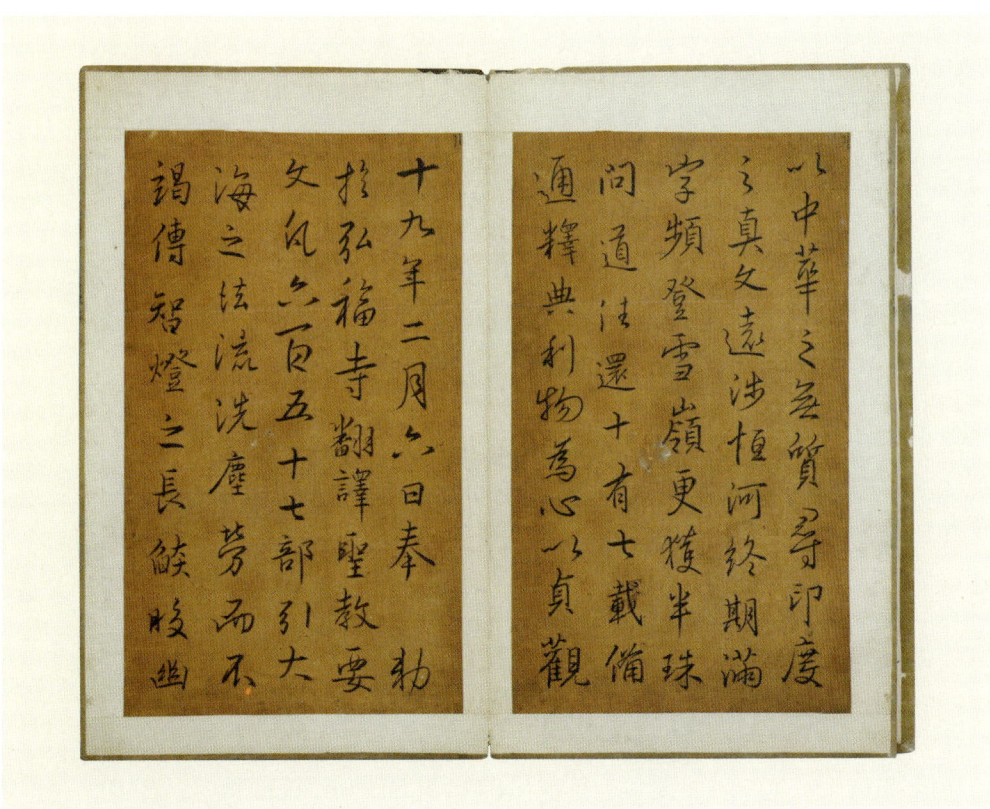

"周吉人临圣教序"册

中华民国（1912—1949）
通长28.5厘米　通宽16.5厘米　通高2.1厘米
纸本
萧军纪念馆藏

水墨松阴高士图立轴

清·黄小松（1744—1802）
画心长66.5厘米　画心宽24.8厘米
纸本
萧军纪念馆藏

王原祁款水墨山水人物立轴

清（1616—1911）
画心长85.2厘米　画心宽28.5厘米
纸本
萧军纪念馆藏

设色山水人物立轴

清·姚钟葆（1882—1927）
画心长234.5厘米　画心宽59厘米
纸本
萧军纪念馆藏

青绿山水立轴

清·陈鸿寿（1768—1822）
画心长76.2　画心宽32厘米
纸本
萧军纪念馆藏

菊花图立轴

清·程蕙 生卒年不详
画心长88.5厘米 画心宽47厘米
纸本
萧军纪念馆藏

仿关槐设色山水人物图立轴

中华民国（1912—1949）
画心长118厘米 画心宽41厘米
纸本
萧军纪念馆藏

第三章 锦州市第一次全国可移动文物普查珍贵藏品赏析

山水立轴

黄宾虹（1865—1955）
画心长90厘米　宽31.5厘米
纸本
锦州市博物馆藏

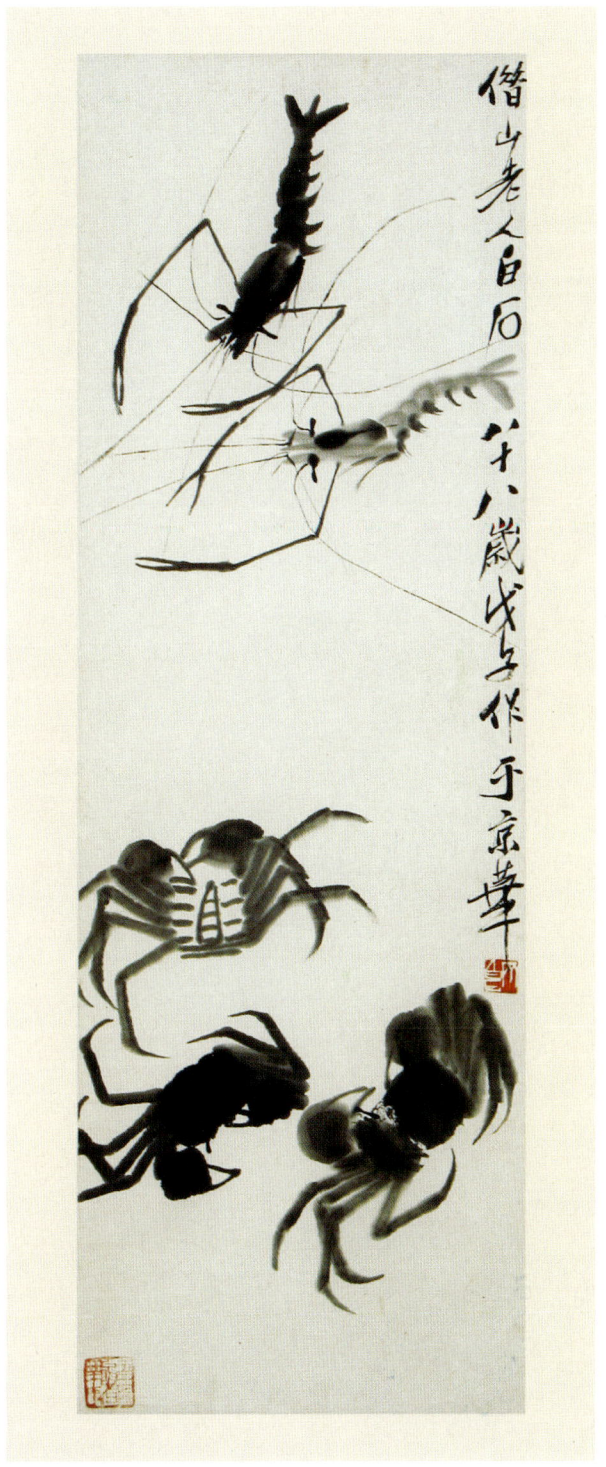

齐白石虾蟹图轴

中华民国三十七年（1948）
画心长103厘米　宽34厘米
纸本
锦州市博物馆藏

张大千仕女图轴

中华民国丁丑年（1937）
画心长123厘米　宽53厘米
纸本
锦州市博物馆藏

徐悲鸿奔马图轴

现代（1953）
画心长98厘米　宽58厘米
纸本
锦州市博物馆藏

貂皮龙袍

清（1616—1911）
衣长145厘米　袖长100厘米　胸宽67厘米
锦州市博物馆藏

古铜色龙袍

清（1616—1911）
长138.5厘米　胸宽71.5厘米
锦州市北郊尹继善墓出土
锦州市博物馆藏

四品文官云雁纹补子

清（1616—1911）
长30.1厘米　宽28.3厘米
锦州市博物馆藏

罗荣桓使用的望远镜

1948年
长16.0厘米　宽12.0厘米　高5.0厘米
国家一级文物
辽沈战役纪念馆藏

　　罗荣桓，时任东北野战军政治委员。1948年10月8日，罗荣桓同林彪、刘亚楼登上锦州城北的帽儿山，用这架望远镜勘察锦州敌情和地形，确定攻城部署。10月14日，攻克战略重地锦州，促使东北战局迅速发展。

刘亚楼使用的望远镜

1948年
长16.0厘米　宽11.0厘米　高4.8厘米
国家一级文物
辽沈战役纪念馆藏

　　刘亚楼，时任东北野战军、东北军区参谋长。辽沈战役中，刘亚楼数次登上锦州城北的帽儿山用这架望远镜观察地形。他常说，在战争年代有四宝：手枪、望远镜、指北针、文件包。"文化大革命"后，只找回了望远镜和文件包。1978年11月，刘亚楼夫人翟云英将望远镜捐赠给辽沈战役纪念馆。

陈云穿过的棉背心

1946年
长64.0厘米　宽48.0厘米
国家一级文物
辽沈战役纪念馆藏

　　陈云，时任辽东分局书记兼辽东军区政委。1946年10月，在南满斗争最艰苦的日子里，陈云因工作劳累，身体虚弱。后勤部长唐凯送给他这件棉背心。此后，陈云一直穿用了38年。捐赠时背心有大小不等、颜色不同的32块补丁。

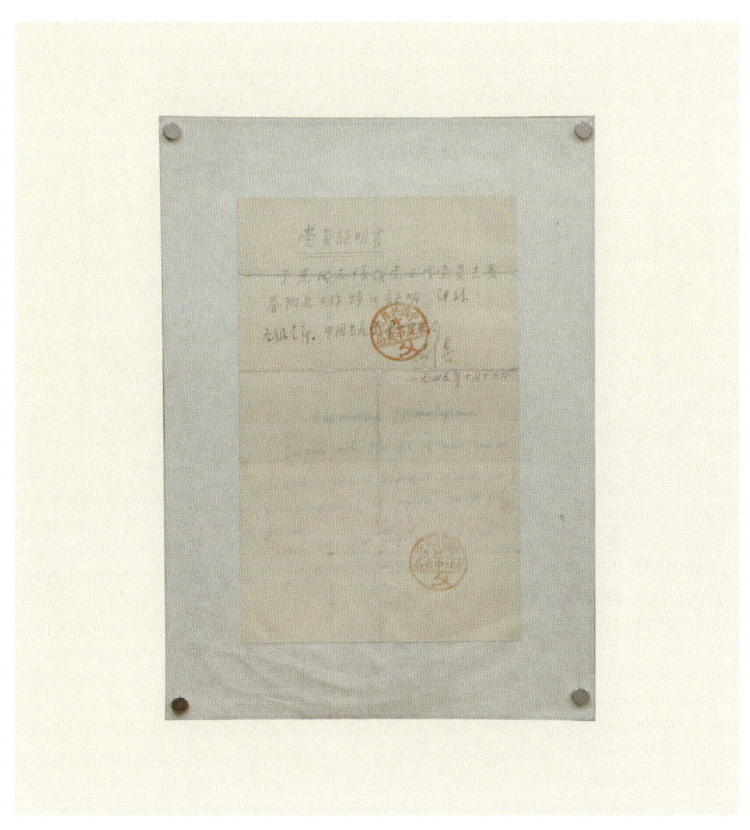

彭真为于克签署的党员证明书

1945年
长25.5厘米　宽16.0厘米
国家一级文物
辽沈战役纪念馆藏

　　彭真，时任中共中央东北局书记。1945年10月中共中央东北局派于克到长春协助陈云工作。出发前，彭真为于克写了这份党员证明书。正文的下方是伍修权译写的相同内容的俄文。

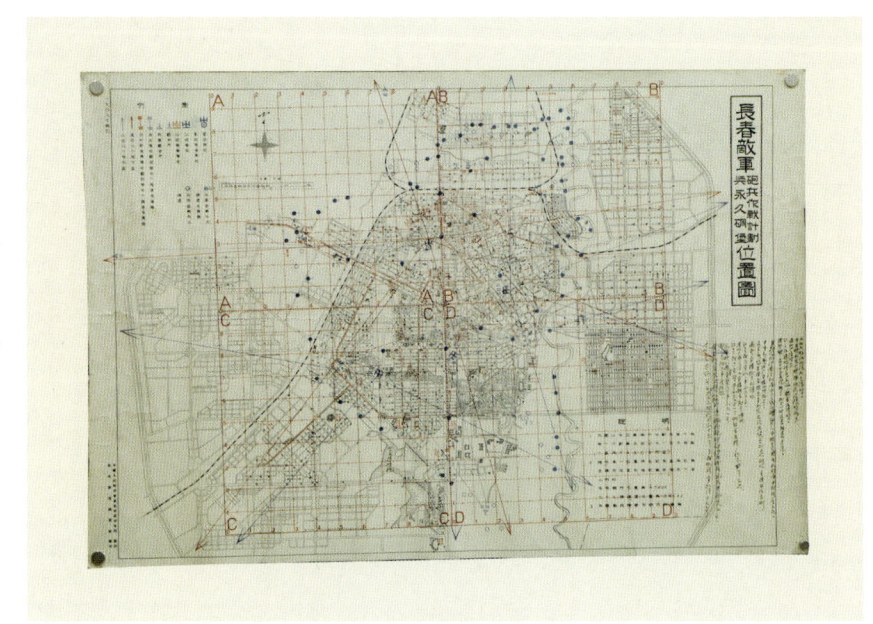

萧劲光使用的长春敌军炮兵作战计划与永久碉堡位置图

1948年
长80厘米　宽57厘米
国家一级文物
辽沈战役纪念馆藏

　　萧劲光，时任东北野战军第一兵团司令员。此图是萧劲光在1948年围困长春时使用的。图上有萧劲光作战部署时的亲笔标注，有"东北军用图书社制印、中国人民解放军东北军区司令部发行"字样。

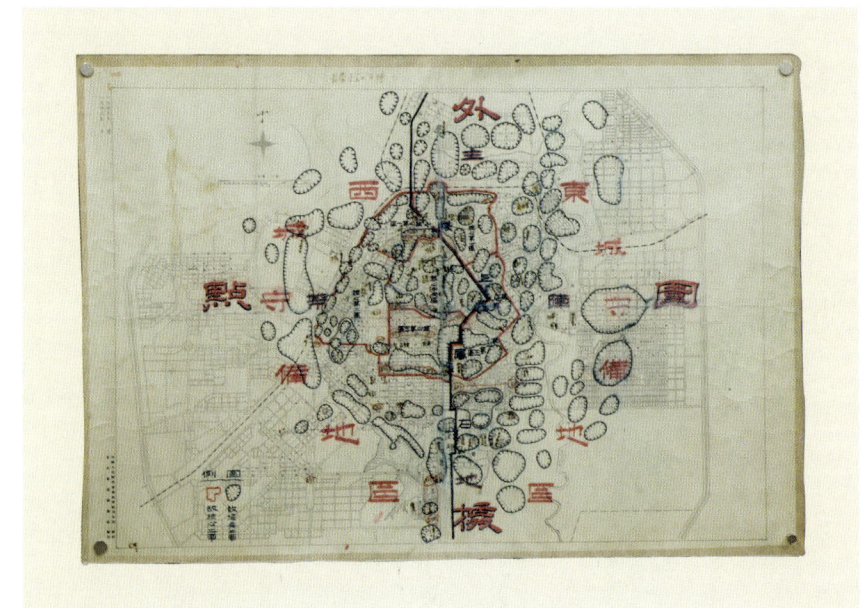

萧劲光在长春围困战中使用的敌工事图

1948年
长81.5厘米　宽57.5厘米
国家一级文物
辽沈战役纪念馆藏

　　萧劲光，时任东北野战军第一兵团司令员。1948年长春围困战期间，萧劲光白天亲临前线观察敌情，晚上在灯下用此图研究攻城方案。

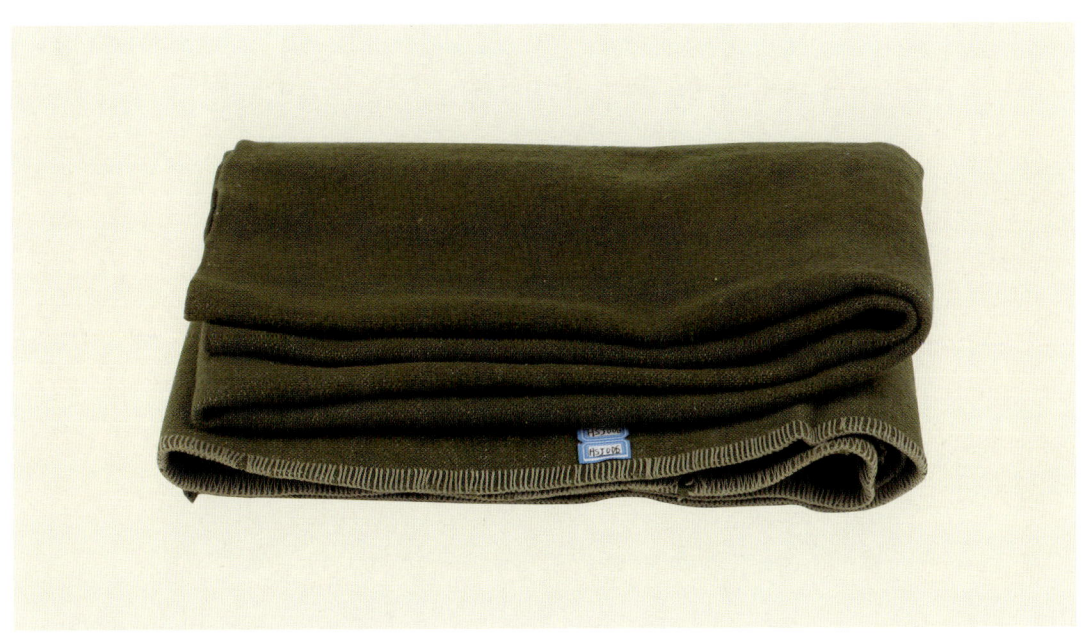

贺庆积黑山阻击战战斗时用过的美式军毯

中华民国三十七年（1948）
长145厘米　宽100厘米　厚0.15厘米
贺庆积家属捐赠
黑山阻击战纪念馆藏

贺庆积黑山阻击战中宿营时用过的日式军毯

中华民国三十七年（1948）
长140厘米　宽100厘米　厚0.35厘米
贺庆积家属捐赠
黑山阻击战纪念馆藏

贺庆积黑山阻击战战斗时用的宿营蚊帐

中华民国三十七年（1948）
上顶径60厘米　高170厘米　底周长720厘米
贺庆积家属捐赠
黑山阻击战纪念馆藏

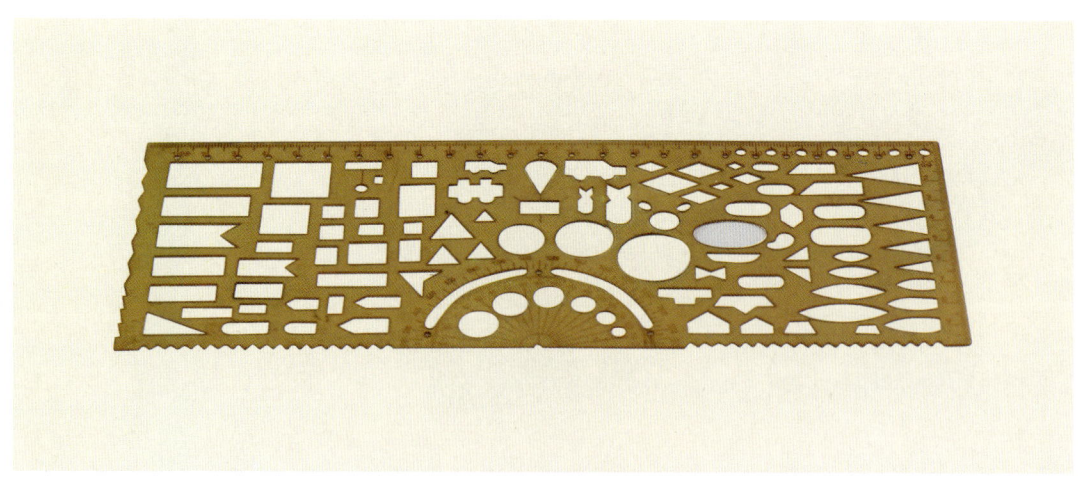

贺庆积黑山阻击战中用过的陆军作战指挥尺

中华民国三十七年（1948）
长25.7厘米　宽9.8厘米　厚0.16厘米
贺庆积家属捐赠
黑山阻击战纪念馆藏

贺庆积用过的眼镜

中华民国（1912—1949）
眼镜宽14厘米　高5厘米
眼镜盒长10.4厘米　宽6.5厘米
贺庆积家属捐赠
黑山阻击战纪念馆藏

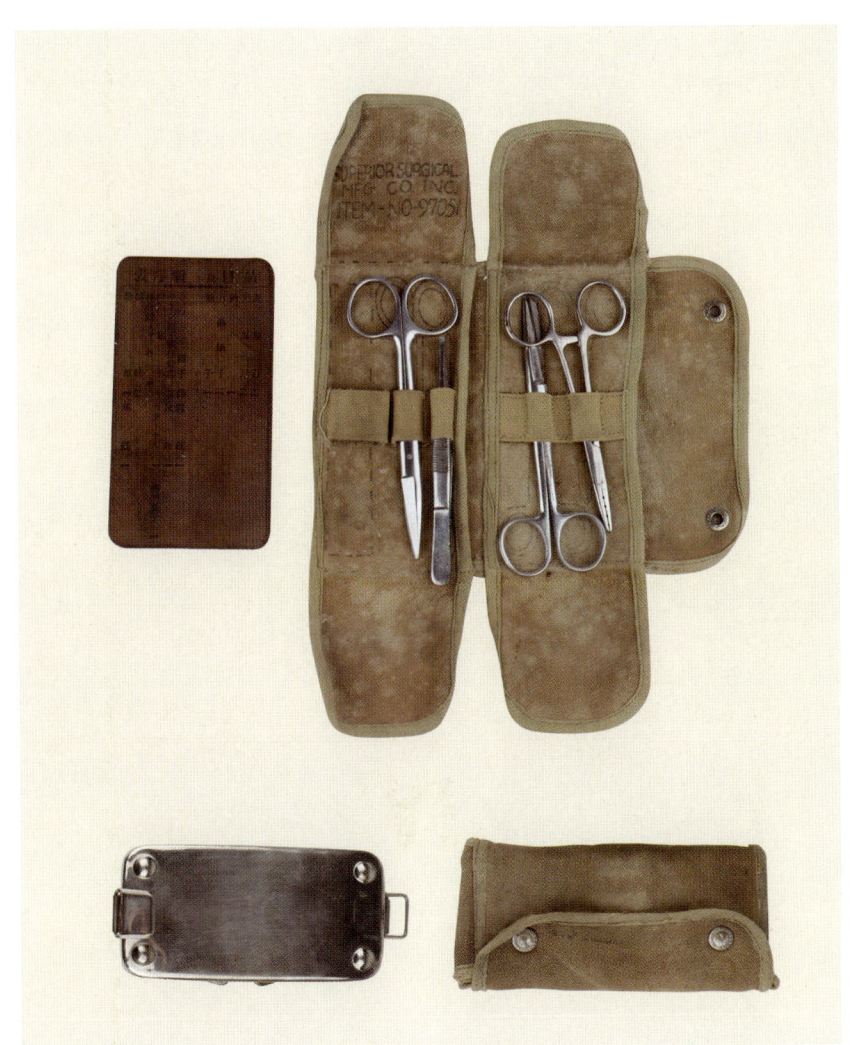

贺庆积黑山阻击战中所用的战地医疗救治包和器具

中华民国三十七年（1948）
药具盒长14厘米　宽7厘米　高4.6厘米
套长17厘米　宽8.5厘米　厚1.7厘米
贺庆积家属捐赠
黑山阻击战纪念馆藏

贺庆积黑山阻击战中用过的指南针

中华民国三十七年（1948）
指南针直径5.4厘米　最长处7.5厘米　厚2.5厘米
盒宽7.3厘米　高8厘米　厚4厘米
贺庆积家属捐赠
黑山阻击战纪念馆藏

贺庆积黑山阻击战中用过的照相机

中华民国三十七年（1948）
相机长12厘米　高7.4厘米　厚3.5厘米
盒长13厘米　高8.7厘米　厚5厘米
贺庆积家属捐赠
黑山阻击战纪念馆藏

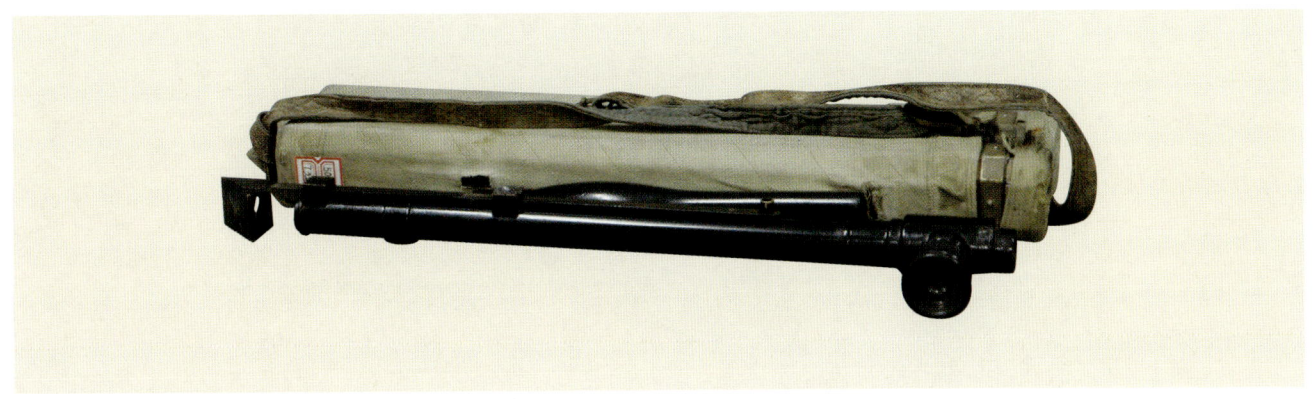

贺庆积使用的观测镜

1948年
长60厘米　宽6.5厘米
国家二级文物
辽沈战役纪念馆藏

贺庆积，时任东北民主联军第十纵队二十八师师长。1948年10月，在黑山阻击战中缴获此镜。此后一直用它观察敌情，指挥战斗。

贺庆积解放战争中的部分战时日记

解放战争时期（1945—1949）
日记1　长19.5厘米　宽15厘米　厚6厘米
日记2　长20.8厘米　宽16.5厘米　厚8厘米
日记3　长17.4厘米　宽14.2厘米　厚2.2厘米
贺庆积家属捐赠
黑山阻击战纪念馆藏

梁士英炸碉堡的爆破筒残片

1948年
长10厘米　宽2厘米
国家一级文物
辽沈战役纪念馆藏

梁士英，东北野战军第二纵队五师十五团八连二排战士。1948年10月14日，在锦州攻坚战中，用身体顶住塞入国民党军碉堡里的爆破筒，炸毁碉堡，拔除了部队前进道路上的障碍。战后，被追认为特等功臣。

贺晋年使用的手枪

解放战争时期（1945—1949）
长30厘米　宽16厘米
国家二级文物
辽沈战役纪念馆藏

贺晋年，东北民主联军第十一纵队司令员。他率领部队在昌滦段打响了辽沈战役第一枪。东北解放战争时期，他一直随身携带这把手枪指挥战斗。

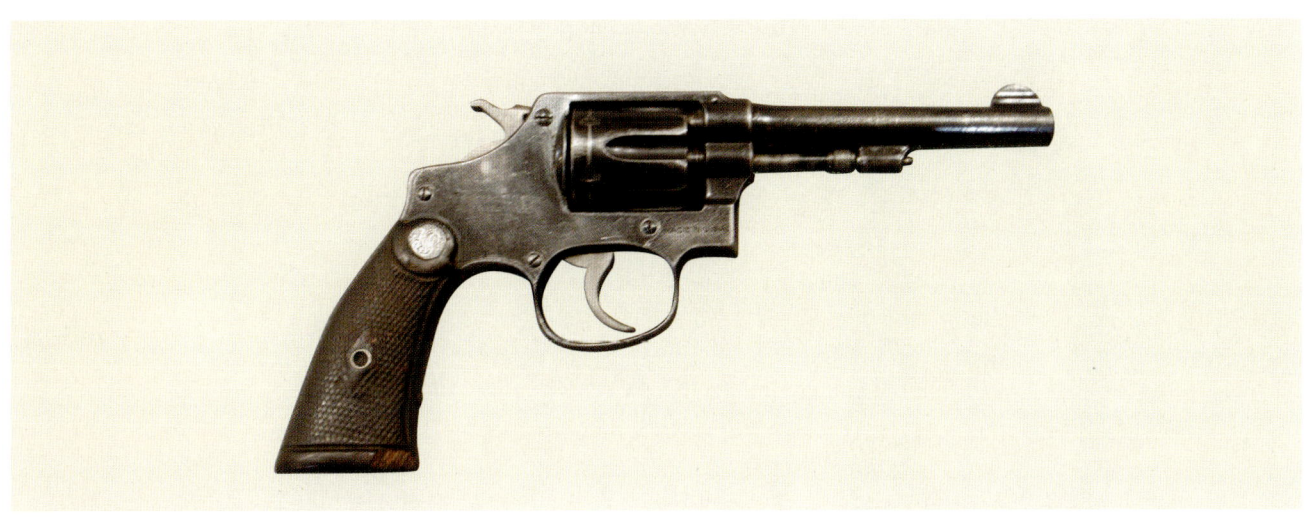

刘震使用的手枪

解放战争时期（1945—1949）
长22厘米　宽12厘米
国家二级文物
辽沈战役纪念馆藏

　　刘震，东北民主联军第二纵队司令员。这把手枪是1946年四平保卫战缴获国民党军的战利品。这把手枪后来一直由刘震使用。

孙义使用的子弹袋

解放战争时期（1945—1949）
长141.6厘米　宽9厘米
国家一级文物
辽沈战役纪念馆藏

　　孙义，辽宁省兴城县三道沟乡凉水泉村党支部书记、民兵指导员。他携带这个子弹袋参加过掩护部队转移、拆毁望海车站铁路等许多战斗。1950年，出席全国战斗英雄代表会议，荣获"全国民兵英雄"称号。

郭俊卿使用的军号

解放战争时期（1945—1949）
长15.5厘米　宽28厘米　口径11.2厘米
国家一级文物
辽沈战役纪念馆藏

郭俊卿，女。1945年女扮男装参军，曾任班长、指导员等职务。荣立特等功1次，大功3次，小功4次。1950年，出席全国战斗英雄代表会议。中央军委授予她"全国战斗女英雄——现代花木兰"的光荣称号。这是她当骑兵通讯员时使用的军号。

曾克林使用的望远镜

1947年
长30厘米　宽16厘米　高6厘米
国家二级文物
辽沈战役纪念馆藏

曾克林，时任东北民主联军第三纵队司令员。这是第三纵队在三保临江战役中缴获的战利品。曾克林携带它参加了四保临江战役、夏秋冬攻势及锦州攻坚战。

程子华使用的望远镜

解放战争时期（1945—1949）
长20厘米　宽17厘米　高6厘米
国家一级文物
辽沈战役纪念馆藏

　　程子华，时任东北野战军第二兵团司令员。1948年9月，程子华负责指挥塔山阻击战。他携带这架望远镜深入前线，观察地形，指挥广大指战员浴血奋战六昼夜，打退国民党军11个师的进攻，取得了塔山阻击战的胜利。

张绍柯使用的照相机

解放战争时期（1945—1949）
长13.5厘米　宽5厘米　高9厘米
国家一级文物
辽沈战役纪念馆藏

　　张绍柯，东北电影制片厂摄影师。拍摄了作品集《内蒙古剪影》和大型纪录片《民主东北》。1948年10月5日，在拍摄义县战斗结束返回途中，遭国民党军飞机袭击，为保护摄影器材，中弹牺牲。该文物为美国产"柯达"折叠式135相机。

赵兴元使用的罗盘仪

1948年
长9厘米　宽5.2厘米　高2.5厘米
国家一级文物
辽沈战役纪念馆藏

　　赵兴元，时任东北野战军第三纵队七师二十一团一营营长。1948年10月12日，在锦州外围战中，出色完成攻取外围据点配水池的战斗任务。曾立特等功2次，大功6次，荣获"战斗英雄""全面功臣"等称号。1950年，出席全国战斗英雄代表会议。

曾泽生在长春起义时使用的手表

1948年10月
长9.2厘米　宽3.5厘米
国家一级文物
辽沈战役纪念馆藏

　　曾泽生，时任国民党军第六十军军长，驻守长春。1948年10月17日23时，曾泽生率部起义。曾泽生起义，使国民党残留守军陷入混乱，纷纷投降，长春在兵不血刃下宣告解放。这是他起义时使用的手表。

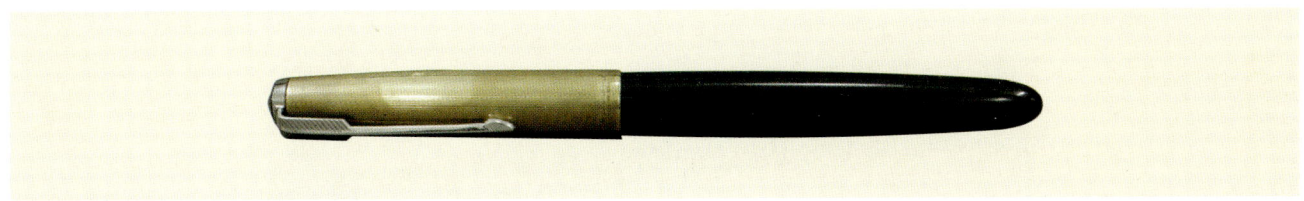

谭政使用的五一帕克钢笔
解放战争时期（1945—1949）
长13.3厘米　宽1厘米
国家二级文物
辽沈战役纪念馆藏

　　谭政，时任东北野战军政治部主任。解放战争时期，协助林彪、罗荣桓工作，用这支钢笔写过许多文件和报告。

张秀山进入东北时使用的布质地图
1945年
长98厘米　宽82厘米
国家一级文物
辽沈战役纪念馆藏

　　张秀山，时任辽宁军区政委。1945年9月2日，张秀山同黄永胜率领干部团从延安开赴东北，用这张中央军委配发的地图确定行军路线，于11月中旬到达东北。

穆成斌使用的检点锤

1948年
长48厘米 宽11.5厘米
国家一级文物
辽沈战役纪念馆藏

　　1948年9月28日至10月2日，穆成斌与3005次列车包乘组将1700吨军用物资从昂昂溪安全运到阜新，为锦州战役的胜利做出了重大贡献。东北行政委员会给3005次列车包乘组记集体特等功并授奖旗一面，穆成斌被评为劳动模范。这把检点锤是他出乘3005次列车时使用的。

吕其恩部在庄河使用的风琴

1945年
长82厘米 宽35.5厘米 高91厘米
国家一级文物
辽沈战役纪念馆藏

　　这是一个老式脚踏风琴。1945年9月9日，吕其恩率领山东八路军海上挺进东北先遣队在辽宁省庄河县登陆。因误会与苏军发生冲突。双方关系紧张之时，文化教员用这架风琴奏响《国际歌》，表明了我军性质，消除了两军误会。

杜宝珠荣获的
东北民主联军毛泽东奖章

1948年10月
直径5.4厘米
国家二级文物
辽沈战役纪念馆藏

　　杜宝珠，时任第六纵队四十九团三营九连十一班副班长。1947年9月，在秋季攻势的吉林外围团山子战斗中，荣立大功3次，获此奖章。

田广文荣获的毛泽东奖章

1948年10月
直径6.0厘米
国家一级文物
辽沈战役纪念馆藏

　　田广文，时任东北野战军第九纵队二十五师七十四团一连指导员。1948年10月，在锦州外围战中，率一连坚守白老虎屯，战功卓著。战后，一连荣获"白老虎连"的光荣称号，田广文获此奖章。1950年，出席全国战斗英雄代表会议。

乌兰穿过的蒙古袍

1946年
长170厘米 宽140厘米
国家二级文物
辽沈战役纪念馆藏

乌兰，女，时任内蒙古卓盟纵队十一支队政委。1946年冬开始，乌兰同志身着这件蒙古袍，策马执双枪，开展剿匪斗争。当地群众亲切地称她为"双枪红司令"。

刘恩禄荣获的东北人民解放军英雄奖章

1946年
长7厘米 宽4.5厘米
国家二级文物
辽沈战役纪念馆藏

刘恩禄，辽南独立师三团一营三连机枪手。1946年5月，在攻打营口县小桥村战斗中，带领一个小组俘获国民党军100余人，缴获大量武器装备。战后刘恩禄荣获这枚奖章。1950年，出席全国战斗英雄代表会议。

辽沈战役期间丁荣烈士用过的水壶

1948年9月
高18.4厘米　宽14.2厘米　厚7.6厘米
凌海烈士陵园藏

辽沈战役期间丁荣烈士用过的水杯

1948年9月
高7.9厘米　直径8.9厘米
凌海烈士陵园藏

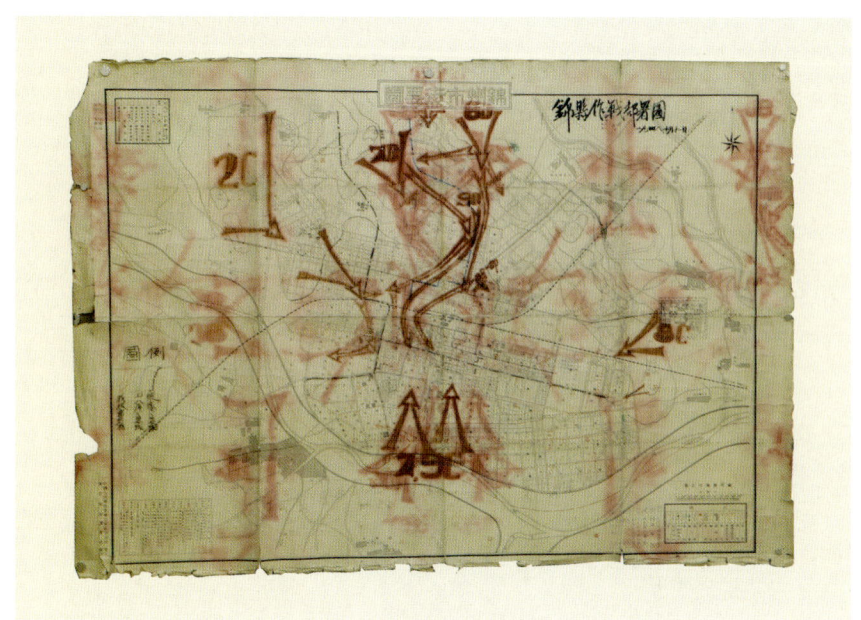

第三纵队锦县作战部署图

1948年10月
长116厘米　宽79厘米
国家一级文物
辽沈战役纪念馆藏

　　这是东北野战军第三纵队根据1948年10月11日作字第四号命令,在当时的锦州市街图上绘制的作战部署图。第三纵队首长按照该部署图指挥辽沈战役锦州攻坚战。

第三纵队七师十九团一连锦州战斗登城红旗

1948年10月
长105厘米　宽85厘米
国家一级文物
辽沈战役纪念馆藏

　　1948年10月14日,锦州攻坚战打响。这是十九团一连插上锦州城墙的第一面红旗。战后,一连荣记大功2次,并荣获"锦州尖刀连"称号,黄德福、傅开昌和卢炳仁被命名为"登城英雄",代理副连长李世贵荣记大功2次。

第三纵队二十四团七连三排荣获的"亮马山上打的硬"锦旗

1948年10月
长95厘米　宽46厘米
国家二级文物
辽沈战役纪念馆藏

1948年10月，第三纵队二十四团七连三排在锦州外围战中，攻打范汉杰部队固守待援的重要防线亮马山。三排的爆破员舍身炸掉山顶的大母堡，将红旗插上山顶。战后，二十四团授予三排这面奖旗。

国民党师海城起义时使用的红旗

1946年
长190厘米　宽130厘米
国家一级文物
辽沈战役纪念馆藏

1946年5月26日，东北民主联军向海城发起进攻，国民党军第一八四师师长潘朔端、副师长郑祖志、参谋长马逸飞和团长魏瑛联名通电全国，宣布起义。潘朔端起义开创了解放战争时期东北战场上国民党军起义的先例，震动了国民党统治集团。

苏军授予彭施鲁的红星勋章

1945年
直径5.5厘米
国家二级文物
辽沈战役纪念馆藏

　　彭施鲁，时任东北抗日联军教导旅营参谋。1945年，教导旅配合苏联红军解放东北。归国前，苏军授予教导旅连以下干部每人一枚红星勋章。

苏军授予周保中的红旗勋章

1945年
长9.5厘米　宽5厘米
国家一级文物
辽沈战役纪念馆藏

　　周保中，曾在苏联任东北抗日联军教导旅旅长。1945年，在中苏边境进行抗日斗争时，由于功勋卓著，苏联红军授予他这枚红旗勋章。

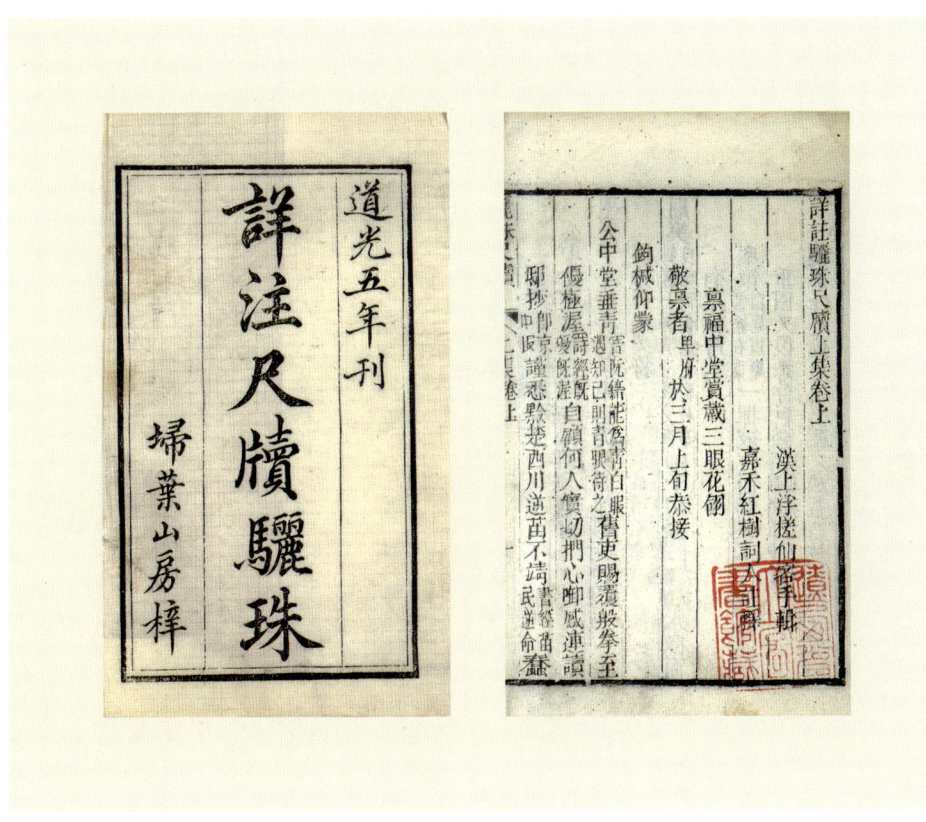

详注尺牍骊珠

版本：清道光五年（1825）
埽叶山房刻本

尺寸：长17.6厘米
　　　宽11.1厘米

存卷：4卷

锦州市图书馆藏

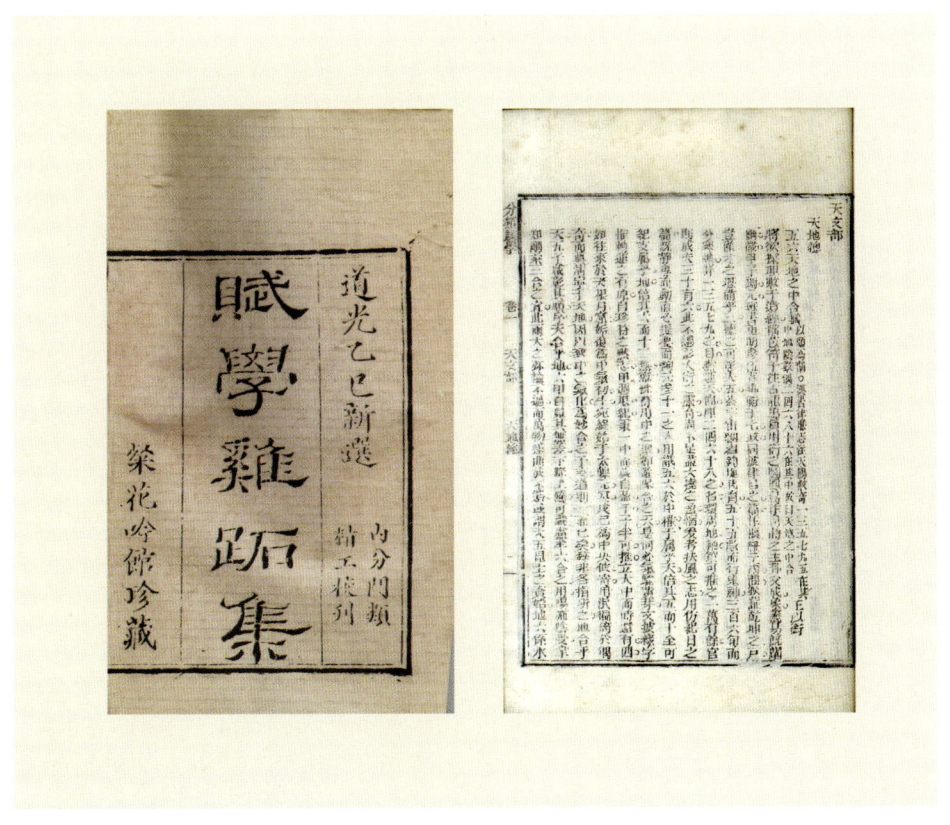

赋学鸡跖集

版本：清道光二十五年（1845）
粲花吟馆刻本

尺寸：长17.4厘米
　　　宽11.2厘米

存卷：31卷

锦州市图书馆藏

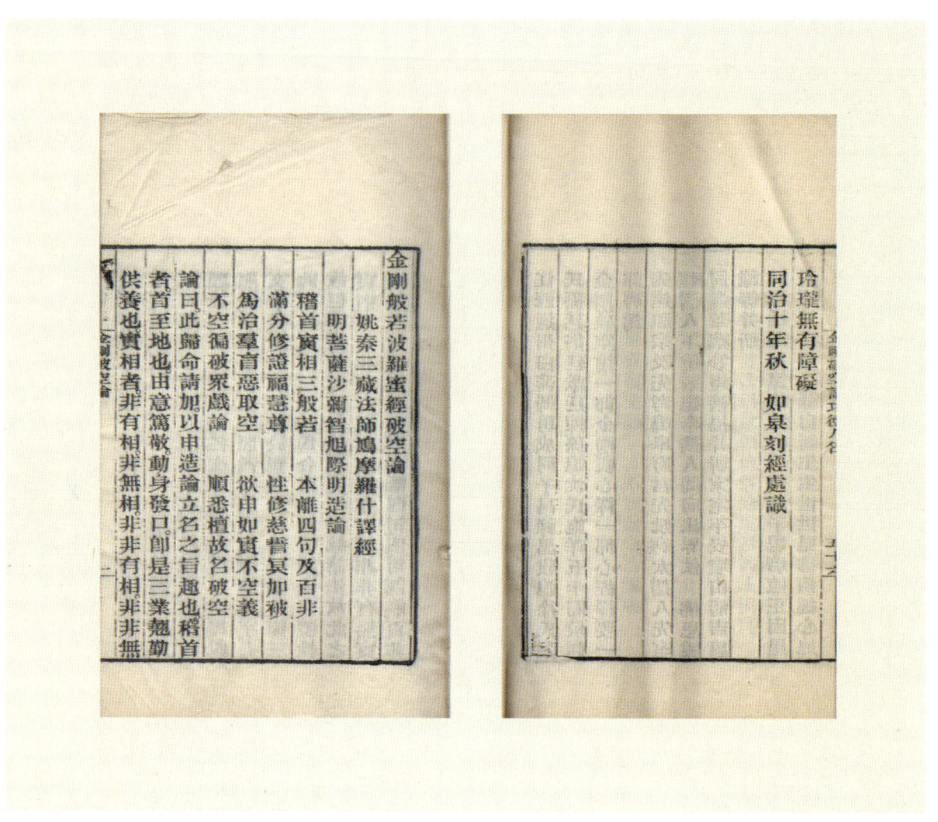

金刚般若波罗蜜经破空论

版本：清同治十年（1871）
　　　如皋刻经处刻本
尺寸：长24.7厘米
　　　宽15.6厘米
存卷：1卷
锦州市图书馆藏

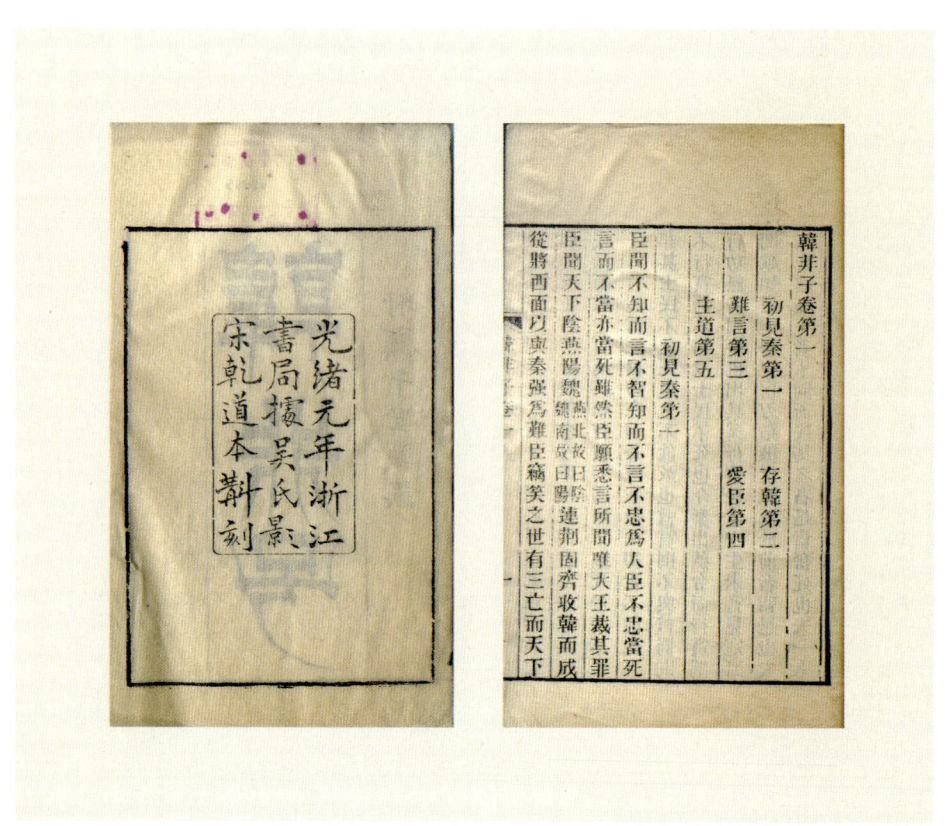

韩非子

版本：清光绪元年（1875）
　　　浙江书局据吴氏
　　　影宋乾道本翻刻本
尺寸：长24.8厘米
　　　宽15.3厘米
存卷：20卷
锦州市图书馆藏

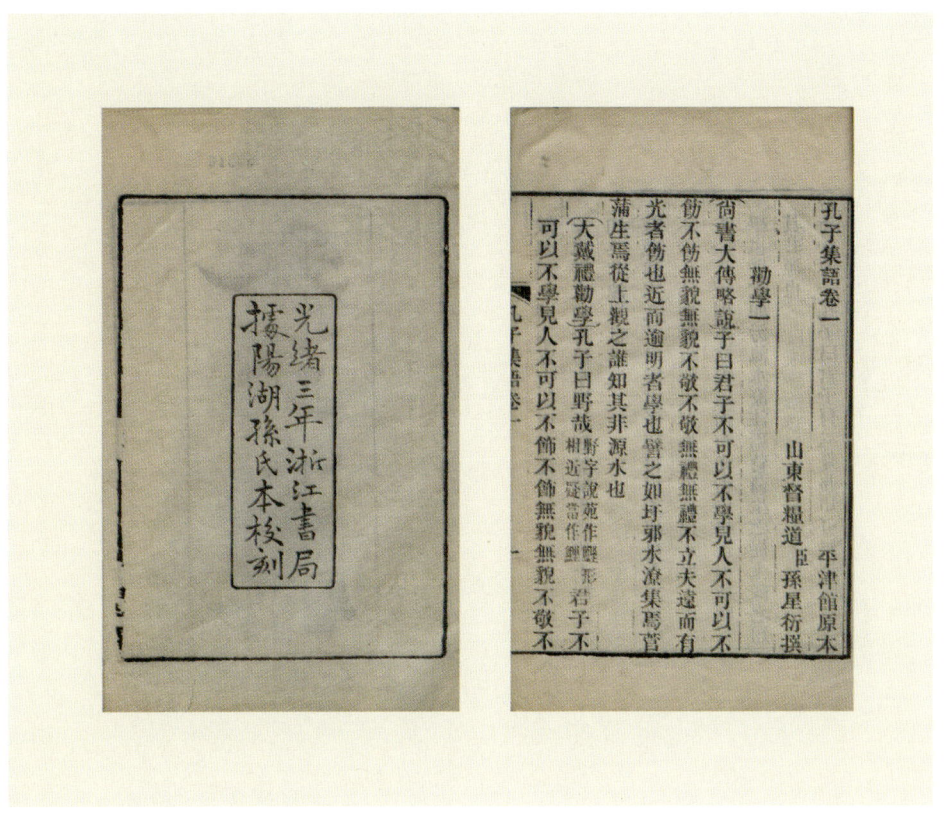

孔子集语

版本：清光绪三年（1877）
浙江书局刻本
尺寸：长24厘米　宽15.1厘米
存卷：5卷（1—5）
锦州市图书馆藏

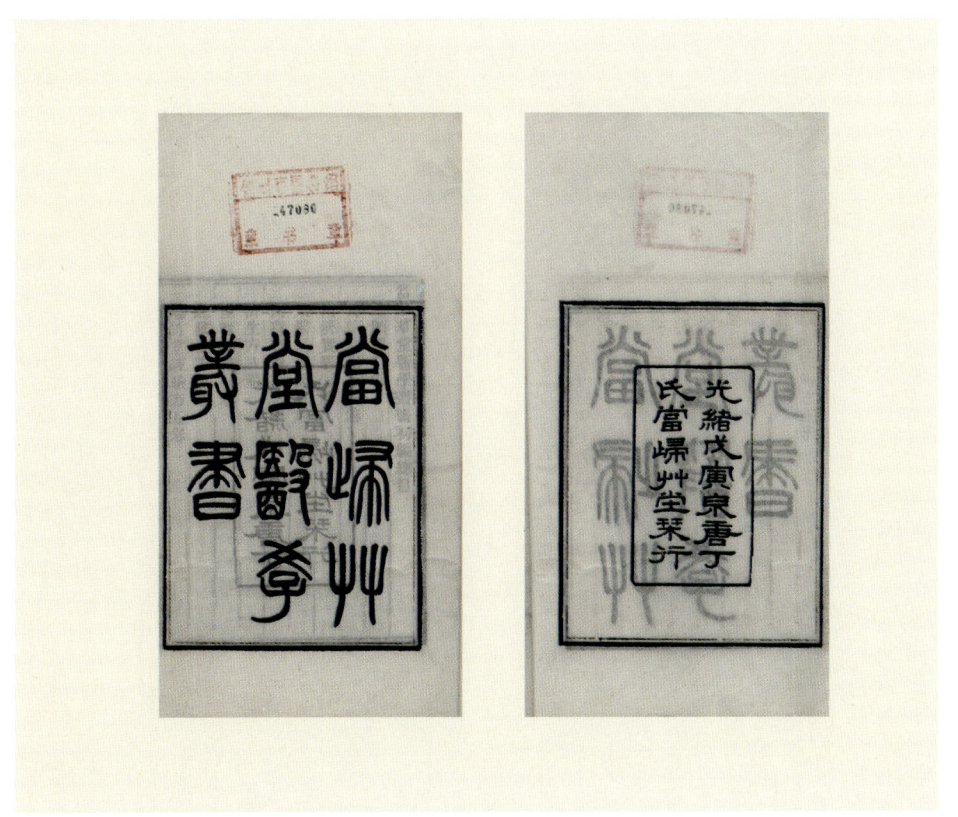

当归草堂医学丛书

版本：清光绪四年（1878）
泉唐丁氏当归草堂
影印本
尺寸：长26.8厘米
　　　宽16.1厘米
存卷：40卷
锦州市图书馆藏

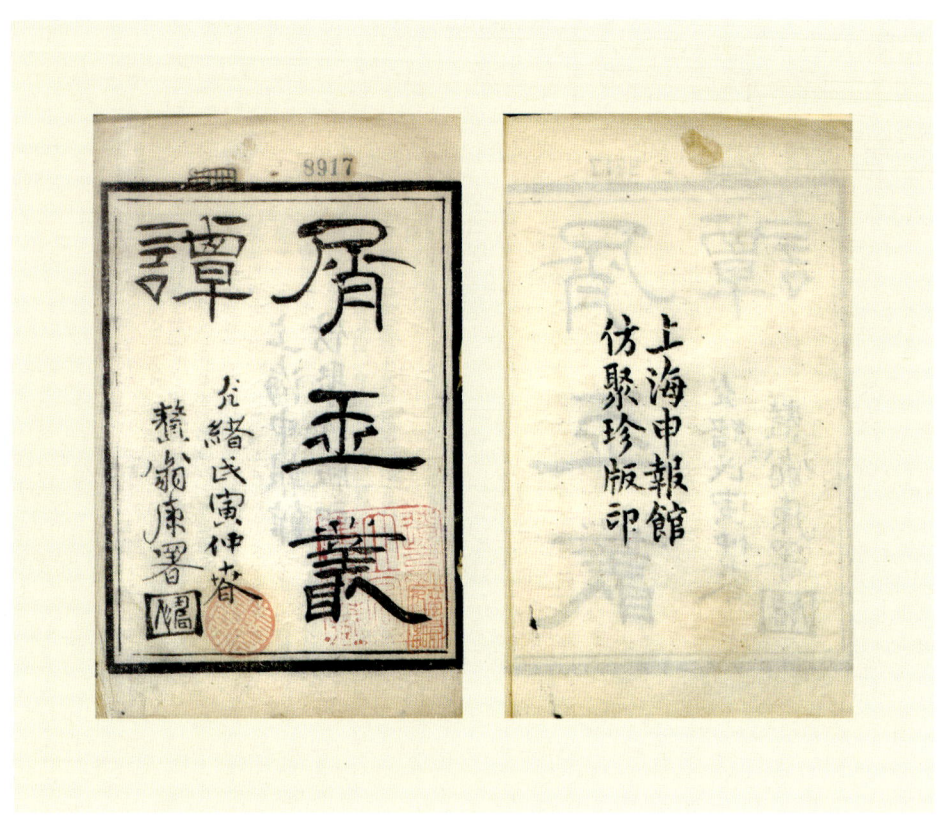

屑玉丛谭

版本：清光绪四年（1878）
　　　上海申报馆铅印本
尺寸：长17.5厘米
　　　宽10.9厘米
存卷：24卷
锦州市图书馆藏

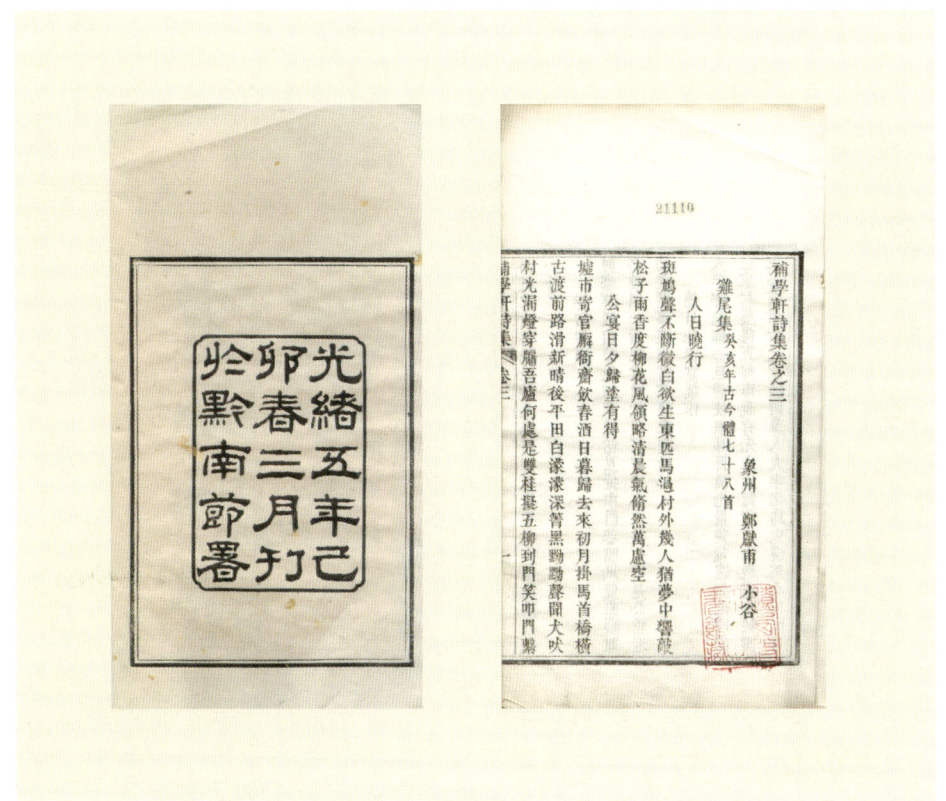

补学轩诗集

版本：清光绪五年（1879）
　　　刻本
尺寸：长26.8厘米
　　　宽15.6厘米
存卷：6卷
　　　（3、4、7、10、11、12）
锦州市图书馆藏

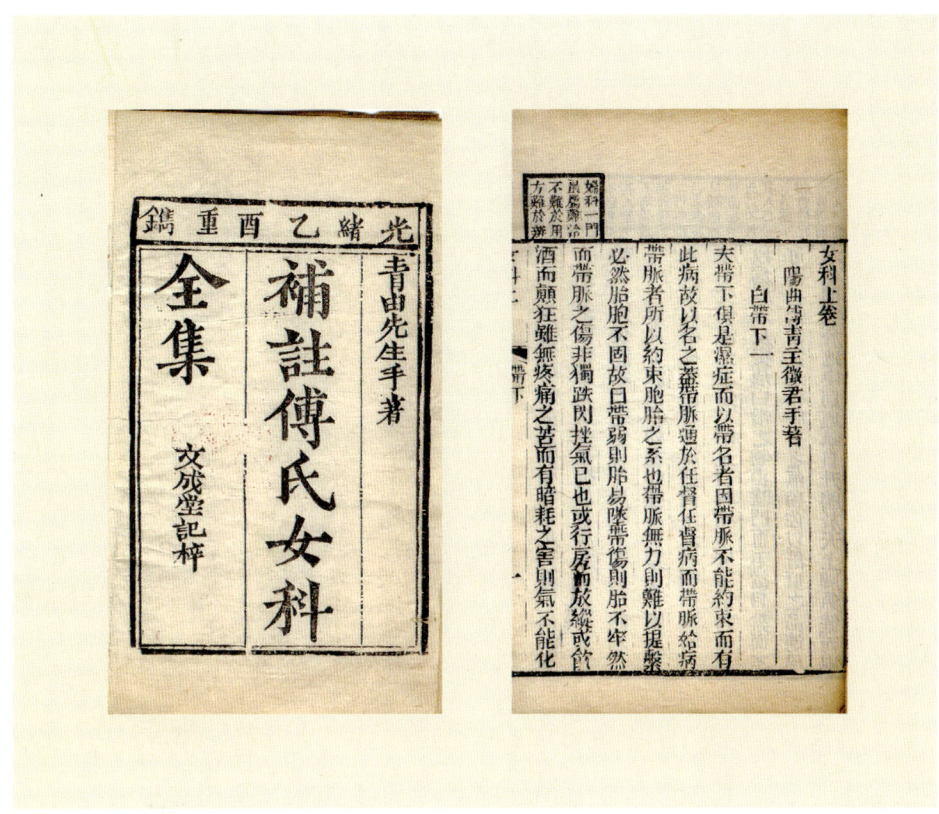

补注傅氏女科全集

版本：清光绪十一年（1885）
　　　文成堂刻本
尺寸：长18.8厘米
　　　宽12.6厘米
存卷：4卷
　　　（女科1、2、产后1、2）
锦州市图书馆藏

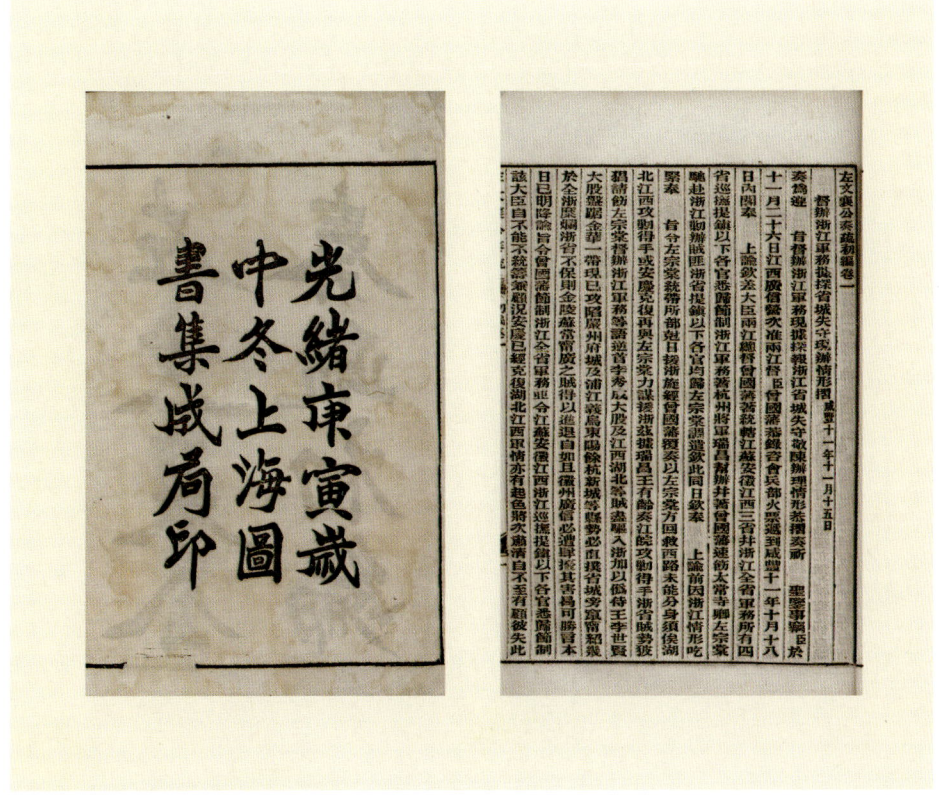

左文襄公奏疏

版本：清光绪十六年（1890）
　　　上海图书集成局铅印本
尺寸：长19.2厘米
　　　宽12.8厘米
存卷：84卷（初编1—24，续
　　　编23—76，三编1—6）
锦州市图书馆藏

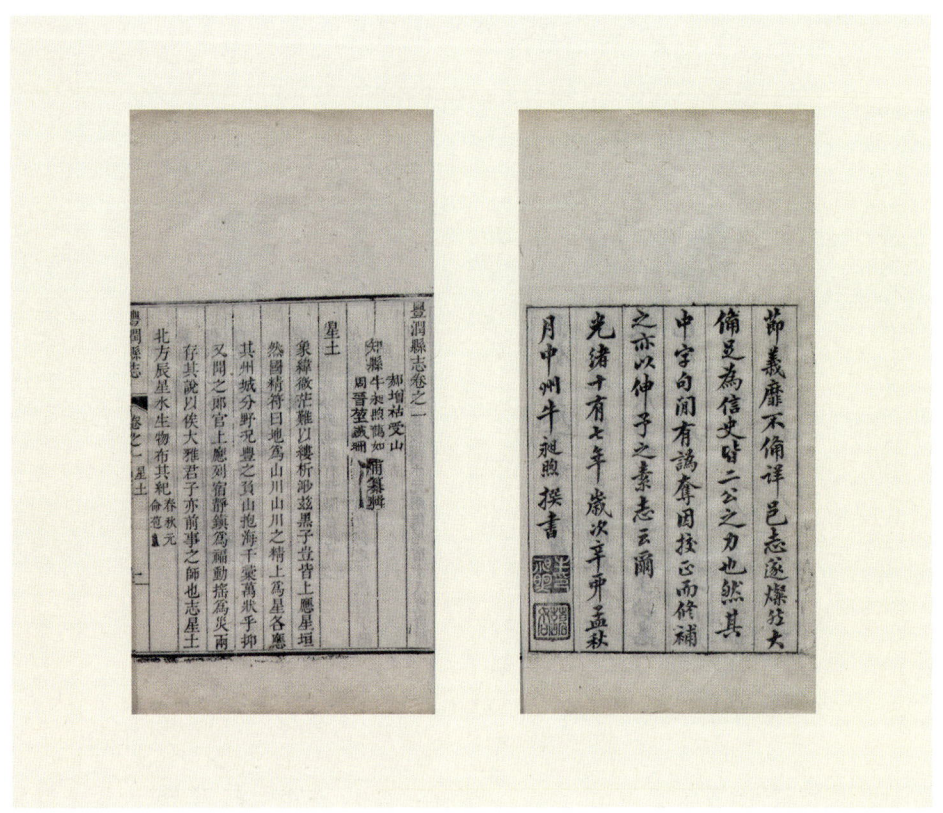

丰润县志

版本：清光绪十七年（1891）
　　　刻本
尺寸：长28.8厘米
　　　宽17.4厘米
存卷：12卷
锦州市图书馆藏

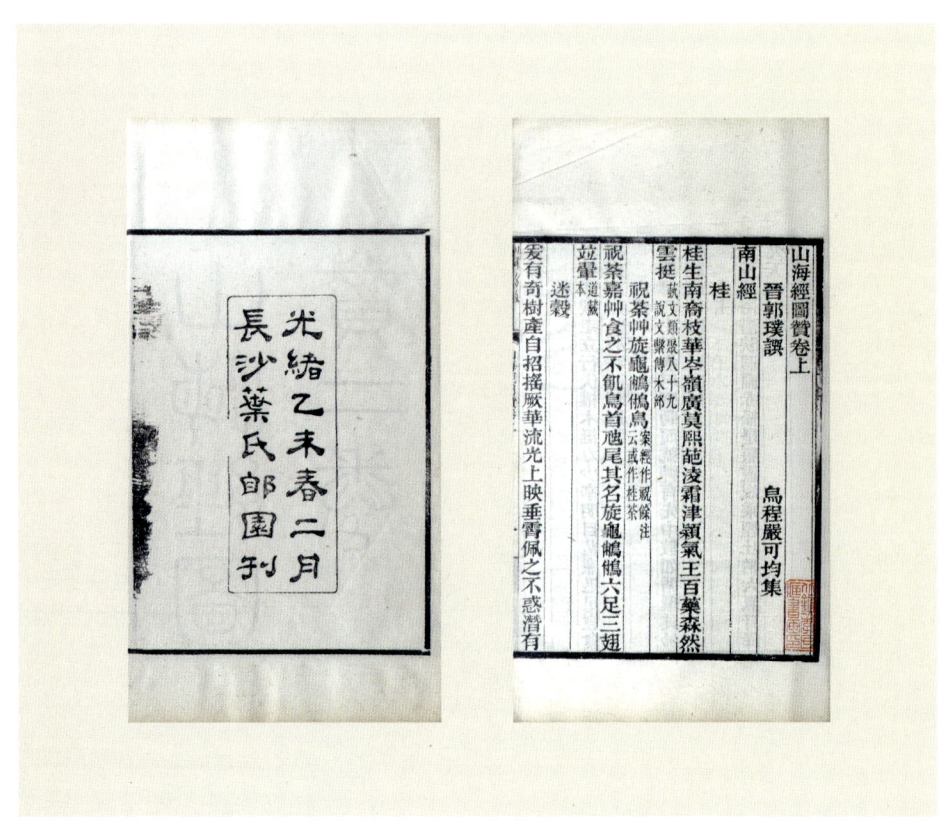

山海经图赞

版本：清光绪二十一年（1895）
　　　长沙叶氏郋园影印本
尺寸：长25.6厘米
　　　宽16.8厘米
存卷：3卷
锦州市图书馆藏

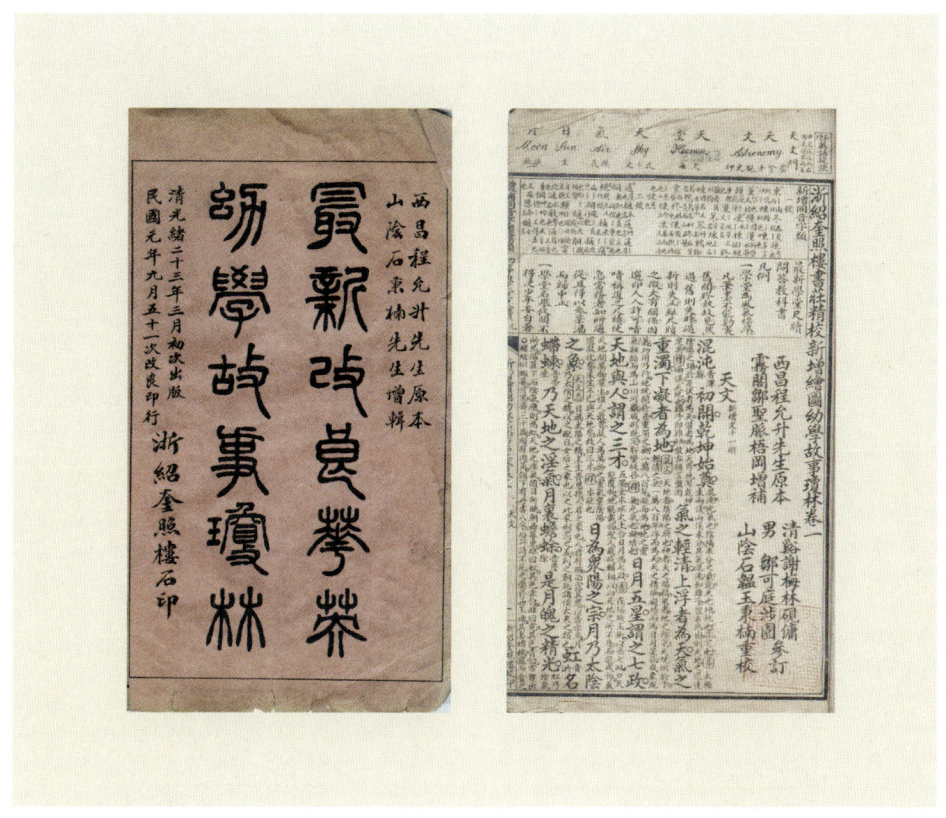

**最新改良华英
幼学故事琼林**

版本：清光绪二十三年（1897）
　　　浙绍奎照楼石印本
尺寸：长26.1厘米　宽15厘米
存卷：4卷（卷首、1—3）
锦州市图书馆藏

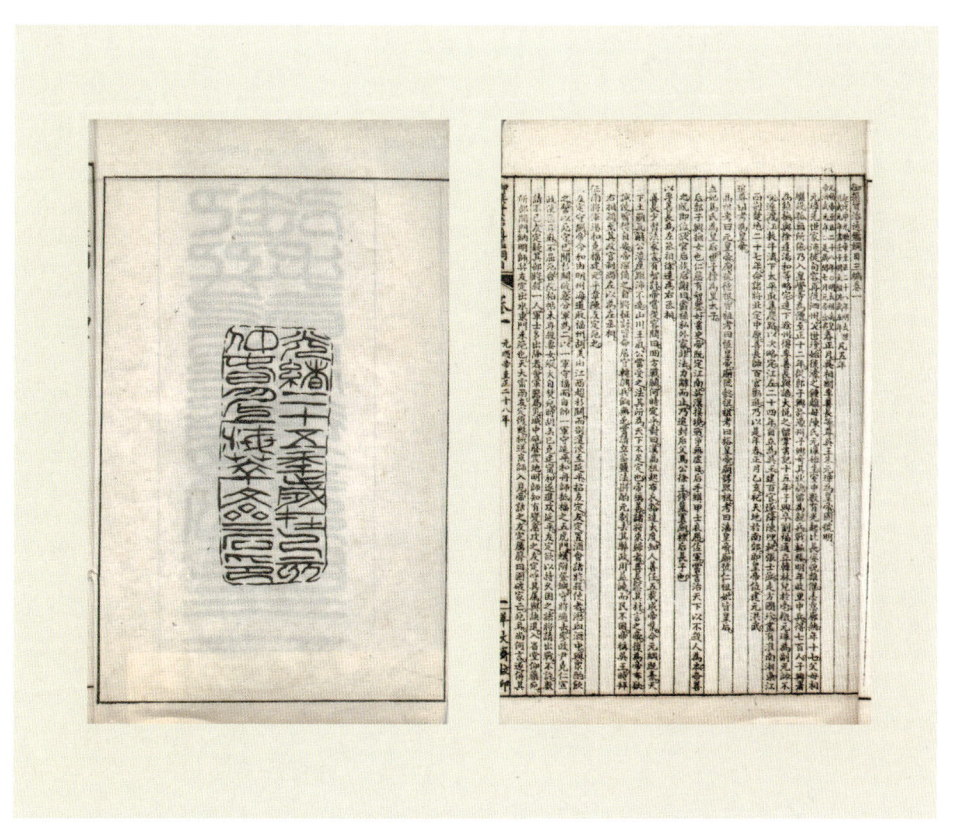

御撰资治通鉴纲目

版本：清光绪二十五年（1899）
　　　上海萃文斋石印本
尺寸：长19.2厘米
　　　宽12.9厘米
存卷：4卷
锦州市图书馆藏

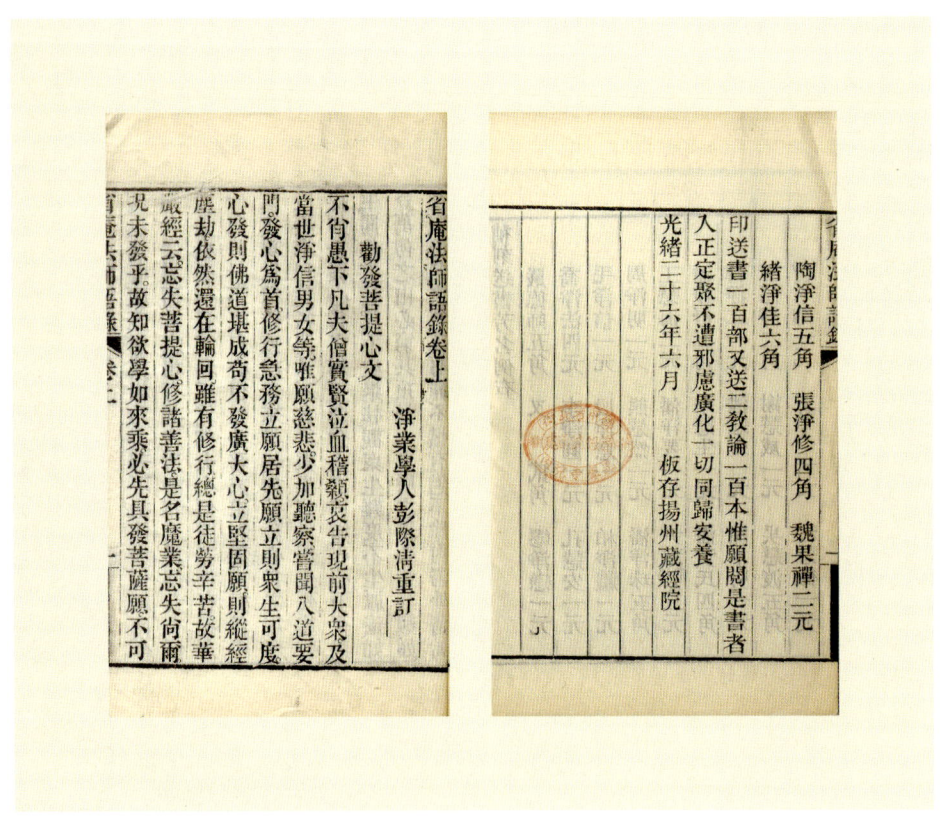

省庵法师语录

版本：清光绪二十六年（1900）
　　　扬州藏经院刻本
尺寸：长24厘米　宽15.2厘米
存卷：2卷
锦州市图书馆藏

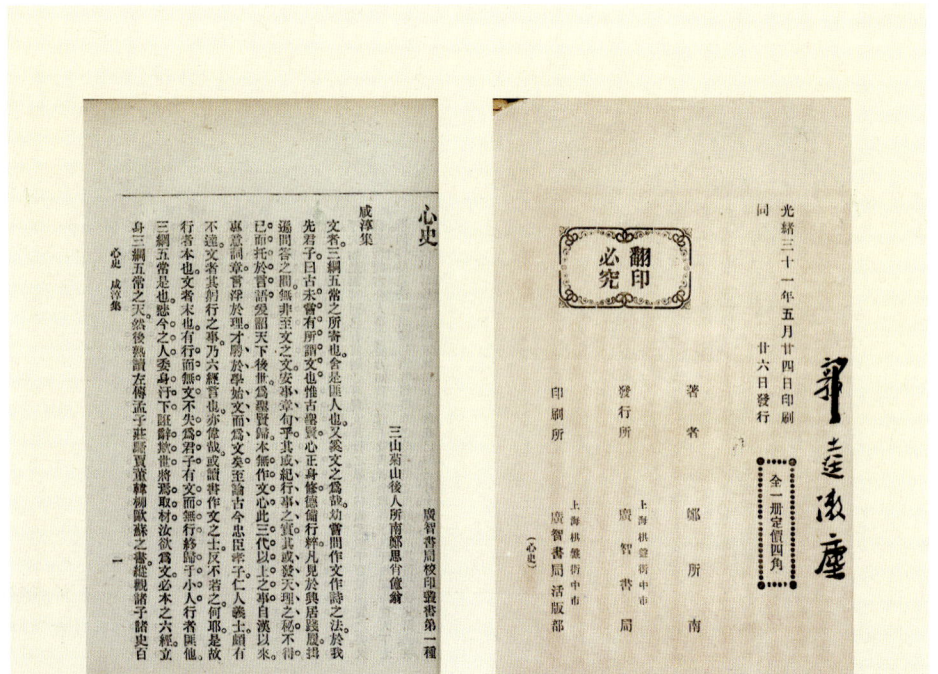

心史

版本：清光绪三十一年（1905）
　　　上海广智书局铅印本
尺寸：长21.4厘米
　　　宽14.6厘米
存卷：1册
锦州市图书馆藏

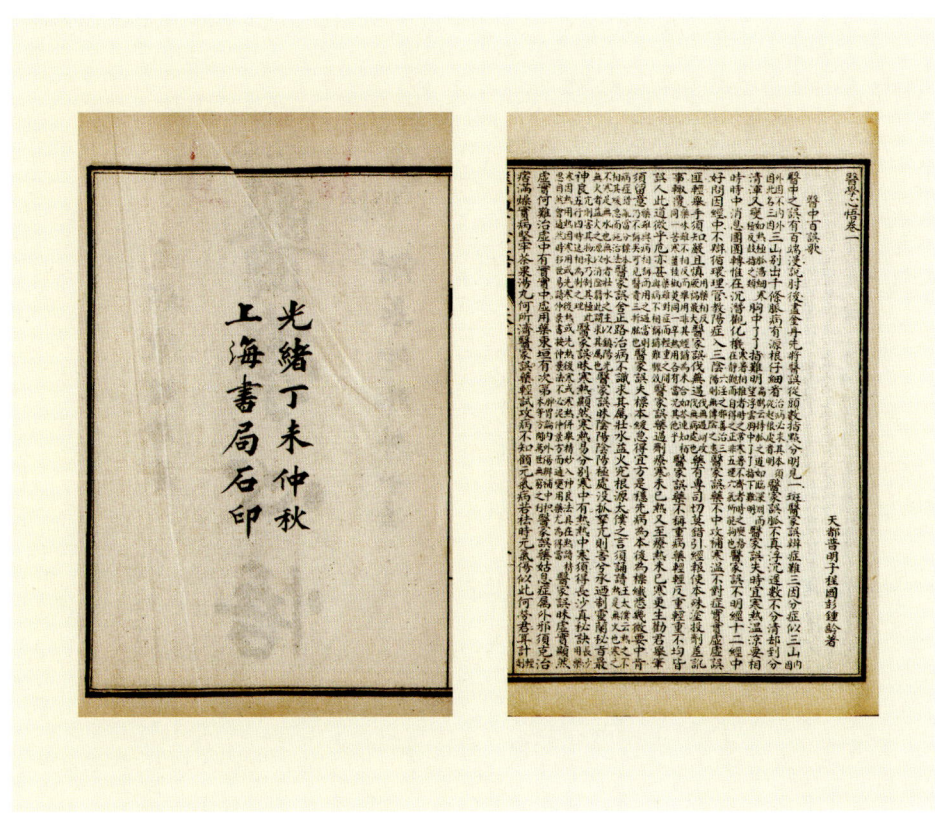

医学心悟

版本：清光绪三十三年（1907）
　　　上海书局石印本

尺寸：长20.1厘米
　　　宽13.1厘米

存卷：6卷

锦州市图书馆藏

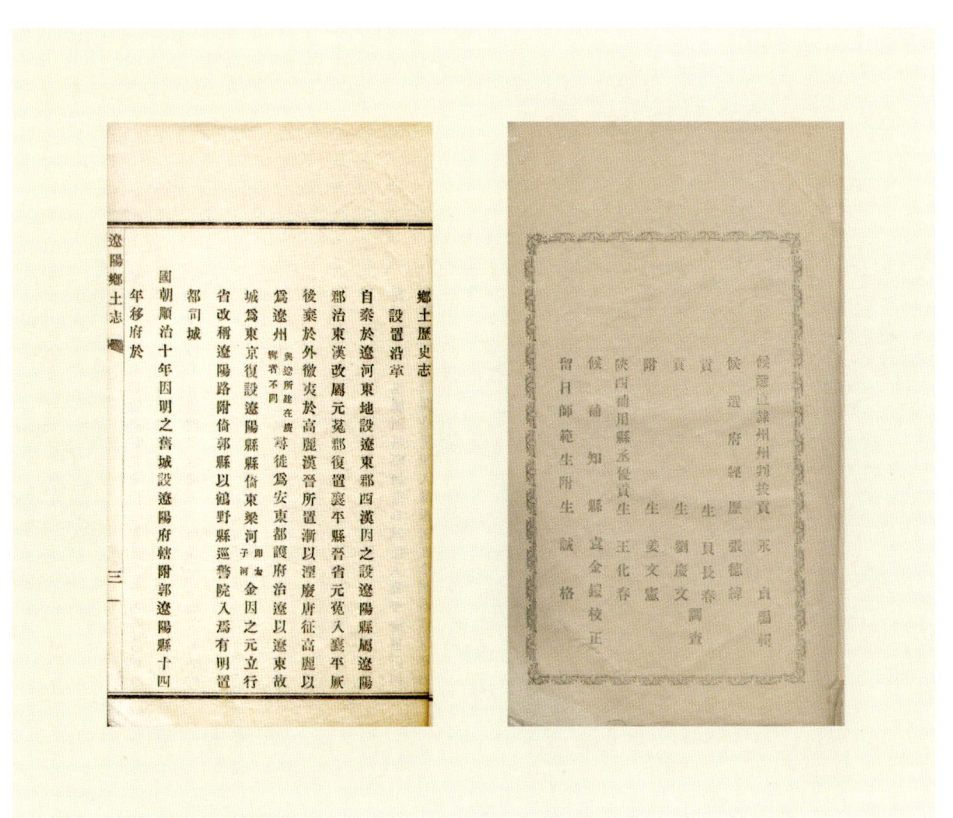

辽阳乡土志

版本：清光绪三十四年（1908）
　　　铅印本

尺寸：长24.3厘米
　　　宽14.5厘米

存卷：1册

锦州市图书馆藏

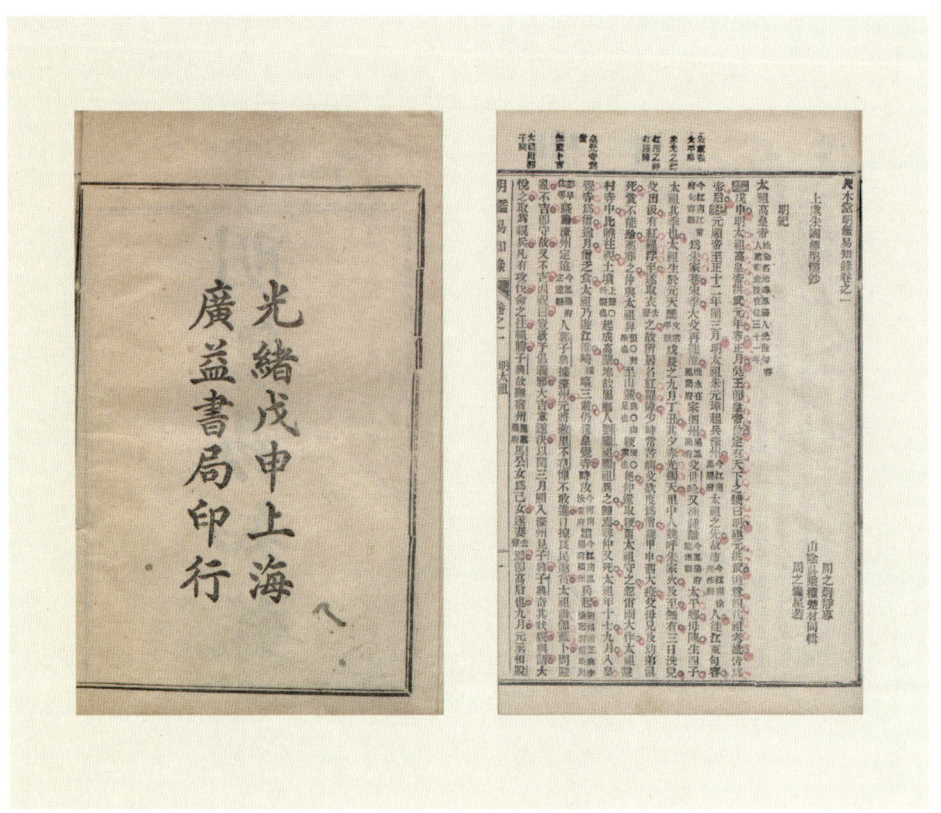

尺木堂明鉴易知录

版本：清光绪三十四年（1908）
　　　上海广益书局铅印本
尺寸：长19.8厘米
　　　宽13.2厘米
存卷：36卷
　　　（1—15、72—92）
锦州市图书馆藏

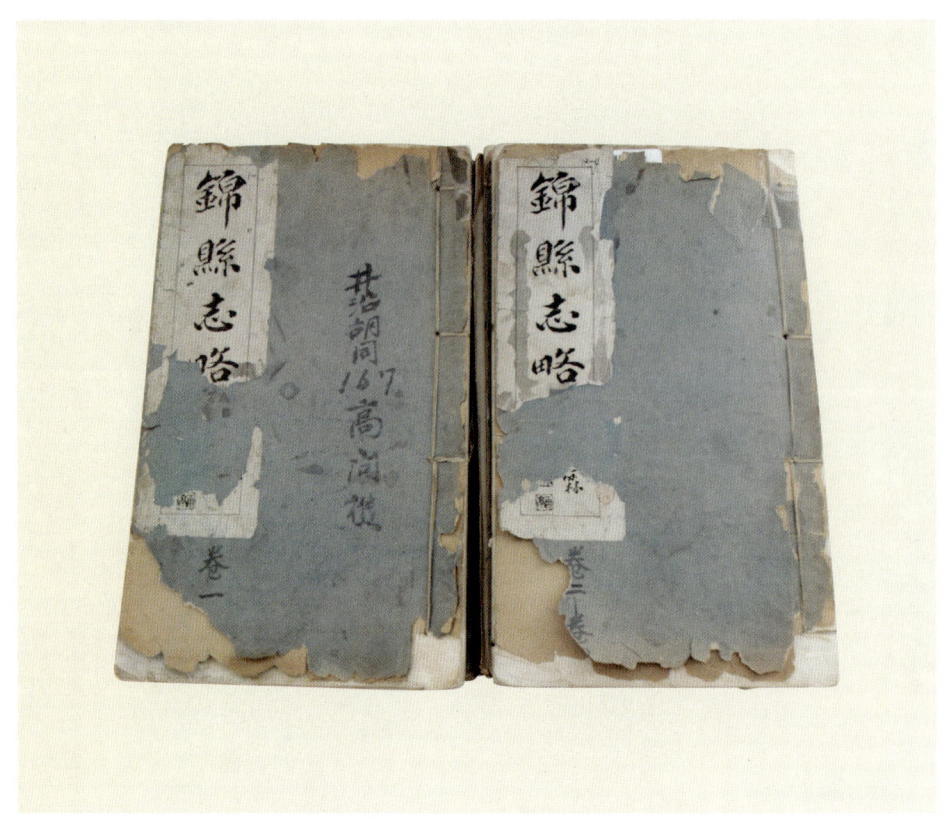

锦县志略

中华民国九年（1920）
长26.5厘米　宽15.2厘米
存卷15册
凌海市图书馆藏

钦定明史

清光绪丁未年六月（1907）
长19.8厘米　宽13.1厘米
存卷392册
凌海市图书馆藏

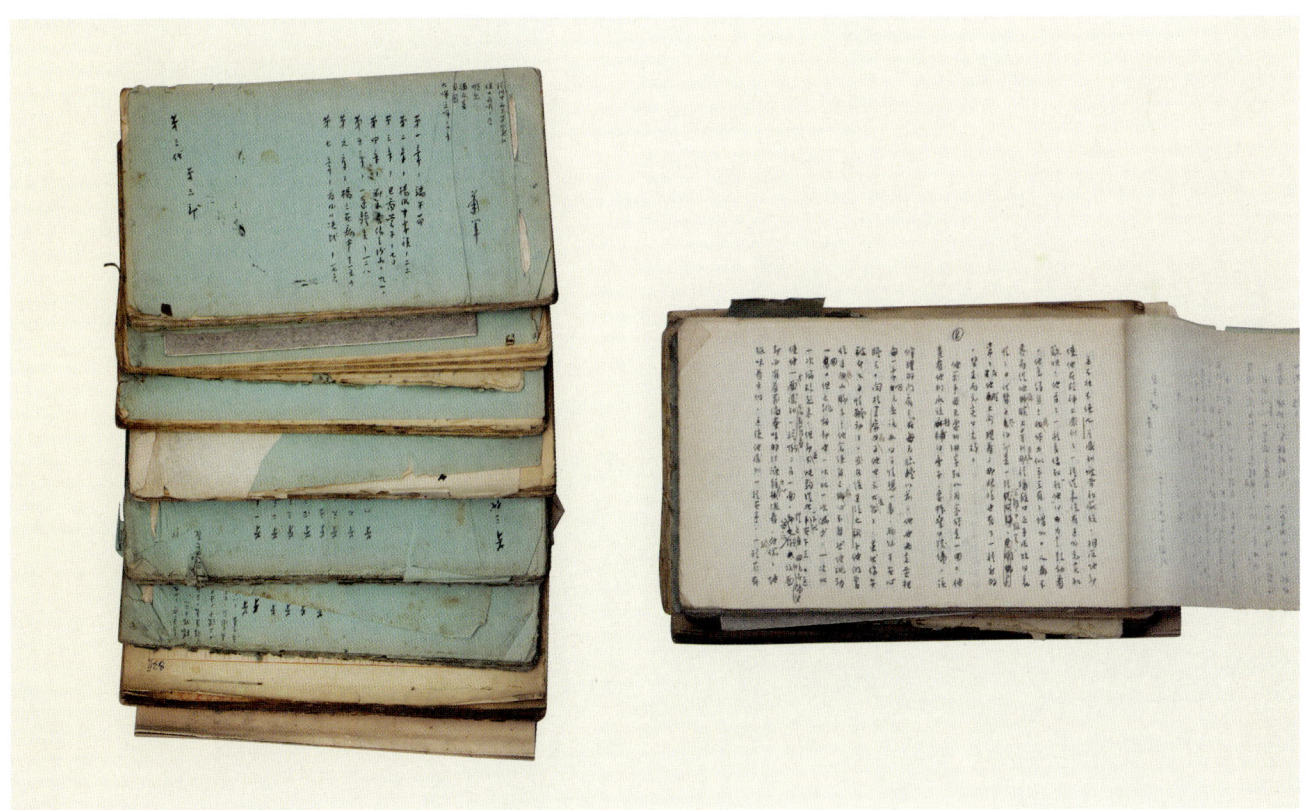

萧军《第三代》手稿

1952年
通长32厘米　通宽19厘米
纸本
萧军纪念馆藏

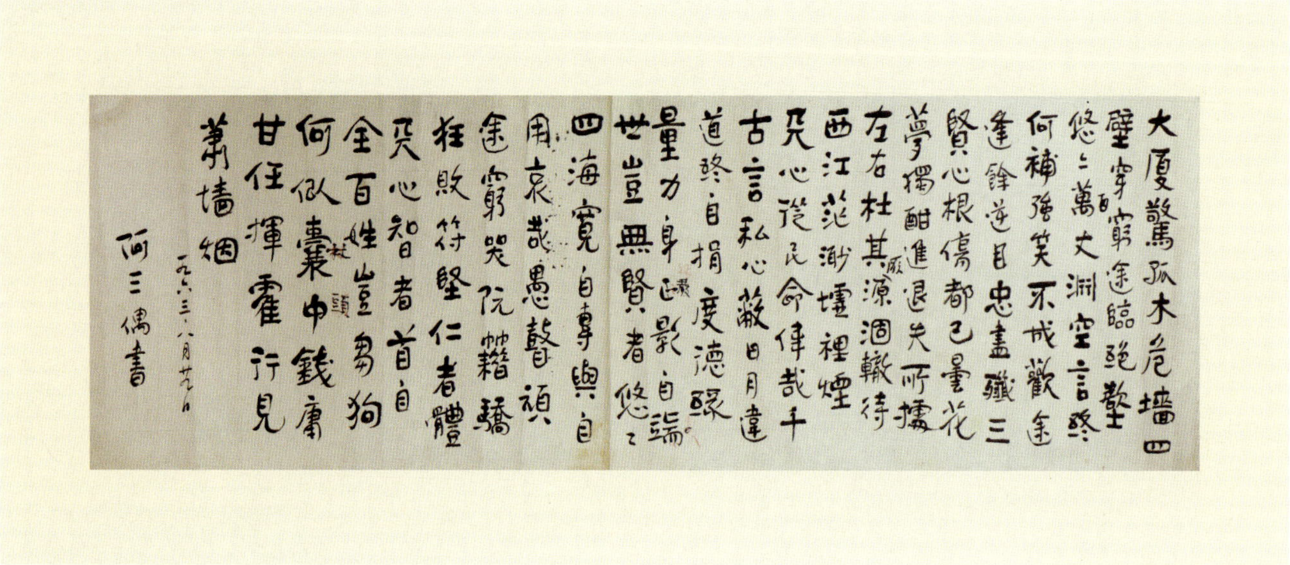

萧军诗手稿

1963年
通长108厘米　通宽38厘米
纸本
萧军纪念馆藏

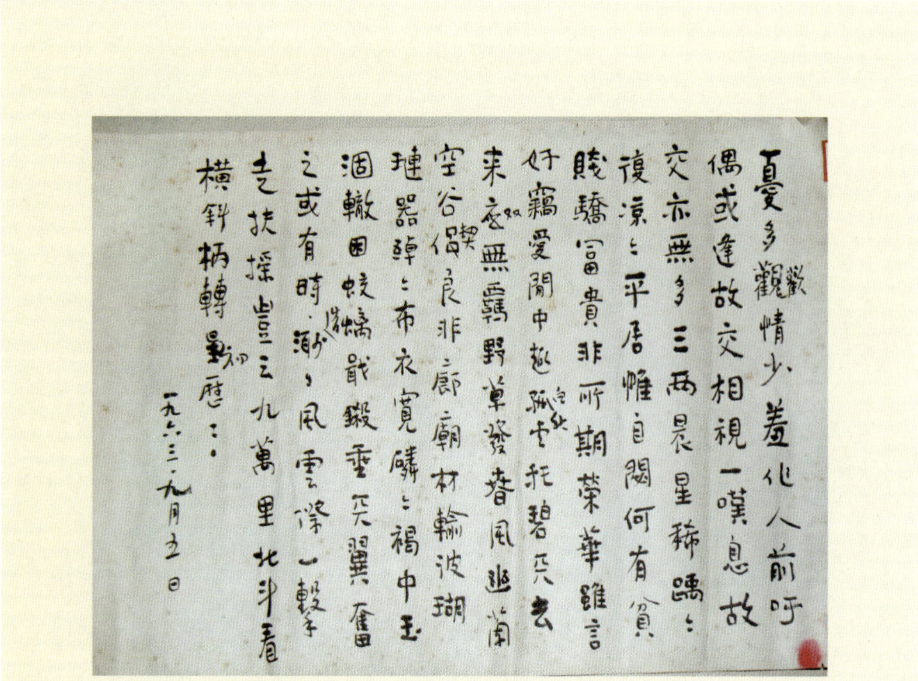

萧军诗手稿

1963年
通长52厘米　通宽38厘米
纸本
萧军纪念馆藏

第三章　锦州市第一次全国可移动文物普查珍贵藏品赏析

萧军用过的木书桌

现代
通长138厘米　通宽76厘米
通高80厘米
萧军纪念馆藏

萧军用过的红木嵌理石太师椅

现代
通高101厘米　通宽62厘米　腿高54厘米
萧军纪念馆藏

翼龙化石

中生代早白垩世
距今约1.2亿至1.45亿年
长80厘米　宽50厘米　高1厘米
义县金刚山出土
义县宜州化石馆藏

中华神州鸟化石

中生代早白垩世
距今约1.2亿至1.45亿年
长60厘米　宽40厘米　高1厘米
义县头台镇出土
义县宜州化石馆藏

孔子鸟化石

中生代早白垩世
距今约1.2亿至1.45亿年
长35厘米　宽15厘米　高1厘米
义县金刚山出土
义县宜州化石馆藏

强壮爬兽化石

中生代早白垩世
距今约1.2亿至1.45亿年
长30厘米　宽25厘米　高8厘米
朝阳地区出土
义县宜州化石馆藏

长趾大凌河龙化石

中生代早白垩世
距今约1.2亿至1.45亿年
长30厘米　宽20厘米　高1厘米
义县金刚山出土
义县宜州化石馆藏

满洲鳄化石

中生代早白垩世
距今约1.2亿至1.45亿年
长75厘米　宽60厘米　高1厘米
义县金刚山出土
义县宜州化石馆藏

中华弓鳍鱼化石

中生代早白垩世
距今约1.2亿至1.45亿年
长57厘米 宽45厘米 高5厘米
义县前头道河乡皮家沟村出土
义县宜州化石馆藏

辽宁古果化石

中生代早白垩世
距今约1.2亿至1.45亿年
长6厘米 宽4厘米 高1厘米
义县地区出土
义县宜州化石馆藏

一号木酒海

清道光乙巳年（1845）
长262厘米　宽131厘米　高164厘米
锦州市凌川酒厂旧址出土
锦州道光廿五文化博物馆藏

三号木酒海

清道光乙巳年（1845）
长262厘米　宽131厘米　高164厘米
锦州市凌川酒厂旧址出土
锦州道光廿五文化博物馆藏

后 记

　　锦州市第一次全国可移动文物普查工作从2013年年初启动至2016年年末结束，历时近4年时间，在各方面的大力支持和帮助下，在各位普查队员的共同努力下，我们圆满地完成了这一复杂而艰巨的任务。为了将普查成果及时地公示出去，让大家充分了解锦州地区可移动文物的收藏及分布情况，我们特此编辑并出版了《锦州市全国第一次可移动文物普查藏品名录》一书。该书分为前言、锦州市第一次全国可移动文物普查收藏单位简介、锦州市第一次全国可移动文物普查成果藏品信息表、锦州市第一次全国可移动文物普查珍贵藏品赏析等几大部分。

　　本书从酝酿到出版，总共用了近一年的时间，其中前期准备工作较长，而真正着手编辑只有不到半年时间。在较短的时间里能够顺利地完成书稿，首先是本书在编写过程中，得到了锦州市有关部门领导和专家的高度重视，多次听取汇报，并提出修改意见；锦州地区各文物收藏单位提供了许多珍贵的资料，锦州市财政局为本书的出版给予了大力支持；北京燕山出版社及印刷单位均给予了具体的支持和帮助。在此一并表示诚挚感谢！

　　由于时间短促，准备工作不足，难免会有讹误和不当之处，敬请读者谅解和指正。

编　者
2018年12月